국가기술자격 실기시험 완벽대비 및 현장 실무 지침서

CAD·CAM 실무 2D

Mastercam Version 9.0

공저 | 권동호 · 박용민

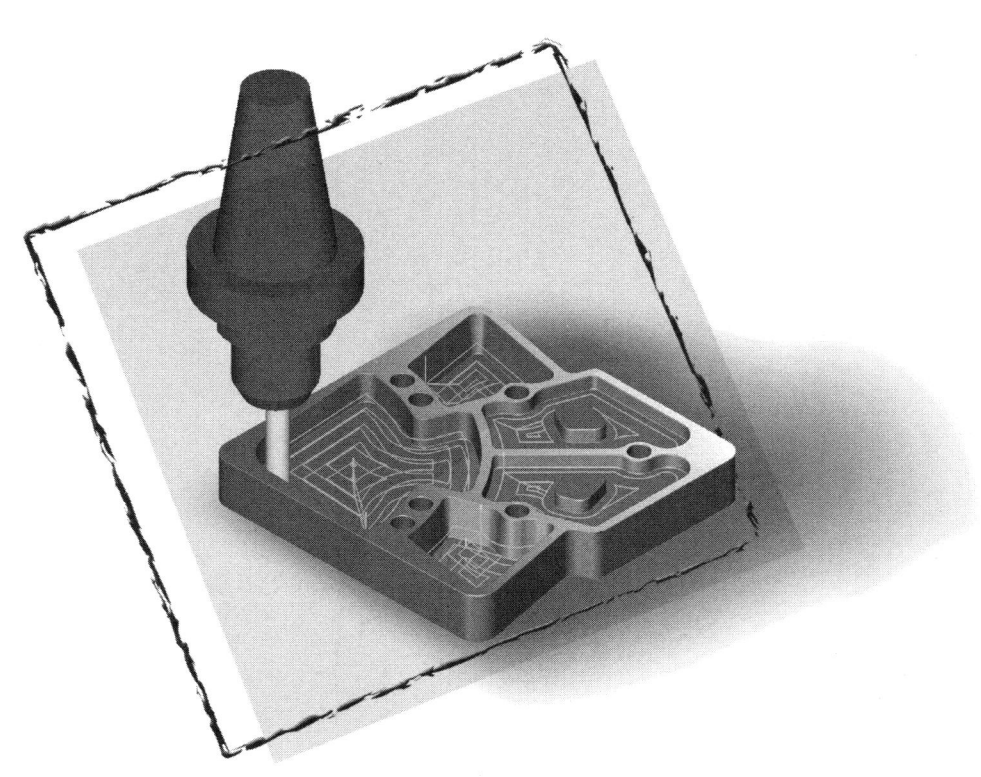

Preface

이 책은 급변하고 다원화 되어가고 있는 산업사회에서 중추적인 역할을 담당하고 있는 엔지니어들의 CAD/CAM 실무를 위해 쓰여 졌다. 시시각각 변화하는 과학기술의 발전에 맞추어 컴퓨터 분야 또한 눈부신 발전을 거듭하여 왔으며 하드웨어의 성능향상과 소프트웨어의 발달로 CAD/CAM 분야에서도 많은 변화를 거듭하고 있다. 이와 같은 추세로 비추어보아 미래의 산업사회를 주도하게 될 CAD/CAM은 모듈화, 통합화된 시스템이라 할 수 있다.

이 책은 과거 특별한 능력을 가진 기술자들이 특수한 목적으로 사용하던 틀에서 벗어나 전문인력은 물론 CAD/CAM을 처음 접하는 독자들도 쉽게 접근할 수 있도록 하기 위해 1984년 미국 CNC Software, Inc.에서 개발되어 NC 가공부문에서 전세계 판매율 1위를 지속적으로 기록하고 있는 Mastercam version 9.0의 내용을 한글메뉴를 기준으로 하여 각 메뉴에 대한 설명, 2차원 및 3차원 도형 생성방법 그리고 가공 프로그래밍에 대한 내용을 Tutorial 방식으로 저술하였다.

본 교재의 내용은 크게 2차원과 3차원 두 권으로 나누어 구성되었으며, 제1권인 2차원에서는 CAD/CAM의 일반적인 내용은 물론 2차원 도형을 그리고 수정하여 NC Data를 산출하는 일련의 과정을 연습문제와 그 해답을 통하여 쉽게 익힐 수 있도록 구성되어 있으며 제2권인 3차원에서는 3차원 Model의 작성 및 수정에 필요한 갖가지 기능에 대한 설명과 가공 프로그램에 이르는 내용을 자세히 기술하였다. 아울러, 이 책은 국가기술 자격시험을 준비하는 이들에게도 도움이 되도록 저술하였다. 이 책을 통하여 많은 사람들이 CAD/CAM을 알고 이 분야의 전문인력 양성에 보탬이 된다면 이보다 큰 보람은 없을 것이다. 끝으로 이 책을 출판하도록 협조해 주신 도서출판 예문사 사장님과 관계자 여러분께 다시 한번 깊은 감사를 드린다.

저자씀

CONTENTS

Chapter 1. Mastercam의 소개 — 2

1. Mastercam의 Module 구성 — 2
2. Mastercam 가동을 위한 System 요구사항 — 3
3. Mastercam 화면의 구성 — 3
4. 단축 아이콘 기능 — 7
5. 단축 기능키 — 11
6. Mastercam 메뉴 선택방법 — 13
7. 마우스 오른쪽버튼 기능 — 13
8. 도형요소 선택방법 — 14
9. 체인 기능 — 16
10. 데이터 입력방법 — 19
11. 위치지정 실행방법 — 20
12. 도형정의 기초 — 22

Chapter 2. 도형요소 그리기 — 32

1. 점도형 그리기 — 32
2. 직선 그리기 — 36
3. 원호 그리기 — 45
4. F : 필렛 — 54
5. S : 스플라인 — 57
6. R : 사각형 — 58
7. C : 모따기 — 60
8. L : 문자 — 61
9. T : 패턴 — 63
10. E : 타원 — 64
11. P : 다각형 — 66
12. B : 입체사각형 — 67
13. S : 나선헬릭스 — 68
14. 방정식에 의한 커브 그리기 — 69
15. 기어(Gear) — 70
16. 홀테이블(Htable*) — 74

Chapter 3. 도형요소의 수정 — 76

1. 도형요소 트림 — 76
2. 도형요소 자르기 — 81
3. 도형요소 연결 — 85
4. 방향변경 — 85
5. 콘트롤점 — 85

6. 너브스전환	86
7. 도형의 확장	86
8. 드래그	88
9. 원호전환	88

Chapter 4. 도형의 이동 및 복사   90

1. 도형의 대칭이동	90
2. 도형의 회전이동	93
3. 도형의 배율이동	94
4. 도형의 투영이동	96
5. 도형의 평행이동	98
6. 도형의 옵셋	101
7. 도형윤곽의 옵셋	103
8. 도형의 스트레치	106
9. 도형의 롤(Roll)	107

Chapter 5. 도형 요소 지우기   112

1. 체인메뉴로 지우기	112
2. 윈도우로 지우기	113
3. 영역으로 지우기	114
4. 특정요소로 지우기	114
5. 모든 요소로 지우기	114
6. 그룹으로 지우기	114
7. 이동결과 지우기	114
8. 중복도형 지우기	115
9. 되살리기	116

Chapter 6. 도형 요소의 측정   118

1. 도형 위치 측정	118
2. 도형 윤곽 측정	119
3. 특정요소 측정	121
4. 두 점간 거리 측정	121
5. 각도 측정	121
6. 다이나믹 측정	121
7. 면적/체적 측정	122
8. 번호	123
9. 체인 측정	123
10. 곡면 측정	124

▶ Mastercam

Chapter 7. 치수기입 및 도면작성   128
    1. 도면요소 작성 실행방법   128
    2. 도면작성 조건설정   133
    3. 도면요소 형태 설정 단축키   140

Chapter 8. 그래픽 화면의 조정 및 확인   144
    1. 환경설정   144
    2. 요소갯수 화면표시   165
    3. 끝점 화면표시   165
    4. 색상복귀   165
    5. 색상변경   165
    6. 레벨변경   166
    7. 속성변경   166
    8. 곡면표시   167
    9. 블랭크/히든   170
    10. 속성설정   170
    11. 화면중심   170
    12. 그리드 사용   170
    13. 위치감지   171
    14. 재생성   171
    15. 클립보드   171
    16. 콤바인뷰   171
    17. 화면분할   172
    18. 도면출력   172

Chapter 9. 파일 운용 방법   174
    1. 파일 새로하기   174
    2. 파일 편집   174
    3. 파일 불러오기   175
    4. 파일 잇기   176
    5. 파일 내용보기   176
    6. 파일의 저장/부분저장   177
    7. 형상 부르기   177
    8. 파일변환   178
    9. 파일정보   180
    10. 도스나들이   180
    11. 램 세이버   180
    12. 화면프린트   181
    13. 데이터전송   181
    14. 리넘버   183
    15. 종료   183

Chapter 10. NC 프로그래밍 기초   186
     1. NC 프로그램   186
     2. NC프로그램의 구성   187
     3. NC 코드의 기능   191

Chapter 11. 2차원 NC 프로그래밍   226
     1. 재료설정   226
     2. 공구관리 대화창   231
     3. 가공정의 관리자   236
     4. 공구조건설정   252
     5. NCI 파일 정의   258

Chapter 12. 2차원 가공정의   262
     1. 윤곽가공   262
     2. 드릴가공   275
     3. 포켓가공   282
     4. 표면가공   292
     5. 원호가공   294
     6. 선형배열   305

Chapter 13. NC 프로그래밍 유틸리티   312
     1. 모의가공   312
     2. 경로확인   317
     3. 배치작업   323
     4. 거르기   326
     5. NC 작업   327
     6. 작업지시서   328
     7. 작업정의   331
     8. 공구정의   333
     9. 재질정의   333

Chapter 14. 연습과제 해답   338
     1. 수평선과 수직선 그리기   338
     2. 수평선과 수직선 그리기   340
     3. 수평선과 수직선 그리기   343
     4. 두 점선 그리기   350
     5. 연속선 그리기   357
     6. 경사선 그리기   363
     7. 종합문제   369
     8. 종합문제   372

9. 종합문제	375
10. 경사선 그리기	383
11. 종합문제	388
12. 종합문제	391
13. 종합문제	397
14. 종합문제	400
15. 종합문제	403
16. 종합문제	408
17. 모따기 그리기	411
18. 문자 그리기	417
19. 타원 그리기	419
20. 타원 그리기	419
21. 원에 내접하는 다각형 그리기	421
22. 원에 외접하는 다각형 그리기	422
23. 나선헬릭스 그리기	423
24. 방정식 입력하여 도형 작성하기	424
25. 기어 그리기	425
26. 홀테이블 그리기	426
27. 종합문제	430
28. 종합문제	434
29. 종합문제	439
30. 종합문제	444
31. 축 방향별 도형 확대	450
32. 종합문제	451
33. 도형의 평행이동	456
34. 도형의 옵셋	458
35. 수평, 수직 치수기입	461
■ 가공연습 1 해답	471
PART 1 : 작업평면/그래픽뷰/Z깊이 설정 및 커서위치감지 기능 해제	
	471
PART 2 : 도면 그리기	471
PART 3 : 가공경로 생성하기	486
PART 4 : 모의가공 실행	503
■ 가공연습 2 해답	505
PART 1 : 작업평면/그래픽뷰/Z깊이 설정 및 커서위치감지 기능 해제	
	505
PART 2 : 도면 그리기	505
PART 3 : 가공경로 생성하기	510
PART 4 : 모의가공 실행	533

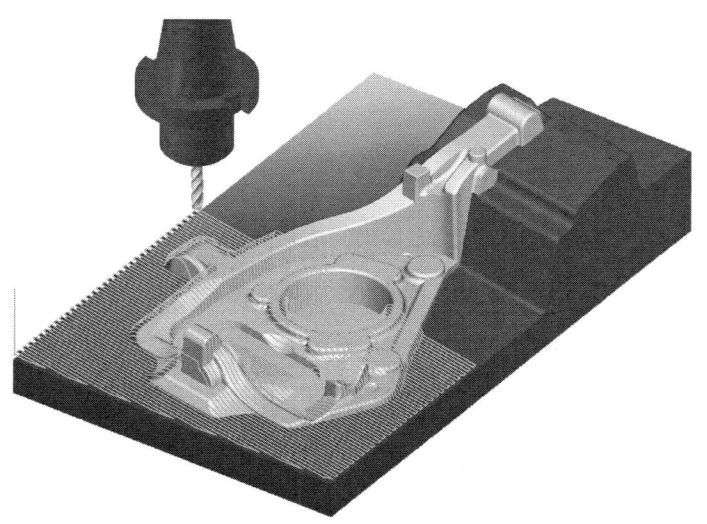

Chapter 1. Mastercam의 소개

1. Mastercam의 Module 구성
2. Mastercam 가동을 위한 System 요구사항
3. Mastercam 화면의 구성
4. 단축 아이콘 기능
5. 단축 기능키
6. Mastercam 메뉴 선택방법
7. 마우스 오른쪽버튼 기능
8. 도형요소 선택방법
9. 체인 기능
10. 데이터 입력방법
11. 위치지정 실행방법
12. 도형정의 기초

Mastercam의 소개

1. Mastercam의 Module 구성

Mastercam은 1984년 미국의 CNC Software社가 개발한 CAD/CAM 통합 Software로, 사용자의 분야별로 아래와 같은 다양한 모듈로 제공된다.

※ Mastercam Module

구 분		기 능	주 요 기 능
Module	Level	범 위	
DESIGN	-	2, 3차원 CAD	• 2차원 도면작성 및 3차원 모델링
MILL	ENTRY	2차원 밀링가공	• 2차원 윤곽가공 • 포켓가공(왕복가공만) • 드릴가공 • BACK PLOT(가공검증) • 수정 가능한 Post Processor
	LEVEL 1	DESIGN + ENTRY + 주요기능	• 3차원 윤곽가공 • 포켓가공(Spiral, Island, One way ... etc.) • 측벽 테이퍼 및 높이가 다른 포켓가공 • 로타리 축 가공 • 100여 가지의 Post Processor 정의
	LEVEL 2	LEVEL 1 + 주요기능	• 1개 곡면에 대한 NC 프로그래밍 • 1개 곡면에 대한 황삭 프로그래밍 • Ruled, Revolved, 2D Swept, 평면, 원주, 구, Cone, 단면 등에 대한 투영가공 정의
	LEVEL 3	LEVEL 2 + 주요기능	• 복합 곡면에 대한 3차원 NC 프로그래밍(4, 5축 포함) • Ruled에 의한 5축 가공정의 복합곡면에 대한 황삭 프로그래밍 • 3D Swept에 의한 가공정의 • Loft에 의한 가공정의 • Coons patch(multiple patch 포함), Trim 곡면에 대한 가공정의
LATHE	ENTRY	선반가공	• 2차원 선반가공
	LATHE	선반가공	• 3차원 선반가공

Chapter 1

| WIRE | - | 와이어 가공 | • 윤곽가공
• No core 가공
• 4축 가공(상하이형 형상)
• 50여 가지의 Post Processor |

위에 열거된 바와 같이 Mastercam에는 여러 개의 모듈이 있으나, 이 책에서는 Mastercam Mill Version 9.0을 기준으로 2, 3차원 모델링 및 밀링가공을 실행하는 방법만 다루기로 하겠다.

2. Mastercam 가동을 위한 System 요구사항

Mastercam은 PC Base CAD/CAM Software 로 요구되는 Hardware 및 Software 사양은 아래와 같다.

- Pentium Ⅲ급 이상 PC(NT Workstaion까지 적용)
- Windows에 호환되는 마우스
- MS Windows(98, NT, 2000, XP)
- Minimum 64MB RAM(128MB 이상 추천)
- Minimum 800×600 resolution

3. Mastercam 화면의 구성

Mastercam을 실행하면 아래의 초기화면이 나타나는데 이 화면의 구성은 아래와 같이 구분할 수 있다.

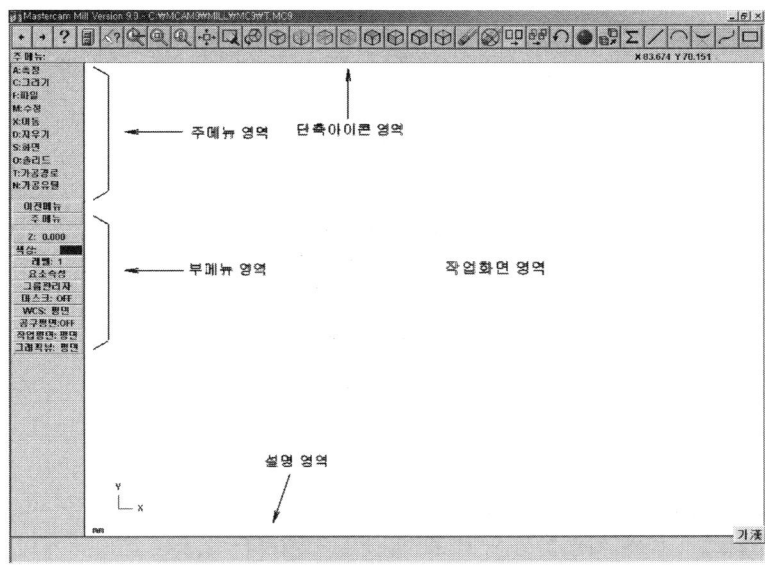

 CAD·CAM 실무 2D

3.1 단축아이콘

화면 상단에 위치하는 아이콘들로 각 아이콘은 특정메뉴의 기능을 실행.

3.2 주메뉴

화면 좌측 상단에 위치하며, **주메뉴** 아래 위치한 메뉴(측정, 그리기, 파일 등)들로 구성되어 있는데, 이 메뉴들은 도형정의, 가공정의, 가공검증을 실행하는 메뉴이다. 각 메뉴의 기능은 이후 각 단원별로 과정을 통해 소개하겠다.

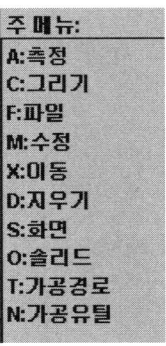

3.3 부메뉴

주메뉴를 사용하기 위한 설정 등에 관련된 메뉴들로 화면 좌측 **주메뉴** 아래에 위치하며, 메뉴실행 방법은 왼쪽 마우스 버튼을 클릭하면 실행되며, 각 메뉴의 기능은 아래와 같다.

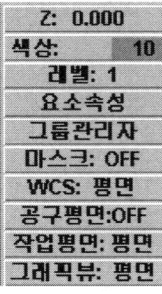

① **Z : 0.000** : 작업할 면의 Z값 위치를 지정하는 기능
② **색상 : 10** : 도형의 색상을 지정하는 기능으로 256개의 색상을 지원한다.
③ **레벨 : 1** : 현재 작업파일에 대한 레벨을 설정하는 기능으로 256개의 레벨을 지원한다.

④ **요소속성** : 생성될 도형의 선형태, 굵기 및 점도형의 형태 레벨 등을 설정하며, 파일 변환 및 도형 생성시 해당 도형의 속성(저장레벨, 색상, 선형태 등)을 지정한다.

⑤ **그룹관리자** : 도형선택을 쉽게 할 수 있도록 다수의 도형들을 하나의 묶음으로 설정(특정이름 부여)하여 관리하는 기능

① **표시영역** : 설정되는 그룹들이 표시되는 영역
② **그룹생성** : 작업화면내 특정도형들을 하나의 그룹으로 설정하는 기능으로 버튼선택 후 생성될 그룹의 이름을 부여하고 화면에서 대상 도형들을 선택 완료하면 표시영역에 설정 그룹이름으로 표시된다.
③ **도형추가** : 표시영역에서 선택된 특정그룹에 다른 도형을 추가 설정하는 기능으로 버튼선택 후 작업화면에서 해당 그룹으로 추가될 도형들을 선택한다.
④ **도형해제** : 표시영역에서 선택된 특정 그룹의 도형들 중 일부 도형들을 그룹에서 해제하는 기능으로 버튼선택 후 작업화면에서 해제될 도형을 선택한다.
⑤ **그룹보기** : 표시영역에서 선택된 특정그룹에 속한 도형들을 작업화면에서 구분해 보는 기능으로 버튼 선택하면 작업화면에 해당 그룹에 속한 도형들만이 자동 표시됨
⑥ **그룹해제** : 표시영역에서 선택된 특정 그룹들을 삭제시켜 해당 그룹들에 속한 도형 전체를 그룹관리에서 해제하는 기능으로 버튼선택만으로 실행된다.
⑦ **부속그룹** : 표시영역에서 선택된 특정그룹을 다른 그룹의 부속(하위)그룹으로 설정하는 기능으로 실행방법은 다음과 같다.
 ㉠ 표시영역에서 대상 그룹 선택
 ㉡ 부속그룹 버튼 선택(대상 그룹이 표시영역에서 일시적으로 사라짐)
 ㉢ 모(母)그룹이 될 대상 그룹 선택(하위 그룹으로 표시됨)
  ※ 주의 : 모(母)그룹과 부속그룹의 이름을 동일한 이름으로 사용할 수 없다.

⑧ **부속해제** : 표시영역의 특정 그룹에 부속된 그룹을 부속그룹에서 해제하는 기능으로 표시 영역에서 해당 부속그룹을 선택한 후 부속해제 버튼 선택하면 실행된다.

⑨ **도형선택** : 작업화면내 특정 도형들을 선택하여 해당 도형들이 속한 그룹을 알아보는 기능으로 버튼선택 후 특정 도형들을 선택 완료하면 그룹관리자 대화창의 해당 그룹들이 자동으로 선택(청색) 표시된다.

⑩ **표시색상** : 특정그룹에 속한 도형들의 화면표시색상을 설정하는 기능으로 버튼선택 후 나타나는 그룹도형 표시색상 대화창으로 표시될 색상을 설정한다.

- 도형 고유색상으로 표시 : 항목 선택하면 그룹의 도형들을 생성하는 과정에서 적용된 해당 도형들의 고유색상으로 표시된다.
- 그룹색상으로 표시 : 도형 고유색상이 아닌 표시색상 영역에 설정된 색상으로 화면 표시하도록 하는 기능
- 표시색상 : 위 그룹색상으로 표시항목을 선택한 경우에만 활성화되는 영역으로 해당 그룹에 대한 도형구분 표시색상을 설정

⑥ **마스크 : OFF** : 하나의 레벨을 지정하는 기능으로 지정된 레벨만이 작업 가능하며, 해당레벨만 작업이 가능하다.

⑦ **WCS 평면** : 뷰관리자는 사용자가 원하는 각각의 공구평면 및 작업평면 등을 지정할 수 있는 메뉴로서 새로운 평면을 생성시켜 이름 및 번호를 부여 할 수 있으며 필요시 설정한 뷰번호에 따라 가공정의가 용이하다. 요소에 대한 속성 및 작업 옵셋번호, 주석문 지정, 원점지정 기능을 한몫에 묶어서 지정할 수 있고, 또한 각각의 작업위치에 따른 WCS (Work Coordinate System) 기능을 설정할 수 있다.

⑧ **공구평면 : off** : 공구가 이동되는 면을 지정하는 기능

⑨ **작업평면 : 평면** : 작업할 면을 지정하는 기능

⑩ **그래픽뷰 : 평면** : 화면의 시각 표시상태를 지정하는 메뉴로 사용자가 작업중인 모델을 원하는 방향 각도에서 볼 수 있도록 뷰를 설정하는 기능

3.4 작업화면 영역

도형의 모델링 및 가공정의 등 실제 작업이 이루어지는 영역으로 좌측 하단에는 항상 작업화면에 표시된 도형의 축별 좌표설정 상태가 표시된다.

3.5 설명영역 구역

화면하단에 위치하며, 이곳에는 작업자가 실행 중인 작업의 상태를 시스템이 표시해줌은 물론 사용자가 선택한 메뉴에 대해 이후 어떤 작업을 해야 하는지를 시스템이 표시해주는 편리한 기능

> **두점선 그리기: 생성될 직선의 첫번째 끝점 위치를 지정하시오**

4. 단축 아이콘 기능

아이콘	기 능	설 명
←	이전 페이지	툴바의 이전페이지로 이동시 사용
→	다음 페이지	툴바의 다음페이지로 이동시 사용
?	도움말	온라인 도움말 사용시 사용
	파일메뉴	파일메뉴를 여는 기능
	측정메뉴	측정메뉴를 여는 기능
	화면확대	윈도우로 화면을 확대하는 기능
	화면축소	화면을 0.5배 축소하는 기능
	0.8배 축소	화면을 0.8배로 축소하는 기능
	자동배율	도형요소를 화면에 맞게 최대한 크게 확대
	다시그리기	화면에 잔상 및 허상을 제거하는 기능
	다이나믹	뷰평면의 위치를 마우스로 자유롭게 지정하는 기능
	그래픽뷰(입체)	그래픽뷰를 입체로 지정
	그래픽뷰(평면)	그래픽뷰를 평면으로 지정
	그래픽뷰(정면)	그래픽뷰를 정면으로 지정
	그래픽뷰(측면)	그래픽뷰를 측면으로 지정
	작업평면(평면)	작업평면을 평면으로 지정

아이콘	이름	기능
	작업평면(정면)	작업평면을 정면으로 지정
	작업평면(측면)	작업평면을 측면으로 지정
	작업평면(3D)	작업평면을 3차원으로 지정
	지우기	지우기 메뉴를 여는 기능
	되살리기	삭제한 요소를 지운 역순으로 되살리는 기능
	다시그리기 (재생성)	화면표시 요소를 최적화한 후 재생성 하는 기능
	색상복귀	그룹과 결과로 지정된 도형요소의 색상을 원래의 색상으로 복원하는 기능
	UNDO(취소)	바로 수행한 명령을 취소하고 바로 이전 상태로 복원하는 기능
	쉐이딩	곡면요소에 색상을 랜더링하는 기능
	블랭크	숨기고 싶은 도형을 선택하는 기능
	요소갯수	작업화면에 있는 도형요소의 개수를 표시
	직선메뉴	직선 그리기 메뉴를 여는 기능
	원호메뉴	원호 그리기 메뉴를 여는 기능
	필렛	사용자가 원하는 필렛(R)처리하는 기능
	스플라인	스플라인 그리기 메뉴를 여는 기능
	사각형 메뉴	그리기-사각형 메뉴를 여는 기능
	점그리기	그리기-점 메뉴를 여는 기능
	곡면메뉴	그리기-곡면 메뉴를 여는 기능

	트림-한요소	한요소 트림 기능을 수행
	트림-두요소	두요소 트림 기능을 수행
	트림-세요소	세요소 트림 기능을 수행
	나누기	나누기 트림 기능을 수행
	확장메뉴	확장 메뉴를 여는 기능
	자르기메뉴	자르기 메뉴를 여는 기능
	방향변경(곡면)	곡면의 방향을 변경하는 기능
	대칭이동	대칭이동 메뉴를 여는 기능
	회전이동	회전이동 메뉴를 여는 기능
	이동-배율	배율이동 메뉴를 여는 기능
	평행이동	평행이동 메뉴를 여는 기능
	이동-옵셋	옵셋이동 메뉴를 여는 기능
	원점화면표시	원점, 축, 공구원점, 현재도형, NCI 파일, 파일크기 등을 화면에 표시
	커서좌표 표시	마우스의 움직임을 좌표로 표시
	그리기-도면작성 -치수기입	치수기입 메뉴를 여는 기능
	치수기입 파라메터	치수기입에 관련된 파라메터 설정기능
	환경설정	환경설정 메뉴를 여는 기능

	윤곽가공	윤곽가공 메뉴를 여는 기능
	드릴가공	드릴가공 메뉴를 여는 기능
	포켓가공	포켓가공 메뉴를 여는 기능
	면방향가공	면방향가공 메뉴를 여는 기능
	가공경로-곡면가공	복합곡면가공 메뉴를 여는 기능
	경로확인	경로확인 메뉴를 여는 기능
	가공유틸-NCI편집	NCI편집 메뉴를 여는 기능
	거르기	거르기 메뉴를 여는 기능
	NC작업메뉴	NC작업 메뉴를 여는 기능
	도스나들이	도스나들이 창을 여는 기능
	데이터 전송	데이터 전송 메뉴를 여는 기능
	화면분할	화면분할 메뉴를 여는 기능
	새파일	화면을 초기화하는 기능
	타원	타원 그리기 메뉴를 여는 기능
	연속선	연속선 그리기 메뉴를 여는 기능
	수평선	수평선 그리기 메뉴를 여는 기능
	수직선	수직선 그리기 메뉴를 여는 기능

아이콘	기능	설명
	두점선	두점선 그리기 메뉴를 여는 기능
	경사선	경사선 그리기 메뉴를 여는 기능
	평행선	평행선 그리기 메뉴를 여는 기능
	점+각도-중심점	중심점을 이용한 호를 그리는 기능
	2점+반경	두점과 반경을 이용한 호를 그리는 기능
	램세이버	홀(Holl) 현상을 방지하여, 시스템의 데이터베이스를 최적화 시키는 기능
	속성변경	속성변경 대화창을 여는 기능
	재료설정	재료설정 대화창을 여는 기능
	가공관리자	가공정의 관리자를 여는 기능

5. 단축 기능키

단축키	기능	설명
F1	화면확대	윈도우 사각형을 이용한 화면확대 기능
F2	화면축소	화면을 1/2로 축소하는 기능
F3	다시그리기	화면의 잔상 및 허상을 제거하는 기능
F4	측정메뉴	측정 메뉴를 여는 기능
F5	지우기	지우기 메뉴를 여는 기능
F6	파일메뉴	파일 메뉴를 여는 기능
F7	수정메뉴	수정 메뉴를 여는 기능
F8	그리기	그리기 메뉴를 여는 기능

 CAD·CAM 실무 2D

F9	시스템 좌표	작업화면에 원점, 축, 시스템 좌표 등을 표시하는 기능
F10	단축키 설명	단축키 윈도우를 화면에 표시
Alt+F1	자동배율	화면의 도형요소를 최대한 크기로 확대
Alt+F2	0.8배 축소	화면의 도형요소를 0.8배로 축소
Alt+F3	커서 좌표표시	마우스의 움직임을 좌표로 표시
Alt+F4	종료	Mastercam을 종료하는 기능
Alt+F5	지우기-윈도우	지우기-윈도우 메뉴를 여는 기능
Alt+F7	블랭크	도형요소를 숨기는 기능
Alt+F8	환경설정	환경설정 윈도우를 여는 기능
Alt+F9	축표시	현재의 좌표계(중간), 현재 작업평면의 축(좌측하단), 공구평면의 축(우측하단)을 표시
Alt+F10	Mastercam 윈도우	Mastercam 윈도우의 크기를 조절
Alt+A	자동저장	자동저장 윈도우를 여는 기능
Alt+C	C-HOOK 부르기	C-HOOK 응용 프로그램을 로딩시에 사용
Alt+D	치수기입 파라메터	치수기입 파라메터 윈도우를 여는 기능
Alt+F	메뉴 폰트	메뉴의 폰트를 지정할 수 있는 윈도우를 여는 기능
Alt+H	도움말	Mastercam의 도움말을 볼 수 있는 기능
Alt+L	속성변경 메뉴	도형요소의 속성변경 윈도우를 여는 기능
Alt+M	메모리 사용 목록	현재의 메모리 사용 목록을 표시
Alt+P	설명영역 표시	설명영역 구역을 활성화, 비활성화 시킬 수 있는 기능
Alt+S	쉐이딩	곡면을 쉐이딩하는 기능
Alt+T	가공경로 화면표시	가공경로의 생성과정을 보이거나 안보이게 설정한 경우에는 P/G 종료전까지는 가공경로의 생성과정이 화면에 나타나지 않는다.
Alt+U	Undo	방금 전에 수행한 기능을 취소하는 기능
Alt+V	Version 정보	소프트웨어의 버젼, SIM 번호, 레벨 등을 표시
Alt+W	화면분할	화면분할 메뉴를 여는 기능
Alt+O	가공정의 관리자	가공정의 관리자를 여는 기능
Alt+1	색상	색상 윈도우를 여는 기능
Alt+2	레벨	주레벨 윈도우를 여는 기능
Alt+3	마스크	마스크레벨 윈도우를 여는 기능

Alt+4	공구평면	공구평면 메뉴를 여는 기능
Alt+5	작업평면	작업평면 메뉴를 여는 기능
Alt+'	2점원 그리기	두 점을 지정하여 원을 그리는 기능
ESC	취소, 이전메뉴	작업 또는 기능 수행시에는 취소기능으로 사용되고 메뉴이동시에는 이전메뉴 상태로 이동하는 기능으로 사용
Page up Page down	확대, 축소	Page up은 화면의 도형요소를 확대, Page down은 도형요소를 축소
화살표 방향키	Pan(이동)	화면의 도형요소를 상하좌우로 이동

6. Mastercam 메뉴 선택방법

마스터캠 메뉴를 선택하는 방법은 아래의 4가지 방법이 있다.
① 마우스 왼쪽 버튼으로 주메뉴에서 해당 메뉴를 클릭하는 방법
② 해당메뉴 왼쪽에 밑줄로 표시된 영문자에 해당하는 키보드상의 키를 눌러 실행하는 방법
③ 단축아이콘을 마우스 왼쪽 버튼으로 클릭하여 실행하는 방법
④ 단축 기능키를 사용하여 실행하는 방법

7. 마우스 오른쪽버튼 기능

```
W:화면확대
U:화면축소

D:다이나믹 회전
P:다이나믹 이동
Z:다이나믹 확대
C:자동배율
R:다시그리기

T:평면
F:정면
S:우측면
I:입체

✔ 커서도형감지
✔ 커서위치감지
```

① **확대** : 작업화면을 부분 확대하는 기능
② **축소** : 현재 작업화면 크기를 1/2로 축소하는 기능

 CAD · CAM 실무 2D

③ **다이나믹 회전, 이동, 확대** : 사용자가 작업을 요하는 방향으로 회전, 이동, 확대시키는 기능
④ **자동배율** : 작업화면 크기를 현재 작업화면의 모든 도형크기로 자동 조절하는 기능
⑤ **다시그리기** : 작업화면의 허상(도형, 대화창) 내용을 지우는 기능
⑥ **커서도형감지** : 작업화면내 마우스 커서위치 이동에 따라 이동위치에 있는 도형들을 시스템이 자동 감지하여 표시(기본 : 흰색)하고 표시상태에서 마우스 클릭시 해당 도형이 선택되는 기능으로 메뉴 마우스 클릭시마다 사용(표시) 또는 사용 안함(표시되지 않음)으로 자동 구분 표시됨
⑦ **커서위치감지** : 위치지정메뉴 단계에서 작업화면의 마우스 커서위치 이동에 따라 이동위치에 있는 도형들의 위치(끝점, 중간점, 중심점, 사분점, 교차점)를 시스템이 자동 감지하여 표시(흰색 사각형)하고 표시상태에서 마우스 클릭하면 해당 위치가 지정되도록 하는 기능으로 메뉴를 마우스로 클릭할 때마다 사용(표시) 또는 사용안함(표시되지 않은 상태)으로 자동 구분 표시됨

8. 도형요소 선택방법

① **선택취소** : 대상도형을 잘못 선택한 경우 선택된 도형들의 선택지정을 취소하는 기능
② **체인** : 체인기능 참조
③ **윈도우** : 마우스 윈도우 또는 다각형 기능을 이용하여 도형들을 선택하는 기능으로 메뉴 선택하면 나타나는 아래 추가메뉴들로 실행조건 설정(해당메뉴 선택하면 메뉴 우측에 +표시됨)후 도형선택
  - 사각형 : 사각형(대각점 지정) 형태를 지정해서 도형들을 선택
  - 다각형 : 다각형(다각형의 모서리점 지정) 형태 영역을 지정하여 도형들을 선택
  - 내측 : 사각형 또는 다각형 형태 영역 내측에 위치하는 도형들을 모두 선택
  - 내측＋교차 : 사각형(또는 다각형)형태 영역내에 위치하는 도형들과 형태 영역(흰색)에 걸치는 도형들을 모두 선택
  - 교차 : 사각형 또는 다각형 형태 영역에 걸치는 도형들만 선택
  - 외측＋교차 : 사각형 또는 다각형 형태 외측 및 영역에 걸치는 도형들을 선택
  - 외측 : 사각형 또는 다각형 형태 영역 외측에 있는 도형을 선택
  - 적용제한 : 사각형 또는 다각형 형태기준으로 도형선택시 위 메뉴조건(내측, 외측 선택 등)에 아래 제한조건에서 설정되는 내용을 2차적인 실행조건으로 적용하는 기능으로 메뉴 우측 영문자 Y로 설정되면 적용, N으로 설정되면 적용되지 않는다.
  - 제한조건 : 위 적용제한 메뉴우측 영문자 Y로 설정하면 적용되는 기능으로 메뉴 선택하면 표시되는 제한조건설정 대화창에서 선택될 도형종류 또는 속성 등을 설정
④ **영역** : 닫힌 형태의 윤곽도형 및 해당 도형 내측에 위치하는 도형들을 일시에 선택하는 기능으로 메뉴선택 후 해당 닫힌 윤곽도형의 내측 위치를 마우스로 클릭하여 실행

⑤ **특정요소** : 선택될 도형속성(도형종류, 색상, 레벨 등)을 미리 지정하여 작업화면에서 도형선택(마우스클릭)시 시스템이 지정된 도형 속성에 해당하는 도형들만 자동으로 구분선택

⑥ **모든요소** : 화면의 특정 종류 모든 도형을 일시에 선택하는 기능으로 메뉴 선택하면 표시되는 추가 메뉴들 중 선택될 도형종류에 해당하는 특정메뉴 선택하면 선택 실행됨

⑦ **그룹** : 다수의 도형들을 하나의 묶음(그룹)으로 사전에 지정한 경우 해당 도형들을 모두 일시에 선택하는 기능으로 메뉴 선택하면 표시되는 그룹관리자 대화창에서 선택될 그룹이름을 마우스 클릭하여 실행

⑧ **이동결과** : 이동메뉴를 실행하여 작업 화면내 특정 도형들을 이동 실행한 경우 이동되어진 도형들을 이동결과(보라색으로 화면에 일시적으로 구분 표시됨)라 하며, 이러한 화면표시 상태에서 메뉴 선택만으로 이러한 도형들이 수에 관계없이 자동 선택됨

⑨ **한요소** : 특정 메뉴(예 : 곡면도형 생성메뉴 실행시) 실행단계에서 도형선택을 윤곽단위로 선택해야 하는 경우 해당 윤곽단위 구성이 작업 화면내 하나의 도형요소로 구성될 때, 이 메뉴선택 후 대상 도형을 선택할 때마다 시스템이 해당 도형을 개별 윤곽단위로 인식

⑩ **섹션** : 다수의 연결된 도형들을 하나의 윤곽단위로 선택하는 경우 도형들간 이루는 특정 각도를 기준으로 일정각도이내 변화구간까지 도형들만을 시스템이 자동으로 선택하는 기능으로 메뉴선택 후 윤곽단위의 처음 도형위치만을 마우스 클릭하면 시스템이 적용 조건으로 자동 실행한다.(적용각도 설정은 9.체인기능-②조건설정 내용 참조)

⑪ **점** : 점도형 또는 특정위치를 하나의 윤곽단위로 선택하는 경우 사용하는 메뉴로 메뉴 선택 후 위치지정메뉴 단계에서 작업화면내 특정 위치를 지정하면 해당 위치를 시스템이 하나의 윤곽단위로 자동 인식

⑫ **대응기준** : 도형생성(예 : 로프트/룰드/스웹/쿤스곡면 생성) 또는 가공정의(예 : 로프트/룰드/스웹/쿤스가공) 작업에서는 다수의 도형윤곽 단위들을 선택해야 하는데 이때 선택된 도형윤곽 단위들은 해당작업의 특성상 다른 도형윤곽 단위들과 일정한 방식으로 대응하여 작업이 실행되는 특성을 갖게 된다. 이 메뉴는 이러한 작업들의 실행에서 대상도형 선택 실행 전에 선택되는 도형 윤곽들의 대응기준을 미리 설정하는 기능으로 메뉴를 선택하면 표시되는 항목들 내용은 다음과 같다.

- **안함** : 선택된 도형윤곽 단위들을 시스템이 일정길이 기준으로 자동분할 계산하여 대응하는 방식으로 작업실행
- **요소로** : 도형윤곽 단위별 동일체인순서의 요소들간 대응하는 방식으로 작업이 실행되는 조건으로 이 조건을 사용하려면 도형윤곽 단위들을 구성하는 도형들의 수가 동일해야 한다.
- **분기점으로** : 도형윤곽 단위들의 분기점을 기준으로 분기점까지의 도형 요소들을 대응하는 방식으로 작업이 실행되는 조건으로 도형선택의 부가적인 조건으로 색상제한 또는 평면제한 항목을 함께 이용하면 편리한 기능이다.

 CAD·CAM 실무 2D

- 노드점으로 : 선택된 도형윤곽 단위들을 구성하는 도형속성이 파라메트릭 스플라인이면서 스플라인의 노드점 수가 동일한 경우에만 적용하는 항목. 양쪽 스플라인 도형의 노드점을 대응하는 방식이다.
- 점으로 : 선택할 도형 윤곽들의 특정 도형요소 끝점위치 상에 점도형을 미리 생성한 후 대상 도형윤곽 단위들을 선택하면 해당 도형윤곽들의 점도형 위치기준 대응 방식으로 작업이 실행되는 조건으로 도형윤곽 단위들의 점도형 수가 일치해야 한다.
- 수동 : 도형선택 실행 과정에서 이전 선택한 도형윤곽 단위의 최종 끝점위치에 연결된 도형들만을 연속적으로 선택할 수 있도록 제한시키는 조건 방식으로 한 요소 또는 섹션 메뉴를 이용하여 도형윤곽 단위를 선택하는 경우 편리한 방법이다.
- 수동/조도 : 위 수동방법에 선택 도형윤곽 단위별 적용될 밀도 값을 추가적으로 설정할 수 있는 기능이다.

9. 체인 기능

끝점들이 연결된 다수의 도형들을 하나의 윤곽단위로 일시에 선택하는 기능으로 실행 방법에는 자동(시스템이 연결된 도형들을 모두 선택)과 수동(사용자가 시작위치와 종료위치 지정)방법이 있다.

① **이전메뉴** : 체인메뉴 실행단계에서 이전 도형선택메뉴 단계로 복귀하는 기능
② **조건설정** : 도형선택 메뉴들을 이용하여 도형들을 선택하는 경우 적용될 부가적인 조건을 설정하는 기능으로 메뉴 선택하면 표시되는 아래의 대화창에서 적용될 조건을 설정한다.

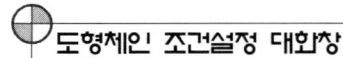
도형체인 조건설정 대화창

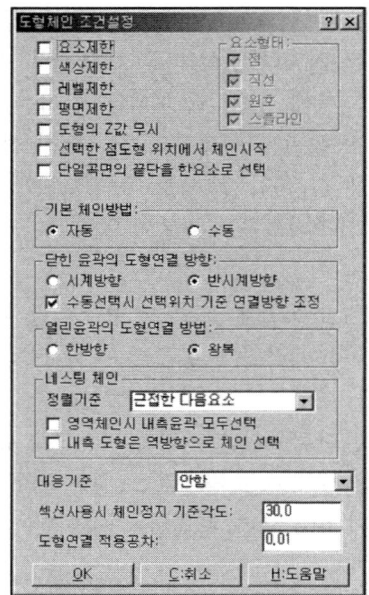

1. 요소/색상/레벨/평면 제한 : 체인지정시에 이와 같은 제한요건을 선택하여 체인지정을 용이하게 하는 기능
2. 도형의 Z값 무시 : 체인지정시 Z값이 다른 도형요소들을 하나의 체인으로 지정할 수 있도록 하는 기능
3. 선택한 점도형 위치에서 체인시작 : 이 항목은 작업화면의 선택될 화면에 그려진 특정한 점에서 가공을 시작할 때 지정하는 기능
4. 단일곡면의 끝단을 한요소로 선택 : 새로운 도형체인 조건설정에 추가적인 기능으로서 끝단 커브를 생성시키지 않고도, 곡면의 끝단부분을 선택시 커브 도형생성과 함께 윤곽을 선택할 수 있는 기능이며, "한요소"기능에 제한을 두고 있다.
5. 기본체인방법 : 체인메뉴를 실행하는 경우 적용될 체인방법을 설정하는 영역
   - 자동 : 체인메뉴 선택 후 선택될 연결 도형들 중 특정도형을 마우스 클릭시 시스템이 연결된 도형들을 일시에 모두 선택하는 기능
   - 수동 : 체인메뉴 선택 후 선택될 도형윤곽의 임의위치 도형을 선택하면 선택위치 도형 만 선택되고 이후 연결될 도형들을 사용자가 추가 지정하여 연결하는 기능
6. 닫힌윤곽의 도형 연결방향 : 닫힌 형태의 도형윤곽을 작업대상 도형으로 선택하는 경우 도형들의 연결 진행방향을 시계방향(CW) 또는 반시계방향(CCW)중 어느 방향으로 적용할지를 설정하는 항목으로 가공정의 실행과정에서 이 방법을 적용하면 적용 진행방향은 공구의 절삭 진행 방향이 된다.
   - 수동선택시 선택위치기준 연결방향 조정 : 항목선택 후 도형선택 작업에서 체인 메뉴로 닫힌 윤곽 도형형태의 특정위치를 마우스 클릭하면 마우스 클릭위치 도형 요소의 가장 가까운 끝점위치가 도형연결의 시작위치로 설정되어 도형연결 선택이 진행되며, 항목선택 안한 경우는 마우스 클릭위치 도형요소 끝점위치에 관계없이 CW/CCW 항목들 중 선택항목 방향으로만 도형연결 선택이 실행됨
7. 열린윤곽의 도형 연결방법 : 열린 형태 도형윤곽을 윈도우 메뉴를 이용하여 선택하는 경우 도형연결 방향기준을 설정하는 영역
   - 한방향 : 윈도우 메뉴로 대상도형들을 선택한 후 도형 찾기 시작점 위치를 지정하는 실행단계에서 지정되는 특정위치기준 가장 가까운 도형요소의 끝점위치가 시작위치로 설정되어 해당 도형요소의 다른 끝점위치 방향으로 도형선택 진행방향이 자동 결정되며, 이후 떨어져 있는 다른 가까운 도형 요소들을 연결 선택하는 방법으로 처음 도형요소의 도형선택 진행방향과 동일한 방향으로만 연결 선택이 진행되는 방법
   - 왕복 : 위 한방향 항목의 처음요소 찾기 과정까지는 동일한 방식으로 진행되고, 이후 떨어져 있는 다른 가까운 도형 요소들을 연결 선택하는 방법으로 최종 진행 위치에서 가장 가까운 도형요소의 끝점위치를 해당 도형요소의 연결위치로 인식하여 도형 요소들을 연결시키는 방식으로 도형들을 선택하는 방법
8. 영역사용시 영역내 모든 도형 선택 : 항목선택 후 영역메뉴로 작업화면에서 닫힌 윤곽형태 내측의 특정위치를 마우스 클릭하면 해당 닫힌 윤곽도형과 내측에 있는 모든 도형들이 자동으로 모두 선택되며, 항목선택 안한 경우는 해당 닫힌 윤곽도형과 닫힌 윤곽영역 내측의 또 다른 닫힌 윤곽도형 및 그 사이 공간의 도형들만 선택된다.

 CAD·CAM 실무 2D

⑨ 네스팅(Nesting) 체인 : 이전 V8에서는 네스팅 되어진 도형들에 가공경로 생성시 경보정 방향은 한쪽으로 제한되어져 사용자가 수동으로 바꿔줘야 했으나, V9에서는 네스팅 체인의 추가로 윈도우로 선택되어진 가공대상들에 관하여 서로 역보정 관계를 유지함으로써 사용자의 수동작업으로 인한 시간낭비를 최소화시켰다.

⑩ 내측도형은 역방향으로 체인 선택 : 다수의 닫힌 형태 도형 윤곽들이 상호 내측과 외측으로 구성된 형태를 일시에 가공 대상으로 선택하는 경우 시스템이 가공진행의 방향을 내측의 닫힌 윤곽 도형에서 가장 가까운 외측방향의 도형윤곽 순서로 자동 실행하는 방법으로 워터젯(또는 레이저) 가공분야에서는 절단가공의 특성상 반드시 이러한 가공실행 순서로 실행되어야 한다.

⑪ 대응기준 : 위 대응기준 메뉴 내용과 동일

⑫ 섹션사용시 체인정지 기준각도 : 섹션메뉴로 도형윤곽 선택시 적용될 윤곽단위 구분 기준 각도 값을 설정하는 기능으로 우측 입력란에 입력되는 각도값을 기준으로 시스템이 자동으로 윤곽단위를 구분하여 선택한다.

⑬ 도형연결 적용공차 : 다수의 연결된 도형들을 하나의 윤곽단위로 선택하는 경우 도형 연결 여부를 결정지을 도형들간 끝점거리 간격 값을 설정하는 기능으로 시스템은 항목 우측 입력란에 입력된 값을 실제 선택된 도형들간 끝점간격과 비교하여 실제 끝점 간격이 입력 값과 같거나 짧은 경우에만 도형들을 연결하여 선택한다.

③ **부분체인(수동체인기능)** : 연결된 다수의 도형들 중 일부분 도형들만을 선택하고자 하는 경우 사용하는 기능으로 메뉴선택 후 선택될 윤곽단위 첫 번째 시작위치 도형을 마우스로 클릭하면 메뉴란에 아래추가메뉴들이 나타나는데 메뉴들 기능은 다음과 같다.

- 역방향 : 화면에 표시된 도형연결의 시작위치(녹색화살표위치)와 최종연결진행위치(적색 화살표위치)를 반대방향으로 전환하는 기능으로 메뉴 선택할 때마다 방향이 반전된다.
- 뒤로이동 : 처음 시작위치 도형을 선택하고 연결되는 다수의 도형들을 부분적으로 추가 선택한 경우 이 메뉴 선택할 때마다 현재 작업화면에 표시된 최종연결진행위치(적색 화살표위치)가 도형요소선택 연결방향(적색화살표방향)의 역 방향으로 하나의 도형요소 단위씩 이동하면서 도형선택이 취소되는 기능
- 체인종료 : 메뉴 선택하면 작업화면에 현재까지 선택표시(녹색화살표와 적색화살표 사이의 도형들)된 도형들로만 하나의 윤곽단위 연결을 종료하면서 부분체인 메뉴 기능을 완료하고 다음 메뉴 단계로 실행되는 기능
- 대기상태 : 처음 시작위치 도형요소 선택 후 메뉴 선택하여 메뉴 우측 영문자 Y로 설정하고 작업화면의 적색화살표위치 이후에 연결될 도형들을 지속적으로 선택하여도 도형윤곽 단위가 종료되지 않은 상태로 유지되며 도형윤곽단위 연결을 종료하려면 위 체인종료 메뉴를 선택해야 한다. 메뉴우측 영문자를 N으로 설정하면 이후 연결될 도형을 선택하는 순간 처음 시작위치 도형요소에서 이후 연결 도형 선택 위치사이의 도형들만을 도형윤곽 단위로 연결 종료되면서 부분체인 메뉴 기능이 완료되면서 다음 메뉴 단계로 실행된다.

>  **참고**
>
> **체인수정 메뉴**
>
> 자동체인 또는 부분체인 기능으로 하나의 도형윤곽단위 선택이 종료된 경우 메뉴란에는 선택된 윤곽단위 내용을 수정할 수 있는 아래의 추가메뉴들이 나타나는데 각 메뉴별 기능은 다음과 같으며, 자동체인 실행인 경우에 일부 메뉴들은 표시되지 않는다.
>
> ① 앞으로 이동(시작앞으로) : 메뉴를 선택할 때마다 직전 선택된 도형윤곽 단위의 도형 연결 시작위치(녹색화살표위치)가 도형연결 진행방향 앞쪽으로 이동하는 기능(부분 체인인 경우는 화살표를 이동하면서 이전 시작위치 도형은 윤곽단위에서 해제됨)
> ② 뒤로 이동(시작뒤로) : 메뉴를 선택할 때마다 직전 선택된 도형윤곽 단위의 도형연결 시작위치가 도형연결 진행방향 뒤쪽으로 이동하는 기능(부분체인인 경우는 화살표 이동하면서 도형윤곽 연결대상으로 추가됨)
> ③ 시작위치 : 닫힌 윤곽 형태를 선택한 경우에만 나타나는 메뉴로 메뉴선택 후 지정되는 위치가 도형연결의 시작위치로 변경된다.
> ④ 끝앞으로 : 메뉴를 선택할 때마다 도형연결 종료위치가 이후 연결된 도형요소로 이동하는 기능(화살표 이동하면서 도형윤곽 단위로 해당 도형요소 추가됨)
> ⑤ 끝뒤로 : 메뉴를 선택할 때마다 도형연결 종료위치가 현재위치 이전 도형요소로 이동하는 기능(화살표 이동하면서 이전 종료위치도형은 도형윤곽 단위에서 해제됨)
> ⑥ 선택취소 : 메뉴를 선택할 때마다 선택되었던 윤곽 단위들이 선택 역순으로 도형선택 해제된다.

10. 데이터 입력방법

도형작업 과정 또는 가공정의 작업에서 적용될 각종 값의 입력은 다음과 같은 방법들을 사용한다.

1) 키보드 입력

화면하단 또는 특정 대화창의 입력란에 키보드를 이용하여 적용될 해당 수치 또는 문자를 입력(이때 입력 값은 사칙연산 기호 및 괄호를 사용하여 입력 가능함)

2) 대화창내 항목이름 버튼

특정 대화창의 입력란 앞에 위치한 항목의 이름 버튼을 마우스 클릭 후 화면에 표시되는 위치지정 메뉴 단계에서 키보드로 특정 좌표 값 입력 또는 작업화면에서 특정위치를 지정하면 해당 좌표 값이 해당 입력란 값으로 자동 입력된다.

3) 단축키 입력

입력란에 아래의 특정기호를 키보드를 이용하여 입력하고 Enter키를 눌러 대응 적용될 값을 설정하면 시스템이 해당 값을 자동 계산하여 입력하는 방식

① X, Y, Z : 입력란에 X(또는 Y, Z)좌표 값을 입력해야 하는 경우 입력란에 키보드로 X문자(또는 Y, Z문자) 입력 후, Enter키를 누른 다음 작업화면에서 X 좌표 값(또는 Y, Z좌표 값)으로 적용될 위치를 지정하면 입력란에 지정위치의 X 좌표 값(또는 Y, Z 좌표 값)을 시스템이 자동 계산하여 입력 표시한다.

② R, D : 원호도형의 지름 값(또는 반지름 값) 입력단계에서 해당 영문자를 키보드로 입력하고 Enter키를 누른 다음 작업화면에서 적용될 원호도형을 선택하면 시스템이 선택된 원호도형의 지름 값(또는 반지름 값)을 자동 계산하여 입력 표시한다.

③ L : 길이입력 단계에서 해당 영문자를 키보드로 입력하고 Enter키를 누른 다음 작업 화면에서 적용될 대상 도형을 선택하면 시스템이 선택한 도형의 길이를 자동 계산하여 입력 표시한다.

④ S : 길이입력 단계에서 해당 영문자를 키보드로 입력하고 Enter키를 누른 다음 작업 화면에서 두 점 위치를 지정하면 시스템이 지정된 두 점 위치간 거리를 자동 계산하여 입력 표시한다.

⑤ A : 각도입력 단계에서 해당 영문자를 키보드로 입력하고 Enter키를 누른 다음 주메뉴 영역에 표시되는 아래의 추가메뉴들을 이용하여 설정 값을 입력하는 방식

- 한직선 : 메뉴선택 후 작업 화면내 특정직선을 선택하면 선택한 직선도형을 생성하는 과정에서 적용된 각도 값을 시스템이 자동 입력 표시한다.
- 두직선 : 메뉴선택 후 작업화면에서 두 직선도형을 선택하면 시스템이 선택된 두 직선들이 이루는 각도 값을 자동 계산하여 입력 표시한다.
- 점(2 또는 3) : 메뉴선택 후 위치지정 메뉴를 이용하여 작업화면에서 두 점 위치 또는 세 점 위치를 지정하면 시스템이 위치지정 순서에 따른 각도 값을 자동 계산하여 입력 표시한다.
- 원호각도 : 메뉴선택 후 작업화면에서 특정 원호도형을 선택하면 시스템이 선택된 원호도형의 시작점과 끝점이 이루는 각도 값을 자동 계산하여 입력 표시한다.
- 각도 값 : 메뉴선택 후 적용될 각도 값을 입력란에 키보드로 입력하는 기능

⑥ ? : 키보드로 ? 문자 입력 후 Enter키를 누르면 위 각 기호들에 대한 메뉴버튼 대화창이 표시되는데 표시버튼 중에서 실행될 특정 버튼을 선택하고 실행

11. 위치지정 실행방법

도형작업 또는 기타작업을 실행하는 과정에서 작업실행의 기준이 될 위치를 지정하는 방법으로 아래의 2가지 방법들을 사용할 수 있다.

1) 위치지정메뉴

특정메뉴 실행과정 중 주메뉴 영역에 표시되는 아래의 위치지정메뉴들을 이용하여 작업위치를 지정하는 기능으로 실행방법은 해당메뉴 선택 후 작업화면에서 대상도형을 선택하거나 특정위치를 지정한다.

 **참고**

좌표 값 입력
위치지정메뉴 상태에서 키보드를 이용하여 아래 형식으로 직접 입력가능
- , 로 구분입력 : 100,100,100 입력시 ⇒ X100,Y100,Z100으로 인식
- 좌표문자입력
  X100 입력시 ⇒ Y, Z 좌표 값은 현재 좌표 값으로 인식
  Y100 입력시 ⇒ X, Z 좌표 값은 현재 좌표 값으로 인식

① **원점** : 메뉴 선택하면 현재 작업평면의 원점(0,0,0) 위치가 작업 위치로 지정되는 기능
② **중심점** : 메뉴선택 후 작업화면에서 특정 원호도형을 선택하면 해당 원호도형의 중심점 위치가 작업위치로 지정되는 기능
③ **끝점** : 메뉴선택 후 작업화면에서 특정도형을 선택하면 선택위치 기준 해당 도형의 가장 가까운 끝점위치가 작업위치로 지정되는 기능
④ **교차점** : 메뉴선택 후 작업화면에서 서로 다른 두 개의 도형들을 선택하면 두 도형이 만나는 위치가 작업위치로 지정되는 기능으로 평행한 상태의 직선도형 또는 가상으로 확장하는 경우에도 만나지 않는 도형들은 실행할 수 없다.
⑤ **중간점** : 메뉴선택 후 작업화면에서 선택하는 특정도형의 중간위치가 작업위치로 지정되는 기능
⑥ **점** : 메뉴선택 후 작업화면에서 선택하는 특정 점도형 위치가 작업위치로 지정되는 기능
⑦ **최종점** : 메뉴선택시 직전에 지정했던 위치가 작업위치로 다시 선택되는 기능
⑧ **증분점** : 작업실행기준 위치를 작업화면에서 바로 지정할 수 없는 상황에서 해당 위치가 특정위치기준 일정 좌표 또는 거리/각도로 찾을 수 있는 경우 실행하는 기능으로 찾기 기준이 될 특정위치를 먼저 지정한 후 아래 추가 메뉴들을 이용하여 지정한다.

[실행과정 : 메뉴선택 → 특정위치지정 → 적용기준 메뉴실행 → 작업위치지정]

- **증분값** : 찾기 기준으로 지정한 특정위치기준 작업지정 위치의 증분 좌표 값 입력
- **거리+각도** : 찾기 기준으로 지정한 특정위치기준 작업지정 위치의 거리/각도 값 입력

⑨ **사분점** : 메뉴선택 후 작업화면에서 선택하는 특정 원호도형의 사분점 위치가 작업위치로 지정되는 기능으로 대상 원호도형 선택하면 마우스 클릭위치에 가까운 사분점 위치가 지정된다.
⑩ **임의점** : 메뉴선택 후 작업화면에서 임의의 위치를 마우스 클릭하여 작업기준 위치로 설정하는 기능으로 지정된 위치는 도형요소의 특정위치(끝점, 중심점, 사분점, 교차점, 중간점 등)와 관련이 없다.

2) 커서위치감지

위치지정 실행메뉴 단계에서 작업화면내 마우스커서 위치에 따라 시스템이 작업화면내 도형요소의 각 점의 위치(끝점, 중심점, 중간점, 사분점, 교차점, 점)를 자동으로 인식하여 흰색 사각형 형태로 해당 위치에 있음을 자동 표시하는 기능으로 사각형 표시 상태에서 마우스 클릭하면 해당 위치가 작업기준 위치로 바로 지정된다.

12. 도형정의 기초

1) 도형의 종류

Mastercam으로 생성할 수 있는 도형의 종류는 2차원 도형으로 점, 직선, 원호, 스플라인 및 각종 도면요소(노트, 라벨, 치수 등)와 3차원 도형으로는 스플라인, 각종커브(곡면커브, 중심커브 등), 곡면도형, 솔리드 도형을 생성할 수 있다.

2) 도형의 표시형태 설정

각종 도형의 표시형태는 도형생성 실행에 앞서 부메뉴란 도형 선택 메뉴를 선택하여 아래 그림과 같은 대화창에서 표시될 형태를 미리 설정하고 도형 생성 과정을 실행하거나 이미 생성된 도형인 경우에는 주메뉴-화면-속성변경 메뉴를 이용하여 도형표시 형태를 변경할 수 있다. 또한, V9에서는 이미 생성된 도형이나 파일 변환시 각각의 도형요소에 대하여 레벨, 색상, 선형태, 선굵기 등을 한번에 분리할 수 있어 작업의 이중화를 방지하였다.

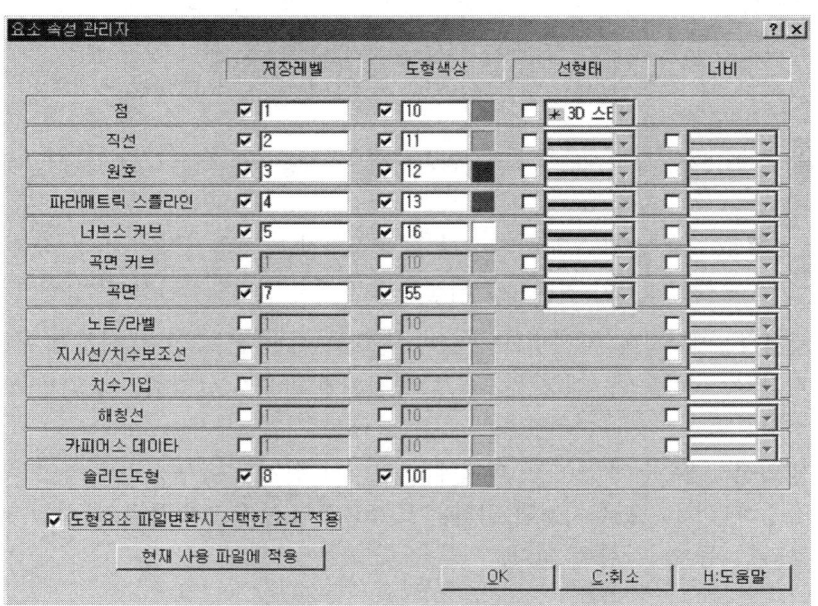

3) 작업평면 설정방법

Mastercam으로 도형생성실행 또는 기타 도형작업 전에 생성될 도형요소가 어떤 평면(Plane) 상에(예: 평면의 원호, 정면의 원호) 있어야 하는지 또는 도형관련 작업이 어떤 평면을 기준으로 실행되어야 하는지를 먼저 설정해야 하는데 이 설정은 부메뉴란 작업 평면 메뉴(또는 단축아이콘/기능키 및 마우스 오른쪽버튼 메뉴)를 이용하여 설정할 수 있으며 작업평면의 종류 및 내용은 다음과 같다.

[**메뉴실행: 주메뉴 - 작업평면 - 특정메뉴**]

- 각종커브, 곡면, 솔리드 도형생성 : 작업평면 설정 여부에 관계없이 생성가능

① **3차원** : 2차원적인 특정 작업평면에 제한받지 않고 도형생성 및 기타 도형작업 실행이 가능한 작업평면 형태로 도형요소 생성 작업에서 작업실행의 위치를 서로 다른 특정 2차원 평면의 위치로 자유롭게 지정하여 도형요소(예: 두 점선)를 생성할 수 있다. 그러나 일부 도형요소의 생성작업에서는 3차원 기준으로 실행하여도 해당 도형요소의 구성 특성상 특정 평면을 필요로 하는 경우에는 시스템이 자동으로 적용될 작업평면을 새로운 번호로 부여하여 생성하거나 도형특성상 도형생성 실행 전에 작업평면이 먼저 설정되어야 하는 도형요소(예: 경사선)의 경우에는 작업평면을 평면기준으로 적용하여 자동 생성하며, 이때 적용되는 Z축 깊이는 부메뉴란 Z메뉴에 설정된 Z축 깊이 또는 특정 도형요소의 위치기준으로 실행한 경우에는 해당위치의 평면 Z축 깊이로 자동 적용한다.

② **평면** : 작업실행 기준평면을 XY 면상으로 설정하는 기능(Top)

③ **정면** : 작업실행 기준평면을 XZ 면상으로 설정하는 기능(Front)

④ **우측면** : 작업실행 기준평면을 YZ 면상으로 설정하는 기능(Right Side)

⑤ **번호** : 작업실행 기준평면 설정을 시스템이 기억하고 있는 특정평면의 번호를 입력하여 설정하는 기능으로 평면별 번호 구성은 다음과 같으며, 평면/정면/우측면 외에 다른 평면형태로 설정하면 부메뉴란 작업평면 메뉴에는 해당 평면의 번호로 표시된다.

⑥ **이름** : 이미 부여된 이름의 작업평면을 사용할 때 사용

- 평면고유번호 : 시스템이 기본적으로 지원하고 있는 특정 평면별 고유번호로 이 번호들은 변동되지 않고 해당 평면에만 고정적으로 적용된다.

번호	해당평면	번호	해당평면
1	평면(Top)	5	우측면(Right side)
2	정면(Front)	6	좌측면(Left side)
3	뒷면(Back)	7	입체(Isometric)
4	바닥면(Bottom)	8	Axonometric

- 시스템 임의설정번호 : 위 고정번호별 평면형태가 아닌 다른 축을 기준으로 하는 평면을 사용자가 임의로 설정하면 시스템은 설정되는 순서대로 9번부터 임의번호를 부여하여 해당 평면을 자동 관리한다.

⑦ **이전평면** : 메뉴 선택하면 현재 부메뉴란 작업평면 메뉴에 설정된 평면형태 설정 이전에 설정하였던 평면이 작업평면으로 자동 설정된다.

⑧ **요소** : 특정 평면은 X,Y,Z의 3개 축으로 구성되는데 이 3축의 형태를 작업화면에서 선택하는 특정 도형들로 설정하여 적용될 평면을 설정하는 기능으로 특정 평면형태로 된 하나의 도형요소, 3개의 점도형 또는 2개의 직선도형을 선택하여 실행할 수 있으며, 추가메뉴의 내용 및 실행방법은 다음과 같다.

- 특정요소 : 메뉴선택 후 표시되는 도형종류 메뉴에서 평면 설정으로 선택될 도형요소의 종류를 미리 지정한 후 작업화면에서 해당 대상도형을 선택하면 선택된 도형의 도형생성 과정에서 적용되었던 평면의 축 상태가 표시된다.
- 솔리드면 : 솔리드 도형의 특정 면(Face)을 기준으로 적용될 평면을 설정하는 기능으로 메뉴선택 후 작업화면에서 특정 3차원 솔리드형상 도형의 특정 면을 마우스로 클릭하면 해당 면의 평면 축 상태가 표시된다.
- 다음형태/적용 : 위 특정요소 또는 솔리드면 메뉴실행 후 대상 도형요소 선택 또는 3개의 점도형, 2개의 직선도형을 선택하면 작업화면에 설정될 평면의 가상 축 상태가 표시되면서 주메뉴 영역에 표시되는 추가 메뉴들로 작업화면에 표시된 평면의 Z축 방향을 반대방향으로 전환(다음형태)하여 다른 축 형태의 평면으로 변경시키거나 화면 표시된 평면상태를 적용될 작업평면으로 설정하는 기능

⑨ **회전** : 부메뉴란 작업평면 메뉴에 현재 표시된 특정 평면의 축 상태를 화면 표시하여 특정 축 기준으로 다른 축을 일정각도 회전하는 방법으로 새로운 작업평면을 설정하는 기능이다. 추가 메뉴들의 내용은 다음과 같다.

- Y축중심 : 화면표시 Y축 중심으로 X, Z 축이 입력되는 회전각도 만큼 회전하는 방법
- X축중심 : 화면표시 X축 중심으로 Y, Z 축이 입력되는 회전각도 만큼 회전하는 방법
- Z축중심 : 화면표시 Z축 중심으로 X, Y 축이 입력되는 회전각도 만큼 회전하는 방법

⑩ **법선방향** : 작업화면에서 특정 직선도형을 선택하면 선택된 직선의 방향이 설정될 작업평면의 Z축으로 자동 설정되는 방법
(X, Y축은 해당 직선의 법선 방향으로 자동 설정되어 표시된다)

⑪ **그래픽뷰** : 메뉴 선택하면 현재 부메뉴란 그래픽뷰 메뉴에 설정된 평면종류와 동일한 평면으로 작업평면 메뉴의 평면형태가 자동으로 설정되는 방법

⑫ **공구평면** : 메뉴 선택하면 현재 부메뉴란 공구평면 메뉴에 설정된 평면종류와 동일한 평면으로 작업평면 메뉴의 평면형태가 자동으로 설정되는 방법으로 만약 공구평면 메뉴의 평면종류가 OFF로 설정되어 있는 경우에는 3차원으로 설정된다.

 **참고** ··

위 작업평면 메뉴들 중 대부분은 부메뉴란 공구평면(또는 그래픽뷰) 메뉴를 선택하면 동일하게 나타나는데 내용 및 실행방법도 동일하다.

4) 기준 좌표계 설정방법

도형작업 또는 실행될 가공정의에 적용될 특정 좌표 값을 입력하는 경우 입력되는 좌표의 위치계산은 해당평면의 특정 좌표계(X0,Y0,Z0)를 기준으로 적용되는데, 이는 **뷰관리자**로 설정하여 사용할 수 있다.

뷰관리자는 새로운 작업평면을 생성 후, 이름 및 번호를 부여할 수 있으며, 필요시 설정한 뷰번호에 따라 가공이 용이하다. 또한 작업옵셋 번호, 원점지정, 주석문 등을 한몫에 묶어 작업할 수가 있다.

5) 그래픽뷰 설정방법

부메뉴란 그래픽뷰 메뉴를 선택하면 표시되는 평면메뉴들은 도형작업(또는 가공정의 작업)에는 영향을 주지 않고 작업화면 표시상태를 조절하는 기능들로 앞에서 설명한 작업평면 메뉴들에 추가된 메뉴들 내용은 다음과 같다.

① **입체** : 작업화면 표시를 입체의 좌우등각 상태로 표시하는 기능

【 메뉴실행 : 그래픽뷰 : 평면 - I : 입체 】

② **다이나믹** : 마우스를 이용하여 작업화면내 도형표시 형태를 조절하는 기능으로 실행방법은 메뉴선택 후 작업화면내 특정위치를 지정하고 마우스 위치를 이동하면 지정된 위치를 중심으로 작업화면내 모든 도형들이 마우스 이동방향으로 이동하며 마우스 이동으로 원하는 화면표시 형태가 이루어졌을 때 마우스 왼쪽버튼을 클릭하면 표시된 화면상태로 도형들이 작업화면 상태가 고정된다.

> 메뉴실행 : 그래픽뷰 : 평면 - D : 다이나믹 - 축 중심위치 지정 - 마우스이동 - 마우스클릭

③ **회전(R)/배율(S)/평행(T)/자유(F)** : 위 메뉴실행과정 중 축 중심위치 지정시 화면 하단설명구역에 표시되는 내용들로 해당 영문자 키보드 누른 후 마우스 위치를 이동하면 이동형태에 따라 작업화면이 회전, 확대/축소, 평행하게 이동, 자유롭게 이동하는 형태로 작업화면을 조절할 수 있는 기능

④ **마우스** : 마우스를 이용하여 작업화면의 도형표시 형태를 조절하는 기능으로 위 다이나믹과 실행방법은 동일하나 차이점은 마우스 위치이동시에도 화면의 도형들이 함께 이동하지 않고 축 상태만 변화되며, 마우스 왼쪽버튼 클릭하면 변동된 화면표시 축 상태로 도형들이 일시에 이동한다.

> 메뉴실행 : 그래픽뷰 : 평면 - N : 다음메뉴 - M : 마우스 - 축 중심위치 지정 - 마우스이동 - 마우스클릭

6) Z깊이 설정방법

부메뉴란 작업평면 메뉴에 설정된 특정평면 기준으로 도형요소를 생성하는 경우 적용될 해당 평면 Z축의 좌표위치를 Z깊이라 하며, 이 Z축 좌표위치는 부메뉴란 Z메뉴로 설정한다. 설정된 Z 좌표위치는 해당 Z메뉴에 자동으로 표시되며, 이 Z 좌표위치는 도형생성 실행하는 과정에서 해당 평면상 도형의 생성 깊이로 적용되므로 반드시 도형 성 실행 전에 설정하며, 만약 작업평면을 3차원으로 설정하고 실행하는 경우에는 3차원 평면의 특성상 Z메뉴에 설정된 깊이는 자동으로 적용되지 않는다.

> 메뉴실행 : Z메뉴 - 키보드로 적용깊이 값 입력(또는 작업 화면내 해당 위치지정)

7) 레벨 설정방법

하나의 특정 도형파일에 다수의 도형들을 생성하는 경우 해당 도형파일에 도형들의 저장위치를 다르게 설정하여 도형요소 관리를 효율적으로 실행할 수 있는 기능이 레벨이다.

참고

레벨번호 : 도형파일에 도형이 저장되는 위치들로 수작업 도면설계시 주로 사용되는 투명지 1장의 기능을 하나의 레벨번호로 이해하여도 무방하다.

레벨관리자 대화창

[메뉴실행 : 레벨메뉴 - 대화창설정 - OK버튼 - 도형생성 작업실행]

부메뉴란 레벨메뉴 선택하면 표시되는 대화창으로 대화창의 항목들 내용은 다음과 같다.

① 레벨내용 표시영역 : 각 레벨별 설정 내용들이 표시되는 영역(흰색영역)
  - 번호 : 레벨의 고유번호가 표시되는 항목으로 버튼 선택하면 역순 또는 순차로 영역표시가 자동 전환된다.(사용가능 레벨 255개)
  - 화면 : 작업화면에 해당 레벨에 속한 도형들을 표시할지 안 할지를 설정하는 항목으로 레벨번호별 해당 칸을 마우스 클릭할 때마다 화면표시(표시) 또는 화면표시 안함(표시 안된 상태)으로 자동 전환된다.
  - 마스크 : 특정 레벨 해당 칸을 마우스 클릭하면 설정표시(표시)되며, 설정 표시된 상태에서는 이후 도형작업에서 시스템이 해당 레벨에 속한 도형들만을 작업대상으로 인식하고 다른 레벨들에 속한 도형들은 화면에서 인식하지 않게 된다. 설정된 해당 레벨 칸을 마우스로 다시 클릭하면 설정은 해제된다.(특정 레벨로만 작업범위 제한)

- 레벨이름 : 사용레벨 영역 레벨이름 항목을 이용하여 입력된 이름이 표시되는 항목으로 특정 레벨의 해당 칸을 마우스 더블 클릭하면 입력된 이름의 변경(삭제포함)은 물론 새로운 이름을 입력할 수도 있다.
- 작업이름 : 사용레벨 영역 작업이름 항목을 이용하여 입력된 이름이 표시되는 항목으로 특정 레벨의 해당 칸을 마우스 더블 클릭하면 입력된 이름의 변경(삭제)은 물론 새로운 이름을 입력할 수 있다.
- 요소갯수 : 레벨별 저장된 도형의 개수가 표시되는 항목

2 **사용레벨 설정** : 작업실행 기준(생성될 도형들이 저장될)이 될 레벨을 설정하는 영역
- 번호 : 생성될 도형들이 저장될 레벨번호를 설정하는 항목으로 설정방법은 입력란에 특정 레벨번호를 직접 입력하거나 표시영역의 특정 레벨번호에서 마우스 오른쪽버튼 클릭 후 사용레벨로 설정 메뉴선택 또는 표시영역 특정 레벨번호에서 마우스 더블 클릭시 해당 레벨번호가 입력란에 자동으로 입력된다.
- 레벨이름 : 지정 레벨에 특정 이름을 부여하는 기능으로 이름을 부여하는 목적은 해당 레벨에 저장된 도형들이 모델링 형상의 어떤 부위에 관한 내용인가를 후에 쉽게 알아 볼 수 있도록 하기 위함이다.(예 : Core/Cavity 형상)
- 작업이름 : 지정 레벨에 추가적인 이름을 부여하는 기능으로 위 레벨이름으로 해당 레벨에 대한 특정이름 부여 후 더 자세한 내용을 알아볼 수 있도록 추가적인 이름을 부여하고자 할 때 사용한다.(예 : 레벨이름 ⇒ Core형상, 작업이름 ⇒ Panel 부위)
- 도형선택 : 버튼선택 후 작업화면에서 특정도형을 선택하면 선택된 도형에 적용된 레벨의 레벨번호/레벨이름/작업이름 등의 내용이 사용레벨 영역의 관련 해당 항목 값으로 자동 입력되는 기능
- 사용레벨은 항상 화면표시 : 항목 선택되면 사용레벨로 지정되는 레벨에 속한 도형들은 레벨들의 작업화면 표시여부 조정에 관계없이 항상 화면에 지속적으로 표시되며, 항목 선택 안한 경우에는 작업화면표시 조정에서 해당 사용레벨을 표시하지 않도록 설정하는 경우 해당 사용레벨에 속한 도형들은 이후 작업화면에 표시되지 않고 숨겨진다.

3 **영역표시조건** : 위 레벨내용 표시영역(흰색영역)에 표시될 레벨의 적용기준을 설정하는 영역
- 모든레벨 : 모든 레벨의 내용을 표시영역에 표시
- 도형레벨 : 도형이 저장된 레벨들만 표시영역에 표시
- 레벨이름 : 레벨이름이 있는 레벨들만 표시영역에 표시
- 도형/레벨이름 : 도형이 저장된 레벨과 레벨이름이 있는 레벨들만 표시영역에 표시

4 **화면표시** : 작업화면에 표시될 레벨을 조절하는 영역
- 모든레벨 : 모든 레벨에 속한 도형들을 작업화면에 표시
- 사용레벨만 : 사용레벨 영역에 현재 설정된 레벨번호에 속한 도형들만 작업화면 표시

5 **마우스 오른쪽버튼 메뉴** : 레벨내용 표시영역에서 마우스 오른쪽 버튼 클릭
- 사용레벨로 설정 : 마우스 클릭위치 해당 레벨번호의 내용(번호/레벨이름/작업이름) 이 사용레벨 영역으로 자동 입력된다.
- 선택레벨 화면표시/선택레벨 화면표시 안함 : 표시영역에 선택된(청색표시) 레벨들에

대한 작업화면 표시 또는 표시하지 않기를 조절하는 기능으로 Shift 또는 Ctrl 키를 이용 다수의 레벨들을 선택할 수 있다.
- 레벨이름 불러오기 : 시스템에 저장된 특정 파일(*.CSV)의 레벨이름 내용을 현재 표시영역으로 복사(레벨별 해당 이름으로)해오는 기능
- 레벨이름 파일저장 : 현재 표시영역의 레벨들의 이름들만을 특정 파일(*.CSV)로 저장하는 기능으로 이 파일은 Microsoft Excel 프로그램과 호환된다.
- 레벨내용 화면출력 : 영역내 선택된 레벨 또는 모든 레벨에 대한 레벨내용을 대화창으로 보는 기능으로 메뉴실행 후 표시된 대화창 내용을 문서파일로 저장할 수도 있다.
- 작업이름레벨 화면표시/작업이름레벨 화면감추기 : 작업이름 영역에서 마우스 오른쪽 버튼 클릭하면 표시되는 메뉴들로 레벨들 중에서 작업이름이 부여된 레벨들만을 대상으로 해당 레벨들을 화면에 표시할지 또는 화면에 표시하지 않을지를 설정한다.

memo

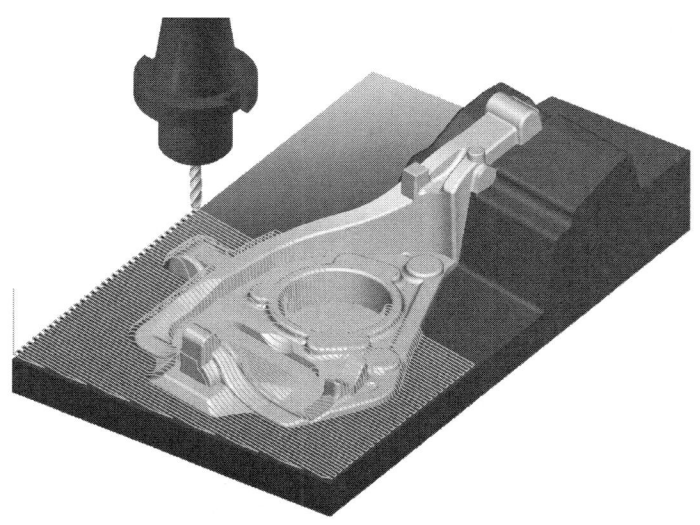

Chapter 2. 도형요소 그리기

1. 점도형 그리기
2. 직선 그리기
3. 원호 그리기
4. F : 필렛
5. S : 스플라인
6. R : 사각형
7. C : 모따기
8. L : 문자
9. T : 패턴
10. E : 타원
11. P : 다각형
12. B : 입체사각형
13. S : 나선헬릭스
14. 방정식에 의한 커브 그리기
15. 기어(Gear)
16. 홀테이블(Htable*)

도형요소 그리기

아래의 메뉴 선택 순서대로 실행하면 다음과 같이 여러 가지의 도형을 그릴 수 있는 메뉴들이 나타나는데 지금부터 각 메뉴별 기능 및 실행 방법을 설명하도록 하겠다.

[메뉴실행 : 주메뉴 - C : 그리기]

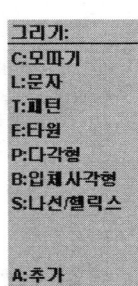

1. 점도형 그리기

[메뉴실행 : C : 그리기 - P : 점]

1.1 P : 위치지정

이 Menu는 모든 위치 지정에 사용되므로 완벽하게 숙지하여야 한다.

① O : 원점

시스템 좌표의 0,0,0의 위치에 점을 생성한다.

② C : 중심점

원 또는 호의 중심점의 위치를 지정한다.

③ E : 끝점

도형 요소의 끝점을 지정한다.

④ **I : 교차점**

각각의 도형들이 서로 교차되는 위치를 지정한다.

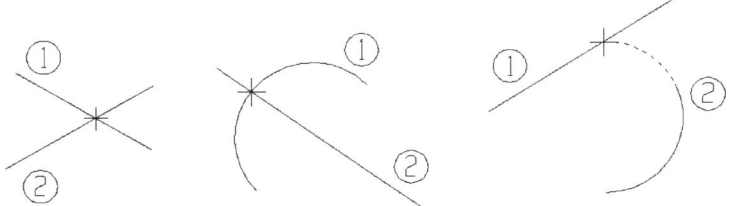

⑤ **M : 중간점**

지정한 도형 요소를 2등분 하는 지점을 정의한다.

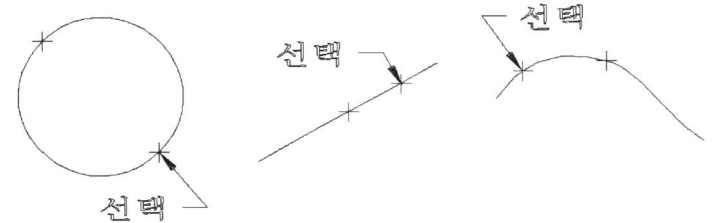

⑥ **P : 점**

기존에 그려진 점을 지정한다.

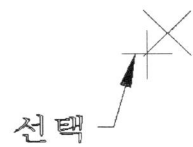

⑦ **L : 최종점**

가장 최근(바로직전)에 지정한 위치를 다시 지정할 때 사용

⑧ **R : 증분점**

이미 알고 있는 위치를 기준으로 새로운 위치를 지정할 때 사용한다.

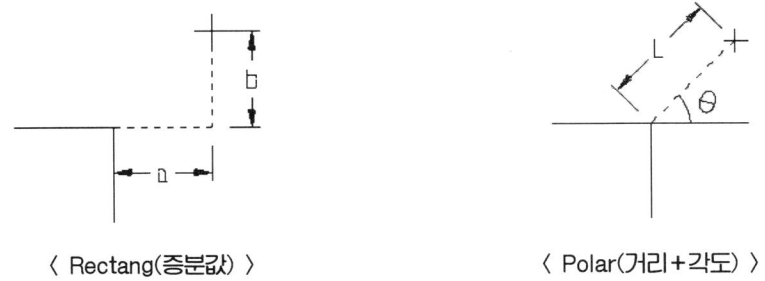

〈 Rectang(증분값) 〉　　　　　〈 Polar(거리+각도) 〉

⑨ U : 사분점

원도형의 최대 만곡 부분(0,90,180,270도)위치에 점도형 생성

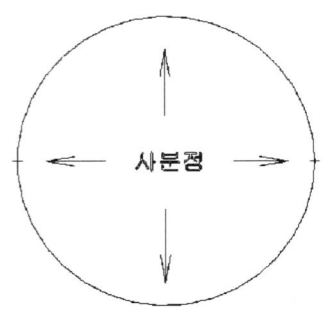

⑩ K : 임의점

화면상의 임의의 위치를 커서로 지정하는 기능

다음과 같은 방법으로 입력이 가능
10,20,30 -------------- X10, Y20, Z30인 지점 입력
X10 Z10 -------------- X10, Y현재, Z10인 지점 입력
5+3,(10-4)/2 --------- X8, Y3, Z현재인 지점 입력
Y20 ----------------- X현재, Y20, Z현재인 지점 입력

1.2 A : 도형분할

기존의 도형 요소 위에 원하는 숫자의 점을 등간격으로 그리는 기능

1.3 N : 노드점

스플라인의 굴곡점을 그리는 기능

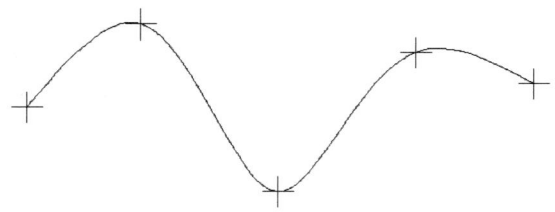

1.4 C : 콘트롤점

Nurbs - Spline의 굴곡점을 그리는 기능

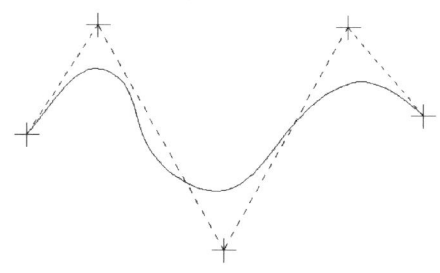

1.5 D : 다이나믹

도형 요소 위를 자유로이 움직여 원하는 위치에서 마우스를 클릭하면 그 위치에 점이 생성됨

1.6 L : 길이지정

그려진 도형의 끝점으로부터 원하는 거리에 점을 그리는 기능

1.7 S : 슬라이스

그려진 도형(직선, 원호)과 정의된 평면의 교차점을 그리는 기능

1.8 J : 곡면투영

그려진 점들을 곡면에 투영하여 그리는 기능

1.9 R : 법선+거리

해당 도형선택 후 선택되어진 위치를 기준으로 입력된 법선거리 지점에 점을 생성

1.10 G : 그리드

화면에 원하는 간격으로 원하는 크기의 그리드점을 생성

1.11 B : 볼트써클

원형으로 점을 배치하여 그리는 방법

1.12 S : 원호중심

하나 또는 다수의 원호도형들 중심위치로 점도형을 일시 생성

2. 직선 그리기

[메뉴실행 : C : 그리기 – L : 직선]

2.1 H : 수평선 그리기

C : 그리기 – L : 직선 – H : 수평선
① 위치지정 메뉴를 이용하여 한점을 정의한다.
② 위치지정 메뉴를 이용하여 다른 한점을 정의한다.
③ Y 좌표값을 입력하고 Enter키를 누른다.

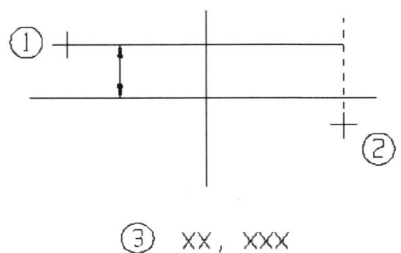

2.2 V : 수직선 그리기

C : 그리기 – L : 직선 – V : 수직선
① 위치지정 메뉴를 이용하여 한점을 정의한다.
② 위치지정 메뉴를 이용하여 다른 한점을 정의한다.
③ X 좌표값을 입력하고 Enter키를 누른다.

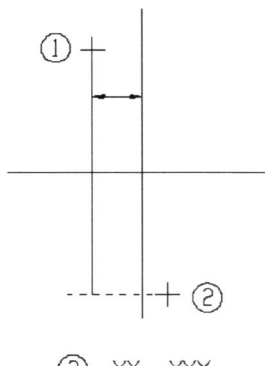

연습과제

다음 도형을 지금까지 공부한 수평선과 수직선 그리는 방법을 이용하여 그리시오.

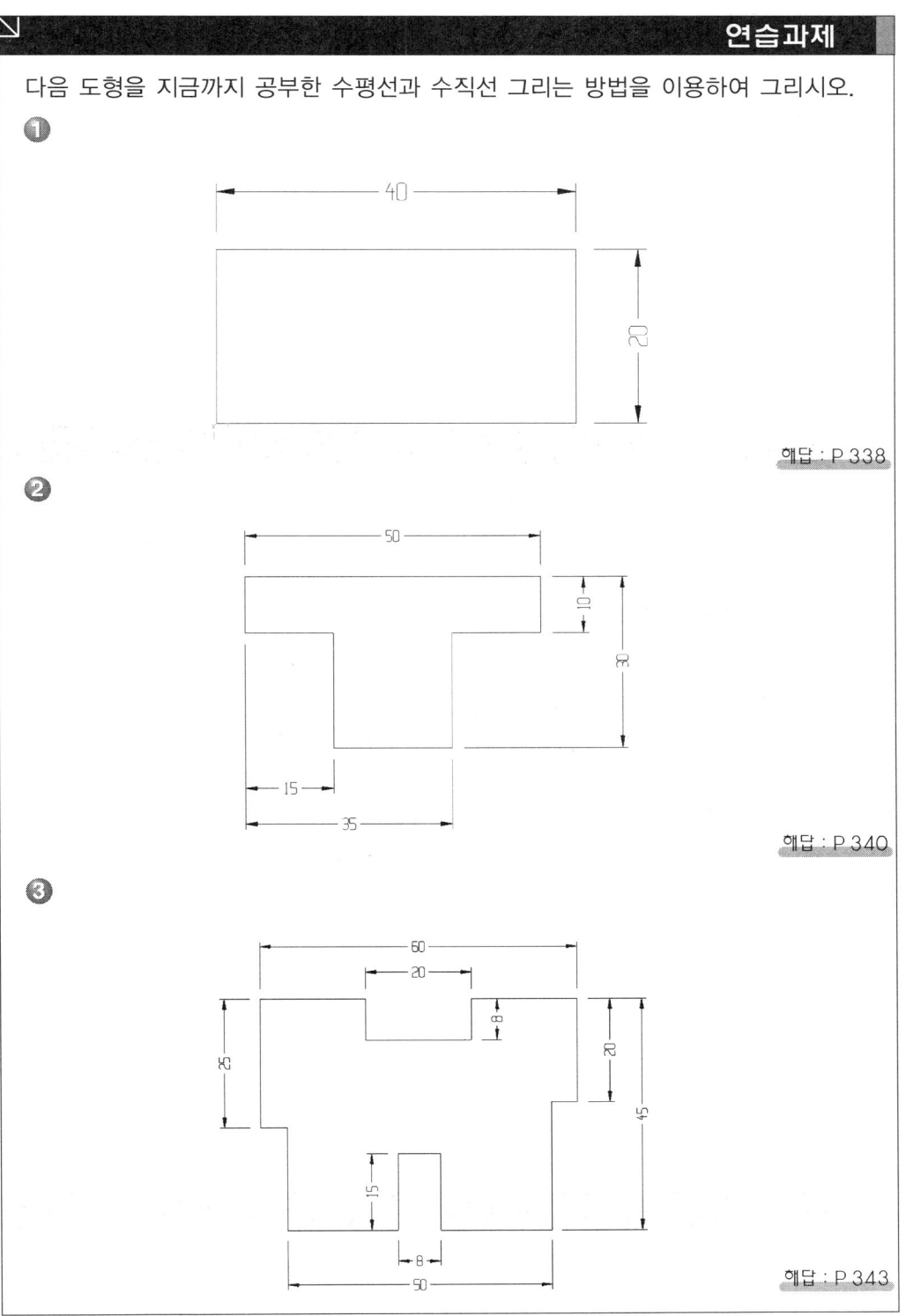

해답 : P 338

해답 : P 340

해답 : P 343

2.3 E : 두점선 그리기

C : 그리기 - L : 직선 - E : 두점선
① 위치지정 메뉴를 이용하여 한점을 정의한다.
② 위치지정 메뉴를 이용하여 다른 한점을 정의한다.

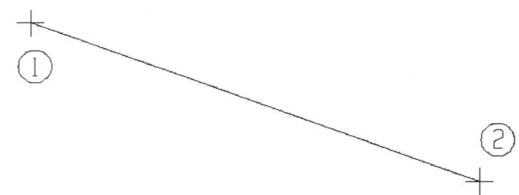

연습과제

④ 두점선을 이용하여 앞의 연습과제 : 3을 그리시오.   해답 : P.350

2.4 M : 연속선 그리기

연결된 두개 이상의 직선을 연속적으로 그릴 때 사용
C : 그리기 - L : 직선 - M : 연속선
① 위치지정 메뉴를 이용하여 첫번째 직선의 시작점을 지정
② 위치지정 메뉴를 이용하여 첫번째 직선의 끝점을 지정
③ 위치지정 메뉴를 이용하여 두번째 직선의 끝점을 지정
④ 위치지정 메뉴를 이용하여 세번째 직선의 끝점을 지정

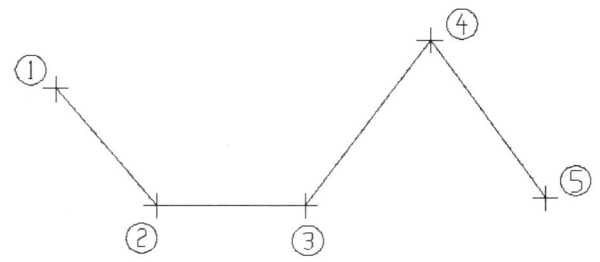

연습과제

⑤ 연속선을 이용하여 앞 페이지의 연습과제 : 3을 그리시오.   해답 : P.357

2.5 P : 경사선 그리기

한점을 기준으로 길이와 각도를 입력하여 직선을 그리는 기능
C : 그리기 - L : 직선 - P : 경사선
① 위치지정 메뉴를 이용하여 직선의 시작점을 정의한다.
② 각도를 입력하고 Enter키를 누른다.
③ 직선의 길이를 입력하고 Enter키를 누른다.

※ 각도 계산 방법

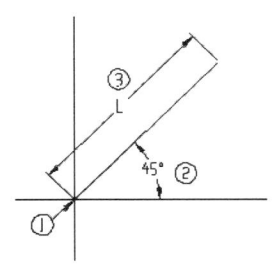 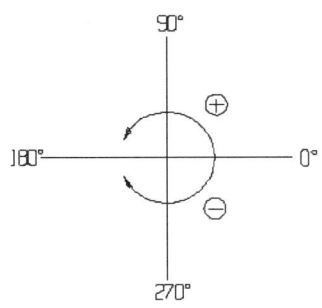

연습과제

❻ 지금까지 배운 직선을 이용하여 다음 도형을 그리시오.

해답 : P 363

2.6 T : 접선 그리기

C : 그리기 - L : 직선 - T : 접선

1) A : 각도

원이나 호에 일정한 각도를 가지고 접하는 직선을 그리는 기능
① 접할 원 또는 호를 지정한다.
② 각도를 입력하고 Enter키를 누른다.
③ 그릴 접선의 길이를 입력하고 Enter키를 누른다.
④ 그려진 두개의 접선 중 원하는 하나를 선택한다.

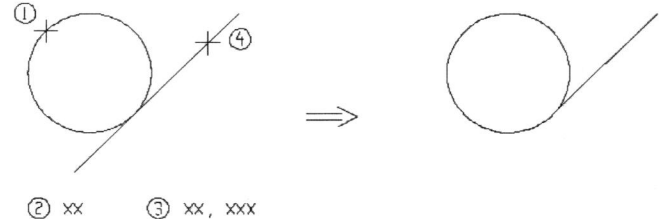

2) 2 : 두원호

두개의 원호에 접하는 직선을 그리는 기능
① 첫번째 원호의 접할 부분을 마우스로 선택한다.
② 두번째 원호의 접할 부분을 마우스로 선택한다.

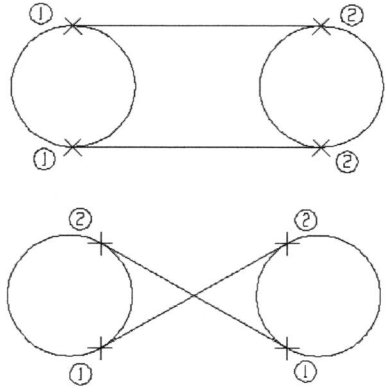

3) P : 점

원호에 접하면서 특정한 점을 지나는 직선을 그리는 기능
① 접할 원호를 선택한다.

② 위치지정 메뉴를 이용하여 점을 입력한다.
③ 직선의 길이를 입력하고 Enter키를 누른다.
④ 두개 이상의 접선이 그려지면 원하는 하나를 마우스로 선택한다.

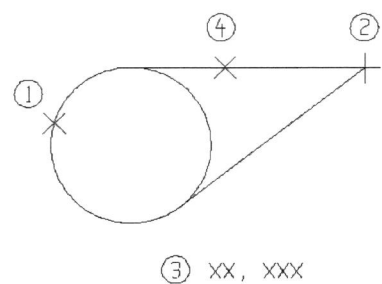

③ xx, xxx

2.7 R : 법선 그리기

원, 호, 스플라인 등에 수직하는 직선을 그리는 기능
C : 그리기 - L : 직선 - R : 법선
① 원호를 선택한다.
② 위치지정 메뉴를 이용하여 점을 입력한다.
③ 직선의 길이를 입력하고 Enter키를 누른다.

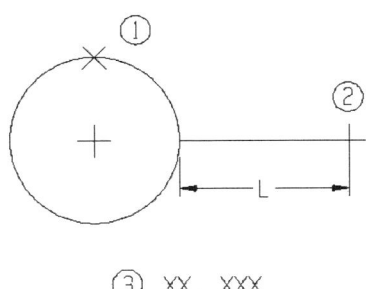

③ xx, xxx

2.8 L : 평행선 그리기

기존의 직선과 평행한 직선을 그리는 기능
C : 그리기 - L : 직선 - L : 평행선
① 직선을 선택한다.
② 옵셋 방향을 마우스로 지정한다.
③ 옵셋 거리를 입력하고, Enter키를 누른다.

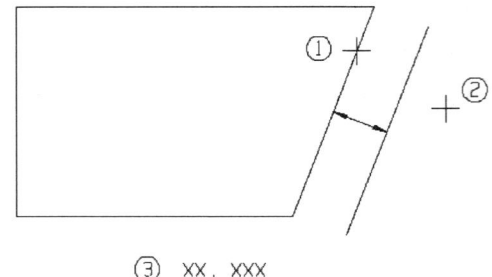

③ xx, xxx

2.9 B : 이등분선 그리기

지정한 2개의 직선이 만나서 이루어지는 각을 2등분 하는 직선을 그리는 기능
C : 그리기 - L : 직선 - B : 이등분선
① 하나의 직선을 선택한다.
② 다른 하나의 직선을 선택한다.
③ 그려질 2등분선의 길이를 입력하고 Enter키를 누른다.
④ 입력된 길이의 4개의 직선 중 남겨질 도형을 마우스로 선택한다.

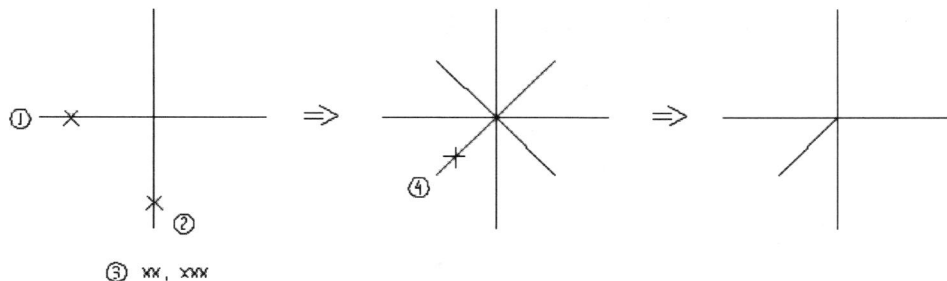

③ xx, xxx

2.10 C : 최단선 그리기

지정한 2개의 직선이 만나서 이루어지는 각을 2등분 하는 직선을 그리는 기능
C : 그리기 - L : 직선 - C : 최단선
① 하나의 도형요소를 선택한다.
② 다른 하나의 도형요소를 선택한다.
③ 선택된 두 도형요소 사이에 가장 짧은 거리를 기준으로 한 직선이 생성된다.

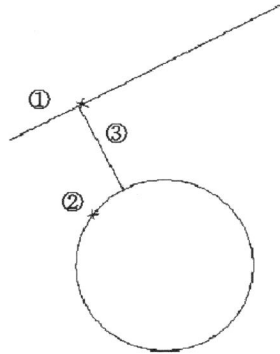

연습과제

지금까지 공부한 직선 그리기를 이용하여 다음 도형들을 그리시오.

❼

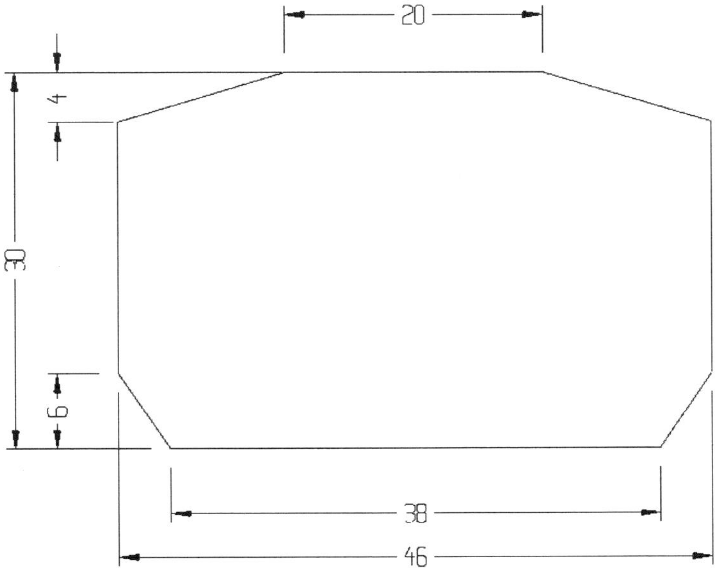

해답 : P.369

❽

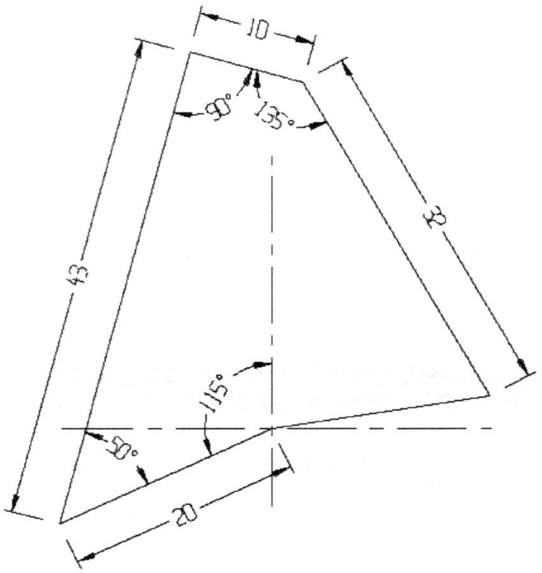

해답 : P 372

❾

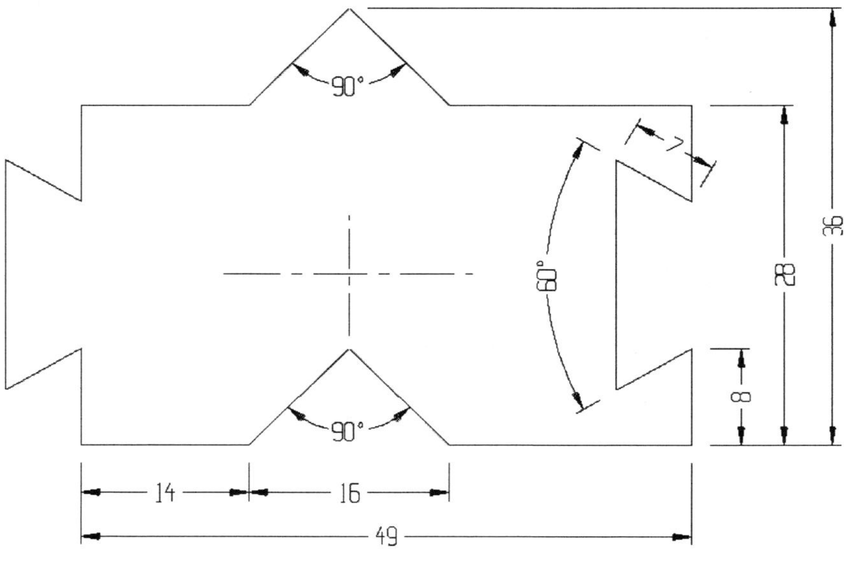

해답 : P 375

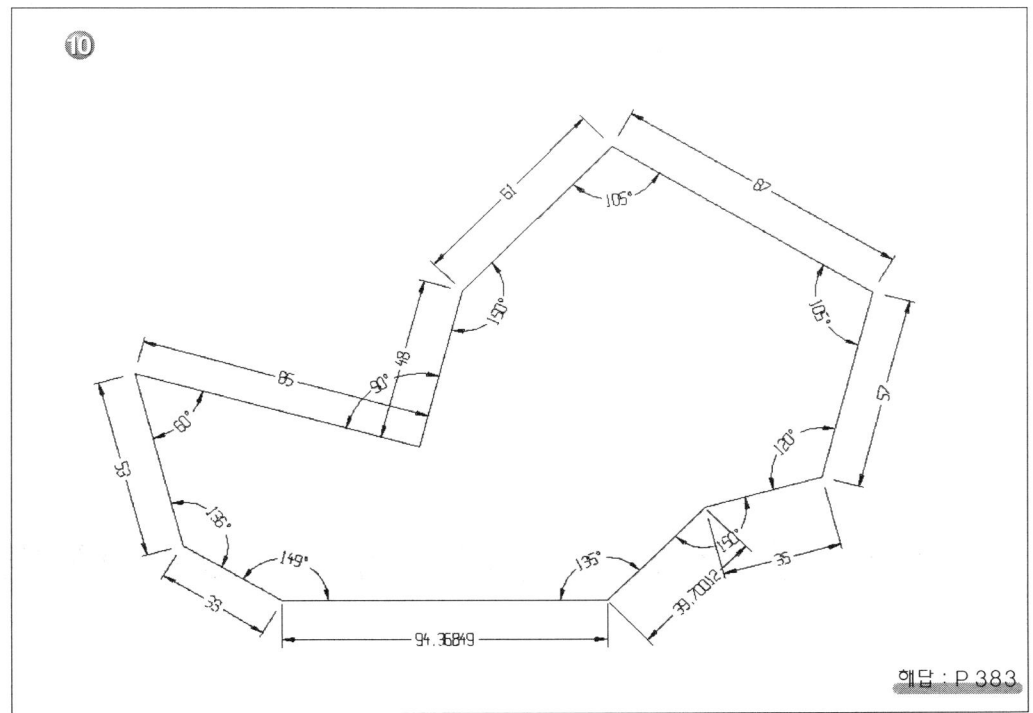

3. 원호 그리기

[메뉴실행 : C : 그리기 - A : 원호]

3.1 한 점과 각도를 이용한 원호 그리기

C : 그리기 - A : 원호 - P : 점+각도

1) C : 중심점

　아래 그림에서와 같이 중심점의 위치, 반지름, 시작 각도, 끝각도를 이용하여 원호를 그리는 기능
　① 위치지정 메뉴를 이용하여 원호의 중심점을 입력한다.
　② 반지름을 입력한다.
　③ 시작 각도를 입력한다.
　④ 끝 각도를 입력한다.

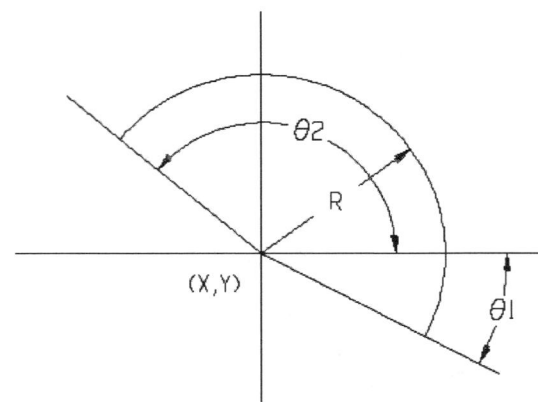

연습과제

다음의 형상을 그리시오.

⑪

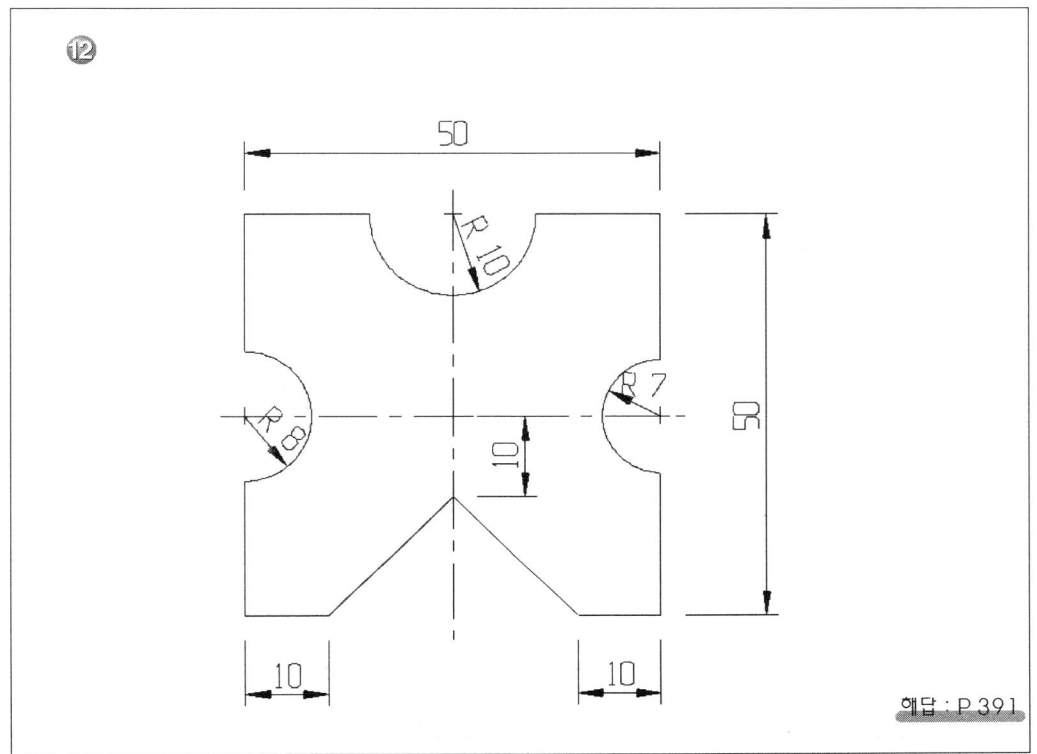

2) K : 스케치

원호의 시작 각도와 끝 각도를 임의로 스케치하여 정의하는 방법

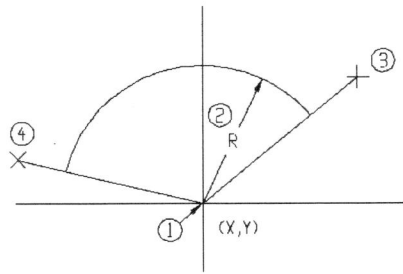

① 위치지정 메뉴를 이용하여 중심점을 입력한다.
② 반지름을 입력한다.
③ 시작 각도를 임의로 선택한다.
④ 끝 각도를 임의로 선택한다.
※ 주의 : 원의 각도는 항상 반시계 방향으로 계산되므로 주의해야 한다.

3) S : 시작점

원호의 중심점 위치 대신 시작점의 위치와 반지름, 시작 각도, 끝각도 등을 이용하여 원호를 정의하는 방법

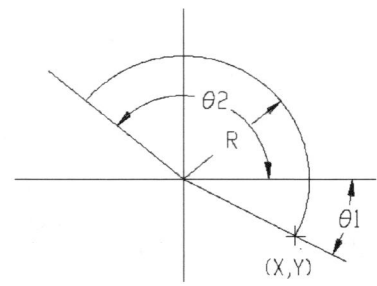

① 위치지정 메뉴를 이용하여 원호의 시작점 위치를 입력한다.
② 반지름을 입력한다.
③ 시작 각도를 입력한다.
④ 끝 각도를 입력한다.

연습과제

⑬ 다음의 도형을 그리시오.

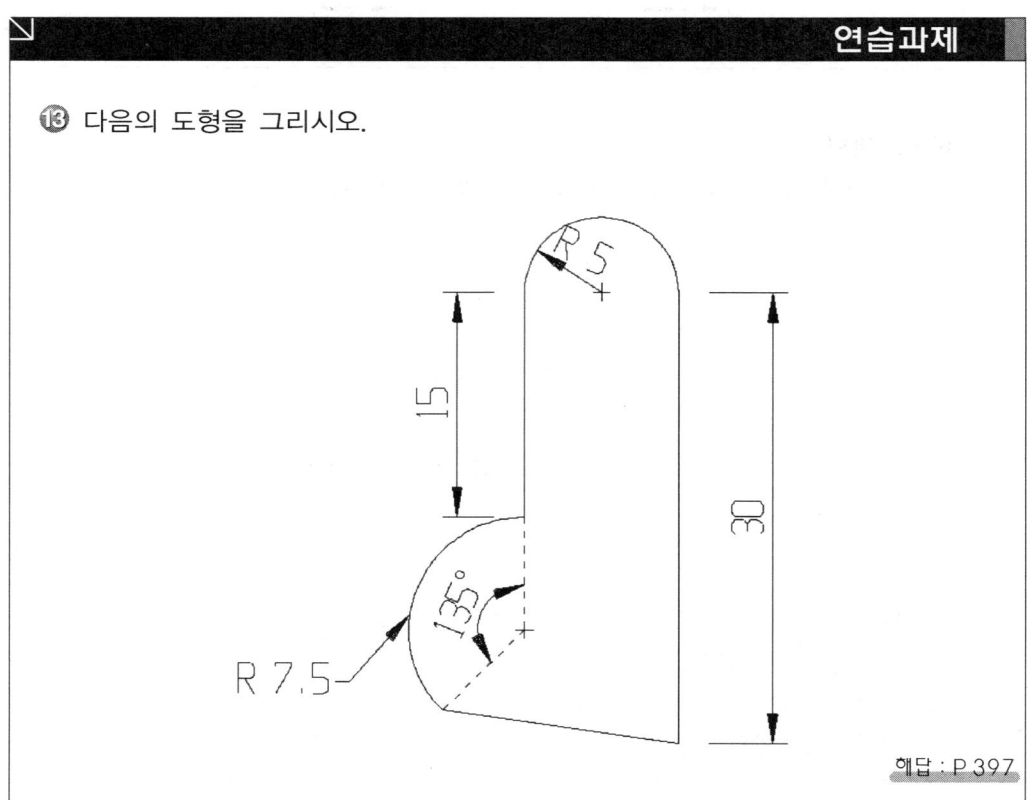

해답 : P.397

4) E : 끝점

원호의 끝점 위치를 알고 반지름, 시작 각도, 끝 각도를 이용하여 원호를 정의하는 기능

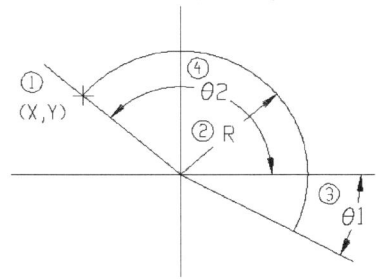

① 원호의 끝점을 입력한다.
② 반지름을 입력한다.
③ 시작 각도를 입력한다.
④ 끝 각도를 입력한다.

연습과제

⑭ 다음의 도형을 그리시오.

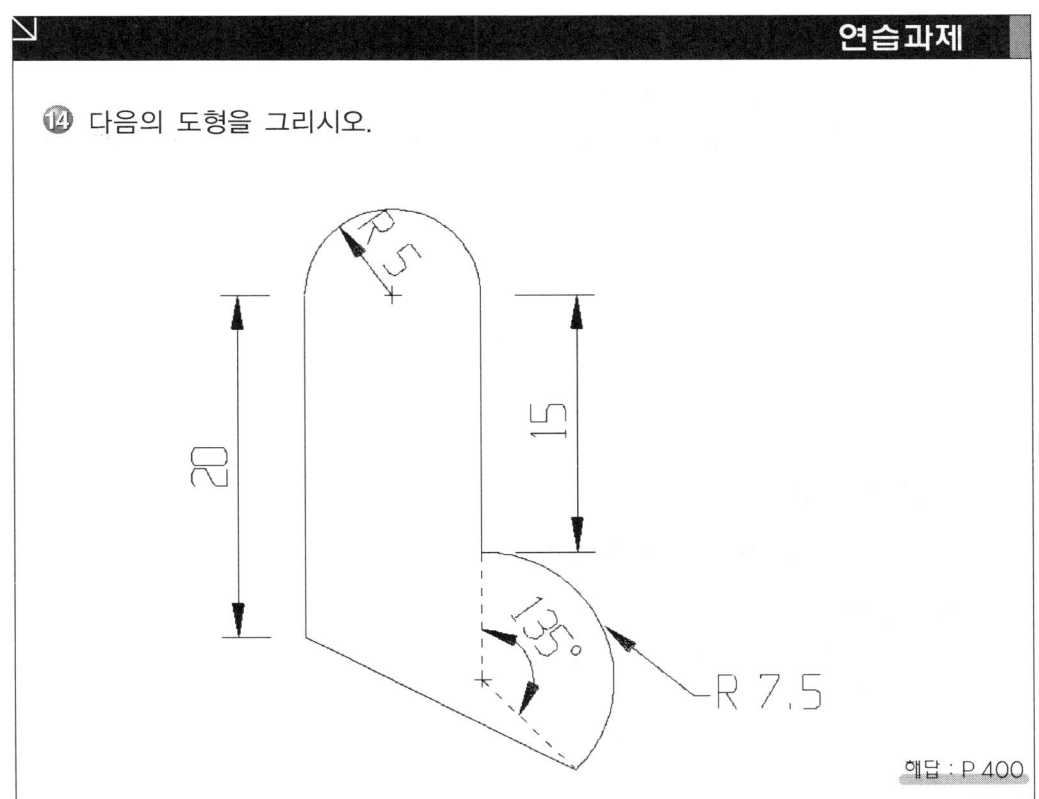

해답 : P.400

3.2 두 점을 지나는 원호 그리기

C : 그리기 - A : 원호 - E : 2점+반경
① 그려질 원호가 지나갈 한 점을 선택한다.(위치지정 메뉴 이용)
② 다른 한점을 선택한다.
③ 반지름 값을 입력한다.
④ 원하는 하나의 원호를 선택한다.

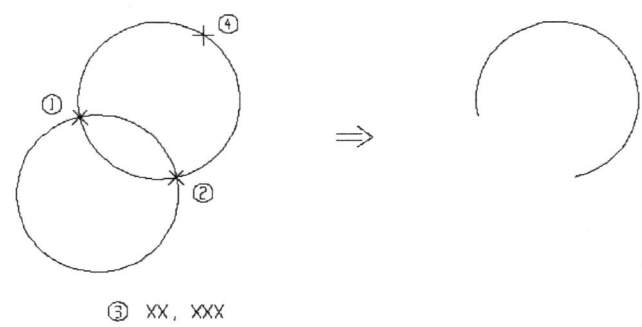

③ xx, xxx

3.3 세점을 지나는 원호 그리기

C : 그리기 - A : 원호 - 3 : 3점
위치지정 메뉴를 이용하여 3점을 차례로 입력하여 이 세점을 지나는 원호를 그리는 기능

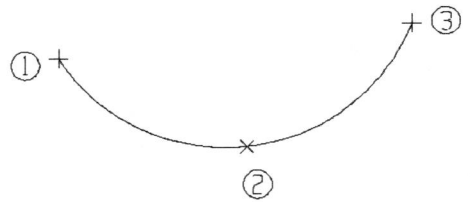

3.4 접원호 그리기

C : 그리기 - A : 원호 - T : 접원호

1) S : 한요소
  하나의 도형 요소에 접하는 원호 그리기
  ① 접할 도형요소를 선택한다.
  ② 위치지정 메뉴를 이용하여 그 요소의 접점 위치를 지정한다.
  ③ 반지름 값을 입력하고 Enter키를 누른다.

④ 그려진 원호 중 원하는 하나를 선택한다.

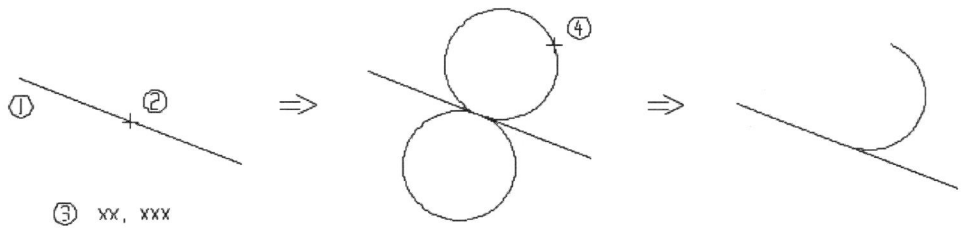

2) 2 : 두요소

두개의 도형요소에 동시에 접하는 원호를 그리는 기능

이 기능은 Fillet 기능과 매우 유사하지만 그려지는 원호가 원이고 접하는 도형 요소가 트림되지 않는 차이가 있음

① 접하는 2개의 도형요소를 차례로 선택한다.
② 반지름을 입력하고 Enter키를 누른다.

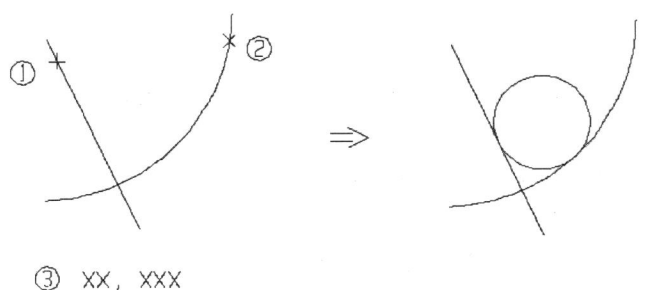

3) 3 : 3요소/점

3개의 요소에 동시에 접하는 원호를 그리는 기능
① 3개의 도형요소를 차례로 선택한다.

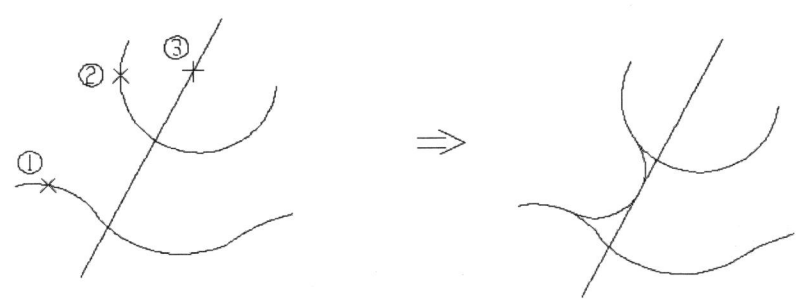

4) C : 접선+중심

하나의 도형 요소에 접하고 다른 하나의 직선상에 중심이 놓이는 원호를 그리는 기능
① 접할 직선을 선택한다.
② 중심을 지나갈 직선을 선택한다.
③ 반지름을 입력하고 Enter키를 누른다.
④ 원하는 하나의 원호를 선택한다.

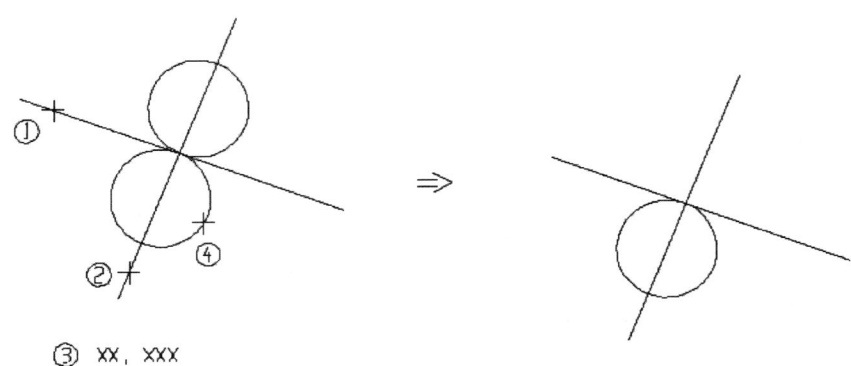

③ xx, xxx

5) P : 점

하나의 도형요소에 접하고 특정한 한점을 지나는 원호를 그리는 기능
① 접할 요소를 선택한다.
② 위치지정 메뉴를 이용하여 한 점을 지정한다.
③ 반지름을 입력하고 Enter키를 누른다.
④ 그려진 원호 중 필요한 하나를 선택한다.

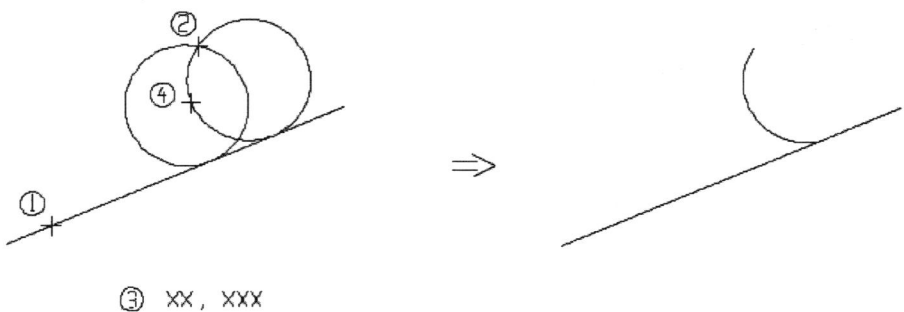

③ xx, xxx

6) Y : 다이나믹

하나의 도형요소에 접하고 특정한 한점을 지나는 원호를 그리는 기능

① 접할 요소를 선택하고, 접할 위치를 선택한다.

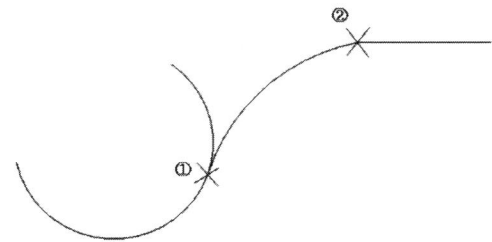

② 다른 도형의 접할 위치를 선택한다.

3.5 두점을 지나는 원 그리기

C : 그리기 - A : 원호 - 2 : 2점원
위치지정 메뉴를 이용해 입력한 두 점을 지나는 원을 그리는 기능

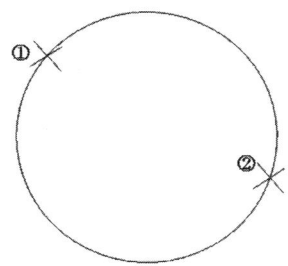

3.6 세 점 지나는 원 그리기

C : 그리기 - A : 원호 - I : 3점원
위치지정 메뉴를 이용하여 입력한 세 점을 지나는 원을 그리는 기능

3.7 중심원과 반지름을 이용한 원 그리기

C : 그리기 - A : 원호 - R : 중심+반경원
위치지정 메뉴를 이용하여 원의 중심점을 지정하고 반지름을 입력하여 원을 그리는 기능

3.8 중심점과 지름을 이용한 원 그리기

C : 그리기 - A : 원호 - R : 중심+직경원
위치지정 메뉴를 이용하여 원의 중심점을 지정하고 지름 값을 입력하여 원을 그리는 기능

3.9 중심점과 한점을 이용한 원 그리기

C : 그리기 - A : 원호 - G : 중심+한점원
① 위치지정 메뉴를 이용하여 원의 중심을 지정한다.
② 위치지정 메뉴를 이용하여 한점을 지정한다.

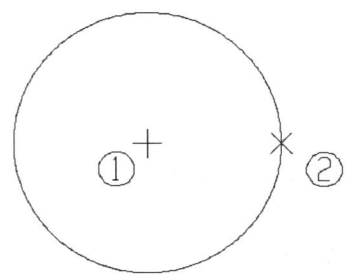

4. F : 필렛

[메뉴실행 : C : 그리기 - F : 필렛]

4.1 R : 반지름

필렛의 반지름 값을 입력할 때 선택하는 기능

4.2 A : 각도<180 S

그려질 필렛의 각도를 선택하는 기능
① A : 각도<180 S : 180° 보다 작을 때
② A : 각도<180 L : 180° 보다 클 때
③ A : 각도<180 F : 원으로 그릴 때

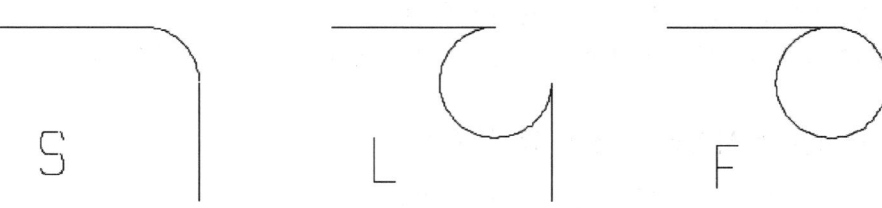

4.3 T : 트림

트림을 하려면 "Y", 안하려면 "N" 으로 설정한다.

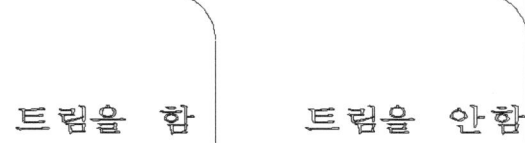

4.4 C : 체인

여러 개의 도형 요소가 연결되어 있을 때 이들을 체인으로 연결하여 한번에 필렛할 때 사용

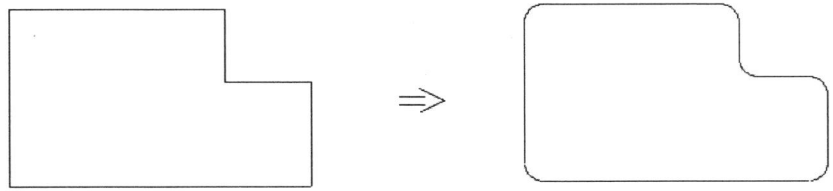

4.5 W : 적용방향 A : 체인된 모든 도형을 필렛
W : 적용방향 P : 반시계방향(CCW)으로만 필렛
W : 적용방향 N : 시계방향(CW)로만 필렛

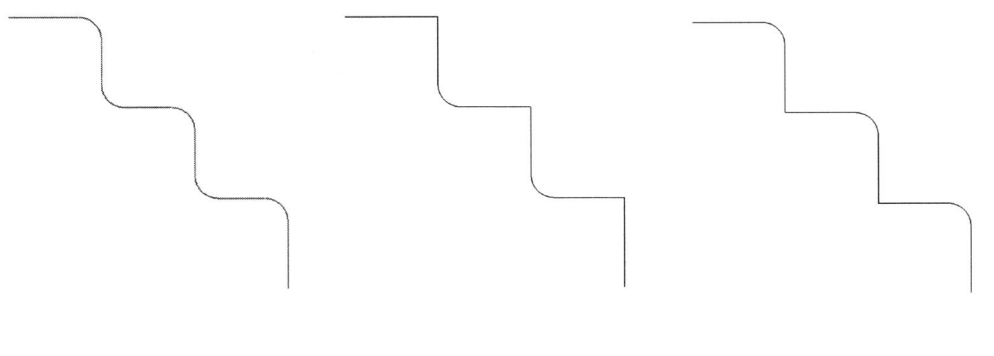

〈 적용방향 A 〉   〈 적용방향 P 〉   〈 적용방향 N 〉

연습과제

다음의 형상을 그리시오.

⑮

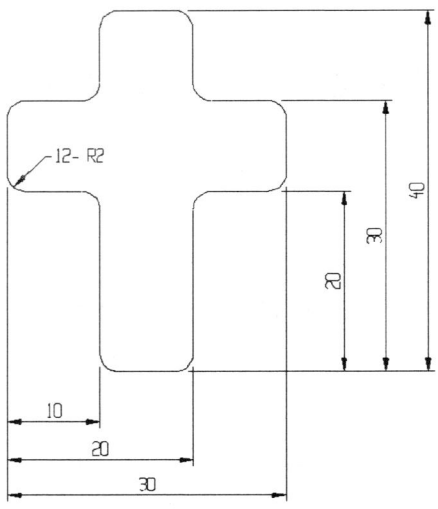

⑯

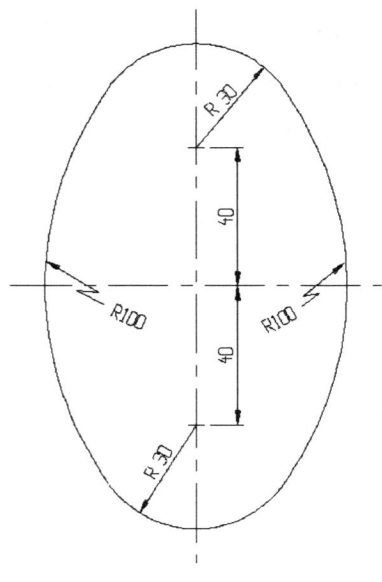

5. S : 스플라인

[메뉴실행 : C : 그리기 - S : 스플라인]

5.1 T : 도형속성

그려질 스플라인이 Parametric Spline 이면 "P"로 설정, Nurbs Spline 이면 "N"으로 설정

5.2 M : 수동

수동으로 Spline 을 그리는 방법으로 위치지정 메뉴를 이용하여 점들을 그린 후 〈Esc〉key 를 누르면 이 점들을 잇는 Spline이 그려진다.

5.3 A : 자동

이미 화면에 그려진 점들을 자동으로 연결하는 Spline을 그린 후
① 첫 번째 점을 선택(Spline의 시작점)
② 두 번째 점을 선택(Spline의 방향)
③ 마지막 점을 선택(Spline의 끝점)

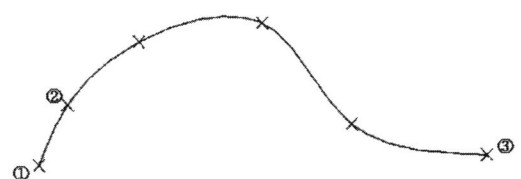

5.4 E : 끝점 N

스플라인의 끝 부분을 다양하게 처리할 수 있는 기능으로 "끝점 Y"로 지정하면 아래 조건을 설정할 수 있다. 첫 번째 점의 조건을 맞추려면 "F"로 설정하고, 마지막 점의 조건을 맞추려면 "L"로 설정한다.

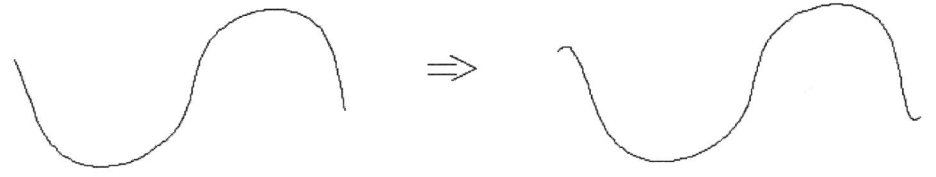

① 적용끝점 : 아래의 조건메뉴로 설정되는 내용이 적용될 위치를 설정하는 기능(F : 첫번째 화살표위치, L : 마지막 화살표위치)
② 3점원 : 설정위치포함 연속되는 3점을 지나는 원의 형태로 화살표 방향 설정
③ 내츄럴 : 지정된 위치들을 부드럽게 연결하는 형태로 화살표 방향 설정
④ 좌표 값 : 메뉴선택 후 지정되는 좌표 값 위치로 화살표 방향이 향하도록 하는 기능
⑤ 각도 : 메뉴선택 후 입력되는 각도 값(현재위치기준) 방향으로 화살표 방향 설정
⑥ 도형방향 : 메뉴선택 후 선택되는 다른 도형의 방향과 같게 화살표 방향 설정
⑦ 끝점방향 : 메뉴선택 후 선택되는 다른 도형의 끝점방향으로 화살표 방향 설정
⑧ 방향변경 : 현재 화살표방향을 반대방향으로 변경
⑨ 실행 : 메뉴선택시 위 메뉴들 조건설정 내용으로 도형 생성

5.5 C : 커브

기존에 그려진 도형을 체인으로 연결하여 하나의 스플라인으로 만드는데 사용

5.6 B : 블랜드

공간상에 서로 다른 2개의 스플라인을 부드럽게 연결할 때 사용하며, 양쪽 형상을 고려하는 형태를 생성

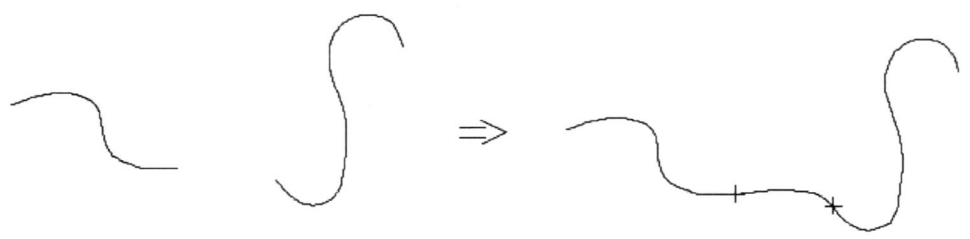

6. R : 사각형

사각형을 한번에 그리는 메뉴

[메뉴실행 : C : 그리기 - R : 사각형]

6.1 1 : 한점

사각형의 너비와 높이를 입력하여 생성

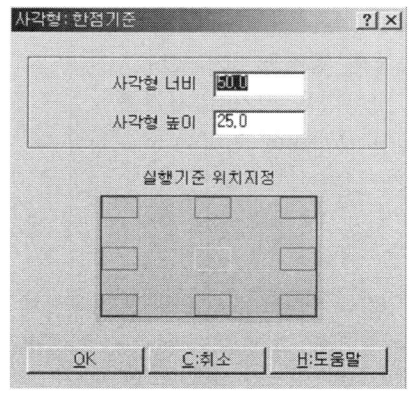

6.2 2 : 두점

사각형의 대각모서리의 위치를 입력하여 생성

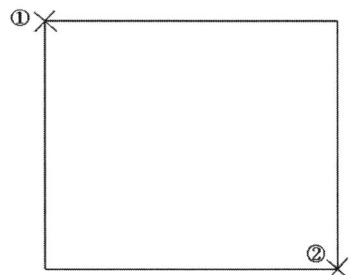

6.3 I : 조건설정

사각형 생성시 생성될 도형형태, 모서리 필렛 여부, 곡면도형 생성 등 작업의 이중화를 방지하기 위한 조건설정을 미리 지정해두는 기능이다.

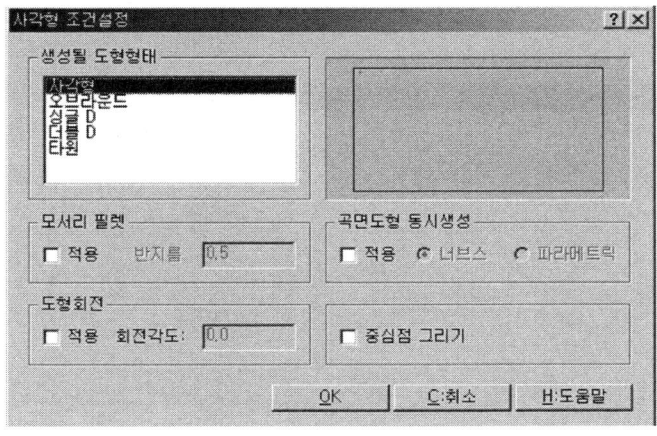

도형요소 그리기

① 생성될 도형형태 : 생성될 사각형의 형태를 설정하는 기능으로 특정 항목을 선택하면 우측 영역에 해당 도형 형태가 표시된다.
② 도형회전 : 생성될 사각형을 일정 위치기준으로 회전하는 형태로 생성되도록 설정
③ 모서리 필렛 : 사각형 모서리에 접하는 호도형을 동시에 생성시키는 기능으로 생성될 호도형의 반지름 값 입력
④ 중심위치 점도형 함께 생성 : 항목 선택하면 사각형 생성과 함께 중심점 위치에 점 도형이 함께 생성된다.
⑤ 곡면도형 동시생성 : 항목 선택하면 사각형 생성과 함께 생성되는 사각형 내측 영역 크기로 곡면도형이 동시 생성되며, 생성될 곡면도형속성(파라메트릭 또는 너브스)을 선택

7. C : 모따기

[메뉴실행 : C : 그리기 - N : 다음메뉴 - C : 모따기]

일반적으로 모따기는 45°의 모따기만을 생각하기가 쉬운데 Mastercam에서는 모따기 할 두 변의 거리 및 각도를 입력하여 정의하기 때문에 서로 다른 경사의 모따기를 처리할 수 있다.

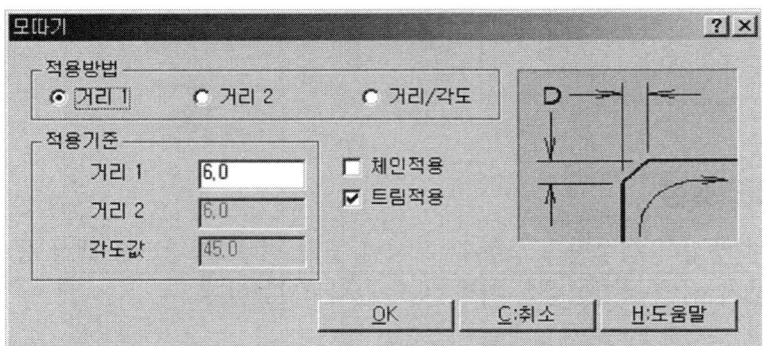

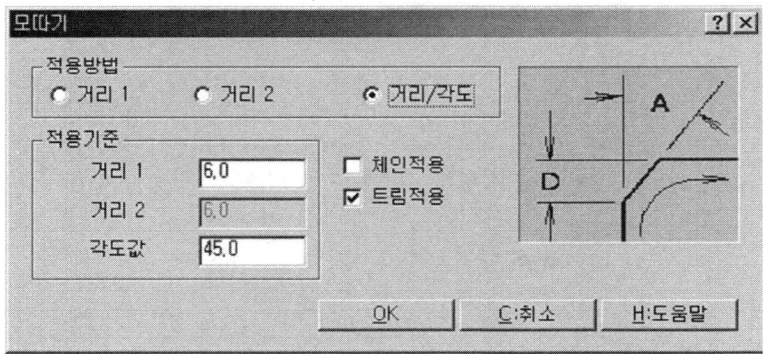

① 거리 1 : 모따기를 할 모서리에 같은 값의 모따기를 처리
② 거리 2 : 모따기를 할 모서리에 적용기준에서 정한 거리1의 값과 거리2의 값이 순서대로 모따기 값으로 적용
③ 거리/각도 : 적용기준에서 지정한 거리1의 값과, 각도 값을 적용하여 모따기를 적용

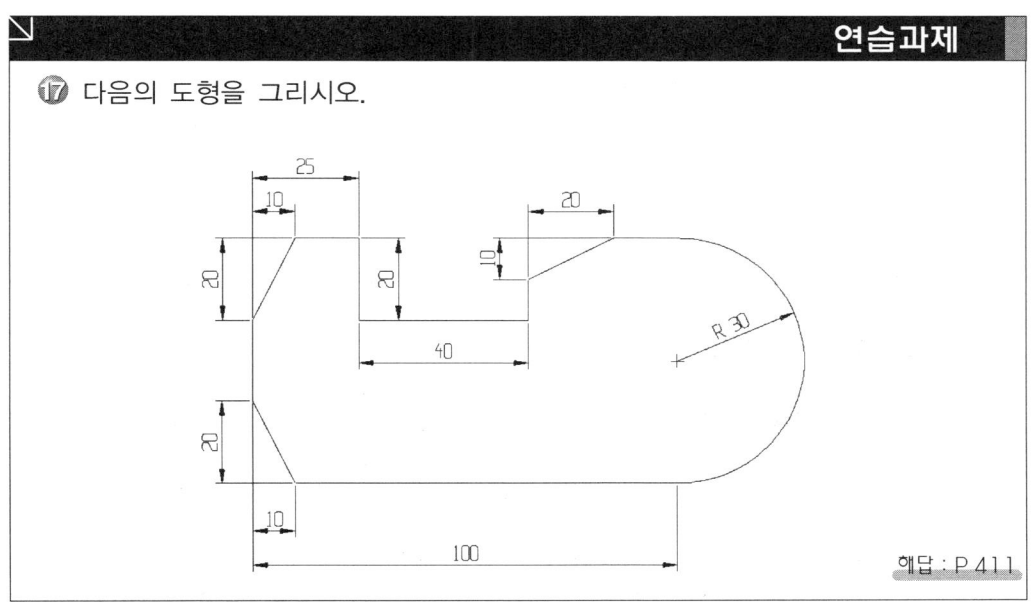

8. L : 문자

[메뉴실행 : C : 그리기 - N : 다음메뉴 - L : 문자]

다수의 직선/원호 또는 스플라인 도형들로 연결되는 문자형태를 생성하는 기능으로 한글, 한자, 영문 등 다양한 글자체의 문자도형을 가로방향/세로방향/원호상단/원호 하단 등 다양한 형태로 생성할 수 있다.

① 트루타입 적용 : Mastercam S/W의 OS환경인 Windows에서 지원하는 True Type의 글자체 형태로 문자도형을 생성하는 기능
② 생성될 문자입력 : 생성시킬 문자를 입력(한글사용시 글꼴을 트루타입으로 적용시켜야 한다.)
③ 적용기준 : 생성될 문자의 높이, 간격 등을 지정하여 주는 기능
④ 노트 정렬기준 : 문자 생성시 수평, 수직, 원호상단, 원호하단 형태의 문자 형태를 생성시킬 수 있다.

문자를 그리는 방법
① 트루타입 메뉴를 선택한다. 그러면 윈도우즈의 폰트 선택 창이 나타난다.
② 원하는 글씨체를 마우스로 선택하고(예 : 돋움체) 확인 버튼을 누른다.
③ 생성될 문자 입력란에 문자를 입력한다.(예 : 대한민국)
④ 문자가 쓰여지는 형태(가로쓰기, 세로쓰기, 원형쓰기) 등을 지정한다.
  (여기서는 '원호상단쓰기' 메뉴를 선택)
⑤ 적용기준란에 생성될 문자의 높이 및 간격, 반지름을 입력한다.
⑥ 위치지정 메뉴에 의해 원형으로 쓰여질 문자의 중심 좌표를 지정한다.(예 : 0,0)
⑦ 그러면 아래 그림과 같이 문자가 화면에 나타난다.

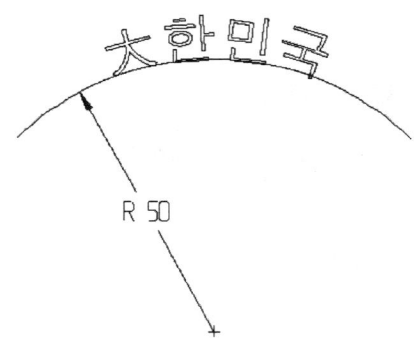

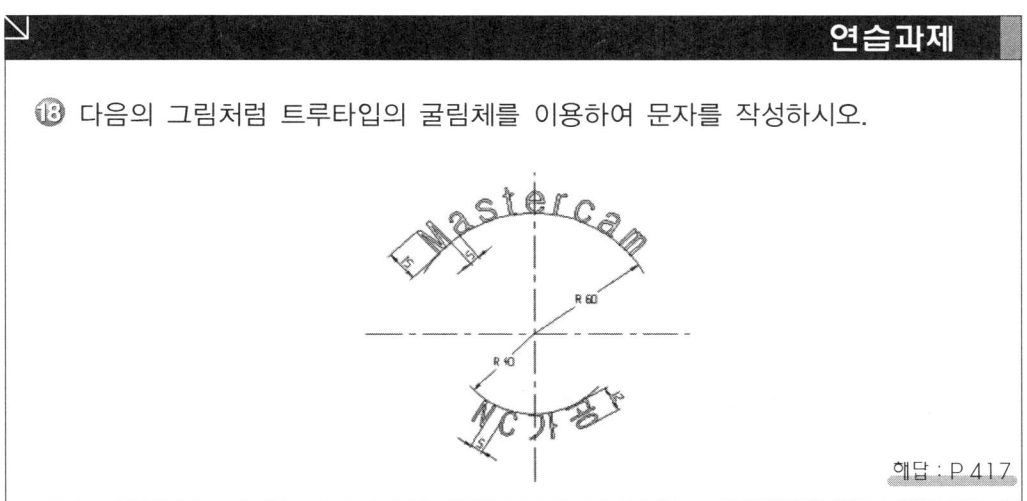

⑱ 다음의 그림처럼 트루타입의 굴림체를 이용하여 문자를 작성하시오.

해답 : P.417

9. T : 패턴

[메뉴실행 : C : 그리기 - N : 다음메뉴 - T : 패턴]

시스템에 저장된 특정 도형파일의 도형들을 현재 작업화면에 일정배율(도형파일내 도형 크기기준)로 축소 또는 확대시켜 일시에 생성하는 기능

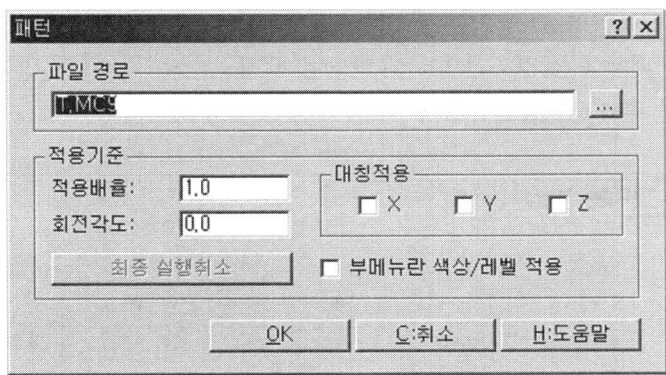

① 파일경로 : 생성될 도형들이 들어있는 작업대상 파일을 선택
② 적용배율 : 생성될 배율 크기설정(대상 도형파일의 크기 기준)
③ 회전각도 : 도형파일을 현재 화면으로 생성하면서 회전시키고자 하는 경우 적용될 회전각도 설정(회전은 해당 도형파일의 원점 위치 기준으로 적용)
④ 대칭적용 : X,Y,Z 축을 기준으로 대칭(해당 도형파일의 원점위치 기준)된 형태로 도형이 생성되도록 하는 기능으로 메뉴우측 영문자 Y로 설정하는 경우 적용된다.

CAD·CAM 실무 2D

⑤ 부메뉴란 색상/레벨 적용 : 대상 도형파일의 도형들의 색상, 저장 레벨번호를 무시하고 현재
부메뉴 영역에 설정된 색상/레벨번호 내용이 생성되는 도형들에 적용되도록 하는 기능

10. E : 타원

[메뉴실행 : C : 그리기 - N : 다음메뉴 - E : 타원]

X축과 Y축 반지름 값이 다른 원 형태의 스플라인 도형을 그리는 기능

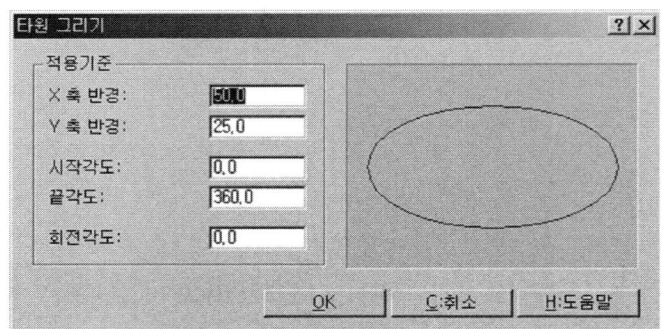

① X축/Y축반경 : 생성될 타원의(X,Y축) 반지름 값을 설정
② 시작각도/끝각도 : 타원의 시작 및 끝 각도 적용 값을 설정
③ 회전각도 : 타원의 회전각도 값 설정
④ 실행 : 위 메뉴들 설정조건으로 타원도형 생성
   (메뉴선택 후 타원 중심점위치 지정)

타원을 그리는 방법

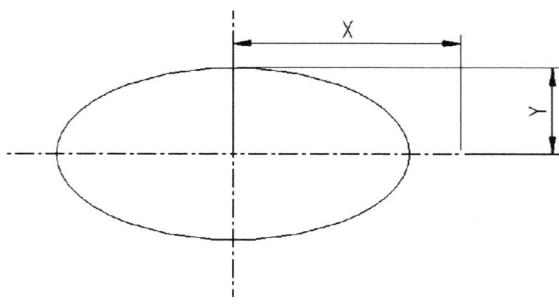

1 "X축 반경"을 선택하고 X축 반지름을 입력한다.(예 : 20)
2 "Y축 반경"을 선택하고 Y축 반지름을 입력한다.(예 : 15)

③ 시작 각도를 선택하고 타원의 시작 각도를 입력한다.(예 : 0)
④ 끝 각도를 선택하고 타원의 끝 각도를 입력한다.(예 : 0 또는 360)
⑤ 회전 각도를 선택하고 그려질 타원의 중심에 대한 기울기 각도를 입력한다.(예 : 0)
⑥ 중심점을 선택하고 위치지정 메뉴에 의해 타원의 중심 위치를 지정한다.(예 : 0,0)

연습과제

다음의 도형을 그리시오.

⑲

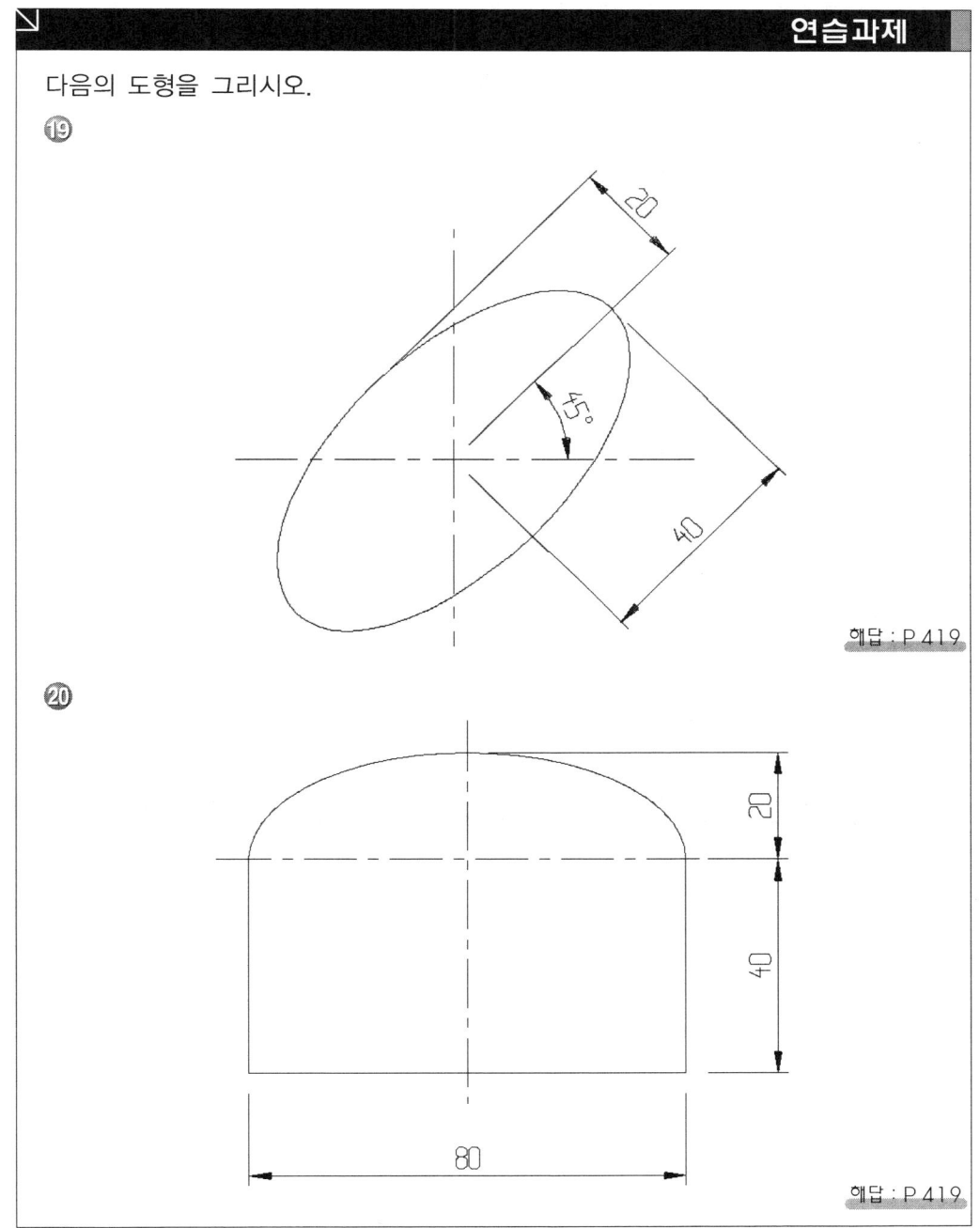

해답 : P.419

⑳

해답 : P.419

11. P : 다각형

[메뉴실행 : C : 그리기 - N : 다음메뉴 - P : 다각형]

다수의 변으로 구성되는 다양한 정다각형을 생성하는 기능

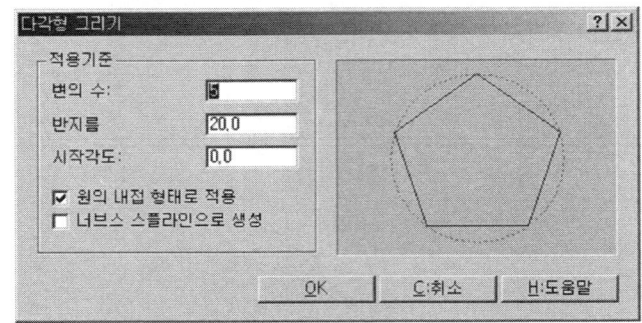

① 변의수 : 생성될 다각형의 변의 수를 설정(예 : 8각형 ⇒ 8입력)
② 반지름 : 수학적 정의상 정다각형은 반드시 원에 내접 또는 외접하게 되는데 생성될 다각형이 접하게 될 가상원의 반지름 값을 설정
③ 시작각도 : 다각형 생성이 시작될 위치각도 값 설정(각도 값 설정에 따라 중심점을 기준으로 회전하는 형태로 생성 가능)
④ 원의 내접 형태로 적용 : 본 기능을 활성시 원에 내접하는 다각형을 생성하며, 비활성시 외접형태의 다각형을 생성
⑤ 너브스 스플라인으로 생성 : 메뉴 활성시 생성된 다각형은 하나의 연결된 스플라인 형태로 생성되며, 비활성시 각각의 직선으로 연결된 다각형을 생성

연습과제

㉮ 아래 그림과 같이 지름 30mm의 원을 그리고 그 원에 내접하는 7각형을 그리시오.

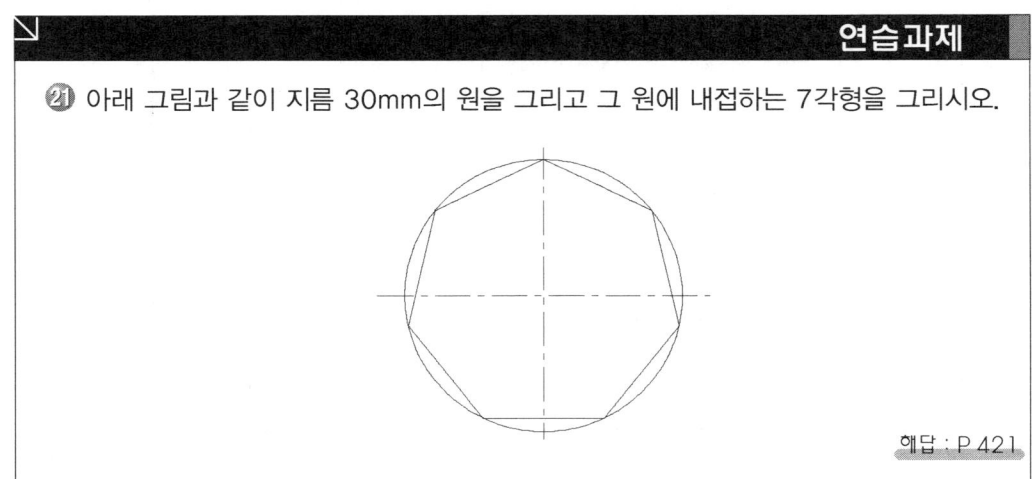

해답 : P.421

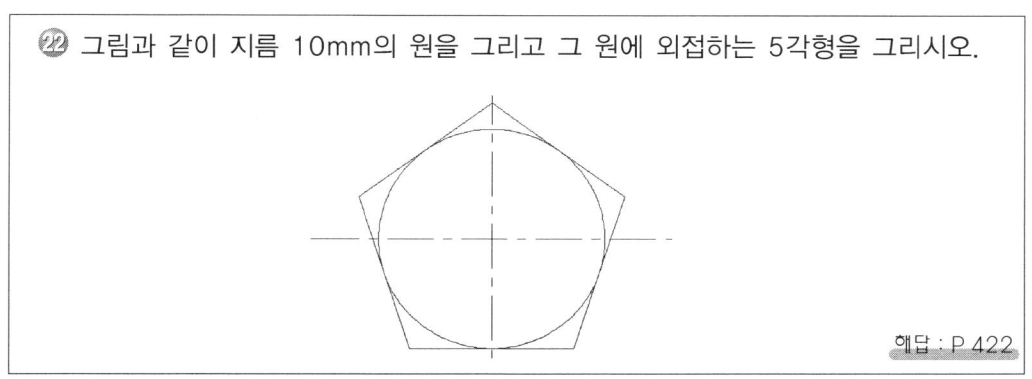

㉒ 그림과 같이 지름 10mm의 원을 그리고 그 원에 외접하는 5각형을 그리시오.

해답 : P.422

12. B : 입체사각형

[메뉴실행 : C : 그리기 - N : 다음메뉴 - B : 입체사각형]

작업화면내 특정 도형들을 대상으로 대상 도형윤곽의 외곽크기를 기준으로 하여 육면체 입체사각형을 생성(직선도형으로 생성)하는 기능

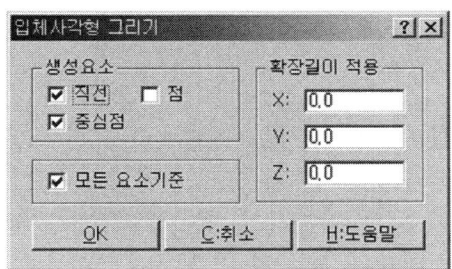

① 생성요소 : 생성시 직선, 점, 중심점을 선택함으로써 선택된 도형요소들이 입체사각형을 구성하는 기능
② 모든요소기준 : "모든요소기준" 활성시 작업화면 영역에 존재하는 모든 도형요소를 기준으로한 입체사각형을 생성시키며, 비활성시 사용자가 원하는 도형요소만을 선택할 수 있다.
③ 확장길이적용 : 대상 3차원 형상도형 외곽크기보다 각축별로 입력된 길이만큼 확장하여 입체사각형 생성한다.

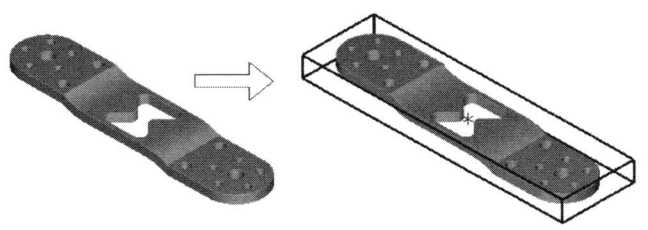

도형요소 그리기

13. S : 나선헬릭스

[메뉴실행 : C : 그리기 - N : 다음메뉴 - S : 나선헬릭스]

기존 C-hooks에 존재하던 메뉴로, 스프링 형태의 형상모델링시 피치, 반경, 회전수, 경사각도 등을 설정함으로서 사용자가 원하는 형태의 나선을 그리는 기능

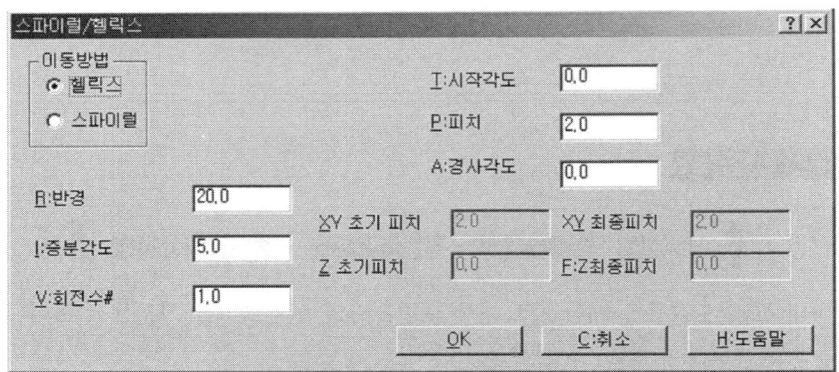

1) 헬릭스

반경, 회전수, 시작각도, 피치 등을 지정함으로서, 나선형태를 생성시키는 방법
① R : 반경 : 생성될 나선의 반지름 값을 기입
② I : 증분각도 : 원호 형상을 유지하기 위한 각도 값을 말하며, 각도 값이 작을수록 용량은 커지나, 정밀한 형태를 유지할 수 있음
③ V : 회전수 : 피치를 기준으로 생성될 나선의 수를 결정
④ T : 시작각도 : 나선이 생성될 시작각도 값을 기입
⑤ P : 피치 : 나선의 피치간격을 지정
⑥ A : 경사각도 : 주어진 각도를 유지하며 지정된 다른 조건들을 만족하는 형태의 경사진 나선을 생성

2) 스파이럴

반경, 회전수, 시작각도, XY초기/최종피치, Z초기/최종 피치 값을 입력하여 다양한 형태의 나선을 생성하는 기능
① R : 반경 : 생성될 나선의 반지름 값을 기입
② I : 증분각도 : 원호 형상을 유지하기 위한 각도 값을 말하며, 각도 값이 작을수록 용량은 커지나, 정밀한 형태를 유지할 수 있음

③ **V : 회전수** : 피치를 기준으로 생성될 나선의 수를 결정
④ **XY : 초기/최종피치** : 나선 생성시 XY에 대한 시작피치와 마지막 피치를 지정
⑤ **Z : 초기/최종피치** : 나선의 피치가 변하는 경우 초기피치와 최종피치를 지정함으로서, 정해진 회전수를 고려하여 최초, 최종피치가 적용된 나선의 형상을 자동 연산하여 생성하는 기능

연습과제

㉓ 그림과 같이 지름 : 20, 증분각도 : 5, 회전수 : 5, 시작각도 : 0, 피치 : 3, 경사각도 : 20의 나선을 생성하시오.

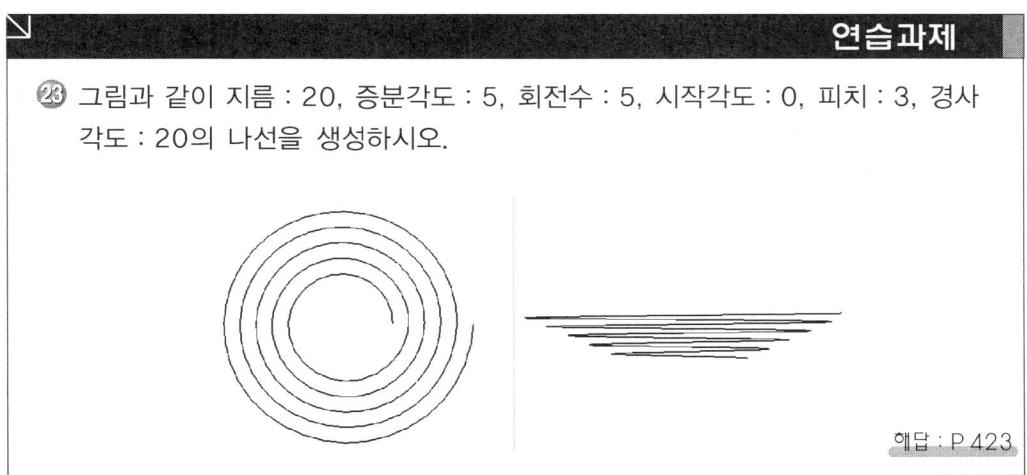

해답 : P.423

14. 방정식에 의한 커브 그리기

[메뉴실행 : C : 그리기 - N : 다음메뉴 - A : 추가 - Fplot]

수학방정식에 의한 커브를 화면상에 그리는 기능. 먼저, 방정식 Y=X^3의 공식을 예로 하겠다.

1) **E : 공식수정** 메뉴를 선택하면 화면 아래에 공식을 입력하는 란이 나타난다. Y=X^3을 입력하고 Enter키를 두 번 누른다.
   ※ 여기서 Enter키를 두 번 누르는 것은 공식의 입력을 끝내는 것을 말하며 만약 공식을 한 줄에 기입하지 못하거나 변수가 여러 개인 공식은 Enter키를 한번 누르면 줄 바꿔쓰기가 되므로 편리하게 공식을 입력할 수 있다.
   ① **G : 불러오기** : 방정식 불러오기 기능
   ② **S : 공식저장** : 방정식 저장하기 기능
2) **V : 변수정의** 메뉴를 선택하면 변수의 이름과 Lower limit 와 Upper limit, 그리고 계산 간격 step을 입력할 수 있으며, 다음과 같이 설정한다.
   ① **V : 변수이름** : X

② L : 최소값 : -2
③ U : 최대값 : 2
④ S : 간격 : 0.2

3) 이전메뉴를 선택한다.
4) A : 각도단위 D 메뉴를 선택하여 '각도' 메뉴 옆의 알파벳 문자가 'R'로 표기되도록 설정한다.
   (여기서 R : Radian, D : Degree를 표기하는 기호)
5) O : 원점위치 메뉴를 선택하여 위치지정 메뉴에 의해 그려질 그래프의 원점을 지정한다.(0, 0) 을 입력
6) M : 도형속성을 선택하여 그려질 그래프의 도형 속성을 선택한다.(예 : spline)
7) P : 실행 메뉴를 선택하면 그림과 같이 그래프가 생성된다.

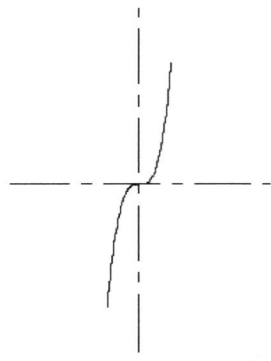

연습과제

㉔ 다음 공식이 나타내는 도형을 정의하시오.

Y=(sin(x)+1)/2+x

해답 : P.424

15. 기어(Gear)

[메뉴실행 : C : 그리기 - N : 다음메뉴 - A : 추가 - Gear*]

인볼류트 기어를 그리는 방법을 시작하자.
먼저 기어를 그리는데 필요한 기어의 각 부위 명칭은 다음과 같다.

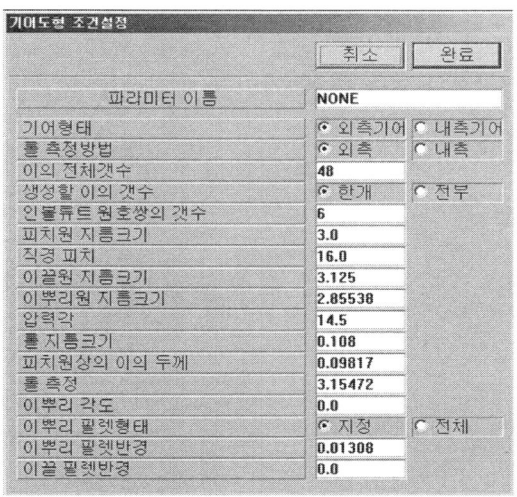

1) 기어형태

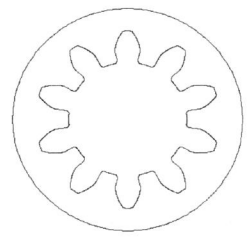
〈 외측기어 〉

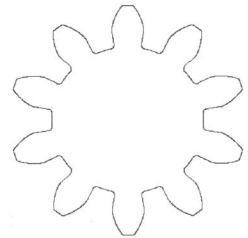
〈 내측기어 〉

2) 이의 갯수

원주상에 위치한 모든 기어 이의 수

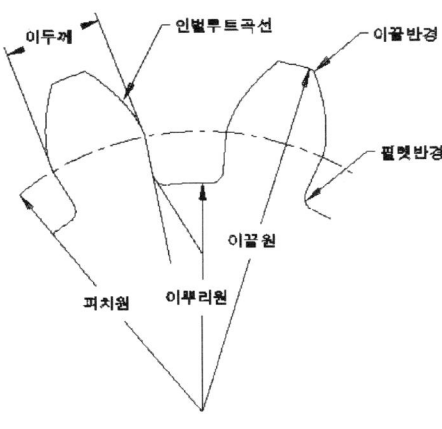

3) 롤 측정

기어 이 사이에 대칭으로 롤을 끼워 기어를 측정하는 방법

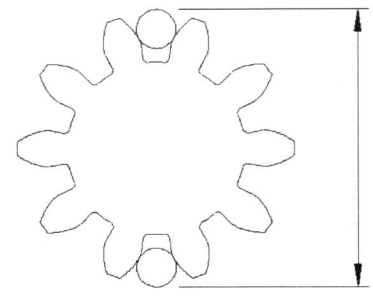
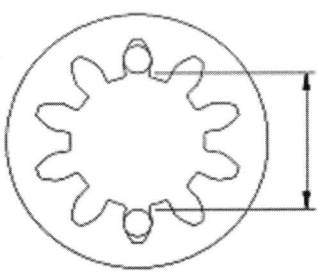

〈 외측기어의 롤 측정 〉　　　　　　　　　　〈 내측기어의 롤 측정 〉

아래의 데이타를 갖고 있는 외측 기어를 그려봅시다.
　　피치원 지름 : 40　　　　　　이의 갯수 : 30
　　이끝반경 : 0.5　　　　　　　압력각 : 20°
　　필렛반경 : 0.5

① **C : 그리기** - **N : 다음메뉴** - **A : 추가** - **Gear*** 순으로 메뉴를 선택한다.
② 기어형태를 외측으로 선택 후 롤 측정방법도 외측으로 설정한다.
③ 이의 갯수를 30으로 입력하고 Enter키를 누른다. 이와 같이 수치입력 후 Enter키를 누르면 나머지 파라메터의 설정값들이 자동적으로 기어의 기본공식에 의해 바뀌어진다.
④ 인볼류트 원호쌍의 갯수를 2로 설정한다.
⑤ 피치원 지름을 40으로 설정하고 Enter키를 누른다.
　　(이끝원, 이뿌리원, 이두께 롤 측정 값 등은 자동으로 설정됨)
⑥ 입력각을 20으로 설정한다.
⑦ 이 뿌리 각도는 0으로 설정한다.
⑧ 필렛 반경을 0.5, 이 끝반경을 0.5로 설정한다.
⑨ 파라메터 우측 상단의 완료 버튼을 선택한다.
⑩ 화면에서 파라메터 창이 사라지고 아래 그림과 같이 기어이빨 하나가 그려진다. 그리고 화면 하단에 그려진 기어의 이 두께 에러가 나타난다. 허용공차 범위안에 들어가면 그냥 사용하고 공차범위를 벗어나면 파라메터의 인볼류트 원호쌍의 갯수를 높게 설정하면 보다 정밀한 기어를 그릴 수 있다.

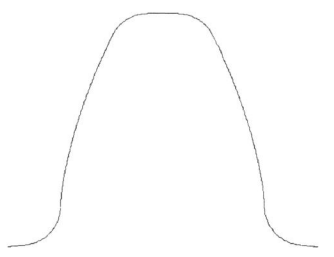

⑪ 아이콘을 누르거나 Alt + F1 키를 누른다.

⑫ **주메뉴** - **X : 이동** - **R : 회전이동** 순으로 메뉴를 선택한다.

⑬ F2키를 누르거나 아이콘을 선택하여 화면을 축소한다.

⑭ **W : 윈도우**를 선택하고 화면의 기어 이를 선택한 후 **D : 완료** 메뉴를 선택한다.

⑮ **O : 원점** 메뉴를 선택하여 회전 중심을 원점으로 지정하면, 화면에 회전이동 조건설정창이 나타난다.

⑯ 회전이동 조건설정창의 내용을 다음과 같이 설정한다.
 • 회전각도 : 360/30 입력
 • 갯 수 : 29 입력
 • 복사 항목 선택

⑰ OK 버튼을 선택한다.

⑱ Alt+F1을 누르거나 아이콘을 선택한다.
 그러면 원하는 기어의 형태를 아래 그림과 같이 볼 수 있다.

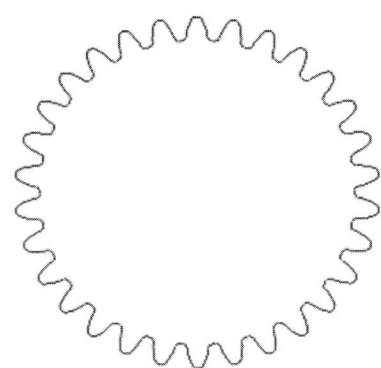

CAD·CAM 실무 2D

> **연습과제**
>
> ㉕ 위와 같은 방법으로 다음의 데이터를 갖고 있는 내측기어를 그리시오.
>
> 　　피치원 지름 : 50　　　필렛반경 : 0.5
> 　　압력값 : 14.5　　　　이끝반경 : 0.1
> 　　이의갯수 : 25
>
> 　　　　　　　　　　　　　　　　　　　해답 : P.425

16. 홀테이블(Htable*)

[메뉴실행 : C : 그리기 - N : 다음메뉴 - A : 추가 - Htable*]

작업화면의 모든 원 도형들을 대상으로 각 도형들에 대한 지름(또는 반지름)크기 및 개수를 표시하는 테이블(표)형태의 노트도형 생성하는 기능

1) **L : 라벨위치** : 원의 이름이 중심 또는 끝점에 놓일지를 지정하는 기능
2) **F : 표시형태** : 반지름 또는 지름을 출력할 것인지를 지정하는 기능
3) **D : 실행** : 위치지정 메뉴에 의해 이 Table이 놓일 위치를 정의하는 기능

> **연습과제**
>
> ㉖ 다음도형을 그리고 홀테이블을 도면 우측하단에 작성하시오.　　해답 : P.426

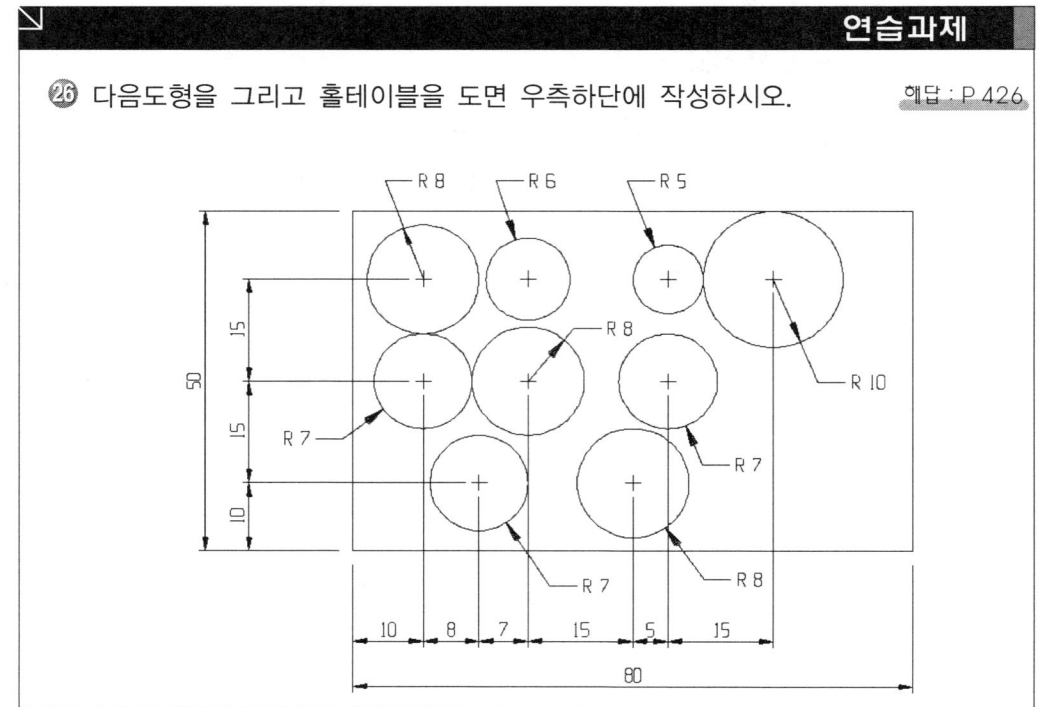

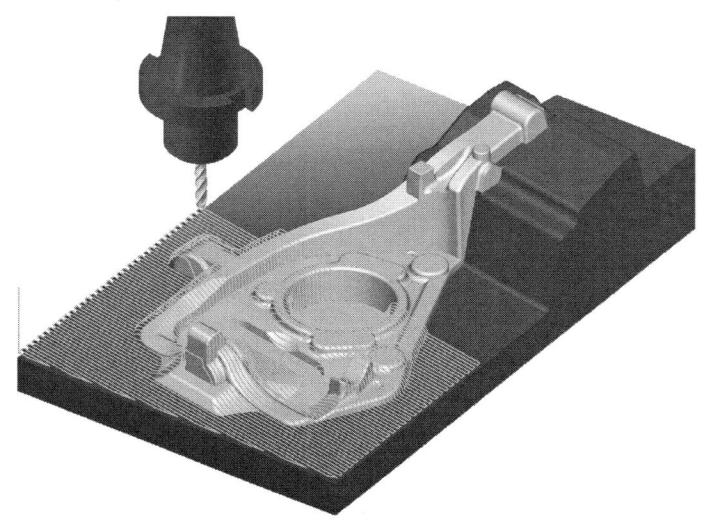

Chapter 3. 도형요소의 수정

1. 도형요소 트림
2. 도형요소 자르기
3. 도형요소 연결
4. 방향변경
5. 콘트롤점
6. 너브스전환
7. 도형의 확장
8. 드래그
9. 원호전환

Chapter 03 도형요소의 수정

1. 도형요소 트림

[메뉴실행 : M : 수정 - T : 트림]

이 Trim 기능은 Trimming과 Extension 기능을 동시에 내포하고 있는 메뉴이다.

수정:
F:팔렛
T:트림
B:자르기
J:연결
N:방향변경
C:콘트롤점
X:너브스전환
E:확장
D:드래그
A:원호전환

1.1 S : 한요소

① 트림할 요소를 선택한다.
② 경계가 되는 요소를 선택한다.

Ex)

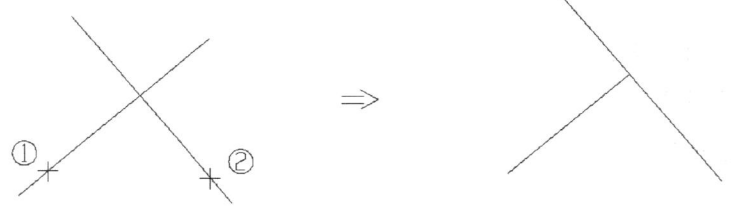

Ex)

1.2 2 : 두요소

트림할 두 요소를 차례로 선택한다.

Ex)

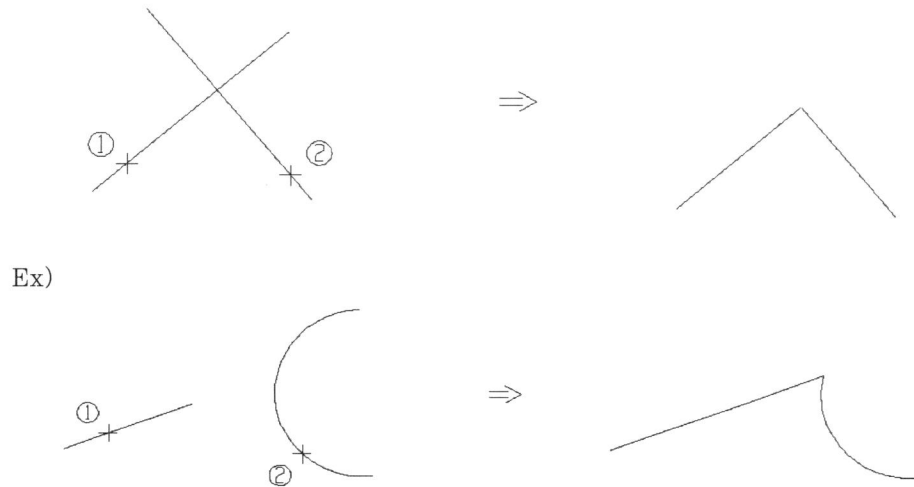

1.3 3 : 세요소

2개의 요소와 다른 하나를 선택하면 아래의 그림과 같이 트림이 된다.

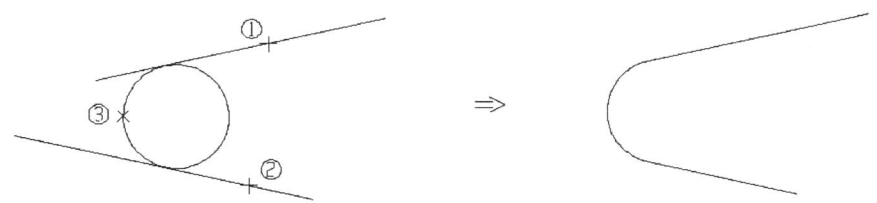

1.4 P : 점

선택된 도형요소를 특정한 점에 대해 트림하는 기능

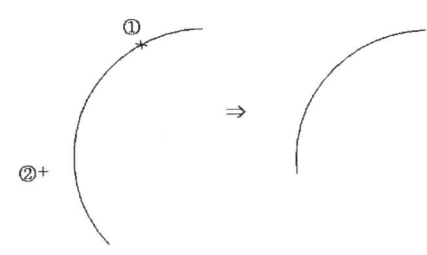

① 트림할 요소를 선택한다.
② 위치지정 메뉴를 이용하여 한점을 선택하고 그 점에 수직으로 만나는 부분에서 트림한다.

1.5 M : 많은요소

여러 개의 도형요소를 하나의 경계요소에 대하여 트림하는 기능

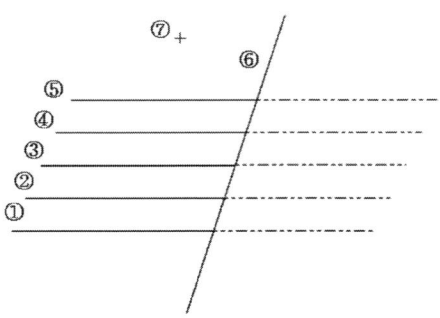

①~⑤ 트림할 도형 요소들을 차례로 선택한다.
⑥ 경계가 되는 도형요소를 선택한다.
⑦ 남길 부분을 지정한다.

1.6 C : 원호닫기

호를 선택하면 원으로 속성을 바꾸는 기능

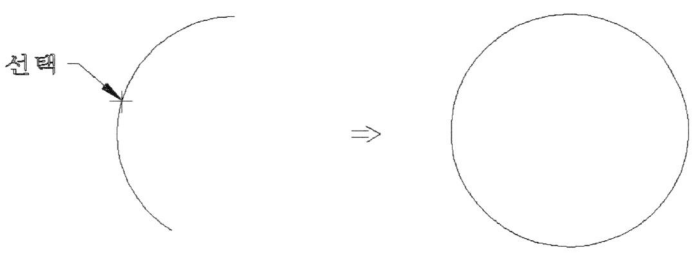

1.7 D : 나누기

두개의 도형요소를 경계로 하는 도형을 트림하는 기능

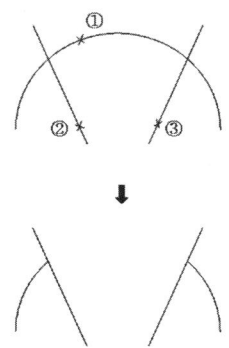

① 트림할 요소를 선택한다.
② 첫번째 경계요소를 선택한다.
③ 두번째 경계요소를 선택한다.

※ 지금까지 가장 기본적인 도형요소의 그리는 방법과 트림 기능을 공부하였다. 지금까지 배운 내용을 토대로 하여 다음의 도형들을 그리시오.

연습과제

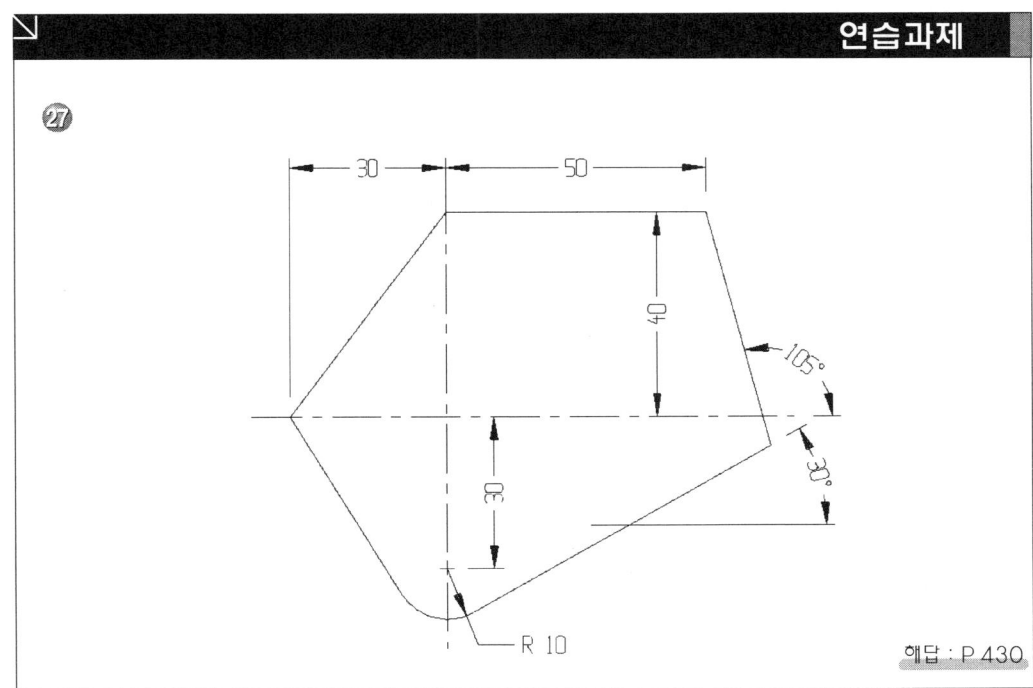

㉗

해답 : P 430

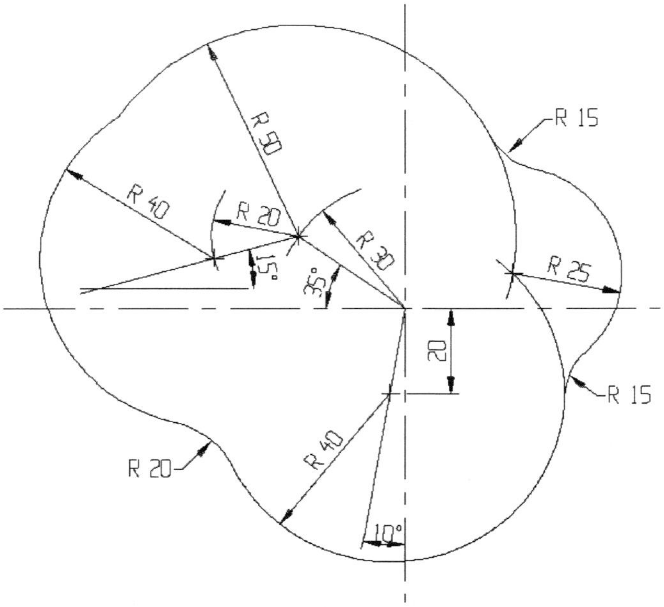

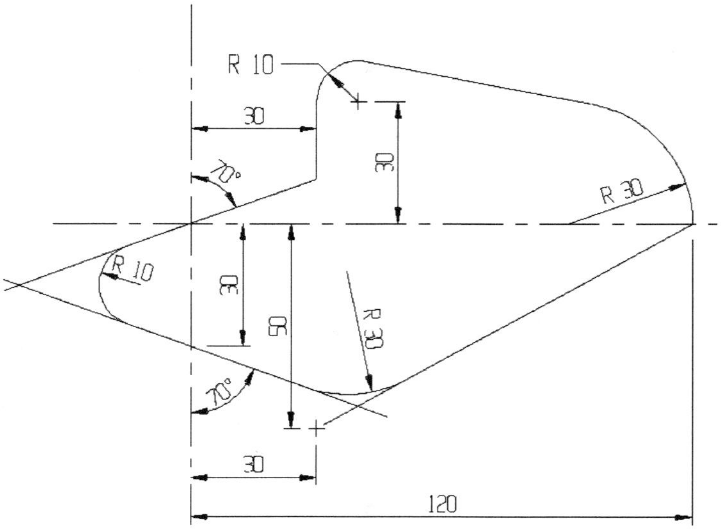

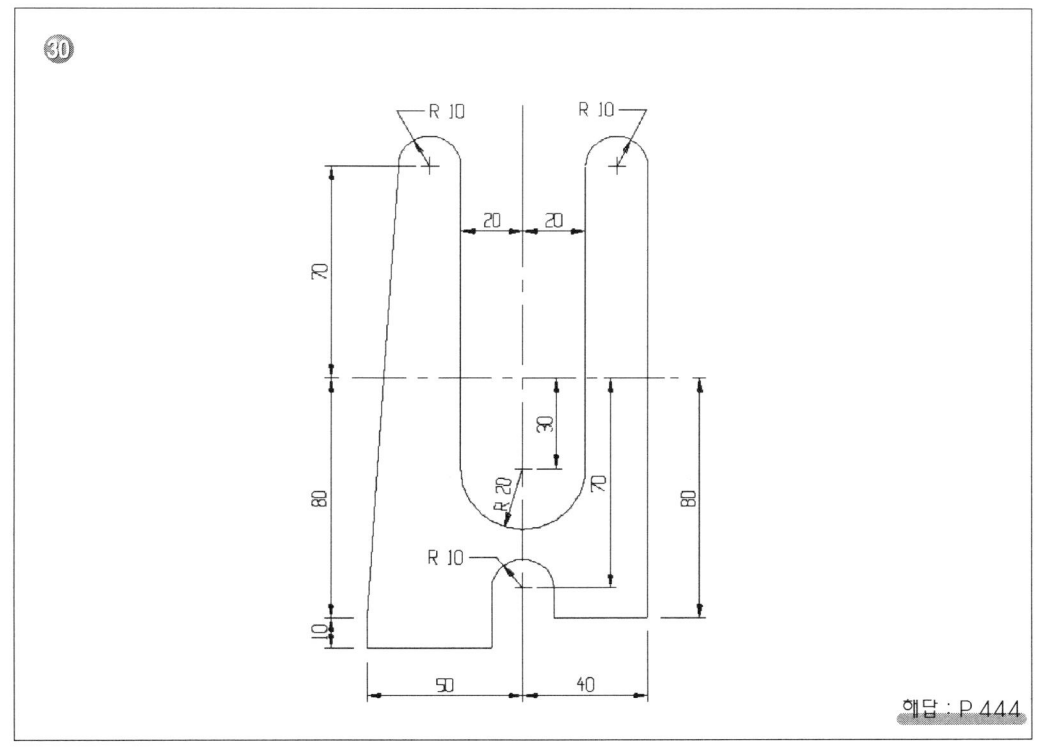

2. 도형요소 자르기

[메뉴실행 : M : 수정 - B : 자르기]

이것은 어떤 하나의 도형요소를 필요에 따라 2개 또는 그 이상의 요소로 자르는 기능

2.1 2 : 2등분

이 기능은 기존의 도형요소를 원하는 지점에서 2등분하는 기능으로 가장 많이 사용된다.

〈EX〉 아래의 그림과 같은 Sample 에서 자르기의 용도를 알 수 있다.
① 수평선과 수직선 그리기를 이용하여 직선 ⓐ, ⓑ, ⓒ를 그린다.

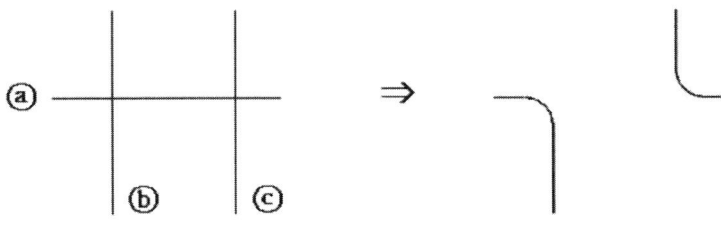

② 직선 ⓐ와 ⓑ를 필렛하면 아래의 그림과 같이 되므로 나머지 ⓒ와 ⓐ가 만나는 부위에 필렛 처리가 곤란해진다.

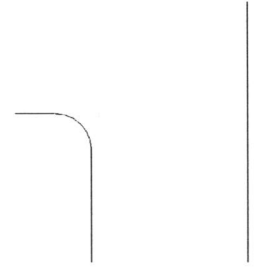

③ "Alt+U" 키를 눌러 필렛처리 실행을 취소한다.
④ M : 수정 - B : 자르기 - 2 : 2등분 순으로 메뉴를 선택
⑤ 직선 ⓐ를 마우스로 선택한다.
⑥ 자르기할 지점을 위치지정 메뉴에 의해 지정한다. 여기서는 M : 중간점을 선택한다.
⑦ 그리고 직선 ⓐ를 선택한다.

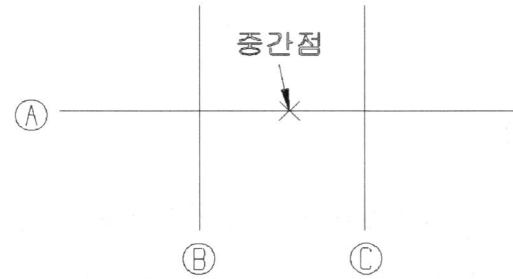

⑧ C : 그리기 - F : 필렛 메뉴순으로 선택 후 직선 ⓐ와 ⓑ를 필렛하고 직선 ⓐ와 ⓒ를 필렛처리를 한다. 그러면 원하는 결과를 얻을 수 있다.

2.2 L : 길이

원하는 도형요소를 끝점으로부터 일정한 거리의 위치에서 자르는 기능이다.
① 경사선으로 각도 20, 길이 100의 형상을 그린다.
② 마우스로 도형을 선택한다.
③ 원하는 길이를 입력한다.(Ex : 10)
　해당 선택 도형의 가까운 끝점으로부터 입력한 길이 값만큼 잘라지는 것을 확인할 수 있다.

끝점기준 적용될 길이 : 10
(또는 X,Y,Z,R,D,L,S,A,? 키 입력)

2.3 M : 멀티

이 기능은 자르기 위해 선택한 도형요소를 길이 및 갯수를 기준으로 하여 분할하는 기능

① N : 갯수기준

현재 선택되어진 도형을 입력된 분할 개수만큼 잘라주는 기능

분할될 갯수를 입력하시오 5

② S : 길이기준

현재 선택되어진 도형을 입력된 길이 값을 근거로 하여 등간격으로 분할하는 기능

분할기준 길이값을 입력하시오 5
(또는 X,Y,Z,R,D,L,S,A,? 키 입력)

2.4 A : 교차점분할

이 기능은 교차하는 두 도형요소의 교차점을 찾아 분할하는 기능
① 교차되는 도형을 지정한다.(선택되는 도형의 수는 무관)

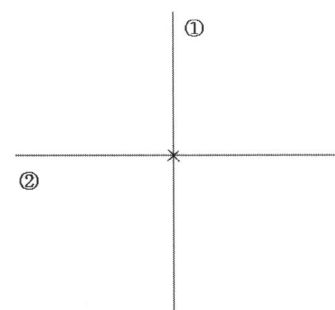

② 완료를 실행한다.
③ 교차점을 기준으로 각각의 도형요소로 분리되는 것을 확인할 수 있다.

2.5 S : 원호로분할

이 기능은 스플라인 속성의 도형을 직선 및 원호형태 속성의 도형으로 분할하는 기능
① S : 원호로분할을 선택 후
② 해당 스플라인을 선택한다.
③ E : 적용공차를 입력한다.

④ I : 대상도형 D로 설정한다.(아래참조)
(분할실행 후 대상 스플라인 도형처리형태 D ⇒ Delete : 삭제, K ⇒ Keep : 보존, B ⇒ Blank : 숨김)
⑤ 스플라인이 원호의 속성을 갖는 형태로 분할, 변환되어진다.

2.6 D : 노트/직선

이 기능은 C : 그리기 - D : 도면작성 - N : 노트에서 작성된 노트문자를 직선 및 원호 도형으로 변경시켜주는 기능
① 노트문자를 기입한다.
② D : 노트/직선을 선택한 후 마우스로 노트문자를 지정한다.
③ D : 완료를 선택한다.
④ 노트문자들이 각각의 직선개체로 분할, 변환된다.

2.7 H : 해칭/직선

이 기능은 C : 그리기 - D : 도면작성 - H : 해칭에서 작성된 해칭선을 형상을 유지한 각각의 직선의 속성으로 변경시켜주는 기능
① 해칭선을 먼저 그린다.
② H : 해칭을 선택 후 작성되어진 마우스로 해칭선을 지정한다.
③ 해칭선이 각각의 직선으로 변환된 것을 확인할 수 있다.

2.8 C : Cdata/직선

이 기능은 카피어스 테이타를 직선 데이타로 변환시키는 기능

2.9 Breakcir*

작업화면내 모든 원 도형들을 입력한 일정개수 만큼의 균등한 호도형으로 분할해 주는 기능

자를 원호의 갯수를 입력하시오 5

3. 도형요소 연결

[메뉴실행 : M : 수정 - J : 연결]

이 기능은 B : 자르기를 이용하여 자른 도형 요소를 다른 하나의 요소로 합치는 기능으로 자르기한 도형요소를 차례로 선택하면 된다.

4. 방향변경

[메뉴실행 : M : 수정 - N : 방향변경]

곡면도형의 앞면, 뒷면 방향을 반대방향으로 전환하는 기능

5. 콘트롤점

[메뉴실행 : M : 수정 - C : 콘트롤점]

너브스 스플라인 도형의 콘트롤점 위치를 변경시켜 도형형태를 변화시키는 기능

5.1 D : 다이나믹

수정대상 콘트롤점의 현재위치를 마우스 드래그 기능으로 변경

5.2 P : 좌표이동

수정대상 콘트롤점의 현재위치를 위치지정메뉴로 변경
① 먼저 Nurbs의 형태로 스플라인을 아래와 같이 그린 후

② M : 수정 - C : 콘트롤점을 선택한다.
③ 마우스로 그려진 스플라인을 선택한다. 그러면 그 스플라인의 콘트롤 포인트가 아래와 같이 나타난다.

CAD · CAM 실무 2D

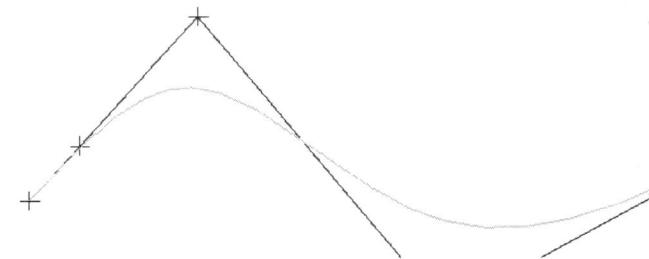

④ 화면 하단에 콘트롤 포인트를 선택하라는 메세지가 나타나면 화면상의 한 포인트를 마우스로 선택한다.
   D : 다이나믹, P : 좌표이동 으로 스플라인의 콘트롤점 위치를 변경한다.

6. 너브스전환

[메뉴실행 : M : 수정 - X : 너브스전환]

너브스 속성이 아닌 타 도형들을 너브스속성 스플라인으로 변환하는 기능

7. 도형의 확장

[메뉴실행 : M : 수정 - E : 확장]

이미 그려진 도형요소를 원하는 길이만큼 늘이는 기능으로 "-"값 입력시 입력된 길이만큼 역으로 줄어든다.
(U : 곡면확장 메뉴 3차원 메뉴이므로 Ⅲ. 3차원 도형수정 참조)

〈Ex〉직선의 경우
  ① 우측 그림과 같이 직선을 그린 후
  ② M : 수정 - E : 확장 - L : 길이설정을 선택한다.
  ③ 화면 아래측에 길이를 입력하고 창이 나타나면 원하는 길이를 입력하고 Enter키를 누른다.

   확장될 길이값을 입력하시오 2.35
   (또는 X,Y,Z,R,D,L,S,A,? 키 입력)

  ④ 확장할 끝점에 근접한 부분을 선택한다. 그러면 우측 그림과 같이 길이가 늘어나는 것을 볼 수 있다.

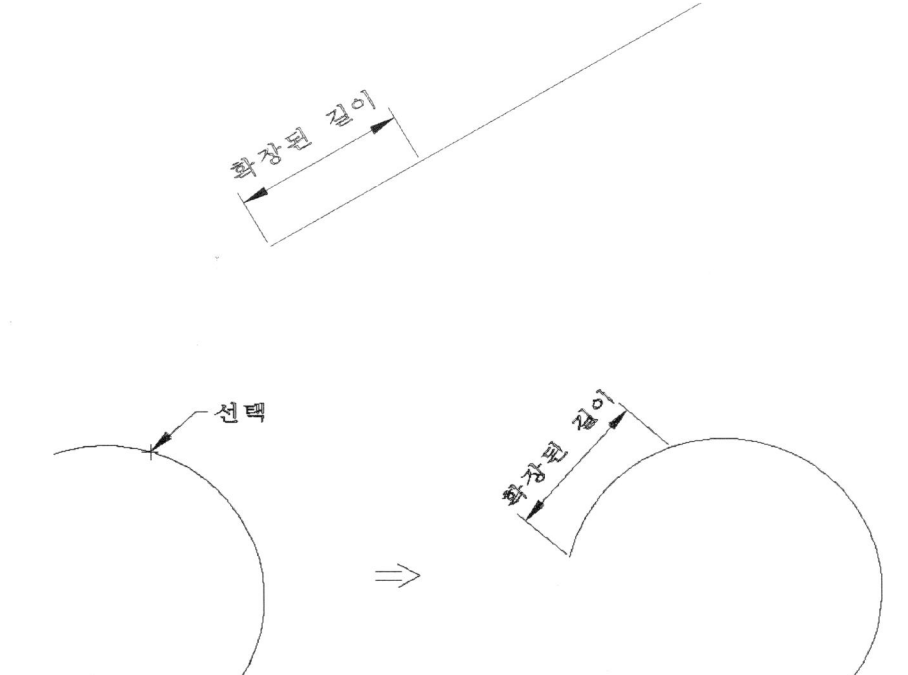

⟨Ex⟩ 원호의 경우 : 방법은 직선의 경우와 동일하다.

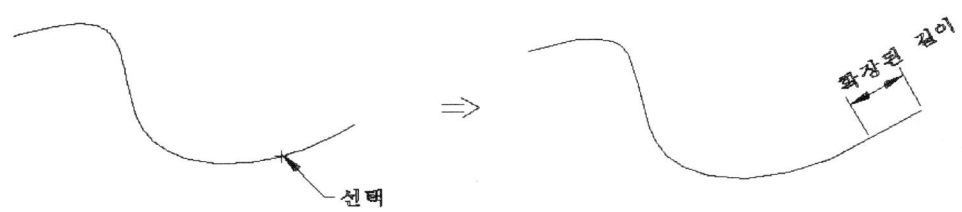

⟨Ex⟩ 스플라인의 경우 : 방법은 동일하다.

8. 드래그

[메뉴실행 : M : 수정 - D : 드래그]

마우스 드래그 기능으로 특정 도형들의 형태 및 위치를 자유롭게 변형시키는 기능

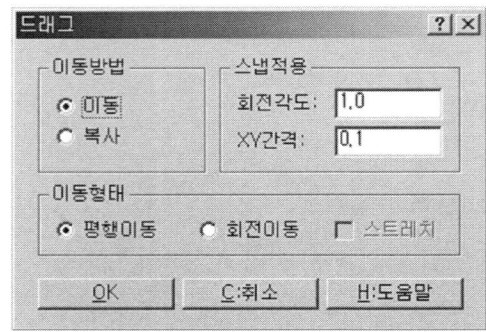

① 복사 : 실행메뉴(평행이동, 회전이동, 스트레치)로 드래그 실행시 대상도형의 이동형태를 설정(Y설정 ⇒ 도형복사, N설정 ⇒ 도형이동)
② 스냅 : Y로 설정되면 드래그 실행하는 과정에서 스냅위치 또는 각도 입력 등 부가적인 조건을 적용할 수 있다.
③ 대상도형 : 드래그 대상도형들을 선택하는 기능
④ 평행이동 : 특정위치 기준으로 마우스 위치이동에 따라 평행한 상태로 위치이동
⑤ 회전이동 : 특정위치를 중심점으로 대상도형들이 마우스 위치 이동에 따라 회전이동
⑥ 스트레치 : 특정위치를 기준으로 대상도형들이 마우스 위치이동에 따라 스트레치 되면서 도형이 이동한다.

9. 원호전환

[메뉴실행 : M : 수정 - A : 원호전환]

원호형태의 스플라인 도형을 원호도형으로 변환하는 기능
① C : 그리기 - N : 다음메뉴 - E : 타원 메뉴를 선택 후 X축 반경 : 50, Y축 반경 : 50의 타원을 그린다.
② 주메뉴 - M : 수정 - X : 너브스전환을 선택한다.
③ 해당 타원을 선택한다.
④ 스플라인 속성의 타원이 원호의 속성의 원으로 변경된다.

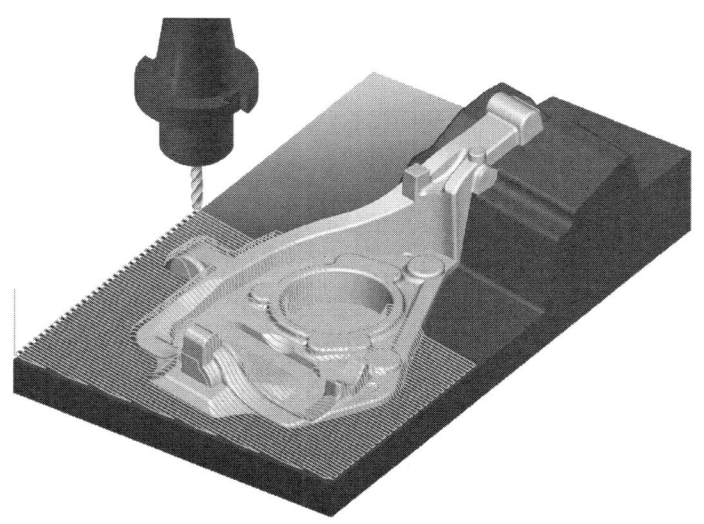

Chapter 4. 도형의 이동 및 복사

1. 도형의 대칭이동
2. 도형의 회전이동
3. 도형의 배율이동
4. 도형의 투영이동
5. 도형의 평행이동
6. 도형의 옵셋
7. 도형윤곽의 옵셋
8. 도형의 스트레치
9. 도형의 롤(Roll)

Chapter 04 도형의 이동 및 복사

특정 도형들의 현재 위치를 다른 위치로 이동하는 것이 도형요소 이동으로 이동하고자 하는 형태에 따라 다양한 방법을 사용할 수 있다.

```
이동:
M:대칭이동
R:회전이동
S:배율이동
Q:투영이동
T:평행이동
O:옵셋
C:윤곽옵셋
N:네스팅
S:스트레치
L:롤
```

▶ 적색 : 이동대상 도형들임을 표시하는 색상
▶ 자주색 : 이동된 도형들임을 표시하는 색상

 참고 •••

이동 실행시 도형색상 변화의미
도형 고유색상이 변화된 것은 아니며, 이동 전과 이동 후의 도형들을 쉽게 파악하고 이후 다른 작업 실행시 대상도형 선택과정에서 도형선택 메뉴들 중 그룹 또는 이동결과 메뉴로 해당 도형들을 일시에 선택할 수 있도록 시스템이 색상을 일시적으로 구분 표시한다.

1. 도형의 대칭이동

[메뉴실행 : X : 이동 - M : 대칭이동]

대상 도형들을 일정한 축(직선형태)의 반대방향 동일거리로 이동시키는 기능으로 적용기준이 될 축 형태는 XY축, 특정직선 또는 두 점 위치로 지정할 수 있다.

1.1 대칭이동의 기준이 될 축을 설정하는 메뉴

① X축 : 현재 작업평면의 X축(수평축) 기준으로 도형 대칭이동
② Y축 : 현재 작업평면의 Y축(수직축) 기준으로 도형 대칭이동
③ 직선 : 작업화면내 특정 직선을 기준으로 대칭이동
④ 두점 : 작업화면내 특정 두 점(가상직선)을 선택하여 대칭이동

1.2 대칭이동 대화창

대칭이동 형태를 설정하는 영역으로 대화창의 항목들 중 일부는 다른 이동메뉴를 실행하면 해당 이동 대화창에서 동일한 이름으로 표시되며, 적용 내용도 동일하므로 이후 다른 이동메뉴에서는 설명을 생략한다.

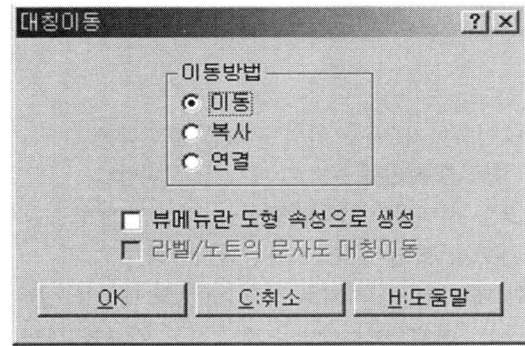

① 이동 : 대상도형이 현재 위치에서 대칭이동 지정위치로 위치이동
② 복사 : 대상도형을 현 위치에 남겨둔 채로 대칭이동 지정위치로 동일 형태 도형 복사
③ 연결 : 위 복사내용으로 도형 이동하면서 현 위치 도형들의 끝점 위치와 복사된 도형들의 끝점위치를 연결하는 직선들이 추가생성
④ 부메뉴란 도형속성으로 생성 : 항목 선택하면 이동으로 생성되는 도형들의 속성이 부메뉴란 해당메뉴(색상, 저장레벨번호, 도형형태) 설정내용으로 적용되어 이동되며, 항목 선택을 안한 경우는 대상도형들의 도형속성 형태로 적용되어 이동된다.
⑤ 라벨/노트의 문자도 대칭이동 : 이동대상으로 라벨 또는 노트요소를 선택한 경우에만 활성화되는 항목으로 항목 선택하면 이동결과 문자형태까지 대칭형태로 이동하고, 항목 선택을 안한 경우는 대칭간격 만큼만 위치 이동하는 형태로 대칭이동 실행

대칭이동 연습

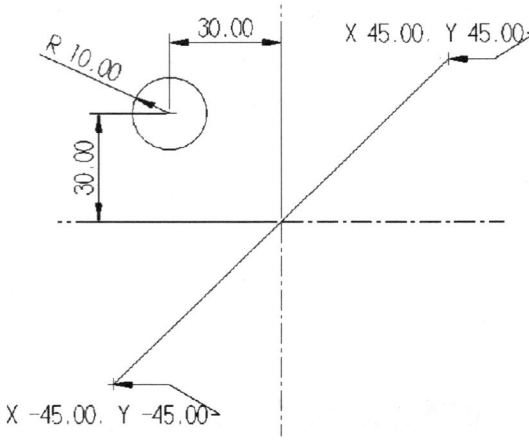

① 대칭이동을 연습하기 위해 위의 도형을 그린다.
② X:이동 - M:대칭이동 순으로 메뉴를 선택한다.
③ 그려진 원호를 선택하고 D:완료를 선택하면 대칭축을 지정하는 메뉴가 나타난다.
④ 'F9' 키를 누르면 화면에 X, Y축이 나타난다.
⑤ X 축에 대한 대칭이동을 하기로 하고 X:X축 메뉴를 선택한다. 화면에 대칭이동에 대한 창이 나타난다. 이때, 이동방법을 설정하고 완료를 하면, 아래와 같은 그림이 된다.

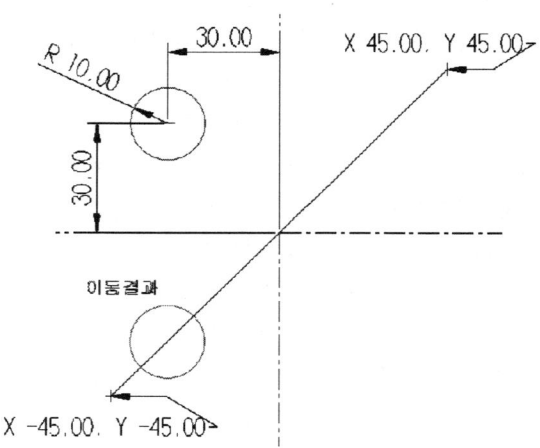

2. 도형의 회전이동

[메뉴실행 : X : 이동 - R : 회전이동]

특정위치를 중심점으로 일정각도로 도형들을 이동하는 기능(Mastercam에서 회전이동은 항상 반시계 방향)

2.1 회전이동 대화창

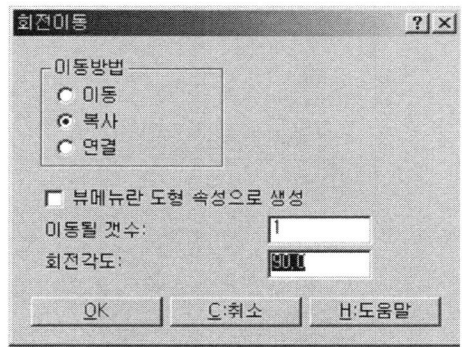

① 이동될 갯수 : 회전각도 항목에 설정된 각도 값 단위(증분 각도로 적용)로 이동될 도형윤곽의 갯수 설정
② 회전각도 : 메뉴실행 과정에서 지정한 회전 중심위치를 중심으로 대상 도형들이 회전되어야 할 회전각도 값 설정(대상도형의 현재 위치기준 증분 각도로 입력)

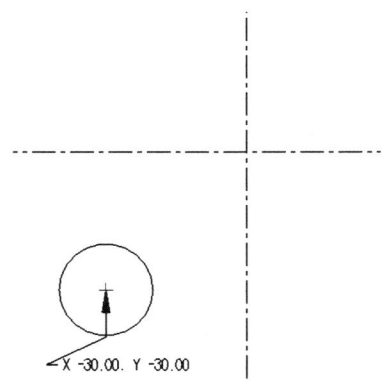

① 회전이동을 하기 위해 우측 원호(R10)를 그린다.
② 회전이동 메뉴를 선택한다.

 CAD · CAM 실무 2D

③ 마우스를 이용하여 화면의 원호를 선택한다.
④ D : 완료 - O : 원점을 선택한다.
⑤ 회전이동 대화창이 나타난다.
　이동방법은 "복사", 이동될 갯수는 "4", 회전각도는 "72"를 입력한다.
⑥ 아래의 그림처럼 회전각도(증분각도) 72도를 갖는 원호가 생성된다.
　(이동방법 "복사"를 기준으로 할 때는 원도형을 제외한 "이동될 갯수" 항목이 4가 되며, "이동"을
　기준으로 할 때는 원도형을 포함한 "이동될 갯수" 항목이 5가 된다. - 생성도형이 5일 경우)

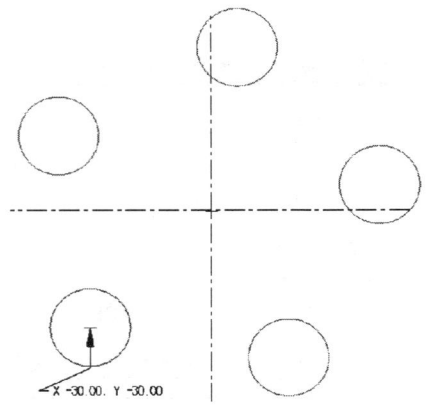

3. 도형의 배율이동

[메뉴실행 : X : 이동 - S : 배율이동]

특정위치기준 대상도형들을 일정배율 및 각 축별(X, Y, Z)로 확대 또는 축소시켜 도형이동을 실행하는 기능

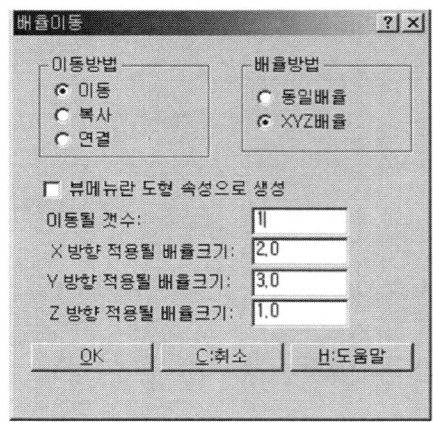 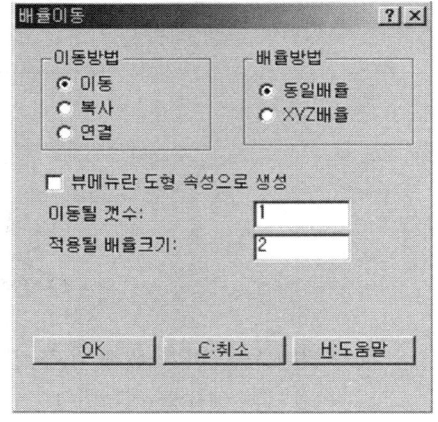

Chapter 4

3.1 배율이동 대화창

① 특정위치를 기준으로 동일배율 이동시 사용하는 기능
② 특정위치를 기준으로 각각의 축(X, Y, Z)별로 사용자가 원하는 배율크기를 지정시 사용하는 기능

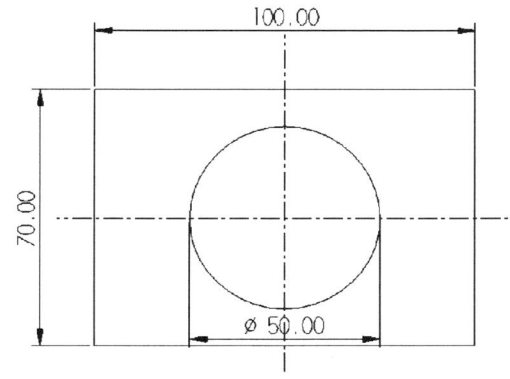

① 먼저 위의 도형을 화면에 그린다.
② 배율이동 메뉴를 선택한다.
③ 마우스를 이용하여 화면의 원호를 선택 후 배율이동에 기준이 될 특정위치를 지정한다.(여기서는 -0,0)
④ 배율이동 대화창이 나타난다.
　이동방법은 "복사", 배율방법은 "동일배율", 이동될 개수 : 1, 적용될 배율크기 : 1.2를 입력 후 완료를 하면, 아래의 그림과 같이 배율이동이 된다.

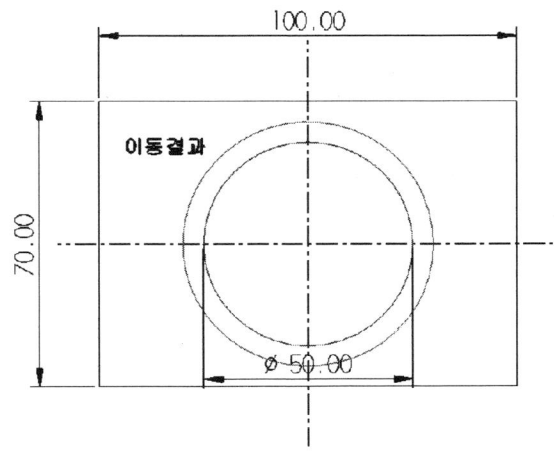

⑤ 이번에는 XYZ 배율(축별배율)을 하기 위해 ①~③까지 실행한다.
⑥ 배율이동 대화창이 나타난다.
　　이동방법은 "이동", 배율방법은 "XYZ 배율", 이동될 개수 : 1, X축 방향 적용될 배율크기 : 1.2, Y축 방향 적용될 배율크기 : 0.7, Z축 방향 적용될 배율크기 : 1을 입력 후 완료한다. 아래의 그림과 같은 각각의 축별로 배율이동 되어진 도형이 생성된다.

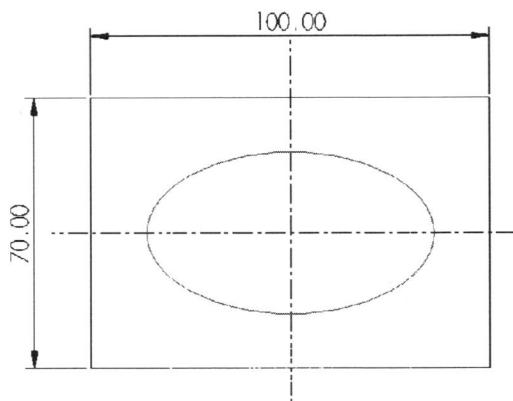

연습과제

㉛ 위와 같은 방법으로 위에 그려진 사각형을 원점을 중심으로 X축 방향 적용될 배율크기 : 2, Y축 방향 적용될 배율크기 : 3 으로 배율을 적용시키시오.

해답 : P.450

4. 도형의 투영이동

[메뉴실행 : X : 이동 - Q : 투영이동]

투영이동은 작업화면 영역상에 있는 도형들을 사용자가 원하는 작업평면에서 부여한 일정한 거리 값 또는 부메뉴란에 있는 Z값을 기준으로 투영된 도형을 생성시키는 기능

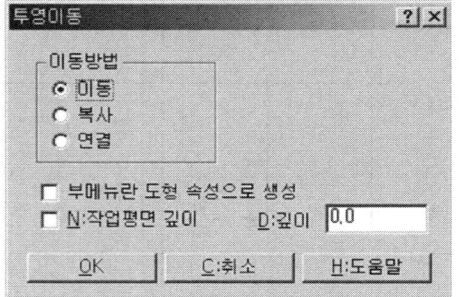

4.1 투영이동 대화창

① `N : 작업평면 깊이` : 해당 작업평면을 기준으로 부메뉴란에 지정한 Z값을 적용하여 투영이동 시키는 기능이다.
② `D : 깊이` : 해당 작업평면을 기준으로 사용자가 원하는 거리 값만큼 투영이동 시키는 기능으로 "+", "-"값을 적용할 수 있다.
(투영이동은 현재 사용중인 해당 작업평면을 기준으로 투영이동 시킬 작업평면을 미리 지정한 후 메뉴를 실행하여야 한다.)

투영이동 연습

① `주메뉴` - `C : 그리기` - `R : 사각형` - `1 : 한점` 메뉴로 너비 100, 높이 100의 사각형을 그린 후 주메뉴란에 원점을 선택한다.
② `주메뉴` - `X : 이동` - `T : 평행이동` - `C : 체인`을 지정 후 사각형을 선택한다.
③ `D : 완료` 두 번 선택 후 이동메뉴 중 `R : 증분값`을 선택 후 "Z : 50"을 기입한다.
④ 평행이동 대화창이 나타나면 이동방법을 "연결"로 지정한다.
⑤ OK 선택 후 `그래픽뷰 : 평면`을 선택하여 `I : 입체`로 지정한다.
⑥ `작업평면 : 평면`을 `3 : 3차원`으로 지정한다.
⑦ `주메뉴` - `C : 그리기` - `L : 직선` - `E : 두점선`을 차례로 선택 후 첫 번째 끝점으로 -50,-50,0 을 입력, 두번째 끝점으로 50,50,50을 입력하면 대각선의 직선이 생성된다.
⑧ `작업평면 : 3차원`을 `T : 평면`으로 지정한다.
⑨ `주메뉴` - `X : 이동` - `Q : 투영이동`을 지정 후 위에서 생성한 직선을 선택한다.
⑩ `D : 완료`를 지정하면 투영이동 대화창이 나타난다. 그림과 같이 지정 후 OK를 클릭한다.

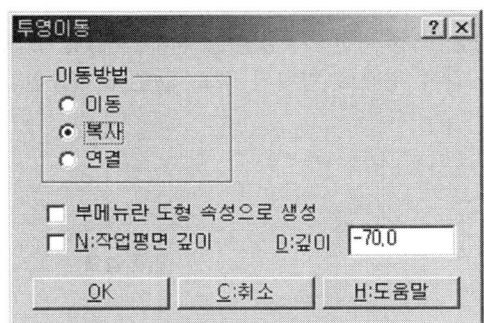

⑪ 마우스 우측버튼을 클릭하여 다이나믹 이동을 선택 후 회전을 시켜보면, 깊이 -70만큼의 거리에 투영 이동된 형상이 생성되어진 것을 확인할 수 있다.

CAD·CAM 실무 2D

5. 도형의 평행이동

[메뉴실행 : X : 이동 - T : 평행이동]

대상도형들을 현재 위치에서 다른 위치로 이동하는 기능

5.1 평행이동 방법 선택메뉴

① 증분 값 : 대상도형 현재 위치기준 X, Y, Z축 증분 값으로 도형이동

> 평행이동 좌표값을 입력하시오: 20,30

② 거리+각도 : 대상도형 현재 위치기준 일정거리/각도(방향)로 도형이동

> 평행이동 각도값을 입력하시오 0,
> (또는 X,Y,Z,R,D,L,S,A,? 키 입력)

> 평행이동 거리값을 입력하시오 25,
> (또는 X,Y,Z,R,D,L,S,A,? 키 입력)

③ 두 점간이동 : 특정위치기준 다른 위치로 도형이동
④ 두 뷰간이동 : 특정평면/특정위치기준 다른 평면/특정위치로 도형이동(예 : 평면상 도형 ⇒ 정면상 도형으로 이동)

⊕ 평행이동 연습

1 먼저 너비와 높이가 50인 정사각형을 원점 기준으로 그린다.
2 주메뉴 - X : 이동 - T : 평행이동 -C : 체인 선택 후 이동할 대상도형을 선택한다.
3 D : 완료를 두 번 지정 후 평행이동 방법은 R : 증분값을 선택한다.
4 평행이동 할 증분 좌표 값을 입력 후 엔터를 누른다.(예 -100,100 또는 X100Y100)
5 평행이동 대화창이 나타나면 이동방법은 "복사", 이동될 개수는 1을 선택 후 OK버튼을 누른다.
6 아래 그림과 같은 형태로 입력된 좌표 값만큼 이동된다.

이동결과

대상도형

⑦ 이번에는 P : 거리＋각도를 이용한 평행이동을 하기위해
⑧ 앞의 ①~② 차례대로 실행 후 평행이동 방법을 P : 거리＋각도를 선택한다.
⑨ 평행이동 할 거리 값(ex : 60)과 각도 값(ex : 30)을 입력한 후 평행이동 대화창이 나타나면 이동방법은 "복사", 이동될 개수는 2를 선택 후 OK버튼을 누른다.
⑩ 아래 그림과 같은 형태로 평행 이동된 것을 확인할 수 있다.

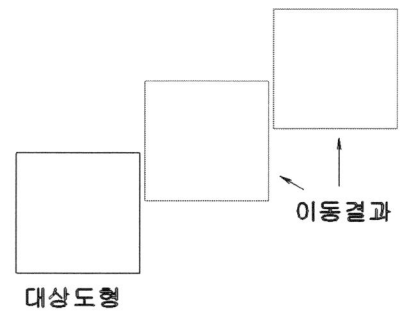

⑪ 이번에는 B : 두점간이동을 이용한 평행이동을 하기위해
⑫ 앞의 ①~② 차례로 실행 후 평행이동 방법을 E : 두 점간 이동을 선택한다.
⑬ 이동의 기준이 될 점위치를 선택한다.[또는 좌표 값 (-25, -25)와 (25, 25)를 차례로 입력한다.]

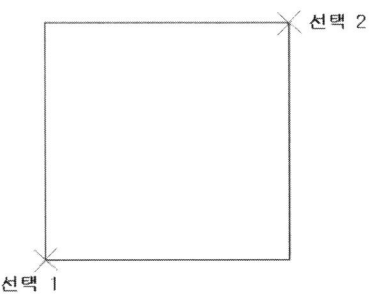

⑭ 평행이동 대화창이 나타나면 이동방법은 "복사", 이동될 개수는 1를 선택 후 OK버튼을 누른다.
⑮ 아래 그림과 같이 두 점 사이의 거리 값과 각도를 계산한 양만큼 평행이동이 된다.

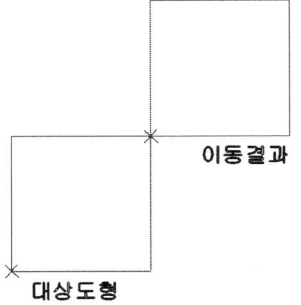

도형의 이동 및 복사

다음의 도형을 정의하시오.

㉜

㉝

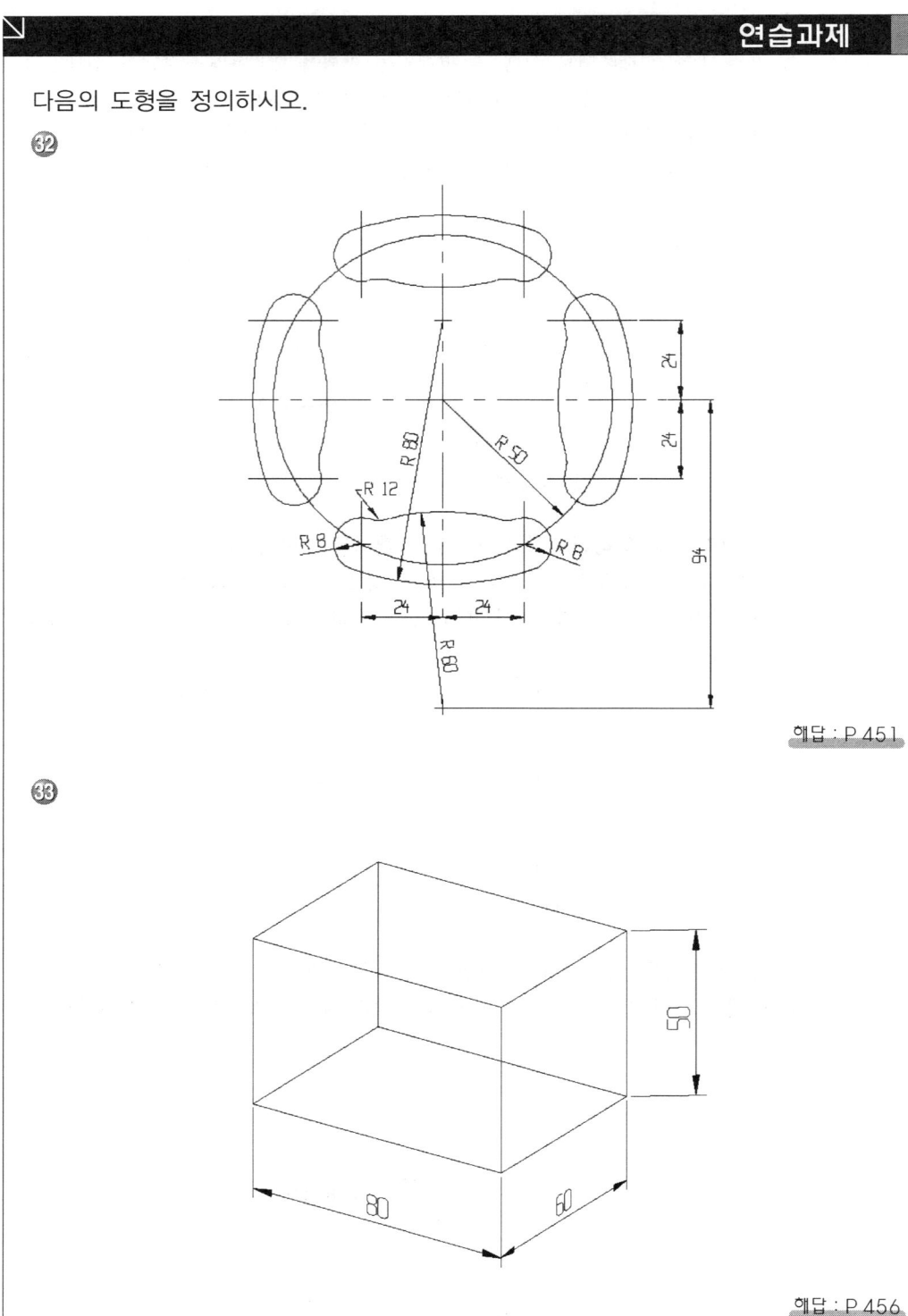

6. 도형의 옵셋

[메뉴실행 : X : 이동 - O : 옵셋]

대상 도형기준 좌/우측 방향으로 설정된 옵셋 거리만큼 도형을 이동하는 방법

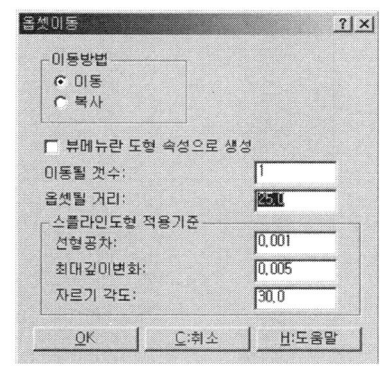

6.1 옵셋이동의 대화창 메뉴

① **옵셋될 거리** : 대상 도형기준 옵셋 이동거리 값 설정
② **선형 공차** : 옵셋될 스플라인 도형이 크게 또는 작아지는 경우 적용될 공차 값 설정
③ **최대깊이 변화** : 옵셋대상 스플라인 도형이 3차원 형태인 경우 옵셋 이동되는 도형의 Z축 방향으로 깊이 변화 허용 최대범위 값을 설정
④ **자르기 각도** : 이동 대상 스플라인 도형의 형태 구간별 각도변화에 따라 분할하여 이동 실행할지를 설정하는 항목으로 설정된 각도 값보다 작은 각도 구간은 R형태로, 각도가 큰 구간은 분할하여 이동 적용

옵셋이동 연습

① 다음의 도형을 생성한다.

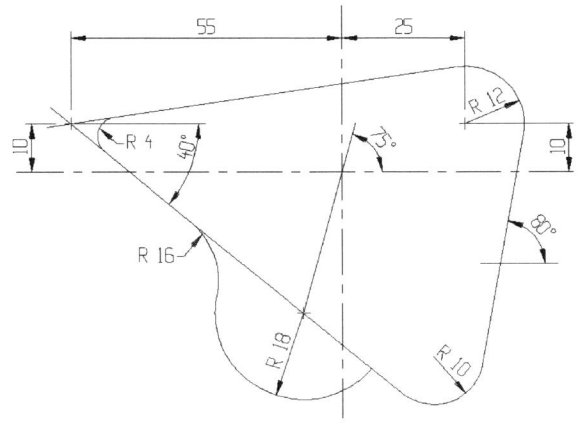

CAD·CAM 실무 2D

② 주메뉴 - X : 이동 - O : 옵셋 순으로 메뉴를 선택한다.
③ 화면에 옵셋 대화창이 나타난다.
④ 이동될 갯수를 2로, 옵셋거리를 10으로 입력하고 복사항목을 클릭한 후, OK버튼을 누른다. 그러면 옵셋창이 닫히면서 화면하단에 옵셋할 도형요소를 선택하라는 메세지가 나타난다. 아래 그림의 선택1의 위치(원호 도형)를 마우스로 후 옵셋방향(선택2)를 클릭하면 원호를 거리10만큼 옵셋한 원호 2개가 그려진다.

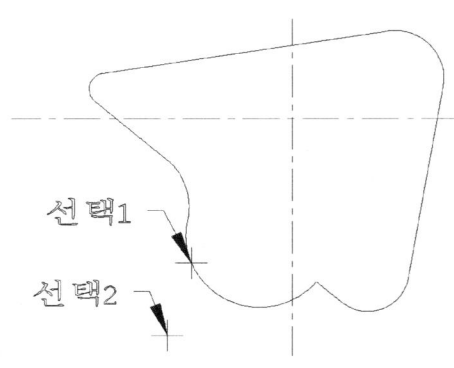
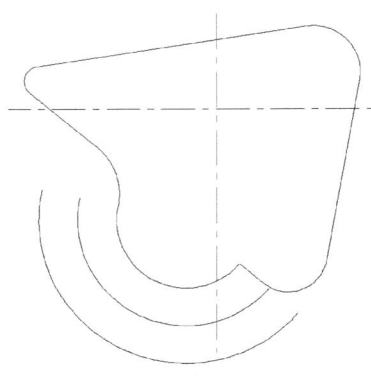

연습과제

㉞ 위의 도형을 아래 그림과 같이 안쪽으로 2mm, 바깥쪽으로 5mm 옵셋한 형상을 정의하시오.

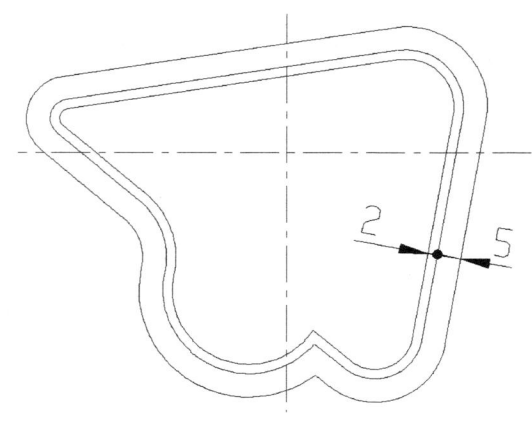

해답 : P 458

Chapter 4

7. 도형윤곽의 옵셋

[메뉴실행 : X : 이동 - C : 윤곽옵셋]

위 도형의 옵셋과는 달리 이 기능은 윤곽 전체를 한꺼번에 원하는 거리만큼 옵셋하는 기능

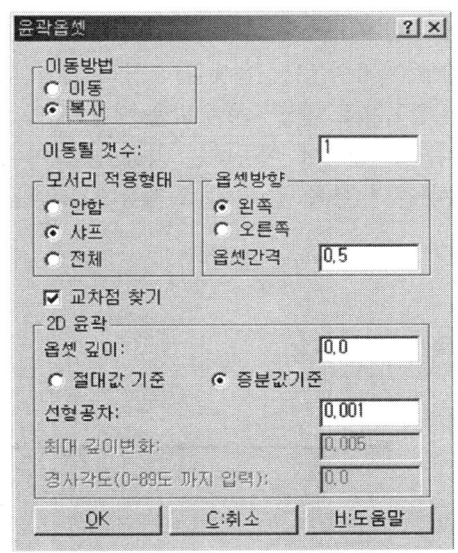

7.1 윤곽옵셋 이동의 대화창 메뉴

① **모서리 적용형태** : 대상윤곽에서 도형 요소들간 각이 있는 경우 해당 각진 부위에 대한 이동결과 도형의 처리형태를 설정하는 영역
  - 안함 : 이동결과 형태도 각진 형태로 생성
  - 샤프 : 대상 도형윤곽 도형들간 각이 135도 이하인 부위들만 R(원호)생성, 135도 초과하면 각진 형태로 생성
  - 전체 : 대상윤곽 도형들간 각도 값에 관계없이 각진 부위는 모두 R(원호)생성
② **옵셋방향** : 대상도형들을 선택하는 과정에서 표시되는 체인 진행방향기준(화살표) 도형이 이동될 이동방향과 이동거리 간격을 설정하는 영역
③ **교차점찾기** : 항목 선택하면 시스템이 대상 도형의 전체윤곽을 기준으로 현재 설정된 옵셋방향과 옵셋간격이 적용되었을 때 자체적으로 꼬이는(Self-intersect) 부분들이 발생하는 지를 미리 측정하고 이러한 부분들이 발생되는 경우에는 해당 부분을 교차위치기준 자동 트림 처리하는 형태로 이동결과 도형형태를 수정하며, 항목선택 안한 경우는 개별 도형요소별로 실행하면서 꼬임 부위를 찾아 수정하는 형태로 진행

④ **2D/3D윤곽** : 선택하는 대상윤곽 도형들이 2차원 도형 또는 3차원 도형인지를 시스템이 자동 파악하여 표시
- 옵셋깊이 : 아래 절대 값 또는 증분 값 선택항목 기준으로 입력된 값만큼 이동결과 도형을 Z축 깊이까지 이동시키는 기능
- 절대값/증분값기준 : 절대 값 ⇒ 부메뉴란에 현재 설정된 작업평면기준, 증분 값 ⇒ 대상 도형의 현재 Z축 깊이기준 증분 값으로 위 옵셋깊이 항목 입력란 설정 값을 적용
- 선형공차/최대깊이변화 : 이동 대상 도형이 스플라인 도형인 경우에만 활성화
- 경사각도(0~89도 까지 입력) : 옵셋깊이 항목 입력란에 0이 아닌 특정 값이 입력된 경우 활성화되는 항목으로 대상 도형윤곽을 평면기준으로 이동하면서 정면 또는 측면기준 일정 경사 각도로 동시에 이동하는 기능이다. 이 항목 입력란에 특정 각도 값이 입력되면 위 옵셋간격 항목 입력 값도 자동으로 연동하여 변화된다.

윤곽옵셋이동 연습

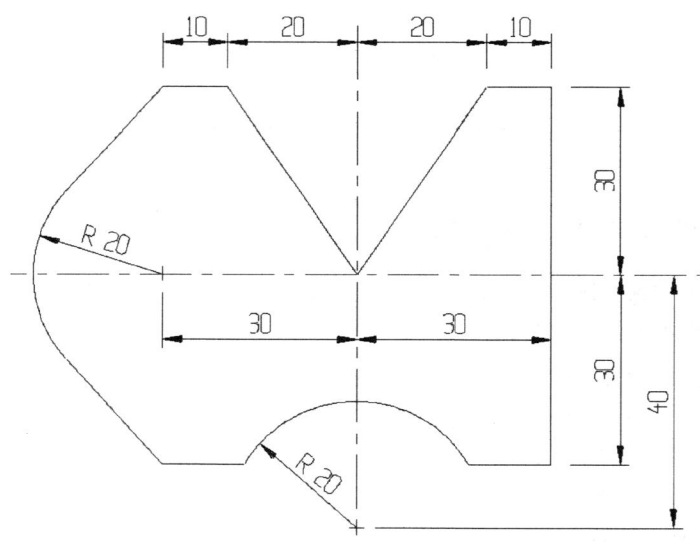

① 이 기능을 연습하기 위해 위의 도형을 생성한다.
② 주메뉴 - X : 이동 - C : 윤곽옵셋 순으로 선택한다.
③ 화면아래에 윤곽을 정의하라는 메세지와 함께 체인 메뉴가 나타난다.
④ C : 체인 메뉴를 선택한다. 그러면 메뉴 상단에 윤곽의 첫 번째 요소를 선택하라는 메시지가 나타난다.
   다음 그림처럼 도형의 한 요소를 마우스로 선택한다.

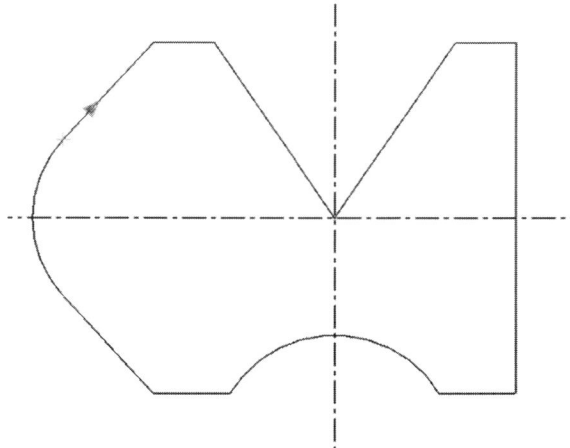

5 윤곽옵셋 대화창이 나타난다.
   이동방법 "복사", 모서리 적용형태 "안함", 옵셋방향 "왼쪽", 옵셋간격 : 5를 입력 후 OK를 클릭한다.

6 아래의 그림처럼 옵셋 결과가 화면에 나타난다.

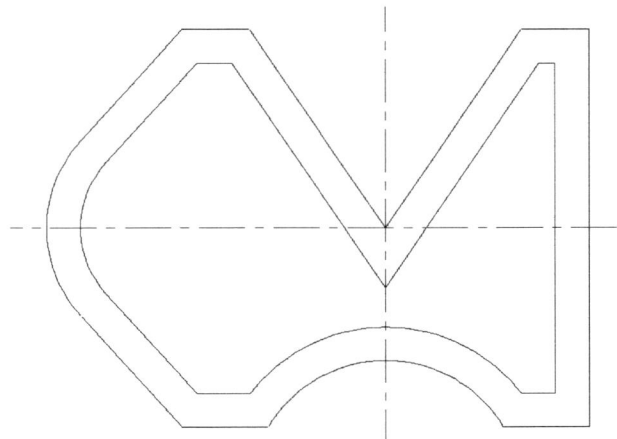

CAD・CAM 실무 2D

8. 도형의 스트레치

[메뉴실행 : X : 이동 - S : 스트레치]

마우스 윈도우 또는 다각형 기능으로 대상도형 선택하며 위 평행이동의 추가메뉴들 방법을 적용하여 선택된 대상도형들을 잡아 늘리는 방식으로 도형이동 실행하는 기능

8.1 윈도우

마우스 윈도우 기능으로 대상 도형들을 선택

8.2 다각형

마우스 다각형 기능으로 대상 도형들을 선택

 스트레치 연습

① 원점을 기준으로 너비 50, 높이 30의 사각형을 그린다.
② 주메뉴 - X : 이동 - S : 스트레치 - W : 윈도우 메뉴를 차례로 선택한다.
③ 그림과 같이 윈도우로 스트레치 할 도형부분을 선택한다.

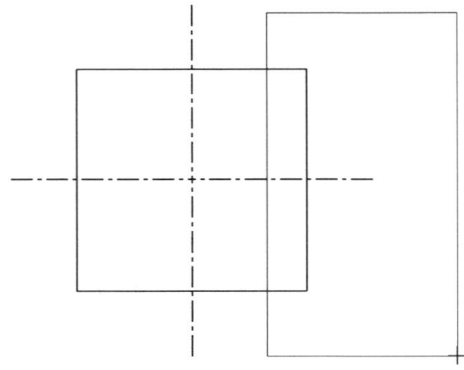

④ 평행이동 방법 메뉴로 스트레치 될 값을 입력한다.(Ex. 증분값 선택 X40 입력)
⑤ 스트레치 대화창을 다음과 같이 지정한다.

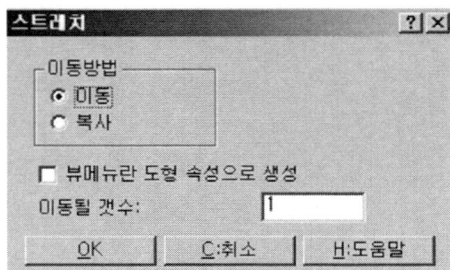

⑥ 아래 그림과 같은 도형이 생성된다.

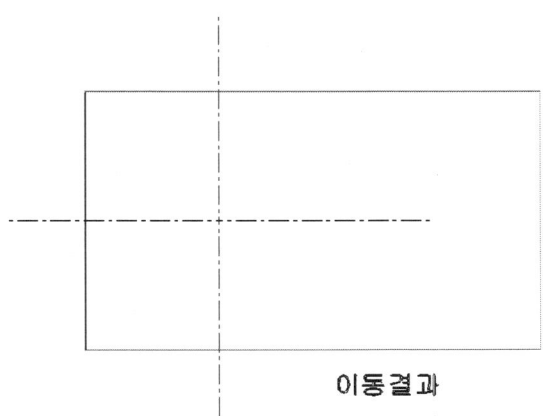

이동결과

9. 도형의 롤(Roll)

[메뉴실행 : X : 이동 - L : 롤]

가상의 원통(Cylinder)에 특정평면 도형들을 말거나 또는 가상원통에 말린 도형들을 특정 평면으로 풀어내는 방식으로 대상 도형들을 이동시키는 방법

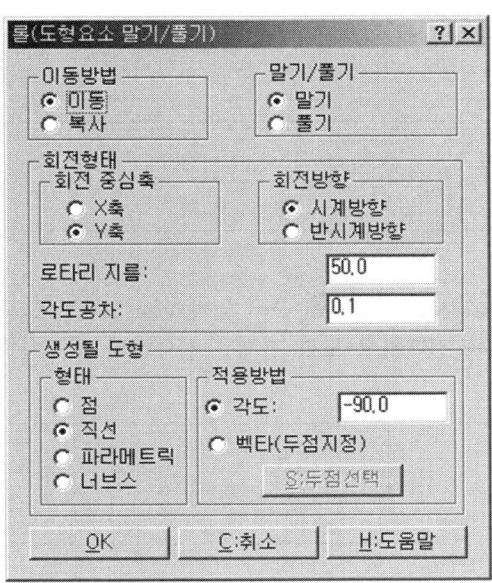

 CAD · CAM 실무 2D

9.1 롤 이동의 대화창 메뉴

① **말기/풀기** : 말기는 특정평면 도형을 원통에 말고자 하는 경우, 풀기는 원통에 말린 도형을 특정평면으로 풀고자 하는 경우 선택하는 메뉴
② **회전형태** : 말기 또는 풀기를 실행하는 과정에서 적용될 회전의 축과 방향을 설정하는 기능
 • 회전축 : 가상원통 중심 축 형태를 설정하는 항목으로 축 적용은 현재 부메뉴란에 설정된 작업평면 기준으로 적용된다.
 • 회전방향 : 위 회전축 항목에서 설정된 축 기준 어느 방향으로 회전을 적용할지 설정
 • 로타리지름 : 가상원통에 대한 지름크기 값을 설정
 • 각도공차 : 가상원통에 도형들을 말거나 말린 도형들을 특정 평면으로 풀어낼 때 적용될 공차 값을 설정
③ **생성될 도형** : 이동실행 결과로 나올 도형들의 속성/적용위치 설정
 • 형태 : 이동실행 결과로 생성될 도형의 속성설정
 • 적용기준 : 말기/풀기 실행으로 이동되는 결과도형의 위치를 설정하는 영역
  ▶ 각도 : 이동결과 도형이 위치해야 할 위치지정을 각도 값으로 설정하는 항목
  ▶ 벡타(두 점 지정) : 이동결과 도형이 위치해야할 위치를 벡타로 정의하는 기능으로 두 점 선택 후 작업화면에서 벡타로 정의될 두 점 위치를 순차적으로 지정하면 지정된 두 점간 방향/거리만큼 결과 도형이 이동 실행된다.

 **롤(Roll) 연습**

① 연습을 위해 다음의 도형을 그린다.(중심 원점기준)

② **주메뉴** - **X : 이동** - **L : 롤** 순으로 메뉴를 선택하면, 체인방법 메뉴가 나타난다.
③ **W : 윈도우**를 선택하고 도형 전체를 선택한다.

4 도형요소 말기위한 중심점을 지정한다.(여기서는 원점)
   D : 완료를 지정하면 롤 대화창이 표시된다.
5 아래 그림과 같이 롤 대화창을 설정한다.

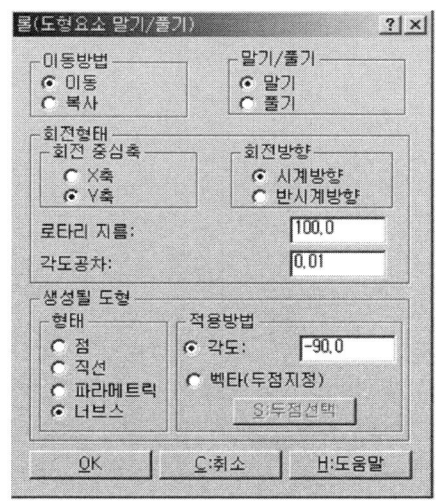

6 설정 후 OK를 클릭한 후, 부메뉴란의 그래픽뷰 : 평면 - I : 입체로 지정한다.

7 다음 그림과 같이 롤(Roll)이 적용된 형태를 볼 수 있다.

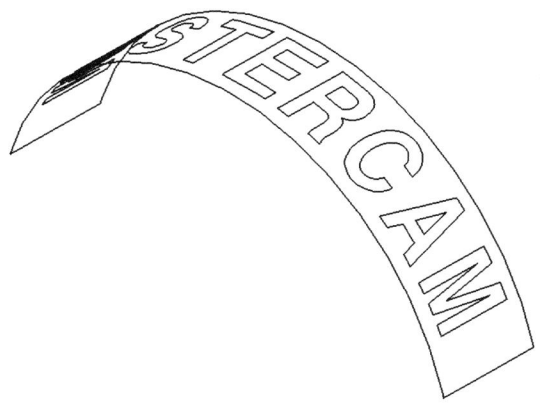

memo

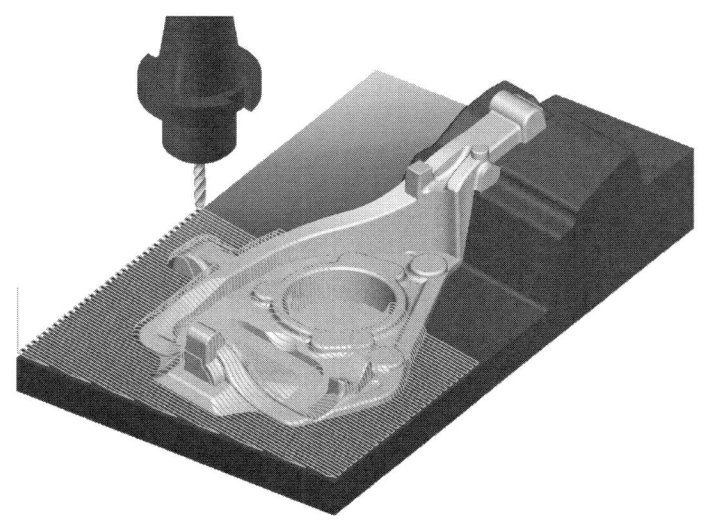

Chapter 5. 도형 요소 지우기

1. 체인메뉴로 지우기
2. 윈도우로 지우기
3. 영역으로 지우기
4. 특정요소로 지우기
5. 모든 요소로 지우기
6. 그룹으로 지우기
7. 이동결과 지우기
8. 중복도형 지우기
9. 되살리기

Chapter 05 도형 요소 지우기

작업화면내 불필요한 도형들을 삭제하는 기능으로 일반적인 도형선택 메뉴 외에 사용되는 메뉴 내용은 다음과 같다.

```
지우기: 대상도형 마우스클릭 또는 메뉴로 선택
C:체인
W:윈도우

E:영역
O:특정요소
A:모든요소
G:그룹
R:이동결과
D:중복삭제
U:되살리기
```

1. 체인메뉴로 지우기

[메뉴실행 : D : 지우기 - C : 체인]

① 아래의 도형을 생성한다.

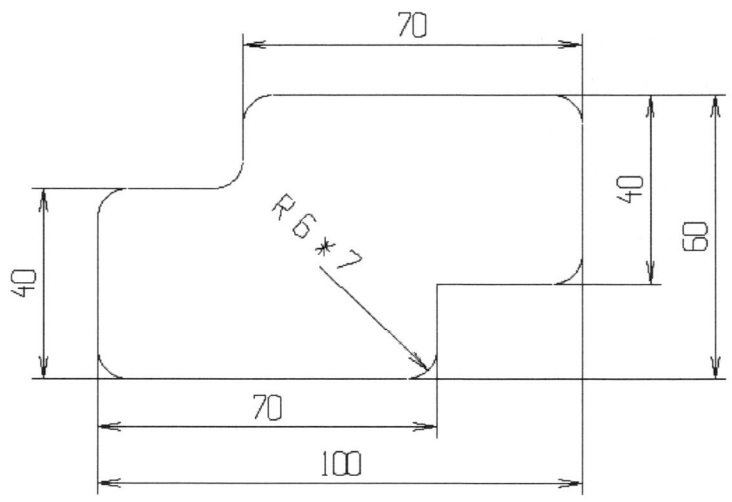

② 주메뉴 - D : 지우기 - C : 체인 순으로 메뉴를 선택한다.

③ 지우고자 하는 도형요소를 선택 후, D : 완료 버튼을 클릭한다.
④ 선택된 도형전체가 지워진다. 이와 같이 체인은 연결된 여러 개의 도형 요소를 한꺼번에 지울 때 사용된다.

2. 윈도우로 지우기

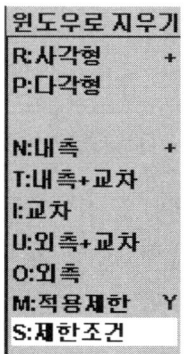

윈도우 지우기는 이전에 설명하였던 도형선택 방법과 마찬가지로 지우고자하는 영역을 대각선의 두 점으로 선택함으로써 불필요한 도형요소를 지우는 기능이다. 또한 윈도우 기능은 도형요소 선택시 제한조건을 지정함으로서 윈도우로 지정되었더라도 지정한 제한 요소들만을 삭제할 수 있다.(윈도우의 S : 제한조건 지정 후 반드시 M : 적용제한을 Y로 설정해야 한다.)

윈도우 제한조건 대화창

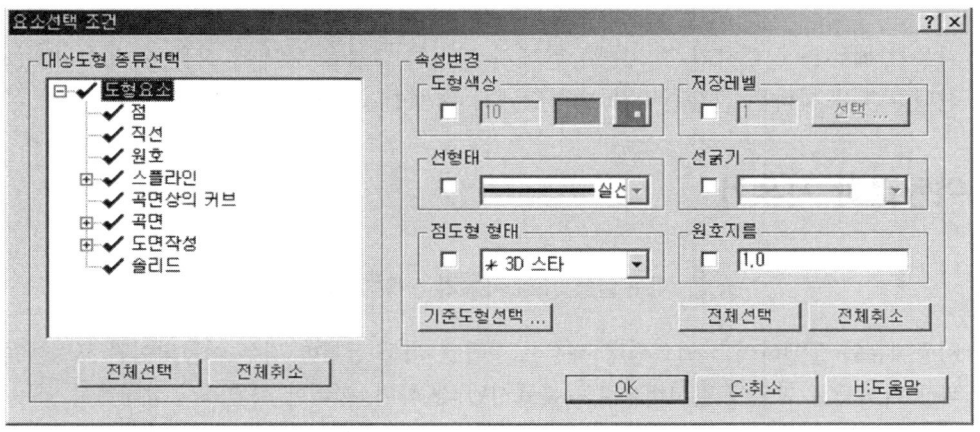

3. 영역으로 지우기

[메뉴실행 : D : 지우기 - E : 영역]

닫힌 윤곽요소 안에 존재하는 다수의 도형들을 일시에 선택하여 지우는 방식으로, 영역의 기준이 될 닫힌 윤곽요소를 지정하여 지우는 방법

4. 특정요소로 지우기

[메뉴실행 : D : 지우기 - O : 특정요소]

선택될 도형속성(도형종류, 색상, 레벨 등)을 미리 지정하여 작업화면에서 도형 선택(마우스클릭)시 시스템이 지정된 도형속성에 해당하는 도형들만 자동으로 구분 선택하여 지우는 방법

5. 모든 요소로 지우기

[메뉴실행 : D : 지우기 - A : 모든요소]

화면의 특정종류 모든 도형을 일시에 선택하는 기능으로 메뉴 선택하면 표시되는 추가 메뉴들 중 선택될 도형종류에 해당하는 특정메뉴를 선택하여 실행하는 방법

6. 그룹으로 지우기

[메뉴실행 : D : 지우기 - G : 그룹]

지우기 메뉴를 실행하기 전 부메뉴란에서 지정한 그룹을 한번에 지울 수 있는 메뉴로, 메뉴 선택하면 표시되는 그룹관리자 대화창에서 선택될 그룹이름을 마우스 클릭하여 실행한다.

7. 이동결과 지우기

[메뉴실행 : D : 지우기 - R : 이동결과]

이동메뉴를 실행하여 작업화면내 특정 도형들을 이동 실행한 경우 이동되어진 도형들을 이동결과(보라색으로 화면에 일시적으로 구분표시됨)라 하며, 이러한 화면표시 상태에서 메뉴선택만으로 이러한 도형들이 개수에 관계없이 자동으로 선택하여 지우는 기능이다.

이동결과 지우기 연습

① R=10의 원 도형을 작업화면 영역상에 생성한다.(원점기준)
② 주메뉴 - X : 이동 - T : 평행이동 - R : 증분값을 선택 후 해당 도형요소를 복사이동 시킨다.(ex : 50,50)
③ 복사된 도형은 자주색 지니며, 이동결과 속성을 가진다.
④ 주메뉴 - D : 지우기 - R : 이동결과를 차례로 선택하면 주메뉴 란에 이동결과를 지울 것인지를 물어본다. Y : 예를 선택하면 이동결과 요소들이 모두 지워진다.

8. 중복도형 지우기

[메뉴실행 : D : 지우기 - D : 중복삭제]

메뉴 선택하면 작업화면내 현재 동일위치에 중복되어 생성된 동일속성의 다수 도형들을 1개의 도형만 남기고 삭제 실행하며, 실행 후 화면하단 설명구역에 실행결과가 표시된다.

 중복삭제 연습

① R=20의 원 도형을 작업화면 영역에 같은 위치로 5개를 생성한다. 또한 동일 크기의 사각형을 같은 위치로 3개를 생성한다.
② 주메뉴 - D : 지우기 - D : 중복삭제 메뉴를 선택 후 지우고자 하는 요소를 지정한다.(여기 서는 E : 요소 선택
③ 아래 그림과 같은 중복삭제 조건설정 창이 나타나면 해당조건들을 지정한다.(지정조건이 없으면 OK 버튼 선택)

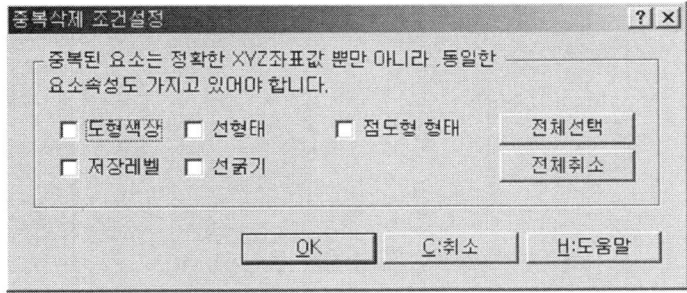

④ 설명영역에 중복삭제 되어진 도형 요소들의 개수와 속성이 나타난다.

```
0 점, 8 직선, 4 원호, 0 스플라인, 0 곡면,
0 치수기입, 0 노트, 0 보조선/지시선, 0 솔리드 삭제됨
```

 CAD·CAM 실무 2D

9. 되살리기

[메뉴실행 : D : 지우기 - U : 되살리기]

지우기 기능으로 삭제된 도형들을 삭제된 역순으로 되살리는 기능으로 되살릴 수 있는 도형의 총 개수는 S : 화면 - C : 환경설정 - 메모리설정 - 되살리기할 도형의 최대수 항목에 설정된 개수만큼만 가능하다.

9.1 되살리기 추가메뉴

① **한요소** : 메뉴선택 할 때마다 삭제 역순으로 도형 1개씩 되살리는 기능
② **갯수지정** : 메뉴선택 후 화면하단 입력란에 되살릴 도형의 개수를 입력한다.
③ **전부** : 메뉴선택 하면 환경설정에 설정된 되살리기 최대 수만큼 일시에 되살리기를 실행한다.

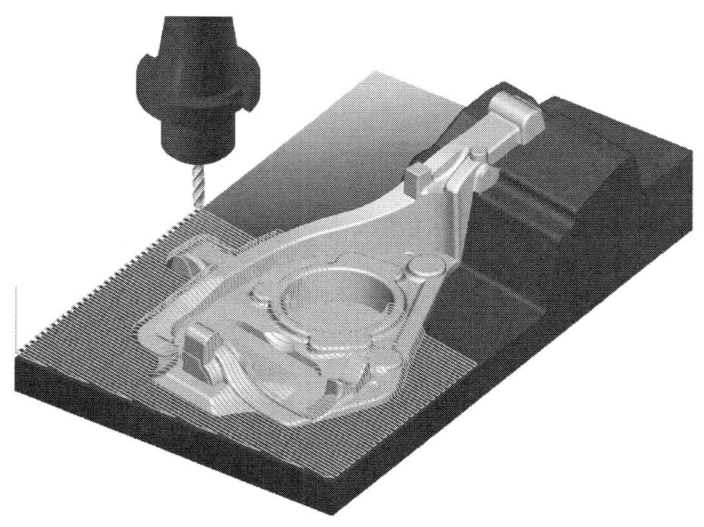

Chapter 6. 도형 요소의 측정

1. 도형 위치 측정
2. 도형 윤곽 측정
3. 특정요소 측정
4. 두 점간 거리 측정
5. 각도 측정
6. 다이나믹 측정
7. 면적/체적 측정
8. 번호
9. 체인 측정
10. 곡면 측정

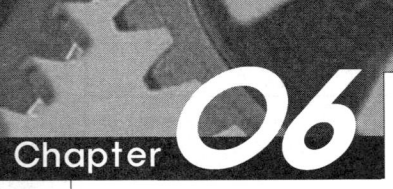

도형 요소의 측정

Mastercam에서 지원하는 측정기능은 특정 도형들에 모든 정보 내용을 측정할 수 있을 뿐만 아니라 측정과 동시에 해당 도형을 수정하는 수정 기능도 함께 지원한다. 측정할 해당 도형을 선택 후 **E : 도형수정**을 Y로 설정하면 도형요소 측정창이 나타난다. 이 대화창에서 사용자가 수정하고 싶은 도형의 속성(색상, 굵기, 위치 등)을 다시 지정한 후 OK 버튼을 클릭하면 처음 생성된 도형이 수정되어진 상태로 변경된다.

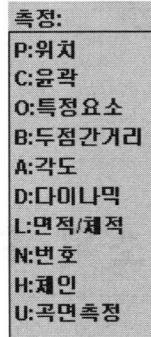
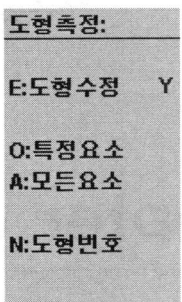

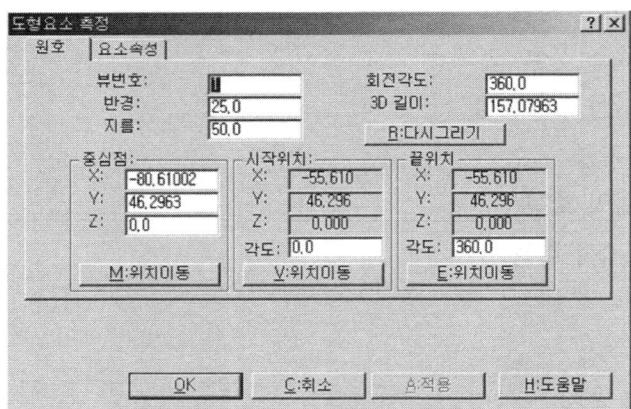

1. 도형 위치 측정

위치지정 메뉴를 이용하여 특정위치 좌표 값(X, Y, Z) 측정한다.

[메뉴실행 : A : 측정 - P : 위치]

2. 도형 윤곽 측정

특정윤곽 도형들에 대한 가상의 윤곽 가공경로 좌표 값을 사전 측정하는 기능

[메뉴실행 : A : 측정 - C : 윤곽]

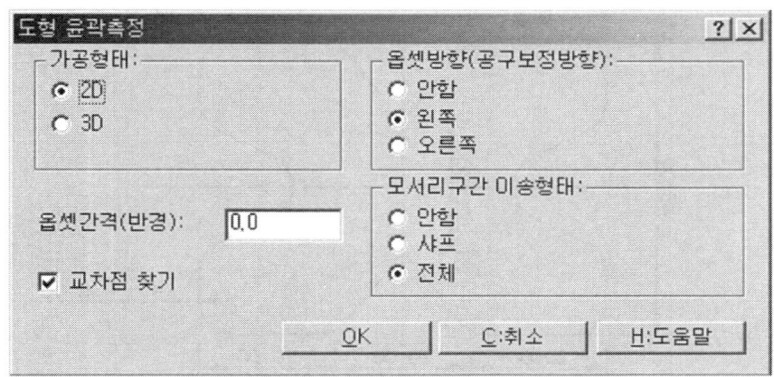

① **가공형태** : 측정 대상으로 선택한 도형윤곽이 2차원 또는 3차원 형태 윤곽인지를 설정하는 항목으로 3차원인 경우에는 대화창의 다른 항목들은 자동으로 사용할 수 없다.(3차원인 도형은 공구경보정이 적용되지 않으므로)

② **옵셋방향(공구보정방향)** : 측정대상 도형윤곽 선택하는 과정에서 화면에 표시된 체인 진행방향 표시 화살표방향기준 옵셋간격(반경) 항목에 입력된 반경 길이만큼 옵셋 적용될 측면방향을 설정하는 항목

③ **옵셋간격(반경)** : 측정대상 도형윤곽에 대한 가상의 가공사용 공구반경 값을 설정하는 항목으로 입력된 값은 위 옵셋방향 항목의 왼쪽/오른쪽 방향 적용시 옵셋될 간격 값으로 적용한다.

④ **모서리구간 이송형태** : 측정대상 도형윤곽 형태에 각진 모서리구간이 존재하는 경우 모서리구간에서의 가상 공구이송 형태를 설정하는 기능으로 세부항목 내용은 위에서 설명한 윤곽옵셋의 모서리 항목내용과 동일하다.

⑤ **교차점 찾기 실행** : 이동메뉴 - 윤곽옵셋의 내용과 동일

윤곽측정 연습

① 아래와 같은 도형을 생성한다.

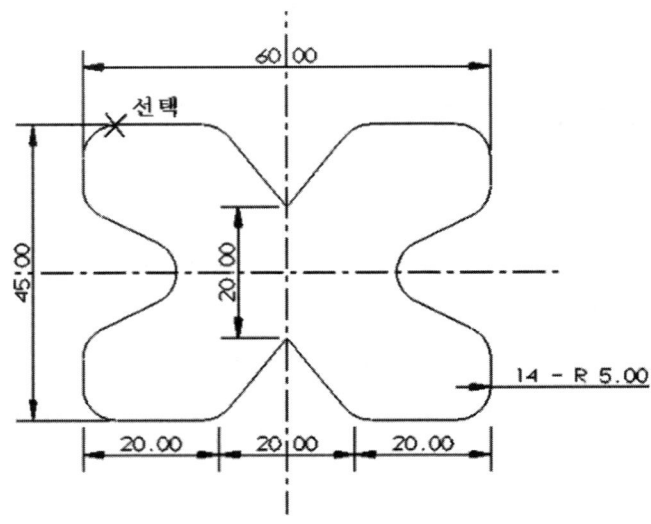

② 주메뉴 - A : 측정 - C : 윤곽 - C : 체인으로 선택지점을 지정한다.
③ D : 완료를 선택하면 도형윤곽 측정 대화창이 나타난다.
④ 가공형태 : 2D, 옵셋방향 : 왼쪽, 모서리구간 이송형태 : 안함, 옵셋간격 5를 입력한다.(5 거리만큼 옵셋된 지점의 좌표 측정)
⑤ 좌측하단 주석문 입력란에 "측정1"을 입력 후 Enter키를 누른다.
⑥ 다음 그림과 같은 각 도형요소의 좌표, 길이, 속성 등이 나타난다.

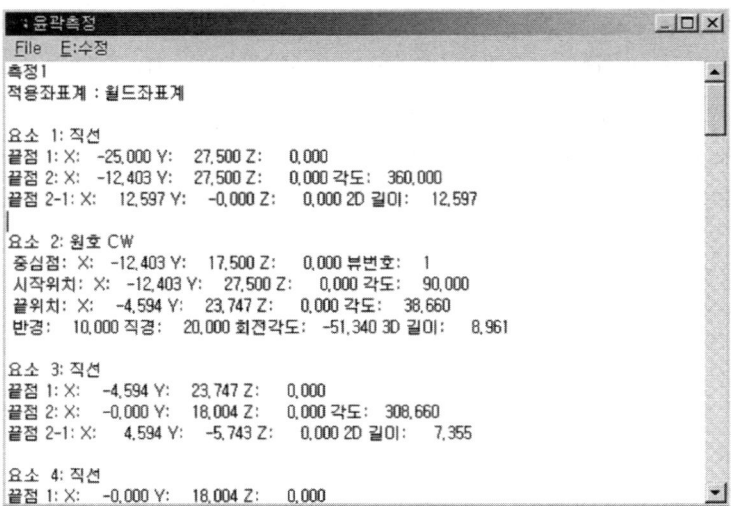

3. 특정요소 측정

측정대상 도형의 속성을 미리 지정하여 작업화면의 대상 도형들만 측정하는 기능

【 메뉴실행 : A : 측정 - O : 특정요소 】

4. 두점간거리 측정

작업화면내 두 점간 거리, 각도, 좌표 값을 측정 기능이며, 설명영역 구역에 좌표에 대한 내용을 볼 수 있다.

【 메뉴실행 : A : 측정 - O : 특정요소 】

```
끝점 1: X: -19.021; Y:  6.180; Z:  0.000 끝점 2: X:  0.000; Y: 20.000; Z:  0.000
        X:  19.021; Y: 13.820; Z:  0.000 3D 길이: 23.511 2D 길이: 23.511; 각도: 36.000
첫번째 점 위치를 선택하시오
```

5. 각도 측정

작업화면내 2개의 직선이 이루는 각도 값을 측정하는 기능으로, 각도를 측정할 직선도형을 차례로 선택한다.

【 메뉴실행 : A : 측정 - A : 각도 】

```
각도측정: 측정대상 첫번째 직선을 선택하시오
각도: 72.000 보각: 108.000
```

6. 다이나믹 측정

마우스 다이나믹 기능을 이용 특정도형의 임의 위치에 대한 좌표 값, 반경 또는 곡률 등을 측정하는 기능

【 메뉴실행 : A : 측정 - D : 다이나믹 】

7. 면적/체적 측정

2차원 윤곽도형 또는 3차원 곡면도형(또는 솔리드도형)에 대한 면적(또는 체적) / 윤곽길이 / 무게중심위치 / 관성모멘트 등의 내용을 측정하는 기능

[메뉴실행 : A : 측정 - L : 면적/체적]

7.1 면적/체적 추가메뉴

① **2 : 2D 면적** : 커브도형으로 이루어진 2D 면적을 측정하는 방법으로 내측면적, 윤곽길이, 무게중심위치, XY에 대한관성 모멘트위치, 무게 중심에 대한 관성모멘트 위치 등을 측정할 수 있으며, 그 내용을 DOC 파일로 저장 가능

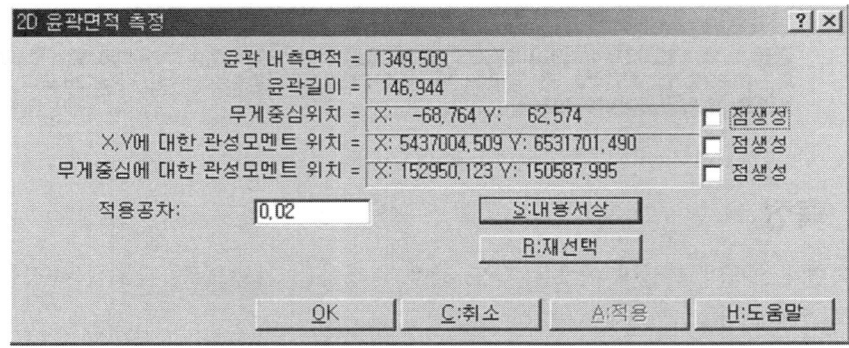

② **U : 곡면측정** : 작업화면 영역에 존재하는 곡면의 면적측정

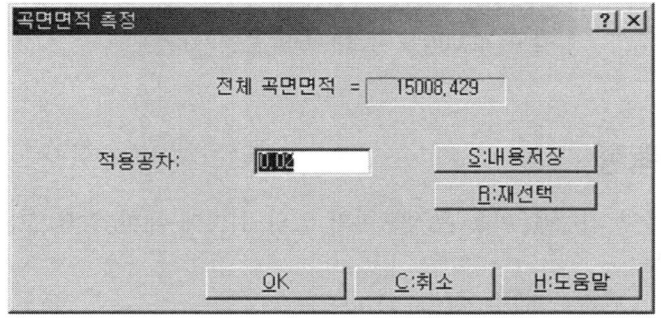

③ **S : 솔리드체적** : 솔리드 모델링의 경우 체적이 존재
작업영역상에 존재하는 솔리드 도형이 체적계산 및 무게중심 위치 등을 측정

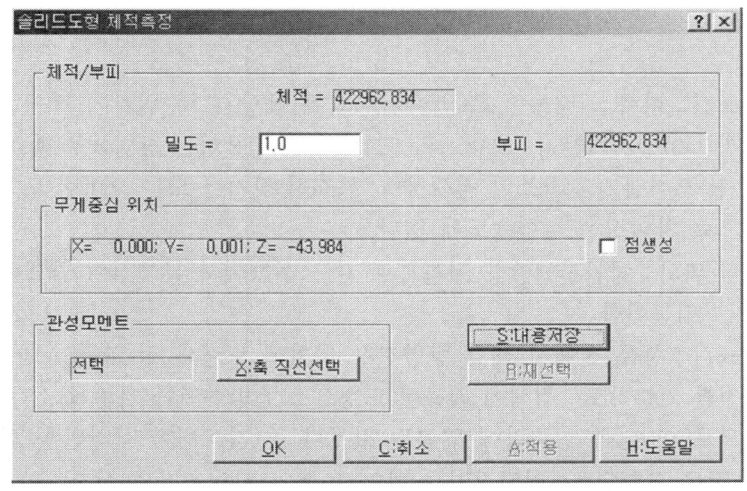

8. 번 호

[메뉴실행 : A : 측정 - N : 번호]

측정대상도형 선택을 해당 도형의 생성번호를 입력하여 선택하는 기능으로 Mastercam에서는 생성되는 도형들마다 시스템이 자동으로 고유 생성번호를 부여하고 도형과 연결관리 저장하는 기능

9. 체인측정

[메뉴실행 : A : 측정 - H : 체인]

특정 윤곽형태를 기준으로 가공 실행하는 경우 발생될 수 있는 오류 내용(도형들간 연결부위 형태, 방향전환, 일정크기 이하의 도형요소)들이 있는지를 사전 체크하는 기능

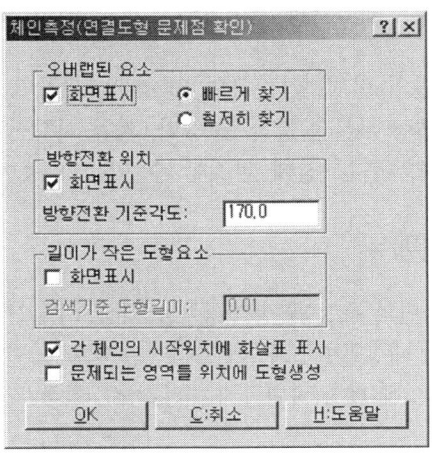

① **오버랩된 요소** : 도형간 교차위치에서 교차위치를 오버(지나는)하는 도형이 있는지를 검색하는 기능
- 화면표시 : 항목 선택하면 측정실행 결과로 해당 도형 위치에 적색 원 표시
- 빠르게찾기/철저히찾기 : 오버랩된 도형요소를 검색하는 방법들로 빠르게 찾기는 수정대상이 될 오버랩 도형요소만 검색하며, 철저히 찾기는 모든 오버랩 도형요소를 검색하는 방법으로 차이점은 실행속도에 있다.

② **방향전환 위치** : 체인진행방향 전환으로 가공 실행에서 문제점이 발생할 수 있는 위치를 검색하는 기능이다.
- 화면표시 : 항목 선택시 해당 방향전환 위치에 노란색 점 표시
- 방향전환 기준각도 : 검색에 적용될 도형요소간 방향전환 기준 최소각도 값을 설정하는 항목으로 이 항목 입력란에 입력된 값보다 큰 각도변화 구간만을 검색

③ **길이가 작은 도형요소** : 일정길이 이하인 도형의 검색조건을 설정하는 영역
- 화면표시 : 항목 선택하면 측정실행 결과로 해당 도형위치에 청색 원 표시
- 검색기준 도형길이 : 작은 요소로 검색될 도형의 최대길이 값을 설정하는 항목으로 이 항목 입력 값보다 작은 길이의 도형요소들은 검색되어진다.

④ **각 체인의 시작위치에 화살표 표시** : 항목 선택하면 측정대상 도형윤곽별 도형연결 시작위치에 녹색 화살표가 표시되는 기능으로 연결 도형들간의 틈새상태를 파악하고자하는 경우 적용한다.

⑤ **문제되는 영역들 위치에 도형생성** : 항목 선택하면 위 오버랩, 방향전환, 작은 요소 항목에 해당되는 도형들의 위치에 해당 영역의 화면표시 내용을 도형으로 생성하며, 항목선택 안한 경우에는 화면표시 내용을 도형이 아닌 일시적인 허상으로 표시한다.

10. 곡면측정

[메뉴실행 : A : 측정 - U : 곡면측정]

곡면측정은 생성한 곡면의 반경, 기준곡면, 방향, 미세곡면 등을 측정할 수 있으며, 솔리드 체크로 인한 잘못된 모델링 부분을 찾을 수 있다. 가공 시작전 곡면 또는 솔리드 형상의 오류를 측정함으로서 가공의 오류를 사전에 점검할 수 있는 기능이다.

10.1 면적/체적 추가메뉴

1) **C : 곡률반경** : 작업화면의 특정 곡면 도형들을 대상으로 그래픽 실행 형태로 표시하여 그래픽 실행 표시 색상형태로 대상곡면 도형들에 대한 반지름 값 변화를 파악하는 기능으로 실행하면 작업화면 하단 설명영역에 대상 곡면들에 대한 최소, 최대반경 값의 범위가 자동으로 표시된다.

① 조각크기 : 곡면도형 그래픽실행 형태에 대한 그래픽 해상도 정도를 설정하는 기능으로 사용 중인 모니터 해상도 지원 범위내로 설정해야 한다.
② 배경색상 : 그래픽실행 후 작업화면의 배경 그래픽 표시색상을 설정하는 기능
③ 계산방법 : 대상 곡면들에 대한 곡률 계산 적용 방식을 설정하는 항목으로 메뉴선택 후 화면하단 입력란에 적용될 방식에 해당하는 번호를 입력(가우스법칙,평균계수,절대계수,최소단위)
④ 반경한계 : 대상 곡면들에 대하여 시스템이 계산할 곡률의 최소, 최대 범위 값을 설정하는 기능으로 메뉴선택 후 화면하단 입력란에 순차적으로 적용될 값을 설정하며, 그래픽실행 표시색상에 대한 내용은 다음과 같다.
- 노란색 : 입력된 최대반경 값보다 곡률 반경이 큰 곡면영역
- 청색 : 입력된 최소반경 값보다 곡률 반경이 작으면서 곡면방향이 현재 작업평면의 아래쪽으로 되어있는 곡면영역
- 적색 : 입력된 최소반경 값보다 곡률 반경이 작으면서 곡면방향이 현재 작업평면의 위쪽으로 되어있는 곡면영역
- 혼합색(노란색과 혼합된 청색 또는 적색) : 입력된 최소, 최대반경 값 범위에 해당하는 곡면영역

⑤ 곡면선택 : 측정대상 곡면을 선택하는 기능으로 이 메뉴를 이용하여 작업화면의 특정 곡면들을 선택하지 않고 실행하면 작업화면의 모든 곡면들이 자동으로 대상이 된다.
⑥ 열기/저장 : 측정실행으로 그래픽 실행된 화면그림을 비트맵 파일로 저장하거나 이미 저장된 비트맵파일의 그림을 화면에 불러오는 기능
⑦ 실행 : 메뉴 선택시 위 메뉴들 설정내용으로 곡률 측정을 실행

2) **T : 방향측정** : 곡면의 앞, 뒷면 방향이 특정 위치에서 반대로 전환되어 있는지를 측정하는 기능으로 이러한 곡면들을 가공대상으로 실행하면 언더컷 등 문제점이 발생할 수 있다.

3) **B : 기준곡면** : 기준곡면이란 트림된 곡면의 트림되기 이전의 대상 곡면을 의미하며 트림곡면과는 별개의 도형이므로 만약 트림곡면만 작업화면에 있어야 하는 경우 이 메뉴 실행으로 작업화면의 트림곡면과 관련된 기준곡면이 있는지를 확인할 수 있을 뿐만 아니라 실행과정에서 해당 곡면들이 있는 경우에는 작업화면에서 숨길(blank)수도 있다.

4) **S : 방향설정** : 곡면 도형들의 표면은 해당 도형 생성 과정에서 적용된 색상으로 표시되는 앞면과 시스템이 기본적으로 적용하는 회색 색상의 뒷면으로 앞, 뒷면이 구분되며, 특정 곡면 도형을 대상으로 현재 앞, 뒷면 위치를 반대방향으로 변경하거나 다수의 곡면 도형들을 선택하여 해당 곡면들의 앞면 방향을 특정방향으로 일치시키는 기능이다.

5) **K : 모델체크** : 작업화면의 특정 곡면들을 대상으로 곡면형태의 오류를 파악하는 기능으로 오류 내용은 곡면의 특정위치 기준앞/뒷면 방향이 반대로 전환되는 곡면(self-intersections), 트림된 곡면의 특정 모서리 위치에서 곡면길이가 일부 오버랩 된 곡면(backup) 및 곡면의 내측영역이 날카로운 돌기형태와 외측 끝단 형태가 날카로운 곡면(internal sharp ridges)들로

서 해당 곡면들이 있는 경우 곡면도형의 현재 위치에 대한 마크표시 및 도형색상을 다른 색상으로 변경하여 이후 해당 곡면들을 정상적인 상태로 수정할 수 있다. 이러한 곡면들을 가공대상으로 선택하여 가공경로를 생성하면 언더컷, 가공경로 계산시간 지체, 가공경로형태 오류 및 시스템 다운 등의 현상이 발생되어 정상적인 가공경로를 생성할 수 없으며, 곡면들은 해당 곡면도형을 생성하는 과정에서 공차의 적용오류, 작업 실행 형태 오류로 인하여 발생하게 된다.

6) O : 솔리드체크 : 위의 K : 모델체크와 유사한 기능으로 솔리드 생성시 에러부분을 체크하여 가공의 오류를 방지할 수 있다. 해당 에러위치를 확대하여 볼 수 있는 기능

7) U : 미세곡면 : 파일 변환 및 곡면도형 생성시 미세곡면으로 인한 비정상적인 가공경로 생성을 방지하기 위하여 실행하는 기능으로서, 본 메뉴를 실행하여 미세곡면을 측정 후 색상변경, 삭제 및 숨기 등을 할 수 있다. 이 기능은 파일변환시 복잡한 3차원 모델링의 경우 사용자가 미세곡면을 쉽게 판독할 수 없으므로 최소영역을 지정 후 미세곡면을 측정하여 오류작업의 발생을 방지할 수 있다.

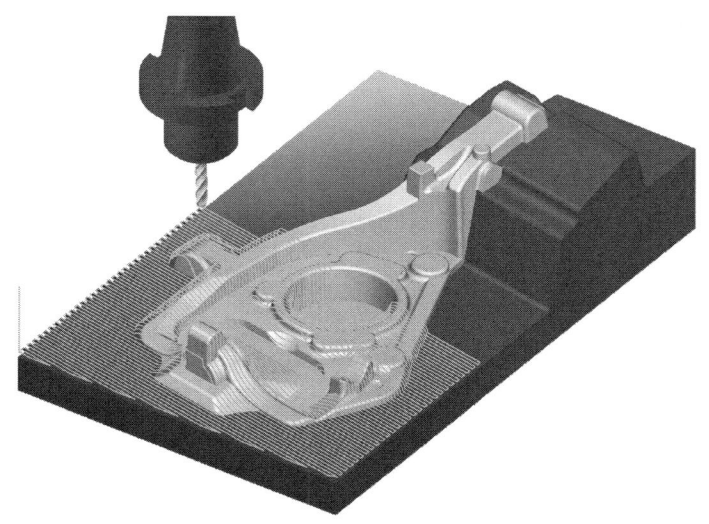

Chapter 7. 치수기입 및 도면작성

1. 도면요소 작성 실행방법
2. 도면작성 조건 설정
3. 도면요소 형태 설정 단축키

치수기입 및 도면작성

생성되는 도면요소들에 대한 형태 설정은 요소생성 실행 전 형태를 설정하는 방법과 실행과정에서 형태를 설정하는 방법이 있는데 내용은 다음과 같다.

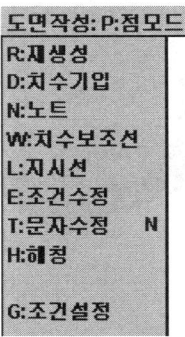

[메뉴실행 : C : 그리기 - D : 도면작성]

1. 도면요소 작성 실행방법

아래의 메뉴들을 이용하여 다양한 형태의 도면요소 생성 및 수정을 실행할 수 있으며, 아래 메뉴실행 상태에서 이미 생성된 도면 요소들을 선택하여 해당 도면 요소의 위치를 자유롭게 수정할 수도 있다.

1.1 도면요소 재생성

특정도형기준 도면요소 생성 후 대상도형의 위치이동 또는 도형수정 실행하면 관련 도면 요소들의 표시색상이 적색으로 전환(도형수정 내용이 반영되지 않았음을 표시)되는데 이러한 도면요소들에 대하여 수정된 도형내용으로 다시 생성하는 기능

1) **자동** : 메뉴우측 영문자 Y로 설정하면 대상 도형내용 수정 즉시 관련 도면 요소들도 자동 재생성되면, N으로 설정하면 대상도형 내용이 변경되어도 도면 요소들 내용은 자동 변경되지 않고 아래 메뉴들을 이용 재생성 실행해야 한다.

2) **선택** : 작업화면내 재생성 필요대상 도면요소(적색표시)들 중 메뉴선택 후 선택되는 요소들만 재생성 실행

3) **모든요소** : 메뉴 선택만으로 화면의 모든 재생성 필요대상 도면 요소들이 자동으로 선택되어 재생성 실행된다.

1.2 치수기입

특정 도형관련 해당 도형의 각종 치수형태를 생성하는 기능

1) **수평** : 두 점 위치를 지정하여 수평 형태의 선형치수를 생성
2) **수직** : 두 점 위치를 지정하여 수직 형태의 선형치수를 생성
3) **평행** : 두 점 위치를 지정하여 평행 형태의 선형치수를 생성
4) **기준선** : 이미 생성된 특정 선형치수를 기준으로 추가되는 위치들에 대한 선형 치수들을 연속적으로 생성하는 기능(기준 선형치수의 처음 지정위치기준 치수로 생성)
5) **연결** : 이미 생성된 특정 선형치수를 기준으로 추가되는 위치들에 대한 선형 치수들을 연속적으로 생성하는 기능(직전실행 선형치수 지정위치기준 구간별 치수로 생성)
6) **원호** : 원호도형에 대한 지름 또는 반지름 치수를 생성하는 기능
7) **각도** : 두 직선이 이루는 각도에 대한 각도치수를 생성하는 기능
8) **접선** : 원호도형기준 특정도형(점, 직선, 다른 원호)에 대한 접선형태의 치수를 생성
9) **오디네이트** : 특정 기준치수 또는 특정 원점위치를 기준으로 비선형치수를 생성
   ① 수평 : 처음 지정위치(0,0)를 기준으로 이후 지정되는 추가위치들에 대하여 수평 방향으로 치수들이 생성(처음 지정위치기준 증분 값으로 생성)
   ② 수직 : 처음 지정위치(0,0)를 기준으로 이후 지정되는 추가위치들에 대하여 수직 방향으로 치수들이 생성(처음 지정위치기준 증분 값으로 생성)
   ③ 평행 : 처음 지정위치(0,0)를 기준으로 이후 지정되는 추가위치들에 대하여 평행한 방향으로 치수들이 생성(처음 지정위치기준 증분 값으로 생성)
   ④ 기존요소 : 위 수평/수직 또는 평행으로 실행된 특정 오디네이트 기준치수(0,0) 기준으로 추가되는 위치들에 대하여 치수들을 생성
   ⑤ 자동치수기입 : 메뉴 선택하면 표시되는 오디네이트 치수기입(자동생성) 대화창에서 생성될 오디네이트 치수조건을 설정한 후 작업화면내에서 다수의 대상도형들을 선택하면 선택된 도형들의 끝점위치(또는 중심위치)를 기준으로 오디네이트 치수들이 일시에 생성되는 기능

CAD · CAM 실무 2D

오디네이트 치수기입(자동생성) 대화창

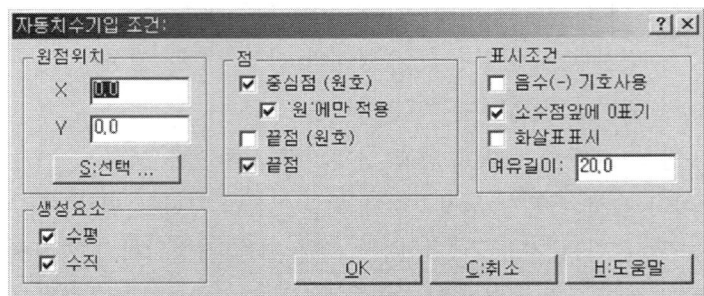

① 원점위치

오디네이트 치수기입 실행의 원점 위치를 설정하는 항목으로 XY 항목 입력란에 직접 적용 좌표위치 입력하거나 위치선택 버튼선택 후 작업화면에서 해당 위치로 적용될 위치를 지정하면 지정위치 좌표 값이 X,Y 항목 값으로 자동 입력됨

② 점 : 대상 도형들의 치수기입 실행위치를 설정하는 영역
- 중심점(원호) : 항목 선택하면 원호 도형의 중심위치로 치수기입 실행
- '원'에만 적용 : 원호도형의 중심점 항목을 선택한 경우에만 활성화되는 항목으로 항목 선택하면 정원 형태의 원 도형들만 치수기입 실행하며, 항목선택 안한 경우는 모든 원호 도형들에 대하여 치수기입 실행
- 끝점(원호) : 항목 선택하면 원호 도형의 끝점 위치로 치수기입 실행
- 끝점 : 항목 선택하면 원호 도형을 제외한 다른 도형들은 끝점 위치로 치수기입 실행하며, 항목선택 안한 경우는 해당 도형들에 대하여 치수기입을 실행하지 않는다.

③ 표시조건 : 치수기입 생성형태 조건을 설정하는 영역
- 음수(-)기호사용 : 항목 선택하면 원점위치기준 음수방향에 있는 도형들의 치수는 치수 문자 앞에 음수부호(-)가 선행되어 생성되며, 항목선택 안한 경우는 음수방향에 있는 도형들의 치수가 음수부호 없이 양의 값으로 생성된다.
- 소수점 앞에 0표시 : 항목 선택하면 실행대상 위치들 중 원점위치 기준 치수위치가 소수 단위인 경우 해당 치수 소수표시 점(.)앞에 0 표기되어 생성되며, 항목선택 안한 경우는 소수점만이 표기되어 생성된다.(예 : 0.05, .05)
- 화살표 표시 : 항목 선택하면 생성되는 치수선들에 화살표가 생성되며, 항목선택 안한 경우는 화살표 없이 생성된다.
- 여유길이 : 치수선과 대상도형 치수기입 위치(중심점 또는 끝점)사이 유지간격 값 설정

④ 생성요소 : 치수기입 생성을 수평방향, 수직방향 또는 양방향 모두 적용할지를 설정

10) 점 : 특정위치에 대한 좌표 값 치수를 생성하는 기능

1.3 노 트

출력될 도면에 대한 주의사항/참고사항을 나타내는 노트도형 생성

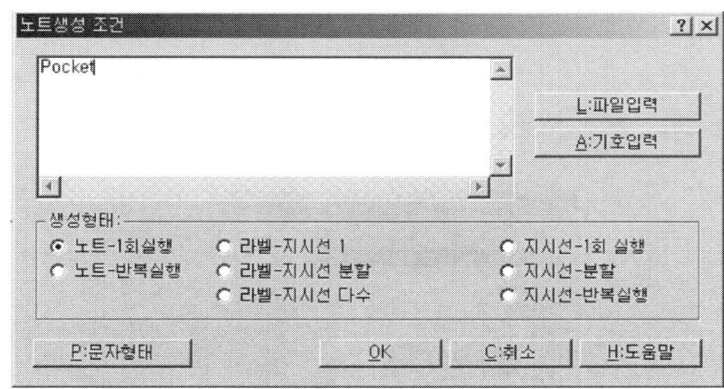

〈 노트생성 조건설정 대화창 〉

1) **문자입력영역** : 좌측상단 흰색영역에 생성될 노트 또는 라벨의 문자를 키보드로 입력하거나 항목우측 아래 버튼들을 이용하여 입력하는 기능
   ① 파일입력 : 시스템에 저장된 특정 문서파일을 선택하면 해당 파일의 문자내용이 문자입력 영역에 자동 입력되는 기능
   ② 기호입력 : 버튼 선택하면 표시되는 입력될 기호형태 선택 대화창에서 특정 기호들을 선택하면 선택된 기호들이 문자입력 영역에 자동 입력되는 기능

2) **생성형태** : 생성될 노트/라벨 또는 지시선의 형태를 설정하는 영역
   ① 노트-1회실행 : 노트요소 생성 실행을 1회로 종료하는 기능
   ② 노트-반복실행 : 노트요소 생성 실행을 반복적으로 실행하는 기능
   ③ 라벨-지시선1 : 라벨요소 생성에서 지시선 위치를 한 곳만 지정하는 기능
   ④ 라벨-지시선분할 : 라벨요소 생성시 지시선 형태를 분할하는 기능
   ⑤ 라벨-지시선다수 : 라벨요소 생성에서 지시선 위치를 다수로 지정
   ⑥ 지시선-1회실행 : 지시선 요소 생성을 1회로 종료
   ⑦ 지시선분할 : 지시선 요소 생성에서 형태를 분할하여 실행
   ⑧ 지시선-반복실행 : 지시선 요소 생성을 반복적으로 실행

3) **문자형태** : 도면작성 파라미터 대화창-노트문자 영역 대화창을 불러내어 생성될 노트, 라벨의 문자형태를 설정하는 기능

1.4 치수보조선/지시선

치수문자 동반되지 않는 치수보조선 및 지시선 생성

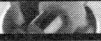 CAD·CAM 실무 2D

1.5 문자수정

이미 생성된 작업화면내 특정 도면요소들에 대한 생성조건을 수정하여 재생성 하거나(조건수정) 특정 도면요소의 문자내용만을 수정(문자수정)하는 기능

1.6 해 칭

닫힌 윤곽 도형형태의 내측 영역에 해칭 도형을 생성하는 기능

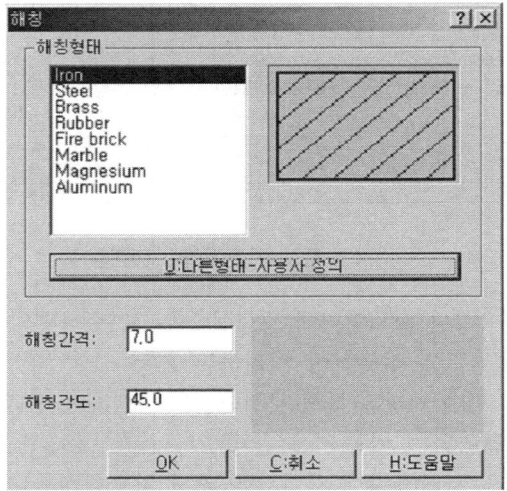

해칭 조건설정 대화창

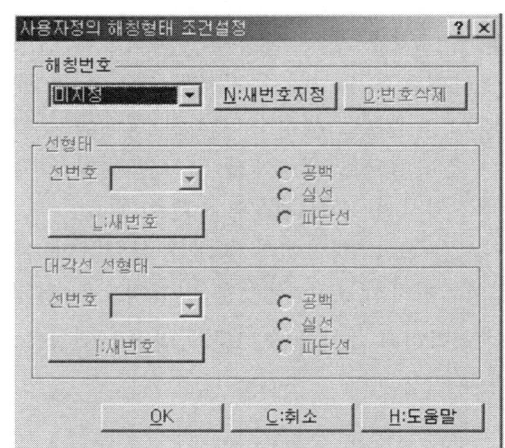

① 해칭형태 : 생성될 해칭 형태를 설정하는 영역으로 기본형태를 선택하거나 `U : 다른형태 - 사용자정의` 버튼을 선택하여 실행될 해칭 형태를 자유롭게 설정할 수 있다.

② 사용자정의 해칭형태 조건설정
　㉠ 해칭번호
　　설정되는 해칭 형태에 대한 고유 관리번호를 설정하는 영역으로 새번호 생성버튼을 선택하면 새로운 해칭 형태에 대한 고유번호가 자동 설정되며, 번호삭제 버튼 선택하면 표기번호 해칭 형태가 자동으로 삭제된다.
　㉡ 선 형태
　　해칭 선 표기형태를 설정하는 영역으로 선번호 항목우측 입력란에 표시된 숫자별 선 형태를 공백 선, 실선, 파단선 항목들 중 적용될 항목을 선택한다. 새번호 버튼 선택할 때마다 선번호 입력란에 새 번호가 자동 입력된다.
　㉢ 대각선 형태
　　선 형태에 대한 법선 방향표기 선 형태를 설정하는 영역으로 실행 방법은 위 선 형태와 동일
③ 해칭간격 : 해칭선들간 유지간격 값을 설정하는 항목
④ 해칭각도 : 해칭선의 경사각도 값을 설정하는 항목

2. 도면작성 조건설정

[메뉴실행 : C : 그리기 – D : 도면작성 – G : 조건설정]

2.1 치수기입형태 조건설정

생성될 치수기입 도면요소의 형태를 설정하는 영역

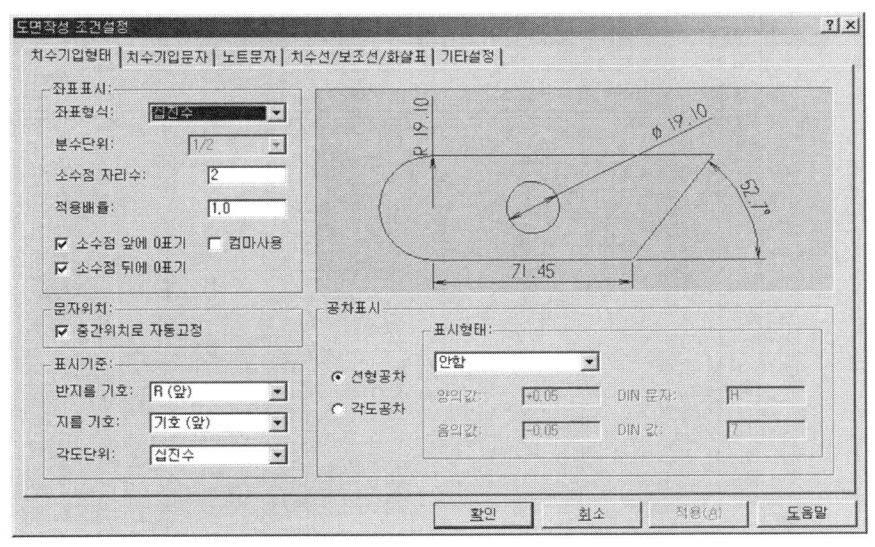

〈 치수기입형태 조건설정 대화창 〉

1) **좌표표시** : 치수기입 실행에서 표시될 치수기입 형태를 설정하는 영역
   ① 좌표형식 : 산업별 치수기입표시 기준들 중 적용할 기준 설정
   ② 분수단위 : 치수의 반올림 단위기준을 설정
   ③ 소수점 자리수 : 치수기입 생성에서 표시될 소수점이하 자리수 설정
   ④ 적용배율크기 : 실제 치수기준(배율값 : 1) 특정비율 가감 적용된 치수 기입 실행 설정
   ⑤ 소수점앞/뒤에 0 표기 : 항목선택 ⇒ 치수 소수표시 점 앞에 숫자 0 표기(예 : 0.05), 항목선택 안한 경우 ⇒ 0 표기안됨(예 : .05)
   ⑥ 컴마사용 : 소수단위표시 점(" . ")이 아닌 컴마(" , ")로 표시
2) **중간위치로 자동고정** : 항목 선택하면 치수문자 표기위치가 치수기입 형태의 중간 위치로 자동 고정, 항목선택 안한 경우는 마우스커서 위치이동에 따라 치수문자 이동
3) **표시기준** : 원호 및 각도치수기입 실행에서 표기될 문자형태 및 단위 설정
   ① 반지름기호 : 원호에 대한 반지름 치수기입에서 표기될 문자형태 설정
   ② 지름기호 : 원호에 대한 지름 치수기입에서 표기될 문자형태 설정
   ③ 각도단위 : 각도 치수기입에서 적용될 각도계산단위 설정
4) **공차표시** : 공차표시 치수문자 표기형태를 설정
   ① 선형공차/각도공차 : 선형치수기입 또는 각도 치수기입에서 표기될 공차 형태 설정
5) **표시형태** : 항목아래 역 화살표 버튼 이용하여 적용될 내용 선택(안함, +/-, 한계, DIN)

2.2 치수기입문자 조건설정 대화창

치수 문자표기 형태를 설정하는 영역

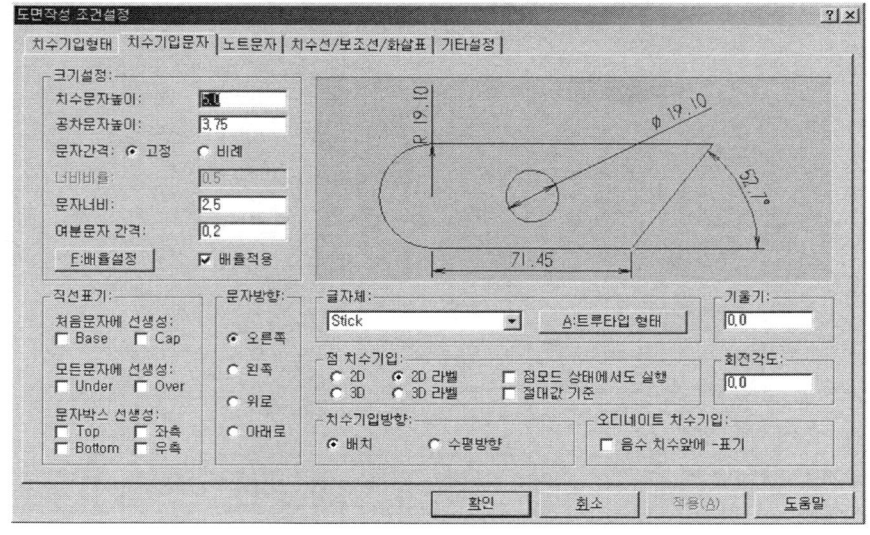

〈 치수기입문자 조건설정 대화창 〉

1) 크기설정

치수문자의 크기를 설정하는 영역
① 치수문자높이 : 치수문자의 높이 값을 설정
② 공차문자높이 : 공차치수 문자의 높이 값을 설정
③ 문자간격 : 생성될 치수문자 간격 또는 문자 너비 값의 형태 설정
  • 고정 : 치수문자의 문자간 간격을 아래 문자너비 항목에 입력되는 간격 값을 고정 값으로 적용하여 문자간 유지간격이 일정한 형태로 생성되도록 하는 항목
  • 비례 : 치수문자의 문자간 간격을 개별 문자의 너비크기와 문자위치를 감안하여 아래 문자비율에 입력되는 비율 값을 기준으로 시스템이 자동 계산하여 적용하도록 하는 기능
④ 너비비율 : 문자간격 항목을 비례로 선택하면 적용되는 항목으로 항목우측 입력란에 생성될 치수문자의 너비 값을 문자높이기준 비율 값으로 입력
⑤ 문자너비 : 문자간격 항목을 고정으로 선택하면 적용되는 항목으로 항목우측 입력란에 문자간 유지될 일정한 간격 값을 입력
⑥ 여분문자간격 : 문자너비기준 특정비율 값으로 문자간 간격 값을 수정 적용하는 기능
문자간격= 문자높이×문자너비×여분문자간격(예 : 1×0.6×0.1=0.06)
⑦ 배율설정 : 배율적용 항목을 선택하는 경우에만 적용되는 기능으로 공차문자, 치수, 보조선, 화살표 조건을 치수문자 높이기준 특정비율로 설정하여 적용한다.

⊕ 치수문자 높이기준 배율설정

적용될 배율크기를 항목별로 설정하는 영역

치수문자 높이기준 배율설정	배율(%)	항목값	적용값
공차문자 높이	0.75	3.75	3.75
화살표 높이	1.0	5.0	5.0
화살표 너비	0.333	1.665	1.665
보조선 간격	0.2	1.0	1.0
보조선 연장길이	0.5	2.5	2.5
배율 적용기준 치수문자의 높이 :		5.0	

〈 치수문자 높이기준 배율설정 대화창 〉

① 공차문자높이, 화살표높이, 화살표너비, 보조선간격/연장길이 : 각각의 내용을 설정
② 배율(%) : 치수문자높이기준 적용될 비율 값 입력
③ 항목값 : 배율항목에 입력된 비율로 산출된 해당항목 값이 표시되는 영역
④ 적용값 : 계산된 배율 값 또는 항목 값이 표시되는 영역

2) 직선표기
치수문자의 특정위치에 직선을 생성하는 기능
① 처음문자에 선생성 : 문자열내 선 생성위치 설정
② 모든 문자에 선생성 : 문자열내 선 생성위치 설정
③ 문자박스 선생성 : 문자열 전체를 박스형태로 감안하여 박스의 상단(Top),하단(Bottom), 왼쪽(Left) 또는 오른쪽(Right)으로 선 생성

3) 문자방향
문자표기 진행방향을 설정하는 기능

4) 글자체
표기될 치수문자의 글자체를 설정하는 영역으로 항목우측 역화살표 또는 트루타입 형태 버튼으로 생성될 글자체 설정

5) 기울기
치수개별문자의 기울기 각도 값을 설정(±90°까지만 입력가능)

6) 점치수 기입
점 치수기입 실행에서 치수표기형태(2D, 2D label, 3D, 3D label), 표기기준(절대 값 기준 또는 월드 좌표계 적용) 및 도면작성의 점 모드 상태에서 점 치수기입이 자동으로 실행될지를 설정하는 영역

7) 회전각도
치수개별문자기준 문자의 회전각도를 설정

8) 치수기입 방향
치수문자 표기기준 설정
① 배치 : 해당치수 치수선에 평행한 형태로 표기
② 수평방향 : 해당치수 기입방향에 관계없이 무조건 수평방향 표기

9) 오디네이트 치수기입
오디네이트 치수기입에서 원점기준 음수위치 치수를 부호(-)로 표기할지를 설정

2.3 노트문자 조건설정 대화창

노트 또는 라벨 생성에서 적용될 형태를 설정하는 영역

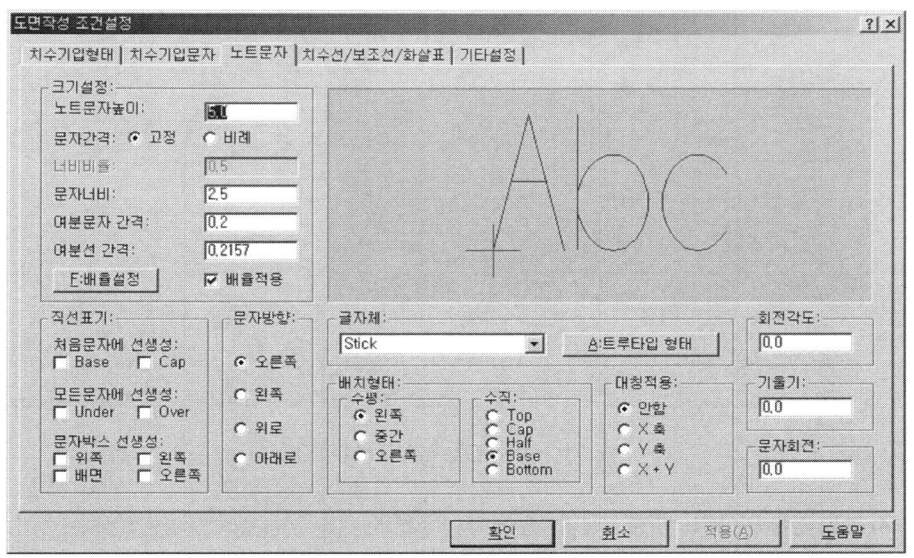

〈 노트문자 설정 대화창 〉

1) **크기설정** : 노트 또는 라벨의 크기를 설정하는 기능으로 영역의 항목별 내용은 아래 항목을 제외하고 위 치수기입문자의 크기설정 내용과 동일
   ① 여분선간격 : 문자높이기준 특정비율 값을 입력하여 노트문자의 다수 직선들간 간격을 수정하는 기능
2) **배치형태** : 문자위치와 관련하여 수평방향, 수직방향으로의 문자 배치 형태 설정
3) **대칭적용** : 생성될 문자를 특정 축을 기준으로 대칭형태로 표기할지를 설정
4) **문자각도** : 문자의 회전각도를 설정(설정 작업평면의 수평축기준 반시계 방향)
5) **기울기** : 문자 기울기 값을 설정(±90°까지만 입력가능)
6) **문자회전** : 개별문자의 중심위치를 기준으로 각 문자를 회전시키는 기능(±90°까지만 입력가능)

2.4 치수선/보조선/화살표 조건설정 대화창

치수선, 보조선 요소의 생성 형태를 설정하는 영역

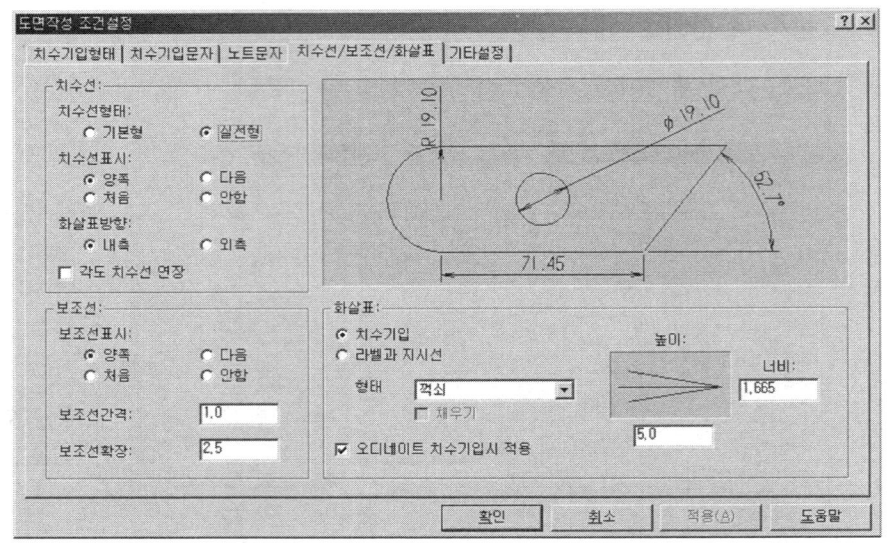

〈 치수선/보조선/화살표 설정 대화창 〉

1) **치수선** : 치수선의 생성형태를 설정하는 영역
   ① 치수선형태 : 치수선의 선 표시 형태를 설정하는 영역
      • 기본형 : 치수선 중간위치에 치수문자 표기
      • 실선형 : 치수선 위로 치수문자 표기
   ② 치수선표시 : 치수문자기준 좌/우측으로 치수선을 분할하여 특정 방향/양쪽으로 표기하거나 표기를 실행하지 않을 수 있음
   ③ 화살표방향 : 치수선 좌/우측 끝의 화살표 표시형태를 해당치수선 끝 위치기준 내측 또는 외측으로 표기할지를 설정
   ④ 각도치수선 연장 : 각도치수문자가 보조선 경계 외측에 위치하는 경우 치수선을 연장하는 기능(잠금과 자동중심 기능 해제하면 적용 가능)

2) **보조선** : 보조선의 생성형태를 설정하는 영역
   ① 보조선표시 : 치수보조선의 좌/우측 표시형태를 설정하는 기능
   ② 보조선간격 : 치수기입대상 지정위치기준 치수보조선의 유지간격 값 설정
   ③ 보조선확장 : 치수문자 상단높이기준 보조선이 확장될 높이 값을 설정

3) **화살표** : 치수선 끝에 표기될 화살표 형태를 설정
   ① 치수기입 : 항목 선택하면 설정된 화살표 형태가 치수기입 실행에서 적용된다.
   ② 라벨과 지시선 : 항목 선택하면 라벨과 지시선 생성에서 적용
   ③ 형태 : 생성될 화살표의 형태, 너비, 높이 값을 설정
   ④ 오디네이트 치수기입시 적용 : 항목 선택하면 오디네이트 메뉴로 치수기입을 실행하는 경우에도 화살표 형태가 추가되어 치수기입이 생성되며, 항목선택 안한 경우에는 생성되는 치수기입 요소에 화살표 형태가 누락된다.

2.5 기타설정 대화창

도면요소 관련 기타내용을 설정하는 영역

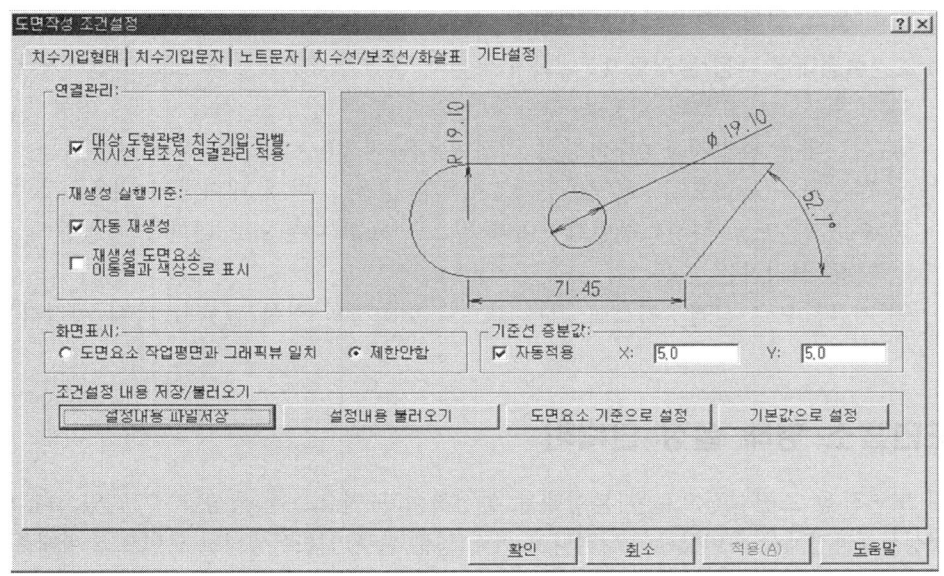

〈 기타설정 대화창 〉

1) **연결관리** : 생성되는 도면요소의 연결관리 적용 여부 및 재생성 실행방식을 설정
   ① 대상도형관련 치수기입, 라벨, 지시선, 보조선 연결관리 적용
   항목 선택하면 치수기입 대상도형과 생성된 도면요소를 연결 관리하도록 하는 기능으로 대상 도형의 수정과 이동시 관련도면 요소들도 대상도형 내용변경에 따라 내용이 자동으로 변경
   ② 재생성 실행기준 : 도면요소 재생성 실행기준을 설정하는 영역
   • 자동재생성 : 항목 선택하면 도면요소 대상도형의 내용이 변동되는 경우 관련 도면 요소 내용들도 도형변경 내용에 따라 다시 생성되며 항목선택 안한 경우에는 재생성 메뉴를 이용하여 다시 생성시켜야 한다.
   • 재생성요소 이동결과 색상으로 표시 : 항목 선택하면 재생성되는 도면 요소들을 이동결과 요소로 시스템이 인식하고 색상표시 및 관리한다.
2) **화면표시** : 생성된 도면 요소들에 대한 화면표시방법 설정
   ① 도면요소 작업평면과 그래픽뷰 일치 : 도면요소 생성 과정에서 적용된 작업평면과 동일한 그래픽뷰로 설정하면 해당 도면요소 화면표시(2차원 치수기입 형태)
   ② 제한안함 : 그래픽뷰 종류에 관계없이 모든 도면요소 화면표시(3차원 치수기입 형태)

 CAD·CAM 실무 2D

3) **기준선 증분값** : 기준선 치수기입에서 치수들간 X,Y 방향 유지간격 적용방법 설정
   ① 자동적용 : 항목 선택하면 항목우측 X,Y 항목에 입력된 값이 기준선 치수기입 실행에서 치수들간 고정 간격으로 자동 적용되며 항목선택 안한 경우는 기준선 치수기입 실행에서 마우스 위치이동으로 간격형태를 설정할 수 있다.

4) **조건설정내용 저장/불러오기** : 대화창의 현재 설정된 내용들을 파일로 저장하거나 특정파일 또는 특정 도면요소의 내용을 대화창의 관련 항목 값으로 적용시키는 기능
   ① 설정내용 파일저장 : 대화창의 설정내용을 파일(*.CAD)로 저장하는 기능
   ② 설정내용 불러오기 : 특정파일(*.CAD)의 내용을 현재 대화창의 내용으로 복사
   ③ 요소기준으로 설정 : 작업화면내 특정 도면요소 내용으로 대화창의 관련 항목 값으로 자동 설정하는 기능
   ④ 기본값으로 설정 : 시스템 기본 값으로 대화창의 항목 값들을 다시 설정하는 기능

3. 도면요소 형태 설정 단축키

위 도면작성 조건설정으로 기본형태를 설정하여 도면요소를 생성할 수도 있으나 도면 요소 생성실행과정에서 화면상단에 나타나는 아래 영문 단축키들로 생성될 도면요소 형태를 자유롭게 설정할 수 있다.

3.1 도면요소 생성 단축키

위 도면작성 조건설정으로 기본형태를 설정하여 도면요소를 생성할 수도 있으나 도면요소 생성실행과정에서 화면상단에 나타나는 아래 영문 단축키들로 생성될 도면요소 형태를 자유롭게 설정할 수 있다.

> 실행방법 : C : 그리기 - D : 도면작성 메뉴 선택 후 특정 도형에 대한 도면작성 실행 완료전 아래 항목들 앞에 표시된 영문에 해당하는 키보드버튼 선택

도면작성: A:화살표, B:박스, C:문자위치, D:지름, F:폰트, G:조건설정,

H:높이, L:풀림, N:자리수, O:경사, R:반지름, S:커서, T:문자, U:PM경신, V:수직, W:보조선

① A : **화살표** : 생성중인 치수선의 화살표방향을 전환(내측 또는 외측)
② B : **박스** : 생성중인 치수문자(또는 노트/라벨문자)에 박스형태 생성 또는 해제
③ C : **문자위치** : 치수문자 위치 치수선 중앙위치로 고정 또는 마우스이동으로 위치이동
④ D : **지름** 또는 R : **반지름** : 생성중인 원호도형에 대한 치수기입 형태 전환(지름 또는 반지름)

⑤ F : 폰트 : 생성중인 도면요소의 표시 글자체 형태를 설정하는 글자체수정 대화창 열림
⑥ G : 조건설정 : 도면작성 조건설정 대화창을 불러내어 생성중인 도면 요소에 적용될 제반 조건내용을 일시에 수정
⑦ H : 높이 : 생성중인 도면요소의 문자높이를 수정
⑧ L : 풀림(또는 잠금) : 생성중인 치수기입의 형태를 고정 또는 자유롭게 전환
⑨ N : 자리수 : 생성중인 치수기입의 소수점이하 자리수 수정
⑩ O : 경사 : 경사각도 값 설정에 따른 치수기입
⑪ S : 커서 : 화면에 마우스 커서 표시여부 전환
⑫ T : 문자 : 생성중인 도면요소의 문자내용을 수정할 수 있는 치수문자 수정 대화창 열림
⑬ U : PM갱신 : 생성중인 도면요소의 적용내용으로 도면작성 조건설정 대화창의 관련 항목 설정 값들을 자동으로 갱신하는 기능
⑭ V : 수직 : 수평 치수기입을 수직형태로 바꾸는 기능
⑮ W : 보조선 : 현재 실행중인 치수기입의 보조선 표시형태를 변경

치수기입 연습

① 아래그림과 같은 도형을 먼저 생성한다.

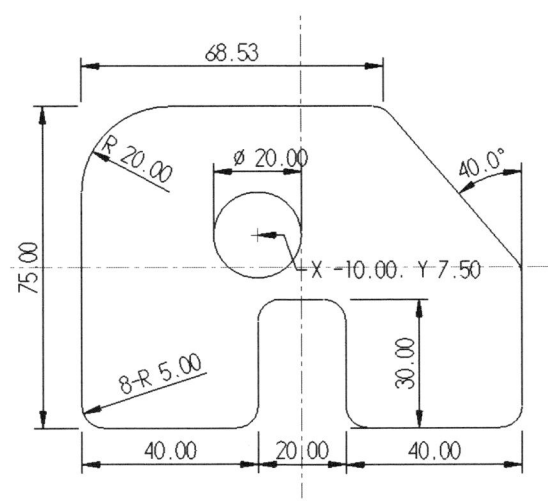

② 주메뉴 - C : 그리기 - D : 도면작성 - G : 조건설정 메뉴를 차례로 선택한다.
③ 도면작성 조건설정창이 나타난다.
④ 치수기입문자창을 지정한 후 치수문자높이 : 4, 문자너비 : 2로 설정한다.
⑤ 치수선/보조선/화살표창을 지정 후 우측 하단의 화살표 : 를 "치수기입"으로 선택한다. 화살표의 형태를 역화살표를 지정하여 "삼각형"으로 설정하고, "채우기" 버튼을 지정한다.

우측 화살표 그림이 바뀐 것을 볼 수 있다. 화살표의 너비를 1.332, 높이를 4로 지정한다.

6 확인 버튼을 클릭한 후 D : 치수기입 - H : 수평을 차례로 지정한 뒤 I : 교차점을 선택하여, 윗 그림의 치수 68.53의 좌측 교차도형(직선)을 선택한다. 마찬가지로 우측 위치도 I : 교차점을 지정하여 교차하는 양 도형(직선)을 선택하면 그림과 같은 형태의 치수기입이 실행된다.

7 마찬가지로 다른 위치들도 같은 방식으로 실행한다.

8 H : 수평 , V : 수직 메뉴로 길이 값을 전부 입력 후, 이전메뉴를 지정한다.

9 C : 원호 선택 후 반지름(R) 치수를 입력할 원호를 선택한다.

10 이전메뉴를 두 번 클릭 후 T : 문자수정 Y로 설정한다.

11 치수기입 R 5.00을 클릭하면 치수문자 수정 창이 나타난다. 대화창란에 "8-R 5.00"을 입력 후 OK를 하면, 5R의 원호가 8개가 존재한다는 표시 형태로 변환된다.(8-R 5.00)

12 D : 치수기입 - C : 원호를 다시 선택 후 지름(D)을 입력할 원을 선택한다.

13 모두 입력이 되었으면, 이전메뉴를 선택 후 P : 점을 지정한 뒤 위치지정 메뉴에서 C : 중심점을 지정한 후 D=20의 원을 선택한다.

14 마우스를 드래그하여 치수가 놓여질 위치에 클릭한 후 이전메뉴 - A : 각도를 선택하여 각도 치수를 입력하기 위한 두 직선을 선택한다.

15 위 그림과 같은 치수기입이 된다.

연습과제

㉟ 아래 그림과 같이 치수를 기입하시오.

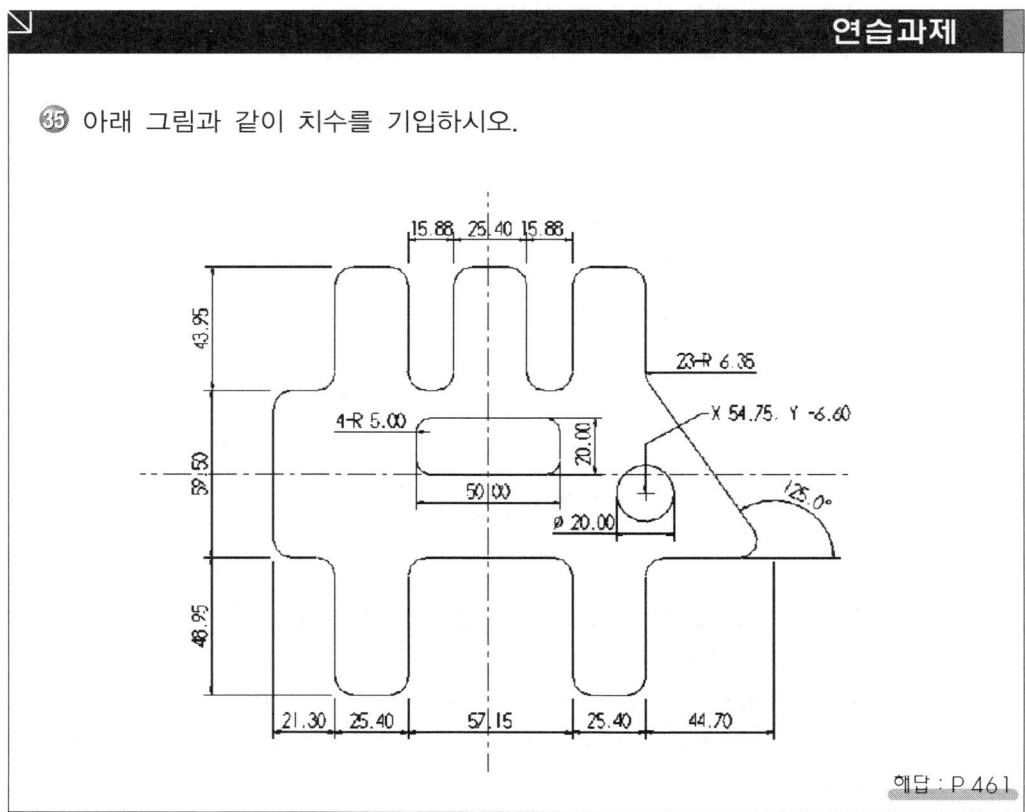

해답 : P.461

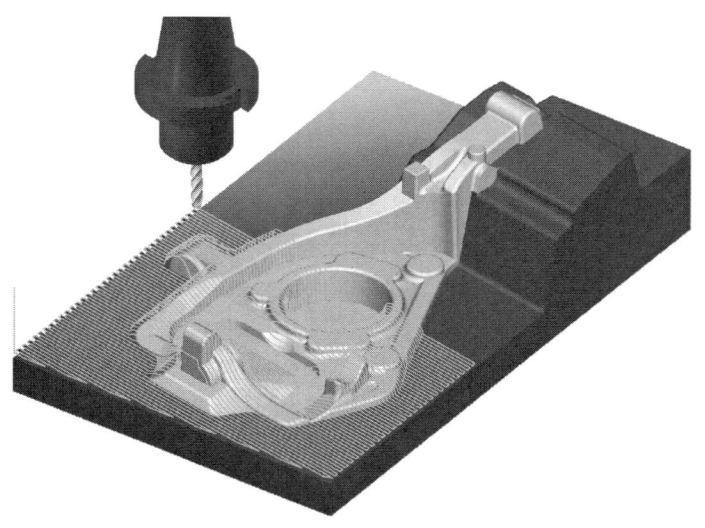

Chapter 8. 그래픽 화면의 조정 및 확인

1. 환경설정
2. 요소갯수 화면표시
3. 끝점 화면표시
4. 색상복귀
5. 색상변경
6. 레벨변경
7. 속성변경
8. 곡면표시
9. 블랭크/히든
10. 속성설정
11. 화면중심
12. 그리드 사용
13. 위치감지
14. 재생성
15. 클립보드
16. 콤바인뷰
17. 화면분할
18. 도면출력

Chapter 08 그래픽 화면의 조정 및 확인

프로그램 각종 명령실행의 기본 실행조건 설정, 작업화면의 구성형태 설정, 작업화면의 표시상태 조정 및 도면출력 등 다양한 기능을 실행하는 기능이 그래픽화면 조정으로 아래 메뉴들로 실행한다.

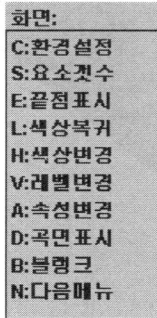
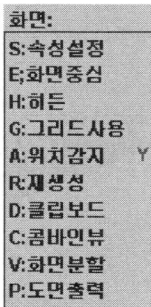

1. 환경설정

프로그램 각종 명령실행의 기본적인 실행조건을 설정하는 기능

[메뉴실행 : S : 화면 - C : 환경설정]

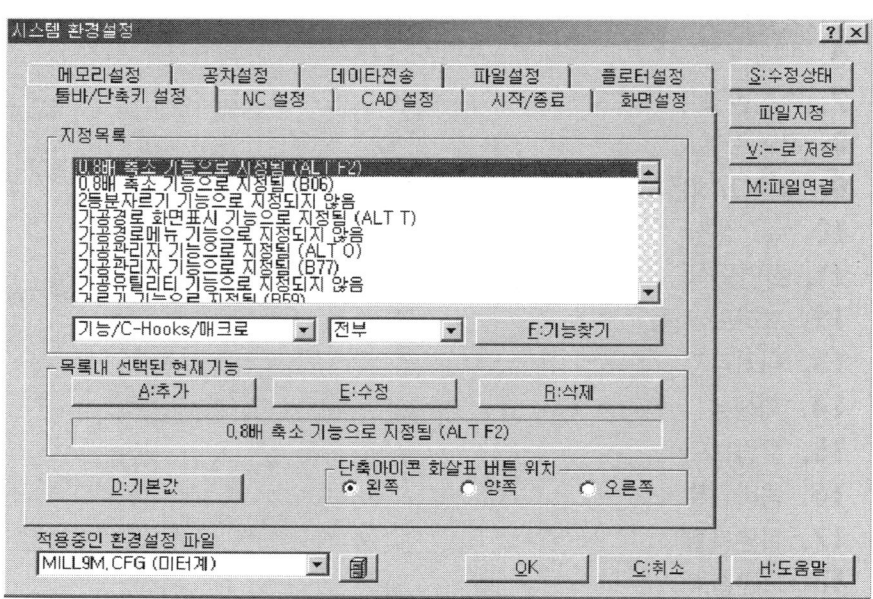

1.1 툴바/단축키 설정

사용될 단축아이콘 및 단축 기능키의 추가/변경 또는 삭제를 실행하는 영역

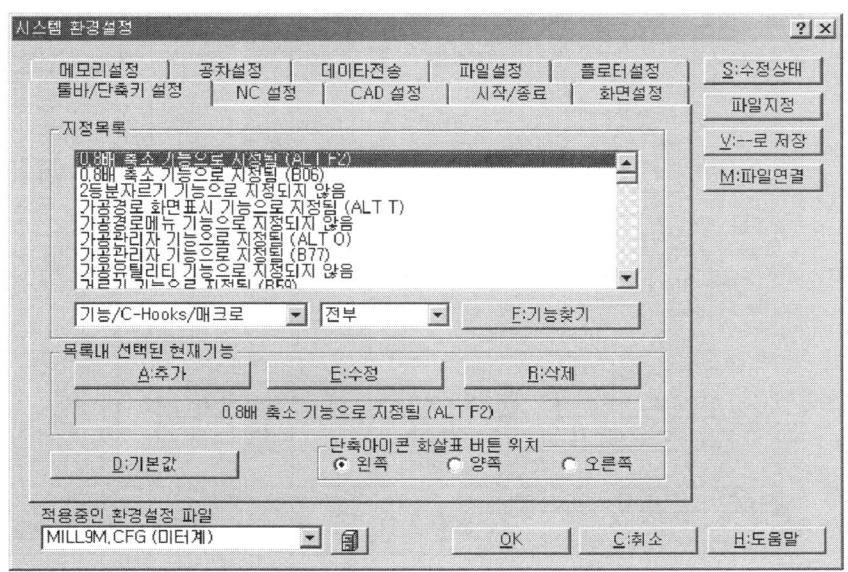

① **지정목록** : 기능항목 표시영역에 표시될 기능들의 조건을 설정하거나 기능찾기 버튼으로 작업화면에서 특정기능에 대한 항목을 마우스로 클릭하여 해당 기능 항목을 표시영역에서 자동으로 찾는 기능
② **목록내 선택된 현재기능** : 위 지정목록에 특정 기능항목을 추가하거나 기능항목을 삭제 또는 수정하는 기능
③ **기본값** : 버튼 선택하면 시스템 기본 값으로 툴바/단축키 설정 영역내용을 기본값으로 복원
④ **단축아이콘 화살표버튼 위치** : 작업화면의 단축아이콘 영역 표시이동 화살표버튼 위치를 조정하는 기능
⑤ **적용중인 환경설정 파일** : 현재 사용하고 있는 모듈의 미터계 또는 인치계 형식을 지정하는 항목

1.2 NC 설정

NC파일 생성 및 실행될 가공정의에 적용될 기본 조건내용을 설정하는 영역

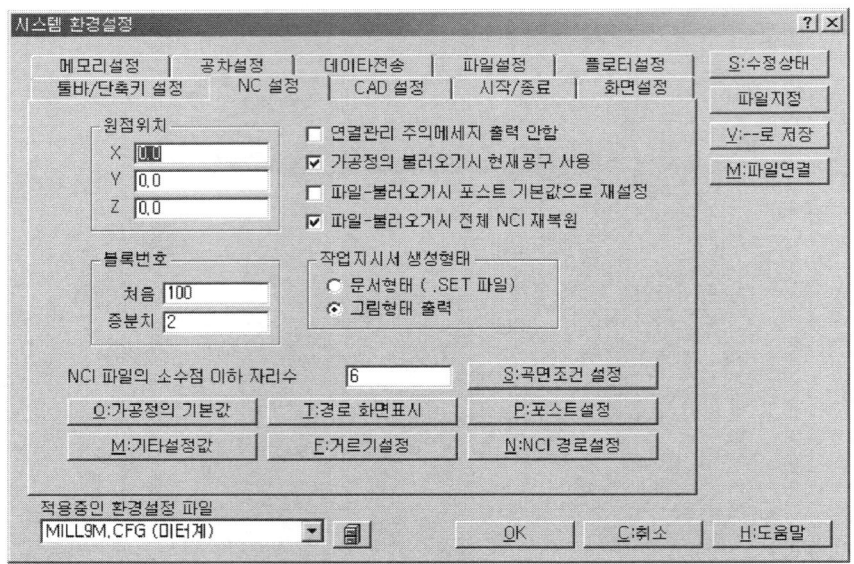

① **원점위치** : 특정 가공정의 실행에서 공구조건설정 대화창의 원점버튼 항목의 기본 설정 값을 설정하는 항목으로 이 원점위치는 해당 가공정의의 공구교환 및 프로그램 실행종료 후 공구의 위치좌표 값으로 적용된다.

② **블록번호** : 가공정의 실행에서 공구조건설정 대화창의 시작번호와 증분치 항목의 기본 설정 값을 설정하는 영역으로 시작항목에 입력되는 값은 이후 생성될 NC 프로그램의 처음 시작블록 번호로 증분치 항목에 입력되는 값은 시작항목의 값으로 처음블록 번호부여 후 연속되는 블록들에 대한 증분번호 값으로 출력한다.

③ **연결관리 주의 메시지 출력안함** : 항목 선택시 가공경로를 생성한 도형을 삭제할 때 삭제하려는 도형의 가공경로가 있음을 알려주는 주의메세지를 나타내어 삭제여부를 다시 한번 묻는 기능으로 가공관련 도형 삭제시 가공이 유효하지 않은 상태로 변경

④ **가공정의 불러오기시 현재공구 사용** : 가공정의 관리자 대화창의 마우스 오른쪽버튼 메뉴인 가공정의 불러오기 메뉴를 실행하여 특정 가공정의를 대화창으로 불러올 때 사용될 공구 선정기준을 설정하는 항목
  • 항목선택 : 불러오는 가공정의에 저장된 공구들 중 공구번호가 현재 사용중인 공구 목록파일 내에 있는 경우에도 동일 공구번호가 있음을 알리는 메시지 대화창 화면 표시 없이 실행
  • 항목선택 안한 경우 : 위 실행에서 동일 공구번호가 존재하는 경우 어떤 공구를 사용할 것인지 사용자가 선택할 수 있는 메시지 대화창을 화면으로 표시

⑤ **파일 불러오기시 포스트 기본값으로 재설정** : 항목 선택하면 파일-불러오기 메뉴로 도형 파일 불러오기 실행 과정에서 적용될 포스트 프로세서 파일을 시스템 기본설정 파일로 자동 적용하여 실행하며, 항목선택 안한 경우는 현재 설정된 적용 포스트 프로세서 파일을 그대로 적용하는 상태를 유지한다.

⑥ **파일-불러오기시 전체 NCI 재복원** : 파일의 용량이 크고 복잡한 형상일수록 불러오기시 시간소요가 많이 요구된다. 이 기능은 불러올 Data의 NCI(Toolpath) 용량이 커서 도면생성 이 지연되는 것을 개선하기 위한 메뉴로, F : 파일 - G : 불러오기 - 불러오기시 전체 NCI 재복원을 비활성화 상태로 두게 되면 MC9 파일을 불러올 때 해당 가공경로의 재생성 없이 도형의 형상만을 먼저 불러오게 되어 NCI가 재복원 되는 시간을 감축할 수 있다.

⑦ **작업지시서 생성형태** : 가공정의 관리자 대화창의 마우스 오른쪽버튼 메뉴(또는 가공유틸-작업지시서 메뉴)를 이용하여 작업지시서를 생성하는 경우 생성될 작업 지시서 형태를 설정하는 영역으로 그림형태 또는 문서파일 중 생성형태 항목을 선택한다.

⑧ **NCI 파일의 소수점이하 자리수** : 계산된 가공경로 기준으로 생성되는 NCI 파일의 적용될 소수점이하 자리 수를 설정하는 항목

⑨ **곡면조건설정** : 곡면 가공시 가공곡면, 체크곡면, 공구중심영역의 선택여부를 지정하는 항목. 사용자가 T : 가공경로 - U : 곡면가공시 주메뉴란의 가공대상, STL 파일, 체크곡면, 공구영역에 대한 설정을 미리 지정할 수 있다.

⑩ **가공정의 기본값** : 가공정의별 조건을 항목별 기본 설정 값으로 설정하는 기능으로 버튼선택 후 표시되는 파일 대화창에서 적용될 가공정의 파일(*.DF9)을 선택하고 저장버튼 선택하여 표시되는 대화창에서 각 가공정의별 항목의 가공조건 항목 적용될 기본 값들을 설정

⑪ **경로 화면표시** : 특정 가공정의 실행에서 공구조건설정 대화창의 경로표시 버튼 항목의 기본 값을 설정하는 기능

⑫ **포스트 설정** : 가공정의 관리자 대화창의 NC작업 버튼선택 후 표시되는 NC작업 조건설정 대화창의 기본 설정 값을 설정하는 항목
- 적용될 포스트 파일 : 가공정의의 계산된 가공경로를 어떤 가공기계의 콘트롤러 형식으로 변환할지 선택
- NCI 파일, NC 파일 : NCI 파일 및 NC 파일의 저장 여부, 수정여부를 지정하여주는 기능
- 파일전송 : 생성된 NC 데이터를 기계 콘트롤러로 자동 전송 실행시 적용될 전송조건 등을 설정하는 기능

⑬ **기타설정값** : 특정 가공정의 실행에서 공구조건설정 대화창의 기타설정값 버튼 항목의 기본 설정 값을 설정하는 기능으로 버튼선택 후 표시되는 기타설정값 대화창의 항목 내용은 포스트프로세싱 작업에서 적용될 기본 변수 값을 설정하는 기능

⑭ **거르기설정** : 가공정의 실행시 가공정의의 거르기 상태를 미리 지정하는 기능으로, 여기서 기본값으로 설정된 거르기는 계산된 가공경로의 특정크기 경로들을 자동으로 삭제하거나 직선이송 데이터를 원호이송 데이터로 변환할 때 적용될 기본이 된다.

⑮ **NCI 경로설정** : 가공정의 실행에서 적용될 NCI 파일의 기본적인 저장경로 형태 설정하는 기능

1.3 CAD 설정

CAD 기능 실행에서 적용될 기본적인 조건 값을 설정하는 영역

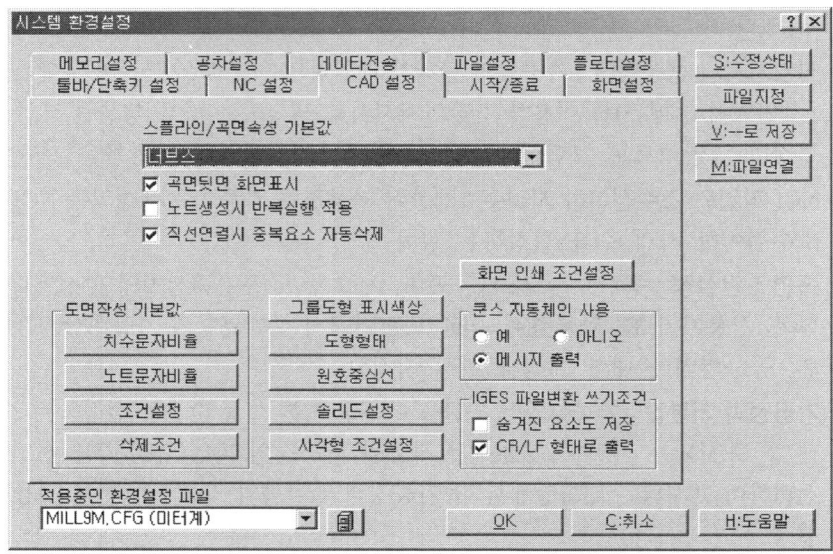

① **스플라인/곡면속성 기본값** : 스플라인, 곡면도형 생성 과정시 도형속성 또는 곡면속성 메뉴의 메뉴 형태를 설정하는 항목

② **곡면뒷면 화면표시** : `S : 화면` - `D : 곡면표시` - `S : 뒷면표시` 메뉴의 메뉴우측 영문자 표시형태의 기본 값을 설정하는 항목으로 곡면 도형들의 뒷면을 구분할 수 있도록 뒷면표시 설정색상으로 화면에 구분 표시하는 기능

③ **노트생성시 반복실행 적용** : `C : 그리기` - `D : 도면작성` - `N : 노트` 메뉴 실행에서 표시되는 노트생성 조건설정 대화창의 노트-반복실행 항목의 기본설정 선택형태를 설정하는 기능

④ **직선연결시 중복요소 자동삭제** : 항목 선택하면 이후 작업화면에서 직선도형의 이동, 도형연결 작업 실행과 동시에 동일위치에 중복된 직선들을 시스템이 자동 체크하여 삭제하는 기능

⑤ **도면작성 기본값** : `C : 그리기` - `D : 도면작성` - `G : 조건설정` 메뉴를 선택하면 표시되는 도면작성 조건설정 대화창의 기본 값을 설정하는 기능

⑥ **그룹도형 표시색상** : 부메뉴란에서 생성한 그룹도형의 기본 색상값을 지정하는 메뉴
⑦ **도형형태** : 부메뉴란 도형형태 메뉴 선택하면 표시되는 도형형태 조건설정 대화창의 기본 값을 설정하는 기능
⑧ **원호중심선** : 원호도형 생성에서 원호중심 위치에 점 또는 직선이 함께 생성되도록 설정하는 기능
⑨ **솔리드설정** : 솔리드도형 화면표시형태, 저널파일 생성, 파라솔리드 적용버전 등 솔리드도형관련 적용될 기본적인 조건들을 설정하는 기능

원호중심선 조건설정 대화창

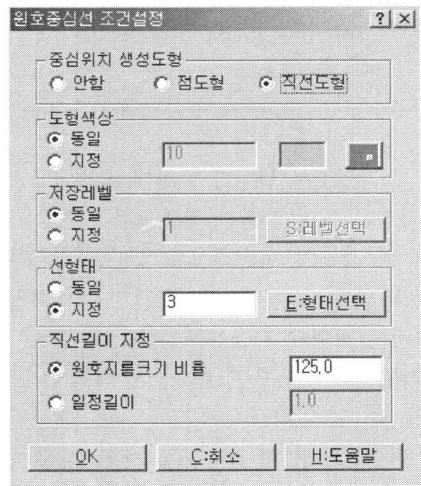

① 중심위치 생성도형
   원호 중심위치에 생성될 도형형태를 설정하는 항목
② 도형색상
   생성되는 점, 직선도형의 색상을 설정하는 항목으로 현재(부메뉴란 지정색상), 지정(사용자 지정색상), 항목중 적용할 항목선택
③ 저장레벨
   생성되는 점, 직선도형의 저장레벨을 설정
④ **선형태** : 생성되는 점, 직선도형의 도형형태를 설정
⑤ **직선길이 설정** : 직선도형을 생성하는 경우 직선의 길이를 설정하는 항목으로 원호지름크기 비율(생성되는 원 도형 지름크기 특정비율) 또는 일정길이(특정 길이로 생성) 항목 중 적용될 항목선택 후 적용값 입력

CAD · CAM 실무 2D

솔리드작업 기본설정 대화창

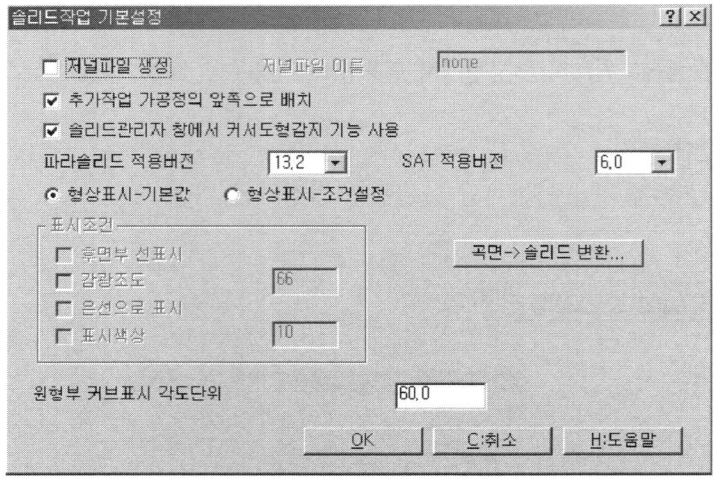

1. **저널파일 생성** : 솔리드도형 생성과 동시에 적용된 조건내용을 텍스트파일(*.j_t)로 생성하는 기능으로 파일은 도형에 관한 정보교환 등의 목적으로 사용할 수 있으며, 이 항목을 선택하면 시스템 가동이 전반적으로 느리게 실행되는 단점이 있음

2. **추가작업 가공정의 앞쪽으로 배치** : 솔리드관리자 대화창의 작업순서 표시를 조절하는 항목으로, 기존 솔리드 도형에 가공경로를 생성한 후 추가적인 솔리드작업(돌출, 컷팅…)을 하고 솔리드 작업관리자를 보면 추가한 솔리드작업이 앞에서 생성한 가공정의 뒤쪽으로 위치하는 것을 볼 수 있다.

3. **솔리드관리자 창에서 커서도형 감지 기능 사용** : 항목 선택하면 솔리드관리자 대화창에서 특정 솔리드작업(예 : 돌출) 선택할 때마다 작업화면에 해당 작업부위 영역이 가상의 적색으로 지속적으로 표시되는 기능

4. **파라솔리드 적용버전** : Parasolid 파일변환 메뉴 실행시 주메뉴 영역에 표시되는 적용버전 메뉴의 기본 적용 값을 설정하는 기능으로 파일 변환 실행에서 적용될 기본 파라솔리드 버전을 설정한다.

5. **SAT 적용버전** : SAT 파일변환 메뉴 실행시 주메뉴 영역에 표시되는 적용 메뉴의 기본 적용 값을 설정하는 기능

6. **형상표시-기본값** : 항목 선택하면 솔리드 도형에 대한 와이어 프레임(모든 끝단과 커브) 작업화면 표시 조건을 시스템 기본 값으로 표시하며, 이 항목과 아래 형상표시 -조건설정 및 원형부위 커브표시 각도단위 항목의 설정내용은 화면-곡면표시-솔리드 메뉴의 기본 설정 값으로 적용된다.

7. **형상표시-조건설정** : 항목 선택하면 솔리드 도형에 대한 와이어 프레임 작업화면 표시형태를 아래 항목들로 설정할 수 있음

㉠ 후면부위 선 표시 : 항목 선택하면 솔리드 도형의 후면(그래픽뷰 평면설정 상태에 따라 안보이게 되는 영역부위) 형태가 작업화면에 가상선 형태로 표시된다.
　　㉡ 감광 조도 : 후면부위 선 표시 항목을 선택한 경우 활성화되는 항목으로 작업화면에 표시되는 후면부위 선 형태에 적용될 감광 조도 값을 설정하는 항목으로 이 항목을 적용하려면 사용중인 시스템이 OpenGL(R) 그래픽 처리방식을 지원해야 함
　　㉢ 은선으로 표시 : 후면부위 선 표시 항목을 선택한 경우 활성화되는 항목으로 항목 선택하면 해당 선들이 은선 형태로 표시되고 항목 선택 안한 경우는 실선으로 표시
　　㉣ 표시색상 : 후면부위 선 표시 항목을 선택한 경우 활성화되는 항목으로 해당 선들에 대한 표시색상을 설정하는 기능

⑧ **원형부위 커브표시 각도단위** : 솔리드 도형의 원형부위 영역을 의미하는 가상커브의 표시각도 단위를 설정하는 기능

⑨ **곡면솔리드변환…** : 곡면모델링을 솔리드모델링으로 변환시 끝단 공차값 및 대상곡면 처리방법, 생성된 솔리드 저장 레벨번호 등을 지정하는 기능

⑩ **사각형 조건설정** : `C : 그리기` – `R : 사각형` – `I : 조건설정` 메뉴의 기본값을 설정하는 기능

⑪ **화면인쇄 조건설정** : 프린터 출력시 컬러 또는 흑백상태 지정, 쉐이딩 상태 지정, 이름/날짜 헤더 넣기, 출력시 선굵기(픽셀)지정을 설정할 수 있다.

⑫ **쿤스 자동체인 사용** : 쿤스 곡면 생성시 메뉴 실행에서 표시되는 쿤스 대상도형선택 조건설정 대화창의 기본 값을 설정하는 기능으로 "예" 항목 선택하면 자동체인 방식으로, "아니오" 항목선택하면 수동체인 방식으로, "메시지 출력"항목을 선택하면 쿤스곡면 메뉴 실행할 때마다 쿤스 대상도형선택 조건설정 대화창을 화면으로 표시하는 기능

⑬ **IGES 파일변환 쓰기조건** : IGES 파일변환시 `W : 파일쓰기` 메뉴 실행할 때 적용될 기본 형태를 설정하는 기능으로 "숨겨진 요소도 저장" 항목을 선택하면 IGES 파일쓰기 실행에서 작업화면에 숨겨진(Blank) 요소들까지 변환 대상으로 자동 포함하여 파일 변환 실행하며, CR/LF 형태로 출력 항목을 선택하면 파일쓰기 실행에서 줄 단위 구분 형태로 변환을 실행하는 기능

CAD · CAM 실무 2D

1.4 시작/종료 설정

프로그램 시작 및 종료 실행에서 적용될 기본내용을 설정하는 영역

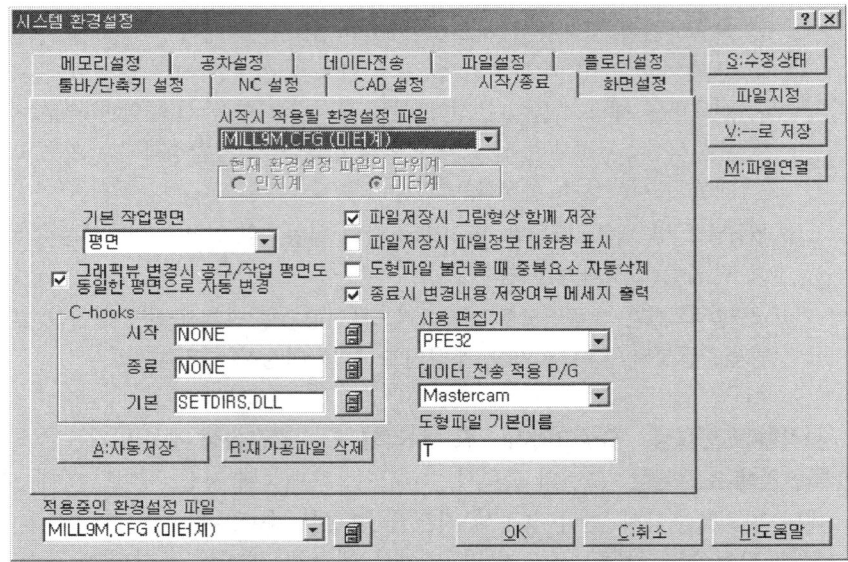

① **시작시 적용될 환경설정파일** : 프로그램 시작에서 적용될 환경설정 파일을 설정
② **현재 환경설정 파일의 단위계** : 선택된 시작 환경설정파일의 적용 단위계를 표시
③ **기본작업평면** : 프로그램 시작에서 처음 적용될 작업평면의 종류를 설정하는 항목
④ **그래픽뷰 변경시 공구/작업평면도 동일한 평면으로 자동변경** : 항목 선택하면 부메뉴란 그래픽뷰 메뉴를 이용하여 적용 평면을 다른 평면으로 변경할 때마다 부메뉴 작업평면과 공구평면 메뉴의 평면 종류도 동일한 평면으로 동시에 변경되며, 항목선택 안한 경우는 그래픽뷰 메뉴의 평면형태 변경에 관계없이 작업평면과 공구평면 메뉴의 평면형태는 현 상태를 그대로 유지
⑤ **C-Hooks** : 프로그램 시작과 종료에서 또는 기본적으로 사용될 C-Hook 파일을 설정
⑥ **자동저장** : 프로그램 실행중 일정한 시간간격으로 작업중인 도형파일의 현재 내용이 지정되는 특정 도형파일로 자동 저장되도록 설정하는 기능

자동저장 조건설정 대화창

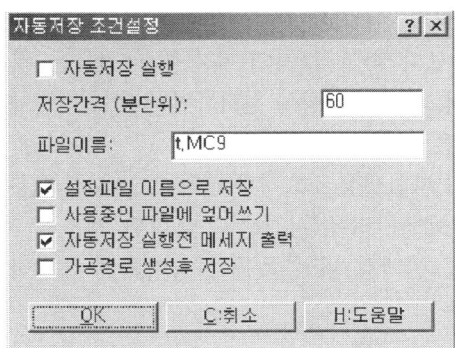

① **자동저장 실행** : 항목 선택하면 설정된 시간별로 재저장이 되며, 항목선택 안한 경우에는 설정내용에 관계없이 재저장을 실행하지 않는다.
② **저장간격(분단위)** : 재 저장 시간 간격을 분단위로 설정
③ **파일이름** : 설정 파일이름으로 저장 항목을 선택한 경우 저장될 파일이름을 설정
④ **설정파일 이름으로 저장** : 항목 선택하면 사용중인 도형파일 이름이 아닌 위 파일 이름 항목에 입력된 파일이름으로 작업화면의 현재 도형 내용들을 저장하는 기능
⑤ **사용중인 파일에 엎어쓰기** : 항목 선택하면 작업실행 중인 도형파일 이름으로 작업화면의 도형내용을 엎어쓰기 실행하는 기능
⑥ **자동저장 실행전 메세지 출력** : 항목 선택하면 자동저장 실행 시간마다 자동저장 대화창이 화면으로 출력되어 사용자가 실행 여부를 선택할 수 있으며, 항목선택 안한 경우에는 메세지 대화창의 출력 없이 설정된 조건으로 바로 자동저장 실행하는 기능
⑦ **가공경로 생성후 저장** : 항목 선택하면 가공관리자에 가공경로가 새로 생성될 때 마다 자동 저장하는 기능

⑦ **재가공파일 삭제** : 재가공 파일(조건저장 파일)을 삭제 실행하는 기능 지정

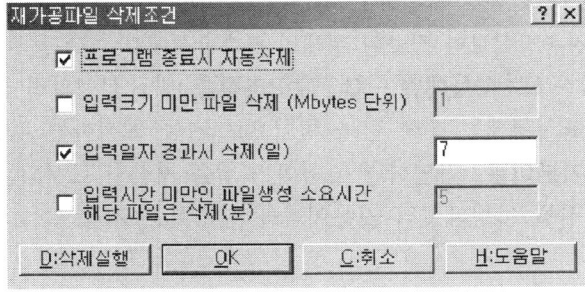

- 프로그램 종료시 자동삭제 : 항목 선택하면 프로그램 종료 실행에서 아래 항목들 중 활성화된 항목에 설정된 내용에 해당하는 재가공 파일들은 자동으로 삭제됨
- 입력크기 미만 파일 삭제(Mbytes 단위) : 항목 선택하면 우측 입력란에 입력된 파일크기 (Mbytes 단위)보다 작은 크기의 재가공 파일들은 자동으로 삭제됨
- 입력일자 경과시 삭제(일) : 항목 선택하면 우측 입력란에 입력된 일수보다 이전에 생성된 재가공 파일들은 자동으로 삭제됨
- 입력시간 미만인 파일생성 소요시간 해당 파일은 삭제(분) : 항목 선택하면 우측 입력란에 입력된 시간(분)보다 적은 시간으로 생성된 재가공 파일들은 자동으로 삭제됨
- 삭제실행 : 버튼 선택시 위 항목들 설정기준에 해당하는 재가공 파일들을 바로 삭제 실행하는 기능

⑧ **파일저장시 그림형상 함께 저장** : 항목 선택하면 파일 저장시 메뉴실행 후 표시되는 파일 대화창의 하단영역 "V : 도형의 미리보기 이미지 저장"함께 저장 항목이 자동으로 적용하는 기능

⑨ **파일저장시 파일정보 대화창 표시** : 항목 선택하면 파일 저장시 메뉴실행 후 표시되는 파일 대화창의 하단영역 파일정보 대화창출력 항목이 자동으로 적용하는 기능

⑩ **도형파일 불러올 때 중복요소 자동삭제** : 항목 선택하면 파일 불러오기시 도형파일을 작업화면에 불러올 때 해당 도형파일에 중복된 도형요소들이 있으면 중복된 도형요소들을 자동 삭제하여 1개의 도형만을 남긴 상태로 불러오기를 실행하는 기능

⑪ **종료시 변경내용 저장여부 메시지 출력** : 항목 선택하면 프로그램 종료 또는 파일 불러오기시 현재 작업화면에 있는 도형파일의 내용 변경이 있는 경우(또는 새파일로 도형생성을 실행하고 파일로 저장하지 않은 경우) 변경된 내용을 저장 할 지 여부를 묻는 메시지 대화창을 화면으로 표시하는 기능

⑫ **편집기 이름** : `F : 파일` - `E : 편집` 메뉴실행 후 주메뉴 영역에 표시되는 적용편집기 메뉴의 기본 적용 값을 설정하는 기능으로 특정파일의 내용 수정시 적용될 편집기 프로그램의 종류를 설정

⑬ **데이터전송 적용P/G** : 시스템의 특정 NC파일을 연결된 가공기계의 콘트롤러로 파일전송 실행하는 과정에서 적용될 프로그램을 설정하는 항목으로 Mastercam 항목은 Mastercam S/W에서 기본적으로 지원하고 있는 일반적인 전송실행 방식이며, CimcoDNC 항목은 일반적인 전송방식보다 진보된 형태의 전송방식이다. 항목들의 선택 여부에 따라 **주메뉴** - `F : 파일` - `N : 다음메뉴` - `C : 데이터전송` 메뉴 실행과정에서 표시되는 데이터 전송 대화창의 표시형태는 선택 항목 형식으로 자동 표시하는 기능

⑭ **도형파일 기본이름** : 작업화면 영역의 도형을 저장시 표시되는 파일대화창의 파일이름 항목에 표시될 도형파일의 기본이름을 설정하는 기능

1.5 화면설정

작업화면 표시형태, 기본 위치지정 종류, 체인실행조건 등을 설정하는 영역

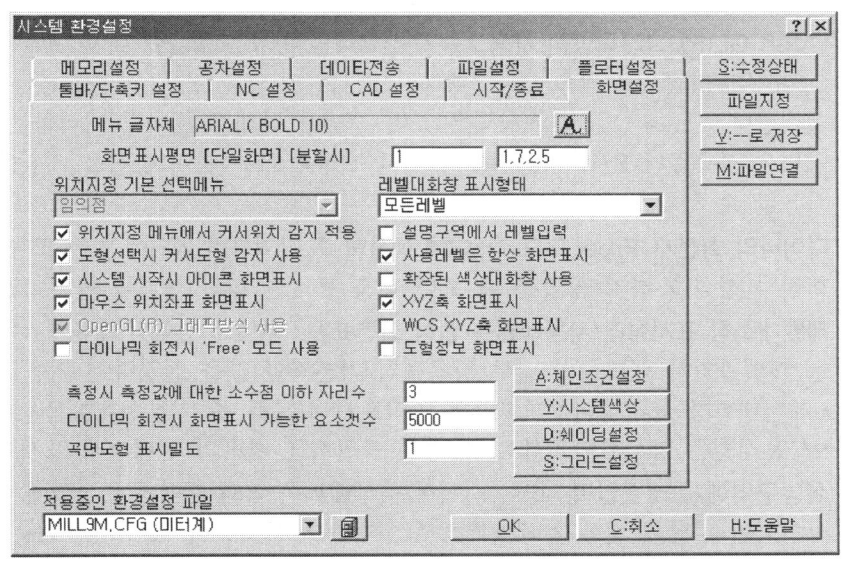

① **메뉴글자체** : 주메뉴, 부메뉴 영역에 표시되는 메뉴들의 화면표시 글자체형태를 설정하는 기능으로 항목우측 A버튼 선택 후 표시되는 글꼴 대화창으로 설정한다.

② **화면표시평면 [단일화면] [분할시]** : 작업화면을 하나의 단일화면 또는 **S : 화면 - N : 다음메뉴 - P : 화면분할** 메뉴를 이용하여 다수의 분할된 화면형태 표시할 때 기본적으로 적용될 화면표시 평면형태를 설정하는 항목으로 적용될 해당 평면의 고유번호를 입력란에 입력한다.

③ **위치지정 기본 선택메뉴** : 도형작업 실행시 주메뉴 영역에 표시되는 위치지정 메뉴들의 기본적인 선택메뉴(흰색으로 표시) 종류를 설정하는 기능으로 이 항목은 아래 위치지정 메뉴에서 커서위치감지 사용항목을 선택하면 자동적으로 비 활성화되며, 이 경우에는 위치지정 메뉴의 선택메뉴는 작업화면내 마우스 커서위치에 따라 자동으로 변화된다.

④ **위치지정 메뉴에서 커서위치감지 사용** : 항목 선택하면 **S : 화면 - N : 다음메뉴 - A : 위치감지** 메뉴의 메뉴우측 영문자가 Y로 설정되며, 항목선택 안한 경우에는 N으로 자동 설정됨. 이 항목을 선택하면 도형작업 또는 기타 작업의 위치지정 메뉴실행 단계에서 작업화면 내 마우스 커서위치를 시스템이 자동 감지하여 주메뉴 영역의 위치지정 메뉴들 중 해당위치 메뉴들을 선택상태로 자동 표시하는 기능

⑤ **도형선택시 커서도형감지 사용** : 항목 선택하면 도형작업 또는 기타 작업의 도형선택 메뉴 단계에서 시스템이 작업화면내 마우스 커서위치의 도형을 자동으로 감지하여 흰색 상태로 표시하며, 항목선택 안한 경우는 표시하지 않는다.

⑥ **시스템 시작시 아이콘 화면표시** : 항목 선택하면 작업화면 상단영역에 단축아이콘이 표시된다.

⑦ **마우스 위치좌표 화면표시** : 항목 선택하면 작업화면내 마우스 커서위치 이동에 따라 현재위치 좌표 값을 작업화면 우측상단에 자동으로 표시하는 기능

⑧ **Open GL(R) 그래픽방식 사용** : 항목 선택하면 형상 도형들에 대한 쉐이딩 처리 방식을 Open GL 방식으로 적용하여 실행하며, 항목선택 안한 경우는 일반적인 처리 방식으로 실행한다. Open GL 처리 방식은 보다 선명한 상태로 랜더링 처리하는 기법으로 이 방법은 사용중인 H/W 시스템에 설치된 그래픽 카드가 이 방식을 지원하는 경우에만 사용할 수 있다.

⑨ **다이나믹 회전시 'Free' 모드 사용** : 항목선택 후 작업화면 영역에 있는 도형들을 다이나믹 회전시 선택을 하지 않았을 때 보다 더욱 동적인 회전 형태를 볼 수 있다.

⑩ **레벨대화창 표시형태/사용레벨은 항상 화면표시** : 부메뉴 영역의 레벨메뉴 실행시 표시되는 레벨관리자 대화창의 일부 항목들의 기본적인 값을 설정하는 기능
  - 레벨대화창 표시형태 : 대화창의 영역표시 항목들 중 기본선택항목을 설정
  - 사용레벨은 항상화면표시 : 대화창의 동일이름 항목의 선택상태 표시여부 설정

⑪ **설명구역에서 레벨입력** : 항목 선택하면 부메뉴 영역의 레벨메뉴 실행에서 대화창 대신 작업화면 하단에 사용될 레벨번호를 입력하는 입력란이 표시하는 기능

⑫ **사용레벨은 항상 화면표시** : 현재 적용중인 레벨 번호를 항상 표시하는 기능

⑬ **확장된 색상대화창 사용** : 항목 선택하면 부메뉴 영역의 색상메뉴 실행에서 표시되는 색상표시 항목이 256 색으로 전부 표시되며, 항목선택 안한 경우는 기본 형태인 16 색으로만 표시됨

⑭ **XYZ축 화면표시** : 항목 선택하면 작업화면 좌측하단 모서리에 적용중인 그래픽뷰 평면기준으로 현재 작업화면의 축 상태가 자동으로 표시되는 기능

⑮ **WCS XYZ축화면표시** : 작업좌표계(WCS)에서 설정한 좌표축이 작업화면 영역상에 노란 색으로 표시되는 기능

⑯ **도형정보 화면표시** : 항목 선택하면 작업화면에 시스템 원점위치 및 현재 적용중인 작업원점위치에 대한 축 상태가 가상 선으로 화면표시 되며, 좌측하단 부분에 작업화면의 도형들의 길이를 대충 파악할 수 있는 기준길이 가상 선이 동시에 표시되는 기능

⑰ **측정시 측정값에 대한 소수점이하 자리수** : 항목에 입력되는 수치는 측정메뉴로 작업화면 내 특정 도형요소를 측정 실행하면 작업화면 하단영역에 표시되는 측정대상 도형의 측정 값에 대한 소수점이하 자리 수 표시 단위로 적용됨

⑱ **다이나믹 회전시 화면표시 가능한 요소갯수** : 다이나믹 메뉴를 이용하여 작업화면을 회전시키는 경우 회전이동 표시가 가능한 도형 개수를 설정하는 항목

⑲ **곡면도형 표시밀도** : `S : 화면` − `D : 곡면표시` − `D : 밀도변경` 메뉴의 기본 적용값을 설정하는 항목으로 밀도란 곡면도형 생성에서 작업화면에 곡면도형을 나타내는 가상의 그물망 형태에 대한 조밀도를 설정하는 기능

⑳ **체인조건설정** : 도형선택 메뉴단계의 조건설정 메뉴에 대한 기본적용 값을 설정하는 기능
㉑ **시스템색상** : 작업화면 구성요소 및 프로그램 실행결과에 대한 표시 색상을 설정하는 기능

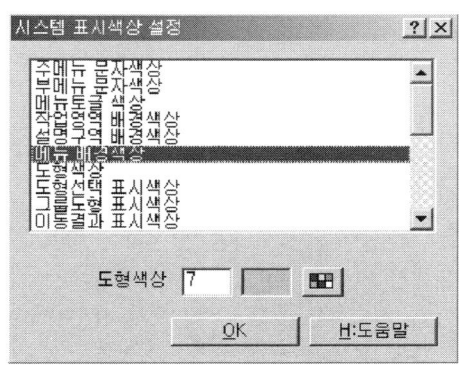

㉒ **쉐이딩설정** : **S : 화면 – D : 곡면표시 – H : 쉐이딩** 메뉴 선택하면 표시되는 쉐이딩 조건설정 대화창의 기본 값을 설정하는 기능으로 이 대화창의 내용들은 형상도형에 대한 그래픽 실행 처리의 기본 적용 값을 설정하는 기능

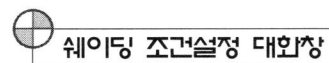

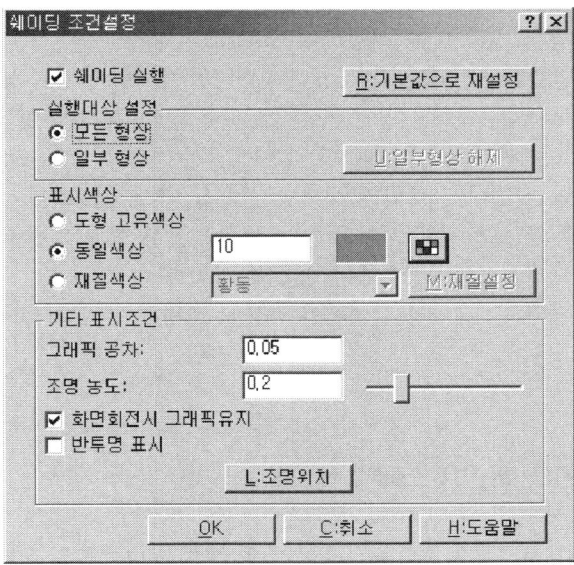

① **쉐이딩 실행** : 항목 선택하면 대화창의 설정내용으로 작업화면내 형상 도형(곡면/솔리드)에 대하여 상시쉐이딩(full-time shading : 그래픽실행 상태에서 다른 작업을 실행하여도 지속적으로 유지) 기능이 실행된다.

② **기본값으로 재설정** : 버튼 선택하면 대화창의 모든 영역 설정 값이 시스템 기본 값으로 자동 재설정

③ **실행대상 설정** : 쉐이딩 실행대상 도형의 기준을 설정하는 항목
  ㉠ 모든형상 : 항목 선택하면 작업화면내 모든 곡면, 솔리드 도형들을 쉐이딩 실행 대상으로 실행
  ㉡ 일부형상 : 항목 선택하면 작업화면의 일부 형상 도형들만을 선택하여 쉐이딩 실행
  ㉢ 일부형상 해제 : 일부형상 항목을 선택한 경우에만 활성화되는 항목으로 작업화면의 쉐이딩 실행된 형상도형들 중 일부 도형들을 선택하면 선택된 도형들에 대한 쉐이딩 실행이 해제되는 기능

④ **표시색상** : 쉐이딩 실행 표시색상을 설정하는 항목
  ㉠ 도형 고유색상 : 대상 형상도형 생성 과정에서 적용된 도형색상으로 쉐이딩 실행
  ㉡ 동일색상 : 대상 도형들의 고유색상을 무시하고 우측 입력란에 설정된 색상으로 모든 대상 도형들을 쉐이딩 실행
  ㉢ 재질색상 : 대상 형상도형들의 쉐이딩 실행 표시색상을 특정 재질의 색상으로 표시하는 항목으로 항목 우측 역 화살표 버튼 선택하여 시스템이 기본적으로 지원하는 재질형태로 설정하거나 재질설정 버튼을 선택하여 사용자 임의의 새로운 재질을 생성(또는 기재질 색상변경)하여 적용할 수

⑤ **표시조건** : 쉐이딩 실행의 세부 조건을 설정하는 영역
  ㉠ 그래픽공차 : 쉐이딩 실행에서 적용될 공차 값을 설정
  ㉡ 조명농도 : 조명의 밝기를 설정하는 항목으로 입력 값은 0에서 1까지 입력하거나 우측 스크롤 바를 이동하여 조도 조정 가능
  ㉢ 화면회전시 그래픽유지 : 항목 선택하면 쉐이딩 실행된 상태에서 다이나믹 회전 메뉴를 실행하여도 쉐이딩 처리상태로 도형 회전이동하며, 항목선택 안한 경우에는 다이나믹 실행과정 중에는 쉐이딩 실행이 일시 해제(와이어 프레임으로 표시)되었다가 다이나믹 실행이 완료되면 쉐이딩 실행을 다시 실행한다.
  ㉣ 반투명 표시 : 항목 선택하면 쉐이딩 실행 형태를 반투명 형태로 실행하며, 항목 선택하지 않는 경우에는 반투명 처리를 하지 않음
  ㉤ 조명위치 : 쉐이딩 실행에서 적용될 조명위치 및 기타 특수 조건을 설정하는 항목

조명위치설정(버튼 마우스클릭) 대화창

조명버튼 선택하면 표시되는 대화창으로 대화창의 조명버튼들 중 조명이 비출 위치에 해당하는 조명버튼을 선택(적용 조명버튼 노란색 표시)

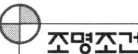 조명조건설정 대화창

조명위치 대화창의 특정 조명버튼 선택하면 표시되는 대화창으로 해당 조명버튼에 대한 조명조건을 설정

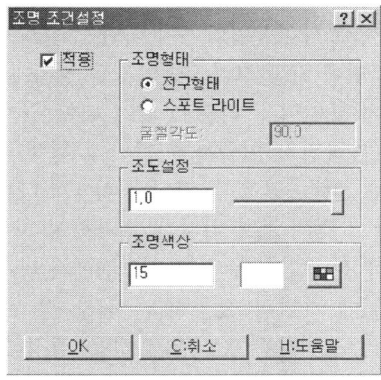

① **적용** : 항목 선택하면 해당 조명버튼이 아래 항목들 설정내용으로 쉐이딩 실행에서 반영되며, 항목 선택하지 않는 경우에는 설정 내용에 관계없이 해당 조명버튼 적용 안됨
② **조명영태** : 조명형태를 설정하는 항목으로 전구형태 또는 스포트라이트 중 적용될 형태를 설정하며, 스포트라이트 항목을 선택한 경우에는 굴절각도 항목에 적용될 조명에 대한 굴절각도 값을 설정(0~90까지 입력 가능)
③ **조도설정** : 조명의 밝기 농도 값을 설정
④ **조명색상** : 조명의 표시색상을 설정

㉓ **그리드설정** : S : 화면 - N : 다음메뉴 - G : 그리드사용 메뉴실행 후 표시되는 가상그리드 화면표시 조건설정 대화창의 기본 값을 설정하는 기능

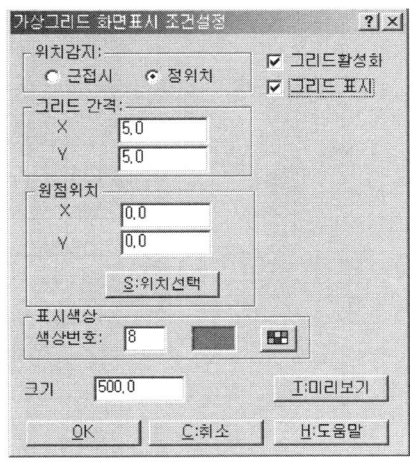

가상그리드 화면표시 조건설정 대화창

1. 그리드 활성화 : 항목 선택하면 위치감지, 그리드간격, 중심위치 항목들이 활성화되어 해당 항목들의 설정 값을 변경할 수 있음
2. 그리드 표시 : 항목 선택하면 표시색상, 크기 항목들이 활성화되며, 이 항목을 선택한 상태로 대화창 완료하면작업화면에 대화창 설정조건으로 가상 그리드 형태가 표시됨
3. 위치감지 : 작업화면에 가상 그리드가 표시된 상태에서 마우스 커서가 그리드 점들 위치로 이동시 커서위치에 따라 그리드 점들에 대한 위치 인식을 어떤 방식으로 실행할지를 설정하는 항목(특정위치 인식하면 화면에 흰색 사각형으로 표시됨)
   - ㉠ 근접시 : 항목 선택하면 특정 그리드 점에서 다른 그리드 점 위치로 마우스 이동하는 경우 점들간 간격의 1/2 위치를 초과하여 마우스 이동시에만 다음 점 위치인식
   - ㉡ 정위치 : 항목 선택하면 특정 그리드 점에서 다른 그리드 점 위치로 마우스 이동하는 경우 다음 점에 가까워 졌을 때만 해당 점 위치를 인식
4. 그리드간격 : 그리드 점들간 XY 간격 값을 설정하는 항목
5. 중심위치 : 그리드의 중심위치 좌표를 설정하는 항목으로 위치선택 버튼으로 작업 화면내 특정 위치를 지정할 수도 있음
6. 표시색상 : 화면에 표시될 가상 그리드 점들의 표시색상을 설정
7. 크기 : 가상 그리드(사각형)의 크기를 설정하는 항목으로 입력 값은 중심위치 항목의 좌표위치 기준 너비/높이 값으로 적용된다.
8. 미리보기 : 대화창의 설정조건 내용으로 작업화면에서 해당 그리드 형태를 미리 확인

1.6 메모리 설정

특정 프로그램명령 실행에서 사용될 기본메모리 사용량을 설정하는 영역

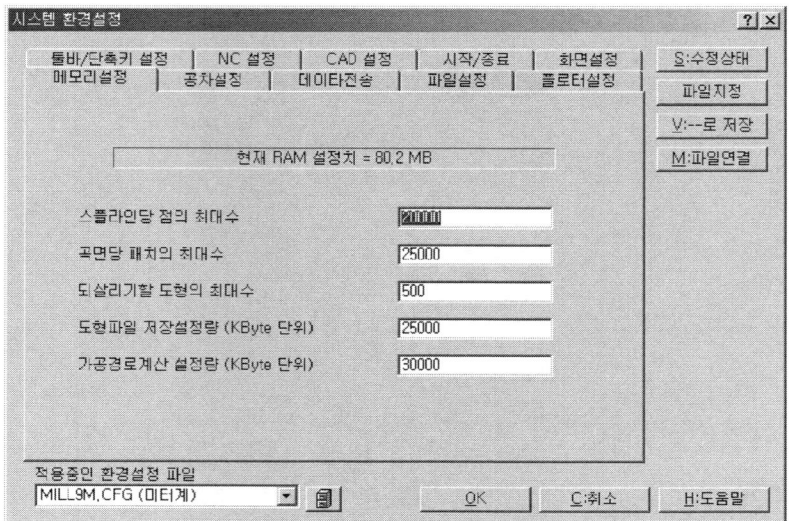

① **현재 RAM 설정치** : 아래 항목들 우측 입력란에 설정된 메모리 설정량의 총합계 표시
② **스플라인당 점의 최대수** : 스플라인 도형생성 또는 파일 불러오기(파일변환 포함)실행시 스플라인 도형을 구성하는 노드 점의 최대수 설정(5~32,767까지 설정 가능)
③ **곡면당 패치의 최대수** : 곡면도형 생성 또는 파일 불러오기(파일변환 포함) 실행에서 곡면을 구성하는 패치의 최대수를 설정
④ **되살리기할 도형의 최대수** : D : 지우기 - U : 되살리기 메뉴 실행에서 삭제 역순으로 복원될 수 있는 도형의 최대수를 설정
⑤ **도형파일저장 설정량(Kbytes 단위)** : 도형파일 저장 또는 불러오기(파일변환 포함) 실행에서 적용될 파일단위별 최대 메모리 용량을 설정
⑥ **가공경로계산 설정량(Kbytes 단위)** : 특정 가공정의 실행에서 가공경로 연산에 사용될 최대 메모리 용량을 설정

1.7 공차설정

프로그램 실행에서 적용될 기본 공차 값들을 설정하는 영역

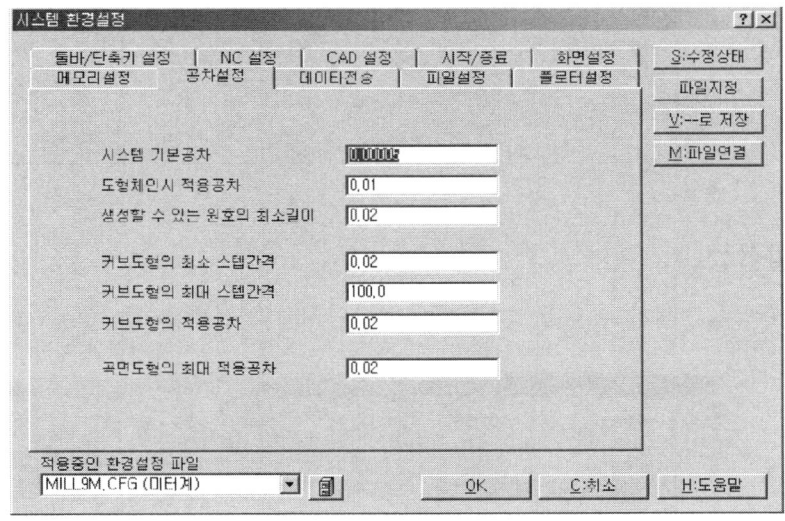

① **시스템 기본공차** : 도형작업 실행에서 적용될 기본 공차 값 설정
② **도형체인시 적용공차** : 도형선택 메뉴 단계에서 다수로 연결된 도형들을 하나의 묶음단위로 일시에 선택하는 경우 묶음 연결될 수 있는 도형 끝점들간 최대 간격 값을 설정
③ **생성할 수 있는 원호의 최소 길이** : 생성할 수 있는 원호도형의 최소 길이 값을 설정
④ **커브도형의 최소 스텝 간격** : 스플라인 도형 생성에서 생성 조건을 일정간격으로 적용할 수 있는 최소 간격 값을 설정
⑤ **커브도형의 최대 스텝 간격** : 스플라인 도형 생성에서 생성 조건을 일정간격으로 적용할 수 있는 최대 간격 값을 설정

⑥ **커브도형의 적용공차** : 스플라인 도형 생성에서 적용될 기본 공차 값을 설정
⑦ **곡면도형의 최대 적용공차** : 곡면도형 생성에서 적용될 기본 공차 값을 설정

1.8 데이터전송

사용중인 컴퓨터와 가공기계를 통신 케이블로 연결하여 가공 프로그램(NC파일)을 주고받는 경우 적용될 기본 통신조건을 설정하는 영역(Chapter 9. 파일운용방법-13. 데이터전송 내용참조)

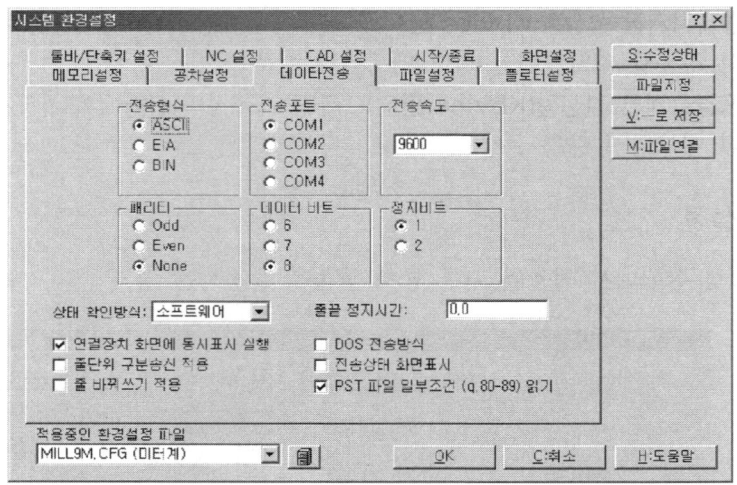

1.9 파일설정

프로그램 실행에서 적용될 특정파일 및 파일의 저장경로를 설정하는 영역

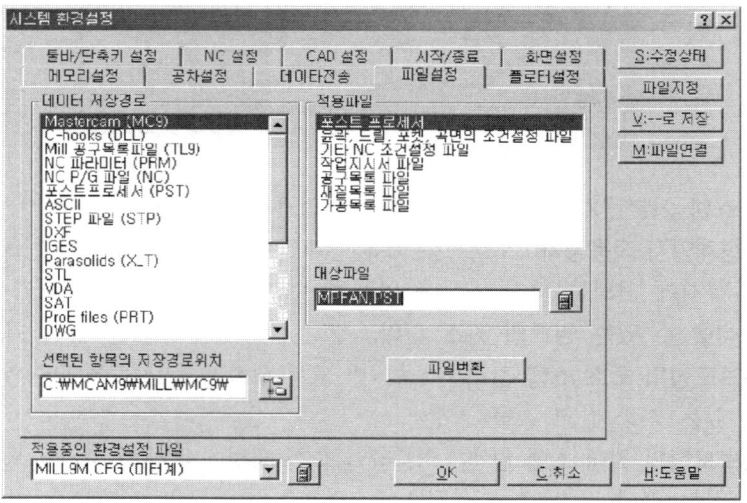

① **데이터 저장경로** : 표시영역에 표시된 특정 파일형식의 파일들에 대한 시스템의 기본적인 저장경로 위치를 설정하는 항목으로 실행방법은 표시영역의 특정 파일형식을 선택하고 영역하단 선택된 항목의 저장경로 위치 항목의 버튼을 이용하여 저장될 위치를 설정
② **적용파일** : 표시영역에 표시된 파일형식의 파일들이 실행되는 경우 기본적으로 적용될 특정 파일을 설정하는 항목으로 실행방법은 표시영역의 특정 파일형식을 선택하고 영역하단 적용중인 대상파일이 항목의 버튼을 이용하여 적용될 파일을 지정
③ **파일변환** : 다른 시스템에서 작성된 도형파일의 형상 도형들을 `F : 파일` - `V : 파일변환` - `특정메뉴` - `R : 파일읽기` 메뉴실행으로 파일 변환하는 경우 적용될 기본적인 조건을 설정

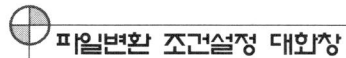
파일변환 조건설정 대화창

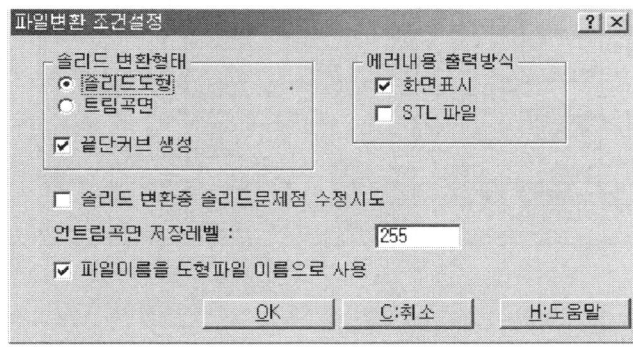

1. **솔리드 변환형태** : 변환 대상 파일에 솔리드 도형이 있는 경우 해당 솔리드 도형의 속성 변환 형태를 설정
   ㉠ 솔리드 도형/트림 곡면 : 항목 선택 여부에 따라 해당 도형 속성으로 파일변환 실행
   ㉡ 끝단커브 생성 : 항목 선택하면 형상 도형의 끝단들에 대하여 커브도형 자동 생성
2. **에러내용 출력** : 파일변환 실행 과정에서 발생된 에러 내용의 출력형태를 설정하는 항목으로 화면으로 표시(화면으로 에러내용 표시) 또는 파일로 저장(에러내용 파일로 저장) 중 적용될 항목 선택
3. **언트림곡면 저장레벨** : 위 솔리드 변환형태 영역에서 트림곡면 항목을 선택한 경우에만 활성화되는 항목으로 변환되는 도형요소들 중 언트림된 곡면들이 있는 경우에는 해당 곡면 도형들을 입력란에 설정된 레벨번호로 구분하여 저장하도록 하는 기능
4. **파일이름을 도형파일 이름으로 사용** : 항목 선택하면 변환대상 도형파일의 이름을 변환된 Mastercam 도형파일의 이름으로 자동 적용하여 파일변환 실행하며, 항목선택 안한 경우에는 시작/종료 대화창 영역의 도형파일 기본이름 항목에 설정된 파일이름으로 자동 적용

1.10 플로터 설정

S : 화면 - **N : 다음메뉴** - **P : 도면출력** - **P : 조건설정** 메뉴의 기본 값을 설정하는 기능으로 사용중인 컴퓨터에 연결된 플로터 기기를 이용하여 도면출력 실행하는 작업에서 적용될 기본조건을 설정하는 영역

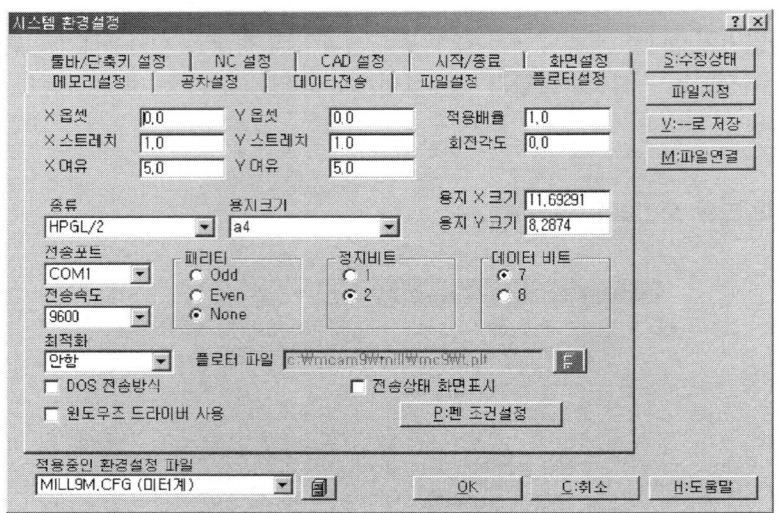

1.11 기타설정

대화창의 우측과 하단에 위치한 버튼, 항목들의 내용은 다음과 같다.
① **OK** : 현재 설정된 내용으로 대화창을 닫는 기능
② **C : 취소** : 대화창의 항목 수정내용을 적용하지 않고 대화창을 닫는 기능
③ **S : 수정상태** : 대화창의 수정된 영역들을 시스템이 자동 표시하는 기능
④ **파일지정** : 특정 환경설정파일과 특정 기계용의 포스트 프로세서 파일을 상호 연결시키는 기능으로 이후 시스템 환경설정 대화창에서 적용될 환경설정파일을 특정 파일로 지정하면 연결된 포스트 프로세서 파일이 파일설정 대화창 영역의 적용파일 항목에 자동으로 적용
⑤ **V : --로 저장** : 현재 대화창의 영역별 설정내용을 다른 이름의 환경설정 파일로 저장
⑥ **M : 파일연결** : 다른 환경설정파일의 내용을 현재 대화창의 해당 영역 설정 값으로 복사

2. 요소갯수 화면표시

메뉴 선택하면 현재 작업화면내 모든 도형요소의 종류별 갯수를 화면하단 설명구역에 표시되는 기능으로 작업화면에 있는 도형종류 및 갯수를 파악하는 기능

[메뉴실행 : S : 화면 - S : 요소갯수]

2 점; 41 직선; 4 원호; 25 스플라인; 76 곡면; 58 트림곡면; 4 가공정의; 4 공구;

3. 끝점 화면표시

현재 작업화면의 모든 도형 끝점위치(가상의 흰색 점으로 표시)를 알아보는 기능으로 추가메뉴에서 시스템이 감지하여 표시된 위치들에 점도형을 생성할 수도 있다.

[메뉴실행 : S : 화면 - E : 끝점표시]

4. 색상복귀

이동메뉴 실행으로 변화된 도형색상을 해당 도형의 고유색상으로 복귀 실행하는 기능으로 이 기능을 실행하면 이동결과로서의 특성을 잃게 된다.

[메뉴실행 : S : 화면 - L : 색상복귀]

5. 색상변경

도형의 색상을 변경시키는 기능으로서 먼저 부메뉴란의 색상을 변경 후 H : 색상변경을 지정하여 도형을 선택하면 부메뉴란에 바꾼 색상으로 변경된다.

[메뉴실행 : S : 화면 - H : 색상변경]

6. 레벨변경

도형이 속해 있는 레벨에서 사용자가 지정하고 싶은 레벨로 변경시키는 기능

[메뉴실행 : S : 화면 - V : 레벨변경]

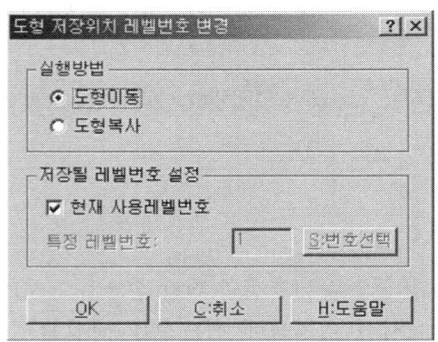

1) **실행방법** : 변경시키고자 하는 레벨에 도형을 이동 또는 복사하는 기능
   ① 도형이동 : 레벨변경시 해당도형을 기존레벨에서 변경레벨로 이동시키는 기능
   ② 도형복사 : 레벨변경시 해당도형을 기존레벨에서 변경레벨로 복사시키는 기능(각각의 레벨에 존재)
2) **저장될 레벨번호 설정** : 레벨 변경된 도형의 레벨저장 위치를 설정하는 기능

7. 속성변경

작업화면 영역에 존재하는 도형요소의 속성(색상, 선굵기, 선형태, 레벨 등)을 변경시키는 기능

[메뉴실행 : S : 화면 - A : 속성변경]

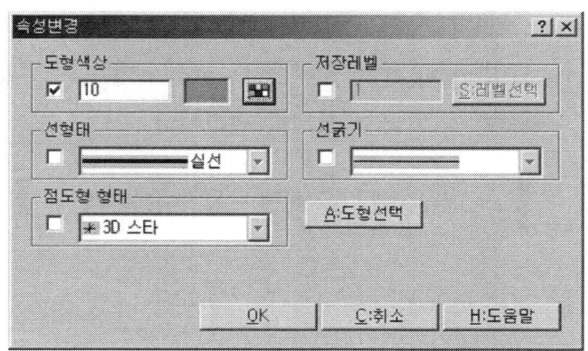

1) **A : 도형선택** : 버튼 선택 후 변경하고자 하는 속성을 갖는 도형을 선택시, 지정한 도형이 갖는 속성들을 인식하여 자동속성 변경 대화창을 지정하는 기능

8. 곡면표시

형상도형의 화면표시 조건을 조정하는 기능으로 추가메뉴 내용은 다음과 같다.

[메뉴실행 : S : 화면 - D : 곡면표시]

1) **뒷면표시** : 곡면도형의 뒷면 구분색상을 표시할지를 설정
2) **뒷면색상** : 곡면도형의 뒷면으로 표시될 색상을 지정
3) **밀도변경** : 곡면도형의 화면표시 조밀도(그물망 개수)를 설정

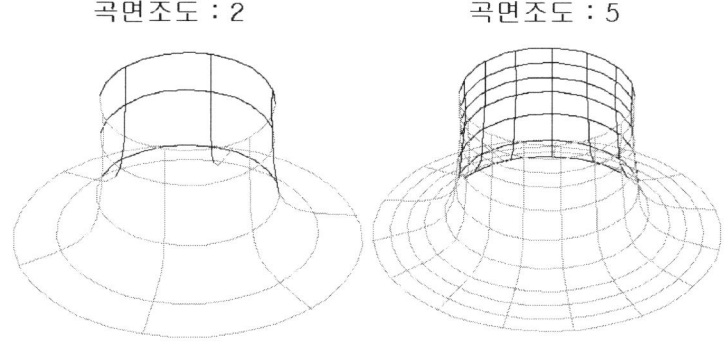

4) **모든곡면** : 메뉴 선택하면 작업화면의 모든 곡면도형들이 밀도메뉴 조건으로 표시변경
5) **곡면선택** : 작업화면에서 선택되는 특정 곡면도형들만 위 밀도메뉴 조건으로 표시변경
6) **쉐이딩** : 형상도형의 쉐이딩실행(상시쉐이딩 : Full-time shading) 조건을 설정

상시쉐이딩(Full-time shading)
쉐이딩 실행된 상태에서 다른 작업을 실행하는 경우에도 그래픽 실행상태가 그대로 유지되며, 형상도형을 수정하면 그래픽실행 형태도 자동으로 수정 처리되는 기능(1.환경설정-1.5 화면설정-쉐이딩 설정 내용 참조)

7) **스튜디오** : 곡면도형들에 대하여 일시적인 그래픽실행을 처리하는 기능으로 위 상시쉐이딩 메뉴와의 차이점은 그래픽실행 상태에서 다른 메뉴를 실행하면 그래픽 실행 상태가 자동으로 해제되는 점과 대상 도형으로 솔리드 도형을 선택할 수 없다.
① **조건설정** : 그래픽실행 처리조건을 설정하는 기능

스튜디오 조건설정(일시적인 형상그래픽 처리조건) 대화창

대화창의 항목들 중 1.환경설정 - 1.5 화면설정-쉐이딩 설정 항목과 동일한 항목들은 적용 내용도 동일하므로 설명을 생략하고 추가된 항목들만 설명하겠다.

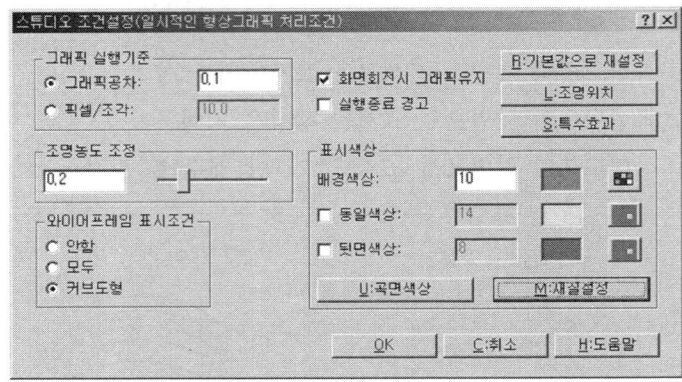

1 그래픽 실행기준 : 그래픽실행 적용기준을 설정하는 항목으로 픽셀/조각 항목은 삼각형 형태로 그래픽 대상 곡면도형을 분할하여 그래픽 실행을 처리하는 기능으로 입력란에 적용될 삼각형의 크기 값을 설정

2 와이어프레임 표시조건 : 그래픽실행과 동시에 작업화면에 와이어프레임 형태에 대한 표시 기준을 설정하는 항목으로 항목들의 내용은 다음과 같다.
   ㉠ 안함 : 곡면형태, 커브도형 모두 표시하지 않음
   ㉡ 모두 : 곡면형태, 커브도형 모두 표시
   ㉢ 커브도형 : 곡면형태 제외한 커브 도형만 표시

3 실행종료 경고 : 그래픽실행 상태에서 다른 메뉴 실행하면 스튜디오 기능은 자동종료(그래픽실행 해제)되는데 항목 선택하면 이 경우 스튜디어 기능 종료 여부를 묻는 메시지 대화창을 출력(그래픽실행 상태 파일저장 전 종료 방지 기능)

4 특수효과 : 그래픽실행 처리 형태에 특수 효과를 추가하는 기능

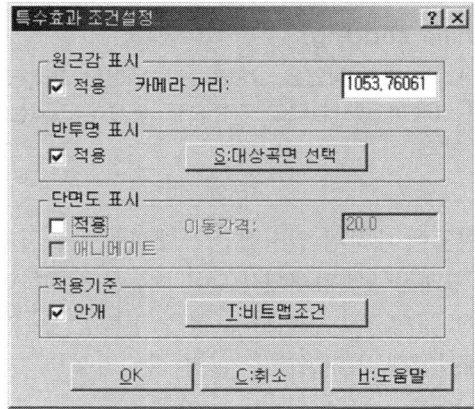

특수효과 조건설정 대화창

① 원근감표시
그래픽실행 형태에 원근감을 적용하는 항목으로 적용항목 선택 후 카메라 거리 항목에 적용될 원근거리 값 설정

② 반투명표시
그래픽실행 형상을 반투명 형태로 적용하는 항목으로 적용항목 선택 후 실행하면 대상곡면 모두가 반투명 형태로 처리되며, 적용항목 선택 후 대상곡면 선택 버튼을 이용하면 작업화면내 반투명처리 대상으로 일부 곡면도형들만을 선택할 수도 있음

③ 단면도표시
그래픽실행 형상을 특정 평면기준 단면도로 실행하는 기능으로 적용 항목 선택 후 적용될 이동간격 값을 설정하며, 애니메이트 항목을 선택하고 실행하면 이동간격 항목에 설정된 간격만큼씩 그래픽실행 상태에서 단면기준 그래픽 형상을 연속적으로 조정할 수 있다.

④ 기타 표시조건
안개 항목은 대상 곡면도형들 중 적용중인 그래픽 뷰 평면기준 거리가 가까운 해당 곡면들의 표면 밝기농도가 짙게 표시되고 멀리 위치할수록 흐리게 표시되는 효과이며, 비트맵조건 버튼은 대상 곡면들 중 해당 형상을 비트맵(그림파일) 처리하여 파일로 저장하거나 이미 저장된 비트맵 파일의 그림을 현재 작업화면으로 불러올 수 있는 기능

⑤ 표시색상 설정
그래픽실행 처리 색상을 설정하는 항목
  ㉠ 배경색상 : 대상 곡면도형을 제외한 작업화면 영역의 표시색상을 설정
  ㉡ 뒷면색상 : 곡면도형의 뒷면에 대한 그래픽실행 처리 표시색상을 설정
  ㉢ 곡면색상 : 곡면도형별 그래픽실행 처리 색상을 다르게 설정하는 항목

② 곡면선택 : 메뉴선택 후 그래픽실행 대상이 될 곡면 도형들을 선택
③ BMP저장 : 그래픽실행 처리된 현재 화면을 Bitmap 파일로 저장
④ 화면인쇄 : 그래픽실행 처리된 현재 화면상태를 프린터로 출력
⑤ BMP보기 : 특정 저장경로의 Bitmap 파일들 형상들을 순차적으로 화면표시
⑥ 실행 : 메뉴 선택하면 위 메뉴들 설정조건으로 그래픽 처리를 실행

8) 솔리드 : 작업화면의 솔리드 도형들에 대한 화면표시 조건내용을 설정(1.환경설정-1.3. CAD 설정- 솔리드설정 내용참조)

9. 블랭크/히든

작업화면내 다수의 도형요소들이 존재하는 경우 도형작업 편리성을 위해 특정 도형들만을 화면에서 숨기거나 보이게 설정하는 기능

[메뉴실행 : S : 화면 - B : 블랭크
　　　　　　S : 화면 - N : 다음메뉴 - H : 히든]

9.1 블랭크

특정 도형들을 화면에서 일시적으로 감추거나 감춘 도형들을 다시 화면복귀

9.2 히든

특정 도형들만을 화면에 남기고 다른 도형들은 일시적으로 숨기거나 숨긴 도형들을 다시 화면표시 복원시키는 기능으로 기능실행 상태에서 단축아이콘 또는 단축 기능키를 이용하여 추가적인 숨김/표시 실행이 가능
① Alt + "+"키 : 숨긴 도형들 중 화면에 남길 도형 추가지정
② Alt + "-"키 : 남긴 도형들 중 숨길도형 추가지정

10. 속성설정

부메뉴 영역 색상 / 레벨 / 도형형태 메뉴들의 조건설정을 작업화면내 특정도형 선택만으로 선택된 도형의 내용으로 자동 설정하는 기능

[메뉴실행 : S : 화면 - N : 다음메뉴 - S : 속성설정]

11. 화면중심

현재 작업화면의 중심위치를 이동하여 화면표시 상태를 조정하는 기능

[메뉴실행 : S : 화면 - N : 다음메뉴 - E : 화면중심]

12. 그리드 사용

위치지정 작업 실행에서 편리성을 위해 가상의 그리드(격자) 사용여부 설정하는 기능

[메뉴실행 : S : 화면 - N : 다음메뉴 - G : 그리드사용]

13. 위치감지

위치지정 메뉴실행에서 커서위치감지 기능 사용여부를 설정하는 기능

[메뉴실행 : S : 화면 - N : 다음메뉴 - A : 위치감지 Y]

14. 재생성

작업화면의 모든 도형을 지우고 도형생성 순서대로 다시 그리는(Regenerate) 기능으로 도형작업 실행 중에 허상으로 표시된 도형들이 다시그리기(Repaint : F3키 또는 단축아이콘) 실행으로도 지워지지 않는 경우 이 메뉴 실행한다.

[메뉴실행 : S : 화면 - N : 다음메뉴 - R : 재생성]

15. 클립보드

현재 작업화면 형상을 윈도우즈의 클립보드 영역으로 복사하는 기능으로 작업화면 형상에 대한 그림파일 필요시 실행한다.

[메뉴실행 : S : 화면 - N : 다음메뉴 - D : 클립보드]

16. 콤바인뷰

작업화면에 있는 다수의 원호 도형들 중 특정 원호도형 생성시 적용된 평면이 다른 원호도형의 적용 평면과 평행한 경우 해당 원호 도형들을 평행한 다른 평면 기준으로 도형생성 적용내용을 시스템이 자동 변경시키는 기능

[메뉴실행 : S : 화면 - N : 다음메뉴 - C : 콤바인뷰]

 참고

평행한 뷰(Parallel view)
예를 들어 작업평면 평면(번호 1) 기준으로 생성된 원호 도형과 바닥 면(번호 4) 기준으로 생성된 원호도형이 작업화면에 있는 경우 이 메뉴를 실행하면 바닥 면 기준으로 생성된 원호도형은 평면(Top)기준 생성 도형으로 전환되면서 바닥 면에 대한 평면설정 내용은 시스템에서 자동 삭제된다.

17. 화면분할

현재 작업화면을 각기 다른 그래픽뷰 평면형태 표시상태로 작업화면을 분할하는 기능으로 화면분할이 실행된 후 각 화면 영역에서 독립적인 도형작업을 실행할 수 있으며, 작업실행 결과는 다른 평면 표시상태 영역으로 작업시 동시 표현된다.

[메뉴실행 : S : 화면 - N : 다음메뉴 - V : 화면분할]

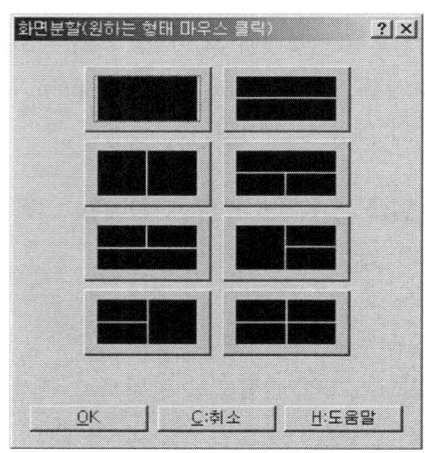

〈 화면분할 설정창 〉

18. 도면출력

사용중인 컴퓨터에 연결된 플로터로 현재 작업화면내 특정 도형들을 도면으로 출력시키는 기능으로 추가메뉴들 내용은 다음과 같다.

1) **윈도우방식** : 사용할 플로터에서 지원하는 Driver의 형식(윈도우즈 또는 Dos방식)을 설정하는 기능으로 메뉴 선택하여 메뉴우측 영문자 표시가 Y로 설정되면 윈도우즈 방식으로 적용되며, N으로 설정되면 도스방식으로 적용

2) **조건설정** : 플로터의 제원 및 출력형태를 설정하는 기능

3) **도형선택** : 작업화면에서 출력대상이 될 도형을 선택하는 기능

4) **화면배치** : 메뉴 선택하면 출력대상으로 선택된 도형들만을 시스템이 작업화면 크기에 알맞게 자동배율 형태로 화면 조정하여 표시하며, 자동 배율된 상태에서 화면의 중심위치 조정은 물론 키보드를 이용하여 도형의 화면표시 크기를 일정배율로 조정할 수 있음

5) **컬러인쇄** : 위 윈도우방식 메뉴우측 영문자를 Y로 설정한 경우 표시되는 메뉴로 선택시 메뉴우측 영문자가 Y로 설정되면 출력되는 작업화면의 도형색상이 칼라 색상으로 인쇄되며, N으로 설정되면 흑백 색상으로 인쇄

6) **실행** : 위 메뉴들 설정조건으로 도면출력 실행

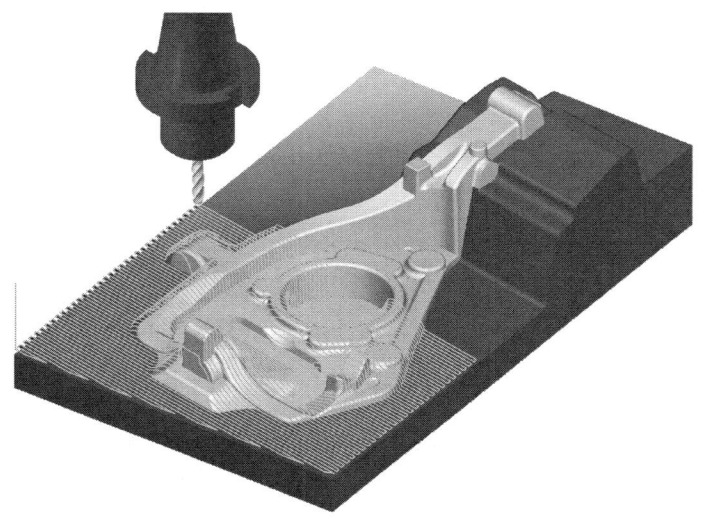

Chapter 9. 파일 운용 방법

1. 파일 새로하기
2. 파일 편집
3. 파일 불러오기
4. 파일 잇기
5. 파일 내용보기
6. 파일의 저장/부분저장
7. 형상부르기
8. 파일변환
9. 파일정보
10. 도스나들이
11. 램 세이버
12. 화면프린트
13. 데이터전송
14. 리넘버
15. 종료

파일 운용 방법

Mastercam의 F : 파일 메뉴는 Mastercam System에 저장된 파일들의 저장, 수정, 전송 및 다른 캐드캠과의 호환을 위한 파일 변환 작업을 할 수 있는 기능들이 있다.

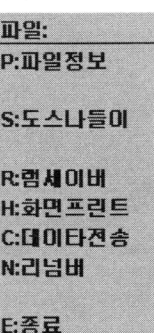

1. 파일 새로하기

W : 새파일 : 작업화면 영역을 초기화시키는 기능으로 선택시 아래와 같이 마스터캠 초기화 실행 여부를 묻는 대화창이 나타나며, 이때 "예(Y)"를 선택하면, 현재작업화면 영역에 존재하는 모든 도형 및 가공경로가 사라지게 되는 기능

[메뉴실행 : F : 파일 - W:새파일]

2. 파일 편집

[메뉴실행 : F : 파일 - E : 편집]

E : 편집 : 이미 만들어져 저장되어 있는 파일(NC, NCI등)을 수정하고자 할 때 사용하는 기능이다. 이 메뉴 선택 후 편집할 파일의 형태(NC, NCI등)를 메뉴에서 선택하여 디렉토리에 나타난 파일 목록 중 원하는 해당 파일을 마우스로 선택한 후 열기 버튼을 선택하면, 해당 파일의 내용을 볼 수 있으며 수정, 이름변경 등을 할 수 있다.

 **참고**

편집메뉴로 수정할 수 있는 파일의 종류는 아래와 같다.
① NC : NC 파일을 수정하는 메뉴
② NCI : NCI 파일을 수정하는 메뉴
③ DOC : DOC 파일을 수정하는 메뉴
④ IGS : IGS, IGES를 수정하는 메뉴
⑤ PST : 포스트 프로세서(post processor) 파일을 수정하는 메뉴
⑥ Other : 기타 다른 파일을 수정하는 메뉴

3. 파일 불러오기

[메뉴실행 : 주메뉴 - F : 파일 - G : 불러오기]

G : 불러오기 : 현재 작업화면으로 특정 도형파일의 도형들을 불러오는 기능으로 특정 도형파일에 저장된 도형 형상을 와이어프레임 또는 랜더링 형태로 미리보기 기능 및 대화창의 흰색 영역에서 마우스 오른쪽 버튼 클릭하면 표시되는 메뉴들로 표시영역에 선택된 특정 도형파일을 대상으로 선택, 자르기, 복사, 붙이기, 삭제, 이름변경, 최근 작업 파일들의 목록표시 및 선택, 대상도형 파일의 랜더링 형태 생성, 파일관련 주석문 내용 미리 보기 등 부가적인 파일작업을 실행할 수 있는 기능

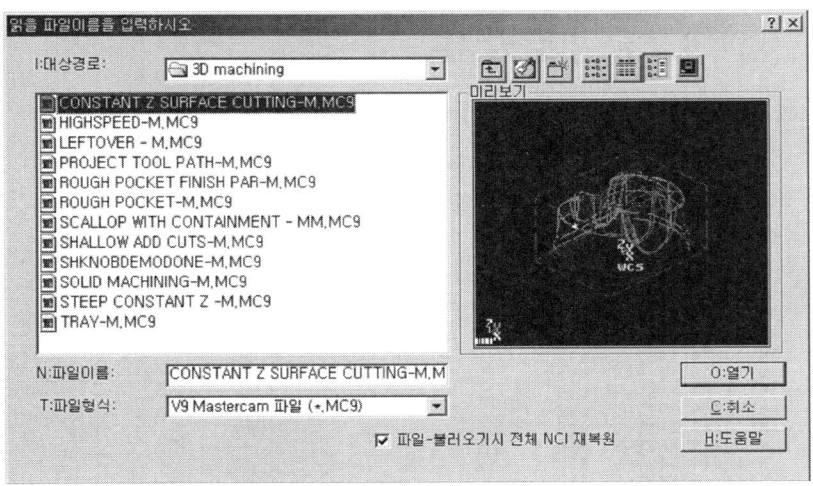

〈 불러오기 대화창 〉

1) **파일-불러오기시 전체 NCI 재복원** : 파일의 NCI 용량이 클 경우 불러오기시 도면생성 시간이 늦어지므로 위 항목을 비활성화 시키면 일단 모델링한 도형만을 불러오는 기능으로, 가공경로는 사용자가 원할 때 다시 활성화 된 형태로 설정할 수 있다.

4. 파일잇기

[메뉴실행 : F : 파일 - M : 파일잇기]

M : 파일잇기 : 하나의 파일을 화면에 불러낸 상태에서 다른 파일의 도형을 불러내는 메뉴로 2개 이상의 파일 도형들을 결합시키고자 할때 사용한다. 사용방법은 하나의 도형 파일을 불러내거나, 현재 작업중인 파일의 상태에서 **M : 파일잇기** 선택 후 원하는 파일을 선택(파일 이름란에 파일이름을 입력하거나 해당 파일을 마우스로 클릭)한 후 열기 버튼을 선택하면 현재 화면에 표시된 도형에 선택된 파일의 도형이 함께 표시된다.

5. 파일 내용보기

[메뉴실행 : F : 파일 - L : 내용보기]

L : 내용보기 : 저장된 파일의 내용을 볼 수 있는 메뉴로서 내용 보기 메뉴를 선택한 후, 파일이름 입력 또는 해당파일을 선택한 후 열기 버튼을 선택하면 해당 파일의 내용이 창으로 열린다.

```
: C:\MCAM9\MILL\NC\LEFTOVER - MM.NC
File  E:수정
%
O0000
(PROGRAM NAME - LEFTOVER - MM)
(DATE=DD-MM-YY - 22-05-02 TIME=HH:MM - 10:20)
N100G21
N102G0G17G40G49G80G90
/N104G91G28Z0.
/N106G28X0.Y0.
/N108G92X0.Y0.Z0.
(6. BALL ENDMILL TOOL - 6 DIA. OFF. - 46 LEN. - 6 DIA. - 6.)
N110T6M6
N112G0G90X-46.058Y-58.69A0.S1273M3
N114G43H6Z50.
N116Z5.
N118G1Z0.F1.5
N120X48.542F101.8
N122X49.043Y-58.625
N124X49.452Y-58.447
N126X49.771Y-58.178
N128X49.999Y-57.84
N130X50.135Y-57.457
N132X50.181Y-57.051
N134X50.135Y-56.645
N136X49.999Y-56.262
N138X49.771Y-55.925
N140X49.452Y-55.656
N142X49.043Y-55.477
N144X48.542Y-55.413
N146X-46.058
N148X-46.559Y-55.348
N150X-46.968Y-55.17
```

6. 파일의 저장/부분저장

[메뉴실행 : F : 파일 - S : 저장
F : 파일 - A : 부분저장]

6.1 저장

현재 작업화면에 표시된 모든 도형들을 특정 도형파일로 저장

6.2 부분저장

현재 화면에 표시된 도형들 중 일부 도형들만을 특정 파일로 저장

7. 형상부르기

[메뉴실행 : F : 파일 - B : 형상부르기]

B : 형상부르기 : 시스템에 특정 저장경로를 지정하여 경로에 위치한 도형파일들의 도형형상을 작업 화면에서 순차적으로 살펴보면서 원하는 도형파일을 불러오는 기능으로 이미 생성되어 저장된 도형파일의 이름을 알 수 없는 경우 도형파일에 저장된 도형들의 형상으로 해당 파일을 찾고자 하는 경우 유용한 기능

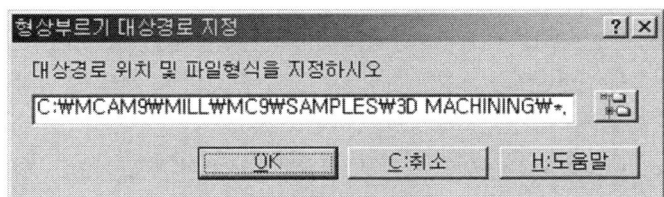

1) **앞으로** : 현재 작업화면에 표시된 도형파일기준 앞쪽으로의 도형파일 순서번호를 입력하여 해당 도형파일의 도형형상을 작업화면으로 표시하는 기능

2) **뒤로** : 현재 작업화면에 표시된 도형파일기준 뒤쪽으로의 도형파일 순서번호를 입력하여 해당 도형파일의 도형형상을 작업화면으로 표시하는 기능

3) **자동** : 현재 작업화면에 표시된 도형파일기준 이후 순서의 도형파일들에 대한 도형 형상을 연속적으로 보여주는 순차적 보기 실행 기능

4) **정지시간** : 각 도형파일의 도형형상이 작업화면에 표시되어 있어야 할 시간을 설정하는 기능으로 메뉴선택 후 화면하단 영역 입력란에 적용될 시간을 초 단위 기준으로 입력

5) **선택** : 메뉴 선택하면 현재 작업화면에 표시된 도형파일이 정식으로 불러오기 실행되면서 형상부르기 메뉴실행이 종료된다.

6) **지우기** : 메뉴 선택하면 현재 작업화면에 표시된 도형형상을 지우고 경로의 다음 순서 도형파일 형상이 자동으로 표시되는 기능

8. 파일변환

[메뉴실행 : F : 파일 - V : 파일변환]

V : 파일변환 : 파일변환(File Interface)이란 다른 CAD System에서 작성된 특정 도형파일을 Mastercam System의 작업화면으로 불러오거나 반대로 Mastercam System에서 작성된 특정 도형파일을 다른 CAD System의 작업화면으로 불러오고자 하는 경우 해당 도형파일의 형식을 받는 쪽의 System 도형파일 형식으로 변환하는 작업을 하며, Mastercam System에서는 AutoCAD, CATIA, Pro-E, UG, SolidEdge, Solidworks, Anvil, CADKEY 등 특정 CAD System에서 작성된 도형파일을 별도의 파일변환 매개 형식으로 변환하지 않고 바로 읽기/쓰기를 실행할 수 있는 Direct Interface 방식과 특정 파일변환 매개형식(예 : IGES, SAT 등)을 거쳐 변환하는 방법의 2가지 형태를 파일변환 방법으로 지원하고 있다.

1) **ASCII** : CMM(Coordinate measuring machines) 또는 3차원 측정기계에서 주로 생성되는 파일들로 측정위치에 대한 출력을 X,Y,Z 축의 좌표 값 형태로 생성하며, 사용되는 파일의 확장자는 다양한 형태를 갖게 되나 Mastercam에서는 기본 확장자를 *.DOC로 사용

2) **STEP** : 일련의 application protocols(APs)로 구성된 ISO 표준형식으로 3차원 솔리드 도형파일이며, 파일 확장자는 *.STP/*.STEP 형태를 사용. 이 메뉴의 사용은 옵션사양이며, Mastercam으로 파일읽기 실행에서 변환되는 도형의 속성형태는 솔리드, 곡면, 커브 등 다양한 조건으로 변환 실행할 수 있음

3) **Autodesk** : AutoCAD S/W에서 주로 사용하는 2차원 도형의 파일형식으로 *.DXF, *.DWG 파일을 변환(Inventor version은 V5.0, DWG, DXF는 2000까지 호환)

4) **IGES** : 다수의 CAD S/W에서 많이 사용하는 3차원 도형파일 형식으로 타 형식에 비해 더 복잡한 형식임(IGES : Initial Graphics Exchange Standard, 확장자 : *.IGS)

5) **ParasId** : Parasolid 모델러를 사용하는 CAD System에서 생성되는 3차원 솔리드 도형파일로 파일읽기 대상으로 실행 가능한 파일형식은 Parasolid Version 13.2까지 가능하며, 적용된 파일 및 Solidworks(*.SLDPRT)와 SolidEdge(*.PAR/*.PSM) CAD System의 도형 파일들로 *.X_T/*.X_B/*.XMT_TXT 태의 파일형식인 경우만 변환가능

6) **STL** : 3차원 곡면도형과 솔리드 도형 모델링 형상에 대하여 Stereolithography System으로 생성된 도형파일로 binary/ASCII 형식으로 된 STL 파일을 변환가능

7) **VDA** : 독일 3D 표준형식인 VDA(Verband der Automobilindustrie) 형식으로 생성된 3차원 도형파일로 파일 확장자는 *.VDA를 사용

8) **SAT** : Spatial Technologies, Inc 회사에서 개발한 솔리드 모델러를 이용하여 생성된 3차원 솔리드 도형파일로 확장자는 *.SAT를 사용

9) **ProE** : Solid 모델링에 기초를 두고 있는, Feature base를 기반으로 하며 확장자, *.PRT, *.ASM을 사용

10) **Pre7 matls/tools/parms** : Mastercam Version 7에서 사용하던 공구, 조건 설정내용을 V9에서 사용할 수 있도록 변경하는 기능

11) **NFL** : Anvil S/W에서 사용하는 2차원 도형파일로 파일 확장자는 *.NFL을 사용

12) **CADL** : CADKEY S/W에서 사용하는 3차원 도형파일로 파일 확장자는 *.CDL을 사용

13) **Saveas MC8** : Mastercam Version 9의 도형파일을 Version 8에서 사용되는 파일형식 (*.MC8)로 변환하는 기능

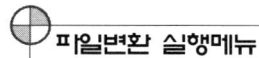
파일변환 실행메뉴

① **파일읽기**
   타 CAD System에서 작성된 특정형식의 도형파일을 Mastercam 도형파일 형식(*.MC9)으로 변환하는 기능(1개의 파일씩만 파일변환 실행)

② **파일쓰기**
   현재 작업화면의 Mastercam 특정 도형파일(*.MC9)을 앞에서 설명한 특정 도형파일 형식으로 변환하는 기능(1개의 파일씩만 파일변환 실행)

③ **경로읽기**
   타 CAD System에서 작성된 특정형식의 도형파일들이 저장된 특정 저장 경로위치를 지정하여 경로의 모든 해당 파일형식의 도형파일들이 Mastercam 도형 파일 형식으로 순차적으로 변환되는 기능(다수 도형파일 순차형태로 변환실행)

④ **경로쓰기**
   시스템의 특정 저장경로에 저장된 Mastercam 도형파일들을 특정 도형파일 형식으로 모두 변환하는 기능(다수 도형파일 순차형태로 변환실행)

9. 파일정보

[메뉴실행 : F : 파일 - P : 파일정보]

P : 파일정보 : 현재 작업화면에 표시된 도형파일에 대한 주기내용 보기 및 내용을 수정하는 기능

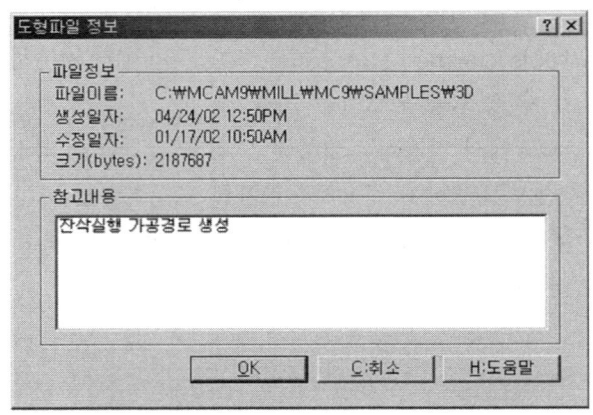

〈 도형파일 정보 대화창 〉

10. 도스나들이

[메뉴실행 : F : 파일 - S : 도스나들이]

S : 도스나들이 : Mastercam 프로그램 실행 중에 DOS 작업이 필요한 경우 Mastercam 프로그램 실행을 종료하지 않고 DOS 프로그램을 실행하는 기능으로 메뉴 실행하면 작업화면에 도스작업 대화창이 자동으로 표되며, 해당 대화창에서 도스 작업이 완료된 후에는 EXIT를 입력하고 Enter키를 누르면 도스작업 실행 전의 Mastercam 작업 화면으로 자동 복귀하는 기능

11. 램세이버

[메뉴실행 : F : 파일 - R : 램세이버]

R : 램세이버 : 도형요소 삭제로 발생된 "hole" 현상(시스템 메모리를 축적하면서 실행속도를 저하 시키는 현상)을 제거하고 현재 작업화면에 표시된 도형들을 해당 도형들의 생성 과정에서 적용된 조건으로 도형 재생성을 실행하는 기능으로 Mastercam system 실행 중에 작업실행 속도가 현저하게 둔화되는 경우 이 기능을 실행하면 사용중인 시스템의 데이터베이스가 최적화 되면서 사용 가능한 램(RAM) 용량이 증가하여 이후 프로그램 실행속도가 빨라진다.

12. 화면프린트

[메뉴실행 : F : 파일 - H : 화면프린트]

H : 화면프린트 : 현재 작업화면의 특정 도형들을 연결된 프린터를 이용하여 인쇄하는 기능

화면프린트 추가메뉴

① 인쇄설정
메뉴 실행과정에서 설정한 인쇄 대화창을 다시 불러내어 인쇄 조건을 수정하는 기능

② 컬러인쇄
메뉴우측 영문자 Y로 설정되면 칼라 색상으로 인쇄할 수 있으며, N으로 설정되면 흑백 색상으로 인쇄

③ 배경색상
도형을 제외한 작업화면 영역의 인쇄 색상을 설정하는 기능

④ 이름/날짜
메뉴우측 영문자 Y로 설정되면 작업화면 중앙상단 위치에 해당 도형 파일의 저장위치, 파일이름 및 생성날짜(시간포함)가 표시되어 함께 인쇄할 수 있음

⑤ 쉐이딩
작업화면에 솔리드 도형이 있는 경우 표시되는 메뉴로 메뉴 우측 영문자 Y로 설정되면 해당 솔리드 도형을 그래픽 실행 상태로 인쇄하며, N으로 설정되면 와이어 프레임 형태로 인쇄

⑥ 실행
위 메뉴들 설정조건으로 인쇄실행

13. 데이터전송

[메뉴실행 : F : 파일 - C : 데이타전송]

C : 데이타전송 : 사용중인 컴퓨터 시스템과 가공기계 콘트롤러를 통신 케이블로 연결하여 시스템(또는 콘트롤러)에 저장된 특정 NC 파일을 상호 송신(또는 수신)하는 기능

데이터전송 대화창

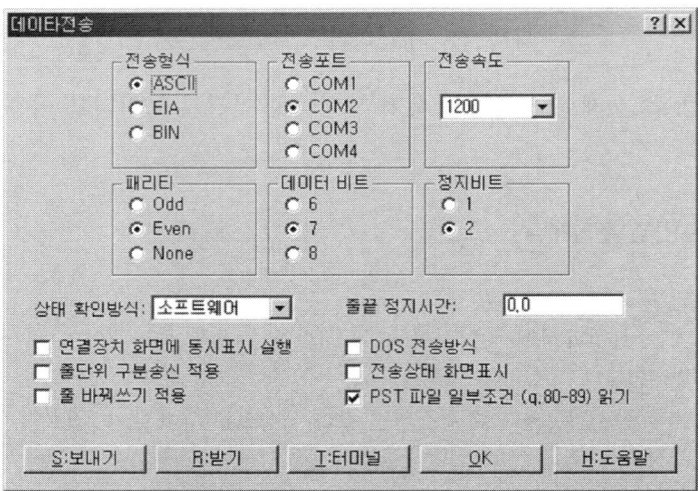

1. **전송형식** : 대상 데이터를 어떤 전기교환 형식으로 전송할지를 설정
2. **전송포트** : 사용중인 컴퓨터의 어떤 통신포트에 케이블이 연결되어 있는지를 설정
3. **전송속도** : 1초당 전송될 데이터량을 설정
4. **패리티** : 전송실행 과정에서 발생되는 에러에 대한 확인방법 설정
5. **데이터비트** : 데이터 전송에서 적용될 비트그룹 설정
6. **정지비트** : 데이터 전송에서 끝마침 규칙으로 적용될 비트그룹 설정
7. **상태확인방식** : 전송 실행에서 기계 콘트롤러의 송수신 작동모드 설정상태 확인 후 실행할지(Hardware) 또는 설정상태 관계없이 실행할지(Software)를 설정
8. **줄끝정지시간** : 데이터 전송에서 각줄 끝에서 전송이 일시 정지될 시간을 설정
9. **연결장치 화면에 동시표시 실행** : CAM 프로그램 사용 컴퓨터와 DNC 사용 컴퓨터를 상호 연결하여 한쪽에서 입력하는 내용이 다른 쪽 컴퓨터 화면에 동시 표시되도록 설정하는 기능
10. **줄단위 구분송신 적용** : 줄 끝 연결형태가 아닌 줄 단위로 구분되어 송수신됨
11. **줄 바꿔쓰기 적용** : 데이터 전송에서 각 줄 끝을 단위로 줄 바꿔 쓰기 형태로 전송
12. **DOS 전송방식 사용** : 데이터전송을 윈도우즈 화면형태가 아닌 DOS 화면형태로 전송
13. **전송상태 화면표시** : 데이터전송 진행상태 화면으로 표시
14. **PST 파일의 일부조건(q.80-89) 읽기** : 현재 포스트프로세서 파일내의 80-89까지의 질문항목들을 읽어들여 대화창의 통신조건들을 자동으로 설정하는 기능
15. **보내기/받기** : 위 항목들 설정조건으로 특정 NC 파일을 선택하여 전송실행
16. **터미널** : 키보드상의 송신문자형태가 연결된 기계 콘트롤러 또는 다른 컴퓨터 화면에 동시 출력되도록 설정

14. 리넘버

[메뉴실행 : F : 파일 - N : 리넘버]

N : 리넘버 : 이미 생성된 특정 NC 파일의 블록번호 구성을 다시 지정하는 기능으로 메뉴선택 후 블록번호를 다시 지정할 NC 파일을 지정한 뒤 작업화면 하단 영역에 표시되는 시작번호와 증분치 입력란에 적용될 번호형태를 순차적으로 입력

```
시작블럭 번호를 입력하시오  100.
(또는 X,Y,Z,R,D,L,S,A,? 키 입력)
```

```
블럭번호 증분치를 입력하시오  2.
(또는 X,Y,Z,R,D,L,S,A,? 키 입력)
```

15. 종료

[메뉴실행 : F : 파일 - E : 종료]

E : 종료 : Mastercam 프로그램 실행을 종료하는 기능

memo

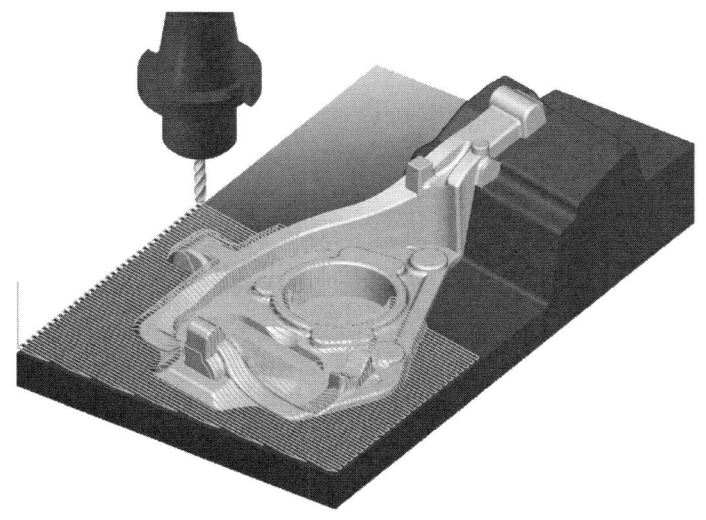

Chapter 10. NC 프로그래밍 기초

1. NC 프로그램
2. NC프로그램 2의 구성
3. NC 코드의 기능

NC 프로그래밍 기초

1. NC 프로그램

일반적으로 범용공작기계에서 기계의 조작은 작업자가 직접하므로 기계만 있으면 충분히 작업할 수 있다. 그러나 NC 공작기계는 기계의 작동이 자동으로 조작되기 때문에 그 작동 지령은 NC파트 프로그램으로 주어진다. NC 공작기계를 사용할 때는 제품도면에 표기된 형상, 치수, 가공기호 등의 정보를 NC 공작기계에서 입력으로 받아서 가공하기 위한 제반 준비절차가 필요하다. 이 작업을 NC파트 프로그램(part program)이라고 부르고 이와 같은 작업을 수행하는 사람을 파트프로그래머(part programer)라고 한다. 다음 페이지 그림은 부품도면에서 NC 가공에 이르기까지의 정보흐름을 나타낸 것인데, NC 프로그래밍을 하기 위해서는 다음의 4단계를 거친다.

- 제1단계 : 설계된 도면의 해독
- 제2단계 : NC가공을 위한 공정계획(절삭가공계획 : machining plan)작성
- 제3단계 : NC코드(code)를 이용한 프로그램 작성(part programing)
- 제4단계 : NC코드 저장

프로그래머는 설계된 도면 정보를 정확하게 해독할 수 있어야 하며, NC 공작기계가 도면의 정보를 입력으로 받아 NC 가공을 수행하기 위해서는 공정계획(matching plan)단계가 중요하다. NC 공정계획 단계에서는 다음 사항들을 고려하여야 한다.

1. NC 가공부위선정
2. 가공부위에 적합한 NC기계, 가공할 소재의 설치 방법, 사용할 공구(절삭방법)와 치공구(jig)등의 선정
3. 절삭가공순서(출발점, 황삭계획, 정삭계획 등)결정
4. NC 절삭공구 및 공구고정장치(bite, cutter, adaptor, holder 등)선정
5. 절삭조건(주축회전속도, 이송량 및 이송속도, 절삭깊이, 절삭유제 등)결정

이와 같은 공정계획이 완성되면 NC 코드를 사용하여 프로그래밍을 하게 되는데, 프로그래밍 법에는 수동프로그래밍(manual programing)과 자동프로그래밍(auto programing)의 2가지 방법이 있다. 수동프로그래밍은 사람이 이해할 수 있도록 표현된 부품도면을 NC장치가 이해할 수 있는 언어인 NC코드를 이용하여 NC포맷으로 프로그래머가 직접 작업지시서를 작성하는 방법을 말한다. 수동프로그래밍은 가공하고자 하는 부품의 형상이 복잡해지면 공구위치산출 및 프로그래밍에 많은 시간과 노력이 요구된다. 이와 같은 수동프로그래밍의 단점을 보완하기 위해서 컴퓨터의 기능을 이용한 것이 자동프로그래밍이다. 자동프로그래밍은 인간의 언어에 가깝게 개발된 언어로 파트프로그램을 작성하고 이를 NC코드로 번역하는 자동프로그래밍용 소프트웨어(CAM 시스템)를 이용하여 프로그램을 작성하는 컴퓨터지원 파트프로그래밍(computer assisted part programming)을 말한다. NC프로그래머의 능력에 따라 NC 공작기계의 생산성은 큰 영향을 받게되므로 프로그래머의 책임과 역할이 대단히 중요하다.

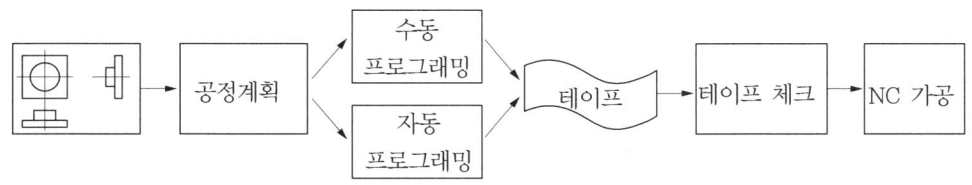

< NC 가공에서의 정보 흐름 >

2. NC프로그램의 구성

1) 어드레스(address)

어드레스는 단어를 이루는 영문자 대문자(A~Z)중의 1개로 표시되며 데이터와 조합하여 하나의 워드(word)를 이룬다. 수치제어에서 사용되는 어드레스의 의미와 지령 범위는 아래표와 같다.

< 어드레스의 의미와 지령 범위 >

기능	주소				의미	지령범위
프로그램번호	O(EIA) : (ISO)				program number	1~9999
전개번호	N				sequence number	1~9999
준비기능	G				이동형태(직선, 원호보간 등)	0~99
좌표값	X	Y	Z		절대방식의 이동위치	±0.001 ~ ±9999.999
	U		W		증분방식의 이동위치	
	A	B	C		회전축의 이동위치	
	I	J	K		원호중심의 각축성분, 면취량	
	R				원호반지름, 구석 R, 모서리 R 등	
이송기능	F				회전당 이송속도	0.01~500.000mm/rev
					분당 이송속도	1~1500mm/min
					나사의 리드	0.001~500mm
	E				나사의 리드	0.0001~500.000
주축기능	S				주축속도	0~9999
공구기능	T				공구번호 및 공구보정번호	0~9999
보조기능	M				기계작동부위의 ON/OFF 지령	0~99
휴지	P.U.X				휴지기간(dwel)	0~99999.999sec
공구보정번호	H. D				공구반지름 보정 및 공구보정번호 지령	0~64

프로그램번호 지정	P	보조 프로그램 번호의 지정	1~9999
전개번호지정	P, Q	복합반복주기의 호출, 종료전개번호	1~9999
반복횟수	L	보조 프로그램의 반복횟수	1~9999
매개변수	A, S, I, K	가공주기에서의 파라미터	

2) 워드(word)

워드는 블록을 구성하는 최소 단위이며, 어드레스(address)와 데이터(data)의 조합으로 이루어진다. 어드레스는 영문, 데이터는 수치로써 나타내는데, 어드레스는 뒤에 오는 수치의 의미를 규정하고, 데이터는 어드레스의 기능에 따라 2자릿수의 데이터와 4자릿수의 데이터를 사용하며, 좌표 값 어드레스에 사용되는 데이터(수치)는 실행할 양을 의미한다.

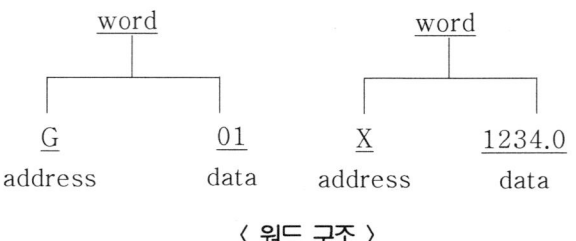

〈 워드 구조 〉

3) 블록(block)

프로그램은 몇 개의 블록으로 구성되며, 프로그램을 구성하는 1개의 기본 지령 단위를 블록 또는 지령절이라고 한다. 1개의 블록은 워드의 모임으로 구성되며 하나의 블록은 다른 블록과 EDB(End of block)로 구분된다. EOB는 CR(EIA 코드), LF(ISO 코드), NL(KS 코드)로 표시하며, ' ; '으로 표시된다. 또한 하나의 블록에서 사용되는 최대 문자수는 제한이 없으며, 경우에 따라서는 하나의 워드만으로도 블록이 될 수 있다.

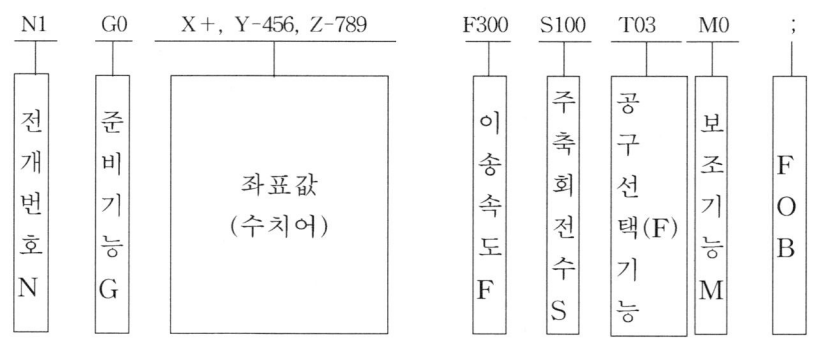

〈 블록의 구성 〉

4) 프로그램

NC프로그램은 여러 개의 블록이 모여서 하나의 프로그램을 구성하며, 주프로그램(main program)과 보조프로그램(sub program)으로 나뉘어지는데, 일반적으로 NC기계는 주프로그램의 지시에 따라 작업을 진행하지만, 주프로그램에서 보조프로그램의 호출이 있으면 이후 보조프로그램의 지시에 따라서 실행되며, 보조프로그램 종료를 지시하면 다시 주프로그램에 복귀되어야 한다.

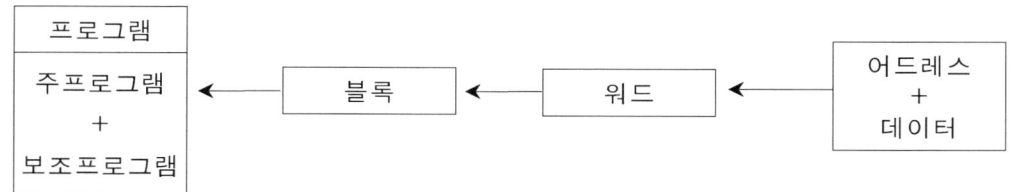

〈 프로그램의 구성 〉

① 프로그램 번호(program number)

NC 공작기계의 제어장치에는 여러 개의 NC프로그램을 NC 메모리에 저장할 수 있는데, 프로그램과 프로그램을 서로 구별하기 위하여 프로그램마다 고유번호를 부여한다. 프로그램 번호는 어드레스인 영문자 'O'와 'O' 다음에 1~9999까지의 4자리 숫자로 임의로 정하여 사용할 수 있으며 0과 구별하기 위하여 ?로 표시하기도 한다.

〈예〉

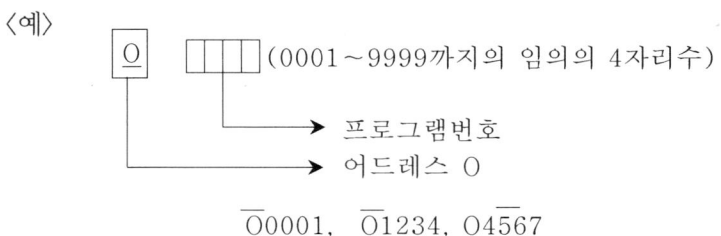

② 전개번호(sequence number)

프로그래머나 작업자가 프로그램을 탐색하거나 수정, 편집하기 쉽도록 각 블록에 번호를 지정하는 것으로 어드레스 'N'과 'N' 다음에 4자리 이내의 숫자로 표시한다. 일반적으로 전개번호는 일련 번호순으로 부여하지만, NC 장치에 영향을 주지 않기 때문에 번호의 순서가 바뀌거나 지정하지 않아도 상관없다. 그러나 CNC 선반의 복합반복사이클과 같이 반복주기(G70~G73)기능을 사용할 경우에는 반드시 일련번호의 전개번호를 사용하여야 한다.

 CAD·CAM 실무 2D

〈예〉

N□□□□(0001~9999까지의 임의의 4자릿수)
N0010 G50 X120.0 Z200.0 S1200 T01 M42 ;
N0020 G96 S200 M03 ;
N0030 G40 G00 X20.0 Z0.5 T03 M08 ;
N0040 G01 X-1.0 F0.2 ;
N0040 G01 X60.0 Z3.0 ;

③ 블록선택도약(optional block skip)

블록의 앞에 빗금(/)으로 시작하는 블록은 조작반위의 선택블록도약 스위치가 'ON'으로 켜져 있을 경우에는 수행하지 않고 다음 블록으로 넘어가며, 'OFF' 로 할 경우에는 그 블록을 수행한다. 빗금이 블록 중간에 있으면 빗금 뒷 부분의 지령만 무시된다. 연속가공 중 가끔 측정해야 할 부분이 있을 때나 프로그램을 확인하기 위하여 공회전(dry run)할 때, 그리고 절삭유 기능 등의 블록에 사용된다.

5) 좌표어(dimension word)

좌표어는 공작기계의 운동에 있어서 각 축의 이동량 또는 좌표 값, 즉 공구의 위치를 지정하는 것으로는 각 축의 어드레스 등에 이어서 부호와 최대 8행의 수치로 구성된다. 어드레스 X, Y, Z 는 절대좌표 값에 주로 사용하고, U, V, W, R, I, J, K는 증분좌표 값에 사용한다. 지령수치는 mm와 inch의 2가지 방법이 있는데, 수치는 정수로 표시하며 소숫점의 위치는 일반적으로 소숫점 아래 4자리수와 제어장치에 따라 소숫점 아래 3자리수 까지 지령이 가능하나 다르게 정해져 있다.(앞의 표 〈어드레스의 의미와 지령 범위〉 참조)

3. NC 코드의 기능

1) 준비기능(G코드 : preperation function)

G코드는 NC파트프로그램에서 가장 중요한 역할을 수행하는 것으로 NC 지령절의 제어 기능을 준비하기 위한 기능인데 어드레스 G 다음에 연속되는 2자리 수치로 지령한다.(G00~G99), G코드는 NC제어장치가 그 기능을 발휘하기 위한 동작을 준비하므로 준비기능이라고 하며, 1회유효 G코드(one-shot G code)와 연속유효 G코드(model G code)로 구분된다.
1회유효 G코드는 지령된 블록에서만 유효하며(G : G04), 연속유효 G코드는 한 번 지연되면 동일 그룹의 다른 G코드가 나올 때까지 계속 유효한 기능이다.
다음 표는 KS B4206에 규정된 준비기능, 머시닝 센터용 G코드의 기능과 선반용 G기능의 뜻을 설명한 것이다.

〈 준비 기능 일람표(KS B 4206) 〉

코오드	기능	같은 문자로 표시되는 지령이 올 때까지 유지가 된다.	지령된 블록 내에만 유효
G00	위치 결정	a	
G01	직선 보간	a	
G02	시계 방향의 원호 보간	a	
G03	반시계 방향의 원호 보간	a	
G04	드 웰(dwell)		
G05	미지정		O
G06	포물선 보간	a	
G07	미지정		
G08	가속		O
G09	감속		O
G10			
	미지정		
G16			
G17	XY면의 선택	c	
G18	ZX면의 선택	c	
G19	YZ면의 선택	c	
G20			
	미지정		

G24			
G25			
	이후에도 지정하지 않음		
G29			
G31			
	미지정		
G32			
G33	일정 리이드의 나사 절삭	a	
G34	점증 리이드의 나사 절삭	a	
G35	점감 리이드의 나사 절삭	a	
G36			
	이후에도 지정하지 않음		
G39			
G40	공구 지름 보정 공구 위치 오프셋 ②의 취소	d	
G41	공구지름 보정-좌	d	
G42	공구지름 보정-우	d	
G43	공구 위치 오프셋①(1)	n	
G44	공구 위치 오프셋①의 취소(1)	n	
G45	공구 위치 오프셋②, +/+(1)	d	
G46	공구 위치 오프셋②, +/−(1)	d	
G47	공구 위치 오프셋②, −/−(1)	d	
G48	공구 위치 오프셋②, −/+(1)	d	
G49	공구 위치 오프셋②, 0/+(1)	d	
G50	공구 위치 오프셋②, 0/−(1)	d	
G51	공구 위치 오프셋②, +/0(1)	d	
G52	공구 위치 오프셋②, 1/0(1)	d	
G53	직선 시프트의 최소(1)	f	
G54	X축의 직선 시프트(1)	f	
G55	Y축의 직선 시프트(1)	f	
G56	Z축의 직선 시프트(1)	f	
G57	XY면의 직선 시프트(1)	f	
G58	XZ면의 직선 시프트(1)	f	
G59	YZ면의 직선 시프트(1)	f	
G60	정확한 위치 결정1(정밀)(1)	h	

G61	정확한 위치 결정2(보통)(1)	h	
G62	신속 위치 결정(거칠음)(1)	h	
G63			
	미지정		
G79			
G80	고정 사이클의 취소	e	
G81			
	고정 사이클	e	
G89			
G90	어브설루우트 elapstus	j	
G91	인크리멘틸디멘션	j	
G92	좌표계 설정		
G93	시간의 역수로 표시된 이송	k	
G94	매분당 이송	k	
G95	주축 1회전당 이송	k	
G96	정 절삭 속도	b	
G97	정 절삭 속도의 취소	b	
G98	미지정	e	
G99	미지정	e	

(주)(1) : 이러한 기능이 제어 장치에 없을 때에는 미지정이 되고 본 표에 지정되어 있지 않은 기능에서 사용하여도 좋다. 이 경우에는 포오맷 시방에 명기하여야 한다.

 CAD · CAM 실무 2D

① CNC머시닝 센터의 프로그램 연습

〈 G기능(머시닝선 허용)의 뜻(KSB 4206) 〉

G&M	DYNA	기능	지령형식		비고
G00	G0F	급속이동	G00 X_Y_Z_U_V_	A_L_Z_	
	X_Y_Z_U_	이동할 위치(절대, 상대)	G00 : Rapid Positioning		
	A_L_	이동할 위치(극)			
	A_	각			
	L_	원점으로부터의 거리			
G01	G0	직선가공이송	G01 X_Y_Z_U_R_C_F_	A_L_Z_R_C_F_	
	X_Y_Z_U_	직선가공 종점위치(절대, 상대)	G01 : Cut straight line		
	F_	이송속도(mm/MIN)			
	R_C_	종점모서리 R,C			
	A_L_	직선가공종점위치(극)			
	A_	각			
	L_	원점으로부터의 거리			
G02	ARCL	원호절삭이송(CW)	G02 X_Y_Z_I_J_P_F_	X_Y_Z_R_F_	A_I_J_P_F_
	X_Y_Z_	원호가공 종점위치	G02 : Cut CW arc		
	I_	원호중심에서 시작점의 위치(X)			
	J_	원호중심에서 시작점의 위치(Y)			
	P_	가공횟수			
	F_	이송속도(mm/MIN)			
	R_	원호반경			
G02	ARCR	원호절삭이송(CCW)	G03 X_Y_Z_I_J_P_F_	X_Y_Z_R_F_	A_I_J_P_F_
	X_Y_Z_	원호가공 종점위치	G03 : Cut CCW arc		
	I_	원호중심에서 시작점의 위치(X)			
	J_	원호중심에서 시작점의 위치(Y)			
	P_	가공횟수			
	F_	이송속도(mm/MIN)			
	R_	원호반경			

G&M	DYNA	기능	지령형식	비고
G04	DWELL	정지시간	G04 X_ P_	
	X_	정지시간	G04 : Dwell while auto running	
	P_	정지시간(1/1000 SEC)	Feedrate, N/X : Sec, P : 1/100Sec, Time	
G08	ARC	3점 원호 이송	G08 X_Y_Z_I_J_F	
	X_Y_Z_	원호이송 끝점	G08 : Cut arc through three points	
	I_J_	원호의 중심	X, Y / I, J	
	F_	이송속도(mm/MIN)		
G17	XOY	XY 평면 선택	G17	
	작업평면을 XY로 지정한다.			
G18	XOZ	XZ 평면 선택	G18	
	작업평면을 XZ로 지정한다.			
G19	YOZ	YZ 평면 선택	G19	
	작업평면을 YZ로 지정한다.			
G20	IN	인치단위 지정	G20	
G21	MM	메트릭단위 지정	G21	
G22	CONTOUR	3원 원호 이송	G22 N_R_Z_	
	N_	윤곽가공 시작행번호 N>0 : 내경 N<0 : 외경	G22 : Contour N, N<0, N>0, R, Z	
	R_	Z도피점		
	Z_	바닥면까지의 Z값		

NC 프로그래밍 기초

G&M	DYNA	기능	지령형식	비고
G23	PKT	포켓가공	G23 N_R_Z_Q_D	
	N_	형상가공 시작행번호	G23 : Pocket	
	R_	Z 도피점		
	Z_	바닥면까지의 Z값		
	Q_	XY방향 1회가공량		
	D_	Z방향 1회가공량		
G24	RECT PKT	사각형 포켓가공	G24 X_Y_L_W_Z_R_Q_D_	
	X_Y_	직사각형 좌하측점	G24 : Rectangular pocket mill	
	L_	X축 길이		
	W_	Y축 길이		
	Z_	Z축 바닥면		
	R_	Z도피점		
	Q_	XY 방향 1회 가공량		
	D_	Z 방향 1회 가공량		
G25	CRT PKT	원형포켓가공	G25 X_Y_I_J_Z_R_Q_D_	
	X_Y_	원주상의 임의의점	G25 : Circle pocket mill	
	I_J_	원의 중심점		
	Z_	Z축 바닥면		
	R_	Z 시작점		
	Q_	XY 방향 1회 가공량		
	D_	Z 방향 1회 가공량		
G26	DIE_F	컨케이브	G26 N_R_Z_Q_D_A	
	N_	형상가공 시작번호	G26 : Female Die	
	R_	Z 도피점		
	Z_	Z축 바닥면		
	Q_	XY방향 1회 가공량		
	D_	Z 방향 1회 가공량		
	A_	TAPER각		

G&M	DYNA	기능	지령형식		비고
G27	DIE_M	컨벡스	G26 N_R_Z_Q_D_A_		
	N_	형상가공 시작번호	G27 : Male Die		
	R_	Z 도피점			
	Z_	Z축 바닥면			
	Q_	XY 방향 1회 가공량			
	D_	Z 방향 1회 가공량			
	A_	TAPER 각			
G28	GO HOME	원점복귀	G28 X_Y_Z_		
	G28Z0	Z축 원점복귀	G28 : Go Home		
G34	CIR CYC	원주상등분 드릴링	G34 I_J_N_		
	I_J_	원의 중심(증분좌표)	G34 : Circle Cycle		
	N_	홀의 개수			
G35	LINE CYC	직선상 등분 드릴링	G35 L_A_N_		
	L_	선의 길이	G35 : Bolt holes on line		
	A_	각			
	N_	홀의 개수			

NC 프로그래밍 기초

G&M	DYNA	기능	지령형식	비고
G36	ARC CYC	직선상 등분 드릴링	G36 L_A_N_	
	L_ 선의 길이 A_ 각 N_ 홀의 개수 EX)A=45일 경우 45/360=8이 되는데 만일 N=9를 입력하게 되면 1개의 홀은 2번 가공하게 된다.		G36 : Arc cycle	
G37	RECT CYC	격자상 드릴링	G37 I_J_N_K_	
	L_ X축 방향 홀간격 J_ Y축 방향 홀간격 N_ X축 방향 홀수 K_ Y축 방향 홀수		G37 : Bolt hole on rectangylar	
G40	OFF COMP	공구경 보정 취소	G40	
	공구경 보정을 취소시킨다.			
G41	COMP L	공구경 좌보정	G41 D_	
	G41 공구경보정을 가공방향으로 볼 때 왼쪽으로 보정한다. D_ 사용보정번호		G41 : Set left tool compensation	
G42	COMP R	공구경 우보정	G42 D_	
	G42 공구경보정을 가공방향으로 볼 때 오른쪽으로 보정한다. D_ 사용보정번호		G42 : Set right tool compensation	

G&M	DYNA	기능	지령형식	비고
G43	COMP TL	공구길이보정	G43 H_	
	G43 H_	공구의 길이를 보정한다. 사용보정번호	G43 : Tool length compensation After G43	
G49	OFF TRAN	공구 길이 보정 취소	G49	
		공구길이 보정을 취소시킨다.		
G50	OFF TRAN	G51, G51.1, G68 취소	G50	
		확대, 축소, 미러, 회전을 취소시킨다.		
G51	SCALE	확대, 축소	G51 X_Y_Z_I_J_ ‖ I_J_P	
	X_Y_Z_ I_J_ P_	각방향의 축소확대 비율 축소 확대의 중심점 3축 전체의 축소확대비율	G51 : Scale following blocks Isotropic Scale UN-isotropic scale Original	
51	MIRROR	대칭	G51.1 X_Y_I_J_ ‖ X_Y_A_	
	X_Y_ I_J_ A_	대칭선의 끝점 대칭선의 나머지 끝점 각도(극좌표)	G51.1 : Mirror following blocks Original X, Y I, J A After mirror	
51	XYZ	3축 좌표 회전	G51.2 Z_X	
	X_ Y_	기본 Z축 로칼 제로점에서의 각 기본 X축 로칼 제로점에서의 각	G51.2 : Set up XYZ plane Z New plane Y X Z Original plane	

NC 프로그래밍 기초

G&M	DYNA	기능	지령형식	비고
G52	ZERO AT	지역좌표설정	G52 X_Y_Z_U_ A_L_Z_	
	X_Y_Z_U 신규지역좌표 원점 위치 A_L_Z_ 신슈지역좌표 원점 위치(극좌표)		G52 : Set local zero at a point X, Y New Local zero Current Local zero	
G53	COORD 0	기계좌표	G53	
	G54-G59 G53은 기계좌표 원점이며 사용자가 임의로 바꿀 수 없다. 지역좌표원점으로 사용자가 임의로 바꿀 수 있다.		G53 : Set G53 as local zero 1-G54 2-G55 3-G56 4-G57 5-G58 6-G59 O-G53 Machine Coordinate System	
G68	ROTATE	회전	G68 I_J_A_	
	I_J_ 회전중심점 A_ 회전각		G68 : Rotate following blocks After rotate / Original A>0, A<0 After rotate	
G73	STEP CYC	스텝 그릴링 사이클	G73 X_Y_Z_R_Q_P_	
	X_Y_ 드릴링 시작점 Z_ 드릴링 바닥점 R_ Z 도피점 Q_ 1회 절입량 P_ DWELL TIMES(종점)		G73 : Step drill cycle	

G&M	DYNA	기능	지령형식	비고
G74	TAP REV	TAPPING	G74 X_Y_Z_R_F_	
	X_Y_	TAPPING 시작점	G74 : Reverse tapping	
	Z_	TAPPING 바닥점		
	R_	Z 도피점		
	F_	TAP PITCH		
G76	BORE_F	사상보링	G76 X_Y_Z_R_I_J_	
	X_Y_	보링 중심점	G76 : Fine Boring	
	Z_	보링바닥점		
	R_	Z 도피점		
	I_J_	X, Y 도피점		
G80	OFF CYC	고정 CYCLE 취소	G80	
G81	DRILL	드릴링 CYCLE	G81 X_Y_Z_R_	
	X_Y_	드릴링 중심점	G81 : Drill a hole	
	R_	Z 도피점		
G82	DRILL P	그릴링 CYCLE	G82 X_Y_Z_R_P_	
	X_Y_	그릴링 중심점	G82 : Drill a hole with dwell	
	R_	Z 도피점		
	P_	DWELL TIME		

NC 프로그래밍 기초

G&M	DYNA	기능	지령형식	비고
G83	DRILL Q	심공 드릴링 CYCLE	G83 : X_Y_Z_R_Q_	
	X_Y_	드릴링 중심점	G83 : Drill a deep hole	
	R_	Z 도피점		
	Q_	1회 가공 깊이		
G84	TAP	TAPPING	G84 X_Y_Z_R_S_F_	
	X_Y_	TAPPING 중심점	G84 : Tapping screw	
	Z_	TAPPING 종점		
	R_	Z 도피점		
	S_	스핀들 속도		
	F_	피차간격		
G85	BORE	보링	G85 X_Y_Z_R_	
	X_Y_	보링 중심점	G85 : Bore a hole	
	Z_	보링 종점		
	R_	Z 도피점		
G86	BORE P	보링	G86 X_Y_Z_R_P_	
	X_Y_	보링 중심점	G86 : Bore a hole with dwell	
	Z_	보링 종점		
	R_	Z 도피점		
	P_	DWELL TIME		

G&M	DYNA	기능	지령형식	비고
G87	BORE B	보링	G87 X_Y_Z_R_I_J_	
		X_Y_ 보링 중심점 Z_ 보링 종점 R_ Z 도피점 I_J_ X, Y, 도피량	G87 : Backboring	
G88	BORE M	보링	G88 X_Y_Z_R_	
		X_Y_ 보링 중심점 Z_ 보링 종점 R_ Z 도피점	G88 : Bore a hole with pause	
G89	BORE S	보링	G89 X_Y_Z_R_P_	
		X_Y_ 보링 중심점 Z_ 보링 종점 R_ Z 도피점 P_ DWELL TIME	G89 : Boring	
G90	ABS	절대좌표지령	G90	
G91	REL	상대좌표지령	G91	
G92	CURRENT	좌표계 설정	G92 X_Y_Z_U_ A_L_Z_	
		현재위치를 ZERO 설정		
G98	END Z0	초기점 복귀	G98	
		자동사이클 실행후 초기점으로 복귀		
G99	END R	R점 복귀	G99	
		자동사이클 실행 후 RWJ으로 복귀		

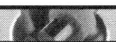 CAD · CAM 실무 2D

G&M	DYNA	기능	지령형식	비고
M00	STOP	프로그램 정지	M00	
	프로그램이 진행은 정지되고 F/H상태로 대기			
M01	OPT STOP	선택정지	M01	
	프로그램 진행은 정지되고 F/H 상태로 대기 OPT STOP 버튼이 ON 실행			
M02	END	프로그램 종료	M02	
	프로그램 WLSGODGDMSD 종료되고 RESET 된다.			
M03	SPDL ON	스핀들 정회전	M03	
	스핀들이 역회전한다.			
M04	SPDL REV	스핀들 역회전	M04	
	스핀들이 역회전 한다			
M05	SPDL OFF	스핀들 정지	M05	
	스핀들이 정지된다.			
M08	CLNT ON	절삭유 ON	M08	
M09	CLNT OFF	절삭유 OFF	M09	
M19	SPDL ORNT	스핀들 정위치 정지	M19	
M30	REWIND	프로그램 종료	M30	
	M02와 동일			
M70	DNC	DNC MODE	M70	
	시리얼 포트를 통하여 PROGRAM 입력, 실행			
M73	REPEAT	반복	M73 N_	
	N_ 반복횟수			
M74	RPT END	반복종료		
M98	CALL	보조 프로그램 호출	M98 N_L_	
	N_ 시작 줄번호 L_ 반복횟수			
M99	SUB END	서브프로그램 종료	M99	

연습과제

1 G01 연습 (1→2→3 순으로 가공)

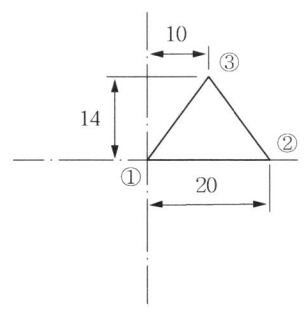

절대좌표(G90)
G90G01X0Y0   1번 위치
G01X20   2번 위치
G01X10.Y14   3번 위치
G01X0Y0   다시 1번 위치
상대좌표(G91)
G90G01X0Y0   1번 위치
G91G01X20   2번 위치
G01X-10.Y14   3번 위치
G01X-10.Y-14   다시 1번 위치
이때 주의할 점은 항상 첫 점은 절대좌표로
표시해야 한다.

2 G02(G03) 연습

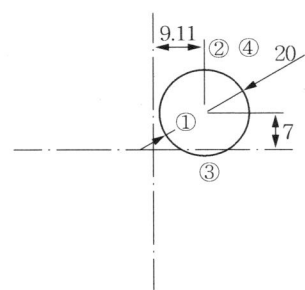

G90G01X9.11Y7
G01X9.11Y15(G01Y15 이렇게 써줘도 된다. 움직이는 축만 표시하면 된다.)
G03X9.11Y-1.R8
(G02X9.11Y-R8)
G03X9.11Y15.R8   (G02X9.11Y15.R8)
G01X9.11Y7
주의-위처럼 X_Y_R_로 표시하는 원인은 180도 이
        상 돌 수 없기 때문에 원을 두 번 돌려주었다.
위에서 G02는 시계 방향으로 가공한 것이고 G03
은 반시계 방향으로 가공한 것이다.

3 G01, G02(G03) 연습

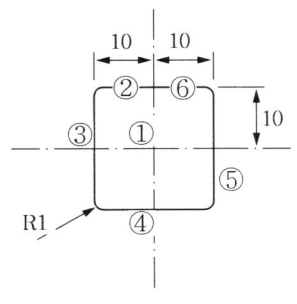

G90G01X0Y0
G01Y10
G01X-9
G03X-10.Y9.R1
G01Y-9
G03X-9.Y-10.R1
G01Y9
G03X9.Y10.R1
G01X0
G01Y0

연습과제

④ 드릴, 탭 연습

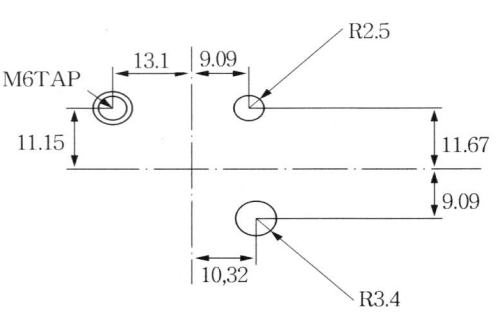

```
T01            센터드릴              이 드릴과 탭 작업은 공구교환을 하면서 작업한다.
T02            φ5.0 드릴
T03            φ6.8 드릴             참고-M6 탭은 피치 1.0 이다.
T04            M6 TAP
G40G49G80                            항상 프로그램의 첫머리에 들어간다.
                                     홉셋을 취소하는 것이다.
G90G54G0X0Y0                         공작물을 셋팅한 좌표 호출, 공구 교환 위치로 이동,
                                     어떤 기계는 제 2원점을 공구 교환 위치로 정해 놓은
                                     것도 있다. 이 경우는 G28 대신 G30을 사용
S1000M03                             주축 정회전 1000RPM
G90G54G0X10.32Y-9.09                 첫 구멍 위치로 이동
G43Z5.H01M08                         공구길이 옵셋 호출
G99G81Z-1.R1.F100                    센터 드릴 호출
X9.09Y11.67
X-13.1Y11.15
G02Z100.M09
G91G49G80G28Z0M05                    공구교환위치로 이동
T02M06                               2번 공구 호출              φ5.0 드릴
S800M03
G90G54G0X-13.1Y11.15
G43Z5.H02M08                         2번 공구 길이 옵셋 호출
G99G73Z-10.R1.Q-5.F200               드릴 가공 호출
X10.32Y-9.09
G91G49G80G28Z0M05
T03M06                               3번 공구 호출              φ6.8드릴
S800M03
G90G54G0X9.09Y11.67
G43Z5.H03M08
G99G73Z-10.R1.Q-5.F200
G0Z100.M09
G91G49G80G28Z0M05
T04M06                               4번 공구 호출              M6 TAP
```

```
S400M03
G90G54G0X-13.1Y11.15
G43Z5.H04M08
G99G84Z-6.R1.F400          절삭 속도=스핀들 속도*탭 피치
X10.32Y-9.09               400=400*1.0
G0Z100.M09
G91G49G80G28Z0M05
M30                        프로그램 종료
```

⑤ 종합 가공

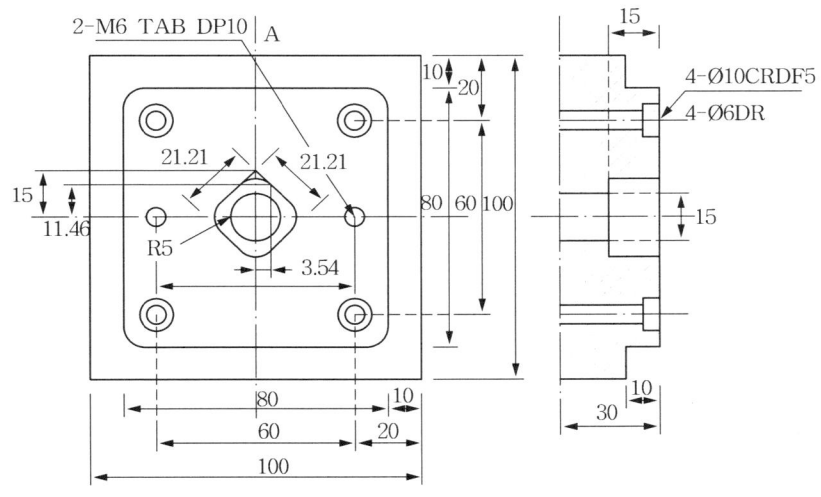

T01	센터 드릴	H01	T06	φ10엔드밀 H06D07
T02	φ5 드릴 H02		T07	φ16엔드밀 H08D09
T03	φ6 드릴 H03			
T04	φ15 드릴	H04		
T05	M5 탭	H05		

```
G40G49H80
G90G54G0X0Y0              공작물 좌표계 설정
G91G28Z0                  공구 교환 높이 이동
T01M06
S1000M03                  스핀들 회전
G43Z5.H01M08              공구 길이 보정
G99G81Z-1.R1.F200         센터 드릴 가공
X-30.Y0
X30
X30.Y30
X-30
Y-30
```

```
X30
G0Z100.M09
G91G80G28Z0M05              드릴 가공 취소와 공구 교환 높이 이동
T02M06
S1000M03
G90G54G0X30.Y0
G43Z5.H02M08
G99G73Z-15.Q5.R1.F400
X-30
G0Z100.M09
G91G80G29Z0N05
T03M06
S800M03
G90G54G0X-30.Y30.
G43Z5.H03M08
G99G73Z-35.Q5R1.F150
Y-30.
X30.
Y30.
G0Z100.M09
G91G80G28Z0M05
T04M06
S200M03
G90G54G0X0Y0
G43Z5.H03M08
G98G83Z-38.Q3.R1.G20
G0100.M09
G91G80G28Z0M05
T05M06
S200M03
G90G54G0X30.Y0
G43Z5.H05M08
G99G84Z-10.R1.F200
X-30
G0Z100.M09
G91G80G28Z0M05
T06M06
S800M03
G90G54G0X0Y0
G43Z5.H06M08
G01Z-15.F500
G41Y15.D07F20               공구경 보정(공구경 좌측 보정)
X-15.
Y-15.
X15.
Y15.
G40Y0                       공구경 보정 취소
```

```
Z5.F500M09
G0Z100.M05
G91G28Z0                드릴 가공을 안 썼으니 G80은 필요 없다.
T07M06
S600M03
G90G54GX70.Y70
G43Z2.H08
G01Z-10.F500M08
G41Y40.D0-F40           공구경 보정
X-35
G03X-40.Y35.R5
G01Y-35.
G03X-35.Y-40.R5.
G01X35.
G03X40.Y-40.R5
G01Y35
G03X35.Y40.R5
G01G40Y70.F200
Z5.F500M09
G0Z100.M05
G91G28Z0
G40G49G80
M30                     프로그램 종료
```

② 프로그램 입력 방법

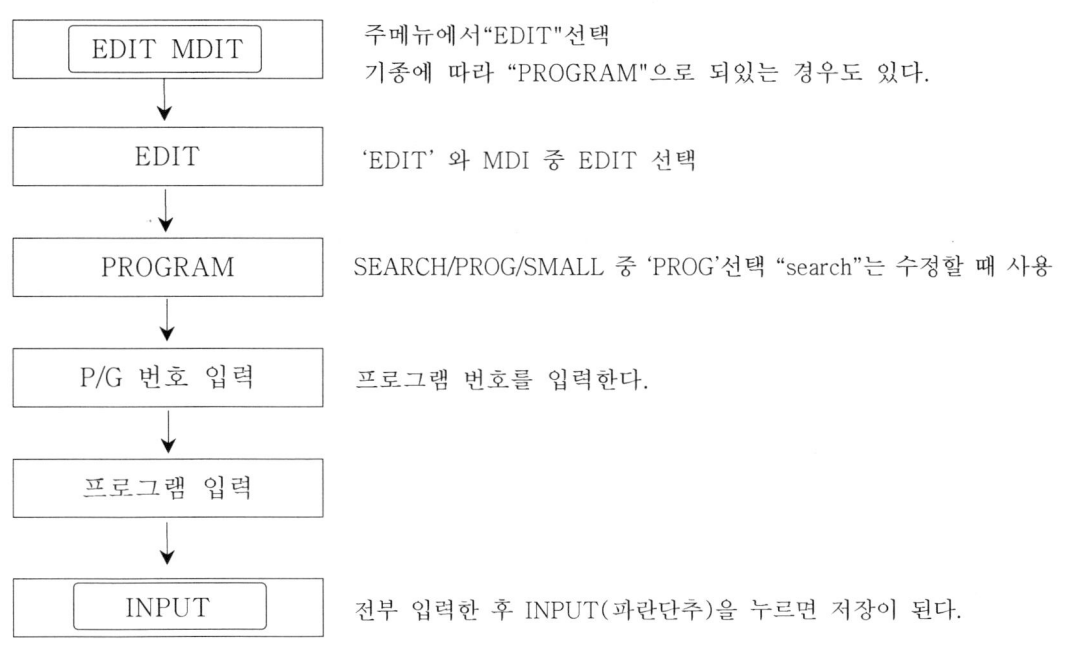

③ 공구 셋팅 방법

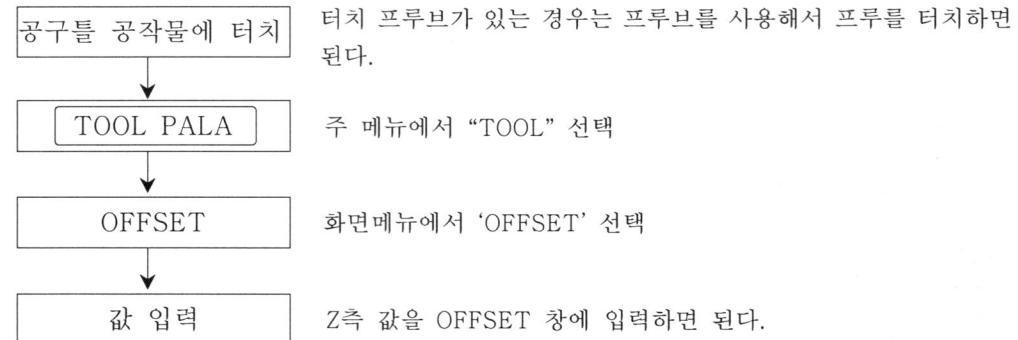

터치 프루브가 있는 경우는 프루브를 사용해서 프루를 터치하면 된다.

주 메뉴에서 "TOOL" 선택

화면메뉴에서 'OFFSET' 선택

Z측 값을 OFFSET 창에 입력하면 된다.

> 참고
>
> **주의 사항**
>
> 일반적으로 FUNAC은 길이 보정과 경 보정을 따로 입력하지만 동시에 같은 페이지에 입력하는 기계도 있다. 보정 번호는 프로그램 작성자가 미리 생각해 정해 놓고 순서대로 입력한다.

④ 공작물 셋팅 방법

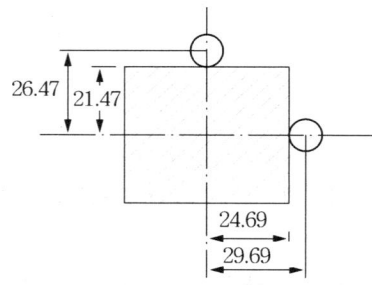

1. 위 그림과 같이 X축 가까이에 셋팅 공구를 공작물 가까이로 움직인다.
2. 셋팅 공구를 공작물에 닿게 하여 셋팅하고 X를 '0'으로 값을 지운다.
3. Z축을 +방향으로 이동시켜 셋팅 공구와 공작물이 충돌하지 않게 한 다음 X값을 −29.69 이동하면 X축 셋팅이 끝난다.
4. 위와 동일하게 Y축도 셋팅한다.
5. 주 메뉴에서 TOOL 선택
6. 화면 메뉴에서 MENU 선택
7. 화면 메뉴에서 재가 선택
8. 원하는 좌표계(G54.G55…)현재 기계 좌표 입력

> 참고
>
> 위 순서에서 3번처럼 축 좌표 값을 이동하지 않으면 엉뚱한 좌표 값이 들어갈 수 있으니 주의한다.

〈 기능(선반용)의 뜻(KS B 4206) 〉

코오드	기능	기능의 뜻
G00	위치 결정 (급속이동)	지령된 위치에 최대 속도(급속이동속도)로 이동시키는 코오드. 이 모오드에 의하여 무시되나 말소되지는 않는다. G00X…Z… 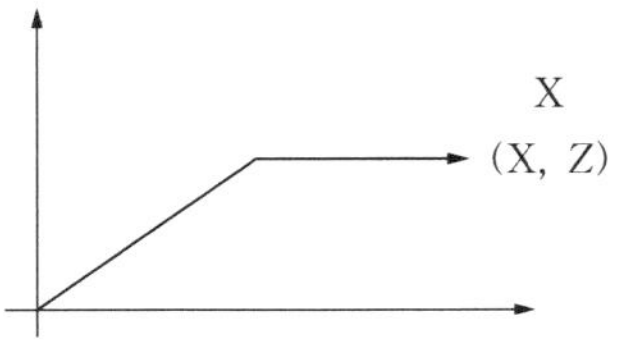
G01	직선 보간	균일한 기울기 또는 제어축에 평행한 직선 운동을 지정하는 제어의 모오드 G01X…Z…F… 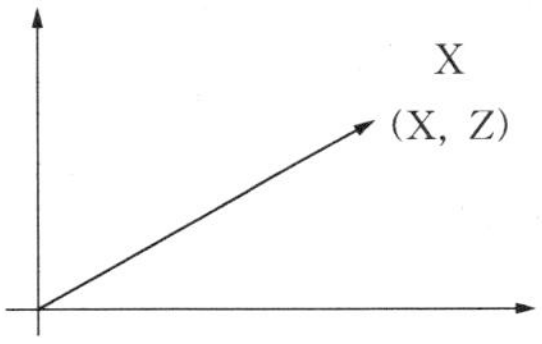
G02	원호보간 (시계방향)	공구의 운동을 원호에 따르도록 제어하는 윤곽 제어의 모오드 G02X…Z…I…K…F… 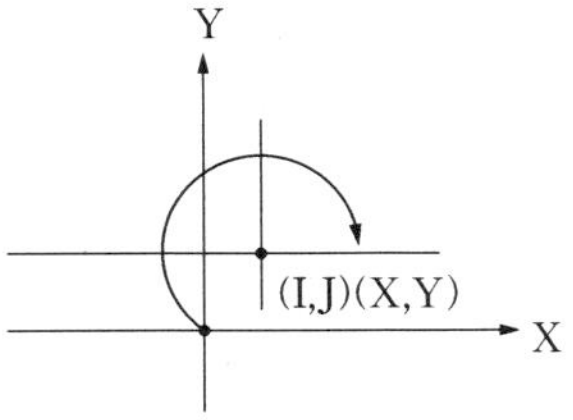
G03	원호보간 (반시계방향)	공구의 운동을 원호에 따르도록 제어하는 윤곽 제어의 모오드 G03X…Y…I…J…F… 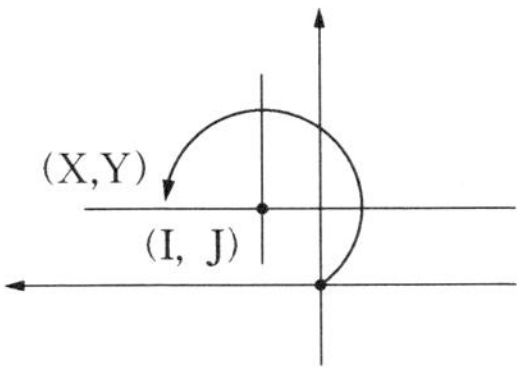

NC 프로그래밍 기초

코드	기능	기능의 뜻
G04	드웰	프로그램된 시간 또는 정해진 시간만큼 다음 블록으로 들어가는 시간을 늦추는 모오드이며, 인터록이나 호울드는 아니다. G04X…(1/100초 단위)시간이 경과하면 다음 블록으로 진행된다.
G28	자동 원점 복귀	기계원점까지 빠른 이동 속도로 복귀시킨다. G28X±-Z±
G32	나사 절삭	나사 절삭을 다음 지령에 따라 실행한다. G32X/U±Z/W±F±
G33	일정 리이드의 나사 절삭	일정 리이드의 나사 절삭의 모오드
G34	점증(漸增)리이드의 나사 절삭	균일하게 증가하는 리이드의 나사 절삭의 모오드
G35	점증(漸增)리이드의 나사 절삭	균일하게 감소하는 리이드의 나사 절삭의 모오드
G50	좌표계 설정	G50에 이어서 X…Z…의 값으로 좌표계를 설정한다. 가공전에 반드시 기입한다. G50X…Z…
G71	환봉 절삭 사이클 (길이방향)	다듬 형상을 주면 다듬질 여유를 남겨 놓고 막깍기 한다. G71P…Q…U…W…D…F…S… P : 다듬 형상의 처음 시이퀀스 번호 Q : 다듬 형상의 끝의 시이퀀스 번호 U : X축 방향의 다듬 여유 W : Z축 방향의 다듬 여유 D : 절입량

코드	기능	기능의 뜻
G72	환봉절삭사이클 (단면방향)	G71과 같은 사이클인데 단면 절삭을 한다. G72P⋯Q⋯U⋯W⋯D⋯F⋯S⋯ P : 다듬 형상의 처음 시이퀀스 번호 Q : 다듬 형상의 끝의 시이퀀스 번호 U : X축 방향의 다듬 여유 W : Z축 방향의 다듬 여유 D : 절입량
G73	모방절삭 사이클	다듬질 형상을 주어 모방 절삭 방법으로 가공한다. G73P⋯Q⋯I⋯K⋯U⋯W⋯D⋯F⋯S⋯ P : 다듬 형상의 처음 시이퀀스 번호 Q : 다듬 형상의 끝의 시이퀀스 번호 I : X축 방향 도피량 K : Z축 방향 도피량 U : X축 방향의 다듬 여유 W : Z축 방향의 다듬 여유 D : 절입 분할 회수

코오드	기능	기능의 뜻
G74	단면 홈 절삭 사이클	단면 방향의 홈 절삭에 사용한다. G74X…Z…I…K…F…D… XZ : 종점의 쉬프트량 I : 공구의 쉬프트량 K : 절입량 D : 절삭 끝에서 바이트의 도피량
G75	길이 홈 절삭 사이클	홈 가공은 바이트 폭을 쉬프트하여 실행한다. G75X…Z…I…K…D…F… XZ : 종점의 좌표 I : 절입량 K : 공구의 쉬프트량 D : 절삭 끝에서 바이트의 도피량

코오드	기능	기능의 뜻
G76	나사 절삭 사이클	⊿P를 줄 때 ⊿P, ⊿PÂ2, ⊿PÂ3, ⊿PÂ4⋯ ⊿PXÂn의 K/Ân회 절삭을 실행한다. G76X⋯Z⋯I⋯K⋯D⋯F⋯A⋯ I : 테이퍼 차 I : 0 스트로크 K : 나사산의 높이 D : 1회당 절입량 F : 나사의 리이드 A : 인선 각도 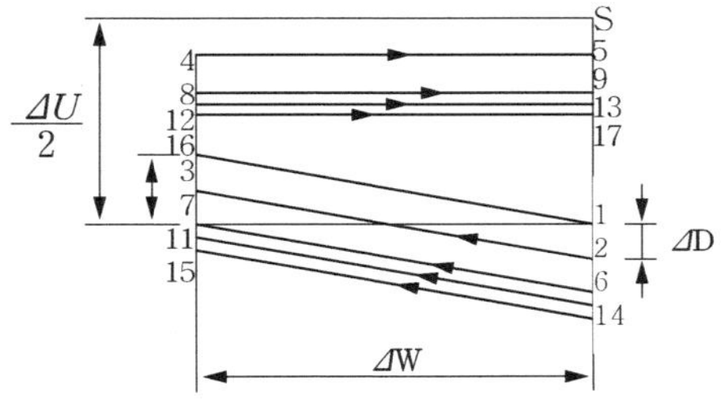
G90	절삭 사이클	아래 그림의 사이클을 다음 지령으로 지시할 수 있다. G90X/U±dd⋯⋯D Z/W±dd⋯⋯D Idd⋯⋯dKdd⋯⋯dFdddd EOB 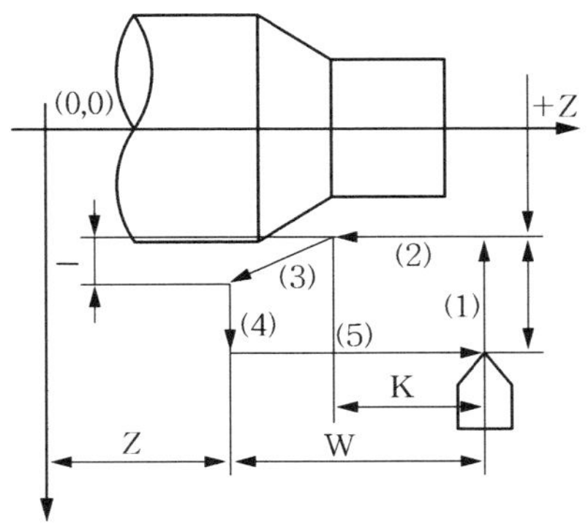

코드	기능	기능의 뜻
G92	스트레이트 테이퍼 나사 절삭	G90과 같은데 나사 절삭 사이클이 용이하다. G76은 자동절삭을 실행하는데, G92는 X-로 절삭을 지령한다. G92X/U±dd······d Z/W±dd······d Idd······d Kdd······d Fdddd(Edddddd)EOB 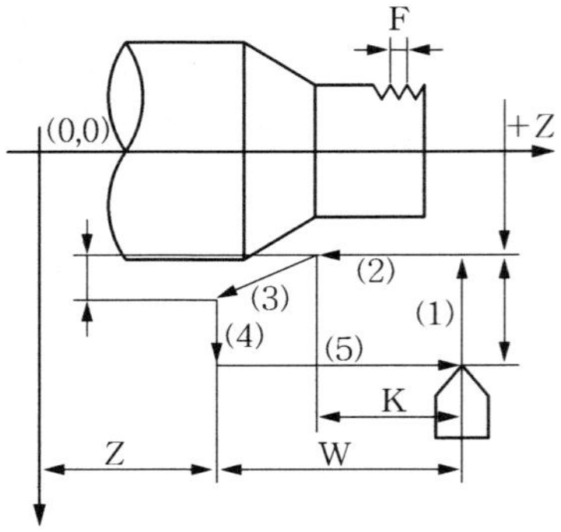
G93	단면 & 테이퍼 절삭 사이클	절삭 사이클의 단면 가공용이다. 동작은 아래 그림과 같다. 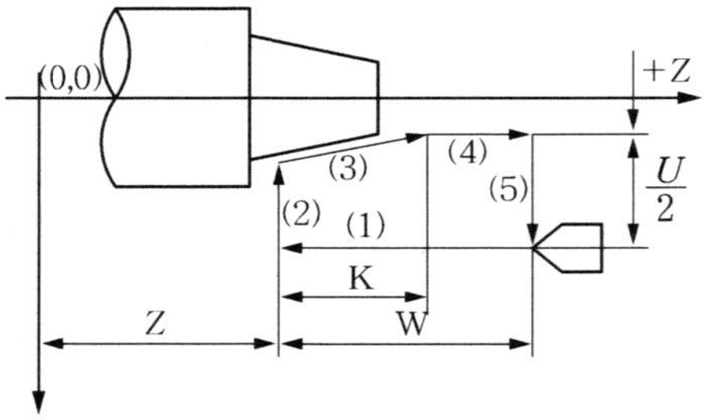
G96	주속 일정 제어	주속을 지시하는 S4자리에 의해서 주속에 대응하는 주축 회전수로 일감을 회전한다.S···(m/분)
G97	주속 일정 제어 캔슬	주속 일정 제어를 해체하고 이때 S4자리로 주측 회전수를 지령한다. S···(rpm)

Chapter 10

2) 보조기능(M코드 : miscellaneous function)

M 코드는 NC 공작기계가 절삭동작을 하기 위한 각종 구동 모터를 'ON/OFF' 제어하는 기능으로 어드레스 M과 연속되는 2자리 숫자로 지령한다.(M00~M99). 주축회전의 지령, 절삭유 공급, 공구교환지령 및 이동축 크램프 등과 같이 기계의 보조적 동작을 지령하기 때문에 보조기능이라고 한다.
아래 표는 KS B 4206에 규정된 보조기능(M코드)일람표이며, 다음 표는 M기능의 뜻을 나타낸 것이다.

예〉 M□□(00~00까지 지정된 2자리 수)
N10 G50 X250.0 Z300.0 S1800 T0200 M42 ;
N20 G96 S150 M03 ;
N30 G00 X68.0 Z0.2 T0105 M08 ;

〈 보조기능(M코드 일람표)(KS B 4206) 〉

코드	기능	기능개시		기능단속	
		그 블록에 지령된 작동과 동시에 시작	그 블록에 지령된 작동의 완료 후 시작	최소 또는 변경될 때까지 유효	지정된 블록 내에서만 유효
M00	프로그램 정지		○		○
M01	옵셔널(optional) 정지		○		○
M02	프로그램 정료		○		○
M03	주축 시계방향 회전	○		○	
M04	주축 반시계방향 회전	○		○	
M05	주축 정지		○	○	
M06	공구 교환	•	•		○
M07	냉각제(coolant)2	○		○	
M08	냉각제(coolant)1	○		○	
M09	냉각제(coolant)정지		○	○	
M10	클램프1(index clamp)	•	•		○

코드	기능	기능개시		기능단속	
		그 블록에 지령된 작동과 동시에 시작	그 블록에 지령된 작동의 완료 후 시작	최소 또는 변경될 때까지 유효	지정된 블록 내에서만 유효
M11	언클램프(Index clamp)	•	•		○
M12	미지정				
M13 M14	추축 시계방향 회전 및 냉각제 주축 시계방향 회전 및 냉각제	○ ○		○ ○	
M15 M16	정방향 회전 부방향 회전	○ ○			○ ○
M17 M18	미지정				
M19	정회전 위치에 주축정지		○	○	
M20 M29	이후에도 지정하지 않음				
M30	엔드 오브 테이프(end of tape)				○
M31	인터로크 바이패스(interlock by pass)	•	•		○
M32 M35	미지정				
M36 M37	이송범위1 이송범위2	○ ○		○ ○	
M38 M39	주축 속도 범위1 주축 속도 범위2	○ ○		○ ○	
M40 M45	기어 교환	•	•	•	•
M46 M47	미지정				
M48 M49	오버라이드(override)무시의 최소 오버라이드 무시	○	○	○ ○	
M50 M51	냉각제 3 냉각제 4	○ ○		○ ○	
M52 M54	미지정				

코드	기능	기능개시		기능단속	
		그 블록에 지령된 작동과 동시에 시작	그 블록에 지령된 작동의 완료 후 시작	최소 또는 변경 될 때까지 유효	지정된 블록 내에서만 유효
M55	위치 1에서의 공구 직선 이동	○		○	
M56	위치 2에서의 공구 직선 이동	○		○	
M57 M59	미지정				
M60	공작물 교환		○		○
M61 M62	위치 1에서 공작물의 직선 이동 위치 2에서 공작물의 직선 이동	○ ○		○ ○	
M63 M67	미지정				
M68 M69	클램프 2(2) 언클램프 2(2)	• •	• •	○ ○	
M70	미지정				
M71 M72	위치 1에서 공작물의 선회 위치 2에서 공작물의 선회	○ ○		○ ○	
M73 M74 M77	반복종료				
M78 M79	클램프 3(2) 언클램프 3(2)	• •	• •	○ ○	
M80 M89	미지정				
M98 M99	이후에도 지정하지 않름				

(주) 1.(2) 이들의 기능이 공작기계에 없을 때에는 "미지정"으로 되고, 본 표에 지정되어 있지 않은 기능에 사용해도 좋다.
  2. • : 기계에 따라 그 어느 쪽을 채택하여도 좋다. 그러나 포맷 시방에 명시하여야 한다.
  3. M 기능은 1개의 블록에 1개씩만 쓸 수 있으며, 2개 이상이면 맨 나중의 것이 유효하다.

〈 M의 기능의 뜻(KS B 4206) 〉

코드	기능	기능의 의미
M00	program stop	프로그램의 운행을 중단시키는 지령. 이 지령에서는 블록 내에서 지정된 동작이 완료된 후 주축 및 coolant는 정지한다.
M01	optional stop	작업자가 이 기능이 유효한 스위치를 미리 넣으면 프로그램 스톱과 동일의 기능을 얻는 지령. 스위치를 넣지 않을 때는 이 지령은 무시된다.
M02	end of program	공작물의 가공 프로그램의 종료를 지시하는 지령으로서, 그 블록의 동작이 완료된 후 주축 및 coolant는 정지한다. 제어장치나 기계의 reset에 쓰고, 이 지령에 따라 프로그램 시작의 character까지 테이프를 되돌려도 좋다.
M03	주축 시계방향 회전	공작물로부터 오른나사가 멀어지는 방향으로 주축을 회전시키는 지령
M04	주축 반시계방향 회전	공작물로부터 오른나사가 멀어지는 방향으로 주축을 회전시키는 지령
M05	주축 정지	주축을 정지시키는 지령. 브레이크가 있다면 그것을 사용한다. 이때 coolant도 정지한다.
M06	공구 교환	수동, 자동을 불문하고 공구 교환을 실현시키기 위한 지령, 단, 공구의 선택은 포함되지 않는다. 이 지령에 따라서 coolant 및 주축이 자동적으로 정지 또는 정지하지 않아도 좋다.
M07 M08 M50 M51	coolant	coolant 개시의 지령, 통상 1은 냉각액, 2는 mist에 쓴다. 3 및 4는 특별히 지정하지 않는다.
M09	coolant 정지	M07, M08, M05 또는 M51을 cancel하는 지령
M10 M68 M78	clamp	기계의 슬라이드, 공작물, 고정구, 주축 등의 clamp, unclamp를 행하는 지령
M11 M69 M79	unclamp	clamp, unclampdml 대상이 둘 이상이 있을 때는 M10, M11, M68, M69, M78, M79의 순으로 쓴다.
M15	정방향 운동	급속 이송 또는 절삭 이송 방향을 선택하는 지령
M16	부방향 운동	absolute 계측 system을 갖는 회전 테이블에도 사용
M19	정회전 위치에서 주축 위치	미리 결정된 각(角) 위치에서 주축을 정지시키는 지령
M30	end of tape	수치제어 테이프의 끝을 표시하는 지령으로서, 그 블록의 동작이 종료된 후, 주축 및 coolant는 정지한다. 제어장치나 기계의 reset에 쓴다. 제어장치의 reset에는 프로그램 시작의 character 까지 수치제어

			테이프를 되돌려서 제2의 테이프 리이더의 시작 등을 포함하는 것이 가능하다.
M31		interlock by pass	통상으로 interlock을 일시적으로 무시하는 지령
M36 M39		이송 범위	이송속도 또는 이송량의 범위를 선택하는 지령
M49		override 무시	야미로 고정된 주축 속도 또는 이송속도의 override를 무시하여 프로그램되어 있는 속도로서 동작시키는 지령 이 지령은 M48에 의해서 cancel 된다.
M55 M56		공구의 직선 시프트	공구측 방향의 미리 결정된 위치로서 공작물을 시프트하는 지령
M61 M62		공작물의 직선 시프트	미리 결정된 위치로 공작물을 시프트하는 지령
M71 M72		공작물의 선회 시프트	미리 결정된 각 위치로 공작물을 시프트하는 지령

3) 이송기능(F코드 : feed function)

이송기능은 NC절삭가공할 때 가공물과 공구와의 상대속도를 지정하는 것으로 어드레스 F 다음에 연속되는 수치로 지령한다.

일반적으로 이송속도는 밀링계열에서는 매분이송지령(mm/min), 선반계열에서는 매회전 이송지령(mm/rev)방식을 사용한다.

4) 주축기능(S코드 : spindle function)

주축기능은 S기능이라고도 하며, 주축의 회전수를 지령하는 기능으로 어드레스 S다음에 연속되는 2행 또는 4행의 수치로 지령한다.

S코드 2행 지령은 주축회전수(spindle RPM)를 직접 지정하는 것이 아니고 제작회사에서 정해진 값에 의해서 지령되며, S코드 4행지령은 일반적으로 많이 사용되는데 S에 연속되는 4행의 수치로 회전수를 직접 지령하는 방식이다.

〈예〉

S코드 2행 지령 : S33→1200rpm(기계제작 회사에서 정한 값)
　　　　　　　　S44→2000rpm
S코드 4행 지령 : S1200→1200rpm(회전수 지정방식)
　　　　　　　　S2000→2000rpm

또한 S코드는 준비기능과 조합으로 원주속도 일정제어(constant surface speed control)방식과 주축회전수(spindle RPM)지정방식으로 지령할 수 있다.

원주 속도 일정 제어(constant surface speed control)방식은 원주속도 $V = \pi DN/1000$(단, D는 프로그램상의 X좌표 지령치임)이므로 NC제어장치에 의해 지령좌표치에 따라 일정한 원주속도가 유지되도록 자동적으로 회전수를 계산하여 제어한다.

원주속도 일정제어 모드에서 주축 속도를 조절하여 지령할 필요가 있을 때는 NC제어기 위의 주속조절(spindle override)선택 스위치에 의해 백분율로 회전수를 가감조절할 수 있다. 다음 표는 주축기능의 구체적인 예를 나타낸 것이다.

〈예〉

원주속도 일정제어 방식 : G96 S130→V=130m/min
주축회전수 지정방식 : G97 S160→1600rpm

S코드	주축 회전수
S36	63rpm
S38	80
S40	100
S42	125
S44	160
S46	200
S48	250
S50	315
S52	400
S54	500
S56	630
S58	800
S60	1000
S62	1250
S64	1600
S66	2000

〈 (a) S코드 2행 지령 〉

S코드	주축 회전수
S0663	63rpm
S0080	80
S0100	100
S0125	125
S0160	160
S0200	200
S0250	250
S0315	315
S0400	400
S0500	500
S0630	630
S0800	800
S1000	1000
S1250	1250
S1600	1600
S2000	2000

〈 (b) S코드 4행 지령 〉

5) 공구기능(T코드 : tool function)

공구기능은 T기능이라고도 하며, 필요한 공구의 선택과 공구 교환 및 공구보정(tool offset)을 하기 위하여 사용하는 기능으로 어드레스 T에 연속되는 4행의 숫자로 지령한다.

〈예〉

이 지령에 의하여 자동공구 교환 및 공구보정이 가능하다. T□□OO는 보정취소 기능으로 보정치가 0인 공구를 의미한다. 일반적으로 보정번호는 공구번호와 같은 번호를 사용한다.

memo

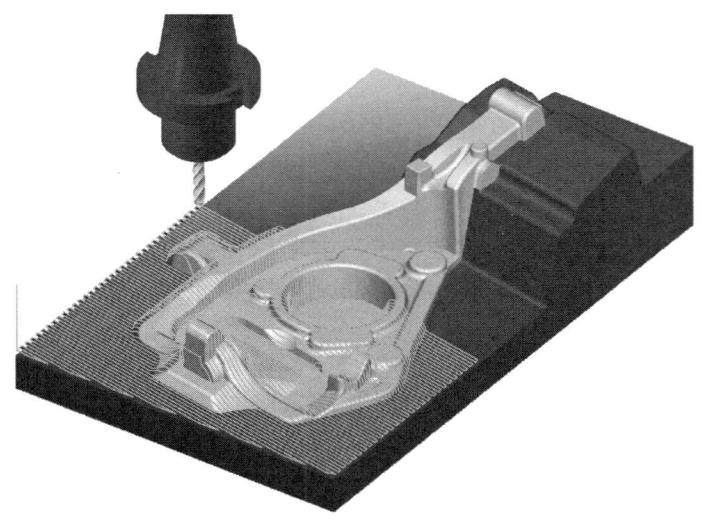

Chapter 11. 2차원 NC 프로그래밍

1. 재료설정
2. 공구관리 대화창
3. 가공정의 관리자
4. 공구조건설정
5. NCI 파일 정의

Chapter 11 · 2차원 NC 프로그래밍

공구가 특정 평면기준 XY(또는 YZ/XZ)축 방향으로만 절삭 이송하는 형태의 가공 데이터를 생성하는 작업과정을 2차원 NC 프로그래밍이라하며, 밀링 기계로 실행 할 수 있는 가공종류로는 윤곽/포켓/드릴/면가공/원호가공 등의 형태가 있다.
이 장에서는 Mastercam으로 프로그램 작성시 각 가공형태에서 공통적으로 적용되는 사항을 우선 설명하고 각각의 가공형태별 특징적인 내용을 소개하겠다.

>  참고
>
> **Mastercam을 이용한 NC프로그래밍 FLOW**
> Mastercam을 이용한 일반적인 도형 및 가공데이터 실행 처리 과정은 다음과 같이 단계별로 구분 표시할 수 있다.
> ① 가공대상도형생성(*.MC9) ⇒ ② NCI파일생성(*.NCI) ⇒ ③ 경로확인 또는 모의가공 실행 ⇒ ④ 포스트프로세서 지정(*.PST) ⇒ ⑤ NC파일생성(*.NC) ⇒ ⑥ NC파일 기계로 전송 ⇒ ⑦ 가공 실행

▶공통적용사항

아래에서 설명되는 재료설정 / 가공관리자 / 공구조건설정 / NCI 파일정의는 일부 가공정의들을 제외하고 2차원은 물론 3차원 가공정의를 실행하는 경우에도 동일하게 적용되는 항목들이다.

1. 재료설정

[메뉴실행 : T : 가공경로 - J : 재료설정]

(또는 가공정의 관리자 대화창/공구조건설정 대화창내 마우스 오른쪽 버튼 메뉴)
가공에 사용될 피삭재에 대한 조건 및 기타조건을 설정하여 이후 모의가공 또는 충돌체크 실행에서 오류사항을 검색하는 용도로 이용하거나 특정 가공정의 실행시 해당 가공정의 공구조건설정 대화창의 영역 일부 항목들의 설정 값으로 자동 설정하는 기능
그 외에도 가공경로의 기타조건 등을 미리 설정하는 기능으로 재료설정은 가공정의 실행 전, 가공정의 실행과정 중 또는 가공정의 실행 후 등 어떤 단계에서도 실행 가능하나 재료설정 대화창의 가공관련 항목들에 대한 내용을 적용하기 위해서는 반드시 가공정의 실행 전에 설정해야 적용할 수 있다.

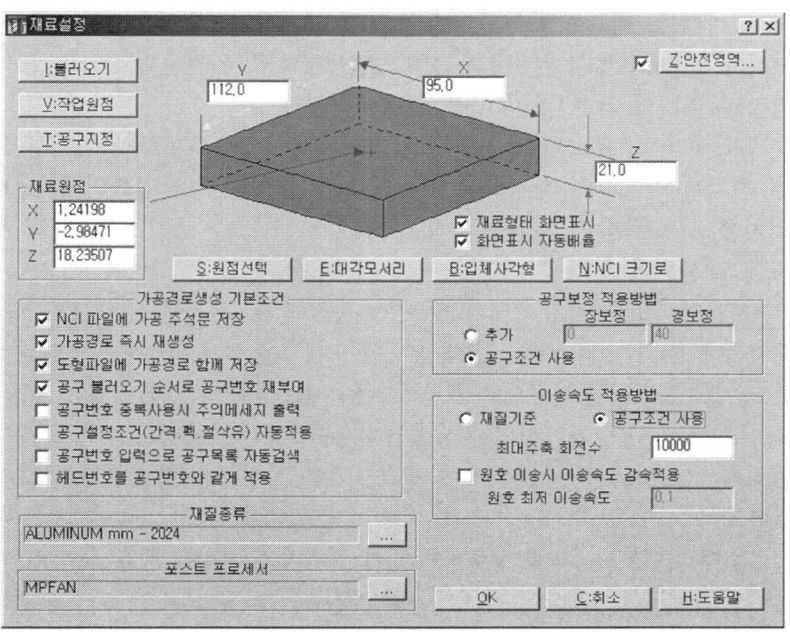

1.1 재료설정 대화창

1) **재료설정영역** : 실제 가공 실행시 사용될 재료의 크기를 설정하는 영역
   ① 불러오기 : 시스템에 저장된 특정 도형파일을 선택하여 해당 도형파일에서 이미 설정된 재료설정 대화창의 내용을 현재 재료설정 대화창 해당 항목들 값으로 복사해오는 기능으로 버튼선택 후 표시되는 불러오기 조건설정 대화창에서 대상선택 버튼으로 특정 도형파일을 지정한 후 영역에 표시되는 재료설정 항목을 선택하고 불러오기 버튼과 완료 버튼을 순차적으로 선택하여 실행
   ② 작업원점 : 현재 도형파일에 적용될 사용자정의 작업원점을 설정하는 기능으로 이 기능은 사용자가 시스템 원점이 아닌 임의의 작업원점을 미리 지정한 경우에만 사용할 수 있으며, 특정 작업원점을 지정한 경우에는 이후 진행되는 특정 가공정의의 공구조건설정 대화창-공구/작업평면 버튼항목 대화창의 작업평면 항목의 적용 평면 및 원점위치로 자동 설정되어 표시
   ③ 공구지정 : 가공에 사용될 공구들을 공구관리자 대화창을 이용하여 미리 지정하는 기능으로 지정된 공구들은 이후 실행되는 특정 가공정의의 공구조건설정 대화창의 공구표시 영역에 자동으로 표시됨
   ④ 재료원점 : 사용될 피삭재의 상단 중심위치 좌표 값을 설정하는 항목(대화창 피삭재 그림형상의 적색 점 표시위치)
   ⑤ X/Y/Z : 위 재료원점 위치기준 축 방향별 피삭재의 크기 값을 설정하는 항목

⑥ 원점선택 : 위 재료원점 항목의 X,Y,Z 위치를 작업화면에서 위치지정 메뉴를 이용하여 지정하는 기능으로 버튼선택 후 작업화면에서 특정 위치를 지정하면 위 재료 원점 항목에 지정된 위치의 좌표 값이 자동으로 표시된다.

⑦ 대각모서리 : 재료크기 설정을 작업화면에서 설정될 재료의 입체사각 대각모서리 두 점 위치를 지정하여 설정하는 기능으로 버튼선택 후 작업화면에서 대각모서리 두 점 위치를 지정하면 위 재료원점 및 X/Y/Z 항목 값들이 지정된 두 점 위치를 기준으로 자동 계산되어 입력됨

⑧ 입체사각형 : 입체사각형 그리기 메뉴를 이용하여 재료크기를 설정하는 기능으로 버튼선택 후 도형선택 메뉴를 이용하여 가공대상이 될 도형들을 선택 완료하면 선택된 도형들의 X, Y, Z 축 크기를 시스템이 자동으로 계산하여 위 재료원점 및 X/Y/Z 항목 값들로 자동 입력됨

⑨ NCI크기로 : 이미 가공정의가 생성된 경우 생성된 가공경로의 축 방향별 절삭이송 구간 범위를 시스템이 자동 계산하여 재료크기를 설정하는 방법으로 메뉴버튼 선택시 바로 적용됨

⑩ 재료형태 화면표시 : 항목 선택하면 현재 대화창의 설정된 재료 크기로 작업화면에 가상의 형상이 표시되는 기능(적색 일점쇄선 형태로 표시)

⑪ 화면표시 자동배율 : 위 재료형태 화면표시 항목을 선택한 경우에만 활성화되는 항목으로 항목 선택하면 작업화면 크기를 설정된 재료크기로 알맞게 자동조절하며, 항목선택 안한 경우에는 현재 작업화면 크기 그대로 가상 재료형상을 표시함

⑫ 안전영역 : 사용자가 안전영역 크기에 의거하여 가공시 생성되는 급속이동 구간을 해당 영역 밖으로 나가지 못하도록 제한하는 기능으로서, 육면체형상, 구형상, 원통형상 등 재료 형상에 대한 크기 및 형태를 지정할 수 있음(안전높이는 해당되지 않음)

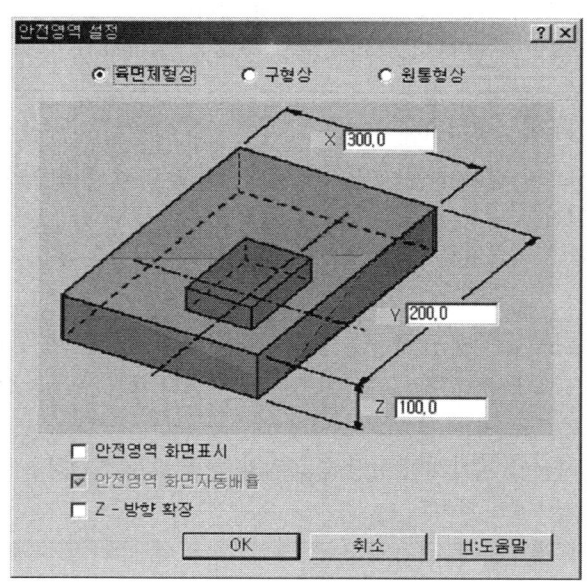

2) **가공경로생성 기본조건** : 가공경로 생성시 기본적으로 적용될 조건설정 및 생성된 가공경로의 관련 도형파일에 함께 저장 등 가공경로 관련 적용될 기본 내용들을 설정하는 영역

① NCI파일에 가공주석문 저장 : 항목 선택하면 이후 실행되는 특정 가공정의의 공구 조건설정 대화창의 좌측하단 주석문 입력란에 해 주석문이 입력된 경우 해당 내용이 추후 생성되는 NCI 파일에 함께 저장됨

② 가공경로 즉시 재생성 : 특정 가공정의를 실행하여 NCI 파일을 생성한 후 동일 NCI 파일이름으로 또 다른 가공정의를 연속적으로 생성하는 경우 시스템이 자동으로 해당 NCI 파일에 추가된 가공정의 내용을 포함하도록 NCI 파일 재생성 작업실행을 바로 실행할 지를 설정하는 기능. 항목시 선택하면 실행되며, 항목선택 안한 경우에는 사용자가 새로운 가공정의가 추가될 때마다 가공정의 관리자 대화창의 재생성 버튼을 이용하여 재생성을 실행해야 추가된 가공정의 내용들이 NCI 파일에 포함됨

③ 도형파일에 가공경로 함께 저장 : 도형파일이 저장되는 경우 관련 가공경로 내용(binary NCI 파일)을 함께 저장하도록 하는 기능으로 이렇게 저장된 도형파일은 이후 해당 도형파일을 불러올 때 작업가공경로 재생성 실행과정을 생략하므로 파일 불러오기 시간이 단축되는 효과가 있으나 3차원 형상 가공인 경우에는 NCI 파일의 크기가 큰 관계로 시스템 메모리 사용의 효율성이 저하되는 단점이 있음

④ 공구불러오기 순서로 공구번호 재부여 : 항목 선택하면 이후 새공구 생성 또는 목록에서 공구를 불러올 경우 지정 공구의 번호를 현재 적용중인 공구목록 파일의 지정된 공구번호를 무시하고 순차적으로 다시 부여하는 기능

⑤ 공구번호 중복사용시 주의 메시지 출력 : 항목 선택하면 이미 호출된 공구가 있는데 호출된 공구번호가 동일한 다른 공구가 있는 경우 시스템이 동일번호가 있음을 알려주는 메시지 대화창을 화면으로 표시

⑥ 공구설정조건(간격, 펙, 절삭유) 자동적용 : 항목 선택하면 가공정의 실행에서 사용될 공구로 선택되는 해당 공구의 조건설정 영역에서 설정된 일부 가공조건(가공간격, 펙간격, 절삭유 공급형태)들이 해당 가공정의 조건설정 대화창의 관련 항목들 설정 값으로 자동 설정

⑦ 공구번호 입력으로 공구목록 자동검색 : 가공정의 실행에서 공구조건설정 대화창의 공구번호 항목 입력란에 특정 공구번호를 입력하면 시스템이 적용중인 공구목록을 자동으로 검색하여 입력된 공구번호의 공구를 불러오는 기능(처음공구 사용에서만 적용 가능)

⑧ 헤드번호를 공구번호와 같게 설정 : 이 항목을 설정시 새공구를 생성하거나 목록에서 공구를 불러올 경우 해당 공구의 번호와 같게 헤드번호가 설정되는 기능

3) **재질종류** : 피삭재의 재질종류를 지정하는 영역으로 버튼 선택 후 표시되는 재질 목록 대화창에서 사용될 피삭재의 재질을 설정

4) **포스트프로세서** : 가공정의 실행으로 생성된 가공경로를(NCI파일) 가공프로그램으로(NC파일) 생성하는 과정에서 적용될 포스트프로세서 파일을 미리 지정하는 기능

 CAD·CAM 실무 2D

재질목록 대화창

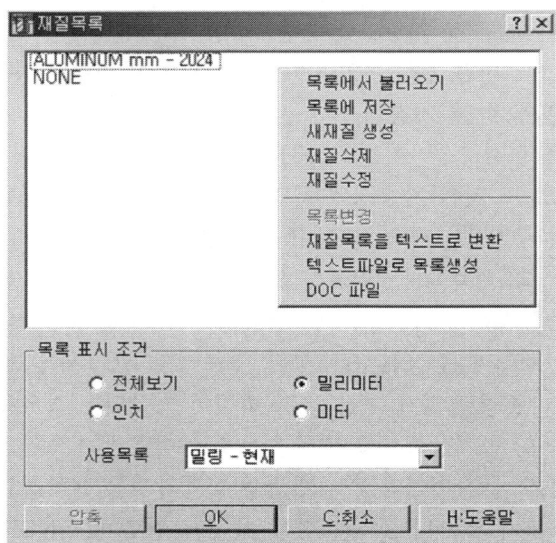

1. **재질종류 표시영역** : 아래 밀링-목록/현재 항목에서 설정되는 항목에 일치하는 피삭재 재질들이 표시되는 영역
2. **목록표시조건**
   ㉠ 전체보기/밀리미터/인치/미터 : 각각의 단위에 속하는 재료보기 기능으로서 각각의 단위를 활성화 할 때 마다 그 단위로 설정된 재질만 표시됨
   ㉡ 사용목록 : 재질목록파일(*.MTL)의 모든 재질들을 표시영역에 표시하거나(밀링-목록) 현재 가공정의에 기 지정된 재질들만 표시(밀링-현재) 되도록 하는 기능
3. **압축** : 메뉴버튼 선택하면 현재 표시된 재질목록 파일을 제외한 시스템에 저장된 다른 재질 목록 파일들을 시스템이 자동으로 삭제하는 기능
4. **마우스 오른쪽버튼 메뉴** : 재질종류 표시영역에서 마우스 오른쪽버튼 클릭
   ㉠ 목록에서 불러오기 : 현재 재질목록 파일의 모든 재질종류를 표시
   ㉡ 목록에 저장 : 표시영역에서 선택된 재질 종류들을 특정 재질목록 파일로 저장하는 기능
   ㉢ 새재질 생성 : 새재질을 생성하여 표시영역으로 불러오는 기능
   ㉣ 재질삭제 : 표시영역에서 선택된 재질 종류들을 삭제
   ㉤ 재질수정 : 표시영역에서 선택된 재질종류의 재질정의 대화창을 열어 조건을 수정하는 기능
   ㉥ 목록변경 : 표시영역에 표시될 재질목록파일을 다른 파일로 변경
   ㉦ 재질목록을 텍스트로 변환 : 재질목록 파일의 모든 재질내용을 텍스트 파일로 저장
   ㉧ 텍스트파일로 목록생성 : 위 재질목록을 텍스트로 변환 메뉴실행으로 시스템내 저장된 특정 텍스트 파일을 지정하여 파일내용을 근거로 재질목록 파일을 새로 생성
   ㉨ DOC파일 : 재질목록의 재질내용(이름, 종류, 파라미터) 문서파일(*.DOC)로 저장하는 기능

5) **공구보정 적용방법** : 공구조건설정 대화창의 경보정/장보정 번호 항목의 적용 값 입력방식을 설정하는 영역
   ① 추가 : 사용자 임의로 적용될 번호를 설정하는 기능으로 항목선택 후 적용될 번호를 항목우측 장보정/경보정 항목에 입력
   ② 공구조건 사용 : 항목 선택하면 가공에 사용될 공구로 선택되는 공구의 공구 조건설정 대화창 영역에 설정된 해당 항목의 값을 시스템이 자동으로 입력
6) **이송속도 적용방법** : 가공정의 실행에서 공구조건설정 대화창의 이송속도 항목의 값과 기타 이송속도 적용기준을 설정하는 영역
   ① 재질기준 : 항목 선택하면 대화창의 좌측하단 재질종류 영역에서 지정된 특정 재질의 재질정의 대화창 영역에서 설정된 가공형태별 이송속도 값이 이송속도로 적용됨
   ② 공구조건 사용 : 항목 선택하면 가공에 사용될 공구로 선택되는 공구의 공구조건설정 대화창 영역에서 설정된 이송속도 항목 값이 이송속도로 적용됨
   ③ 최대 주축회전수 : 위 재질기준 항목을 선택한 경우에만 적용되는 항목으로 생성되는 가공경로에 적용될 수 있는 최대 주축회전속도를 설정하는 기능
   ④ 원호이송시 이송속도 감속 : 항목 선택하면 가공대상 도형들 중 원호 도형들에 대하여는 설정된 이송속도 값보다 적은 이송속도 값으로 시스템이 자동으로 수정하여 적용하는 기능으로 수정된 이송속도 값은 원호도형의 시작점 위치부터 끝점까지의 구간에만 적용되며, 항목선택 안한 경우는 원호 도형들도 설정된 이송속도 값으로 적용
   원호 최소이송속도 항목은 이 항목을 선택한 경우에만 활성화되는 항목으로 항목에 특정 값이 입력되면 시스템은 원호 도형들에 대한 이송속도 적용 값을 설정된 이송속도 값과 최소이송속도 항목에 입력된 값 범위에서 계산하여 적용하는 기능

2. 공구관리 대화창

[메뉴실행 : N : 가공유틸 - T : 공구정의 - C : 현재]

가공에 사용될 공구들을 미리 지정하거나 이미 가공에 사용된 공구들을 표시 및 수정하는 기능으로 이 대화창에 표시된 공구들은 해당 도형파일에 대한 모든 가공정의 실행할 때마다 공구조건설정 대화창에 자동 표시된다.

 CAD·CAM 실무 2D

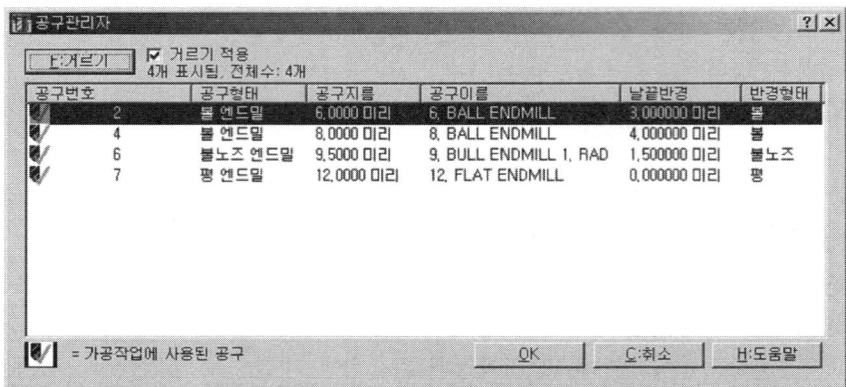

2.1 거르기

대화창 영역에 표시된 다수의 공구들 중 특정 조건에 부합하는 공구들만 영역에 표시되도록 표시 공구들을 제한하는 기능으로 아래의 대화창에서 적용될 조건을 설정

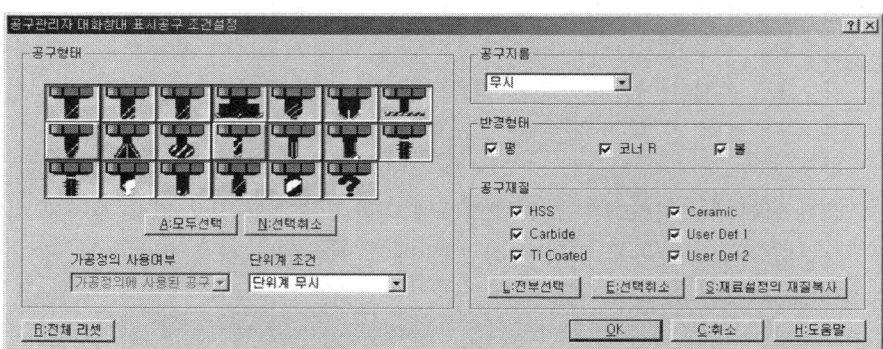

1) **공구형태** : 표시될 공구의 형태 및 기타 조건을 설정하는 영역
   ① 공구그림 : 공구형태를 설정하는 영역으로 표시될 공구의 형태그림 버튼을 마우스로 클릭(흰색표시 상태), 또는 전부선택(선택하면 모든 공구그림 선택) 또는 선택해제(선택하면 모든 공구그림 선택 해제) 버튼으로 그림버튼 선택을 조절
   ② 가공정의 사용여부 : 이미 가공정의에 사용된 공구들, 가공정의에 사용되지 않은 공구들 또는 사용여부 관계없이 표시할지를 설정
   ③ 단위계 조건 : 표시된 공구들 중 특정 단위계에(미터계, 인치계) 해당하는 공구들만 표시하거나 단위계를 무시하고 모든 공구 표시
2) **공구지름** : 공구형태 기준에 특정 공구지름(또는 무시)을 2차적인 표시 조건으로 설정
3) **반경형태** : 위 기준들에 공구의 반경형태를 추가 표시조건으로 설정
4) **공구재질** : 위 기준들에 공구의 재질종류를 추가 표시조건으로 설정
5) **전체리셋** : 기본설정 값으로 되돌리는 기능

2.2 공구목록 대화창

지정된 공구의 번호, 형태, 지름, 이름, 날끝반경, 반경형태 등이 표시되는 영역

[메뉴실행 : N : 가공유틸 - T : 공구정의 - L : 목록]

1) **마우스 오른쪽버튼 메뉴** : 공구표시 영역에서 마우스 오른쪽버튼 클릭
   ① 공구수정 : 공구표시 영역에서 선택(청색표시)된 공구의 조건을 수정하는 기능
   ② 공구삭제 : 공구표시 영역에 선택된 공구들을 삭제하는 기능
   ③ 목록에 저장 : 선택된 공구들을 현재 공구목록 파일에 저장하는 기능

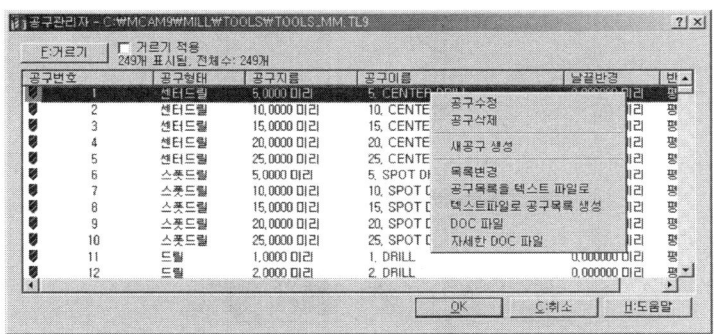

   ④ 새공구생성 : 새로운 공구를 만들어 추가하는 기능
   ⑤ 목록에서 불러오기 : 현재 공구목록 파일에서 특정 공구를 지정하여 공구표시 영역으로 불러오는 기능
   ⑥ 목록변경 : 현재 사용중인 공구목록 파일을 다른 공구목록 파일로 변경하는 기능
   ⑦ 공구목록을 텍스트 파일로 : 공구목록 파일내 공구내용을 텍스트(*.TXT) 파일로 저장하는 기능
   ⑧ 텍스트파일로 공구목록 생성 : 텍스트 파일로 저장된 공구목록을 공구목록 파일(*.TL8)로 변환하여 생성하는 기능
   ⑨ DOC 파일 : 표시영역내 공구내용(번호, 이름, 형태, 지름크기) 문서파일(*.DOC)로 생성하는 기능
   ⑩ 자세한 DOC파일 : 표시영역의 모든 공구내용을 문서파일(*.DOC)로 생성하는 기능

2) **공구정의 대화창** : 새공구 생성 과정 또는 기존 공구내용 수정 과정에서 사용(다음 그림 참조)
   ① 공구-공구이름 : 아래 공구형태 항목에서 지정된 공구형태가 표시되는 영역
   ② 공구형태 : 사용될 공구형태를 그림으로 선택하는 영역
   ③ 조건설정 : 해당 공구 사용하는 경우 적용될 이송속도 및 기타 조건을 설정하는 영역
   ④ 속도/이송속도 계산 : 버튼 선택하면 재료설정 버튼으로 설정된 피삭재 재질 종류의 조건으로 조건설정 영역내 항목 값들을 시스템이 자동 계산하여 입력하는 기능

⑤ 목록에 저장 : 대화창의 현재 설정된 공구내용을 공구목록 파일에 저장
⑥ 재료설정 : 사용될 피삭재 조건설정(재료설정 대화창)

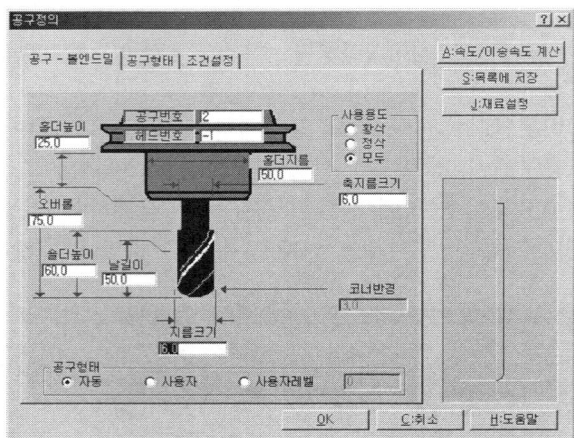

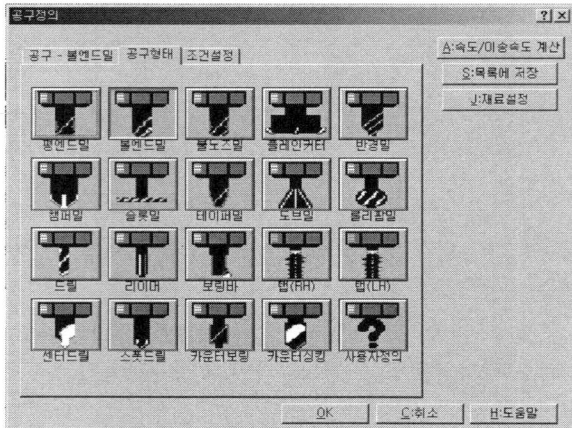

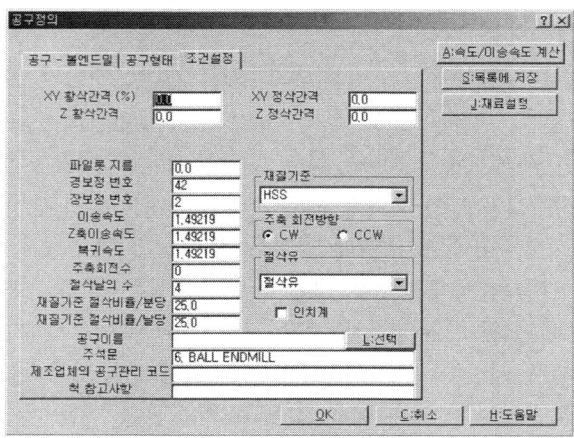

2.3 재질정의 대화창

사용될 피삭재의 재질 조건을 설정하는 기능

```
메뉴실행 : N : 가공유틸 - M : 재질정의 - 마우스 우측버튼 클릭 - 새재질 생성
          또는 재질수정
```

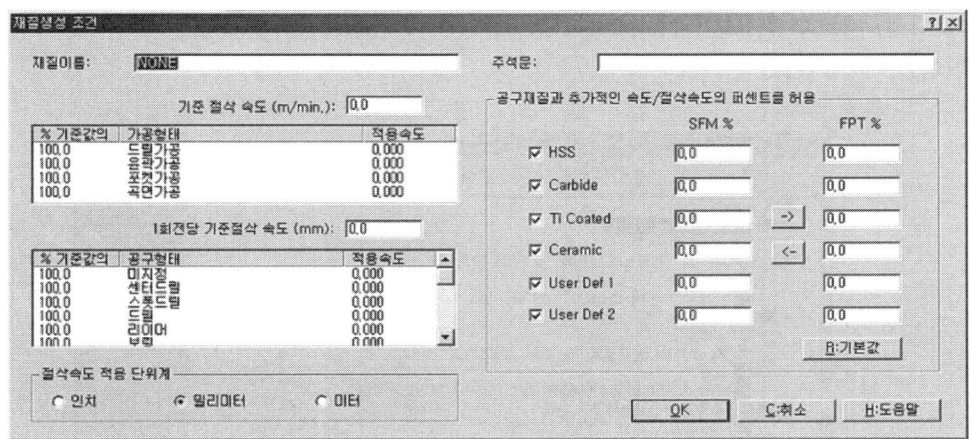

① 재질이름 : 피삭재의 재질이름을 입력하는 항목
② 기준 절삭 속도 : 아래 이송속도 적용기준 단위종류 선택에 따라 분당 미리(mm/min) 또는 표면 피트(SFM : Surface Feet per Minute)로 자동 표시되며, 적용될 기준 절삭거리 값을 설정하는 항목으로 이 기준절삭 거리의 특정비율 값으로 항목아래 가공형태별 실제 적용될 절삭 거리를 설정
③ 1회전당 기준 절삭간격 : 주축 1회전 당 공구 절삭날별로 절삭해야할 양을 설정. 아래 절삭속도 적용기준 단위계에 따라 인치 또는 미리 기준으로 적용되며, 이 기준값의 특정비율로 항목 아래 특정 공구들에 대한 적정 절삭량을 설정
④ 절삭속도 적용기준단위 : 절삭간격의 적용기준 단위계를 설정
⑤ 주석문 : 이 재질종류 관련 참고될 사항을 입력하는 영역
⑥ 공구재질과 추가적인 속도/절삭속도의 퍼센트를 적용 : 이 피삭재 재질을 가공대상으로 실행할 수 있는 공구재질 및 SFM(분당표면절삭속도), FPT(분당절삭속도)를 지정하는 기능

3. 가공정의 관리자

[메뉴실행 : T : 가공경로 - O : 가공관리자]

특정 도형관련 생성된 가공정의들의 관련 내용(가공조건, 관련도형, 사용공구, NCI파일)을 저장 및 수정, 관리 등 종합적인 기능을 실행하는 기능으로 가공정의 내용을 기반으로 한 NC데이타 생성, 경로확인, 모의가공, 고속가공, 충돌체크 실행은 물론 추가적인 가공정의 생성까지 실행할 수 있다.

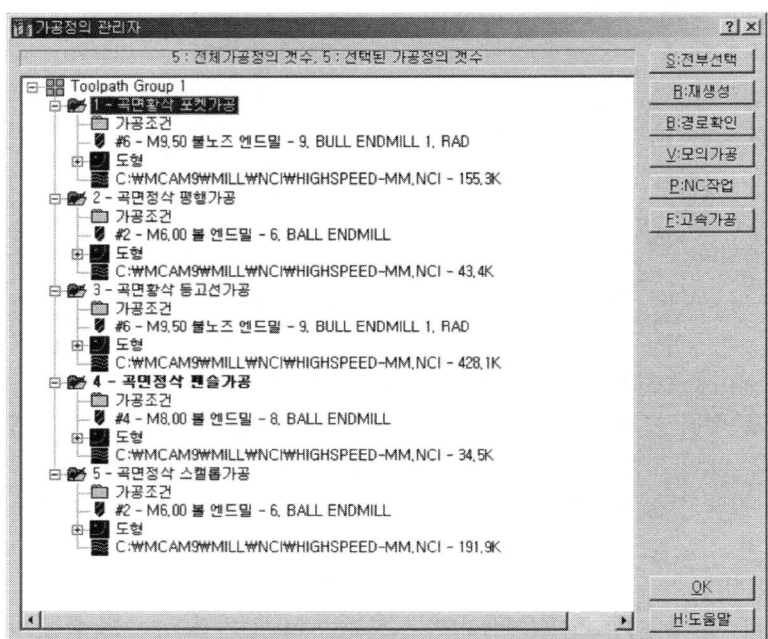

3.1 자동연결관리기능(Associativity)

특정 가공정의가 생성되면 시스템이 생성된 가공정의와 관련하여 설정된 가공조건, 사용공구, 대상도형, 생성된 가공경로(NCI파일) 등을 구성내용으로 하여 전체를 묶음 관리하는 기능이 자동연결관리 기능으로 가공정의 생성 후에 가공대상도형 또는 일부 가공조건들을 수정하면 수정내용과 관련된 항목들을 시스템이 자동으로 인식하여 수정된 내용이 반영되지 않았음을 가공정의 관리자 대화창에서 해당 가공정의 항목표시 폴더에 적색 "X" 자로 자동 표시한다. 재생성버튼 선택만으로 수정된 내용을 즉시 반영하여 재생성 할 수 있으며, 이 내용들은 관련 도형파일 저장하는 경우 함께 저장되며 언제든지 설정된 내용들을 보고 수정할 수 있다.

3.2 가공정의 관리자 대화창내 버튼기능

1) **전부선택** : 대화창의 표시된 모든 가공정의들을 작업대상으로 선택하는 기능
2) **재생성** : 대화창의 일부 가공정의들에 대한 가공조건 또는 대상도형이 수정된 경우 수정된 내용으로 가공경로를 재생성하는 기능
3) **경로확인** : 대화창의 선택(해당 가공정의 폴더에 표시)된 가공정의들의 생성된 가공경로를 대화창의 배열순서대로 작업화면에서 순차적인 진행상태로 확인하는 기능(Chapter13. NC 프로그래밍 유틸리티 - 2. 경로확인 내용 참조)
4) **모의가공** : 대화창의 선택(해당 가공정의 폴더에 표시)된 가공정의들의 생성된 가공경로를 배치순서대로 작업화면에서 가상의 피삭재 크기를 설정하여 가상의 공구 절삭 형태로 확인하는 기능(Chapter 13. NC 프로그래밍 유틸리티 - 1. 모의가공 내용 참조)
5) **NC작업** : 대화창의 선택(해당 가공정의 폴더에 표시)된 가공정의들의 생성된 가공 경로(NCI)를 특정기계 가공용 프로그램(기계언어)인 NC 파일로 변환하는 기능(Chapter13. NC 프로그래밍 유틸리티 - 5. NC작업 내용 참조)
6) **고속가공** : 대화창의 특정 가공정의(2.5축 또는 3축가공)들의 가공경로(NCI파일)를 가공실행시간 최대 단축 및 효율적인 절삭이 되도록 절삭이송 속도의 가공영역별 자동 가속 또는 감속하는 형태로 자동 변경시키는 최적화 기능

⊕ **고속절삭 가공 대화창**

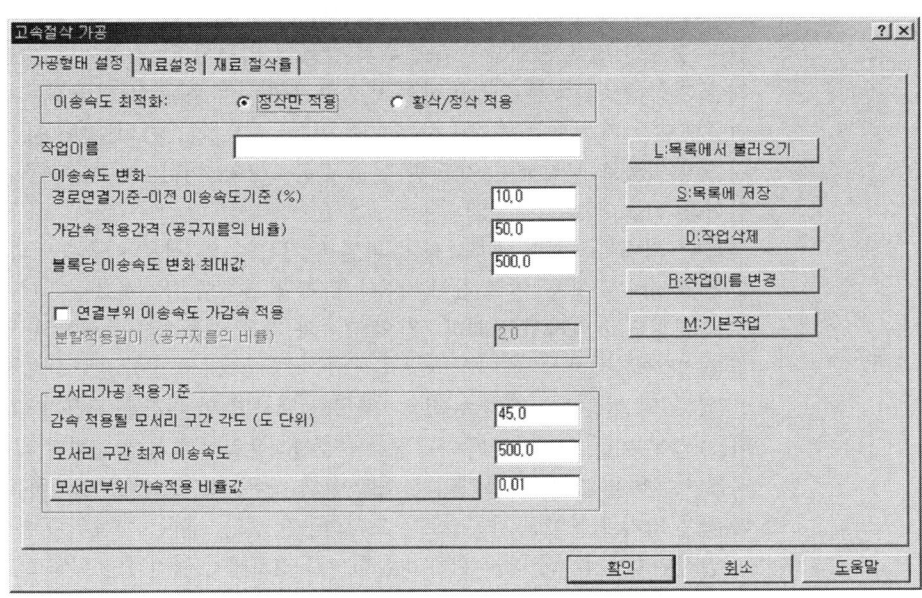

1 **가공형태 설정** : 가공경로 모서리구간 또는 원호구간에서의 이송속도 가감속 조건을 설정하는 영역

- **이송속도 최적화** : 정삭 및 황삭/정삭용으로 구분한 경로 생성설정
- **작업이름** : 대화창의 영역별 설정내용을 고속가공 목록파일(*.LIB)로 저장하는 경우 적용될 작업이름을 설정하는 항목
- **목록에서 불러오기** : 이미 저장되어 있는 특정 고속가공 목록파일(*.LIB)을 지정하여 해당 파일의 내용으로 현재 대화창의 모든 항목 조건을 동일하게 설정하는 기능
- **목록에 저장** : 현재 대화창의 설정내용을 작업이름 항목에 설정된 이름으로 시스템에 저장하는 기능
- **작업삭제** : 목록파일에 저장된 특정 작업이름을 목록파일에서 삭제
- **작업이름변경** : 목록파일에 저장된 작업이름을 수정하는 기능
- **기본작업** : 목록파일의 작업이름을 시스템 기본 값으로 설정
- **이송속도 변화** : 대상 가공경로의 분할 및 분할구간별 적용 이송속도의 기준을 설정하는 영역
  - 경로연결기준-이전 이송속도기준 % : 고속가공 형태로 시스템이 가공경로를 다시 계산하는 과정에서 현재 계산중인 적용 이송속도가 직전에 적용된 이송속도기준 값과 비교하여 작은 경우에는 해당 가공경로를 직전 가공경로에 연결하여 하나의 직선 또는 원호 이송 가공경로 형태로 시스템이 변화시키는 기능으로 적정 입력 값은 10(%)(예 : 직전가공경로 이송속도=100, 입력값=10, 현재 가공경로 이송속도=10 ⇒ 직전가공경로와 현재 가공경로 하나의 경로로 연결됨)
  - 가감속 적용간격(공구지름의 비율) : 고속가공 형태로 시스템이 가공경로를 다시 계산하는 과정에서 현재 계산중인 가공경로의 절삭진행 방향이 변화하는 구간(예 : 모서리구간)에 속하면서 해당 구간의 재료 절삭량이 공구날의 손상을 가져올 수 있는 형태인 경우 변화되는 구간위치(항목에 입력된 간격 길이만큼)를 기준으로 해당 가공경로를 2개로 분할하여 변화구간에 가까운 분할 가공경로에 대하여는 이송속도를 자동으로 가감속하는 기능이다. 적용될 간격의 입력 값은 사용공구 지름의 비율로 설정하며, 적당한 설정 값은 10(%) 이다.(예 : 사용공구지름=20, 입력값=10, 적용간격=2)
  - 블록당 최대이송속도 변화 : NCI 파일내 각 블록별 적용 이송속도의 최대 변화 값을 설정하는 영역. 입력 값이 작을수록 해당 블록의 가공경로들이 다수의 가공경로로 분할되고 따라서 모서리구간의 감속과 가속 적용간격이 길어짐. 적당한 설정 값은 20(%) 이다.
  - 연결부위의 이송속도 가감속 적용 : 항목 선택하면 위 가감속 적용간격(공구지름의 비율) 항목 기준으로 분할된 가공경로를 분할적용길이 항목에 입력된 길이(사용공구 지름기준 비율 값)을 적용하여 시스템이 더 작은 크기로 분할 실행하는 기능으로, 더 작은 크기로 분할된 가공경로는 모서리구간 접근 시에는 처음위치 분할 가공경로의 끝점위치에서부터 각진 위치의 분할 가공경로까지 점진적인 형태로 적용 이송속도가 감속되며, 모서리구간 이탈 시에는 각진 위치의 분할 가공경로로부터 분할

종료위치의 가공경로까지 점진적으로 가속하는 형태로 적용되므로 모서리구간에서의 절삭이송 형태가 부드러운 형태로 적용된다. 이 항목은 위 블록당 최대이송속도 변화 항목의 설정 값에 따라 자동으로 변동된다.

- 모서리가공 적용기준 : 저속 Z축절삭, 모서리구간 절삭 및 이송속도가 점차 가속되는 경로들에서 발생할 수 있는 과이송(axis overtravel)현상을 방지하기 위하여 해당 경로의 가공형태를 조절할 적용기준을 설정하는 영역
  - 감속 적용될 모서리구간 각도(도) : 이 항목에 입력된 각도 값보다 각도변화가 큰 가공영역에 관련된 가공경로들은 기본 이송속도를 적용하지 않고 아래 최소 모서리 이송속도 항목에서 설정한 이송속도 값을 적용하도록 하는 기능
  - 모서리 최저 이송속도 : 전체 가공경로에서 모서리구간 및 길이가 작은 원호이송 가공경로들에 대하여 적용될 이송속도 값을 설정하는 항목
  - 모서리부위 가속적용 비율 값 : 모서리구간과 원호이송 구간의 가공정밀도를 높이기 위해 해당 구간의 이송속도를 제한하는 기능으로 이 항목의 값은 버튼선택 후 표시되는 아래의 모서리가속 조건설정 대화창의 입력 값 기준으로 시스템이 자동 계산하여 적용 일부 가공기계에서는 모서리가속(cornering acceleration)기능에 대한 설명서를 지원하므로 이러한 기계인 경우에는 해당 제원 설명서를 참조하여 아래 대화창 조건을 알맞게 설정한다. 만약 사용 기계 설명서에 관련내용이 없는 경우에는 목재 등의 재료를 해당 기계로 시험 가공하여 적당한 적용 값을 찾아낼 수 있는데 실행방법은 일정크기의 원호지름 기준으로 적용 절삭 이송속도를 늘려가는 방식으로 가공을 실행하면 특정 절삭 이송속도 적용시 절삭의 간섭발생 소음이 (gouging noise) 확인되는데 이 적용속도 이전의 속도 값이 해당 기계의 적당한 테스트직경 이송속도로 아래 대화창의 동일이름 항목에 설정될 값이 된다.

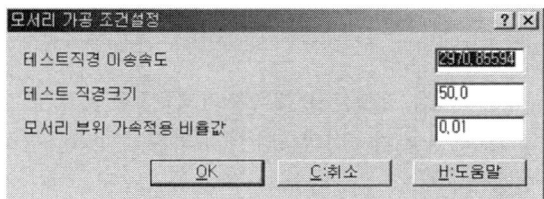

- 테스트직경 이송속도 : 아래 테스트 직경 값 항목에 입력된 직경크기기준 적용될 이송속도 값을 설정
- 테스트 직경크기 : 테스트 원호의 직경 값을 입력하는 항목
- 모서리부위 가속적용 비율 값 : 위 두 항목에 입력된 값을 기준으로 가공경로들 중 모서리구간에 대한 가속비율 적용 값을 시스템이 자동으로 계산하여 표시하는 항목으로 표시 값이 1 이하이면 이상적인 값이다.

 CAD · CAM 실무 2D

② **재료설정** : 대상 가공정의를 최적화 형태로 변환 처리시 기준이 될 피삭재의 조건을 설정하는 영역

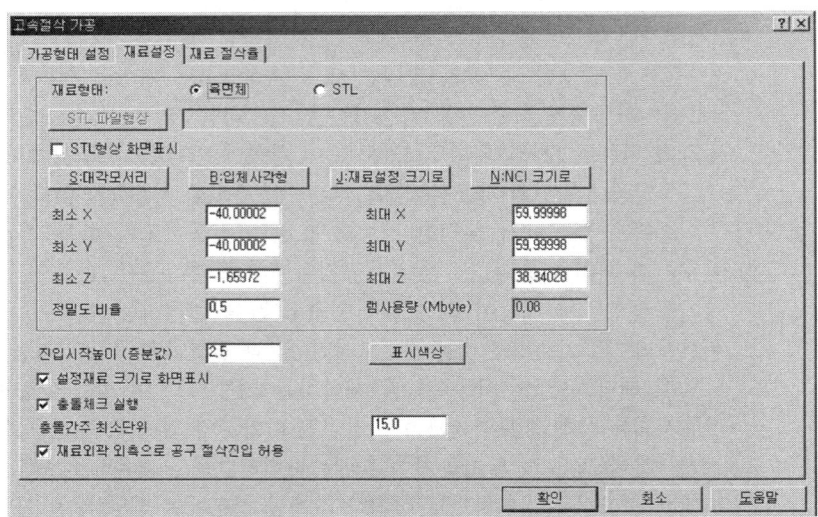

- **재료형태** : 기준이 될 피삭재 형상의 형태를 설정하는 영역으로 사각형형태 또는 특정 STL 파일의 도형형상을 기준으로 설정할 수 있으며, STL 항목을 선택한 경우에는 STL 파일이름 버튼을 선택하여 적용될 파일을 지정하면 된다. STL 형상 화면표시 항목을 선택하면 변환 실행과정에서 작업화면에 가상으로 STL 파일의 크기를 시스템이 자동으로 표시한다.
- **대각모서리** : 사각형 피삭재 크기를 작업화면내 대각모서리 두 점으로 설정
- **입체사각형** : 사각형 피삭재 크기를 C : 그리기 - N : 다음메뉴 - B : 입체사각형 메뉴로 설정
- **재료설정크기로** : 재료설정 대화창의 설정된 피삭재 크기로 사각형 피삭재 설정
- **NCI 크기로** : 대상 가공정의들의 NCI 파일 절삭가공경로 범위로 사각형 피삭재 크기 자동 설정
- **최소(최대) X/Y/Z** : 재료형태를 사각형으로 선택한 경우 활성화되는 항목들로 설정 피삭재의 각 축 방향별 위치좌표 값이 자동 표시되며 항목별 우측 입력란에 직접 입력할 수도 있음
- **정밀도비율** : 황삭 가공경로의 이송속도 정밀도를 조정하는 기능으로 사용공구지름 기준 비율 값으로 입력하며, 입력 값이 작을수록 정밀도 비율은 높아지나 시스템의 램사용 용량이 과다해지면서 실행속도가 느려지게 됨. 램사용 용량이 10 Mbyte를 초과하면 실행이 중지될 수도 있음. 적정 입력 값은 "1" 이다.
- **램사용량(Mbyte)** : 설정된 피삭재의 비트맵 기준으로 시스템이 자동 계산하여 표시하는 항목으로 피삭재 크기가 너무 크거나 정밀도비율 항목 설정 값이 작을수록 램사용량은 증가하게 되고 시스템의 계산 시간은 길어진다.

- 진입시작높이(증분값) : 대상 가공정의의 Z축 절삭진입 형태를 변화시켜 가공시간을 단축시키는 기능으로 변화형태는 대상 가공정의의 Z축 진입높이에서 이 항목 설정 높이까지는 최대 이송속도로 적용하고 이 높이부터 최종 가공깊이까지는 Z축 절삭 이송속도로 구분하여 적용된다.
- 설정 재료크기로 화면표시 : 항목 선택하면 대화창 조건설정 완료 후 시스템이 변환 형태로 가공경로 재계산하는 과정에서 작업화면에 설정된 피삭재 크기로 가상의 재료 형태를 표시
- 충돌체크 실행 : 항목 선택하면 변환형태로 가공경로를 재계산하는 과정에서 공구의 급속이송 구간에 재료와의 충돌이 발생하는 경우 충돌이 발생함을 알리는 메시지 대화창을 화면으로 표시 충돌현상은 위 재료설정 영역의 최대Z축 설정 값이 잘못 입력된 경우에 발생할 수 있으며, 이 항목을 선택한 경우 항목아래 충돌간주 최소단위 항목에 시스템이 충돌로 인식할 충돌영역의 기준 부피 값을 입력
- 재료외곽 외측으로 공구절삭진입 허용 : 항목 선택하면 설정된 피삭재 크기의 외곽기준 외측에서 공구절삭 진입이 실행되어도 에러 내용으로 시스템이 체크하지 않으며, 항목선택 안한 경우는 해당 내용 발견할 때마다 시스템이 외측으로 진입되고 있음을 알리는 주의 메시지 대화창을 화면으로 표시된다.

③ **재료절삭율** : 대상 가공정의에서 사용된 공구 및 가공조건을 수정하는 영역

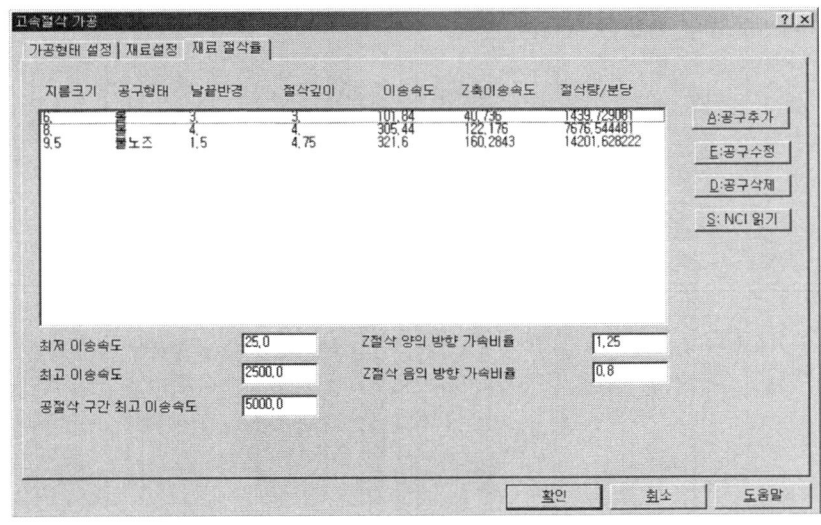

- 공구 및 가공조건 표시영역 : 대상 가공경로에 사용된 공구지름, 형태, 날끝 반경, 절삭깊이, 이송속도, Z축 이송속도, 절삭량/분당 내용들이 표시되는 영역으로 다음 메뉴들로 적용 내용을 수정할 수 있다.
- 공구추가 : 위 표시영역에 새로운 공구(가공조건 포함)를 추가시키는 기능
- 공구수정 : 위 표시영역에서 선택된 공구의 적용내용을 수정하는 기능
- 공구삭제 : 위 표시영역에서 선택된 특정 공구를 삭제하는 기능

- NCI 읽기 : 대상 가공정의 생성에서 사용된 공구들을(공구조건 포함)을 위 표시영역으로 불러오는 기능
- 최저/최고 이송속도 : 고속가공 가공경로로 변환하는 과정에서 적용될 최저/최고 이송속도 값을 설정하는 항목으로 가공에 사용될 기계의 제원에 맞춰 설정
- 공절삭구간 최고이송속도 : 피삭재를 절삭하지 않고 이송속도로 공구가 이송하는 구간에 대해 적용될 최고 이송속도 값을 설정하는 기능
- Z절삭 양의 방향 가속비율 : Z축 아래에서 위쪽으로 진행되는 가공경로들 중 절삭량이 일정한 구간의 가공경로 적용 이송속도를 수평구간 가공경로의 적용 이송속도 보다 고속으로 적용하도록 설정하는 기능으로 수평구간 적용될 이송속도기준 비율 값으로 설정예 : 수평구간 적용 이송속도=100, 1.25 입력 ⇒ 125로 적용)
- Z절삭 음의 방향 감속비율 : Z축 위쪽에서 아래로 진행되는 가공경로들 중 절삭량이 일정한 구간의 가공경로 적용 이송속도를 수평구간 가공경로의 적용 이송속도보다 저속으로 적용하도록 설정하는 기능으로 대상 가공정의에서 적용한 Z축 이송속도 기준 비율 값으로 설정(예 : Z축 이송속도=100, 0.8 입력 ⇒ 80으로 적용)

가공정의 관리자 대화창내 마우스 오른쪽버튼 메뉴

가공정의 관리자 대화창에서 마우스 오른쪽버튼 클릭하면 아래와 같은 메뉴들이 표시되는데 각 메뉴들의 내용은 다음과 같다.

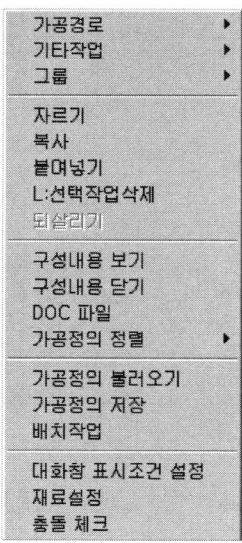

① **가공경로** : 주메뉴-가공경로 메뉴로 실행할 수 있는 가공정의를 바로 실행하는 기능으로 마우스 커서를 해당메뉴 위치로 이동하면 가공정의 메뉴들이 표시되며, 특정 가공정의 메뉴에서 마우스 클릭하면 해당 가공정의가 바로 실행된다.

② **기타작업** : 대화창의 선택된 가공 정의들에 대한 내용수정 및 기타 작업들을 실행하는 기능
- **가공조건내용 수정** : 선택된 가공정의 실행과정에서 설정한 가공정의 대화창을 불러내어 기 설정된 내용의 일부를 수정하는 기능으로 이 기능은 대화창의 해당 가공정의를 구성하는 내용들 중 가공 조건 항목을 마우스 클릭해서 실행할 수 있다.
- **거르기** : 선택된 가공정의의 직선이송 형태 가공경로를 원호이송 형태로 변환한다.
- **가공경로편집** : 선택된 가공정의 가공경로 형태를 수정하는 기능

※ 가공경로 편집 대화창

- 수정대상 : 수정대상을 깊이(절삭깊이 순서), 경로(특정깊이의 가공경로별) 또는 위치(개별 가공경로의 시작과 끝 위치)중에서 어느 기준으로 할지를 설정하는 영역으로 항목별 우측 화살표 버튼으로 전체 가공경로 중 몇 번째 순서의 깊이(또는 가공경로/위치)를 대상으로 할지를 조정할 수 있으며, 선택버튼으로 작업화면에 표시된 대상 경로에서 수정될 위치를 선택할 수도 있다.
- 수정 : 위 수정대상 영역에서 설정된 깊이(또는 경로/위치)에 대한 수정을 실행하는 기능으로 버튼선택 후 주메뉴 영역에 표시되는 아래의 추가메뉴로 실행
  - ▶위치이동 : 위치지정 메뉴를 이용하여 수정대상으로 선택된 특정위치를 다른 위치로 변경하는 기능으로 메뉴선택 후 변경위치를 지정하면 실행
  - ▶위치추가 : 위치지정 메뉴를 이용하여 현재 지정위치와 다음 경로진행 위치 사이에 특정위치를 추가하는 기능으로 메뉴선택 후 적용될 위치를 지정
  - ▶위치수정 : 선택된 수정위치에 적용중인 이송속도, 공구보정내용, 절삭유공급 형태의 변경은 물론 급속이송 형태로 변환, 캔드 텍스트 삽입 및 정지코드(G00 또는 G01) 출력 등 제반 적용조건을 수정하는 기능으로 메뉴선택 후 표시되는 위치 적용조건 수정 대화창에서 적용될 내용을 설정
  - ▶위치삭제 : 선택된 해당위치를 삭제하는 기능으로 메뉴 선택하면 삭제가 실행되고 해당위치 이전의 경로위치와 다음 위치가 자동으로 연결
  - ▶부분삭제 : 현재 선택된 위치기준 이전과 이후의 연결경로들 중 일부분을 삭제하는 기능으로 메뉴선택 후 표시되는 메뉴들 중 앞으로 이동, 뒤로 이동 또는 선택 메뉴를 이용하여 위치를 이동한 후 완료 메뉴를 선택하면 삭제가 실행된다.
  - ▶경로삭제 : 가공경로 편집 대화창의 현재 설정된 번호순에 해당하는 가공경로 전체를 삭제하는 기능으로 메뉴 선택하면 실행

▶ 깊이삭제 : 가공경로 편집 대화창의 현재 설정된 깊이 번호에 해당하는 모든 가공경로를 삭제하는 기능으로 메뉴 선택하면 실행된다.

• 조건설정 : 위 수정버튼 메뉴로 수정작업 실행시 적용될 조건을 설정하는 기능
  ▶ 화면표시조건 : 화면에 표시될 가공경로의 표시형태를 설정하는 영역으로 공구표시 항목은 가공경로 편집 대화창 영역의 위치 항목 순번을 변화시킬 때마다 현재 위치에 가상 공구가 표시되는 기능이며, 현재 깊이만 항목은 깊이 항목의 순번을 변화시킬 때마다 현재 순번 깊이의 가공경로들만이 화면 표시되며, 현재 경로만 항목은 경로 항목의 순번을 변화시킬 때마다 현재 순번의 경로들만이 화면으로 표시되는 기능
  ▶ 위치삽입방법 : 위 수정버튼-위치추가 메뉴를 이용하여 특정 위치를 삽입하는 경우 현재 위치기준 적용될 방향을 설정하는 기능으로 앞으로 항목은 현재위치에서 가공경로가 진행되는 방향으로 삽입되며, 뒤로 항목은 역 방향으로 삽입 추가된다.
  ▶ 다중경로편집 : 대상 가공경로의 연결된 일부 가공경로들 일시에 삭제하고자 하는 경우 선택하는 항목으로 항목 선택하면 급속이송이 실행되기 전까지의 연결된 가공경로들 단위로 화면표시하며, 항목 선택 안한 경우는 개별 가공경로 형태로만 표시
• 실행취소 : 실행된 경로수정이 잘못된 경우 이 버튼을 선택하면 직전 실행된 수정 내용이 수정 이전의 내용으로 자동 복원된다.

■ NCI 저장경로 수정 : 선택된 대상 가공정의의 NCI 파일 저장경로 위치/파일이름을 변경하는 기능으로 메뉴선택 후 표시되는 파일 대화창에서 저장경로 위치 및 파일 이름을 변경

■ 공구번호 재부여 조건설정 : 가공정의 관리자 대화창의 가공정의들 생성에서 부여된 공구들의 공구번호를 다시 부여하는 기능

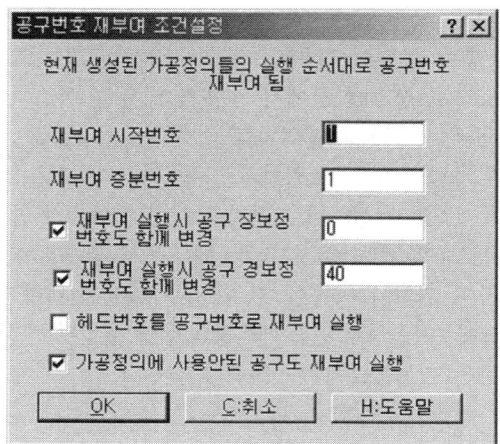

- 재부여 시작번호 : 공구번호 재 부여시 적용될 시작번호 값을 입력
- 재부여 증분번호 : 위 시작번호로 공구번호 재 부여 시작 후 이후 공구들에 대해 적용될 증분번호 값을 입력
- 재부여 실행시 공구 장보정(경보정) 번호도 함께 변경 : 항목 선택시 재부여 실행 과정에서 각 공구에 적용중인 장보정(경보정) 번호를 모두 취소하고 새롭게 부여되는 공구번호에 맞게 재부여 실행됨
- 헤드번호를 공구번호로 재부여 실행 : 항목선택시 적용중인 공구번호로 헤드번호를 모두 재부여 하는 기능
- 가공정의에 사용안된 공구도 재부여 실행 : 항목 선택하면 가공정의 관리자 대화창의 가공정의들에서 사용되지 않은 공구들까지 모두 재부여 대상으로 인식하여 공구번호 재부여 실행하며, 항목선택 안한 경우에는 가공에 사용된 공구들만을 대상으로 실행

■ **작업옵셋번호 재부여 실행** : 가공실행에서 적용된 작업 옵셋번호(G54, G55 등)를 다른 형태로 재구성하는 기능으로 메뉴선택 후 표시되는 대화창의 항목내용은 다음과 같다.

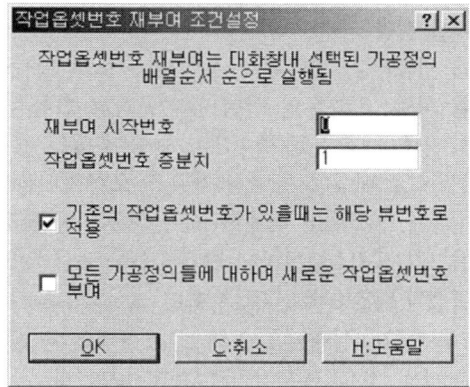

- 재부여 시작번호 : 재부여될 작업옵셋번호의 처음 시작번호를 입력
- 작업옵셋번호 증분치 : 시작번호로 번호 부여 후 연속되는 가공정의들에 대하여 부여될 작업번호의 증분번호 값을 입력
- 기존의 작업옵셋번호가 있을때는 해당 뷰번호로 적용 : 가공정의들 중 특정 평면기준 작업옵셋번호가 이미 적용된 경우에는 해당 내용을 그대로 적용하고 지정하지 않은 가공정의들에 대하여만 새롭게 작업 옵셋번호 부여 실행
- 모든 가공정의들에 대하여 새로운 작업옵셋번호 부여 : 대상 가공정의들의 적용 내용을 모두 무시하고 순차적으로 모든 가공정의들에 대하여 작업옵셋번호 재부여하는 기능

■ **가공경로 화면표시 하기** : 선택된 가공정의의 가공경로를 경로확인 대상으로 선택할 수 없게(또는 할 수 있게) 설정하는 기능

■ **잠금** : 선택된 가공정의들에 대한 내용 수정이 안되도록 잠그는(Lock) 기능과 잠겨있는 가공정의들을 수정이 가능하도록 풀어주는(Unlock) 기능

- NC작업 : 선택된 가공정의에 대한 NC작업이 실행되지 않게(또는 실행 가능) 설정
- 도형으로 가공선택 : 메뉴선택 후 작업화면에서 특정도형들을 선택하면 선택된 도형들을 대상으로 생성된 대화창의 가공정의들이 자동으로 선택되는 기능
- 재생성대상 자동선택 : 대화창의 가공정의들 중 내용수정 후 재생성 되지 않은 가공 정의들이 있는 경우 시스템이 해당 가공정의들만을 자동으로 선택하는 기능
- 가공경로 역방향 : 메뉴 선택하면 대화창의 선택된 가공정의들의 가공경로 진행 방향이 반대방향으로 전환되면서 공구경보정 적용도 반대 방향으로 자동 변경됨
- 이송속도 재계산 : 선택된 가공정의의 공구조건 중 이송속도 내용이 수정되었거나 재료설정 대화창 영역에서 피삭재 재질기준으로 이송속도 적용내용을 변경한 경우 또는 적용 피삭재 종류를 변경한 경우에 실행하는 기능으로 메뉴 선택하면 자동으로 실행
- 작업지시서 생성 : 선택된 가공정의들에 대한 작업 지시서를 생성하는 기능(Chapter13. NC 프로그래밍 유틸리티 -6. 작업지시서 내용 참조)

③ 그룹 : 대화창내 가공정의들에 대한 그룹관리 조건을 설정
- 가공정의 새그룹 생성 : 대화창의 새로운 가공정의 그룹을 생성
- 가공정의 그룹 이름변경 : 선택된 가공정의 그룹의 이름을 변경
- 가공정의 그룹 삭제 : 대화창의 선택된 가공정의 그룹들을 삭제
- 대상 그룹으로 설정 : 대화창의 다수의 그룹들이 있는 경우 특정 그룹만을 작업 대상으로 설정하는 기능으로 대상 그룹에서 마우스 오른쪽버튼 클릭 후 이 메뉴 선택하면 해당 그룹이 작업대상 그룹으로 설정됨(그룹이름이 진한 글씨체로 변경됨)
- 모든그룹 내용보기/닫기 : 대화창의 모든 그룹 구성내용 펼치거나 닫는 기능
- 그룹포함 가공정의 내용보기/닫기 : 선택된 그룹의 구성내용만 펼치거나 닫기는 기능
- 자르기/복사/붙여넣기 : 선택된 그룹(또는 가공정의)을 잘라 내거나 현재위치 다음 위치로 복사 또는 잘라낸 것을 특정위치로 붙여 넣기 하는 기능
- 선택작업 삭제/되살리기 : 선택된 그룹(또는 가공정의)를 대화창에서 삭제하거나 삭제된 것을 대화창에 되살리는 기능
- 구성내용 보기/닫기 : 선택된 가공정의들의 구성내용을 펼치거나 닫는 기능
- DOC 파일 : 대화창의 모든 가공정의들에 대한 약식의 가공정보 내용을 문서파일로 생성하는 기능(그룹, 가공형태, 사용공구, 가공경로크기 및 저장경로위치)
- 가공정의 정렬 : 대화창의 가공정의들을 그룹별로 특정기준으로 재배열하는 기능(공구번호 순, 공구평면 번호순, NCI종류별, 작업옵셋 번호순, 생성순)
- 가공정의 불러오기 : 시스템에 저장된 가공정의 목록파일(*.DF8)을 선택하여 해당 파일의 가공정의들을 현재 가공정의 관리자 대화창으로 불러오는 기능

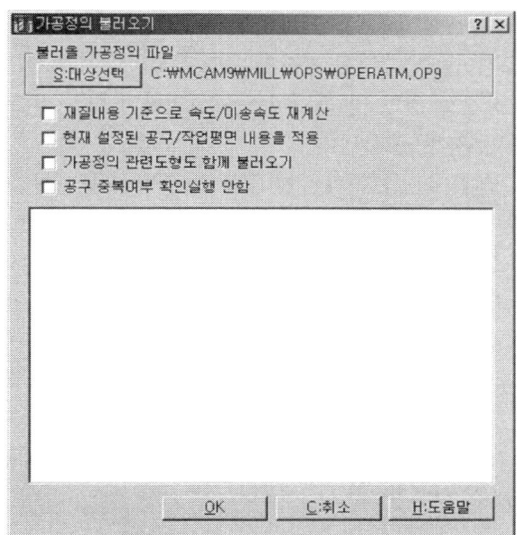 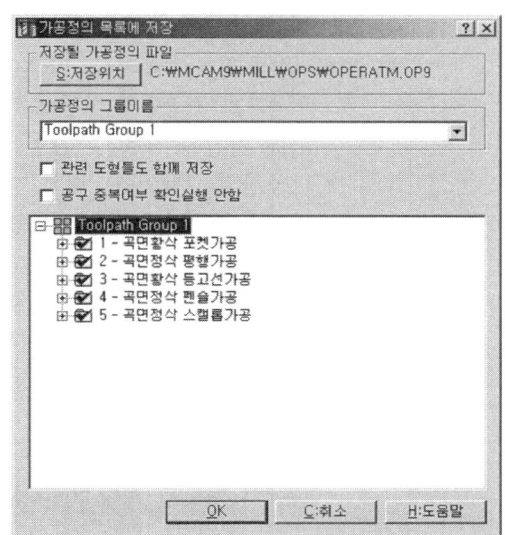

※ 가공정의 불러오기 대화창

- 불러올 가공정의 파일 : 불러오기 대상이 될 가공정의 목록파일을 지정하는 항목으로 대상선택 버튼으로 불러올 대상 파일을 지정하면 버튼 우측 영역에 대상파일의 경로 및 이름이 자동 표시된다.
- 재질내용 기준으로 속도/이송속도 재계산 : 이 항목은 재료설정 대화창에서 적용될 피삭재 재질을 먼저 설정한 경우 활성화되는 항목으로 항목 선택하면 대상 가공정의들이 갖고 있는 속도와 이송속도를 재료설정 대화창의 피삭재 재질에서 정의된 적용 이송속도 값으로 시스템이 다시 계산하게 된다.
- 현재 설정된 공구/작업평면 내용을 적용 : 현재 설정된 공구평면/작업평면이 불러오는 대상 가공정의의 해당 내용과 다른 경우 이 항목을 선택하면 대상 가공정의가 현재 설정된 공구평면/작업평면 기준으로 적용되어 불러지게 된다.
- 가공정의 관련도형도 함께 불러오기 : 항목 선택하면 가공정의를 불러오면서 해당 가공정의 관련 도형들도 작업화면에 함께 불러오며, 항목선택 안한 경우에는 해당 가공정의 가공조건 내용만을 불러오게 된다.
- 공구 중복여부 확인실행 안함 : 항목 선택하면 가공정의를 불러오면서 해당 가공정의에 사용된 공구들과 동일한 공구들이 현재 적용중인 공구목록 내에 있는 경우에도 검색하지 않고 공구까지 함께 불러오게 되며, 항목선택 안한 경우에는 불러오는 가공정의에 사용된 공구들을 현재 공구목록내 공구들과 비교 검색하여 유사한 공구가 있는 경우에는 해당 공구들을 불러오지 않고 공구목록의 공구로 대치하게 된다.
- 가공정의 표시영역 : 목록파일 항목에서 지정된 특정 작업목록 파일에 저장된 가공정의 들이 표시되는 영역

■ 가공정의 저장 : 대화창의 선택된 특정 가공정의들의 내용을 시스템에 특정 가공정의 목록 파일(*.DF9)로 저장하는 기능

 CAD·CAM 실무 2D

※ 가공정의 목록에 저장 대화창
- 저장될 가공정의 파일 : 대상 가공정의들이 저장될 저장위치 및 목록파일 이름 설정하는 항목으로 저장위치 버튼으로 저장경로 위치 및 파일이름을 설정하면 항목 우측 영역 란에 지정된 경로 및 파일이름이 자동 표시된다.
- 가공정의 그룹이름 : 대상 가공정의들이 목록 파일에 구분 저장될 그룹이름을 설정
- 관련 도형들도 함께 저장 : 항목 선택시 가공정의 관련 도형들도 함께 저장되며, 항목 선택 안한 경우에는 해당 가공정의의 가공조건 구성내용만 저장된다.
- 공구 중복여부 확인실행 안함 : 항목 선택하면 저장되는 목록에 이미 저장되어 있는 가공정의들 중에서 저장될 가공정의에서 사용된 공구와 유사한 공구가 있는 경우에 해당 공구를 이중적으로 저장하게 되며, 항목선택 안한 경우에는 유사한 공구가 있을시 가공정의만 저장하는 기능
- 가공정의 표시영역 : 저장대상 가공정의들이 표시되는 영역으로 표시된 가공정의들 중에서 저장될 해당 가공정의들을 선택

■ **배치작업** : 가공정의 실행에서 공구조건설정 대화창의 배치작업 항목을 선택하여 실행된 가공정의들에 대한 가공경로 생성을 실행하는 기능(Chapter 13. NC 프로그래밍 유틸리티-3.배치작업 참조)
■ **대화창 표시조건 설정** : 가공정의 관리자 대화창의 표시형태 조건을 설정하는 기능으로 메뉴선택 후 표시되는 대화창 화면표시 조건설정 대화창에서 적용될 조건을 설정
■ **재료설정** : 재료설정 내용과 동일한 기능으로 이 대화창에서도 실행할 수 있다.
■ **충돌체크** : 선택된 가공정의들의 가공경로가 실제 가공실행에서 공구의 급속이송(G00)시 피삭재에 공구가 부딪히는지(충돌) 또는 공구의 절삭이송(G01, G02, G03)시 피삭재를 더 절삭하는지(간섭)를 미리 알아보는 기능

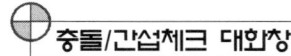 충돌/간섭체크 대화창

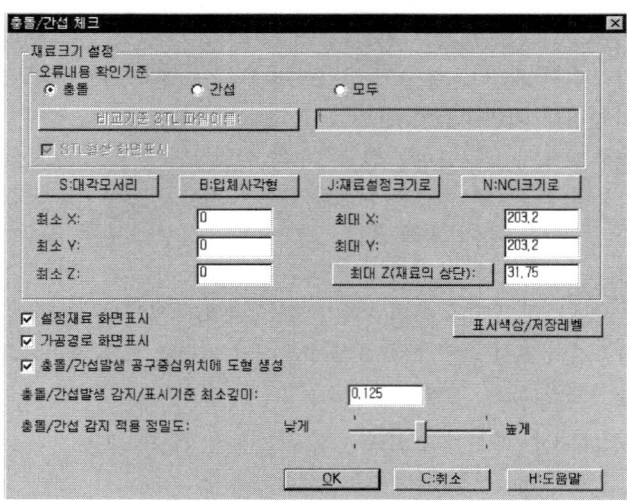

① **재료크기 설정** : 가공에 사용될 피삭재 크기 및 실행기준을 설정하는 영역
② **오류내용 확인기준** : 대상 가공정의에 대한 오류내용들 중 충돌, 간섭 내용만 또는 양쪽 모두를 검색할지를 설정하는 영역으로 실행될 기준항목을 선택
  - ㉠ 비교기준 STL 파일이름 : 오류내용 확인기준을 간섭 또는 모두 항목으로 설정한 경우에만 활성화되는 항목으로 가공후의 제품형상 도형을 STL 파일로 미리 저장하여 해당형상 기준으로 실행하는 방법으로 버튼선택 후 표시되는 파일 대화창에서 적용될 STL파일을 선택하면 항목우측 입력란에 선택된 파일이름이 자동으로 표시
  - ㉡ STL형상 화면표시 : 항목 선택하면 위 STL 파일의 도형형상 기준으로 실행하는 과정에서 작업화면에 해당 도형형상을 가상으로 표시하며, 항목선택 안한 경우는 작업화면에 표시하지 않는다.
  - ㉢ 대각모서리/입체사각형/재료설정 크기로/NCI크기로 : 오류내용 확인기준을 충돌로 설정한 경우 활성화되는 항목들로 충돌체크의 기준이 될 재료크기를 설정하는 기능이며, 항목들의 내용은 앞에서 설명한 재료설정 대화창의 내용과 동일하다.
  - ㉣ 최소/최대 XYZ : 오류내용 확인기준을 충돌로 설정한 경우에만 활성화되는 항목들로 설정되는 재료크기에 대한 XYZ 축 양쪽방향 끝 위치 좌표 값이 자동으로 표시되며, 각 항목 입력란에 직접 해당 축 방향별 최대/최소 좌표 값을 입력하여 재료 크기를 설정할 수도 있다.
③ **설정재료 화면표시** : 항목 선택하면 설정된 피삭재 크기 형상을 작업화면으로 표시
④ **가공경로 화면표시** : 항목 선택하면 이후 실행 과정에서 진행되는 가공경로 형태를 작업화면으로 표시
⑤ **충돌/간섭발생 공구중심위치에 도형생성** : 항목 선택하면 충돌 또는 간섭이 발생하는 경우 발생되는 영역에서 공구중심 위치 기준으로 흰색 점도형을 생성
⑥ **충돌/간섭발생 감지/표시기준 최소깊이** : 충돌/간섭 발생으로 시스템이 인식할 최소 깊이 값을 설정하는 기능
⑦ **충돌/간섭 감지 적용 정밀도** : 시스템이 충돌, 간섭 발생 상태를 파악할 때 적용될 정밀도를 설정하는 항목으로 항목우측 스크롤 바를 마우스로 조정하여 설정
⑧ **표시색상/저장레벨** : 실행기준 피삭재 형상의 화면표시 색상, 충돌/간섭위치 표시 색상 및 생성되는 도형이 저장될 레벨번호를 설정하는 기능으로 버튼선택 후 표시되는 충돌/간섭체크 : 표시색상/저장레벨 설정 대화창으로 적용될 내용을 설정

2차원 가공정의인 경우

① **체인추가/삭제** : 대화창의 도형체인 단위를 추가하거나 선택된 도형체인 단위를 삭제하는 기능
② **보정변경** : 선택된 도형체인 단위별 공구 보정 적용내용을 반대 방향으로 변경하는 기능

```
A:체인추가
C:보정변경
L:전체 다시체인
솔리드 전체 다시체인
Y:대응기준 재설정
Z:체인측정-모든윤곽

D:체인삭제
R:역방향체인

E:다시체인
S:시작점
P:특정위치 내용변경
N:이름변경
G:체인측정-하나의 윤곽
```

③ **전체다시체인** : 대화창의 모든 도형체인 단위를 삭제하고 작업화면에서 대상도형들을 다시 선택하는 기능
④ **솔리드전체 다시체인** : 가공대상으로 솔리드도형 관련요소를 선택한 경우 해당 체인 단위를 삭제하고 작업화면에서 대상 솔리드도형 관련 요소들을 다시 선택하는 기능
⑤ **대응기준 재설정** : 선택된 가공 정의가 룰드 가공인 경우에만 활성화되는 항목으로 룰드가공 정의시 적용된 도형윤곽별 대응기준을 취소하고 새로운 대응기준으로 재설정
⑥ **체인측정-모든윤곽** : 대화창의 모든 도형체인 단위에 속한 도형윤곽을 대상으로 측정 메뉴의 체인측정을 실행하는 기능(연결도형의 문제점 파악)
⑦ **체인삭제** : 선택한 체인을 체인관리자에서 삭제하는 기능
⑧ **역방향체인** : 선택된 체인단위의 체인진행방향(=가공진행방향)을 반대방향으로 전환
⑨ **다시체인** : 선택된 체인단위를 삭제하고 작업화면에서 대상도형을 다시 선택
⑩ **시작점** : 선택된 체인단위의 체인시작위치(=가공시작위치)를 작업화면에서 다시 지정
⑪ **특정위치 내용변경** : 체인단위 해당 도형들의 특정위치기준 기적용 가공조건 수정
⑫ **이름변경** : 선택된 체인단위의 현재 표시이름을 다른 이름으로 변경
⑬ **체인측정-하나의 윤곽** : 대화창의 선택된 하나의 체인단위에 속한 도형윤곽을 대상으로 측정메뉴의 체인측정을 실행하는 기능

곡면 가공정의인 경우

1. 대상도형 : 가공대상으로 선택되었던 형상 도형들이 자동으로 선택 취소되면서 작업 화면에서 대상이 될 도형들을 다시 선택하는 기능으로 메뉴선택 후 작업화면에서 대상이 될 도형을 선택한다.
2. 공구중심영역 : 대상 가공정의 실행 과정에서 선택된 공구중심영역 도형들이 자동으로 선택 취소되면서 작업화면에서 적용될 대상 도형들을 다시 선택하는 기능
3. 위치수정 : 대상 가공정의 실행 과정에서 선택된 적용위치들이 자동으로 선택 취소되면서 작업화면에서 적용될 위치를 다시 선택하는 기능(가공시작위치 또는 수직 가공인 경우는 두 점 위치)
4. 체크곡면 : 가공대상으로 선택된 도형들 중에서 체크곡면으로 적용될 도형을 선택하는 기능으로 메뉴선택 후 대상이 될 형상도형을 선택
5. 모든선택해제 : 메뉴 선택하면 대상 가공정의 실행 과정에서 선택된 모든 도형 및 위치들이 선택 취소되는 기능
6. 면방향조건 : 대상 가공정의가 면 방향 가공인 경우 실행 과정에서 설정한 면 방향 가공 추가 메뉴들의 적용내용을 수정하는 기능
7. STL사용 : 항목 선택하여 메뉴우측 영문자가 Y로 설정되면 대상 가공정의의 가공대상 도형기준을 특정 STL 파일로 변경할 수 있으며, N으로 설정된 경우에는 일반적인 형상 도형들로 시스템이 인식하는 기능
8. 완료 : 위 메뉴들의 설정 조건으로 대상 가공정의의 도형변경 내용을 완료하는 기능

 그룹 및 가공정의 폴더상 마우스 오른쪽버튼 메뉴

가공정의 관리자 대화창의 특정 그룹(또는 가공정의)의 폴더를 드래그(Drag : 폴더위에 마우스커서 위치 후 오른쪽버튼을 누른 상태로 유지하면서 마우스 위치를 특정위치로 이동 후 버튼 누름 해제)시 아래와 같은 메뉴들이 나타나는데 각 메뉴별 기능은 다음과 같다.

1. 뒤로 복사 : 선택된 그룹(또는 가공정의)을 현재위치 뒤로 복사
2. 뒤로 이동 : 선택된 그룹(또는 가공정의)을 현재위치 뒤로 이동
3. 앞으로 복사 : 선택된 그룹(또는 가공정의)을 현재위치 앞쪽으로 복사
4. 앞으로 이동 : 선택된 그룹(또는 가공정의)을 현재위치 앞쪽으로 이동
5. 취소 : 직전 실행된 내용을 취소하고 이전 상태로 복원시키는 기능

4. 공구조건설정

가공에 사용될 공구지정 및 공구관련 내용들을 설정하는 영역

[메뉴실행 : T : 가공경로 - **특정가공정의** - **대상 도형선택** - 대화창 설정]

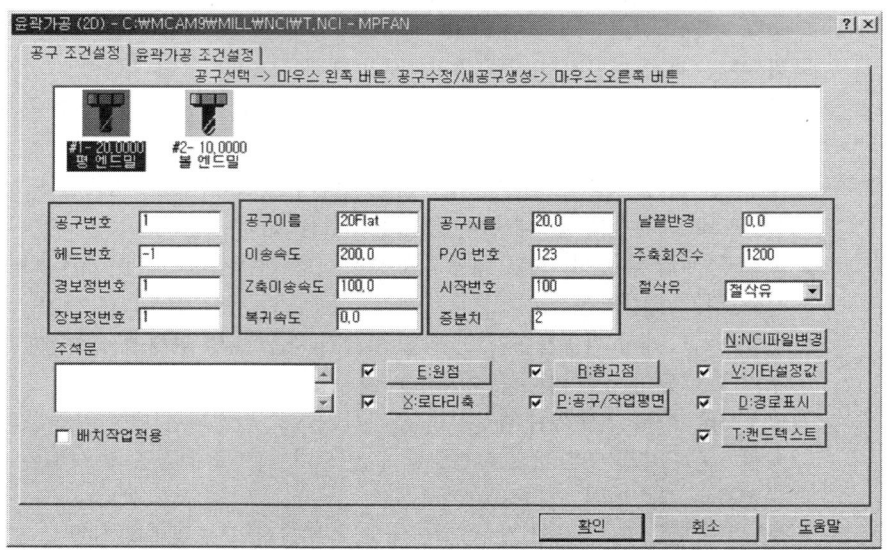

4.1 공구표시영역

위 재료설정 영역에서 공구지정 버튼으로 지정된 공구들 또는 아래의 메뉴로 불려지는 공구들이 표시되는 영역으로 다수의 공구가 표시된 경우 해당 가공정의에 사용될 공구선택(청색표시)은 마우스로 클릭하며, 표시된 공구의 조건 수정은 해당 공구그림 상에서 마우스 오른쪽 버튼 클릭하면 표시되는 공구정의 대화창으로 실행한다.

표시영역에서 마우스 오른쪽 버튼 클릭하면 나타나는 메뉴들의 기능은 다음과 같다.

① **목록에서 불러오기** : 위 재료설정 - 공구관리자 대화창의 내용과 동일
② **새공구 생성** : 위 재료설정 - 공구관리자 대화창의 내용과 동일
③ **목록에서 가공정의 불러오기** : 특정 가공정의 목록파일(*.OP9) 또는 도형파일(*.MC9 - 실행중인 가공정의와 동일종류로 가공정의가 함께 저장된 도형파일에 한함)의 동일 가공정의를 지정하여 해당 파일내 가공정의 조건설정 내용을 현재 대화창으로 복사
④ **이송속도와 회전수 계산기** : 재질에 따른 이송속도 및 주축회전수를 자동으로 계산할 수 있는 계산기 기능으로, 재료설정에서 지정한 재료를 기준으로 조건들을 지정할 수 있으며, 그 밖에도 지정된 재질(재료설정)의 조건수정, 재질변경, 공구조건 수정 등을 할 수 있음

⑤ **재료설정** : 위 재료설정 내용과 동일한 기능으로 이 대화창에서도 실행 가능

4.2 사용공구의 가공실행 조건설정

선택된 공구로 가공 실행하는 경우 적용될 조건을 설정하는 항목들로 일부는 재료설정 대화창의 공구보정 적용방법, 이송속도 적용방법, 가공경로 생성 기본조건 영역에 설정된 상태에 따라 선택공구의 공구정의 대화창의 조건설정 영역 설정내역으로 또는 재질정의 대화창의 설정내용으로 자동 입력되며, 위 그림에서 사각형 안의 조건들을 수정시 재생성 작업을하지 않아도 된다.(수정된 NC Data로 바뀌어서 출력됨)

① **공구번호/헤드번호** : 선택 공구의 공구번호(공구가 부착될 헤드번호) 입력(ATC : Auto Tool Change 장치 부착 기계만 적용 가능)

② **경보정번호/장보정번호** : 선택 공구의 공구지름 및 길이에 대한 보정번호 입력(ATC 장치 부착 기계만 적용 가능)

③ **공구이름** : 선택 공구의 이름을 입력하는 항목

④ **이송속도** : 선택 공구가 특정평면의 수직/수평방향(XY축, XZ축 또는 YZ축 등)으로 절삭시 적용될 이송거리를 입력하는 항목(분당 미리 또는 인치 길이기준으로 입력)

⑤ **Z축이송속도** : 선택 공구의 특정평면기준 Z축 음의 방향으로 절삭 진입하는 경우 적용될 분당 이송거리를 입력하는 항목(분당 미리 또는 인치 길이기준으로 입력)

⑥ **복귀속도** : 공구가 특정 가공깊이에서 Z축 양의 방향으로 특정위치까지 이송하는 경우 적용될 절삭이송거리를 입력하는 항목(분당 미리 또는 인치 길이기준으로 입력)

⑦ **공구지름/날끝반경** : 선택 공구의 공구지름 및 날 끝 반경 크기를 입력하는 항목

⑧ **P/G번호** : NC 프로그램 생성에서 출력될 프로그램 번호를 입력

⑨ **시작번호/증분치** : NC 프로그램의 처음 블록시작번호 및 이후 블록들에 대한 블록번호 증분 값을 입력하는 항목

⑩ **주축회전수** : 선택 공구가 부착된 주축(Spindle)이 분당 회전해야 할 회전수 입력

⑪ **절삭유** : 선택 공구의 절삭이송 실행 과정에서 적용될 절삭유 공급형태를 설정
⑫ **주석문** : 해당 가공정의에 대한 가공관련 참고사항을 입력
⑬ **배치대상** : 항목선택 후 대화창 완료(확인버튼 선택)시 대화창 설정조건으로 즉시 가공경로가 생성되지 않고 작업관리자 대화창의 배치작업 메뉴(또는 가공유틸-배치 작업메뉴)를 이용하여 추후에 가공경로가 생성되도록 가공경로 생성을 유보하는 기능
⑭ **원점/참고점** : 가공 실행에서 선택 공구의 공구교환위치 및 가공 프로그램 실행 종료 후 공구가 위치해야 할 위치 좌표 값(원점) 또는 공구교환위치에서 가공시작 위치로, 가공종료 위치에서 공구교환위치로 이동시 공구가 경유하여 지나야 할 지점의 위치 좌표 값(참고점)을 입력하는 항목

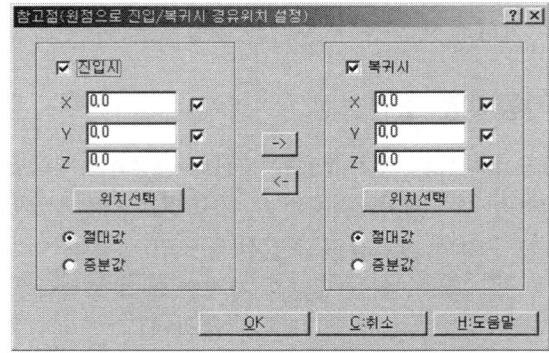

〈 참고점 설정 대화창 〉

⑮ **로타리축** : 가공실행 기계가 로타리인 경우 적용될 로타리 기계의 형태를 설정
  • **회전형태** : 피삭재가 부착된 로타리가 어떤 형태로 회전하는 지를 설정하는 영역으로 설정형태에 따라 대화창의 관련항목들은 자동으로 활성화(또는 비 활성화)

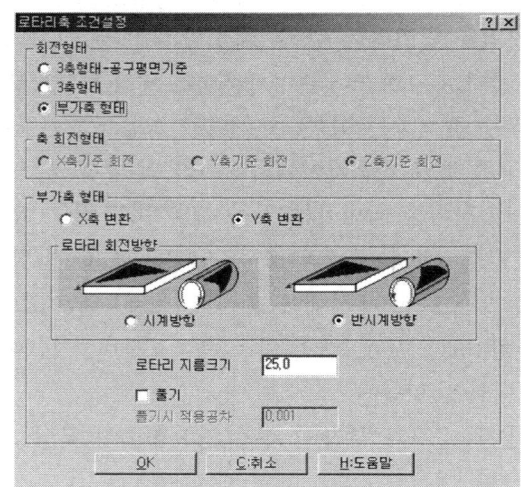

- ▶ 3축형태-공구평면기준 : 아래 축 회전 영역에서 선택한 회전축 형태가 설정된 공구평면 기준으로 회전하면서 공구의 공구평면도 그대로 적용되어 실행되는 가공형태로 생성되는 가공경로에 대하여 공구는 3축 형태로 이송
- ▶ 3축형태 : 로타리 회전축을 X,Y 또는 Z축 중 특정 축으로 변환하여 적용하는 형태로 피삭재는 축 회전방향으로 움직이면서 공구는 회전축에 대하여 평행한 상태를 유지. 주로 피삭재의 면상에 가공경로를 생성하는 경우 사용
- ▶ 부가축형태 : 3축 가공경로에서 로타리 회전이 X 또는 Y축으로 변환되어 적용되는 형태로 피삭재는 축 회전 방향으로 회전하면서 공구는 회전축기준 법선 형태를 유지하는 가공형태(주로 원통형상 피삭재의 가공경로 생성시 사용)
- 축 회전형태 : 위 3축 형태 항목을 선택한 경우 활성화되는 영역으로 어떤 축을 기준으로 로타리가 회전할지를 설정하는 영역
- 부가축 조건 : 위 부가축형태 항목을 선택한 경우 활성화되는 영역으로 사용될 부가축의 형태를 설정
    - ▶ X축변환/Y축변환 : 로타리축이 기계 테이블에 어떤 축 형태로 부착되어 있는지를 설정
    - ▶ 로타리 회전방향 : 로타리의 회전방향을 설정(CW : 시계방향, CCW : 반시계방향)
    - ▶ 로타리 지름크기 : 사용되는 로타리 지름크기를 설정
    - ▶ 풀기 : 가공대상 도형으로 작업화면에서 가상의 원통형태에 감긴 도형을 선택한 경우(이동-롤메뉴를 이용) 활성화되는 항목으로 항목 선택하면 선택된 감긴 형태의 도형을 풀기시 적용공차 항목에 입력된 공차 값을 적용하여 가상으로 평면상태로 풀어낸 다음 평면상태의 풀린 도형을 기준으로 시스템이 공구보정 및 공구복귀 조건을 적용하여 가공경로를 생성토록 하는 기능으로 해당 가공경로에 대한 NC 데이터 생성 시에는 해당 도형을 대화창 영역의 부가축 조건 및 로타리 지름크기 항목 설정 기준을 적용하여 다시 말린 형태로 환산하여 생성한다. 이 항목은 대상으로 선택된 도형에 대하여 윤곽 및 드릴 가공경로 생성에서만 적용 가능
⑯ **공구/작업평면** : 가공실행에서 적용될 선택 공구의 공구이송 기준평면 및 작업평면을 설정하는 기능으로 버튼선택 후 표시되는 대화창의 내용은 다음과 같다.

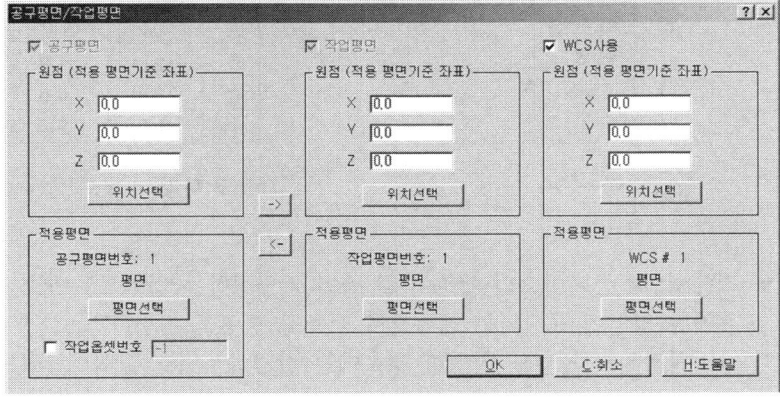

- 공구평면 : 공구이송의 기준평면 내용을 설정하는 영역
  ▶ 원점(적용평면기준 좌표) : 공구 이송의 원점위치를 설정하는 항목으로 해당 좌표 항목에 적용될 좌표 값을 직접 입력하거나 위치선택 버튼선택 후 작업화면에서 해당 위치를 지정하면 자동으로 입력되며, 입력된 좌표는 아래 적용평면 영역에서 설정한 평면기준으로 적용

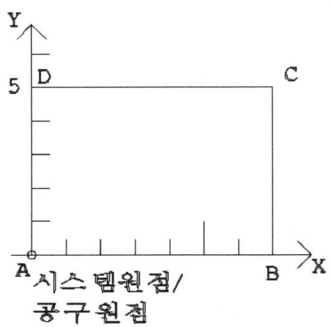

경로좌표	X좌표	Y좌표
A	0	0
B	7.0	0.0
C	7.0	5.0
D	0	5.0

공구원점 : X0 Y0

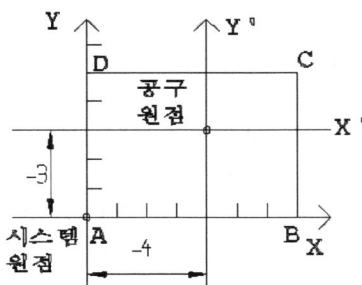

경로좌표	X좌표	Y좌표
A	-4.0	-3.0
B	3.0	-3.0
C	3.0	2.0
D	-4.0	2.0

공구원점 : X-4.0 Y-3.0

경로좌표	X좌표	Y좌표
A	5.0	4.0
B	12.0	4.0
C	12.0	9.0
D	5.0	9.0

공구원점 : X5.0 Y4.0

  ▶ 적용평면 : 공구이송의 기준이 될 평면을 설정하는 영역으로 평면선택 버튼선택 후 주메뉴 영역에 표시되는 메뉴들로 적용될 평면을 지정하며, 설정된 평면에 사용자 작업원점위치를 별도 설정한 경우에는 작업옵셋번호 항목에 적용될 작업옵셋번호를 입력

- 작업평면 : 가공작업 실행의 기준이 될 평면을 설정하는 영역
- WCS사용 : WCS(Work Coordinate System-작업좌표)의 원점 및 평면 설정하는 기능으로 본 기능 활성시 공구평면, 작업평면은 비활성화 되며 총괄적인 기능을 수행할 수 있음

※ 공구평면은 정의형태에 따라 아래그림과 같이 적용된다.

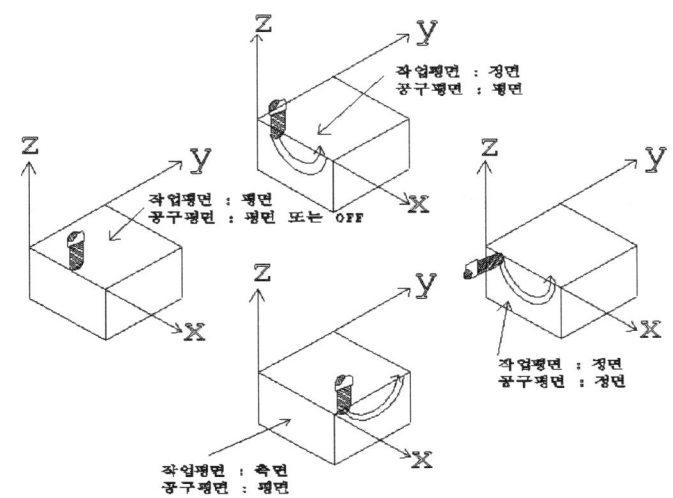

- 화살표버튼 : 버튼 선택하면 화살표 방향으로 공구평면영역 설정내용 또는 작업평면영역 설정내용이 반대쪽 영역의 동일항목 값으로 복사되는 기능

⑰ **NCI파일변경** : 가공정의 실행과정에서 지정한 NCI 파일의 저장경로 위치 및 파일 이름을 변경하는 기능

⑱ **기타설정값** : 포스트프로세서 파일의 기타 변수들에 대한 적용 값을 설정하는 기능

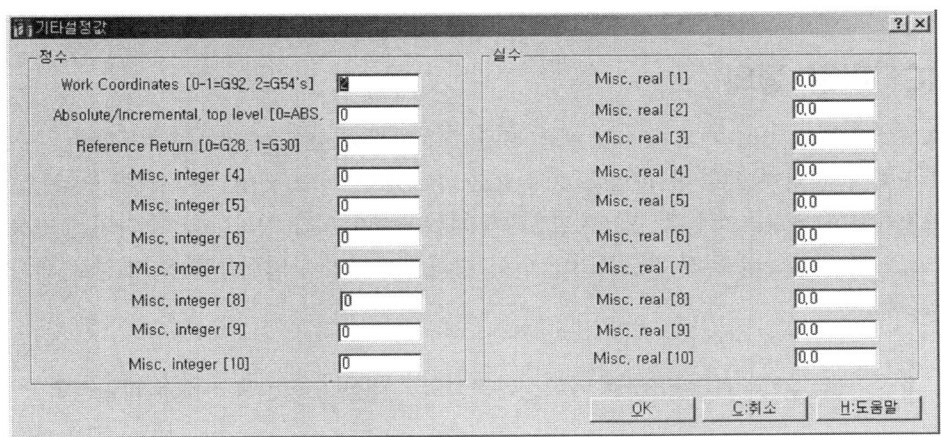

2차원 NC 프로그래밍

⑲ **경로표시** : 가공경로 생성 후 작업화면에 표시되는 가공경로의 표시형태를 설정
⑳ **캔드텍스트** : 생성될 NC 프로그램의 공구교환명령 블록위치기준 특정 M코드들을 출력시
키는 기능으로 이 기능은 체인관리자(윤곽가공인 경우만 해당) 또는 가공경로 편집의
위치수정 메뉴를 이용하여 지정할 수도 있음

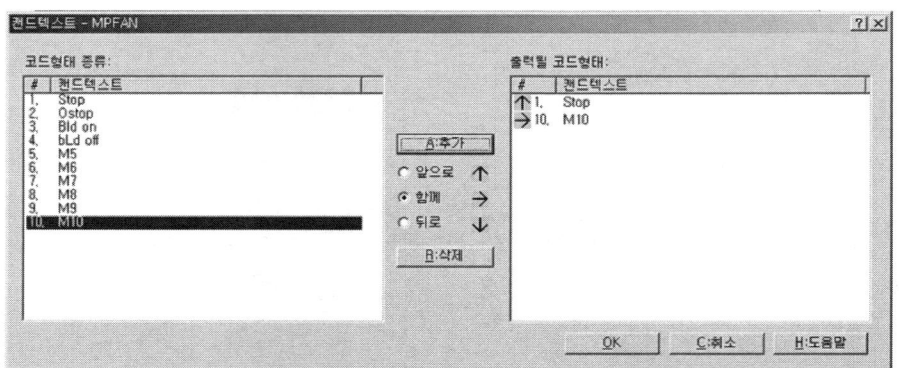

- 코드형태 종류 : 출력될 수 있는 명령문형태가 표시된 영역
- 출력될 캔드텍스트 : 이 영역에 표시된 특정 코드들이 NC 프로그램에서 출력되며, 실행방법은 코드형태 종류 영역에서 특정 형태를 마우스 클릭 후 추가버튼을 선택하면 해당 형태가 표시영역으로 자동 이전되어 표시되며, 영역에 표시된 명령문 형태 중 특정 명령문 형태를 선택하고 삭제버튼을 선택하면 영역에서 해당 명령문이 자동으로 삭제됨
- 추가/삭제 : 코드형태 종류 영역에 선택된 특정 명령문형태를 출력될 캔드텍스트 영역으로 추가하거나 출력될 캔드텍스트 영역에 표시된 특정 명령문 형태 중 선택된 항목을 삭제하는 기능
- 앞으로/함께/뒤로 : 위 추가버튼 선택 전 출력될 캔드텍스트 영역에 표시될 명령문의 NC 프로그램의 해당 위치기준 출력될 방향을 설정하는 기능

5. NCI 파일 정의

NCI파일(*.NCI)이란 특정 가공경로 생성에서 설정된 모든 가공조건 내용이 저장되어 있는 수치제어 정보파일로 이 파일을 기준으로 수치제어 파일(*.NC)을 생성할 수 있으며, 변환 과정에서 적용되는 파일을 포스트프로세서 파일(*.PST)이라 칭하는데 이 파일은 가공에 사용될 가공기계에 부착된 특정 콘트롤러의 언어 형식으로 NCI 파일내용을 NC파일로 변환하는 기능 역할을 한다.

[메뉴실행 : T : 가공경로 - 특정가공정의 - 대상 도형선택 - NCI 파일정의]

5.1 기본적인 NCI 파일 정의(경로 및 이름사용)

주메뉴 - **S : 화면** - **C : 환경설정** - **NC설정** - **N : NCI 경로설정** 버튼을 이용하여 기본적인 NCI 파일의 생성형태를 미리 지정할 수 있음

5.2 동일 도형파일에 대한 추가적인 가공정의 실행시 NCI 파일정의

동일 도형파일에 대한 첫 번째 가공정의 실행 후 연속하여 또 다른 가공정의를 실행하면 실행 과정에서는 NCI 파일을 정의하는 과정이 자동으로 생략되어 첫 번째 가공정의 실행에서 정의된 NCI 파일의 이름 및 저장경로 위치가 동일하게 적용된다.(추가 가공정의 내용을 이전 가공정의 내용에 이어쓰기 실행)

5.3 동일 도형파일의 가공정의별 NCI 파일정의를 다르게 설정하는 방법

위와 같은 경우 추가되는 가공정의별로 NCI 파일정의를 다르게 설정하고자 할 때에는 해당 가공정의 실행과정에서 공구조건설정 대화창 영역의 NCI 파일변경 버튼을 선택하여 해당 가공정의의 NCI 파일정의를 이전의 NCI 파일정의와 다르게 설정

memo

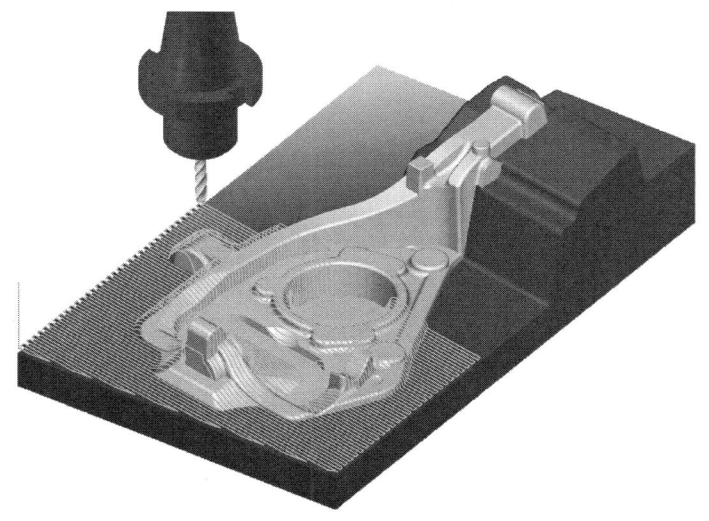

Chapter 12. 2차원 가공정의

1. 윤곽가공
2. 드릴가공
3. 포켓가공
4. 표면가공
5. 원호가공
6. 선형배열

2차원 가공정의

초기화면에서 메뉴란의 가공 경로 메뉴를 선택하면 아래 그림과 같이 특정한 방법으로 가공을 실행할 수 있는 가공 정의 실행 메뉴들이 나타나는데 이 메뉴를 중에서 윤곽가공, 드릴가공, 포켓가공, 표면가공 등 2차원 가공정의를 실행할 수 있다.

```
가공경로:                  가공경로:
W:새로시작               M:수동입력
C:윤곽가공               C:원호가공
D:드릴가공               P:점가공
P:포켓가공               J:투영가공
F:표면가공               T:트림가공
U:곡면가공               W:구가공경로
A:다축가공               F:선형배열
O:가공관리자             I:NCI연결
J:재료설정               S:솔리드드릴
N:다음메뉴
```

W : 새로시작 : 이 메뉴는 모든 가공 정의에 공통적으로 사용되는 기능으로, 메뉴 선택시 가공관리자 대화창을 초기화 시키면서 현재까지 생성된 모든 가공경로를 지우는 기능

1. 윤곽가공

여러 개의 도형들이 연결되어 형상을 이루는 것을 윤곽이라 하며, 이러한 윤곽은 하나의 공구로 윤곽가공 또는 포켓가공 등을 하는데 사용된다. 윤곽의 형태는 아래 그림과 같이 닫힌 윤곽과 열린 윤곽의 2가지 종류가 있으며, 닫힌 윤곽은 처음 요소와 마지막 요소가 연결되는 형태이고, 열린 윤곽은 연결되어 있지 않은 형태이다. 윤곽가공은 이러한 형태를 이루는 도형요소를 따라 가공하는 방법을 정의하는 가공의 한 방법이다.

[메뉴실행 : T : 가공경로 - C : 윤곽가공]

〈 닫힌윤곽 형태 〉   〈 열린윤곽 형태 〉

1.1 윤곽가공 조건설정

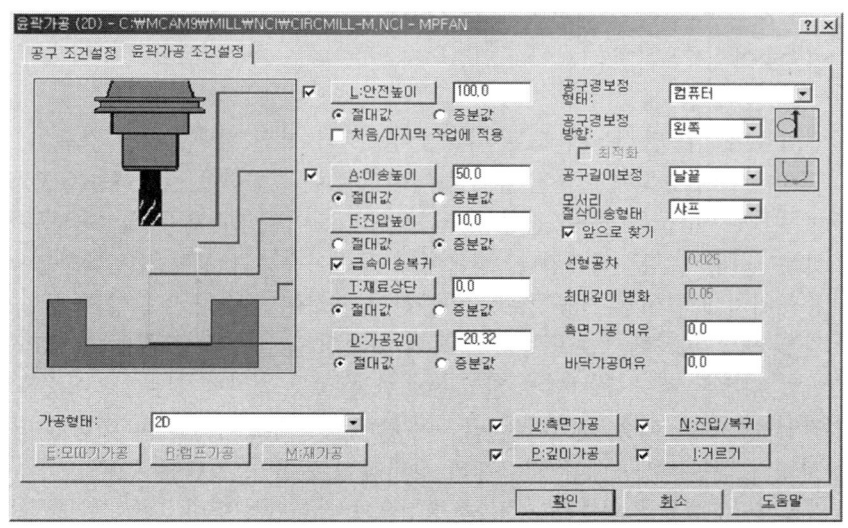

1) 공구높이 설정 : 생성되는 가공경로에서 Z축 방향으로의 공구이송높이를 설정하는 영역으로 각 항목의 절대값, 증분값 항목은 항목 선택에 따라 아래와 같이 적용된다.

※ 절대값 : 적용중인 공구평면의 Z축 원점기준으로 높이 적용

※ 증분값 : 재료의상단 항목에 설정된 높이기준으로 다른 항목에 설정된 높이 값이 증분 적용되며, 이 항목에서 증분값 항목을 선택한 경우에는 가공대상으로 선택된 도형의 적용평면기준 현재 Z축 위치기준으로 적용된다.

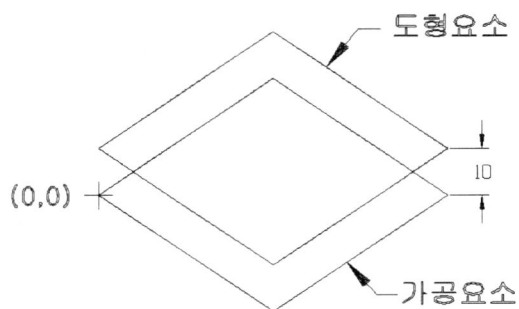

절대값 — 가공깊이 : Z0.
증분값 — 가공깊이 : Z-10.

① 안전높이 : 가공실행시 공구가 공구교환위치에서 가공시작 위치로 이동시에 처음으로 위치해야할 공구의 높이 값 설정

- 처음/마지막 작업에 적용 : 이 기능 활성화시 다수의 윤곽가공을 하나의 동일가공으로 선택할 경우 처음 선택한 도형과 마지막 선택한 도형만이 안전높이가 적용되며, 비활성화 시 모든 도형에 안전높이가 적용된다.

② 이송높이 : 가공실행 과정에서 연결되지 않는 다음 가공경로로 공구이동시 공구가 위치해야할 높이 값 설정

③ 진입높이 : 위 안전높이 또는 이송높이로부터 이후 실행될 가공경로의 시작위치 높이 구간에서 이 항목에 설정된 높이를 기준으로 위쪽 구간은 급속이송(G00) 형태로 적용되며, 아래쪽 구간은 공구조건설정 대화창의 Z축 이송속도 항목 설정속도로 절삭이송(G01)하는 형태로 구분 적용된다. 항목아래 급속이송복귀 항목을 선택하면 특정 가공경로 종료위치에서 이후 가공경로로 이동하기 위하여 공구가 Z축 양의 방향으로 이송하는 경우 해당 위치에서 이송높이 항목에 설정된 높이까지 급속이송(G00)하며, 항목선택 안한 경우는 해당 위치에서 진입높이 항목 설정 높이까지는 Z축 이송속도로 적용하고 진입높이부터 이송 높이까지 급속이송하는 형태로 구분하여 이송된다.

④ 재료의 상단 : 가공대상 피삭재의 상단높이 값을 설정하는 항목

⑤ 가공깊이 : 대상 도형윤곽기준 Z축 방향으로 가공이 실행될 최종 깊이를 설정하는 항목으로 위 재료의 상단 항목에 설정된 높이부터 이 항목에 설정된 높이까지를 시스템이 실제 가공깊이로 인식한다. 실제 가공깊이에 대한 깊이 분할 절삭은 대화창의 하단영역 "깊이가공" 버튼을 이용하여 설정하며, 깊이가공 버튼이 비활성화된 경우에는 시스템은 해당 가공깊이를 한번에 절삭 실행하는 형태로 경로를 생성한다.

2) 깊이가공 대화창

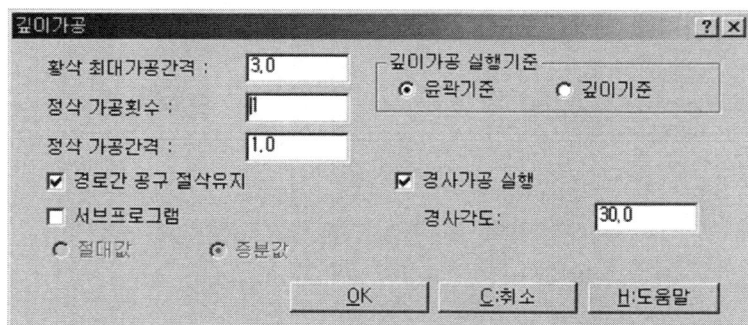

① 황삭최대가공간격 : 실제 가공깊이에서 아래 정삭가공 항목의 설정값과 바닥 가공여유 항목에 설정된 값이 차감된 가공깊이 기준으로 분할절삭 실행될 최대 간격 값을 설정하는 항목으로 입력된 값을 기준으로 하며, 황삭가공 실행횟수는 시스템이 자동으로 계산한다. (예 : 실제가공깊이=10, 정삭가공간격=1, 바닥가공여유=1, 황삭최대가공간격=2, ⇒ 황삭실행회수 : 10-1-1/2=4회 실행)

② 정삭가공횟수/간격 : 위 가공깊이 항목에 설정된 깊이에서 바닥 가공여유 항목에 설정된 간격 값이 차감된 높이를 기준으로 가공횟수 및 간격을 설정하는 항목들로 가공실행 순서는 위 황삭가공 실행 후 실행된다.(전체 정삭가공간격 = 횟수 × 가공간격)

③ 경로간 공구절삭유지 : 항목 선택시 분할 절삭되는 가공깊이 단계별 해당 경로 종료위치에서 이송높이까지 공구를 복귀하지 않고 다음 가공깊이로 바로 절삭 진입하여 가공시간을 단축시키는 경로형태가 되며, 항목선택 안한 경우는 분할 절삭되는 가공깊이 단계별 경로 종료위치에서 공구가 이송높이 항목에 설정된 높이까지 이송한 후 다음 가공깊이로 절삭 진입하는 형태를 반복하는 형태로 경로가 생성된다.

④ 서브프로그램 : 하나의 가공대상 도형윤곽(또는 다수의 도형윤곽)에 대한 깊이가공 단계별 NCI 파일내용을 처음깊이단계 실행 후 다음 단계부터는 처음깊이 가공실행 내용을 동일하게 실행(또는 처음 도형윤곽에 실행된 가공실행을 다음 연속되는 도형 윤곽들에 동일하게 적용하는)하는 기능을 갖는 특정 명령문(예 : NC프로그램에 M98 또는 M99 코드 형태로 생성) 형태로 출력시켜 이후 생성될 NC 파일의 크기까지 감소시키는 기능으로 보다 효율적인 가공 데이터 생성하고자 하는 경우에 적용하는 항목이다. 절대값/증분값 항목은 이 때 출력좌표 적용기준을 어떤 방식으로 할지를 설정하는 세부항목이다. 이 서브프로그램 기능은 윤곽, 드릴, 포켓, 원호, 표면가공 및 선형배열 가공정의에서만 적용한다.

⑤ 깊이가공 실행기준 : 가공대상 도형으로 다수의 도형윤곽을 선택하고 가공깊이를 분할하여 실행하는 경우 깊이로의 가공실행 기준을 설정하는 영역
  • 윤곽기준 : 도형윤곽 선택순서대로 개별 도형윤곽에 대한 깊이가공 실행완료 후 다음 도형윤곽에 대한 깊이가공을 반복하는 형태로 깊이절삭 실행
  • 깊이기준 : 가공깊이 단계별로 대상 도형윤곽들을 이동하면서 가공 실행하는 방법

⑥ 경사가공 : 항목 선택하면 재료의 상단항목 높이로부터 최종 가공깊이까지 Z축 절삭 진입을 경사각도 항목에 입력된 경사각도를 적용하여 경사 형태로 실행하는 기능으로 만약 위 서브프로그램 항목을 적용하면 이 항목은 사용할 수 없다.

3) 가공형태 : 가공대상 도형에 대한 가공형태를 설정하는 항목으로 우측 역 화살표 버튼선택 후 표시되는 가공형태들의 내용은 다음과 같다.

① 2D : 일반적인 윤곽가공 형태로 대상도형 윤곽을 설정된 가공깊이 단계별로 설정된 내용으로 가공실행

② 2D 모따기 : 가공대상 도형윤곽기준 2차원 모따기 가공을 실행하는 기능으로 사용 공구는 챔퍼밀, 테이퍼밀, 또는 볼 엔드밀 등 공구의 측면형상이 모따기 가공형태로 적용 가능한 형태만 사용 가능하며, 모따기가공 버튼선택 후 표시되는 대화창의 내용은 다음과 같다.

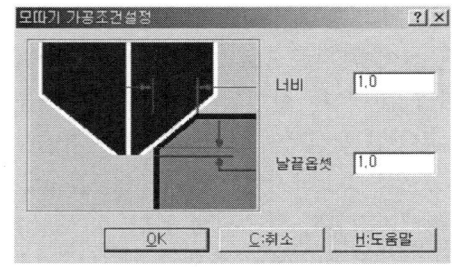

- 너비 : 가공대상 도형윤곽기준 공구보정 적용방향으로 적용될 모따기 너비 값 설정
- 날끝옵셋 : 위 너비 항목에 입력된 길이는 대상 도형윤곽기준 Z축 방향 깊이로도 적용되는데 이 적용 깊이로부터 사용공구의 날끝이 얼마만큼 더 낮게 위치해야 하는지를 설정

③ 램프 : 절삭속도를 고속으로 실행하는 경우 유용한 기능으로 전체 가공깊이를 대상도형 윤곽의 수평절삭 진행방향을 따라 경사진 형태로 가공하는 형태로 이 형태를 선택하면 대화창의 깊이가공 버튼은 자동으로 비 활성화되어 적용되지 않는다. 적용될 경사의 형태는 활성화되는 램프가공 버튼으로 설정하며 해당버튼 선택 후 표시되는 대화창의 내용은 다음과 같다.

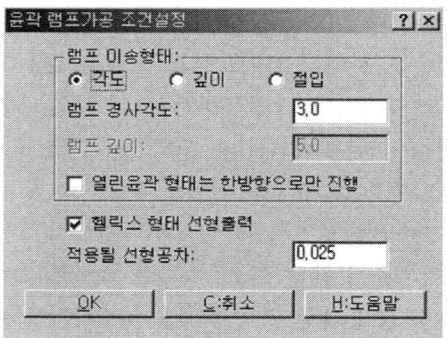

- 램프형태 : Z축 경사 절삭진입을 어떤 형태로 실행할지를 설정하는 영역
    ▶ 각도/깊이/절입 : 정면 또는 측면기준 특정각도로 최종 가공 깊이까지 도형윤곽을 따라 절삭진입(각도), 전체 가공깊이를 설정되는 일정깊이로 분할하여 분할단계별로 경사형태(경사각도는 시스템이 자동계산) 절삭진입(깊이), 전체 가공깊이를 설정된 특정깊이로 분할하여 진입하되 경사진입이 아닌 이전 가공깊이 위치에서 다음 가공깊이 위치로 바로 절삭 수평/수직 방향으로 경사절삭(절입)하는 형태 중 적용될 방법 선택
    ▶ 램프 경사각도 : 위 각도항목 선택하면 활성화되는 항목으로 적용될 경사각도 값 설정
    ▶ 램프깊이 : 위 깊이항목(또는 절입항목) 선택하면 활성화되는 항목으로 전체 가공깊이를 분할될 분할 깊이 값을 설정

▶ 열린윤곽 형태는 한방향으로만 실행 : 가공대상으로 선택한 도형윤곽이 열린 형태인 경우 항목 선택하며 분할 깊이별로 가공진행 방향으로만 경사가공 실행한 후 해당깊이 경로의 종료위치에서 Z 깊이를 유지한 채 해당 깊이의 가공경로 시작위치로 되돌아오는 절삭 형태를 반복한다. 항목선택을 안한 경우는 깊이별 가공경로 종료 위치에서 반대편 끝점위치까지 경사절삭 형태를 반복하는 형태로(왕복하면서 경사 적용) 적용된다.

• 헬릭스형태 선형출력 : 가공대상 도형윤곽의 모서리구간, 원호도형구간 및 원호형태 스플라인도형 구간에서는 경사형태가 헬릭스(나선형) 형태로 적용되는데 항목 선택하면 이 구간들의 가공경로를 적용될 선형공차 항목에 입력된 공차 값을 적용하여 직선이송 형태로 출력하며, 항목선택 안한 경우에는 원호이송 형태로 출력한다.

④ 재가공 : 가공대상 도형윤곽을 기준으로 윤곽가공이 이미 실행된 상태에서 도형 윤곽의 형태상 실행된 윤곽가공에서 사용된 공구의 지름크기로 인해 가공되지 않은 도형윤곽의 미절삭 영역들(내측의 각진 모서리 및 사용 공구지름 크기보다 작은 원호 도형 구간)에 대하여만 추가적인 윤곽가공을 실행하는 가공형태로 항목 선택하면 활성화되는 재가공 버튼을 이용하여 설정하며, 해당버튼 선택 후 표시되는 대화창의 내용은 다음과 같다

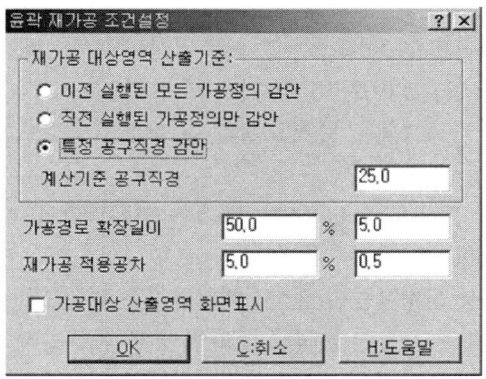

• 재가공 대상영역 산출기준 : 가공대상 도형윤곽의 재가공 대상영역(미 절삭영역)을 계산하는 과정에서 적용될 기준을 설정하는 영역

▶ 이전 실행된 모든 가공정의 감안 : 항목 선택하면 가공정의 관리자 대화창 영역에 생성되어 있는 모든 윤곽, 포켓, 원호, 표면가공 가공정의들의 가공경로를 가공대상 도형윤곽에 적용하여 미절삭 영역을 자동으로 계산한다.

▶ 직전 실행된 가공정의 감안 : 항목 선택하면 가공정의 관리자 대화창 영역에서 최종 실행된 윤곽, 포켓, 원호, 표면가공 가공정의의 가공경로를 가공대상 도형윤곽에 적용하여 미절삭 영역으로 자동으로 계산한다.

▶ 특정 공구직경 감안 : 항목 선택하면 활성화되는 계산기준 공구직경 항목에 입력된 공구직경 크기를 가공대상 도형윤곽에 적용하여 미절삭 영역을 자동으로 계산한다.

- 가공경로 확장길이 : 시스템이 미절삭 영역 기준으로 생성하는 가공경로들의 시작과 끝 위치기준으로 항목우측 입력란에(사용공구 지름크기기준 비율 값 또는 특정 길이로 입력) 입력된 길이만큼 양방향으로 경로길이를 더 확장시키도록 하는 기능
- 재가공 적용공차 : 생성되는 가공경로의 정밀도를 조절하는 항목으로 입력되는 값이 적을수록 정밀도는 높아지나 경로생성 소요시간이 길어지게 되며, 적당한 입력 값은 사용공구 지름의 5% 이다.
- 가공대상 산출영역 화면표시 : 항목 선택하면 가공정의 대화창 완료 후 작업화면에 해당 가공경로를 표시하기 전에 시스템이 계산한 계산기준 영역들과 가공대상 영역을 분할깊이별 순차적인 형태로 작업화면에 표시하며, 항목선택 안한 경우는 계산된 영역을 표시하지 않고 바로 생성된 가공경로를 표시한다.

4) 공구경보정 형태 및 방향, 공구길이보정, 모서리 절삭형태

공구경보정 : 가공대상 도형윤곽의 절삭진행 방향기준 사용공구의 반지름 크기만큼 어느 쪽 방향으로 공구중심 위치를 이동(보정적용)하여 가공이 실행될지를 설정하는 항목

① 공구경보정 형태
- 컴퓨터 : 사용공구 반경값이 이동된 공구중심위치 좌표 값이 NC 데이터로 출력되는 방법
- 콘트롤러 : 보정코드 선 출력 후 가공대상 도형들의 각 끝점위치 좌표 값으로 출력하는 방법
- 중복보정 : 사용공구 반경값만큼 이동된 공구중심 위치를 NC 데이터로 출력하면서 경보정코드(G41, G42)를 선 추가하는 방법
- 역중복보정 : 가공형태는 중복보정과 같지만 보정코드는 해당 보정과 반대로 코드를 출력시키는 방법
- 안함 : 어떠한 방법도 아닌 오직 해당 도형윤곽만을 따라 데이터를 출력하는 방법

② 공구경보정 방향
- 왼쪽 : 가공대상 도형윤곽의 절삭진행방향기준 왼쪽으로 사용공구 반경값만큼 공구중심 위치를 이동하여 가공진행(공구경보정 형태 콘트롤러 적용시 G-code : G41)
- 오른쪽 : 가공대상 도형윤곽의 절삭진행방향기준 오른쪽으로 사용공구 반경값만큼 공구중심 위치를 이동하여 가공진행(공구경보정 형태 콘트롤러 적용시 G-code : G42)

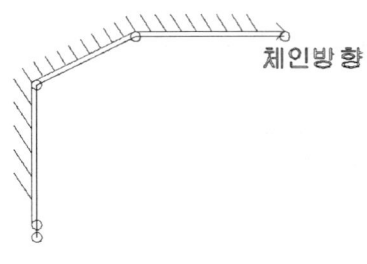

〈 왼쪽보정 〉   〈 오른쪽 보정 〉

> **참고**
>
> **최적화**
>
> 공구경보정 적용방법을 콘트롤러로 설정한 경우에만 적용할 수 있는 항목으로 항목 선택하면 생성되는 가공경로에서 사용공구 반지름 값보다 작거나 같은 원호이송이 있는지를 시스템이 자동 체크하여 해당 경로를 삭제하며 간섭이 발생되는 경로형태를 자동으로 제거

③ 공구길이보정

이 항목은 사용하는 공구의 어느 부분으로 가공물을 절삭해낼 것인지를 선택하는 것으로, 공구 날의 중심 또는 날끝 중 선택하며, 선택방법은 마우스로 해당 공구를 선택하면 된다. 아래 그림의 각 공구별 날의 중심과 날끝 표시로 가공의 차이점을 나타낸 것이다.

※ 각 공구별 날 중심과 날끝

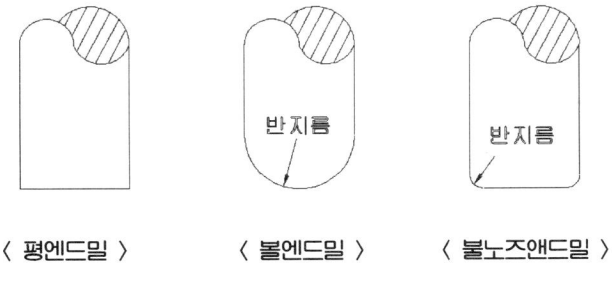

〈 평엔드밀 〉　　〈 볼엔드밀 〉　　〈 불노즈앤드밀 〉

※ 가공의 차이점

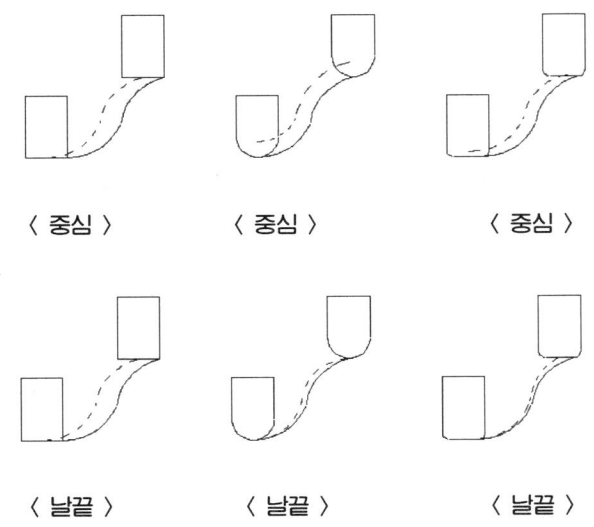

〈 중심 〉　　〈 중심 〉　　〈 중심 〉

〈 날끝 〉　　〈 날끝 〉　　〈 날끝 〉

※ ------(실선) : 프로그램된 가공 경로선
　- - - -(점선) : 실제 공구의 절삭부분 이동 경로선

④ 모서리 절삭이송형태
위 공구경보정 방법을 컴퓨터로 선택한 경우에만 적용되는 항목으로 도형윤곽의 각진 모서리 구간에서의 공구이송형태 설정
- 안함 : 도형윤곽 모서리 부분에 대하여 공구이송형태를 각진 형태로 직선이송 출력
- 샤프 : 도형윤곽 모서리 부분들 중 모서리각이 135°이내에 해당하는 부위는 원호 이송으로 변환 적용하며, 135°를 초과하는 부분들은 각진 형태로 직선이송 출력
- 전체 : 도형윤곽 모서리부위 전부(각도에 관계없음)를 원호이송으로 변환 출력

구 분	가 공 경 로
샤 프	
전 체	
안 함	

5) 스플라인 도형항목
가공대상 도형윤곽이 스플라인 도형인 경우 아래 항목들 설정
① 선형공차 : 스플라인 도형에 대한 직선이송 변환 출력시 적용될 공차 값을 설정
② 최대깊이변화 : 3차원 스플라인 도형(Z값 변화)인 경우 위 선형공차 항목 설정 값을 적용하여 분할될 직선절삭 이송하는 경우 Z축 상으로 유지할 최대깊이 변화 값 설정

6) 가공여유설정
가공실행에서 가공대상 도형윤곽기준 미 절삭될 간격을 설정
① 측면 가공여유 : 대상도형 윤곽기준 절삭이 진행되는 측면방향(좌측 또는 우측)으로 미절삭될 간격 값
② 바닥 가공여유 : 최종 가공깊이기준 위쪽으로 남겨야 할 간격 값

7) 측면가공

항목 비활성화 시에는 대상도형윤곽기준 측면절삭을 1회로 실행하며, 활성화된 상태에서는 대화창의 설정 내용으로 수회 이상 실행

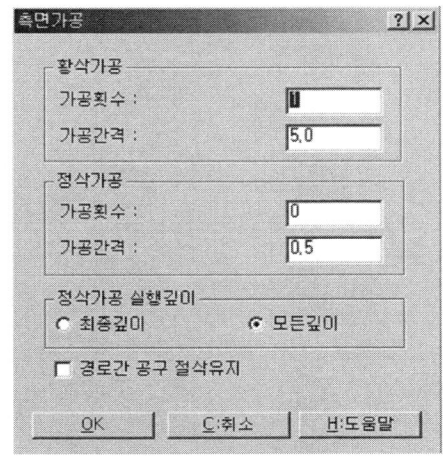

① 황삭가공 : 대상도형 윤곽기준 정삭가공 실행 전에 실행될 황삭가공 횟수/간격 설정
② 정삭가공 : 대상도형 윤곽기준 실행될 정삭가공 횟수/간격 설정
③ 정삭가공 실행깊이 : 정삭가공이 실행될 위치를 지정하는 영역
  • 최종깊이 : 분할가공 깊이별로 측면 정삭가공 실행을 유보한 채 측면 황삭가공을 모두 실행한 후 최종 가공깊이에서 설정된 정삭가공 횟수로 정삭가공을 실행한다
  • 모든깊이 : 분할 가공깊이 단계별로 정삭가공 실행
④ 경로간 공구절삭유지 : 항목 선택하면 측면 방향으로의 황삭, 정삭가공 실행시 공구가 현재 측면 가공경로 종료위치에서 연결되지 않고 다음 측면 가공경로 시작위치로 공구복귀 없이 바로 절삭 이송하는 형태로 모든 측면 가공경로를 반복 실행하며, 항목선택 안한 경우에는 현재 가공경로 종료위치에서 Z축(이송높이)으로 급속이송 후 다음 가공경로의 시작위치로 공구 이동하여 해당 경로의 시작위치 깊이까지 Z축 절삭진입을 반복하는 형태로 측면가공을 실행한다.

8) **진입/복귀** : 분할 가공깊이 단계별 가공경로의 시작위치로 공구진입 전(또는 종료 위치에서 이송높이까지 복귀 전) 적용될 공구이송 형태를 설정하는 기능 표시되는 대화창의 내용은 다음과 같다.

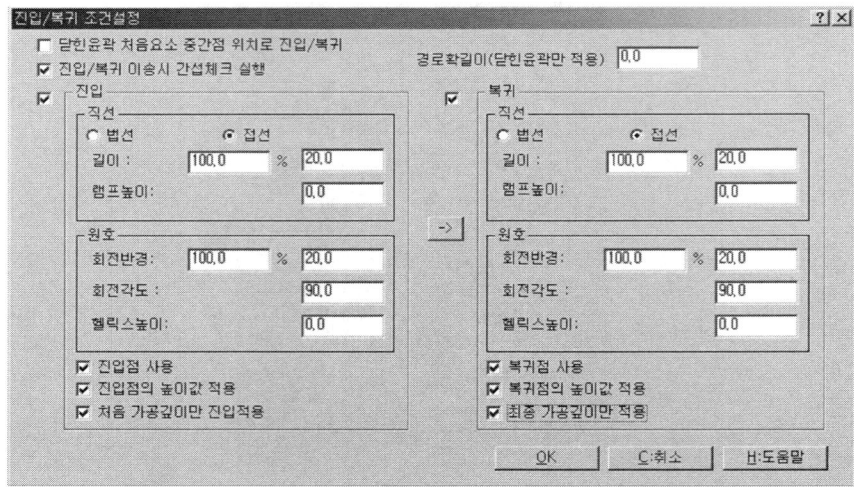

① 닫힌윤곽 처음요소 중간점 위치로 진입/복귀 : 항목 선택하면 가공대상 도형윤곽이 닫힌 형태인 경우 가공실행 처음대상 요소의 중간점 위치로 공구진입 및 복귀를 적용
② 진입/복귀 이송시 간섭체크 실행 : 항목 선택하면 설정되는 진입, 복귀 조건을 적용하여 가공경로 생성하는 과정에서 재료설정 대화창의 설정된 피삭재 형상 기준으로 진입/복귀 공구이송 형태가 간섭을 발생시키는 경우에 해당이 되면 시스템이 자동으로 간섭이 발생되지 않는 형태로 진입/복귀 적용형태를 자동 수정한다.
③ 직선 : 가공경로의 가공시작위치로 Z축 절삭진입 전(또는 종료위치에서 이송높이로 이송 전) 해당 가공경로 형태기준 접선 또는 법선 형태의 직선 절삭이송 형태를 시작위치 또는 끝 위치에 추가 적용하여 가공경로의 시작과 끝 위치에서의 경로 형태를 변경시키는 영역으로 추가될 직선의 길이와(길이항목) 추가되는 직선형태의 한쪽 끝점에서 다음 끝점까지 Z축 기준 경사이송 형태로 적용될 높이를(램프높이 항목) 설정한다.
④ 원호 : 위 직선 항목과 동일하게 적용되는 기능으로 차이점은 추가되는 경로의 형태가 원호형태로 영역에서 추가될 원호의 반경크기(반경항목), 원호의 회전각도(회전각도항목) 및 원호의 한쪽 끝점에서 다음 끝점까지 Z축 기준 경사이송 형태로 적용될 높이(헬릭스높이 항목)를 설정하며, 위 직선항목과 병행 사용하는 것으로 설정하면 적용형태는 시작위치에서는 직선형태 ⇒ 원호형태 순서로, 끝 위치에서는 원호형태⇒직선형태 순서로 연속하여 적용된다.
⑤ 진입점/복귀점 사용 : 가공대상 도형선택 과정에서 가공대상 도형윤곽과 일정거리를 유지하는 특정 점도형을 함께 선택한 경우 적용할 수 있는 기능으로 선택된 점도형의 좌표

위치에서 경로 시작위치까지 직선형태로 경로형태가 추가되며, 경로 끝 위치에서 점도형 좌표위치까지 직선형태로 경로형태가 추가된다. 이 항목을 적용하면 위 직선/원호 항목의 설정내용은 자동으로 사용할 수 없다

⑥ 진입점/복귀점의 높이값 적용 : 위 진입점(또는 복귀점) 사용 항목을 선택한 경우 활성화되는 항목으로 항목 선택하면 선택된 점도형의 Z 좌표 높이로부터 가공경로 시작위치까지 또는 가공경로 끝 위치에서 점도형의 Z 좌표 높이까지 추가되는 직선형태의 경로가 경사형태로 적용된다.

⑦ 처음/최종 가공깊이만 진입/복귀적용 : 항목 선택하면 위 항목들에서 설정된 진입/복귀조건이 처음 가공깊이의 가공경로 시작위치 또는 최종 가공깊이의 가공경로 종료 위치에서만 적용되며, 항목선택 안한 경우에는 각각의 가공깊이 단계별 시작 위치와 종료위치에 모두 적용된다.

⑧ 경로확장길이 : 가공경로 복귀조건에 추가되는 항목으로 설정된 거리 값만큼 가공 경로 종료위치에서 가공경로를 확장(접선형태로)한 후에 설정된 복귀조건이 적용됨

⑨ 화살표버튼 : 진입영역에 설정된 항목 내용들을 복귀영역 동일항목들의 값으로 복사

진입/복귀 활용

윤곽가공시 공구의 충돌을 방지하기 위해 가공경로의 시작과 끝부분에서의 공구의 진입과 복귀를 정의하는 항목으로 직선, 원호, 각도의 기본적인 3가지 방법을 적용할 수 있으며, 3가지를 혼용한 방법은 아래와 같다.

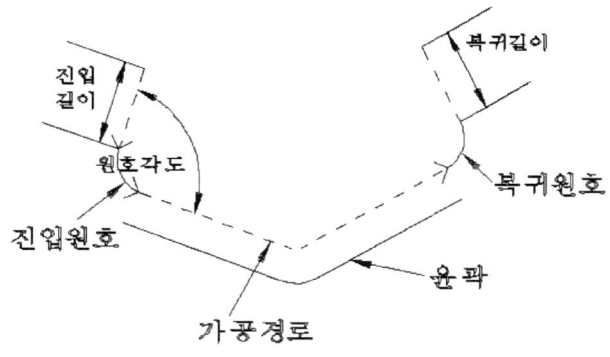

〈 기본적인 진입/복귀 형태 〉

9) 거르기 : 시스템이 기본적으로 계산한 가공경로들 중 일정길이 이하삭제 및 원호형태 구간에 대하여 직선이송 형태로 생성된 경로의 원호이송 형태로의 변환 등 가공경로를 최적화 형태로 다시 변경하는 기능으로 거르기가 설정된 가공경로는 가공실행시간 단축 및 절삭 면의 조도가 향상되는 효과가 있다.

거르기 조건설정 대화창

1 **적용공차** : 대상 가공경로에서 두 점간 간격과 직선 또는 원호이송 경로의 길이가 항목에 입력된 값과 같거나 작은 경우에는 시스템이 해당 경로구간을 삭제하는 기능

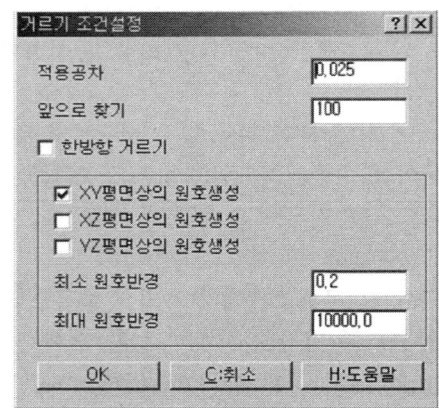

2 **앞으로 찾기** : 위 적용공차 항목의 설정 값을 기준으로 비교될 대상 가공경로의 연결 개수를 설정하는 기능으로 1~100까지 입력가능 하나 100이하로 입력하면 거르기 실행 속도는 신속한 반면 최적화 효과는 감소한다.

3 **한방향 거르기** : 거르기 실행시 공구의 왕복에 기준을 두는 것이 아니라 공구 진행방향의 한쪽 방향만을 거르기 설정하는 기능

4 **XY / XZ / YZ평면상의 원호생성** : 항목 선택하면 대상 가공경로에서 원호형태 구간에 대하여 직선이송으로 생성된 가공경로들을 원호이송 형태로 시스템이 자동 변경하는 기능으로 G17, G18, G19 평면에서 사용자가 원하는 평면에만 거르기(직선이송을 원호이송으로)를 설정할 수 있다.

  ㉠ **최소/최대 원호반경** : 위 원호이송 생성 항목을 선택한 경우 활성화되는 항목들로 원호이송 형태로 변환 시 적용될 원호형태의 최소/최대 반경 값을 설정하는 항목

2. 드릴가공

특정위치들을 기준으로 다양한 홀(Hole) 가공경로를 생성

[메뉴실행 : T : 가공경로 - D : 드릴가공]

2.1 드릴 가공위치 선택방법

```
드릴 가공위치 선택방법
M:수동
A:자동
E:도형요소
W:윈도우
L:최종점
M:원호마스크
P:패턴
I:정렬기준
S:서브P/G
D:완료
```

1) **수동** : 위치지정메뉴(또는 커서위치감지)를 이용하여 가공대상위치 지정
2) **자동** : 작업화면내 점 도형들을 대상으로 첫 번째/두 번째 점 도형 및 마지막 위치의 점도형을 순서대로 선택하면 시스템이 두 번째와 마지막위치 점 도형 사이의 다른 점 도형들을 두 번째 점도형에서 가까운 위치순서로 자동 선택하여 가공대상 위치로 설정
3) **도형요소** : 작업화면에서 직선, 원호 또는 스플라인 도형들을 선택하면 직선, 스플라인, 호 도형의 경우는 끝점위치, 원 도형의 경우는 중심점 위치를 시스템이 가공대상 위치로 자동 인식
4) **윈도우** : 마우스 윈도우 기능으로 작업화면에서 가공대상 점 도형들을 한번에 선택하여 드릴경로를 생성하는 기능
5) **최종점** : 항목 선택하면 현재 드릴가공정의 직전에 실행한 드릴 가공대상 위치들이 다시 선택되는 기능
6) **원호마스크** : 작업화면내 특정 원호를 먼저 선택 후 선택한 원호의 공차값을 입력한다. 그런다음 가공 대상으로 적용될 다수의 원호들을 무작위로 추가 선택하면 처음 선택한 원호크기를 기준으로 입력한 공차 값 범위안에 속하는 원호는 모두 가공대상으로 자동인식하는 기능이다.

```
반경크기 검색기준으로 적용될 공차값 입력하시오  0.001
(또는 X,Y,Z,R,D,L,S,A,? 키 입력)
```

7) **패턴** : 가상의 그리드 또는 볼트 써클 형태조건을 설정하여 설정된 위치들을 가공대상 위치로 선택하는 기능

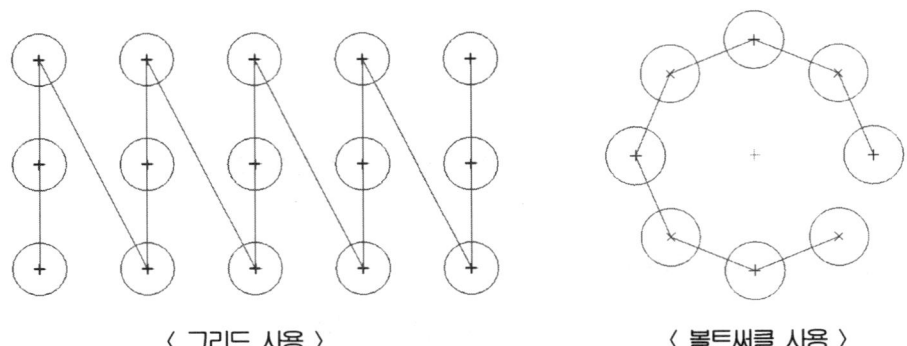

〈 그리드 사용 〉　　　　　　　　〈 볼트써클 사용 〉

8) 정렬기준 : 위 메뉴들로 지정된 다수의 가공대상 위치들에 대한 가공실행 순서형태를 설정하는 기능으로 내용항목은 다음과 같다.

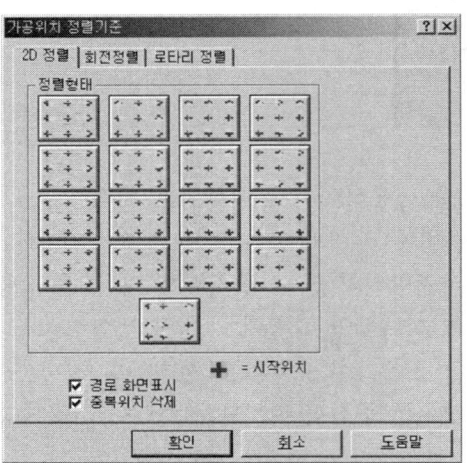
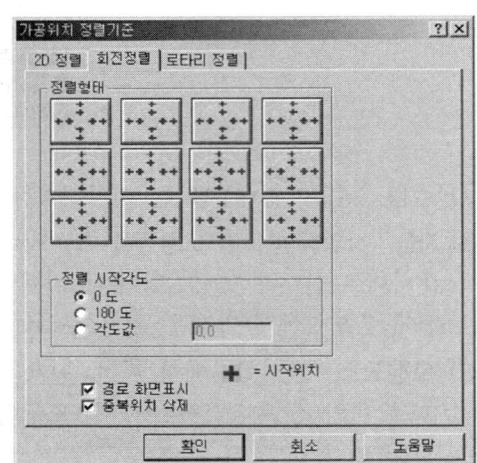
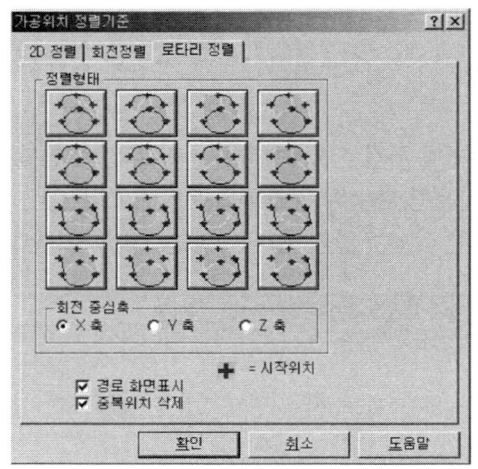

가공위치 정렬기준 대화창

① 2D정렬 : X,Y축 일정방향(+ 또는 -)으로 가공대상 선택 위치들에 대한 가공실행 순서를 정렬시키는 기능으로 원하는 정렬형태표시 그림버튼을 마우스 클릭

② 회전정렬 : 가공대상선택 위치들이 가상의 원주형태로 구성되어 있는 경우 가공실행 순서를 회전하는 형태로 정렬시키는 기능으로 적용될 정렬형태 표시그림 버튼을 마우스 클릭하며, 정렬 시작 각도 영역에서 가공시작 실행위치 기준각도를 설정

③ 로타리정렬 : 로타리 기계를 이용한 드릴가공 실행시 적용될 정렬기준 형태를 설정하는 기능으로 가공 대상으로 선택한 위치들이 가상의 원통 상에 있는 형태인 경우 특정 축 회전방향 기준을 선택하여 가공위치들을 특정 회전방향 기준으로 정렬하는 방법

④ 경로 화면표시 : 항목 선택하면 대화창 완료 후 작업화면내 대상위치들에 대한 가공순서별 이송형태가 표시되며, 항목선택 안한 경우에는 표시하지 않는다.

⑤ 중복위치 삭제 : 항목 선택하면 가공대상으로 선택된 위치들 중 동일 위치에 다수의 점도형 존재 또는 동일위치 중복 선택한 경우 해당 위치들에 대하여 1회만 드릴가공 실행하는 것으로 시스템이 자동으로 인식하며, 항목선택 안한 경우에는 중복지정 횟수만큼 가공실행

9) **서브프로그램** : 이전에 실행된 드릴가공들의 가공대상 위치들을 현재 실행되는 드릴가공의 가공대상 위치로 시스템이 자동 선택하면서 현재 실행되는 드릴 가공정의의 싸이클 형태를 대상으로 선택되는 이전 드릴가공 정의들에서 적용한 드릴 싸이클 형태와 동일하게 적용하되 NC 파일크기가 현저히 감소되는 서브프로그램 형태로 생성하는 방법으로 이전에 실행된 드릴가공이 있었던 경우에만 실행할 수 있다. 서브프로그램의 내용은 1. 윤곽가공 - 1.1윤곽가공 조건설정-2)깊이 가공대화창 항목에서 설명된 내용과 동일한 내용이며, 코드출력은 가공 대상 위치들에서 출력된다. 메뉴선택 후 표시되는 대화창의 내용은 다음과 같다.

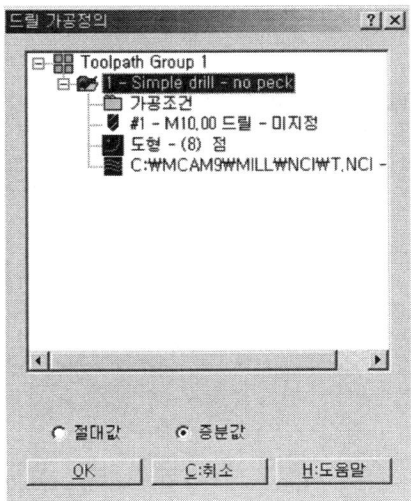

 CAD·CAM 실무 2D

① 가공정의 표시영역 : 이전에 실행된 드릴가공 정의들이 표시되는 영역으로 이 영역에 표시된 드릴 가공정의들 중 대상이 될 가공정의들을 마우스 클릭으로 선택한다.
② 실행방법 : 표시영역에서 대상 가공정의들을 마우스로 클릭하여 선택한 후, 적용될 서브프로그램기준 항목을(절대 값 또는 증분 값) 선택하고 OK버튼 선택 후 표시되는 드릴가공 대화창을 설정 완료하면 새로운 가공정의 생성

10) **조건수정** : 가공대상위치 선택완료 후 표시되는 메뉴로 아래 가공위치 수정메뉴 참조

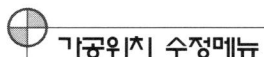

위 조건수정메뉴 또는 가공정의 관리자 대화창에서 특정 드릴 가공정의의 도형 구성항목을 마우스 클릭하는 경우 주메뉴 영역에 표시되는 메뉴들로 내용은 다음과 같다.

① 위치추가 : 현재 가공대상 위치들에 다른 위치를 가공대상으로 추가
② 위치삭제 : 현재 가공대상 위치들 중 일부를 대상에서 제외
③ 깊이수정 : 현재 가공대상 위치들 중 일부위치의 가공깊이를 수정
④ 깊이적용기준 : 위 깊이수정 메뉴로 수정된 내용을 취소하고 원래 설정깊이로 복귀
⑤ 점프수정 : 가공대상 위치사이에 간섭 물이 있는 경우 다음위치로 공구이동시 적용될 높이 값을 변경(조건설정 대화창의 이송높이 항목 설정 값보다 높게 설정)
⑥ 점프적용기준 : 위 점프수정으로 수정된 내용을 취소하고 이전 설정 값으로 복귀
⑦ 정렬기준 : 위 드릴가공위치지정- 8)정렬기준 항목과 동일한 내용
⑧ 역방향 : 현재 가공대상 위치들에 대한 가공시작위치와 종료위치를 반대로 전환
⑨ 완료 : 위 메뉴들 수정내용으로 수정작업을 완료하고 이전 단계로 복귀

11) **완료** : 가공대상 위치 선택을 완료하고 가공정의 대화창 단계로 이동하는 기능

2.2 드릴가공 조건설정

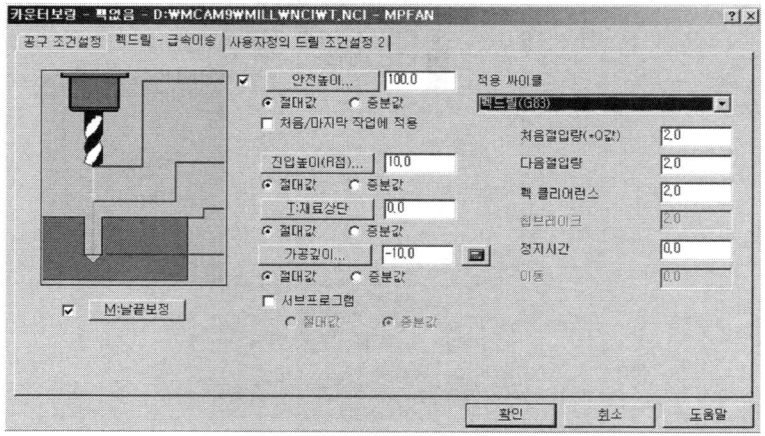

1) **날끝보정** : 드릴공구 특성상 공구의 날끝 각도로 인한 공구 날끝 길이를 가공깊이에 대하여 어떻게 적용할지를 설정하는 항목으로·항목 비 활성화되면 드릴공구 날끝이 가공깊이 기준으로 적용되며, 버튼선택 후 표시되는 대화창의 내용은 다음과 같다.

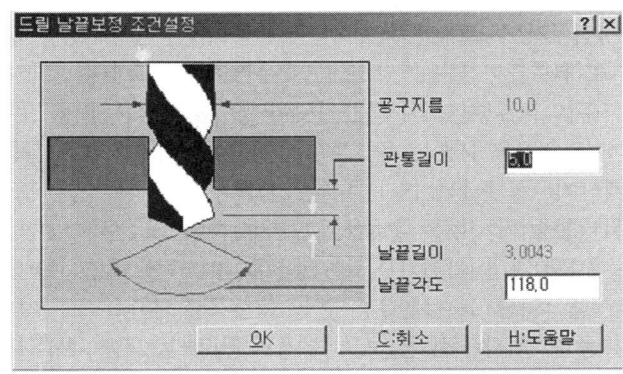

① 공구지름 : 사용공구로 지정된 공구의 지름크기 값이 자동으로 표시되는 항목
② 관통길이 : 사용 공구의 날끝 길이가 시작되는 위치기준 가공깊이 항목에서 설정한 가공깊이에서 어느 정도 길이만큼 공구가 더 깊이로 절삭이송 될지를 설정하는 기능으로 이 항목을 적용하는 경우 실제 가공깊이는 설정 가공깊이+공구날끝 길이+항목 입력 값으로 계산된다. 항목 입력 값이 − 형태로 입력되면 Z축 양의 방향 값으로 적용된다.
③ 날끝길이 : 사용 드릴공구의 날끝 각도 변화에 따라 자동으로 변동되는 길이로 공구의 날이 경사지는 구간에 대한 수직으로의 길이 값이 표시된다.
④ 날끝각도 : 사용 드릴공구의 날끝 구성각도를 입력하는 항목

2) **적용싸이클** : 드릴가공 방법의 형태를 설정하는 기능으로 다음 도표내용 참조

싸이클	내용		NC Code	적용분야
Drill/Counter bore	가공깊이를 한번에 가공	일시정지=0	G81	공구지름의 3배 이하 깊이 가공
		일시정지=0	G82	
Peck drill	가공깊이를 설정간격으로 나누어 가공(간격별로 급속이송복귀)		G83	지름 3배 이상/칩배출이 용이하지 않은 가공
Chip Break	가공깊이를 설정간격으로 나누어 가공(간격별 증분 급속이송복귀)		G73	공구지름의 3배 이상 깊은 가공
Tap	최종가공깊이에서 역회전 복귀		G84	나사 가공
Bore #1	가공깊이를 한번에 가공	일시정지=0	G85	보링 가공
		일시정지=0	G89	
Bore #2	절삭진입시 이송속도, 복귀시		G86	보링 가공

CAD · CAM 실무 2D

	주축정지후 급속이송복귀		
Fine bore	최종가공깊이에서 주축정지후 사전 지정된 각도로 공구회전하여 드릴홀 측벽에서 이탈 후 복귀		
Custom cycle	사용자 임의로 드릴 가공형태 지정		

〈 드릴 적용 싸이클 〉

3) 드릴 깊이 계산기

이 계산기는 드릴작업시 지정한 공구지름을 기준으로 하여 자동으로 드릴 작업의 깊이 값을 계산하여 주는 기능으로 그림에서 보이는 드릴공구의 날끝 각도, 지름을 고려하여 날끝 길이 값을 자동으로 계산한다.

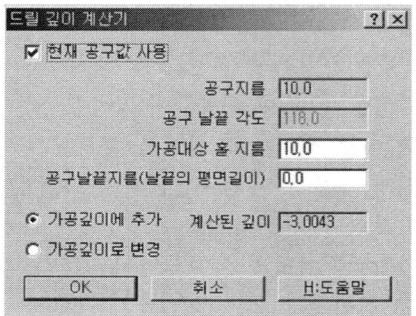 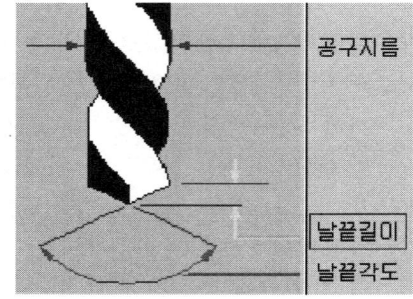

① 현재 공구값 사용 : 본 기능활성시 공구조건설정에서 지정한 드릴공구를 기준으로하여 계산기가 자동으로 날끝 길이 값을 계산하며, 기능을 선택하지 않았을 때는 사용자가 각각의 항목 값을 입력하여 계산된 날끝 길이 값을 얻을 수 있다.

② 가공깊이에 추가 : 본 기능선택시 계산된 깊이 값이 이전에 설정한 가공깊이 값에 더해지는 기능으로, 이전 설정한 가공깊이 값이 -10이고, 계산된 깊이(계산기)값이 -3.0043 이면, OK 버튼을 클릭시 자동적으로 가공깊이가 -13.0043으로 날끝 길이가 추가된 깊이로 바뀐다.

③ 가공깊이로 변경 : 본 기능선택시 이전에 설정한 가공깊이 값은 무시한 채 계산기의 계산된 깊이가 덮어씌우기 되는 기능으로 결과적으로는 날끝 길이만큼의 가공깊이만 적용된다.

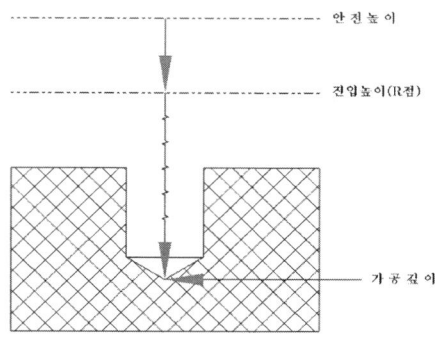

4) **특정 싸이클 관련항목** : 위 싸이클 항목에서 특정 싸이클 형태를 선택하면 아래 항목들 중 선택된 싸이클 형태에 관련된 항목들이 자동으로 활성화된다.
   ① 처음 절입량 : 재료의 상단 높이기준 처음 가공실행에서 절삭 진입될 Z깊이 간격을 설정
   ② 다음 절입량 : 위 처음펙 항목설정 값으로 깊이가공 실행 후 전체 가공깊이에서 처음펙 항목 깊이가 차감된 잔여 깊이를 분할 가공할 최대간격 설정
   ③ 펙클리어런스 : 단계별 가공깊이에서 칩 배출을 위해 +Z방향으로 공구가 급속 이송될 간격 설정
   ④ 칩브레이크 : 칩브레이크 가공시 단계별 가공깊이에서 다음 가공깊이로 절삭진입 전에 공구가 급속이송 될 간격 설정
   ⑤ 정지시간 : 단계별 가공깊이 위치에서 공구가 공 회전해야 할 시간설정(초단위)
   ⑥ 이동 : 파인보링 가공으로 실행하는 경우 가공경로 종료위치에서 공구복귀 전 적용될 가공경로 연장 길이 설정(간섭발생 방지 효과)

5) **사용자 드릴가공 조건설정 대화창 설정** : 위 싸이클 항목에서 특정 사용자정의 항목을 선택한 경우 활성화되는 영역으로 사용자 임의로 특정한 드릴가공 형태를 지정하여 적용하고자 하는 경우 설정

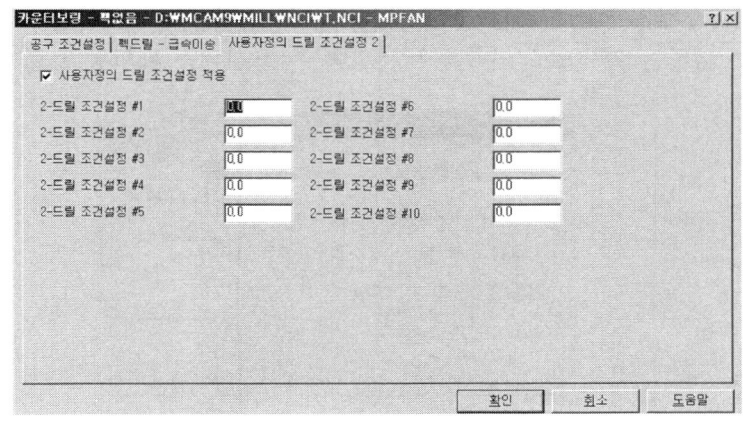

 CAD · CAM 실무 2D

3. 포켓가공

닫힌 형태(또는 열린 형태) 도형윤곽의 내측 영역을 특정깊이로 가공

[메뉴실행 : T : 가공경로 - P : 포켓가공]

3.1 포켓가공 조건설정

포켓가공 실행에서 적용될 각종높이, 가공형태 등의 조건을 설정하는 영역으로 대화창의 항목들 중 앞에서 설명한 윤곽가공 내용과 동일한 이름의 항목들은 적용 내용도 동일하므로 설명을 생략하고 추가된 항목들만 설명한다.

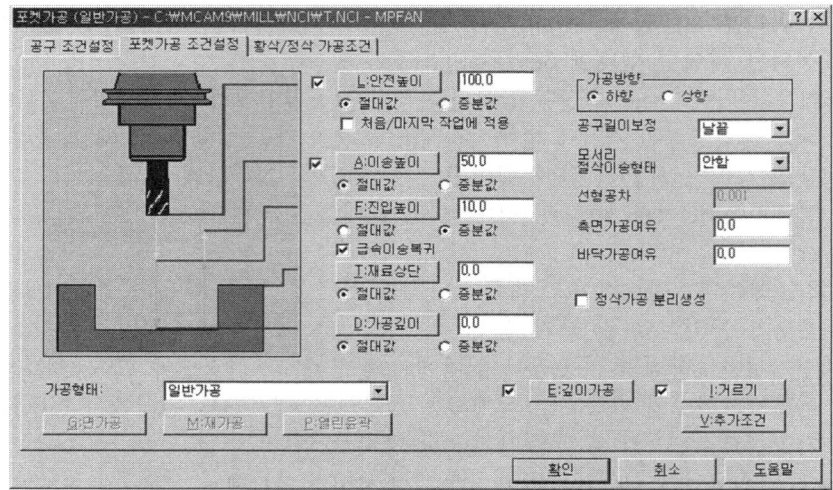

1) **가공형태** : 실행될 가공형태를 우측 역화살표 버튼을 선택하여 설정
   ① 일반가공 : 일반적인 포켓가공 형태 실행
   ② 면가공 : 재료의 상단높이에서 가공대상 선택도형의 외곽 도형깊이(Z 좌표값)까지 면가공을 실행하는 기능으로 면가공 버튼선택 후 표시되는 대화창의 내용은 다음과 같다.

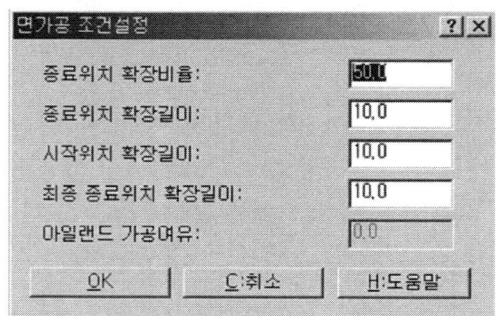

- 종료위치 확장비율/길이 : 사용 공구의 지름 비율 값 또는 일정길이 값을 입력하면 가공대상으로 선택된 도형의 외측윤곽(아일랜드 외측윤곽 포함) 기준으로 가공의 종료위치에서 절삭방향으로 입력된 길이만큼 가공경로 길이가 확장되는 기능으로 가공종료위치의 미 절삭 현상을 방지하고자 할 때 적용
- 시작위치 확장길이 : 처음 가공시작를 위치를 기준으로 가공경로 진행방향의 역 방향으로 설정된 길이만큼 가공경로 길이를 확장하여 경로 생성하는 기능
- 최종 종료위치 확장길이 : 마지막 가공 종료위치를 기준으로 가공경로 설정된 길이만큼 가공경로 길이를 확장하여 경로생성

③ 아일랜드 면가공 : 가공대상 선택 도형윤곽 중 아일랜드 도형윤곽의 상단 면들만을 대상으로 면 가공을 실행하는 기능으로 면가공 버튼선택 후 표시되는 대화창의 내용은 위 면가공 내용과 동일하며 추가된 항목의 내용은 다음과 같다.
- 아일랜드 가공여유 : 아일랜드 도형윤곽의 Z높이 값 기준으로 미 절삭될 높이 값을 설정하는 기능

 참고

아일랜드(Islands)
아일랜드 명칭의 의미는 포켓가공 대상으로 선택된 가장 외측의 닫힌 도형형태 안에 다른 닫힌 도형들이 있는 경우 이 도형들을 아일랜드라 칭하며, 이런 형태의 도형들이 선택된 경우에 포켓가공 대상 영역은 가공대상으로 선택된 외측의 닫힌 도형에서 내측 아일랜드 도형을 제외한 나머지 영역이 가공대상 영역이며, 아일랜드 도형들의 Z높이와 외측 닫힌 윤곽 도형의 Z높이가 차이나는 경우에는 아일랜드 도형의 높이기준으로 단차 가공을 실행할 수 있다.

④ 재가공 : 앞에서 설명한 1.윤곽가공-재가공의 내용과 동일한 내용으로 이전에 실행된 포켓가공에서 미 절삭된 영역만을 대상으로 추가적인 포켓가공을 실행하는 기능이며, 항목 선택하면 활성화되는 재가공 버튼을 선택하여 표시되는 대화창에서 적용될 가공조건을 설정하며, 대화창의 항목들 중 윤곽가공-재가공 대화창과 다른 항목들만 설명한다.

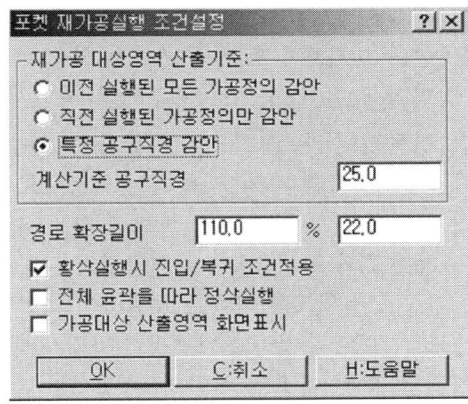

- 황삭실행시 진입/복귀 조건적용 : 황삭/정삭 가공조건 대화창 영역에서 황삭사용 항목과 정삭실행 항목을 선택하고 정삭실행 영역의 진입/복귀 버튼을 활성화한 경우에만 적용되는 기능으로 항목 선택하면 재가공 실행대상 영역에 대하여 생성되는 황삭 가공경로에 진입/복귀 대화창의 설정조건을 적용시키는 기능
- 전체 윤곽을 따라 정삭실행 : 항목 선택하면 가공대상으로 선택된 도형들의 모든 윤곽형태를 기준으로 정삭가공 경로가 생성

⑤ 열린윤곽 : 가공대상 도형으로 열린 윤곽 도형형태를 선택한 경우에만 적용할 수 있는 가공형태로 시스템은 선택된 열린 윤곽 도형형태의 양쪽끝점을 자동 연결하여 닫힌 윤곽 도형형태로 자동 수정한 후 내측 영역을 포켓가공 대상영역으로 계산한다. 항목 선택시 활성화되는 열린윤곽 버튼 선택하여 적용될 가공조건을 설정하며, 표시되는 대화창의 내용은 다음과 같다.

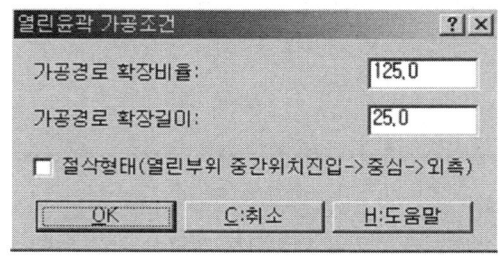

- 가공경로 확장비율/길이 : 열린 윤곽 도형형태의 양쪽 끝점을 연결하는 가상의 직선기준 도형윤곽의 외측 방향으로 추가 절삭될 거리 값을 설정(가공경로 확장)
- 절삭형태(열린부위 중간위치진입→중심→외측) : 항목 선택하면 황삭/정삭 가공조건 대화창 영역에 설정된 황삭 가공방법의 절삭형태를 적용하지 않고 가상으로 연결된 직선의 중간점 위치가 황삭 가공경로의 시작위치이며, 이 위치에서 도형윤곽의 내측 중심위치로 절삭 이송한 후 황삭/정삭 가공조건 대화창 영역에 설정된 황삭 가공 간격만큼씩 도형윤곽의 외측 방향으로 절삭 진행하는 형태로 황삭 가공경로가 생성되며, 항목선택 안한 경우에는 황삭/정삭 가공조건 대화창 영역에서 설정한 황삭 가공방법 형태로 황삭 가공경로를 생성한다.

2) **절삭형태** : 공구 절삭형태를 설정하는 기능으로 내용은 다음과 같다.
① 하향 : 절삭이송방향과 반대방향으로 공구회전 하면서 절삭진행
② 상향 : 절삭이송방향과 같은 방향으로 공구회전 하면서 절삭진행

3) **정삭가공 분리생성** : 항목선택 후 대화창을 완료하면 가공정의 관리자 대화창으로 동일 도형에 대한 포켓가공정의가 1개 추가 생성되는 기능으로 현재 선택된 도형들에 대하여 추가적인 포켓 정삭가공 또는 재가공을 실행해야 하는 경우 추가적인 포켓가공 생성에 소요되는 시간을 단축하는 효과로 이용방법은 가공정의 관리자 대화창에 추가 생성된 포켓가공정의 구성내용 중 가공조건 항목을 마우스 클릭하여 대화창의 내용을 추가적으로 생성될 정삭 또는 재가공 가공조건으로 수정하고 가공정의 관리자 대화창의 재생성 버튼을 선택하면 원하는 형태의 추가적인 포켓 가공정의를 바로 생성할 수 있다.

4) 깊이가공 : 가공깊이 항목에 설정된 깊이를 분할하여 가공하는 기능으로 버튼선택 후 표시되는 대화창의 항목들 내용은 윤곽가공 내용과 동일하며 추가 항목들의 내용은 다음과 같다.

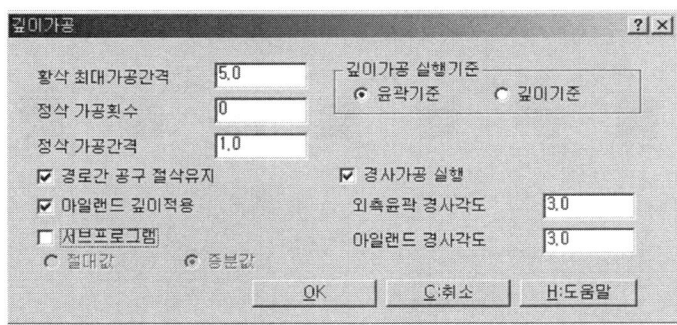

① 아일랜드 깊이적용 : 항목 선택하면 가공대상 선택도형들 중 아일랜드 도형윤곽이 있으면서 아일랜드 도형윤곽의 Z높이가 외측윤곽 Z높이와 다른 경우 아일랜드 도형윤곽 Z높이까지 단차가공이 실행되며, 선택 안한 경우에는 Z높이 차이에 관계없이 외측윤곽의 Z높이로만 가공실행
② 경사가공 실행 : 항목 선택하면 가공대상 선택도형에 대하여 경사가공이 실행되는 기능으로 아래 항목들로 적용될 경사형태를 설정
- 외측윤곽 경사각도 : 가공대상 선택도형 외측윤곽기준 내측으로의 경사가공 각도 값
- 아일랜드 경사각도 : 가공대상 선택도형의 아일랜드도형 외측 윤곽 기준 외측 방향으로의 경사가공 각도 값 설정

5) 추가조건 : 가공형태 항목에서 재가공형태를 선택한 경우와 황삭/정삭 가공조건 대화창에서 황삭가공 형태를 일정한 오버랩나선형 가공으로 설정한 경우 적용되는 항목으로 대화창의 내용은 다음과 같다.

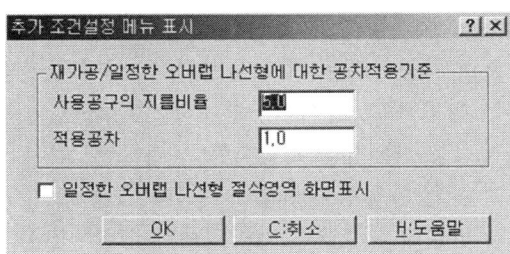

① 재가공/일정한 오버랩나선형에 대한 공차적용 기준 : 재가공 또는 일정한 오버랩 나선형가공시 가공경로의 정밀도를 설정하는 영역으로 사용공구의 지름비율 또는 특정 공차 값으로 적용될 정밀도를 설정하며, 적절한 설정 값은 공구지름기준 5(%)이다.
② 일정한 오버랩나선형 절삭영역 화면표시 : 항목 선택하면 일정한 오버랩나선형 가공 방법으로 가공경로 생성 완료 후 오버랩이 적용된 가공대상 영역이 작업화면으로 표시된다.

3.2 황삭/정삭 가공조건 대화창

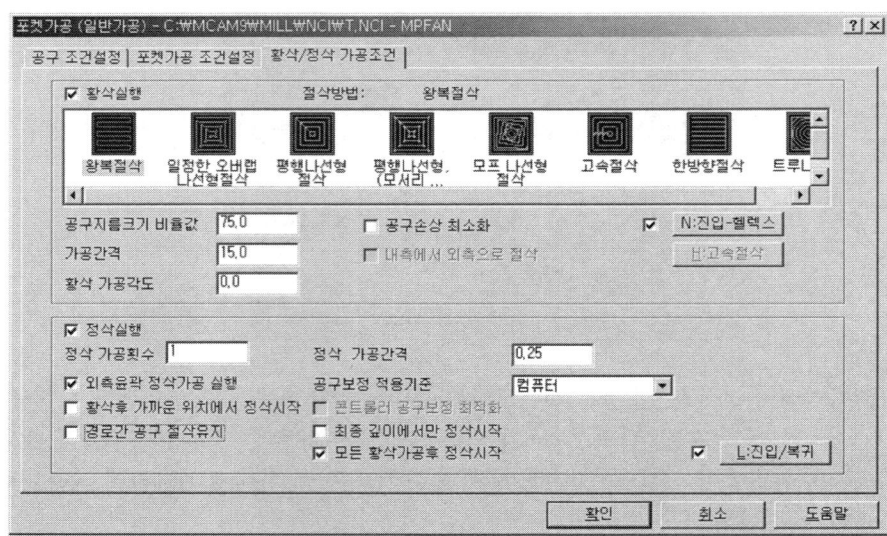

1) **황삭실행** : 항목 선택하면 가공대상 도형윤곽 내측 영역에 대한 포켓 황삭가공 경로를 생성하며, 항목 선택 안한 경우는 생성하지 않는다.
   ① 황삭가공방법 : 위 황삭실행 항목을 선택한 경우 적용될 황삭 가공방법을 설정하는 영역으로 가공대상으로 선택한 도형의 형태에 따라 가장 효율적인 가공경로를 생성할 수 있는 가공방법 그림을 마우스로 클릭하여 선택하며, 가공방법별 내용은 다음과 같다.
   • 왕복절삭 : 황삭 가공각도 항목에 설정된 각도방향으로 지정한 가공간격 만큼씩 대상도형 내측 영역을 왕복(Zig-Zag)하는 형태의 황삭 가공경로 생성
   • 일정한 오버랩나선형 절삭 : 가공대상으로 선택된 도형윤곽에서 아일랜드 도형 윤곽이 있는 경우 내측에서 외측으로 항목을 선택한 경우에는 내측 아일랜드 도형의 외곽 형태를 기준으로 가공경로가 먼저 생성된 후 설정된 가공간격 만큼 외측으로 가공경로를 생성하는 방법으로, 모서리구간에서 발생하는 미절삭 영역에 대하여 시스템이 해당구간의 경로길이를 자동 확장하는 형태로 생성된다. 내측에서 외측으로 항목을 선택한 경우에는 외측 도형윤곽의 도형형태 기준으로 가공경로가 먼저 생성된 후 설정된 가공간격 만큼씩 내측으로 가공경로가 생성되면서 모서리구간의 미절삭 영역을 동일한 형태로 적용하는 가공 방법이다.
   • 평행나선형 절삭 : 위 일정한 오버랩나선형 가공과 동일한 방식으로 진행되는 가공방법으로 차이점은 모서리구간에 대하여 가공경로를 확장하지 않고 설정된 가공간격 만큼씩 이동되는 형태로 가공경로가 생성하는 방법이다. 이 가공방법은 대상도형 형태에 모서리 구간이 있는 경우에는 절삭진입이 이루어질 수 있는 모서리영역을 제외하고는 나머지 모서리 영역들은 미절삭이 발생할 수 있는 단점이 있다.

- 평행나선형(모서리 잔살제거) : 위 평행나선형 절삭형태로 진행되면서 대상 도형의 모서리부위들에 대한 미 절삭이 발생하지 않도록 가공경로가 확장되는 형태로 일정한 오버랩 나선형 가공보다 미 절삭 영역이 완벽하게 제거되는 장점이 있다.
- 모프나선형 절삭 : 가공대상 도형으로 선택된 도형 형태가 아일랜드 도형윤곽 하나만을 포함하는 형태인 경우에만 적용할 수 있는 가공방법으로 내측에서 외측으로 항목을 선택한 경우에는 내측 영역의 아일랜드 도형 형태로 가공경로가 시작된 후 외측 도형 형태로 변화하는 가공경로가 생성되는 가공 방법이다. 다른 가공 방법들과의 차이점은 공구손상이 최소화되는 형태로 가공경로가 생성된다. 또한, 내측에서 외측으로 항목을 선택 안한 경우에는 외측 도형윤곽 형태로 먼저 시작한 후 내측 아일랜드 도형 형태로 변화하는 형태로 적용된다.
- 고속절삭 : 포켓가공 절삭방법 중 원추형절삭을 지원하는 형태로 각진 경로구간을 원호 형상의 가공형태로 생성한다. 또한 H : 고속절삭을 선택하여 루프반경 및 코너 적용 반경 등을 적용한다.
- 트루 나선형절삭 : 가공대상 도형윤곽 형태에 관계없이 일정한 나선형 형태로만 설정된 가공방향/간격을 적용하여 가공경로가 생성되는 방법으로 하나의 원 도형에 대한 포켓가공 실행에서 유효한 가공 방법이다.
- 한방향절삭 : 황삭 가공각도 항목에 설정된 각도 방향으로 지정된 가공간격 만큼씩 이동하면서 가공하는 방법이다.

② 공구지름크기 비율값/가공간격 : 위 황삭가공 실행에서 적용될 가공 간격을 설정하는 항목으로 사용공구 지름크기의 비율 값 또는 특정간격 값으로 설정

③ 황삭 가공각도 : 위 가공방법 중 왕복가공과 한방향가공 항목 선택하면 활성화되는 항목으로 적용될 가공각도 값을 설정

④ 공구손상 최소화 : 위 가공방법들 중 왕복, 일정한 오버랩나선형 절삭, 평행나선형 절삭 가공방법을 선택한 경우에만 활성화되는 항목으로 가공대상 도형에 아일랜드 도형들이 있는 경우 적용하는 기능이다. 이 항목 선택하면 생성되는 황삭 가공경로 이후 내측 아일랜드 도형들을 다음에 실행될 정삭가공에서 공구손상이 최소화되는 형태로 시스템이 자동으로 변경시켜 생성하며, 항목선택 안한 경우에는 공구손상 발생예상 영역에 관계없이 정해진 일반적인 형태로 가공경로 생성한다.

⑤ 내측에서 외측으로 가공 : 위 가공방법들 중 나선형 형태 가공방법을 선택한 경우에만 활성화되는 항목으로 항목 선택하면 해당 나선형 가공방법의 가공경로 시작위치 기준을 가공대상 도형의 외측부터 적용하며, 항목선택 안한 경우는 내측 아일랜드 도형 기준으로 적용한다. 만약 내측에 아일랜드 도형이 없는 경우는 선택 도형의 중심점위치에서부터 시작한다.

⑥ 공구진입(헬릭스 또는 램프) : 분할 가공깊이별로 해당 가공깊이까지 공구의 Z축 절삭 진입 형태를 헬릭스(나선형) 또는 램프(경사직선) 형태로 적용하는 기능으로 버튼 선택 후 표시되는 대화창의 내용은 다음과 같다. 항목선택 안한 경우는 분할 가공 깊이별 해당 가공깊이까지 Z축 방향으로 수직절삭 진입하는 형태로 적용된다.

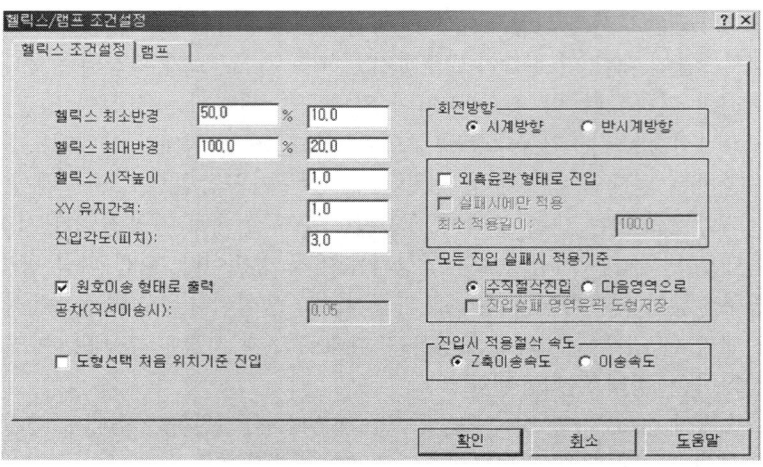

〈 헬릭스 조건설정 〉

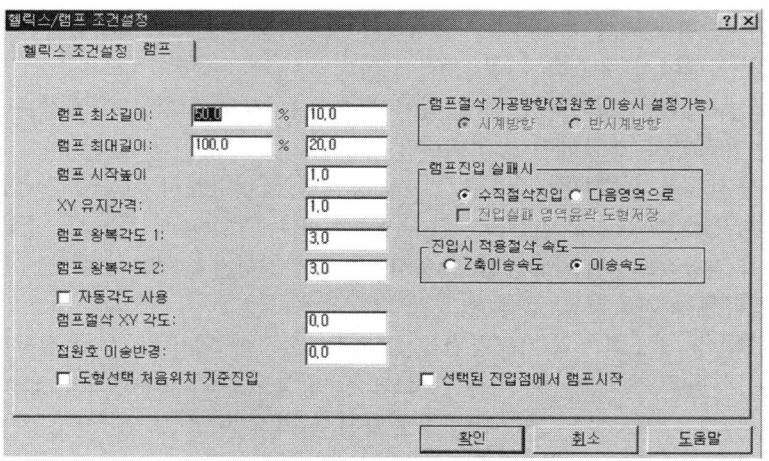

〈 램프 조건설정 〉

- 헬릭스 최소반경/램프 최소길이 : 나선형 형태 회전절삭 진입에서 적용될 평면 기준 원호의 최소반경 크기 값(헬릭스) 또는 경사 직선형태 절삭 진입에서 적용될 해당 직선의 최소길이 값(램프)을 설정하는 항목
- 헬릭스 최대반경/램프 최대길이 : 나선형 형태 회전절삭 진입에서 적용될 평면기준 원호의 최대반경 크기 값(헬릭스) 또는 경사 직선형태로 절삭 진입에서 적용될 해당 직선의 최대길이 값(램프)을 설정하는 항목
- 헬릭스/램프 시작높이 : Z축 기준 나선형 회전절삭(헬릭스) 또는 경사 직선형태 절삭이송(램프)이 시작될 높이를 설정하는 항목으로 입력되는 값은 처음 분할깊이 절삭이송에서는 포켓가공 조건설정 대화창의 재료의 상단 항목에 설정된 높이의 증분높이로 적용되며, 이후 분할깊이 절삭이송에서는 이전 실행 가공깊이 기준의 증분높이로 적용된다.

- XY 유지간격 : 나선형(헬릭스) 또는 경사 직선형태(램프) 절삭 진입에서 가공대상 도형의 외측윤곽과 아일랜드 도형의 XY방향 유지간격 값을 설정하는 항목으로 선택된 도형들의 실제 절삭 진입에서 적용되는 유지되는 간격은 포켓가공 조건설정 대화창의 측면 가공여유 설정 값+황삭/정삭 가공조건 대화창 정삭 가공간격+이 항목의 입력 값만큼 절삭 진입시 간격이 유지된다.
- 진입각도(피치) : 나선형 회전절삭(헬릭스) 원호형태가 1 회전할 때 처음시작 높이와 최종 높이 간의 단차에 대한 각도 값을 설정하는 항목으로 입력 값이 클수록 1회전당 절삭 깊이가 깊어진다.
- 램프 왕복각도 1/2 : 경사 직선형태의 적용될 경사각도 값을 설정하는 항목으로 왕복각도 1은 Zig(한쪽방향)되는 직선의 경사각도 값을 설정하는 항목이며, 왕복각도 2는 Zag(방향전환)되는 직선의 경사각도 값을 설정하는 항목
- 자동각도 : 항목 선택하면 경사 직선형태(램프) 진입에서 직선형태에 적용될 경사 각도를 가공대상 도형 형태에 따라 시스템이 자동으로 계산하여 적용하며, 항목 선택 안한 경우에는 램프절삭 XY각도 항목에 적용될 각도 값을 설정할 수 있다.
- 원호이송 형태로 출력 : 항목 선택하면 나선형 회전절삭 진입에서 나선형 형태에 대한 절삭이송 형태를 원호이송(G02, G03)으로 출력하며, 항목선택 안한 경우에는 공차(직선이송시) 항목에 나선형 형태를 직선이송(G01)로 분할할 적용 공차 값을 설정한다.
- 접원호 이송반경 : 경사 직선형태 진입에서 Zig와 Zag 두 직선 형태에 접하는 나선형 모양의 가공경로를 추가하는 기능으로 입력란에 추가되는 나선형 형태의 반지름 크기 값을 설정한다.
- 도형선택 처음위치 기준진입 : 항목 선택하면 가공대상 도형의 체인 시작 위치를 기준으로 시스템이 나선형 회전의 중심위치 또는 경사 직선이송의 시작 위치를 계산하며, 항목선택 안한 경우에는 시스템이 해당 중심위치 또는 시작위치를 임의의 위치로 계산하여 적용한다.
- 회전방향(램프절삭 가공방향) : 헬릭스인 경우는 평면기준 나선형 회전의 적용 방향을, 램프인 경우에는 전체 경사이송 형태에 대한 평면기준 절삭진행 방향을 설정하는 항목으로 램프에서는 접원호 이송반경 항목에 1 이상의 값이 입력된 경우만 항목이 활성화되어 적용할 수 있다.
- 외측윤곽 형태로 진입(헬릭스 경우) : 항목 선택하면 절삭진입 형태가 설정된 나선형 회전형태를 적용하지 않고 가공대상으로 선택된 도형의 외측윤곽 형태로 적용되는 기능
    ▶ 실패시에만 적용 : 위 외측윤곽 형태로 진입 항목을 선택한 경우에만 활성화되는 항목으로 항목 선택시 시스템이 절삭진입 형태 적용을 헬릭스 형태로 우선 적용하며, 대상 윤곽이 헬릭스 형태를 적용할 수 없는 상태로 파악되면 헬릭스 진입 대신 위 외측윤곽 형태로 진입 항목 내용을 적용하여 절삭 진입하는 방식으로 실행한다. 항목선택 안한 경우는 바로 외측 윤곽 형태로 절삭 진입한다.
    ▶ 최소 적용길이 : 위 외측윤곽 형태로 진입 항목의 내용으로 절삭진입 형태가 적용될 때 이 항목에 입력된 길이보다 시스템이 계산한 외측윤곽기준 절삭진입 길이가 작은 경우에는 절삭 진입 적용이 자동으로 취소되는 기능이다.

- 모든 진입실패시/램프진입 실패시 적용기준 : 위 헬릭스 진입의 외측윤곽 형태로 진입 또는 경사 직선이송 진입 형태로 절삭 진입을 적용할 수 없는 경우 실행될 방법을 설정하는 기능으로 다음 항목들 중 적용될 방법을 선택한다.
  ▶ 수직절삭진입 : 공구가 가공대상 선택도형의 도형연결 시작위치 기준 Z축 수직방향으로 절삭 진입하는 형태로 적용(피삭재 재질에 따라 공구손상 발생할 수 있음)
  ▶ 다음 영역으로 : 항목 선택하면 모든 진입실패시 위 수직절삭 진입 형태를 적용하지 않고 대상 도형윤곽에 대한 포켓 가공경로 생성을 중단하고 다음 가공 대상영역 또는 선택된 다른 도형윤곽에 대하여 포켓 가공경로를 생성하도록 하는 기능으로 이후 대상 영역 또는 대상 도형윤곽이 없는 경우에는 현 위치에서 가공경로 생성을 중지하고 자동으로 포켓 가공정의가 종료된다.
  ▶ 진입실패 영역윤곽 도형저장 : 위 다음 영역으로 항목을 선택한 경우에만 활성화 되는 항목으로 항목 선택하면 시스템이 가공경로를 생성하지 못한 영역범위 또는 절삭진입 적용이 실패된 영역범위의 윤곽형태대로 시스템이 도형을 자동 생성하여 작업화면에 표시하며, 항목선택 안한 경우는 해당 영역들에 대한 도형을 생성하지 않는다.
- 진입시 적용절삭 속도 : 나선형 회전절삭, 외측윤곽 형태 절삭진입 또는 경사 직선이송 형태 절삭진입시 적용될 절삭속도기준을 공구조건설정 대화창의 이송속도 또는 Z축 이송속도 항목들 중 어느 항목 설정 값으로 적용할 지를 선택하는 항목으로 절삭진입 실패하여 수직절삭 진입 항목이 적용되는 경우에는 이 영역의 적용선택 항목에 관계없이 Z축 이송속도 설정 값으로 적용된다.
- 선택된 진입점에서 램프시작 : 가공대상 도형선택 과정에서 특정 점도형을 함께 선택한 경우 적용되는 항목으로 항목 선택하면 선택된 점도형의 Z높이 위치에서 가공깊이별 가공경로 시작위치까지 경사 형태로 절삭 진입된다.

⑦ 고속 절삭 조건설정 : 포켓가공 절삭방법 중 고속절삭 방법을 선택할 때만 활성화되는 기능으로 원추형 절삭형태를 지원한다. 이 방법은 과부하 영역으로 인해 발생할 수 있는 공구손상 및 재질의 손상을 방지하기 위하여 원형형태의 가공경로를 지원하는 방식으로 생성될 가공경로의 원호에 대한 반경 값 및 간격을 적용할 수 있다.

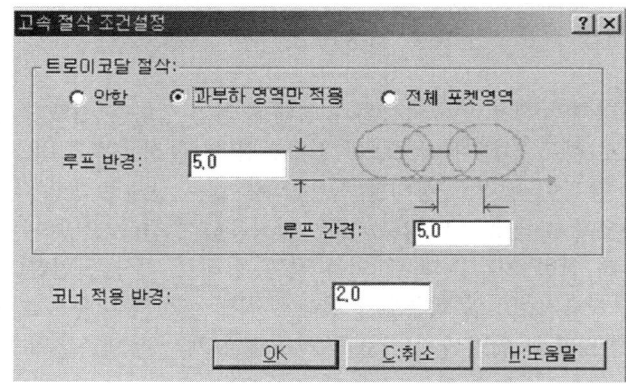

2) **정삭실행** : 가공대상 도형윤곽들 중 외측윤곽 형태는 영역 내측 방향으로 아일랜드 도형윤곽은 윤곽의 외측방향으로 형태를 따라서 공구절삭이 실행되는 가공이 정삭가공으로 항목 선택하면 이러한 형태의 가공경로가 생성되며, 항목선택 안한 경우는 해당 형태 가공경로가 생성되지 않는다. 위 황삭실행 항목과 이 항목을 모두 선택하면 가공실행 순서는 황삭가공 ⇒ 정삭가공 순서로 실행된다.
   ① 정삭가공횟수/가공간격 : 실행될 정삭가공의 횟수 및 횟수별 가공간격을 설정
   ② 외측윤곽 정삭가공 실행 : 항목 선택하면 가공대상으로 선택된 도형윤곽에서 외측 도형윤곽 및 아일랜드 도형윤곽 모두에 대하여 정삭 가공경로를 생성하며, 항목선택 안한 경우에는 아일랜드 도형윤곽에 대하여만 정삭 가공경로를 생성한다.
   ③ 황삭후 가까운 위치에서 정삭시작 : 항목 선택하면 황삭가공 실행 후 정삭가공 실행 시작위치를 황삭가공 종료위치에서 가장 가까운 위치에 있는 도형윤곽 순서로 정삭 가공경로를 생성하며, 항목선택 안한 경우에는 대상도형 선택순서로 정삭가공 경로를 생성한다.
   ④ 경로간 공구절삭유지 : 연결되지 않는 정삭가공 경로들간 공구이송 형태를 설정하는 기능으로 항목 선택하면 연결되지 않는 정삭가공 경로들에 대하여 현재 계산된 정삭 가공경로 종료위치에서 다음 정삭 가공경로 시작위치까지 공구복귀 없이 현재 깊이를 유지한 채 바로 절삭 이송하는 형태로 경로를 생성하며, 항목선택 안한 경우에는 현재 종료위치에서 이송 높이까지 공구복귀 후 다음 경로의 시작위치까지 수평이송 후 시작위치로 절삭 진입하는 형태로 경로를 생성하게 된다. 아일랜드들이 있는 형태에서는 간섭이 발생할 수 있으므로 적용하지 않는 것이 좋다.
   ⑤ 공구보정 적용기준 : 윤곽가공 조건설정 대화창의 내용과 동일하며, "보정코드+공구중심좌표" 는 NC 데이터 좌표 출력 형태를 공구 중심위치로 적용하면서 해당 블록별 앞에 보정 코드(예 : G41D1)가 출력되는 형태이다.
   ⑥ 콘트롤러 공구보정 최적화 : 윤곽가공 조건설정 대화창 내용과 동일
   ⑦ 최종깊이에서만 정삭실행 : 포켓가공 조건설정 대화창의 깊이가공 항목에서 전체 가공깊이를 분할 가공하도록 설정된 경우에만 적용되는 기능으로 항목 선택하면 정삭 가공실행을 최종 가공깊이에서만 실행하는 형태로 경로를 생성하며, 항목선택 안한 경우에는 깊이가공 항목에 설정된 가공깊이 단계별로 정삭가공을 실행하는 형태로 경로를 생성한다.
   ⑧ 모든 황삭가공후 정삭실행 : 가공대상 도형윤곽으로 다수의 포켓형태 도형윤곽을 선택한 경우에만 적용되는 항목으로 항목 선택하면 모든 도형윤곽에 대해 황삭 가공만을 먼저 실행한 후 정삭가공이 실행되는 형태로 경로를 생성하며, 항목선택 안한 경우에는 도형윤곽별로 황삭가공⇒정삭가공 순서로 실행된다.
   ⑨ 진입/복귀 : 윤곽가공 조건설정 대화창의 내용과 동일하다.

 CAD·CAM 실무 2D

4. 표면가공

닫힌 형태의 도형윤곽에 대하여 일정깊이 기준으로 가공하는 형태의 가공방법

[메뉴실행 : T : 가공경로 - F : 표면가공]

4.1 표면가공 조건설정

대화창의 항목들 중 윤곽가공 조건설정 대화창 영역의 항목과 동일한 항목들은 적용 내용도 동일하며, 추가 항목들 내용은 다음과 같다.

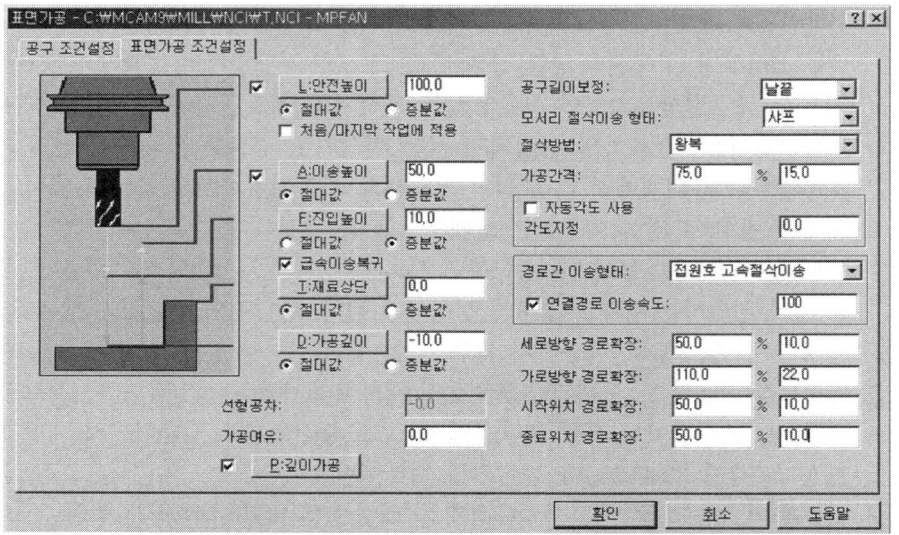

1) **절삭방법** : 가공대상 도형윤곽에 대한 가공방법 형태를 설정
   ① 왕복 : 가공대상 범위를 설정된 가공간격만큼씩 이동하면서 왕복하는 형태로 가공
   ② 한방향-하향(상향) : 가공대상 범위를 하향 또는 상향 방향으로만 설정된 가공간격 만큼씩 이동하면서 가공하는 형태
   ③ 1회가공 : 가공대상으로 선택된 도형윤곽의 세로방향 또는 가로방향 너비가 사용공구 지름크기보다 작은 경우 적용하는 방법으로 시스템은 각도지정 영역에 설정되는 각도 방향으로 가공대상 도형영역의 가상 중심선을 자동으로 계산하여 해당 중심선을 사용 공구의 중심이 1회 이송하는 형태로 가공경로를 생성한다.

2) **자동각도 사용** : 항목 선택하면 가공실행 각도를 시스템이 자동으로 계산하여 적용하는 기능으로 계산 방식은 대상 도형윤곽의 너비 또는 높이길이를 비교하여 길이가 긴 방향의 각도로 적용하며, 항목선택 안한 경우는 사용자가 각도지정 항목에 적용될 각도 값을 직접 입력한다.

3) **경로간 이송형태** : 위 절삭방법 영역에서 왕복항목을 선택한 경우에만 활성화되는 항목으로 왕복가공 경로들간 끝점위치를 연결하는 공구이송 형태를 설정하는 기능
   ① 접원호 고속절삭이송 : 진행중인 경로의 종료위치와 다음 경로의 시작위치를 기준으로 두 경로 사이에 접원호 형태의 원호이송을 추가하는 방법으로 고속가공시 적용
   ② 직선 절삭이송/급속이송 : 위 접원호 고속절삭 이송 형태에서 경로들간 양 끝점 위치를 직선형태로 연결하는 직선 절삭이송 형태 또는 동일한 직선형태이면서 절삭이송이 아닌 급속이송 속도가 적용되는 형태이다.
   ③ 연결경로 이송속도 : 위 접원호 고속절삭이송 또는 직선 절삭이송 방법을 선택한 경우 활성화되는 항목으로 항목 선택하면 추가되는 경로 형태구간에 대하여 별도의 적용 이송속도를 설정할 수 있으며, 항목선택 안한 경우는 공구조건설정 대화창의 이송속도 항목에 설정된 값으로 시스템이 자동 적용한다.
4) **세로방향 경로확장** : 설정된 가공각도 방향기준 법선 방향으로 가공간격을 확장하는 기능으로 적용될 간격 값은 사용공구 지름의 일정비율 또는 일정간격 값으로 설정하며, 이 항목은 위 절삭방법에서 1회가공 형태를 선택한 경우는 적용할 수 없다.
5) **가로방향 경로확장** : 설정된 가공각도 방향으로 가공간격을 확장하는 기능으로 적용될 간격 설정방법은 위 세로방향 경로확장과 동일하며, 주의할 점은 설정 간격 값을 세로방향 경로확장 항목에 설정된 값보다 같거나 크게 설정해야 한다.
6) **시작위치 경로확장** : 시스템이 계산한 처음 가공경로의 시작위치기준 가공경로 진행방향의 반대방향으로 경로길이를 확장하는 기능
7) **종료위치 경로확장** : 시스템이 계산한 최종 가공경로의 종료위치기준 가공경로 진행방향으로 경로길이를 확장하는 기능

5. 원호가공

주로 원호형태를 가공경로를 생성하는 방법들로 써클밀, 나사밀, 자동드릴, 스타트홀, 슬롯밀, 헬릭스 보링이 있으며, 내용은 다음과 같다.

[메뉴실행 : T : 가공경로 - N : 다음메뉴 - C : 원호가공]

5.1 써클밀 조건설정

특정 위치들을 지정하여 해당위치를 중심위치로 하는 가상의 일정크기 원(Circle)의 내측 영역 또는 다수의 특정 원 도형들을 선택하여 해당 원 도형들의 내측 영역을 특정한 진입/복귀형태로 적용하여 절삭하는 경로형태를 생성하는 가공방법으로 주로 원 형태의 보링가공 실행에서 유용한 가공 방법이다. 대화창의 항목들 중 윤곽가공 조건설정 대화창 영역 항목과 동일한 항목들은 적용 내용도 동일하며, 추가항목 내용은 다음과 같다.

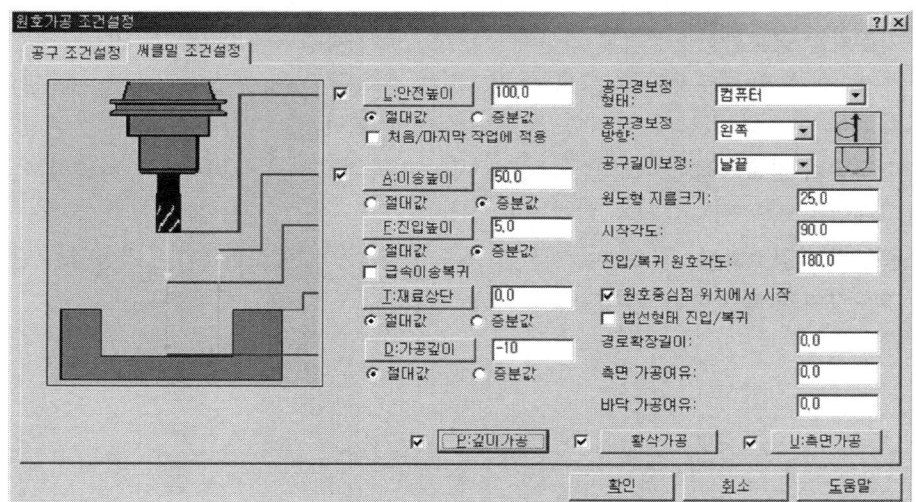

1) **원도형 지름크기** : 메뉴실행 과정에서 특정 위치들을 대상으로 지정한 경우 활성화되는 항목으로 지정된 위치를 중심으로 적용될 가상 원 도형의 지름 값을 설정하는 항목

2) **시작각도** : 선택된 특정위치 또는 원 도형들에 대한 가공실행 시작 위치를 설정하는 항목으로 각도 값으로 설정한다.

3) **진입/복귀 원호각도** : 진입에서는 시스템이 계산한 가공경로 시작 위치 앞으로 원호이송 형태를 추가하고 복귀에서는 가공경로 종료위치에서 공구복귀 전에 원호이송 형태를 추가하는 기능으로 적용되는 원호이송 형태의 지름 값은 중심위치와 가공경로 시작위치 또는 종료위치의 간격으로 자동 적용되며, 입력된 각도 값이 180°에 미달하면 시스템이 자동으로 직선형태로 적용한다.

4) **원호중심점 위치에서 시작** : 항목 선택하면 진입에서는 대상 선택된 위치 또는 원 도형들의 중심점 위치로 공구 진입하여 설정된 진입형태로 이송한 후 가공경로 시작위치로 이송되며, 복귀에서도 복귀형태를 적용한 후 중심위치로 공구이송 후 공구 복귀한다. 항목을 선택 안한 경우에는 설정된 진입형태의 시작위치로 바로 절삭 진입하고, 복귀에서도 복귀형태 종료위치에서 바로 공구 복귀한다.

5) **법선형태 진입/복귀** : 항목 선택하면 처음 가공경로의 시작위치와 최종 가공경로의 종료위치 기준으로 법선 형태의 진입/복귀가 적용되는 기능으로 위 진입/복귀 원호 형태를 동시 적용하면 실행순서는 진입에서는 법선 형태⇒호 형태, 복귀에서는 호 형태⇒법선 형태 순서로 적용된다.

6) **경로확장길이** : 각 가공깊이별 가공경로의 종료위치에서 해당 가공경로 길이를 입력된 길이만큼 더 확장하는 형태로 경로를 생성하는 기능

7) **황삭가공** : 항목 선택하면 버튼선택 후 표시되는 대화창의 설정 내용으로 원 형태 기준 XY 방향으로 황삭 가공실행 및 Z축 절삭진입 형태를 나선형 회전절삭 형태로 적용할 수 있다.(3. 포켓가공 - 3.2 황삭/정삭 가공조건 대화창 - 1) 황삭실행 - ⑥ 공구진입(헬릭스 또는 램프) 참조)

5.2 나사밀 조건설정

특정 위치들을 지정하여 해당위치를 중심으로 하는 가상의 일정크기 원 형태를 기준으로 또는 다수의 특정 원 도형들을 대상으로 해당 원호들의 지름크기를 기준으로 내경나사 또는 외경나사 형태의 가공경로를 생성하는 가공 방법으로 내경 나사인 경우에는 먼저 해당 원 도형에 대한 드릴가공 실행 후 실행하며, 외경나사인 경우에는 원 도형에 대한 보스가공을 먼저 실행 후 이 가공을 실행한다.

1) **나사 이의 수** : 가공될 나사 이의 수를 설정하는 항목으로 사용 공구가 다수의 나사 이 형태로 된 경우에는 입력 값을 1로 설정하며, 입력 값이 증가할수록 공구의 절삭회전 수는 감소한다.
2) **안전높이** : 나선형 회전절삭 이송이 시작될 높이 값을 설정하는 항목으로 가공경로별 종료위치에서 다음 가공경로 위치로 공구이송 전에도 이 높이까지 공구가 복귀한 후 다음 가공경로 시작위치로 이송하게 되며, 절대 값 기준으로 적용된다.
3) **높이설정** : 사용공구의 Z축 상 각종 높이를 설정하는 영역으로 절대값 또는 증분 값 중 적용될 기준을 선택한다.
   ① 진입높이 : 급속이송(G00)에서 나선형 절삭이송으로 변환될 높이
   ② 나사의 상단 : 나사가공으로 생성될 나사의 상단높이 값 설정
   ③ 나사깊이 : 나사가공으로 생성될 나사의 가공깊이 값 설정
4) **나사피치** : 나선형 1회전 절삭의 정면 또는 측면기준 시작위치와 종료위치의 경사각도 값을 설정하는 항목
5) **나사 시작각도** : 나사가공이 시작될 위치를 설정하는 항목으로 각도 값으로 설정한다.
6) **허용치(오버컷)** : 원 도형 윤곽기준 내측 또는 외측 방향으로 과 절삭 간격 값을 설정하는 항목으로 내경 나사인 경우에는 입력된 값만큼 나사지름이 커지게 되며, 외경 나사인 경우에는 작아진다.
7) **경사각도** : 내측 또는 외측방향으로 처음 가공경로 시작위치부터 주어진 각도를 유지하며 가공경로를 생성한다.
8) **콘트롤러로 공구보정** : 사용공구에 대한 보정적용 기준을 설정하는 항목으로 대화창 우측 영역의 헬리컬 진입/복귀 항목을 적용하는 경우에는 안함으로 설정한다.
9) **진입/복귀 원호 Z 높이** : 나사가공경로의 시작위치 및 종료위치에 나선형 형태의 진입/복귀 이송형태를 추가하는 기능으로 입력 값은 추가되는 나선형의 각 위치기준 Z 높이와 평면기준 원호의 반지름 값으로 동시 적용되며, 내경 나사인 경우 입력 값이 가공대상 원 도형의 반지름 크기보다 큰 경우에는 입력 값을 반지름으로 적용하지 않고 중심위치 기준으로 자동 적용된다.
10) **진입/복귀 직선길이** : 아래 원호중심에서 시작 항목을 선택하지 않은 경우에만 활성화되는 항목으로 나사형태를 외경나사로 선택하는 경우에만 적용되며, 위 진입/복귀 원호형태에 입력된 길이 값만큼 직선형태 진입/복귀가 추가되는 기능으로 공구보정 항목에서 왼쪽 또는 오른쪽으로 보정 형태를 선택하면 진입에서 적용되는 직선형태에 해당 내용이 적용된다.
11) **원호중심에서 시작** : 나사형태를 내경 나사로 설정한 경우에만 적용되는 기능으로 항목 선택하면 생성되는 가공경로의 시작위치가 원 도형의 중심점 위치에서 시작된다.
12) **법선형태 진입, 상단/바닥으로 헬리컬 진입/복귀 적용** : 법선 형태 진입 항목을 선택하면 처음 공구이송 형태가 나사 가공경로기준 법선 형태로 적용되며, 상단/바닥으로 헬리컬 진입/복귀 적용 항목들은 선택하면 나사상단 또는 나사바닥 위치로 나선형 진입/복귀형태가 적용되는 기능으로 항목선택 안한 경우에는 시스템이 나사상단 또는 나사바닥 높이로 원호형태 진입/복귀를 적용한다. 이 항목은 나사상단 또는 나사바닥에 원호형태 진입에서 발생할 수 있는 공구 마킹(재료표면에 표시) 현상을 방지하고자 할 때 사용한다.

13) **헬릭스 직선이송** : 항목 선택하면 나선형 회전절삭 이송형태를 적용 공차 항목에 입력된 값 기준으로 직선이송 형태로 변환 적용하며, 항목선택 안한 경우는 나선형 형태로 출력된다. 나선형 형태 이송을 지원하지 않는 기계인 경우 사용한다.
14) **나사형태** : 가공실행으로 생성될 나사형태를 설정
    ① 내경나사 : 대상 원 도형기준 내측으로 나사 가공경로 생성
    ② 외경나사 : 대상 원 도형기준 외측으로 나사 가공경로 생성
    ③ 내경(외경)나사지름 : 가공대상 도형선택 과정에서 특정 위치들을 선택한 경우에만 활성화되는 항목으로 내경 또는 외경나사 형태 선택에 따라 항목 표시명칭이 자동 변환 표시되며, 지정된 위치들을 중심으로 실행될 나사가공의 가상원 지름크기 값을 설정하는 항목
15) **나사종류** : 생성될 나사형태가 오른손 나사 또는 왼손 나사인지 나사의 종류를 설정하는 항목으로 설정 내용에 따라 아래 가공방향 영역에 실행될 나사가공 상향 또는 하향 가공인지를 시스템이 자동 표시
16) **가공방향** : 나사절삭 진행을 나사상단에서 바닥으로 진행할지 또는 바닥에서 상단으로 진행할지를 설정하는 항목으로 설정 내용에 따라 영역하단에 시스템이 실행될 나사가공이 하향 또는 상향인지를 자동 표시한다.

5.3 자동드릴 조건설정

특정 점 도형들을 지정하여 해당위치를 중심으로 하는 가상의 일정크기 원 형태를 기준으로 또는 다수의 특정 원 도형들을 대상으로 해당 원호들의 지름크기를 기준으로 시스템이 지름크기를 자동 파악한 후 지정된 공구목록 파일의 드릴 공구들 중에서 해당 원도형 크기와 일치하는 공구들을 자동으로 선택하여 스폿드릴가공⇒선행드릴가공(황삭)⇒정삭 드릴가공 순서로 다수의 드릴 가공정의를 일시에 생성하는 가공 방법으로 동일 위치들에 다수의 드릴 가공정의 생성에서 실행시간이 단축되는 효과를 기대할 수 있다. 대화창 영역에서 윤곽가공-공구조건설정 항목과 동일한 항목들의 내용은 적용되는 내용도 동일하며, 추가항목 내용은 다음과 같다.

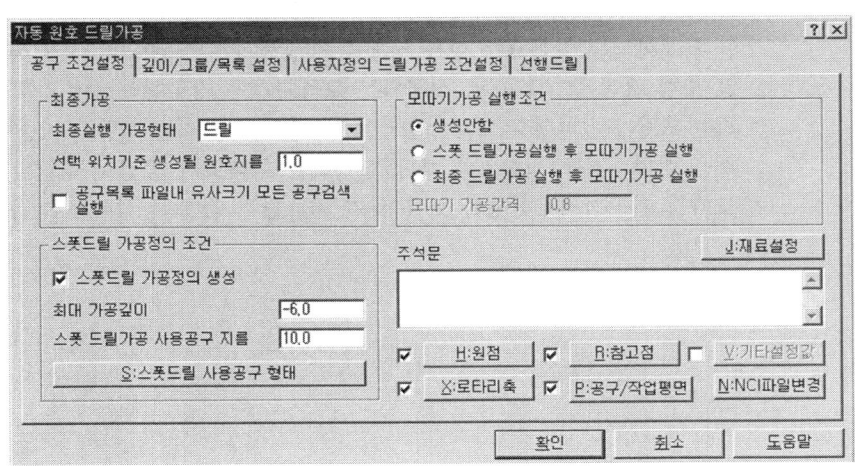

공구 조건설정 대화창

1. **최종가공** : 최종적으로 실행될 드릴가공 형태 및 기타 내용을 설정하는 영역
   ㉠ **최종실행 가공형태** : 생성될 최종 드릴가공의 싸이클 종류를 설정
   ㉡ **선택위치기준 생성될 원호지름** : 가공대상으로 점 도형들을 선택한 경우에만 활성화되는 항목으로 선택된 점도형 위치를 중심위치로 하는 가상의 원 도형 지름 값을 설정하며, 입력된 지름크기는 가공정의 생성과 함께 작업화면에 원 도형으로 자동 생성된다.
   ㉢ **공구목록 파일내 유사크기 모든 공구 검색 실행** : 항목 선택하면 지정 공구목록 파일내 드릴 공구들 중 현재 가공대상 원 도형크기를 기준으로 깊이/그룹/목록 설정 대화창 영역의 지름검색 적용공차 항목에 입력된 공차 값을 적용하여 공차범위 이내에 해당하는 지름크기의 공구들로만 시스템이 사용 공구로 자동 선택하며, 항목선택 안한 경우는 대상 도형의 지름크기와 일치하는 공구만을 사용공구로 시스템이 선택한다.

2. **스폿드릴 가공정의 조건** : 생성될 스폿드릴 가공조건을 설정
   ㉠ **스폿드릴 가공정의 생성** : 항목 선택하면 선행드릴 가공정의 또는 최종 가공정의 생성 전에 스폿드릴 가공이 먼저 생성되며, 항목선택 안한 경우에는 스폿드릴 가공정의가 생성 되지 않는다.
   ㉡ **가공깊이** : 실행될 스폿드릴의 가공깊이를 설정하는 항목
   ㉢ **스폿드릴가공 사용공구 지름** : 실행될 스폿드릴 가공정의에 사용될 공구지름 값을 설정하는 항목
   ㉣ **스폿드릴 사용공구 선택** : 버튼선택 후 표시되는 공구관리자 대화창에서 스폿드릴 가공정의에 사용될 공구를 지정하는 기능으로 지정된 공구의 지름 값은 위 스폿드릴 공구지름 항목에 자동으로 표시된다.

3. **모따기가공 실행조건** : 생성될 스폿드릴 가공경로에 모따기 가공조건을 적용할 지를 설정하는 영역
   ㉠ **생성 안함** : 항목 선택하면 모따기가공 관련 경로형태 생성 안함
   ㉡ **스폿드릴 가공실행후 모따기가공 실행** : 스폿드릴 가공정의 생성항목을 선택한 경우에만 활성화되는 항목으로 항목 선택하면 생성되는 스폿드릴 최종 가공경로에 대상 원 도형 윤곽을 기준으로 실행되는 모따기가공 경로형태가 추가되어 생성된다.
   ㉢ **최종 드릴가공 실행후 모따기실행** : 항목 선택하면 최종 드릴가공 실행 후에 모따기 가공 실행순서를 최종가공 후에 실행하는 형태로 가공경로 생성한다.
   ㉣ **모따기 가공간격** : 실행될 모따기 가공의 간격 값을 설정하는 항목

깊이/그룹/목록 설정

윤곽가공 조건설정 대화창의 항목과 동일한 항목들은 적용내용도 동일하며, 추가항목 내용은 다음과 같다.

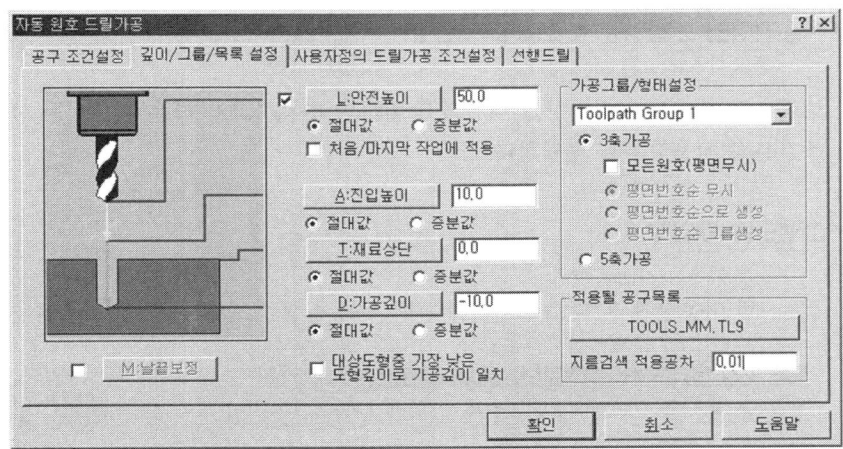

1. **대상도형 중 가장 낮은 도형깊이로 가공깊이 일치** : 항목 선택하면 가공깊이 항목에 설정된 값에 관계없이 가공대상으로 선택된 도형들 중 깊이가 가장 낮은 도형의 깊이로 다른 선택 도형들의 가공깊이가 자동으로 적용된다.

2. **가공그룹/형태 설정** : 생성될 가공정의들이 가공정의 관리자 대화창에서 표시될 그룹의 이름 및 가공에서 사용될 축 형태를 설정하는 영역

   ㉠ 그룹설정 : 가공정의 관리자 대화창에 생성되는 가공정의들에 대한 가공경로 그룹 명칭을 설정하는 항목

   ㉡ 3축가공 : 항목 선택하면 대상 도형들에 대한 가공실행을 3축 형태로 실행하며, NCI 파일에 G100 코드로 출력된다.

   - 모든원호(평면무시) : 항목 선택하면 가공대상으로 선택된 원 도형들의 귀속평면 여부에 관계없이 가공경로를 생성하며, 항목선택 안한 경우에는 설정된 공구평면과 원 도형 귀속 평면이 일치하는 원 도형들에 대해서만 가공경로를 생성한다.
   - 평면번호순 무시 : 위 원호평면 적용 항목을 선택한 경우에만 적용되는 항목으로 항목 선택하면 가공정의 정렬순서를 무시하고 시스템 임의순서로 가공정의 생성
   - 평면번호순으로 생성 : 위 원호평면 적용 항목을 선택한 경우에만 적용되는 항목으로 항목 선택하면 평면번호 순서대로 가공정의들을 생성한다.
   - 평면번호순 그룹생성 : 위 원호평면 적용 항목을 선택한 경우에만 적용되는 항목으로 항목 선택하면 평면번호 순서대로 평면별 가공경로 그룹으로 생성한다.

   ㉢ 5축가공 : 대상도형들에 대한 가공실행을 5축 형태로 진행하는 가공경로 생성

③ 적용될 공구목록 : 사용될 공구목록 파일을 설정하는 항목으로 버튼선택 후 사용 대상이 될 공구목록 파일을 지정하며, 지름검색 적용공차 항목은 시스템이 사용공구를 자동으로 선택할 때 선택된 원 도형의 지름크기기준 목록 파일의 공구들을 비교하는 과정에서 적용될 공차 범위 값을 설정하는 항목

사용자정의 드릴가공 조건설정 대화창

드릴가공 조건설정 대화창의 내용과 동일하며 사용하고자 하는 경우에는 사용자정의 드릴 조건설정 적용항목을 선택한다.

선행드릴 대화창

스폿드릴 가공실행 후 최종 드릴가공 실행 전에 실행될 드릴가공의 가공조건을 설정하는 영역

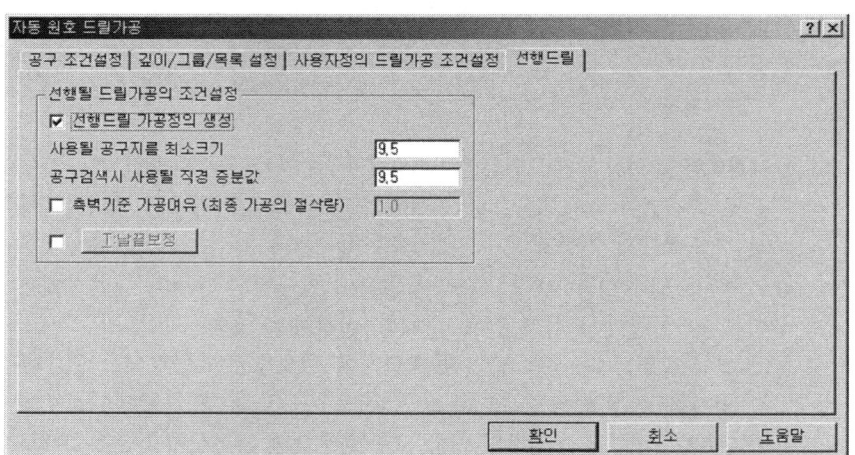

① 선행드릴 가공정의 생성 : 항목 선택하면 최종 드릴가공 실행 전에 실행될 드릴가공 정의를 생성하며, 항목선택 안한 경우에는 생성하지 않는다.
② 사용될 공구지름 최소크기 : 선행드릴로 사용될 공구를 시스템이 적용중인 공구목록 파일에서 검색하는 과정에서 적용될 최소 지름크기 값을 설정하는 항목
③ 공구검색시 적용될 직경 증분값 : 시스템이 위 사용될 공구지름 최소 크기 항목에 입력된 지름크기에 일치하는 공구를 적용중인 공구목록 파일에서 찾지 못한 경우 다른 적용될 공구를 검색하는 과정에서 적용될 증분 지름크기 값을 설정하는 항목
④ 측벽기준 가공여유(최종가공의 절삭량) : 선행드릴 가공 실행에서 최종 실행될 드릴 가공에서 절삭될 재료 양을 원 도형윤곽 측벽 기준으로 남기도록 설정하는 항목으로 이 항목에 설정된 값만큼 선행드릴 가공작업에서는 자동으로 절삭하지 않는다.
⑤ 날끝보정 : 드릴가공 조건설정 대화창의 내용과 동일

5.4 스타트홀 조건설정

이미 생성되어져 있는 밀링가공(가공경로)을 기준으로 현재 생성된 가공경로 앞쪽으로 자동드릴 가공을 생성시켜주는 기능

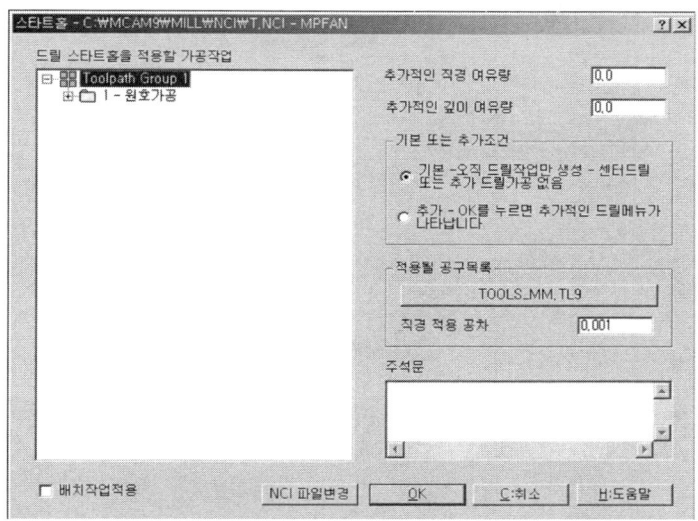

1) **드릴 스타타홀을 적용할 가공작업** : 스타트홀 작업의 기준이 될 밀링작업을 지정하는 기능(드릴가공 작업일 경우 적용안됨)
2) **추가적인 직경 여유량** : 기준이된 밀링작업에서 사용된 공구의 직경을 기준으로 선행드릴 작업(스타트홀)시 사용될 공구의 직경값을 조절할 수 있다. 여기서 입력되어진 값을 기준으로 적당한 공구를 아래 "적용될 공구목록"란에 지정된 공구목록에서 찾아 드릴작업을 실행한다.
3) **추가적인 깊이 여유량** : 이곳에 값을 입력하면 앞에서 기준이된 밀링작업의 가공깊이 값에 여기서 입력한 값만큼 더 더하여 최종 가공깊이를 결정한다.
4) **기본 또는 추가조건** : "기본-오직 드릴작업만 생성-센터드릴 또는 추가 드릴가공 없음"선택시 기준 밀링작업 앞쪽에 선행드릴작업만을 생성시키며, "추가-OK를 누르면 추가적인 드릴메뉴가 나타납니다"를 선택하면, 앞에서 배운 자동드릴 대화창이 나타나 추가적인 드릴가공을 생성시킬 수 있다.
5) **적용될 공구목록** : 스타트홀에서 사용될 공구검색 기준목록으로 아래의 "직경 적용 공차"에 의거하여 적당한 공구를 찾아 가공경로를 생성한다.

5.5 슬롯밀 조건설정

두개의 평행한 직선과 만나는 원호로 구성되어진 도형만을 가공형태로 설정(사각형 조건설정의 오브라운드) 할 수 있으며, 각각의 경로를 원호형태로 이어주는 가공이다.

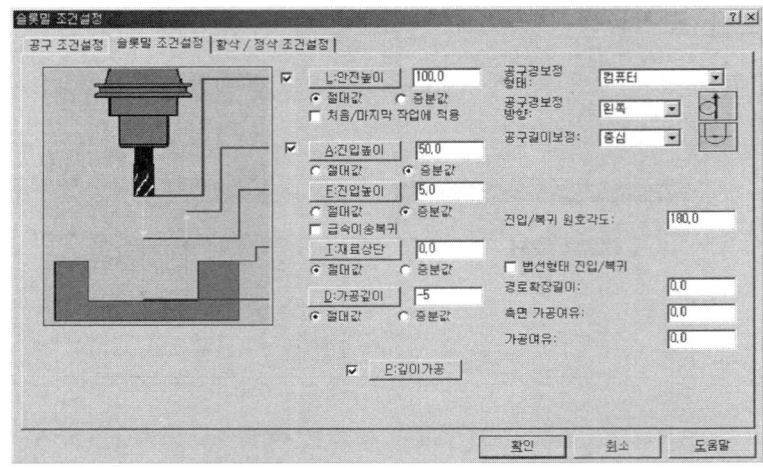

〈 슬롯밀 조건설정 〉

〈 슬롯밀 황삭/정삭 조건설정 〉

1) **진입/복귀 원호각도** : 같은 Z값의 가공경로를 마친 후 복귀시 생성될 원호경로의 각도를 지정하는 기능

2) **법선형태 진입/복귀** : 같은 Z값의 가공경로를 마친 후 복귀시 해당 법선 형태로 경로를 지정하는 기능

3) **램프진입** : 해당 가공의 가공간격 및 진입각도(피치) 등을 총괄하는 메뉴로 비활성시 램프진입에 대한 모든 기능은 사용할 수 없으며 시스템이 자동계산한 값으로 가공경로가 생성된다.

4) **진입각도(피치)** : 공구가 Z값 진입 때마다 지정해준 피치 값만큼의 각도를 유지하며 이송하는 형태를 지정하는 기능으로 값이 클수록 한번에 많은 깊이로 공구가 진입하게 된다.

5.6 헬릭스보링 조건설정

재료의 내부에 보링바를 이용한 보링작업시 사용하며, 대화창의 추가 내용은 다음과 같다.

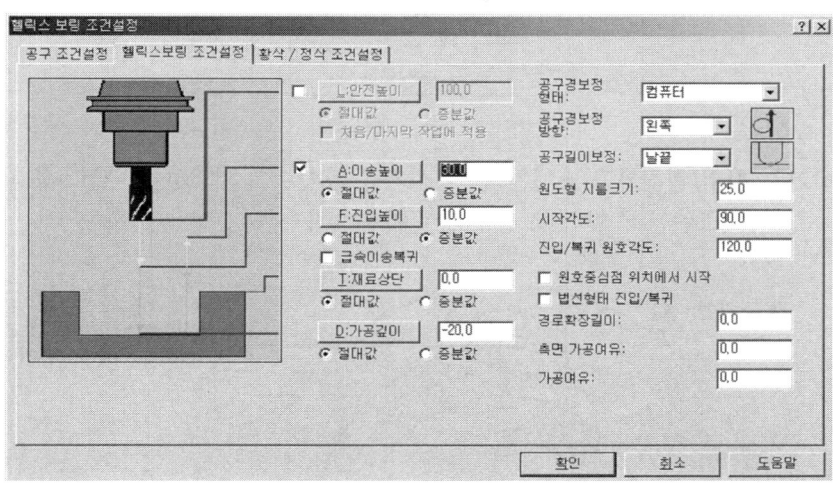

〈 헬릭스보링 조건설정 〉

〈 헬릭스보링 황삭/정삭 조건설정 〉

1) **원도형 지름크기** : 보링작업을 구멍의 외곽 지름크기를 입력하면 지정한 공구가 가상의 원호를 인식하고 선택되어진 조건들로 보링작업을 실행

2) **진입/복귀 원호각도** : 처음 및 최종깊이 가공시 공구의 원호 진입/복귀 각도 값을 조정하는 기능

3) **황삭피치** : 나선가공시 피치(pitch)의 간격을 지정하는 기능

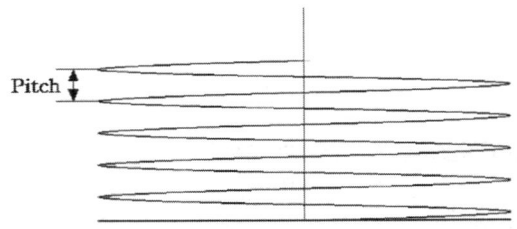

4) **황삭가공 횟수/황삭가공 스텝간격** : 황삭가공의 횟수를 지정하여 나선가공을 할 때 지정된 황삭가공의 스텝간격 만큼씩 진행되는 가공방법

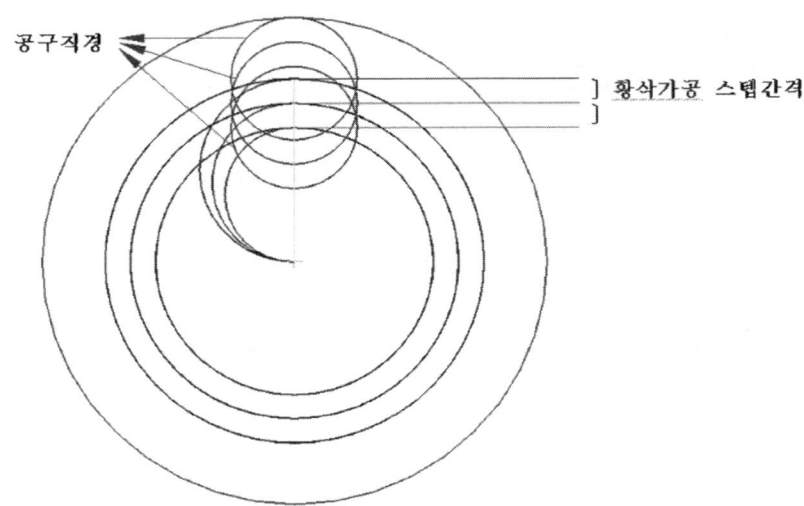

5) **최종깊이의 이송속도** : 보링작업의 최종깊이 작업시 공구조건설정창에서 지정한 이송속도 항목에 입력한 값을 기준으로 사용자가 요구하는 속도를 %(이송속도 기준) 또는 수치로 지정할 수 있다.
6) **정삭실행** : 황삭가공 후 실행되는 정삭의 조건을 입력
   ① 회전수(RPM) : 공구조건설정에서 입력한 주축회전수를 기준으로 사용자가 요구하는 회전수를 %(주축회전수 기준) 또는 수치로 입력할 수 있다.

6. 선형배열

가공정의 관리자 대화창에 이미 생성된 가공정의들 중 특정 가공정의들을 대상으로 이동메뉴 기능을 이용하여 다른 위치를 대상으로 선택된 가공정의들과 동일한 형태의 가공정의 또는 가공경로들을 다수의 형태로 추가 생성하는 기능으로 메뉴 실행시 먼저 가공정의 관리자 대화창에 대상이 될 가공정의들을 생성되어 있어야 하며, 대상 가공정의들의 상태 또한 재생성 작업이 필요 없는 완전한 상태이어야 한다.

[메뉴실행 : T : 가공경로 - N : 다음메뉴 - F : 선형배열]

6.1 선형배열 조건설정

대상 가공정의 선택, 실행될 선형배열 형태 및 기타 적용조건을 설정하는 영역

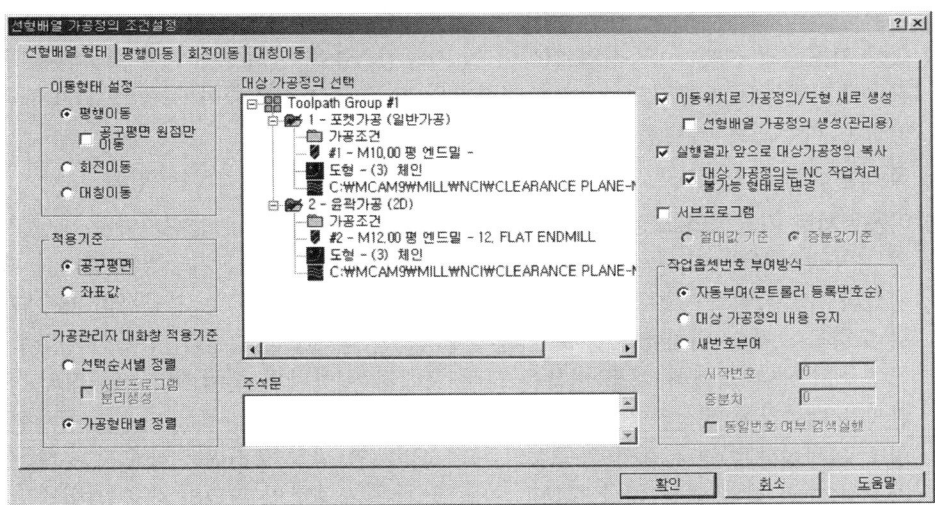

1) **이동형태 설정** : 대상으로 선택된 가공정의들이 이동될 형태를 설정하는 영역으로 "공구평면 원점만 이동" 항목은 이동형태를 평행이동으로 설정하고 적용기준 영역의 공구평면 항목을 선택한 경우에만 활성화되는 항목으로 항목 선택시 작업 대상으로 선택된 가공정의들을 다른 평면으로 이동하는 경우 이동되어 새로 생성되는 가공경로들은 적용되는 공구평면 원점 위치가 대상 가공정의들의 원점위치와 다르게 적용되며, 항목선택 안한 경우는 동일원점 위치로 적용된다.

2) **적용기준** : 특정형태로 가공정의 이동할 때 적용될 기준을 설정하는 영역으로 위 이동형태 영역에서 대칭이동 항목을 선택하면 적용되지 않는다.

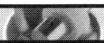
CAD・CAM 실무 2D

① 공구평면 : 항목 선택시 이동되어 새로 생성되는 가공경로의 출력 좌표위치는 대상 가공정 의들의 출력 형태와 동일하지만 가공경로에 대한 공구의 접근방향이 다른 방향으로 수정 적용된 형태로 생성되는 기능으로 이 항목을 사용하려면 사용될 가공 기계에서 적용 공구평면을 수동으로 변경할 수 있는 기계라야 한다. 이 항목은 이동형태를 대칭이동 선택하면 자동으로 적용할 수 없다.

② 좌표값 : 항목 선택하면 공구평면을 변경하는 대신 새로 생성되는 가공경로의 좌표 위치 값을 이동되는 위치기준으로 대상 가공정의들의 내용과 다르게 출력하는 형태로 생성하며 이 항목도 대칭이동 형태를 선택하면 적용할 수 없다.

3) **가공관리자 대화창 정렬기준** : 새로 생성되는 가공정의들에 대한 가공정의 관리자 대화창의 정렬기준을 설정하는 영역으로 "선택순서별 정렬" 항목을 선택하면 대화창의 대상 가공정의 영역에서 선택되는 가공정의들의 선택 순서대로 정렬되며, "가공형태별 정렬"을 선택하면 선택 순서에 관계없이 대상 가공정의들의 형태별로 정렬한다. 예를 들어 대상 가공정의를 포켓가공-윤곽가공 순서로 선택한 경우, 선택순서 정렬은 포켓-윤곽-포켓-윤곽, 가공형태별 정렬은 포켓-포켓-윤곽-윤곽 순서로 출력된다.

4) **대상 가공정의 선택** : 이동작업 대상이 될 가공정의들을 선택하는 영역으로 현재 도형파일관 련 이미 생성된 가공정의 관리자 대화창의 모든 가공정의들이 자동으로 표시되며, 선택 방법은 마우스로 클릭한다.(Shift, Ctrl 키 사용가능)

5) **주석문** : 새로 생성되는 가공정의들에 대한 참고사항을 입력하는 항목

6) **이동위치로 가공정의/도형 새로 생성** : 항목 선택하면 지정된 이동위치마다 대상 가공정의들 의 가공정의 명칭 및 구성내용이 동일한 형태로 이동 개수만큼 가공정의 관리자 대화창으로 생성되면서 작업화면으로 대상 가공정의 관련도형까지 생성되는 가공정의 개수만큼 자동으 로 도형들이 해당 위치에 자동 복사되어 생성되는 형태로 실행된다. 항목선택 안한 경우에는 이동 개수에 관계없이 이동 내용을 모두 포함하는 하나의 선형배열 가공정의가 가공정의 관리자 대화창에 생성된다. 선형배열 가공정의 생성(관리용) 항목은 다수의 동일한 가공정의 형태로 생성하는 경우 해당 가공정의들의 선형배열 생성 조건만을 내용으로 하는 선형배열 가공정의(NC작업 불능 대상 형태로 자동생성)가 가공정의 관리자 대화창에 별도 생성되는 기능이다.

7) **실행결과 앞으로 대상 가공정의 복사** : 항목 선택하면 선형배열 작업대상이 된 가공정의들은 가공정의 관리자 대화창에서 선형배열 결과로 생성되는 해당 가공정의들의 앞쪽으로 자동 복사되도록 설정하는 기능으로 대상 가공정의는 NC 작업처리 불가능 형태로 변경 항목은 이 항목을 적용하는 경우 활성화된다. 항목 선택시 선형배열 작업실행과 동시에 가공정의 관리자 대화창에 작업 대상이 되었던 가공정의들의 형태가 추후에 NC작업 대상으로 선택할 수 없도록 구성내용 형태가 자동 변경되는 기능이다.

8) **서브프로그램 생성** : 윤곽가공 조건설정 대화창의 내용과 동일

9) **작업옵셋번호 부여방식** : 선형배열 실행결과로 생성되는 가공정의들에 대하여 적용될 작업옵 셋번호 형태를 설정하는 영역

평행이동 대화창

위 선형배열 형태 대화창의 이동형태 영역에서 평행이동 항목을 선택한 경우에만 열리는 영역으로 대화창의 항목들 내용은 앞에서 설명한 **주메뉴** - **X : 이동** - **T : 평행이동**의 실행메뉴 및 실행과정에서 설정하는 값들이 항목으로 표시된 것으로 적용되는 내용도 동일하므로 설명을 생략하며 추가된 항목들의 내용은 다음과 같다.

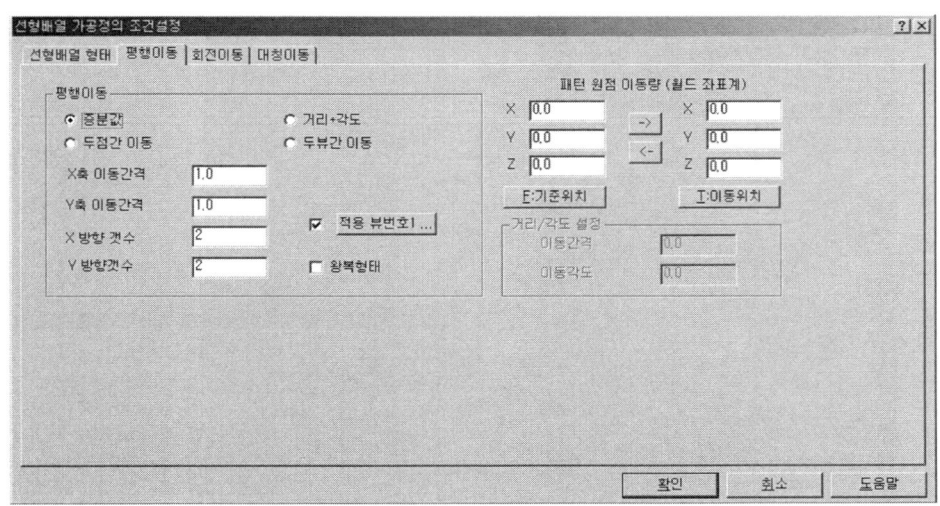

〈 선형배열 평행이동 대화창 〉

① 적용 뷰번호 : 이동방법을 두 뷰간 이동 항목으로 선택한 경우 적용하는 항목으로 이동의 기준이 될 작업평면을 설정하고 적용될 평면을 선택하면 해당 평면이 버튼 상에 자동으로 표시된다.

② 기준위치/이동위치 : 이동방법을 두 점간 이동 항목으로 선택한 경우 적용하는 항목으로 대상 가공정의들의 이동기준이 될 위치 및 이동되어 새로 생성될 가공정의 이동기준 위치를 지정하는 버튼들로 버튼선택 후 작업화면에서 적용될 위치를 지정하거나 버튼항목 위의 XYZ 항목 입력란에 해당 위치 좌표 값을 직접 입력한다.

③ 왕복형태 : 이동방법을 증분값 항목으로 선택한 경우에만 활성화되는 항목으로 항목 선택하면 X,Y 방향으로 다수의 가공정의들이 새로 생성되는 경우 가공실행 순서를 왕복(Zig-Zag)형태로 실행한다. 항목선택을 안한 경우에는 +Y축 방향 → +X축 방향 순서로 가공실행 순서를 자동 배열한다.

회전이동 대화창

위 선형배열 형태 대화창의 이동형태 영역에서 회전이동 항목을 선택한 경우에만 열리는 영역으로 대화창의 항목들 내용은 앞에서 설명한 주메뉴 - X : 이동 - R : 회전이동 의 실행메뉴 및 실행과정에서 설정하는 값들이 항목으로 표시된 것이므로 설명을 생략하며 추가항목 내용은 다음과 같다.

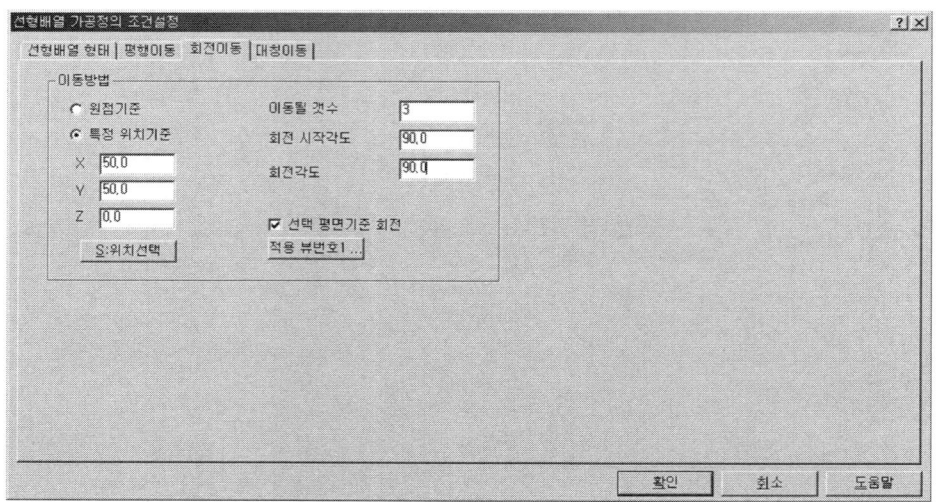

〈 선형배열 회전이동 대화창 〉

1. **위치선택버튼** : 특정위치 항목을 선택한 경우 활성화되는 항목으로 회전이동의 중심 위치를 원점이 아닌 다른 좌표 위치로 선택하는 기능으로 버튼선택 후 작업화면에서 적용될 위치를 지정하면 XYZ 항목들 입력란에 해당 위치 좌표 값이 자동으로 입력된다.
2. **선택평면기준 회전** : 항목 선택하면 활성화되는 적용 뷰번호 버튼으로 회전이동시 적용될 기준평면을 설정할 수 있으며, 항목선택 안한 경우에는 부메뉴란 현재 설정된 공구평면 기준으로 회전이동이 적용된다.

대칭이동 대화창

위 선형배열 형태 대화창의 이동형태 영역에서 대칭이동 항목을 선택한 경우에만 열리는 영역으로 대화창의 항목들 내용은 앞에서 설명한 주메뉴 - X : 이동 - M : 대칭이동의 실행메뉴 및 해당메뉴 실행과정에서 설정하는 값들이 항목으로 표시된 것이므로 설명을 생략하며 추가항목 내용은 다음과 같다.

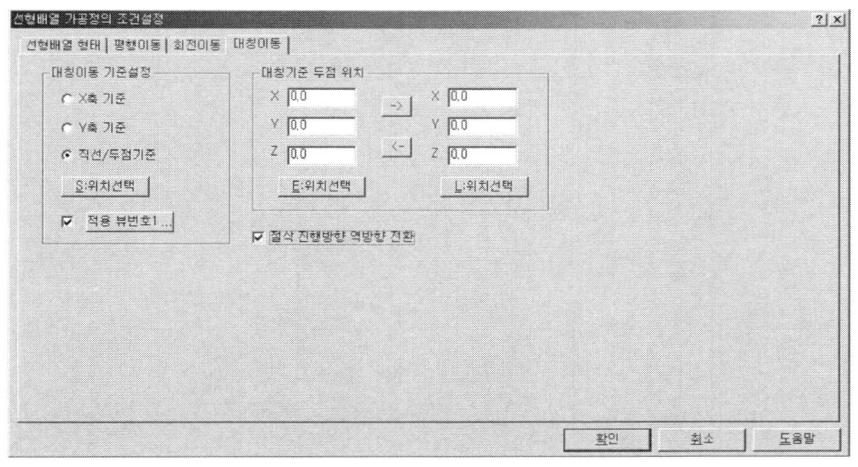

< 선형배열 대칭이동 대화창 >

① **대칭이동 기준설정** : 대칭이동의 실행기준 축 형태를 설정하는 영역으로 직선선택 버튼은 직선/두 점기준 항목을 선택하면 활성화되는 항목으로 버튼선택 후 작업화면에서 대칭이동의 기준이 될 하나의 직선도형을 선택하는 기능이다.

② **대칭기준 두점위치** : 위 대칭이동 기준설정 영역에서 직선/두점기준 항목을 선택하면 활성화되는 영역으로 대칭이동의 기준이 될 두 점 위치를 지정하는 항목이다.

③ **절삭진행방향 역방향 전환** : 항목 선택하면 대칭이동으로 생성되는 가공정의들의 가공경로 진행방향이 대상 가공정의들의 가공경로 진행방향과 반대방향으로 자동으로 전환되는 기능이다.

6.2 선형배열 작업의 선형배열

대상 선형배열 작업을 다시 선형배열 하는 기능으로 기존 버전에서와는 달리 해당 선형배열을 다시 선형배열함으로써 더욱 효율적인 가공관리가 가능하다.

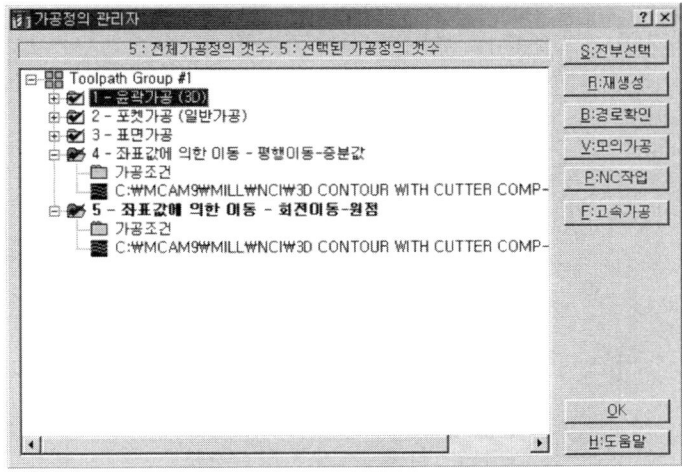

2차원 가공정의

memo

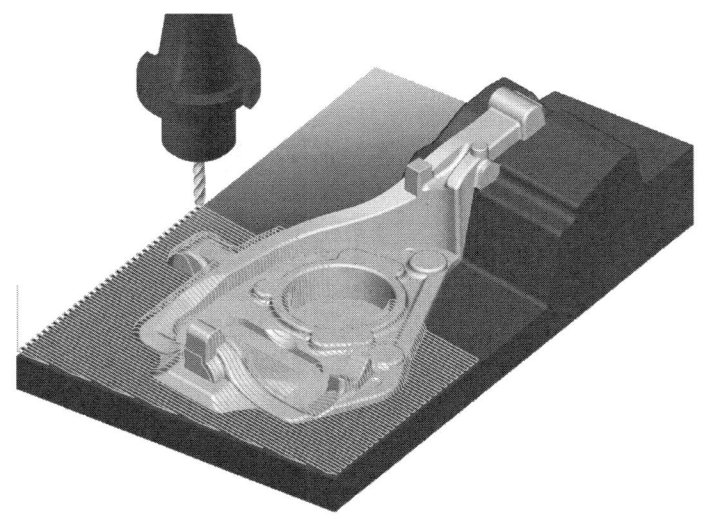

Chapter 13. NC 프로그래밍 유틸리티

1. 모의가공
2. 경로확인
3. 배치작업
4. 거르기
5. NC 작업
6. 작업 지시서
7. 작업정의
8. 공구정의
9. 재질정의

Chapter 13 NC 프로그래밍 유틸리티

```
가공 유틸리티:
V:모의가공
B:경로확인
H:배치작업
F:거르기
P:NC작업
S:작업지시서
O:작업정의
T:공구정의
M:재질정의
```

생성된 NCI 파일내용을 기준으로 생성된 가공경로의 오류상태 유무 검증, 배치 작업실행, 가공경로의 거르기실행, 관련 작업지시서 작성, NC 데이타 생성 및 기타 가공정의 실행작업에서 적용될 기본 내용들을 미리 설정하는 기능이 Mastercam의 NC프로그래밍 유틸리티 기능으로 아래 설명되는 각 메뉴들은 메뉴에 따라 가공정의 관리자 대화창 또는 재료설정 대화창에서도 실행 가능하다.

1. 모의가공

특정 가공정의들에 대한 NCI 파일의 가공경로 내용을 실제 가공실행에 앞서 실제가공 실행과 동일한 재료크기, 사용공구 등을 가상의 조건으로 부여하여 작업화면에서 해당 가공경로에 대한 절삭형태를 그래픽 형태로 실행, 해당 가공경로의 공구충돌 및 간섭 발생 등의 오류사항을 검색하거나 가공완료 후의 제품형상 및 단면형상은 물론 모델링 형상과 가공완료 후의 제품 형상간 차이를 미리 확인하는 기능

1.1 모의가공 실행버튼

아래 그림의 각 버튼 위치에 마우스커서 위치하면 아래 항목들과 같이 각 버튼의 명칭이 자동으로 표시되며, 각 버튼별 기능은 다음과 같다.(좌측부터 차례로)

【 메뉴실행 : N : 가공유틸 - V : 모의가공 】

1) **조건설정** : 모의가공 실행에 앞서 적용될 전반적인 실행조건을 설정하는 기능
2) **재실행** : 작업화면에 이미 실행된 모의가공 내용을 실행 이전의 처음 상태로 복귀시키면서 현재 실행된 결과 화면표시도 함께 지우는 기능
3) **실행** : 조건설정 버튼으로 설정된 조건을 적용하여 모의가공 실행을 처음부터 시작하거나 일시정지 상태에서 이후의 가공경로 내용을 실행시키는 기능
4) **정지** : 현재 작업화면에 실행중인 모의가공 실행을 일시적으로 정지시키는 기능
5) **간격** : 모의가공 조건설정 대화창의 화면표시 실행조건 영역의 간격실행 기준횟수 항목에 설정된 수치만큼씩 버튼을 선택할 때마다 가공경로 개수 기준으로 작업화면에서 모의가공 실행이 진행되는 기능
6) **고속실행** : 모의가공 조건설정 대화창의 공구표시/실행방법 영역에서 설정한 적용 기준을 무시하고 결과 형태로만 실행하는 기능
7) **단면도** : 작업화면에 표시된 가상재료의 특정단면도 형상을 보는 기능으로 모의가공 조건설정 대화창의 기타 실행조건 영역의 트루솔리드 항목을 선택하지 않은 상태로 실행한 경우에만 사용할 수 있다.
8) **조명위치수정** : 작업화면에 표시된 가상재료에 대한 조명위치를 수정하는 기능으로 조건설정 대화창의 기타 실행조건 영역 트루솔리드 사용 항목을 선택하지 않은 상태로 작업화면에 대상 가공경로에 대한 실행이 완료한 후에만 사용할 수 있다.
9) **확대** : 작업화면에 실행된 모의가공 결과형상의 일부 영역을 확대하여 보는 기능으로 모의가공 실행 전에만 사용할 수 있다.
10) **STL 파일로 저장** : 모의가공 조건설정 대화창의 기타 실행조건 영역 트루솔리드 사용 항목을 선택하고 모의가공을 실행 완료한 경우에 사용할 수 있는 항목으로 작업화면에 실행 완료된 모의가공 결과 형상을 STL 파일형식으로 저장하는 기능이다. STL 파일로 저장된 가공실행 후의 형상은 이후 실행될 가공정의들의 모의가공 실행에서 조건설정 대화창의 모의가공 대상 피삭재 형상으로 설정할 수 있다.
11) **느린실행/빠른실행** : 모의가공 실행을 중지하지 않고 현재 실행에서 적용중인 실행 속도를 느리게 또는 빠르게 조절하는 기능으로 해당 버튼을 마우스로 클릭하거나 버튼사이 스크롤 바 버튼을 마우스 드래그 기능으로 조정하여 설정한다.

1.2 모의가공 조건설정 대화창

위 실행조건 설정에서 조건설정 버튼선택 후 표시되는 아래의 대화창은 실행될 모의가공에 대한 전반적인 적용조건을 설정하는 기능으로 항목들의 내용은 다음과 같다.

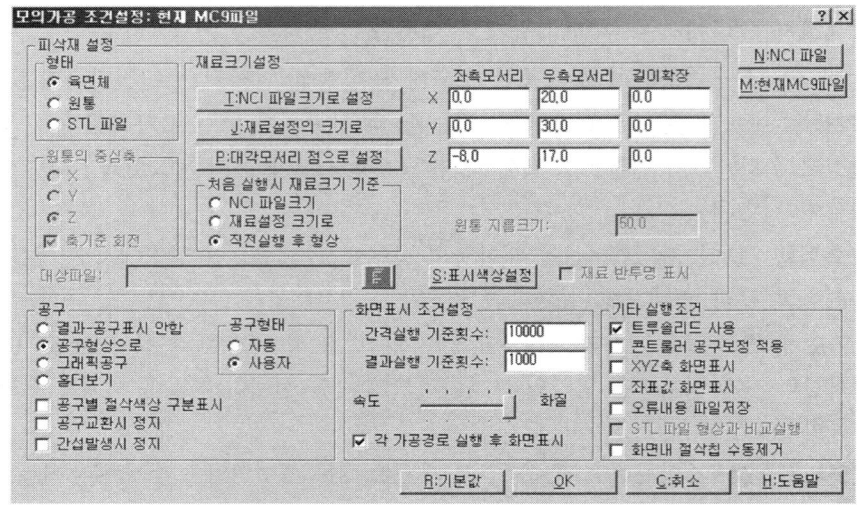

1) **형태** : 모의가공 실행대상으로 사용될 가상의 피삭재 형태를 설정하는 영역으로 사각형 형태의 육면체, 원통 또는 특정 STL 파일의 도형형상을 기준형태로 설정할 수 있으며, 파일항목을 선택한 경우에는 대화창 중간영역에 활성화되는 대상파일항목 우측의 파일버튼을 이용하여 적용될 STL 파일을 지정한다.

2) **원통의 중심축** : 형태 영역에서 원통 항목을 선택한 경우 활성화되는 영역으로 적용될 가상 원통의 중심 축 적용형태를 설정하며, 축 기준 회전 항목은 선반 또는 로터리 가공경로인 경우 사용하는 항목으로 항목에서 선택된 중심 축을 기준으로 원통형태의 피삭재 형상이 작업화면에서 회전하는 형태로 모의가공을 실행할 수 있다.

3) **재료크기설정** : 형태 영역에서 박스 항목을 선택한 경우 활성화되는 영역으로 적용될 가상 박스형상의 크기형태를 설정하는 기능
   ① NCI 파일크기로 설정 : 항목 선택하면 모의가공 대상으로 지정한 NCI 파일의 가공 경로크기를 시스템이 자동으로 계산하여 박스형태로 자동 적용한다.
   ② 재료설정의 크기로 : 항목 선택시 재료설정 대화창에서 설정된 피삭재 크기를 시스템이 읽어 들여 박스형태 크기로 자동 적용한다.
   ③ 대각 모서리 점으로 설정 : 버튼선택 후 작업화면에서 적용될 가상의 박스형태의 대각 모서리의 두 점 위치를 지정하면 시스템이 지정된 위치를 기준으로 박스형태 자동으로 계산 적용한다.

④ 원통 지름크기 : 형태 영역에서 원통 항목을 선택한 경우 활성화되는 항목으로 적용될 가상 원통의 지름크기 값을 설정하는 항목
⑤ 좌측모서리 : 박스형태인 경우 해당 박스형태의 좌측하단 모서리의 X,Y 좌표 값 및 좌측모서리 하단(또는 원통하단)의 Z좌표 값이 표시되는 항목으로 입력란에 직접 입력 가능(원통인 경우는 Z 항목만 활성화된다)
⑥ 우측모서리 : 박스형태인 경우 해당 박스형태의 우측상단 모서리의 X,Y좌표 값 및 위 우측모서리 상단(또는 원통상단)의 Z좌표 값이 표시되는 항목으로 입력란에 직접입력 가능(원통인 경우는 Z 항목만 활성화된다)
⑦ 길이확장 : 좌측모서리/우측모서리 항목에 표시된 길이의 양쪽 끝점위치를 기준으로 입력된 수치만큼 해당축으로 가상의 재료를 확장시켜주는 기능으로 모의가공시 충분한 재료의 크기를 설정하기 위하여 사용한다.
⑧ 처음실행시 재료크기기준 : 모의가공 처음 실행에서 적용될 크기를 설정하는 기능으로 "NCI 파일크기" 항목을 선택하면 작업대상으로 선택된 NCI 파일의 가공경로 크기로 적용하며, "재료설정 크기로" 항목을 선택하면 재료설정 대화창의 설정된 피삭재 크기를 적용하고 "직전실행 후 형상" 항목을 선택하면 직전에 실행된 모의가공 실행 형상을 적용한다.

4) **표시색상설정** : 모의가공 실행에서 작업화면에 표시될 피삭재/공구/간섭발생/공구별 절삭부위 표시색상을 설정하는 기능으로 버튼선택 후 표시되는 모의가공 색상설정 대화창으로 적용될 표시색상을 설정한다.

5) **재료 반투명 표시** : 항목 선택하면 모의가공 완료(또는 일시정지)시 피삭재 형상을 반투명 상태로 화면 표시하는 기능으로 이 기능은 반투명상태 미 적용으로 보이지 않게 되는 형상영역에 대한 가공실행 상태를 확인하고자 할 때 사용한다.

6) **공구표시/실행방법** : 모의가공 실행에서 적용될 공구형태표시 및 가공 실행방법을 설정하는 영역
① 결과-공구표시안함 : 항목 선택하면 모의가공 실행 형태가 절삭진행 형태로 화면표시되지 않고 실행완료 후의 절삭된 형상만을 화면에 표시한다.
② 공구형상으로 : 항목 선택하면 공구형상을 가상의 선 형태로 표시하고 해당 공구가 피삭재를 절삭하는 형태로 화면에 표시한다.
③ 그래픽공구 : 항목 선택하면 공구형상을 그래픽실행 상태로 표시하고 해당 공구가 피삭재를 절삭 진행하는 형태로 화면에 표시한다.
④ 홀더보기 : 항목 선택하면 공구형상에 홀더형상까지 포함된 그래픽을 절삭 진행하는 형태로 화면에 표시한다.
⑤ 공구별 절삭색상 구분표시 : 항목 선택하면 표시색상설정 버튼으로 설정한 공구별 절삭부위의 표시색상대로 각각의 공구별 절삭실행 과정에서 피삭재 영역에 대한 해당 공구의 절삭표시 색상을 다르게 표시한다.
⑥ 공구교환시 정지 : 항목 선택하면 절삭진행과정에서 공구교환 시점마다 실행이 자동으로 정지되며, 실행버튼을 선택해야 다음 과정으로 진행한다.

 CAD · CAM 실무 2D

⑦ 간섭발생시 정지 : 항목 선택하면 절삭진행과정에서 간섭이 발생한 시점마다 실행이 자동으로 정지되며, 실행버튼을 선택해야 다음 과정으로 진행한다.
⑧ 공구형태 : 위 실행방법들 중 결과 항목을 선택한 경우에만 비 활성화되는 항목으로 모의가공 실행되는 작업화면에서 가공 사용공구 형태를 시스템의 기본 공구 형태로 적용하여 표시할지 또는 사용자가 별도로 저장한 공구형태 도형파일의 공구 형상으로 적용하여 표시할지를 설정하는 항목

7) **화면표시 조건설정** : 모의가공 실행에서 화면 표시될 화면표시 조건을 설정하는 영역
① 간격실행 기준횟수 : 간격버튼 모의가공 실행하는 경우 해당 버튼 선택할 때마다 실행될 대상 가공경로의 가공경로 진행횟수를 설정하는 항목
② 결과실행 기준횟수 : 공구표시/실행방법 영역의 결과 항목을 선택한 경우 적용되는 기능으로 항목에 입력된 수치만큼씩 결과형태가 증분 진행되는 단계마다 그 때까지의 실행된 피삭재 절삭 형태를 화면으로 표시한다.
③ 속도/화질 : 항목의 스크롤 바가 속도 쪽에 가까울수록 실행속도는 빠르게 진행되나 진행과정까지의 피삭재 절삭상태 화면표시 화질은 떨어지며, 화질 쪽에 가까울수록 실행속도는 느리게 진행되나 진행과정까지의 피삭재 절삭상태에 대한 화면표시 화질은 선명하게 표시된다.
④ 각 가공경로 실행 후 화면갱신 : 항목 선택하면 다수의 가공정의를 연속적으로 모의가공 실행하는 경우 개별 가공정의 실행 완료 후마다 작업화면에 진행과정까지의 피삭재 절삭형태를 보다 선명한 상태로 재정리하여 표시한 후 연속되는 가공정의를 실행하는 방법으로 반복 적용되며, 항목선택 안한 경우에는 모든 대상 가공정의를 실행한 후의 피삭재 절삭형태에 대하여 선명한 화면처리를 실행한다.

8) **기타 실행조건** : 모의가공 실행에서 적용될 부수적인 조건들을 설정하는 영역
① 트루솔리드 사용 : 항목 선택하면 모의가공 피삭재 형상에 대하여 그래픽실행 적용 방식을 Open GL 방식으로 적용하여 화면으로 표시하며, 항목선택 안한 경우는 일반적인 그래픽 실행 방법인 화소방식을 적용하여 화면으로 표시한다. 항목 선택한 경우 선택하지 않은 상태보다 모의가공 실행속도가 더욱 빠르게 진행되는 효과를 기대할 수 있다.
② 콘트롤러 공구보정 적용 : 항목 선택하면 실행되는 대상 가공경로들 중 콘트롤러로 공구경보정이 적용된 가공경로들에 대한 모의가공 실행 형태를 보정 값이 적용된 형태로 실행하며, 항목선택 안한 경우는 보정 값이 적용되지 않은 형태로 실행한다.
③ XYZ축 화면표시 : 항목 선택하면 실행되는 모의가공 화면좌측 상단에 축 상태가 표시되는 기능으로 트루솔리드 사용 항목을 동시에 적용하는 경우에는 축 상태가 피삭재 형상에 표시된다.
④ 좌표값 화면표시 : 항목 선택하면 모의가공 진행과정의 현재 공구중심위치 좌표 값이 화면하단 설명구역으로 표시된다.
⑤ 오류내용 파일저장 : 항목 선택하면 오류발생에 대한 내용을 텍스트 파일(.LOG)로 저장할 수 있는 기능

⑥ STL 파일형상과 비교실행 : 피삭재 형태를 박스 형태로 설정하고 "결과-트루솔리드" 사용 항목을 적용하여 실행하는 경우만 사용할 수 있는 항목으로 항목 선택하면 모의가공 실행완료 후 피삭재 형상과 특정 STL 파일의 도형 형상을 비교할 수 있는 기능이다.

⑦ 화면내 절삭칩 수동제거 : 항목 선택하면 모의가공 실행완료 후 작업화면에 일시적으로 남게 되는 피삭재의 절삭칩 형태를 마우스로 선택하여 화면에서 지울 수 있으며, 항목선택 안한 경우에는 화면에 표시된 절삭칩 형태를 지울 수 없다.

9) **NCI파일** : 현재 작업화면내 도형파일관련 생성된 NCI 파일이 아닌 다른 NCI 파일을 모의가공 실행대상으로 지정하는 기능

10) **현재 MC9파일** : 버튼 선택만으로 현재 작업화면내 도형파일관련 생성된 NCI 파일이 모의가공 실행대상으로 자동으로 지정된다.

2. 경로확인

```
경로확인:
S:스텝
R:연속실행
D:조건설정
P:경로표시     Y
T:공구보기     Y
H:홀더보기     N
N:NCI 이름
V:검증표시     N

M:MC9파일     N
```

가공경로(NCI)를 생성한 후 공구의 절삭진행 방향 및 경로를 사용자가 확인할 수 있는 기능으로 작업의 오류 및 상황을 쉽게 판단하여 작업의 효율성을 높일 수 있다.(가공정의 관리자의 **B : 경로확인**과 같은 기능)

[메뉴실행 : N : 가공유틸 - B : 경로확인]

2.1 스텝

경로확인 조건설정에서 지정한 조건대로 해당 공구의 절삭진행 상태를 보기위한 방법으로 클릭할 때 마다 공구가 이송하는 형태를 볼 수 있다.

2.2 연속실행

연속실행시 경로확인 조건설정에서 지정한 조건대로 공구가 끊임없이 모든 공정에 대한 공구 절삭상태 및 가공경로를 볼 수 있다.

2.3 조건설정

경로확인을 하기 위한 모든 조건들을 설정할 수 있는 대화창으로 내용은 다음과 같다.

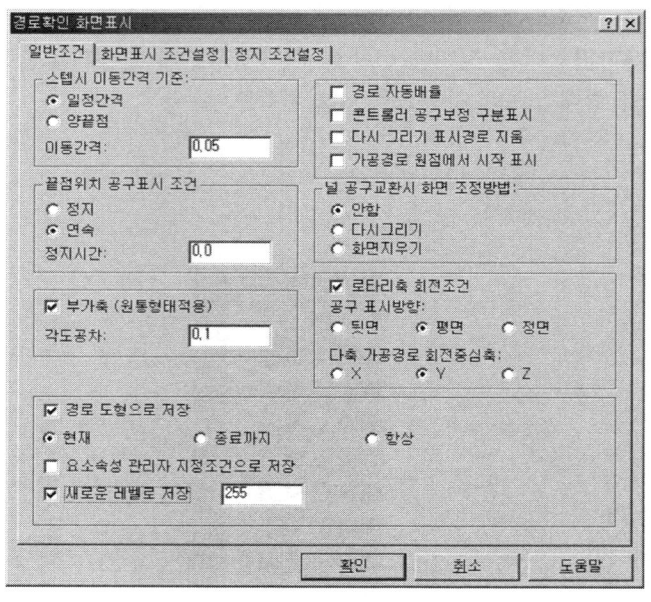

〈 경로확인 화면표시 일반조건 〉

1) 일반조건

① 스텝실행시 이동간격 기준 : 위 스텝메뉴로 경로확인 실행하는 과정에서 적용될 가공경로 진행 간격을 설정하는 영역

- 일정간격 : 스텝메뉴 선택할 때마다 작업화면에서 가공경로가 설정된 일정길이 만큼씩 증분이동 표시되는 형태로 경로를 확인하는 방식으로 항목 선택하면 활성화되는 이동간 격 항목에 적용될 증분간격 값을 설정한다.
- 양끝점 : 항목 선택하면 스텝메뉴 선택할 때마다 대상 전체 가공경로들이 순차적으로 각각의 가공경로 시작위치에서 종료위치까지 한번에 이동하는 형식으로 화면에 표시되 는 형태로 경로를 확인하는 방식

② 끝점위치 공구표시조건 : 위 스텝실행시 이동간격 기준 영역에서 설 정된 형태로 가공경 로가 화면표시 되면서 작업화면에 공구가 표시되는 형태를 설정하는 영역

- 정지 : 일정 이동간격위치 또는 개별경로의 끝점위치에서만 공구형상이 화면에 보이는 형태로 경로확인이 진행되는 방식
- 연속 : 진행되는 경로를 따라 공구가 지속적으로 표시되는 방식
- 정지시간 : 위 정지 또는 연속 실행에서 일정 이동간격위치 또는 끝점위치에서 공구가 작업화면에 얼마만큼 표시될 지를 초단위로 설정하는 항목으로 입력 값이 "0" 이면 화면에서 정지상태가 표시되지 않는다.

③ 부가축(원통형태 적용) : 대상 가공경로가 로타리 기계용 형태로 생성된 경우에만 적용하는 항목으로 항목 선택하면 가공대상 도형이 작업화면에 대상 가공경로 생성시 적용된 가상 원통 지름크기에 감긴 형태로 시스템이 자동 표시하며, 각도공차 항목은 시스템이 대상도형을 가상 원통에 감을 때 적용될 각도 공차 값을 설정하는 항목이다.

④ 경로도형으로 저장 : 해당 공구가 지나간 경로를 직선, 원호 또는 스플라인 형태로 생성하는 기능으로 3가지 설정을 할 수 있다.
- 현재 : 경로확인 1번만 공구의 경로를 도형으로 생성시키는 기능
- 종료까지 : Mastercam 종료까지 추가적인 지정없이 계속적으로 공구의 경로를 도형으로 생성시키는 기능
- 항상 : 추가적인 변경이 있을 때 까지는 Mastercam을 종료 후 다시 실행하더라도 계속적으로 공구의 경로를 도형으로 생성시키는 기능

⑤ 요소속성 관리자 지정조건으로 저장 : 부메뉴란의 요소속성 – 요소속성 관리자에서 설정한 조건대로 생성하는 기능

⑥ 새로운 레벨로 저장 : "요소속성 관리자 지정조건으로 저장" 메뉴를 선택하지 않은 경우에만 사용할 수 있는 메뉴로 생성되는 도형요소들이 사용자가 지정한 레벨로 저장되는 기능

⑦ 화면조정 : 작업화면 크기조절 및 기타 적용조건을 설정하는 영역
- 경로 자동배율 : 항목 선택하면 현재 작업화면 크기를 대상 가공경로의 전체 크기로 시스템이 자동 조절한 후 경로표시를 실행하며, 항목선택 안한 경우에는 현재 작업화면 크기를 그대로 유지한 채 경로표시를 실행한다.
- 콘트롤러 공구보정 구분표시 : 항목 선택하면 대상 가공경로들 중 콘트롤러 공구보정이 적용된 가공경로들의 경로형태를 보라색으로 구분 표시하면서 공구경 보정 값을 적용한 좌표 형태로 표시한다. 항목선택 안한 경우는 기본 표시색상으로 표시하면서 공구경 보정 값이 적용되지 않은 형태로 표시한다.
- 다시 그리기시 표시경로 지움 : 항목 선택하면 경로확인 진행 중에 F3키 또는 다시 그리기 단축아이콘을 선택하는 경우 현재 화면에 표시된 가상의 가공경로 및 공구형상들이 화면에서 지워지는 기능으로 공구표시 형태를 그래픽 항목으로 선택한 경우에는 경로만 지워지며 공구형상은 지워지지 않는다.
- 가공경로 원점에서 시작 표시 : 본 기능 활성시 공구가 가공경로의 원점(WCS의 원점)을 경유하여 경로가 생성되는 것을 볼 수 있다.

⑧ 널 공구교환시 화면 조정방법 : 널 공구교환시의 화면표시 조건을 설정하는 영역
  • 안함 : 항목 선택하면 널 공구교환에 관계없이 화면표시상태 유지
  • 다시그리기 : 항목 선택하면 널 공구교환 할 때마다 현재 화면표시 내용들을 지우고 공구형상 표시 없이 이전 실행 가공경로를 처음부터 순차적으로 다시 화면표시 후 다음 가공 경로가 공구형태와 함께 화면으로 표시된다.
  • 화면지우기 : 항목 선택하면 널 공구교환 할 때마다 현재 화면표시 내용을 지우고 다음 가공경로에 대하여 공구형태와 함께 화면으로 표시된다.
⑨ 로타리축 회전조건 : 로타리축 가공경로의 C축 회전형태를 설정하는 영역
  • 공구표시 방향 : 로타리축 가공경로에 대한 공구표시 방향 설정
    ▶뒷면 : 경로확인 실행에서 공구는 가상 원통기준 뒷면 쪽으로 표시
    ▶평면 : 경로확인 실행에서 공구는 가상 원통기준 평면으로 표시
    ▶정면 : 경로확인 실행에서 공구는 가상 원통기준 정면으로 표시
  • 다축 가공경로 회전중심축 : 대상 가공경로가 다축가공 형태인 경우 로타리 회전의 중심축으로 적용될 축 방향을 설정한다.

2) 화면표시 조건설정

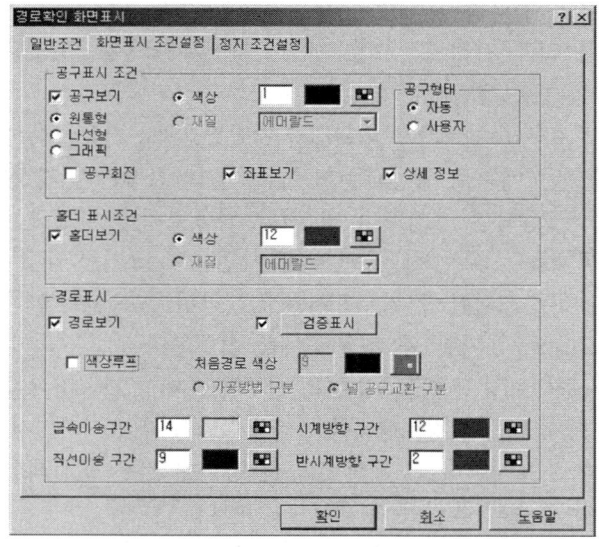

〈 경로확인 화면표시 조건설정 〉

① 공구 표시조건 : 화면에 표시될 공구형태를 설정하는 영역
  • 공구보기 : 위 경로확인 메뉴들 중 공구보기 메뉴와 연동되어 있는 항목으로 항목선택 여부에 따라 해당 메뉴우측 영문자 표시가 자동 전환되며 기능 또한 동일하다.

- 원통형/나선형/그래픽 : 대화창의 공구보기 항목을 선택한 경우 화면 표시될 공구의 형태를 설정하는 항목들로 공구측면 형태를 직선으로 표시하는 원통형, 공구측면을 나선형으로 표시하는 나선형 또는 공구형태를 쉐이딩실행 형태로 표시하는 그래픽 항목들 중 적용될 항목을 선택한다.
- 공구회전 : 항목 선택하면 경로확인 실행 중 표시되는 공구가 회전하는 형태로 표시되며, 공구형태를 그래픽 항목으로 선택한 경우에는 적용되지 않는다.
- 좌표보기/상세정보 : 공구가 지나는 경로마다 XYZ에 대한 좌표값을 출력하는 좌표보기 기능을 선택시 상세정보 기능이 활성화된다. 이 기능을 선택하면 현 가공에 대한 종류, 작업번호, 공구평면번호, 지름, 엔드밀의 종류, 날끝반경, 절삭유 상태 등 사용자가 정의한 가공 정보들을 표시한다.

```
Toolpath Group 1; 윤곽가공 (2D); 가공작업번호 = 1; 공구평면번호 # = 1
#1 - M20.00 평 엔드밀 - 미지정  지름 = 20.000000, 코너반경 = 0.000000; 절삭유 = 안함
G0 : X-70.984704 Y58.040153 Z50.000000; 이송속도 = 급속이송
```

- 색상 : 공구형태 표시를 원통형 또는 나선형으로 설정한 경우에만 적용되는 항목으로 해당 공구형태를 표시할 색상을 설정한다.
- 재질 : 공구형태 표시를 그래픽으로 설정한 경우에 적용되는 항목으로 그래픽실행 특정 재질종류를 선택하면 해당 재질의 색상으로 표시된다.
- 자동/사용자 : 위 원통, 나선, 그래픽 항목을 적용하여 공구형상을 화면에 표시하는 경우 표시될 공구형상 표시형태 기준을 설정하는 영역으로 해당 가공경로 생성에서 사용된 공구 형태에 따라 시스템이 기본적으로 지원하는 형태로 적용하여 표시하려면 자동 항목을 선택하며, 사용자가 임의로 생성한 공구형태 도형파일의 공구 형상으로 표시하려면 사용자 항목을 선택한다.

② 홀더 표시조건 : 화면에 표시될 홀더형상 조건을 설정하는 영역
- 홀더보기 : 위 경로확인 메뉴들 중 홀더보기 메뉴와 연동되어 있는 항목으로 항목 선택 여부에 따라 해당 메뉴우측 영문자 표시가 자동으로 전환되며 기능 또한 동일
- 색상 : 표시될 홀더형상의 색상을 설정하는 항목
- 재질 : 공구형태를 그래픽 항목으로 선택한 경우에만 활성화되는 항목으로 홀더 형상의 그래픽실행 적용 재질종류를 설정

③ 경로표시 조건
- 경로보기 : 항목을 선택하면 공구가 지나간 경로를 볼 수 있으며, 선택하지 않았을 경우에는 경로를 표시하는 선들이 나타나지 않는다.
- 색상루프 : 항목 선택하면 가공경로 표시색상을 가공경로별 6가지 색상으로 시스템이 자동으로 변화시키면서 작업화면에 표시하는 기능으로 화면에서 이전가공경로와 진행 중인 가공경로를 쉽게 구분하고자 할 때 유용한 기능이다. 색상루프 선택시 우측메뉴인 "가공방법 구분", "널 공구교환 부분"이 활성화되며, 가공방법 구분시 "처음경로 색상"에서 지정한 색으로 경로표시가 되며, "널 공구교환 부분"시 공구에 대한 각기 다른 경로의 색을 부여하게 된다.

- 검증표시 : 사용자가 설정한 공구의 지름을 기준으로 하여 공구가 지나간 흔적을 칠하는 기능으로, 주로 공구의 절삭영역을 식별하기 위하여 사용한다.
- 급송/직선/시계/반시계이송 구간 : 색상루프를 비활성시에만 선택되는 메뉴로 급속이송(G00), 직선이송(G01), 시계방향 구간(G02), 반시계 방향구간(G03)의 색상을 각기 부여하여 경로확인시 공구가 어떠한 이송을 하는지를 알 수 있다.

정지 조건설정 대화창

경로확인 실행방법을 연속실행 메뉴로 실행하는 경우에만 적용되는 항목으로 버튼선택 후 표시되는 정지조건 대화창의 내용은 다음과 같다.

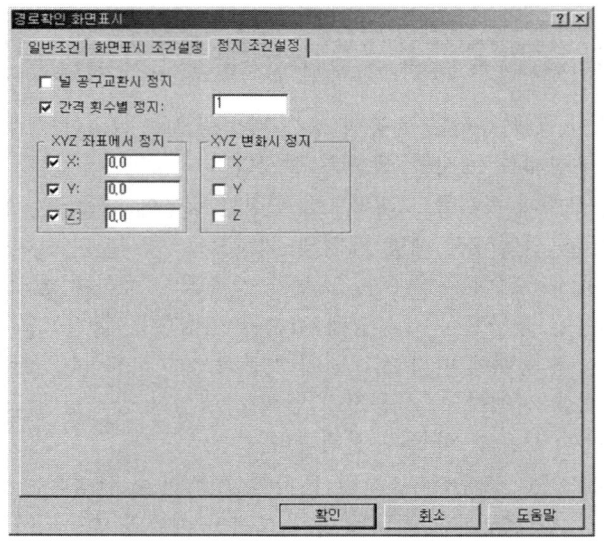

〈 경로확인 화면표시 정지 조건설정 〉

1. **널 공구교환시 정지** : 항목 선택하면 널 공구교환 시점에서 경로확인 실행이 자동적으로 일시 정지하는 기능으로 가공정의별 가공경로를 화면에서 구분하여 보고자 할 때 이용하며, 일시 정지된 상태에서 Enter키를 누르면 다음 가공정의 가공경로를 실행한다.
2. **간격횟수별 정지** : 입력란에 설정된 값을 증분간격으로 해당 간격위치마다 경로확인 실행이 일시 정지하는 기능으로 정지된 상태에서 스텝 또는 연속실행 메뉴 선택할 때마다 다음간격을 실행한다.
3. **XYZ 좌표에서 정지** : 영역의 활성화된 항목들의 좌표 값 위치에서 실행이 일시정지 하는 기능으로 정지된 상태에서 스텝, 연속실행 메뉴 선택하면 다음경로가 진행된다.
4. **XYZ 변화시 정지** : 영역의 선택된 항목들의 축 방향기준 실행되는 경로의 공구이동 변화하는 위치마다 일시 정지하는 기능으로 정지된 상태에서 스텝 또는 연속실행 메뉴를 선택하면 다음경로가 진행된다.

2.4 NCI 이름

경로확인을 이전에 저장한 NCI(가공경로)를 지정하여 경로를 확인하는 기능으로, 반드시 NCI의 확장자를 가진 파일이 존재하여야 한다.

2.5 MC9 이름

경로확인을 저장한 *.MC9를 지정하여 경로 확인하는 기능

3. 배치작업

가공정의 실행시 공구조건설정 대화창 영역 좌측하단의 배치대상 항목을 선택하여 해당 가공정의에 대한 가공경로 생성을 유보한 가공정의들에 대해 일괄 가공경로 생성 처리를 자동으로 실행하는 기능 배치작업(Batch processing)은 NC 프로그래밍 작업 및 실행내용을 관련 도형파일에 자동 저장하는 작업까지 시스템이 자동으로 실행하며, 이 기능을 사용하면 NC 프로그래밍 과정 실행에 소요되는 시간을 다른 작업에 활용할 수 있으므로 작업효율성 제고를 기대할 수 있다. 배치작업대상 가공정의를 설정하는 방법은 해당 가공정의 실행과정에서 공구조건설정 대화창의 영역 좌측하단 배치대상 항목을 선택하고 대상 가공정의 조건설정을 완료하면 시스템이 자동으로 해당 가공정의를 배치대상으로 인식한다.

[메뉴실행 : N : 가공유틸 - H : 배치작업]

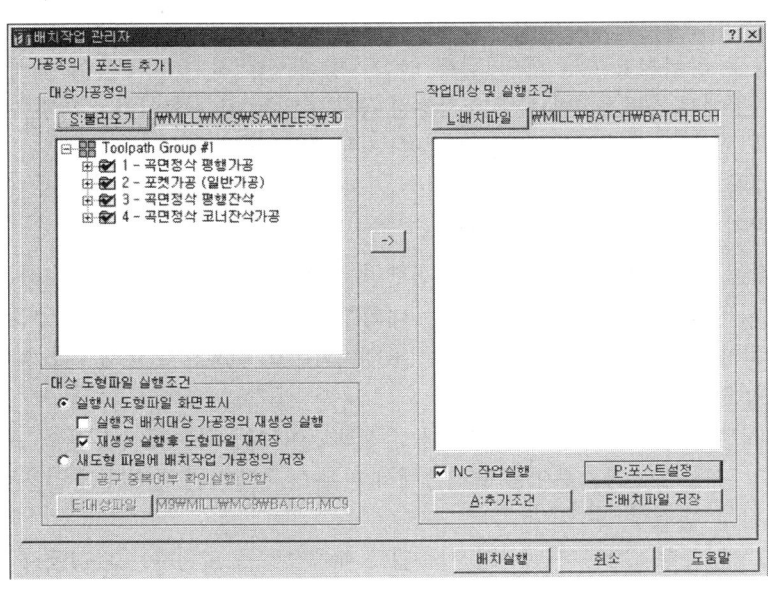

1) **대상가공정의** : 배치작업 대상으로 선택될 대상 가공정의들이 표시되는 영역
   ① 불러오기 : 버튼선택 후 배치작업 대상으로 선택될 가공정의들이 포함된 특정 도형 일을 선택하면 선택된 도형파일의 관련 가공정의들이 아래 표시영역으로 자동으로 표시되면서 버튼우측 영역에 선택된 도형파일의 저장경로위치 및 파일이름이 자동으로 표시된다.
   ② 표시영역 : 선택한 도형파일관련 가공정의들이 표시되는 영역으로 표시된 가공정의들 중에서 배치작업 대상이 될 가공정의들을 마우스로 클릭한 후 대화창의 화살표 버튼을 선택하면 선택된 가공정의들이 대화창의 우측영역 작업대상 및 실행조건 영역의 표시영역으로 이동된다.

2) **대상 도형파일 실행조건** : 배치작업 실행 시 도형파일 저장 및 화면표시 조건을 설정
   ① 실행시 도형파일 화면표시 : 항목 선택하면 시스템이 배치작업을 실행하는 과정 중에 실행중인 해당 가공정의에 관련된 도형 파일들을 작업화면으로 자동으로 불러온 후 가공경로 생성을 실행하며, 항목선택 안한 경우는 관련 도형파일을 화면으로 불러오지 않고 가공경로를 생성한다.
   - 실행전 배치대상 가공정의 재생성 실행 : 항목 선택하면 시스템이 배치작업을 실행하기 전에 대상 가공정의들에 대하여 가공경로 재생성 과정을 먼저 실행한 후 배치작업을 실행하며, 항목선택 안한 경우는 재생성 과정 없이 바로 실행한다.(일부 가공정의들에 대한 가공조건 수정내용 후 미 반영된 경우를 감안하여 실행)
   - 재생성 실행후 도형파일 재저장 : 항목 선택하면 시스템이 배치작업을 실행하기 전에 실행된 대상 가공정의들에 대한 재생성 내용을 관련 도형파일들에 먼저 저장하고 배치작업을 실행하며, 항목선택 안한 경우는 도형파일에 저장하지 않고 바로 배치작업을 실행한다.
   ② 새 도형파일에 배치작업 가공정의 저장 : 항목 선택하면 시스템이 배치작업 대상 가공정의들을 실행 완료한 후 관련 도형파일에 저장하지 않고 아래 대상파일 버튼으로 지정되는 도형파일에 새로운 배치작업으로 생성된 가공정의들을 저장하는 기능이다.
   - 공구 중복사용여부 확인 실행 안함 : 항목 선택하면 시스템이 배치작업을 실행하는 과정에서 가공정의별로 중복 사용된 공구가 있는 지를 확인하는 과정을 생략하며, 항목선택 안한 경우는 중복사용 여부를 자동으로 확인한다.
   - 대상파일 : 버튼선택 후 생성되는 가공정의들이 저장될 새로운 도형파일의 저장경로 위치 및 파일이름을 설정하는 기능

3) **작업대상 및 실행조건** : 시스템이 실행할 배치작업 적용조건을 설정하는 영역
   ① 배치파일 : 버튼선택 후 표시되는 대화창에서 이전에 실행한 배치작업에서 생성된 특정 배치파일(*.BCH)을 선택하여 선택된 배치파일의 내용으로 현재 대화창의 각 항목 값들을 자동으로 적용시키는 기능
   ② 표시영역 : 대상 가공정의 영역에서 선택되어 이동된 가공정의들이 표시되는 영역으로 해당 가공정의 포스트이름 표시줄에서 마우스 우측버튼 클릭하면 적용될 포스트프로세서 파일을 변경할 수 있다.
   ③ NC작업실행 : 항목 선택하면 시스템이 배치작업을 실행하는 과정에서 NC파일까지 자동으로 생성한다.

④ 포스트설정 : NC작업실행 항목을 선택한 경우에만 활성화되는 항목으로 NC작업 실행시 적용될 조건을 설정하는 기능

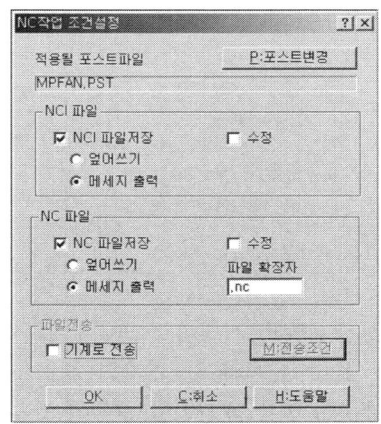

- 적용될 포스트파일 : NC작업에 적용될 포스트프로세서 파일이 표시되는 항목으로 이 대화창에서는 적용될 포스트 파일을 변경할 수 없다.
- NCI 파일 : 생성되는 가공정의들의 NCI 파일 생성 조건을 설정하는 영역
  ▶ NCI 파일저장 : 항목 선택하면 텍스트 형식의 NCI 파일을 생성하며, 선택 안한 경우에는 텍스트 형식이 아닌 파일을 생성한다.
  ▶ 수정 : 항목 선택하면 생성된 NCI 파일을 적용중인 편집기를 이용하여 화면에 자동으로 표시하며, 표시되는 대화창에서 해당 NCI 파일의 내용확인 및 수정작업을 실행할 수 있다.
  ▶ 엎어쓰기 : 항목 선택하면 생성되는 NCI 파일의 저장경로 위치에 동일 이름의 NCI 파일이 이미 있는 경우 해당 파일내용을 새로 생성되는 파일의 내용으로 엎어 쓰기를 실행한다.
  ▶ 메시지출력 : 항목 선택하면 동일 이름의 파일이 이미 있는 경우 엎어 쓰기 실행 여부를 묻는 메시지 대화창을 화면에 출력한다
- NC파일 : 생성될 NC 파일조건을 설정하는 영역
  ▶ NC 파일저장 : 항목 선택하면 NC파일을 생성하되 해당 가공정의 실행과정에서 설정한 NCI 파일이름과 동일한 이름의 NC파일을 생성한다.
  ▶ 수정/엎어쓰기/메시지출력 : 위 NCI 파일영역 내용과 동일
  ▶ 파일 확장자 : 생성될 NC파일의 파일 확장자를 설정하는 항목
- 파일전송 : 생성되는 NC 파일을 사용 시스템에 연결된 가공기계의 콘트롤러로 바로 전송할 지를 설정하는 영역
  ▶ 기계로 전송실행 : 항목 선택하면 시스템이 배치작업 실행종료 후 생성된 NC 파일을 가공기계의 콘트롤러로 전송을 실행한다.
  ▶ 전송조건 : 기계로 전송실행 항목을 선택한 경우 적용될 전송조건 설정하는 기능 (Chapter 9.파일운용방법-13.데이타전송 내용 참조)

⑤ 추가조건 : 배치작업 실행에서 적용될 추가적인 조건들을 설정하는 항목

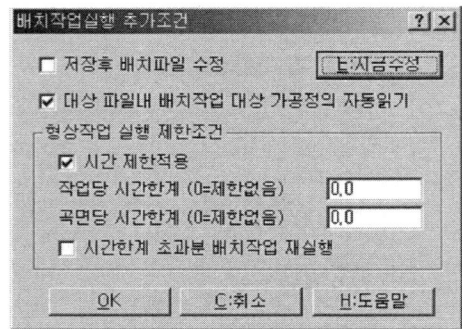

- 저장후 배치파일 수정 : 항목 선택하면 배치파일 저장실행 후 해당 배치파일 내용을 적용중인 편집기로 화면 표시하며, 표시된 대화창에서 내용을 수정할 수 있다.
- 지금수정 : 버튼 선택하면 바로 배치파일 내용이 적용중인 편집기 형태로 화면 표시되며, 표시된 대화창에서 내용을 수정할 수 있다.
- 대상파일내 배치작업대상 가공정의 자동읽기 : 항목 선택하면 대상 가공정의 영역에 표시된 도형파일관련 가공정의들 중 공구조건설정 대화창의 배치대상 항목이 선택된 가공정의들이 작업대상 및 실행조건 영역으로 자동 이동되어 표시된다.
- 형상작업실행 제한조건 : 시스템이 배치작업을 실행하는 과정에서 특정 작업별로 적용할 실행시간을 설정하는 영역
  ▶ 시간제한 적용 : 항목 선택하면 작업형태별 시간제한 설정 내용대로 적용된다.
  ▶ 작업당 시간한계(0=제한없음) : 입력된 시간만큼씩 가공정의별로 적용하여 초과시는 해당 가공정의 가공경로 생성 중단하고 다음 가공정의의 가공경로를 생성
  ▶ 곡면당 시간한계(0=제한없음) : 입력된 시간만큼씩 하나의 곡면 도형별로 적용하여 시간이 초과하는 경우 해당 곡면에 대한 가공경로 생성 중단하고 다음 곡면도형에 대한 가공경로 생성
  ▶ 시간한계 초과분 배치작업 재실행 : 항목 선택하면 배치작업 전과정 진행 후 위 시간제한 항목들에 적용되어 생성 안된 작업들을 시스템이 재실행하며, 선택 안한 경우에는 미생성 상태로 배치작업을 종료한다.
⑥ 배치파일저장 : 버튼선택 후 표시되는 파일 대화창에서 실행될 배치작업 내용이 저장될 배치파일의 경로 및 이름을 설정하는 기능

4. 거르기

[메뉴실행 : N : 가공유틸 - F : 거르기]

윤곽가공 조건설정 대화창의 거르기 항목과 동일한 기능으로 차이점은 해당 가공정의 실행에서 거르기 항목을 적용하지 않고 생성된 가공정의들의 NCI파일을 대상으로 실행된다.

5. NC 작업

[메뉴실행 : N : 가공유틸 - P : NC 작업]

가공정의 관리자 대화창의 NC작업 버튼 기능과 동일한 기능으로 차이점은 가공정의 관리자 대화창에서는 대화창의 특정 가공정의들에 대한 NCI 파일기준으로 NC파일을 생성할 수 있지만 이 메뉴를 이용하면 시스템내 이미 저장된 다른 NCI 파일을 기준으로 NC파일을 생성하는 기능 외에 Mastercam S/W 구버전의 형식을 적용하여 생성할 수도 있다.

5.1 Change

NC생성 메뉴 실행에서 적용될 포스트프로세서 파일을지정하는 기능

5.2 NC 생성

특정 NCI 파일을 기준으로 NC파일을 생성하는 기능으로 메뉴선택 후 대상이 될 NCI 파일을 지정하고 생성될 NC 파일 경로 및 이름을 지정한다.

5.3 Run old

Mastercam 구버전에서 사용하던 포스트프로세서 파일을 이용하여 NCI 파일을 NC파일로 생성하는 기능

5.4 Update PST

V9 이전에 사용하던 포스트프로세서 파일을 업데이트 시키는 기능

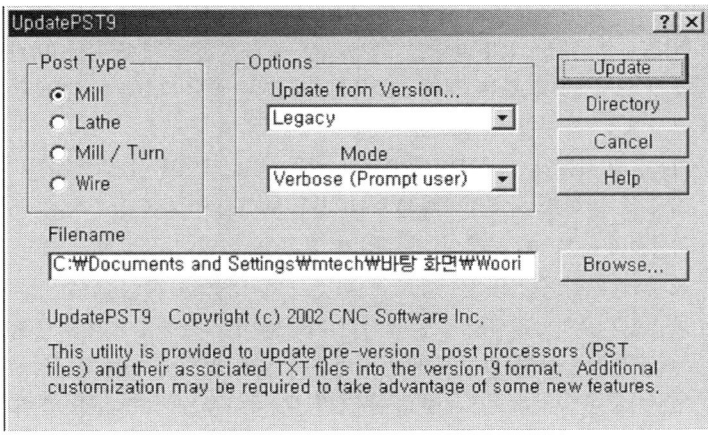

NC 프로그래밍 유틸리티

6. 작업지시서

[메뉴실행 : N : 가공유틸 - S : 작업지시서]

특정 NCI 파일내용을 기준으로 세부적인 작업내용을 출력하는 기능으로 출력형태는 특정 그림형태 또는 문서파일(*.DOC)등 사용자 필요형태로 출력할 수 있다.

6.1 그림형태 작업지시서 대화창

작업지시서 생성을 그래픽 형태로 출력하는 기능으로 S:화면 - C : 환경설정 - NC설정 영역의 작업지시서 생성형태 항목에서 그림형태 항목으로 미리 설정해야 실행 가능하다.

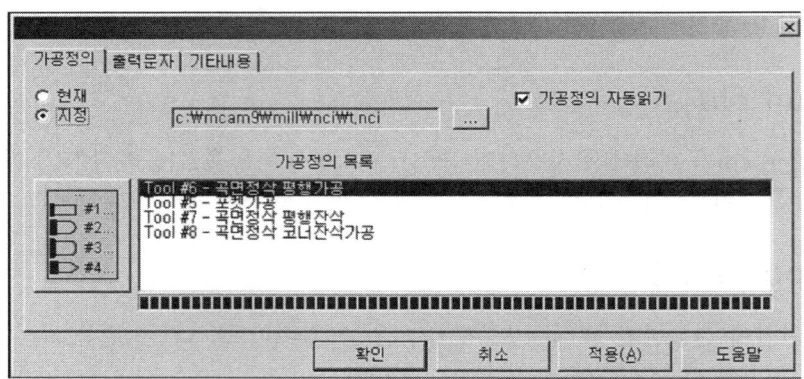

① **현재/지정** : 대상 NCI 파일을 현재 화면에 표시된 도형파일(MC9)관련 NCI 파일내용(현재 파일)으로 할지 또는 현재 도형파일과 관련 없는 다른 NCI 파일의 내용(다른 파일)을 대상으로 할지를 설정하는 기능
② **가공정의 자동읽기** : 항목 선택하면 시스템이 작업지시서 생성을 위한 대상 가공정의의 내용을 대화창의 해당 항목으로 자동으로 읽어들이는 기능
③ **가공정의 목록** : 가공정의 자동읽기 항목으로 읽어들인 NCI 파일의 모든 가공정의들이 표시되는 항목으로 역 화살표 버튼으로 내용을 확인할 수 있다.
④ **공구그림** : 우측 표시영역에 표시된 가공정의별 사용공구의 공구형태가 그림으로 표시되는 영역으로 해당 가공정의 공구번호(#1)와 영역의 특정 공구그림의 공구번호로 대응하여 형태를 파악하며, 해당 공구그림 버튼 마우스 클릭하면 출력형태를 해당공구 기준 또는 가공정의기준 형태로 출력형태를 설정할 수 있다.

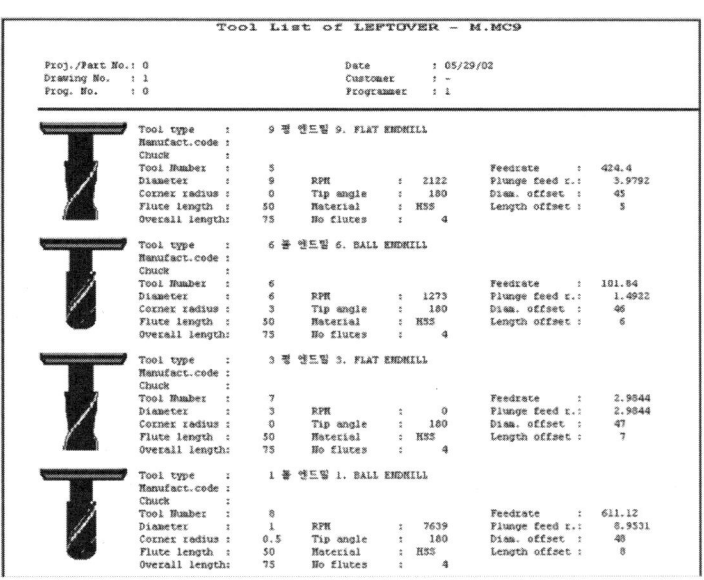

⑤ 표시영역 : 대상목록 항목에 표시된 NCI 파일이 포함하고 있는 가공정의들이 표시되는 영역

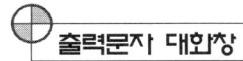

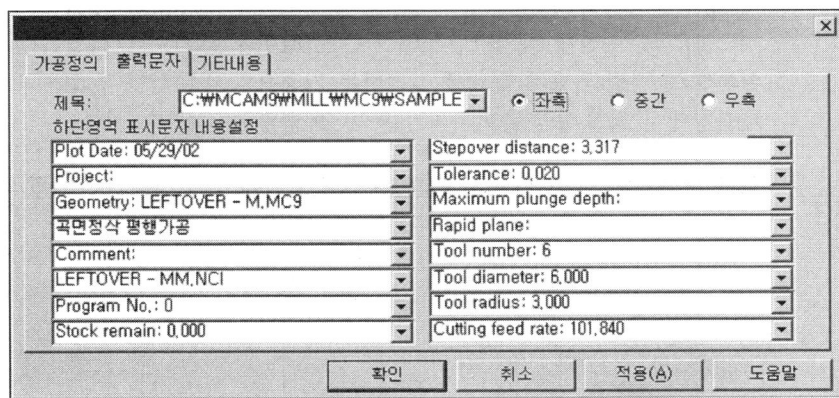

① 제목 : 작업지시서의 제목 출력문자를 설정하는 항목으로 입력란에 직접 입력하거나 역 화살표 버튼으로 출력될 문자형태 선택하며 문자위치설정은 왼쪽/중간/오른쪽 항목들로 설정
② 좌측/중간/우측 : 생성될 문자의 위치를 설정
③ 하단영역 표시문자 내용설정 : 작업지시서 하단영역에 출력될 문자내용을 설정하는 영역으로 항목별로 직접 입력하거나 역 화살표 버튼으로 문자내용 선택

기타내용 대화창

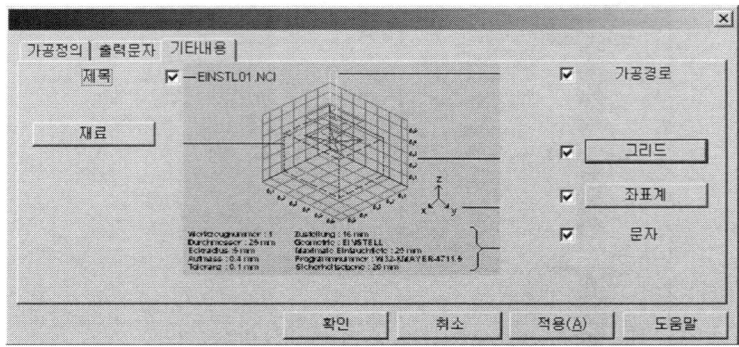

① **제목** : 항목 선택하면 출력되는 작업지시에 상단으로 해당 NCI 파일이름이 표시된다.
② **재료** : 피삭재의 형태를 설정하는 기능으로 재료설정 내용과 동일
③ **가공경로** : 항목 선택하면 출력되는 작업지시에 해당 가공경로 형태가 표시된다.
④ **그리드** : 항목 선택하면 버튼선택 후 설정되는 그리드 형태가 작업지시서에 출력되며, 버튼선택 후 표시되는 조건설정 대화창의 내용은 다음과 같다.
  ㉠ 평면 : 출력될 그리드의 적용기준 평면 및 표시색상을 설정하는 영역
  ㉡ 크기설정 : 출력될 그리드의 크기를 설정하는 영역
  ㉢ 간격 : 출력될 그리드의 축 방향별 간격을 설정하는 영역
  ㉣ 문자 : 출력될 문자의 높이 값 및 표시색상을 설정하는 영역
  ㉤ 형상크기 : 전체 작업화면 크기기준 특정비율 크기로 출력될 그리드 크기설정
⑤ **좌표계** : 출력될 좌표계 형태를 설정하는 기능으로 버튼선택 후 표시되는 좌표계 조건 대화창에서 좌표계의 출력위치기준 및 색상을 설정할 수 있다.

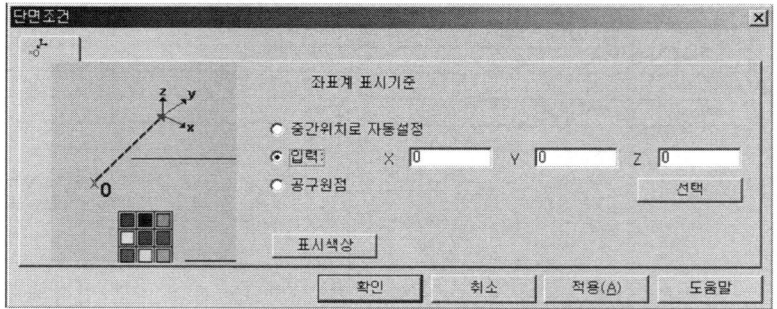

⑥ **문자** : 항목 선택하면 출력문자 영역-하단영역 표시문자 내용설정 영역에서 설정한 문자 내용이 작업지시서 하단 영역으로 출력된다.
⑦ **적용버튼** : 버튼 선택하면 대화창의 설정 조건으로 작업화면에 출력될 작업지시서 형태가 자동으로 표시되는 기능으로 설정조건 내용을 미리 보기하는 기능이다.

6.2 작업지시서 추가메뉴

위 대화창 하단 영역의 확인 버튼을 선택하면 작업화면에 설정조건으로 적용되어 출력될 작업지시서 형태가 자동으로 표시되면서 주메뉴란 영역에 아래의 메뉴들이 표시되는데 메뉴들 기능은 다음과 같다.

1) **조건설정** : 메뉴 선택하면 실행과정의 작업지시서 대화창이 화면으로 표시되어 설정된 조건내용을 수정할 수 있다.
2) **화면표시** : 메뉴 선택하면 위 조건설정 메뉴로 수정된 내용들이 현재 작업화면에 반영되어 다시 표시된다.
3) **화면지우기** : 메뉴 선택하면 현재 작업화면에 표시된 가공정의 출력형태가 화면에서 지워지는 기능
4) **문자이동** : 메뉴 선택하면 작업화면에서 특정 표시문자 위치를 다른 위치로 이동할 수 있다.
5) **화면인쇄** : 메뉴 선택하면 현재 작업화면에 표시된 형태가 연결 프린터로 인쇄된다.
6) **다음가공** : 메뉴 선택하면 현재 작업화면에 표시된 적용 NCI 파일의 다음 순서 NCI 파일내용을 기준으로 자동 변경되어 표시된다.
7) **이전가공** : 메뉴 선택하면 현재 작업화면에 표시된 적용 NCI 파일의 이전 순서 NCI 파일내용을 기준으로 자동 변경되어 표시된다.

6.3 문서파일 형태 작업지시서

작업지시서를 문서형태(*.doc)로 출력하는 기능
(※ 문서파일 작업지시서 출력 : 주메뉴-화면-환경설정-NC설정 영역의 작업지시서 생성형태 영역에서 문서파일 항목을 미리 선택한 경우에만 실행할 수 있다.)

7. 작업정의

[메뉴실행 : N : 가공유틸 - O : 작업정의]

특정 가공정의들의 구성내용 및 가공정의 관련 기본적으로 적용될 조건들을 내용으로 하는 작업파일(*.DF9)을 대상으로 적용될 내용수정 및 해당 파일의 최적화를 실행

7.1 기본

시스템이 자동연결 관리하는 가공정의들의 구성내용들 중 가공조건 항목의 표준적인 적용값 및 가공경로-재료설정 메뉴 실행하면 표시되는 재료설정 대화창의 적용 값을 설정하는 기능으로 가공정의별로 설정된 표준적인 가공조건 설정내용 및 재료설정 내용은 이후 특정

가공정의를 실행하는 과정에서 해당 가공정의 조건설정 대화창의 각 영역별로 설정된 값으로 자동으로 표시되며, 재료설정의 대화창의 내용도 설정된 내용으로 자동 표시된다. 실행방법은 메뉴선택 후 표시되는 파일 대화창에서 내용이 수정될 대상 작업파일(*.DF9)을 지정하고 저장버튼을 선택하면 표시되는 대화창에서 재료설정 내용수정은 재료설정 버튼으로, 특정 가공정의의 가공조건 내용 수정은 해당 가공정의의 가공조건 항목을 마우스 클릭하여 수정한다.

7.2 목록

가공경로-가공관리자 메뉴를 선택하여 가공정의 관리자 대화창에서 마우스 오른쪽 버튼클릭 후 가공정의 저장 메뉴를 이용하여 저장된 특정 작업파일을 이후 다른 도형파일의 작업에서 가공정의 관리자 대화창의 가공정의 불러오기 메뉴를 실행하여 해당 가공정의를 불러오기 실행하는 경우 불러오기 대상이 될 작업 파일의 가공정의 내용을 수정하여 저장하는 기능으로 메뉴선택 후 표시되는 파일 대화창에서 수정될 대상 작업파일을 선택하고 표시되는 가공정의 관리자 대화창에서 해당 작업파일의 특정 가공정의 구성내용을 수정한다.

7.3 압축

특정 작업파일을 대상으로 해당 작업파일의 불필요한 데이터를 삭제하는 기능으로 메뉴선택 후 대상이 될 작업파일을 선택하고 열기 버튼을 선택하면 자동으로 실행되며, 실행된 작업파일은 실행 전보다 파일크기가 감소된다.

8. 공구정의

[메뉴실행 : N : 가공유틸 - T : 공구정의]

현재 도형파일 관련 사용된 공구들의 목록표시, 특정 공구 내용수정, 새로운 공구의 추가, 적용될 공구목록 파일(*.TL9)의 변경 및 특정 가공기계의 공구매거진에 대한 공구목록 파일생성 등 공구관련 제반 작업을 실행하는 기능

8.1 현재

메뉴선택 후 표시되는 공구관리자 대화창에서 이후 실행될 가공정의에 적용될 공구목록파일의 지정, 새로운 공구목록파일 생성, 사용될 공구 불러오기, 표시된 공구의 내용수정, 표시공구 삭제 등 공구관련 제반 작업을 실행할 수 있다.

8.2 목록

메뉴선택 후 표시되는 공구관리자 대화창에서 위 현재 메뉴 실행에서 적용될 공구목록 파일을 지정하는 것이 주된 기능으로 적용될 특정 공구목록 파일에 대하여 공구수정, 공구삭제, 새공구 생성 등 제반 작업들을 실행할 수도 있다.

8.3 압축

특정 공구목록 파일을 대상으로 해당 공구파일의 불필요한 데이터를 삭제하는 기능으로 메뉴선택 후 대상이 될 공구목록 파일을 선택하고 열기 버튼을 선택하면 자동으로 실행되며, 실행된 공구목록 파일은 실행 전보다 파일크기가 감소한다.

9. 재질정의

[메뉴실행 : N : 가공유틸 - M : 재질정의]

가공에 사용될 피삭재 재질목록 생성 및 특정 재질목록 파일의 특정 재질에 대한 내용 수정은 물론 현재 도형파일에서 사용된 피삭재 재질종류 또는 특정 재질목록파일의 재질종류를 볼 수 있으며, 재질내용의 수정, 새재질 추가, 삭제 등의 작업을 실행하는 기능

가공연습

1 다음 도형을 생성하고, 가공조건을 고려하여 2D 가공정의를 하시오.

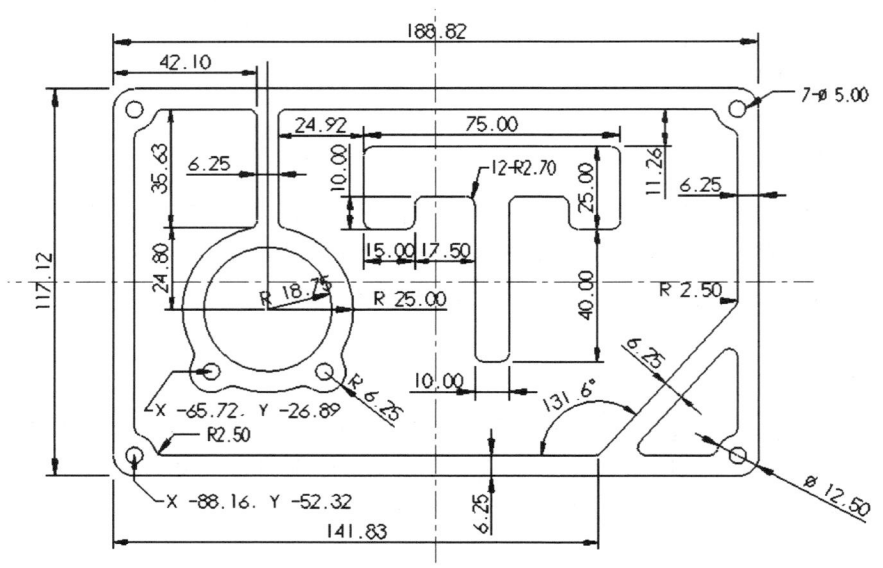

※ 별도의 R표기가 없는 것은 R2.5로 처리할 것

〈 가공조건 〉

가공정의	대상도형	가공깊이 (재료상단기준)	사용공구	피삭재조건
표면가공	외측윤곽	-5	Ø50(플레인커터)	210×135×40
윤곽가공	외측윤곽	-30	Ø30(평엔드밀)	
포켓가공 (재가공포함)	내측 닫힌 윤곽	-20	Ø10, Ø5(평엔드밀)	
드릴가공	정원	-20	Ø10(센터드릴), Ø5(드릴)	

가공연습

❷ 다음 도형을 생성하고, 가공조건을 고려하여 2D 가공정의를 하시오.

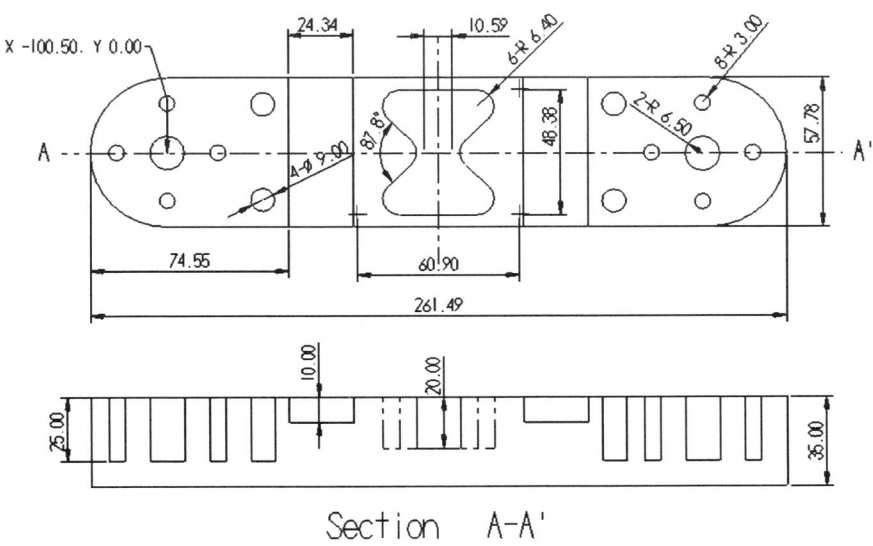

Section A-A'

〈 가공조건 〉

가공정의	대상도형	가공깊이 (재료상단기준)	사용공구	피삭재조건
표면정의	외측윤곽	-5	Ø50(플레인 커터)	280×80×50
윤곽가공	외측윤곽	도면참조	Ø25(평엔드밀)	
포켓가공 (재가공 포함)	내측 닫힌 윤곽	도면참조	Ø10(평엔드밀)	
드릴가공	정원	도면참조	Ø25(Center drill) Ø13, Ø9, Ø6(Drill)	

memo

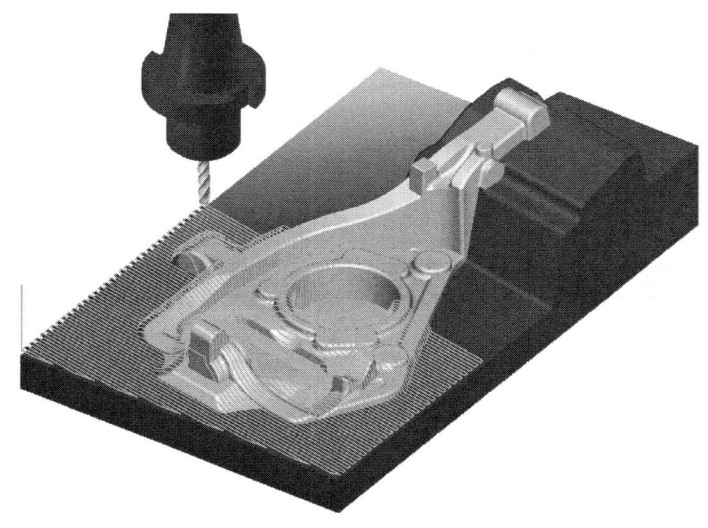

Chapter 14. 연습과제 해답

- 연습과제 해답
- 가공연습 1 해답
- 가공연습 2 해답

Chapter 14   2D 연습과제 해답

아래의 STEP 단계별로 메뉴를 선택하여 실행하십시오. 연습과제 해답은 설명의 편의상 오토커서 기능을 사용하지 않는 것을 전제로 설명되었으므로 참고하시기 바랍니다.

연습과제 해답

1. 수평선과 수직선 그리기

STEP 01 첫 번째 수평선 그리기

1. **주메뉴** - **C : 그리기** - **L : 직선** - **H : 수평선** 선택
2. 화면하단 입력란에 0,0 입력하고, Enter키 누름
3. 화면하단 입력란에 40,0 입력하고, Enter키 두 번 누르면, 〈연습 1-1〉의 수평선 생성됨

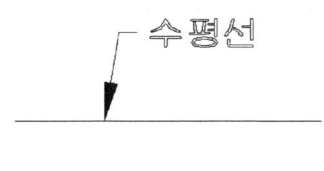

〈 연습 1-1 〉

STEP 02 두 번째 수평선 그리기

1. STEP 1 에서 계속
2. 0,20 입력하고, Enter키 누름
3. 40,20 입력하고, Enter키 두 번 누르면, 〈연습 1-2〉의 수평선 생성됨

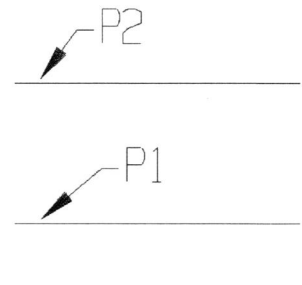

〈 연습 1-2 〉

STEP 03 첫 번째 수직선 그리기

1. STEP 2 에서 계속
2. **이전메뉴** - **V : 수직선** - **E : 끝점** 선택
3. 〈연습 1-2〉의 P1, P2 위치 선택
4. Enter키 누르면, 〈연습 1-3〉의 수직선 생성됨〈연습 1-3〉

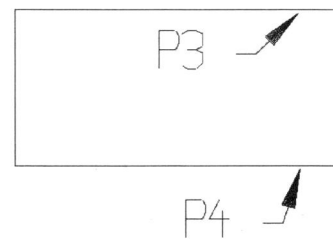

〈 연습 1-3 〉

STEP 04 두 번째 수직선 그리기

1. STEP 3 에서 계속
2. 〈연습 1-3〉의 P3, P4 위치 선택
3. Enter키 누르면, 〈연습 1-4〉의 수직선 생성되면서 도형 완성됨

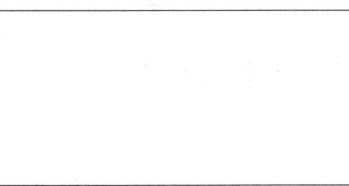

〈 연습 1-4 〉

2. 수평선과 수직선 그리기

STEP 01 첫 번째 수평선 그리기

1. 주메뉴 - C : 그리기 - L : 직선 - H : 수평선 선택
2. 화면하단 입력란에 0,0 입력하고 Enter키 누름
3. 화면하단 입력란에 20,0 입력 후 Enter키 두 번 누르면, 〈연습 2-1〉의 수평선 생성됨

〈 연습 2-1 〉

STEP 02 두 번째 수평선 그리기

1. STEP 1 에서 계속
2. 화면하단 입력란에 -15,20 입력하고 Enter키 누름
3. 화면하단 입력란에 0,20 입력하고 Enter키 두 번 누르면, 〈연습 2-2〉의 수평선 생성됨

〈 연습 2-2 〉

STEP 03 세 번째 수평선 그리기

1. STEP 2 에서 계속
2. 화면하단 입력란에 20,20입력하고 Enter키 누름
3. 화면하단 입력란에 35,20 입력하고 Enter키 두 번 누르면, 〈연습 2-3〉의 수평선 생성됨

〈 연습 2-3 〉

STEP 04) 네 번째 수평선 그리기

1. STEP 3 에서 계속
2. 화면하단 입력란에 -15,30 입력하고 Enter키 누름
3. 화면하단 입력란에 35,30 입력하고 Enter키 두 번 누르면, 〈연습 2-4〉의 수평선 생성됨

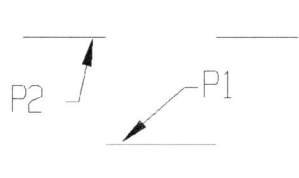

〈 연습 2-4 〉

STEP 05) 첫 번째 수직선 그리기

1. STEP 4 에서 계속
2. 이전메뉴 - V : 수직선 - E : 끝점 선택
3. 〈연습 2-4〉의 P1, P2 위치 선택
4. Enter키 누르면, 〈연습 2-5〉의 수직선 생성됨

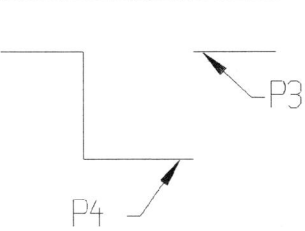

〈 연습 2-5 〉

STEP 06) 두 번째 수직선 그리기

1. STEP 5 에서 계속
2. 〈연습 2-5〉의 P3, P4 위치 선택
3. Enter키 누르면, 〈연습 2-6〉의 수직선 생성됨

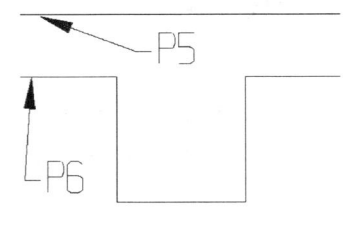

〈 연습 2-6 〉

STEP 07 세번째 수직선 그리기

1. STEP 6 에서 계속
2. 〈연습 2-6〉의 P5, P6 위치 선택
3. Enter키 누르면, 〈연습 2-7〉과 같이 수직선 생성됨

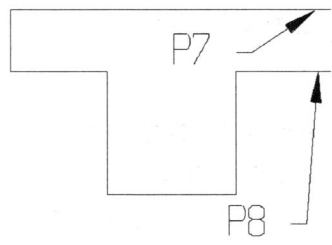

〈 연습 2-7 〉

STEP 08 네번째 수직선 그리기

1. STEP 7 에서 계속
2. 〈연습 2-7〉의 P7, P8 위치 선택
3. Enter키 누르면, 〈연습 2-8〉과 같이 수직선이 생성되면서, 도형이 완성됨

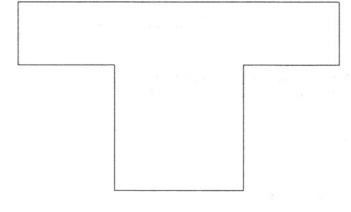

〈 연습 2-8 〉

3. 수평선과 수직선 그리기

STEP 01 첫번째 수평선 그리기

1. **주메뉴** - **C : 그리기** - **L : 직선** - **H : 수평선** 선택
2. 화면하단 입력란에 0,0 입력하고 Enter키 누름
3. 화면하단 입력란에 20,0 입력하고 Enter키 두 번 누르면, 〈연습 3-1〉의 수평선 생성됨

〈 연습 3-1 〉

STEP 02 두번째 수평선 그리기

1. STEP 1 에서 계속
2. 화면하단 입력란에 40,0 입력하고 Enter키 누름
3. 화면하단 입력란에 60,0 입력하고 Enter키 두 번 누르면, 〈연습 3-2〉의 수평선 생성됨

〈 연습 3-2 〉

STEP 03 세번째 수평선 그리기

1. STEP 2 에서 계속
2. 화면하단 입력란에 20,-8 입력하고 Enter키 누름
3. 화면하단 입력란에 40,-8 입력하고 Enter키 두 번 누르면, 〈연습 3-3〉의 수평선 생성됨

〈 연습 3-3 〉

STEP 04) 네번째 수평선 그리기

1. STEP 3 에서 계속
2. 화면하단 입력란에 0,-25 입력하고 Enter키 누름
3. 화면하단 입력란에 5,-25 입력하고 Enter키 두 번 누르면, 〈연습 3-4〉의 수평선 생성 됨

〈 연습 3-4 〉

STEP 05) 다섯번째 수평선 그리기

1. STEP 4 에서 계속
2. 화면하단 입력란에 55,-20 입력하고 Enter키 누름
3. 화면하단 입력란에 60,-20 입력하고 Enter키 두 번 누르면, 〈연습 3-5〉의 수평선 생성됨

〈 연습 3-5 〉

STEP 06 여섯번째 수평선 그리기

1. STEP 5 에서 계속
2. 화면하단 입력란에 26,-30 입력하고 Enter키 누름
3. 화면하단 입력란에 34,-30 입력하고 Enter키 두 번 누르면, 〈연습 3-6〉의 수평선 생성 됨

〈 연습 3-6 〉

STEP 07 일곱번째 수평선 그리기

1. STEP 6 에서 계속
2. 화면하단 입력란에 5,-45 입력하고 Enter키 누름
3. 화면하단 입력란에 26,-45 입력하고 Enter키 두 번 누르면, 〈연습 3-7〉의 수평선 생성 됨

〈 연습 3-7 〉

STEP 08 여덟번째 수평선 그리기

1. STEP 7 에서 계속
2. 화면하단 입력란에 34,-45 입력하고 Enter키 누름
3. 화면하단 입력란에 55,-45 입력하고 Enter키 두 번 누르면, 〈연습 3-8〉의 수평선 생성됨

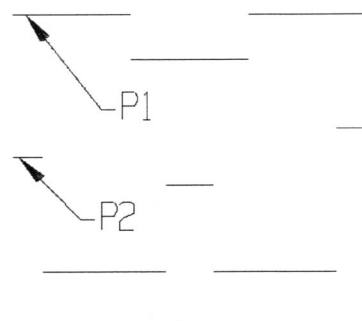

〈 연습 3-8 〉

STEP 09 첫번째 수직선 그리기

1. STEP 8 에서 계속
2. **이전메뉴** - **V : 수직선** - **E : 끝점** 선택
3. 〈연습 3-8〉의 P1, P2 위치 선택
4. Enter키 누르면, 〈연습 3-9〉의 수직선 생성됨

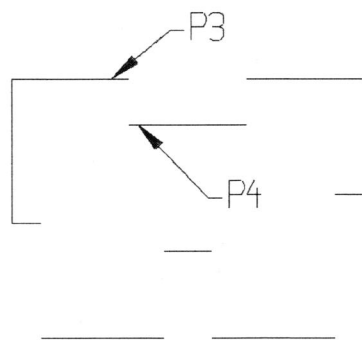

〈 연습 3-9 〉

STEP 10) 두번째 수직선 그리기

1. STEP 9 에서 계속
2. 〈연습 3-9〉의 P3, P4 위치 선택
3. Enter키 누르면, 〈연습 3-10〉과 같이 수직선 생성됨

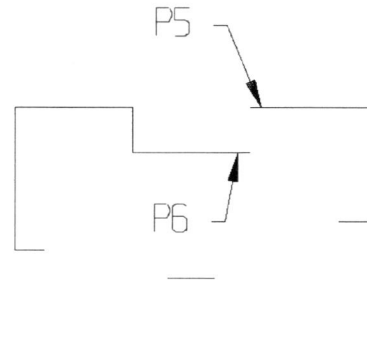

〈 연습 3-10 〉

STEP 11) 세번째 수직선 그리기

1. STEP 10 에서 계속
2. 〈연습 3-10〉의 P5, P6 위치선택
3. Enter키 누르면, 〈연습 3-11〉과 같이 수직선 생성됨

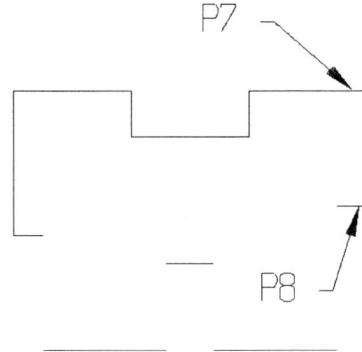

연습 3-11

STEP 12) 네번째 수직선 그리기

1. STEP 11 에서 계속
2. 〈연습 3-11〉의 P7, P8 위치 선택
3. Enter키 누르면, 〈연습 3-12〉와 같이 수직선 생성됨

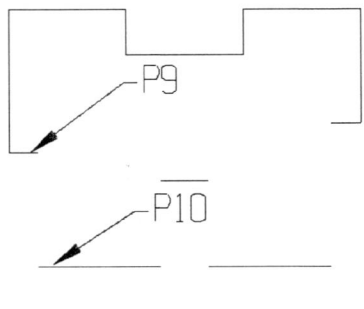

〈 연습 3-12 〉

STEP 13) 다섯번째 수직선 그리기

1. STEP 12 에서 계속
2. 〈연습 3-12〉의 P9, P10 위치 선택
3. Enter키 누르면, 〈연습 3-13〉과 같이 수직선 생성됨

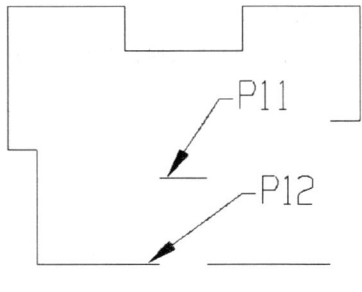

〈 연습 3-13 〉

STEP 14) 여섯번째 수직선 그리기

1. STEP 13 에서 계속
2. 〈연습 3-13〉의 P11, P12 위치 선택
3. Enter키 누르면, 〈연습 3-14〉와 같이 수직선 생성됨

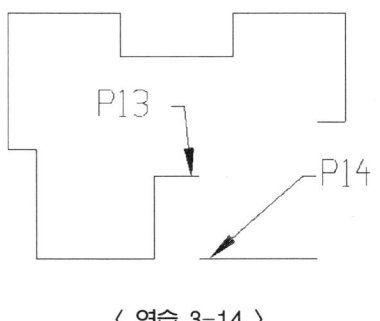

〈 연습 3-14 〉

STEP 15 일곱 번째 수직선 그리기

1. STEP 14 에서 계속
2. 〈연습 3-14〉의 P13, P14 위치 선택
3. Enter키 누르면, 〈연습 3-15〉와 같이 수직선 생성됨

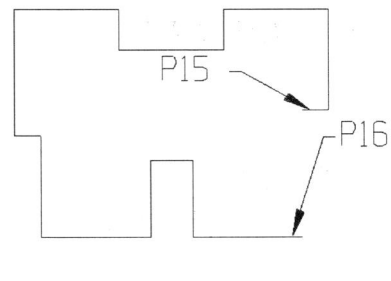

〈 연습 3-15 〉

STEP 16 여덟 번째 수직선 그리기

1. STEP 15 에서 계속
2. 〈연습 3-15〉의 P15, P16 위치 선택
3. Enter키 누르면, 〈연습 3-16〉과 같이 수직선 생성되면서 도형 완성됨

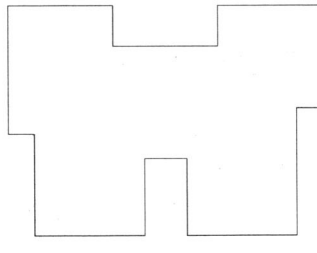

〈 연습 3-16 〉

4. 두 점선 그리기

STEP 01   첫 번째 두 점선 그리기

1. 주메뉴 - C : 그리기 - L : 직선 - E : 두 점선 선택
2. 0,0 입력하고 Enter키 누름
3. 20,0 입력하고, Enter키 누르면, 〈연습 4-1〉의 두 점선이 생성됨

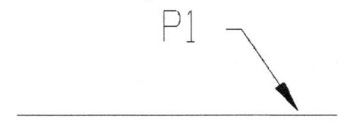

〈 연습 4-1 〉

STEP 02   두 번째 두 점선 그리기

1. STEP 1 에서 계속
2. E : 끝점 선택
3. 〈연습 4-1〉의 P1 위치 선택
4. 20,-8 입력하고, Enter키 누르면, 〈연습 4-2〉의 두 점선 생성됨

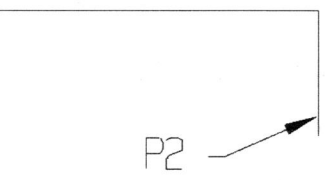

〈 연습 4-2 〉

STEP 03   세 번째 두 점선 그리기

1. STEP 2 에서 계속
2. 〈연습 4-2〉의 P2 위치 선택
3. 40,-8 입력하고, Enter키 누르면, 〈연습 4-3〉의 두 점선 생성됨

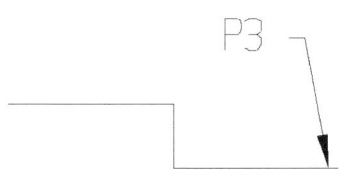

〈 연습 4-3 〉

STEP 04 네 번째 두 점선 그리기

1. STEP 3 에서 계속
2. 〈연습 4-3〉의 P3 위치 선택
3. 40,0 입력 후 Enter키 누르면, 〈연습 4-4〉의 두 점선 생성됨

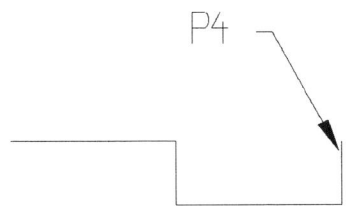

〈 연습 4-4 〉

STEP 05 다섯번째 두 점선 그리기

1. STEP 4 에서 계속
2. 〈연습 4-4〉의 P4 위치 선택
3. 60,0 입력 후 Enter키 누르면, 〈연습 4-5〉의 두 점선 생성됨

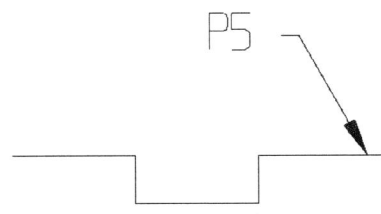

〈 연습 4-5 〉

STEP 06 여섯번째 두 점선 그리기

1. STEP 5 에서 계속
2. 〈연습 4-5〉의 P5 위치 선택
3. 60,-20 입력 후 Enter키 누르면, 〈연습 4-6〉의 두 점선 생성됨

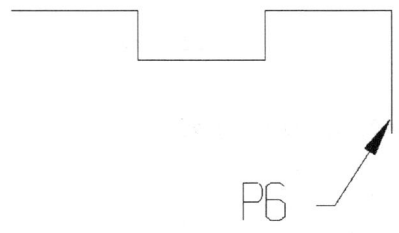

〈 연습 4-6 〉

STEP 07 일곱번째 두 점선 그리기

1. STEP 6 에서 계속
2. 〈연습 4-6〉의 P6 위치 선택
3. 55,-20 입력 후 Enter키 누르면, 〈연습 4-7〉의 두 점선 생성됨

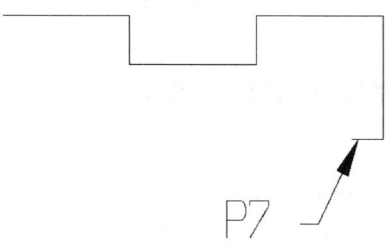

〈연습 4-7〉

STEP 08 여덟번째 두 점선 그리기

1. STEP 7 에서 계속
2. 〈연습 4-7〉의 P7 위치 선택
3. 55,-45 입력 후 Enter키 누르면, 〈연습 4-8〉의 두 점선 생성됨

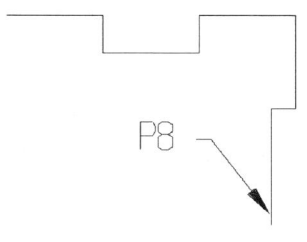

〈 연습 4-8 〉

STEP 09 아홉번째 두 점선 그리기

1. STEP 8 에서 계속
2. 〈연습 4-8〉의 P8 위치 선택
3. 34,-45 입력 후 Enter키 누르면, 〈연습 4-9〉의 두 점선 생성됨

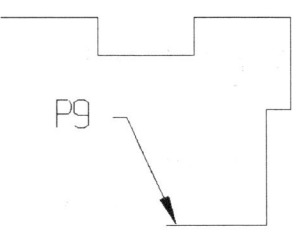

〈 연습 4-9 〉

STEP 10 열번째 두 점선 그리기

1. STEP 9 에서 계속
2. 〈연습 4-9〉의 P9 위치 선택
3. 34,-30 입력 후 Enter키 누르면, 〈연습 4-10〉의 두 점선 생성됨

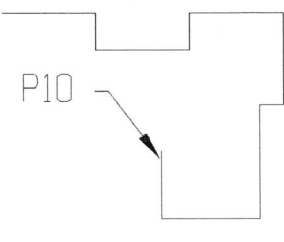

〈 연습 4-10 〉

STEP 11) 열한번째 두 점선 그리기

1. STEP 10 에서 계속됩니다.
2. 〈연습 4-10〉의 P10 위치 선택 26,-30 입력하고,
3. Enter키 누르면, 〈연습 4-11〉의 두 점선 생성됨

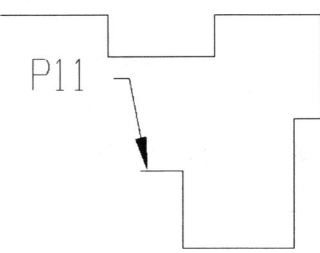

〈연습 4-11〉

STEP 12) 열두번째 두 점선 그리기

1. STEP 11 에서 계속
2. 〈연습 4-11〉의 P11 위치 선택
3. 26,-45 입력하고, Enter키 누르면, 〈연습 4-12〉의 두 점선 생성됨

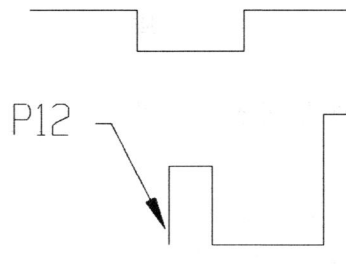

〈연습 4-12〉

STEP 13) 열세번째 두 점선 그리기

1. STEP 12 에서 계속
2. 〈연습 4-12〉의 P12 위치 선택
3. 5,-45 입력하고, Enter키 누르면, 〈연습 4-13〉의 두 점선 생성됨

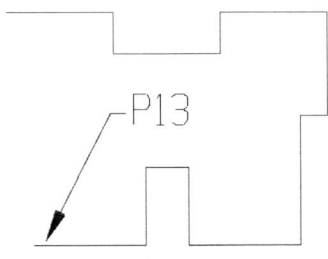

〈연습 4-13〉

STEP 14) 열네번째 두 점선 그리기

1. STEP 13 에서 계속
2. 〈연습 4-13〉의 P13 위치 선택
3. 5,-25 입력 후 Enter키 누르면, 〈연습 4-14〉의 두 점선 생성됨

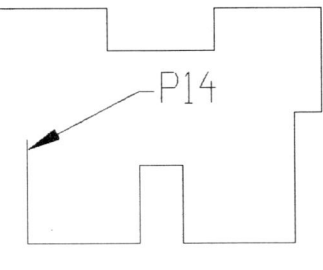

〈연습 4-14〉

STEP 15 열다섯번째 두 점선 그리기

1. STEP 14 에서 계속
2. 〈연습 4-14〉의 P14 위치 선택
3. 0,-25 입력 후 Enter키 누르면, 〈연습 4-15〉의 두 점선 생성됨

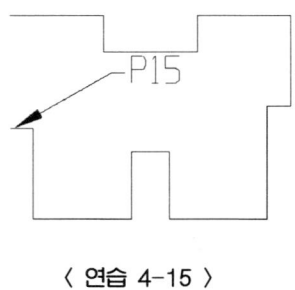

〈 연습 4-15 〉

STEP 16 열여섯번째 두 점선 그리기

1. STEP 15 에서 계속
2. 〈연습 4-15〉의 P15 위치 선택
3. 0,0 입력하고 Enter키 누르면, 〈연습 4-16〉과 같이 두 점선 생성되면서 도형 완성됨

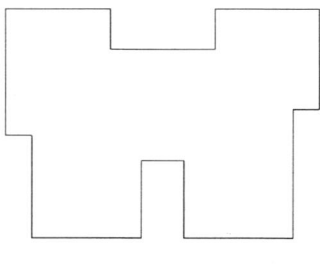

〈 연습 4-16 〉

5. 연속선 그리기

STEP 01 첫번째 연속선 그리기

1. **주메뉴** - **C : 그리기** - **L : 직선** - **M : 연속선** 선택
2. 0,0 입력하고, Enter키 누름
3. 20, 0 입력 후 Enter키 누르면, 〈연습 5-1〉의 연속선 생성됨

〈 연습 5-1 〉

STEP 02 두번째 연속선 그리기

1. STEP 1 에서 계속
2. 20,-8 입력 후 Enter키 누르면, 〈연습 5-2〉의 연속선 생성됨

〈 연습 5-2 〉

STEP 03 세번째 연속선 그리기

1. STEP 2 에서 계속
2. 40,-8 입력 후 Enter키 누르면, 〈연습 5-3〉의 연속선 생성됨

〈 연습 5-3 〉

STEP 04 네번째 연속선 그리기

1. STEP 3 에서 계속
2. 40,0 입력 후 Enter키 누르면, 〈연습 5-4〉의 연속선이 생성됨

〈 연습 5-4 〉

STEP 05 다섯번째 연속선 그리기

1. STEP 4 에서 계속
2. 60,0 입력 후 Enter키 누르면, 〈연습 5-5〉의 연속선 생성됨

〈 연습 5-5 〉

STEP 06 여섯번째 연속선 그리기

1. STEP 5 에서 계속
2. 60,-20 입력 후 Enter키 누르면, 〈연습 5-6〉의 연속선 생성됨

〈 연습 5-6 〉

STEP 07) 일곱번째 연속선 그리기

1. STEP 6 에서 계속
2. 55,-20 입력 후 Enter키 누르면, 〈연습 5-7〉의 연속선 생성됨

〈 연습 5- 7 〉

STEP 08) 여덟번째 연속선 그리기

1. STEP 7 에서 계속
2. 55,-45 입력 후 Enter키 누르면, 〈연습 5-8〉의 연속선 생성됨

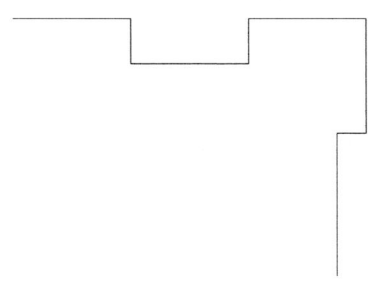

〈 연습 5-8 〉

STEP 09) 아홉번째 연속선 그리기

1. STEP 8 에서 계속
2. 34,-45 입력 후 Enter키 누르면, 〈연습 5-9〉의 연속선 생성됨

〈 연습 5-9 〉

STEP 10) 열번째 연속선 그리기

1. STEP 9 에서 계속
2. 34,-30 입력 후 Enter키 누르면, 〈연습 5-10〉의 연속선 생성됨

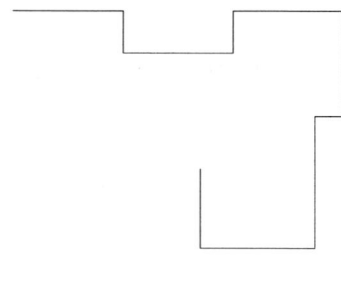

〈 연습 5-10 〉

STEP 11) 열한번째 연속선 그리기

1. STEP 10 에서 계속
2. 26,-30 입력 후 Enter키 누르면, 〈연습 5-11〉의 연속선 생성됨

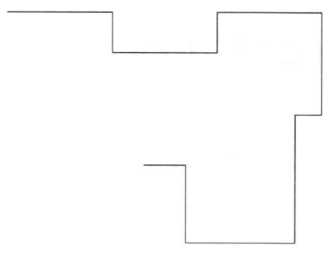

〈 연습 5-11 〉

STEP 12 열두번째 연속선 그리기

1. STEP 11 에서 계속
2. 26,-45 입력 후 Enter키 누르면, 〈연습 5-12〉의 연속선 생성됨

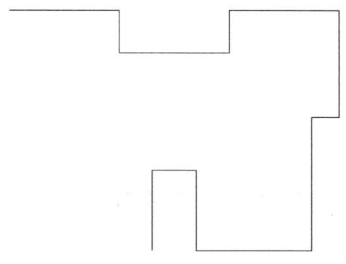

〈 연습 5-12 〉

STEP 13 열세번째 연속선 그리기

1. STEP 12 에서 계속
2. 5,-45 입력 후 Enter키 누르면, 〈연습 5-13〉의 연속선 생성됨

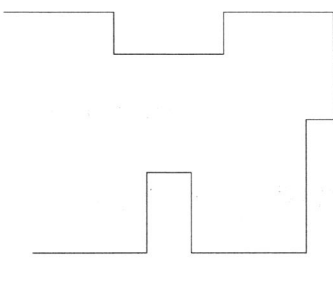

〈 연습 5-13 〉

STEP 14 열네번째 연속선 그리기

1. STEP 13 에서 계속
2. 5,-25 입력 후 Enter키 누르면, 〈연습 5-14〉의 연속선 생성됨

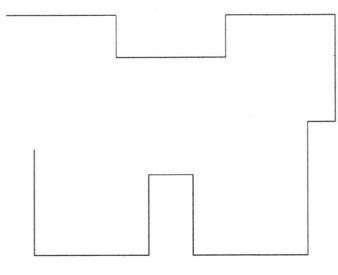

〈 연습 5-14 〉

STEP 15) 열다섯번째 연속선 그리기

1. STEP 14 에서 계속
2. 0,-25 입력 후 Enter키 누르면, 〈연습 5-15〉의 연속선 생성됨

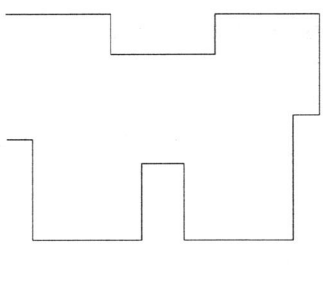

〈 연습 5-15 〉

STEP 16) 열여섯번째 연속선 그리기

1. STEP 15 에서 계속
2. 0,0 입력 후 Enter키 누르면, 〈연습 5-16〉의 연속선 생성됨

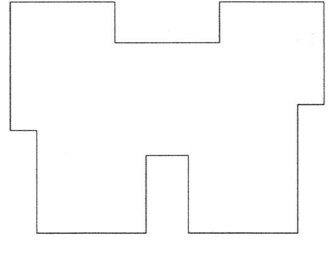

〈 연습 5-16 〉

6. 경사선 그리기

STEP 01 첫번째 경사선 그리기

1. **주메뉴** - **C : 그리기** - **L : 직선** - **P : 경사선** 선택
2. 화면 하단 입력란에 0,0 입력하고, Enter키 누름
3. 화면 하단 입력란에 180 입력하고, Enter키 누름
4. 화면 하단 입력란에 20 입력하고, Enter키 누르면 〈연습 6-1〉의 경사선 생성됨

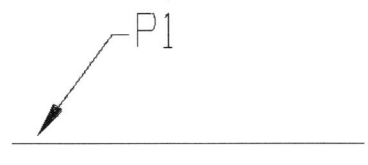

〈 연습 6-1 〉

STEP 02 두번째 경사선 그리기

1. STEP 1 에서 계속
2. **E : 끝점** 선택
3. 〈연습 6-1〉의 P1 위치 선택
4. 135 입력하고, Enter키 누름
5. 20 입력하고, Enter키 누르면 〈연습 6-2 〉의 경사선 생성됨

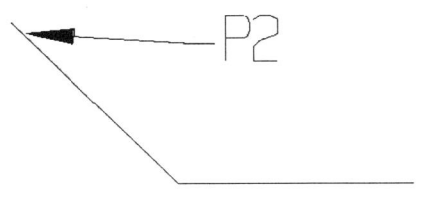

〈 연습 6-2 〉

STEP 03) 세번째 경사선 그리기

1. STEP 2 에서 계속
2. 〈연습 6-2〉의 P2 위치 선택
3. 0 입력하고, Enter키 누름
4. 15 입력하고, Enter키 누르면 〈연습 6-3〉의 경사선 생성됨

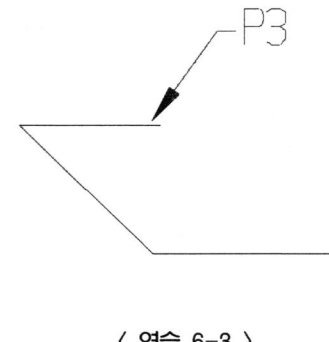

〈 연습 6-3 〉

STEP 04) 네번째 경사선 그리기

1. STEP 3 에서 계속
2. 〈연습 6-3〉의 P3 위치 선택
3. 90 입력하고, Enter키 누름
4. 29 입력하고, Enter키 누르면 〈연습 6-4〉의 경사선 생성됨

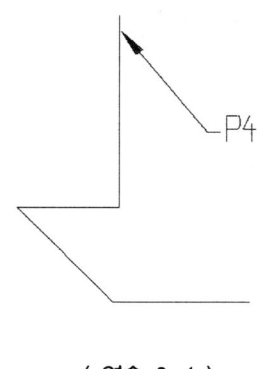

〈 연습 6-4 〉

STEP 05 다섯번째 경사선 그리기

1. STEP 4 에서 계속
2. 위 〈연습 6-4〉의 P4 위치 선택
3. 180 입력하고, Enter키 누름
4. 11 입력하고, Enter키 누르면 〈연습 6-5〉의 경사선 생성됨

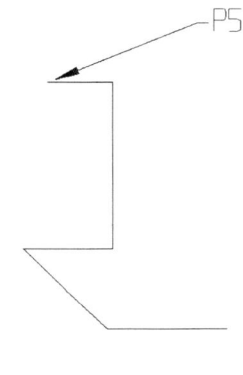

〈 연습 6-5 〉

STEP 06 여섯번째 경사선 그리기

1. STEP 5 에서 계속
2. 위 〈연습 6-5〉의 P5 위치 선택
3. 60 입력하고, Enter키 누름
4. 20 입력하고, Enter키 누르면 〈연습 6-6〉의 경사선 생성됨

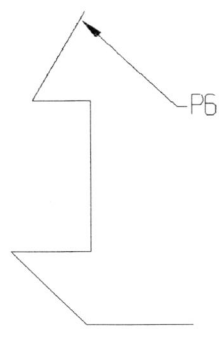

〈 연습 6-6 〉

STEP 07 일곱번째 경사선 그리기

1. STEP 6 에서 계속
2. 〈연습 6-6〉의 P6 위치 선택
3. 0 입력하고, Enter키 누름
4. 20 입력하고, Enter키 누르면 〈연습 6-7〉의 경사선 생성됨

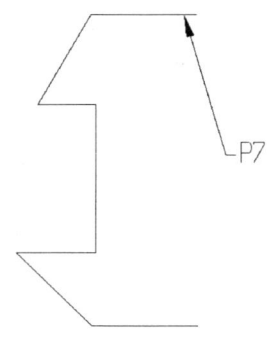

〈 연습 6-7 〉

STEP 08 여덟번째 경사선 그리기

1. STEP 7 에서 계속
2. 〈연습 6-7〉의 P7 위치 선택
3. 315 입력하고, Enter키 누름
4. 20 입력하고, Enter키 누르면 〈연습 6-8〉의 경사선 생성됨

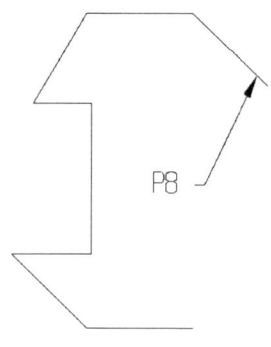

〈 연습 6-8 〉

STEP 09 아홉번째 경사선 그리기

1. STEP 8 에서 계속
2. 위 〈연습 6-8〉의 P8 위치 선택
3. 180 입력하고, Enter키 누름
4. 15 입력하고, Enter키 누르면 〈연습 6-9〉의 경사선 생성됨

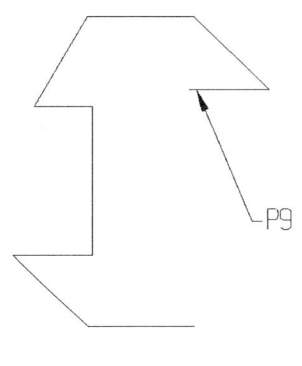

〈 연습 6-9 〉

STEP 10 열번째 경사선 그리기

1. STEP 9 에서 계속
2. 위 〈연습 6-9〉의 P9 위치 선택
3. 270 입력하고, Enter키 누름
4. 29 입력하고, Enter키 누름 〈연습 6-10〉의 경사선 생성됨

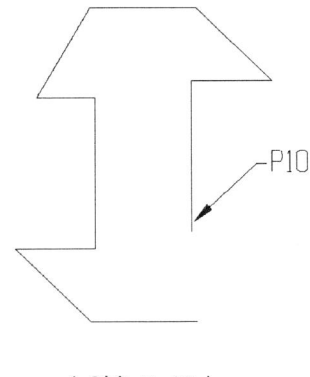

〈 연습 6-10 〉

STEP 11) 열한번째 경사선 그리기

1. STEP 10 에서 계속
2. 〈위 〈연습 6-10〉의 P10 위치 선택〉
3. 0 입력하고, Enter키 누름
4. 11 입력하고, Enter키 누르면 〈연습 6-11〉의 경사선 생성됨

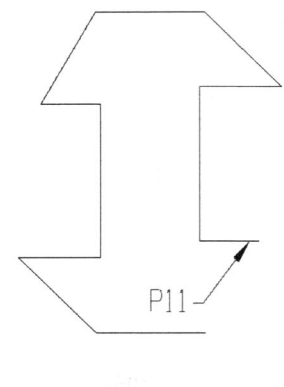

〈 연습 6-11 〉

STEP 12) 열두번째 경사선 그리기

1. STEP 11 에서 계속
2. 위 〈연습 6-11〉의 P11 위치 선택
3. 240 입력하고, Enter키 누름
4. 20 입력하고, Enter키 누르면 〈연습 6-12〉와 같이 사선이 생성되면서 도형 완성됨

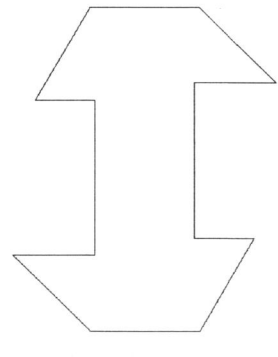

〈 연습 6-12 〉

7. 종합문제

STEP 01 첫번째 수평선 그리기

1. **주메뉴** - **C : 그리기** - **L : 직선** - **H : 수평선** 선택
2. 화면 하단 입력란에 4,0 입력하고 Enter키 누름
3. 화면 하단 입력란에 42,0 입력하고, Enter키 두 번 누르면,〈연습 7-1〉의 수평선 생성됨

〈 연습 7-1 〉

STEP 02 두번째 수평선 그리기

1. STEP 1 에서 계속
2. 13,30 입력하고, Enter키 누름
3. 33,30 입력하고, Enter키 두 번 누르면,〈연습 7-2〉의 수평선 생성됨

〈 연습 7-2 〉

STEP 03 첫번째 수직선 그리기

1. STEP 2 에서 계속
2. **이전메뉴** - **V : 수직선** 선택
3. 0,6 입력하고, Enter키 누름
4. 0,26 입력하고, Enter키 두 번 누르면〈연습 7-3〉의 수직선 생성됨

CAD·CAM 실무 2D

〈 연습 7-3 〉

STEP 04 두번째 수직선 그리기

1. STEP 3 에서 계속
2. 46,6 입력하고, Enter키 누름
3. 46,26 입력하고, Enter키 두 번 누르면 〈연습 7-4〉의 수직선 생성됨

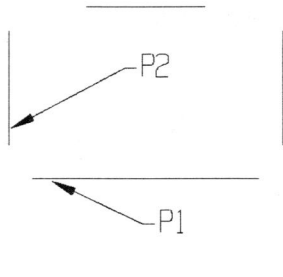

〈 연습 7-4 〉

STEP 05 첫번째 두 점선 그리기

1. STEP 4 에서 계속
2. 이전메뉴 - E : 두 점선 - E : 끝점 선택
3. 〈연습 7-4〉의 P1, P2 위치 선택하면 〈연습 7-5〉의 두 점선 생성됨

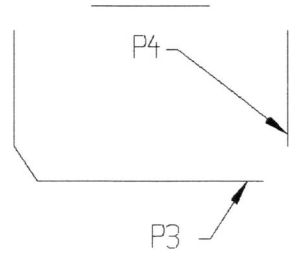

〈 연습 7-5 〉

STEP 06 두번째 두 점선 그리기

1. STEP 5 에서 계속
2. 〈연습 7-5〉의 P3, P4 위치 선택하면, 〈연습 7-6〉의 두 점선 생성됨

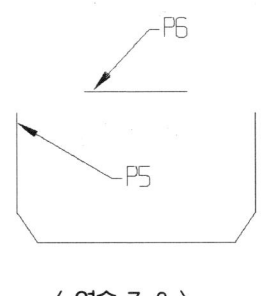

〈 연습 7-6 〉

STEP 07 세번째 두 점선 그리기

1. STEP 6 에서 계속
2. 〈연습 7-6〉의 P5, P6 위치 선택하면 〈연습 7-7〉의 두 점선 생성

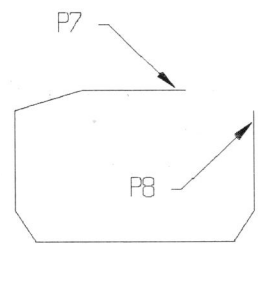

〈 연습 7-7 〉

STEP 08 네번째 두 점선 그리기

1. STEP 7 에서 계속
2. 〈연습 7-7〉의 P7, P8 위치 선택하면, 〈연습 7-8〉의 두 점선 생성되면서 도형이 완성 됨

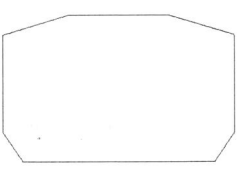

〈 연습 7-8 〉

8. 종합문제

STEP 01 첫번째 경사선 그리기

1. 주메뉴 - C : 그리기 - L : 직선 - P : 경사선 선택
2. 0,0 입력하고, Enter키 누름
3. 205 입력하고, Enter키 누름
4. 20 입력하고, Enter키 누르면, 〈연습 8-1〉의 경사선 생성됨

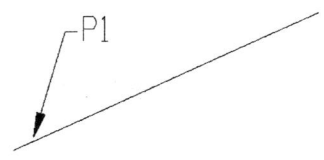

〈 연습 8-1 〉

STEP 02 두번째 경사선 그리기

1. STEP 1 에서 계속
2. E : 끝점 선택 후, 위 〈연습 8-1〉의 P1 위치 선택
3. 75 입력하고, Enter키 누름
4. 43 입력하고, Enter키 누르면, 〈연습 8-2〉의 경사선 생성됨

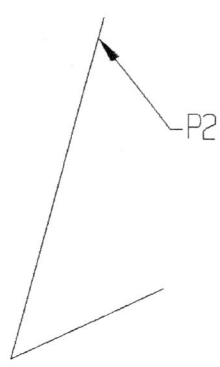

〈 연습 8-2 〉

☞ HINT · 각도의 계산 : 50+(115-90)=75

STEP 03 세번째 경사선 그리기

1. STEP 2 에서 계속
2. 위 〈연습 8-2〉의 P2 위치 선택
3. 345 입력하고, Enter키 누름
4. 10 입력 후 Enter키 누르면, 〈연습 8-3〉의 경사선 생성됨

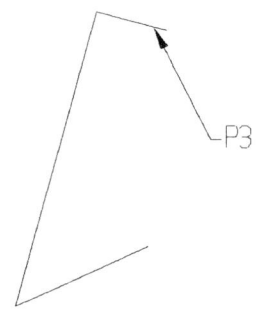

〈 연습 8-3 〉

☞ HINT · 각도의 계산 : 360-15=345

STEP 04 네번째 경사선 그리기

1. STEP 3 에서 계속
2. 위 〈연습 8-3〉의 P3 위치 선택
3. 300 입력하고, Enter키 누름
4. 32 입력 후 Enter키 누르면, 〈연습 8-4〉의 경사선 생성됨

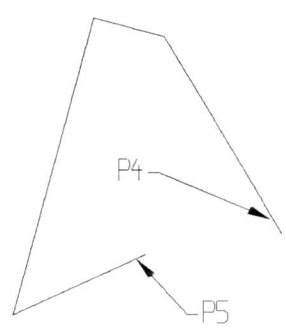

〈 연습 8-4 〉

☞ HINT · 각도의 계산 : (135-15)+180=300

STEP 05 두 점선 그리기

1. STEP 4 에서 계속
2. **이전메뉴** - **E : 두 점선** - **E : 끝점** 선택
3. 위 〈연습 8-4〉의 P4, P5 위치 선택하면, 〈연습 8-5〉와 같이 두 점선 생성되면서 도형 완성됨

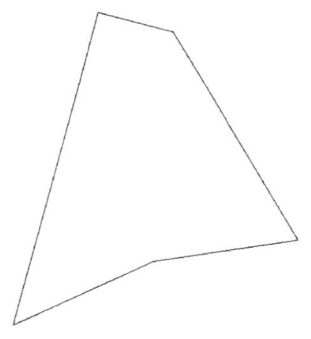

〈 연습 8-5 〉

9. 종합문제

STEP 01 첫번째 연속선 그리기

1. **주메뉴** - **C : 그리기** - **L : 직선** - **M : 연속선** 선택
2. -21.5,-6 입력하고, Enter키 누름
3. -21.5,-14 입력 후 Enter키 누르면, 〈연습 9-1〉의 연속선 생성됨

〈 연습 9-1 〉

STEP 02 두번째 연속선 그리기

1. STEP 1 에서 계속
2. -8,-14 입력하고 Enter키 누르면, 〈연습 9-2〉의 연속선 생성됨

〈 연습 9-2 〉

STEP 03 세번째 연속선 그리기

1. STEP 2 에서 계속
2. 0, -6 입력하고 Enter키 누르면, 〈연습 9-3〉의 연속선 생성됨

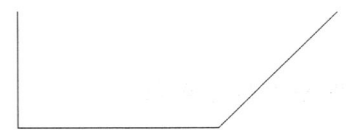

〈 연습 9-3 〉

STEP 04 네번째 연속선 그리기

1. STEP 3 에서 계속
2. 8, -14 입력하고, Enter키 누르면, 〈연습 9-4〉의 연속선 생성됨

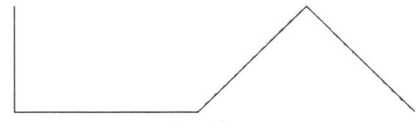

〈 연습 9-4 〉

STEP 05 다섯번째 연속선 그리기

1. STEP 4 에서 계속
2. 〈27.5,-14 입력 후 Enter키 누르면, 〈연습 9-5〉의 연속선 생성됨 〉

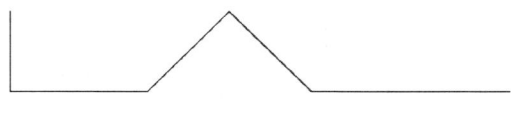

〈 연습 9-5 〉

STEP 06 첫번째 두 점선 그리기

1. STEP 5 에서 계속
2. 이전메뉴 - E : 두 점선 선택
3. -21.5,6 입력하고, Enter키 누름
4. -21.5,14 입력 후 Enter키 두 번 누르면, 〈연습 9-6〉의 두 점선 생성됨

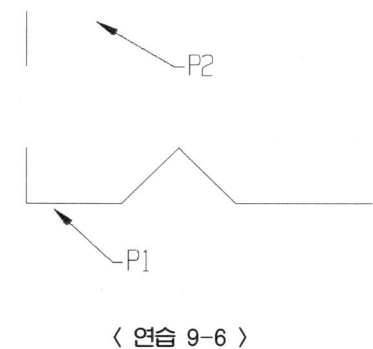

〈 연습 9-6 〉

STEP 07   첫번째 평행선 그리기

1. STEP 6 에서 계속
2. 이전메뉴 - L : 평행선 - S : 측면/거리 선택
3. 위 〈연습 9-6〉의 P1, P2 위치 선택
4. 28 입력 후 Enter키 누르면, 〈연습 9-7〉의 평행선 생성됨

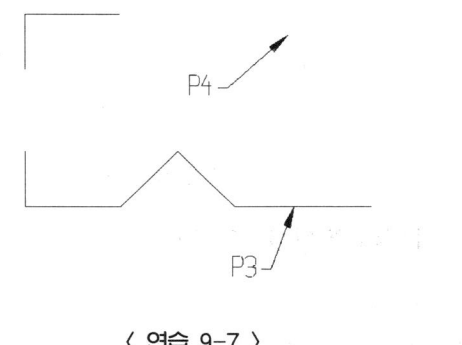

〈 연습 9-7 〉

STEP 08   두번째 평행선 그리기

1. STEP 7 에서 계속
2. 위 〈연습 9-7〉의 P3, P4 위치 선택
3. 28 입력하고 Enter키 누르면, 〈연습 9-8〉의 평행선 생성됨

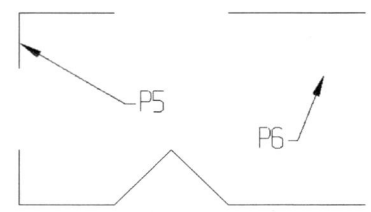

〈 연습 9-8 〉

STEP 09 세번째 평행선 그리기

1. STEP 8 에서 계속
2. 위 〈연습 9-8〉의 P5, P6 위치 선택
3. 49 입력하고 Enter키 누르면, 〈연습 9-9〉의 평행선 생성됨

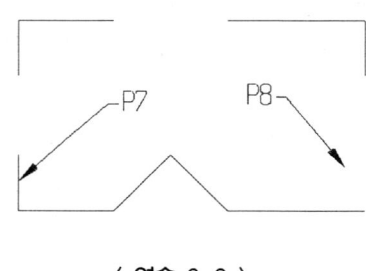

〈 연습 9-9 〉

STEP 10 네번째 평행선 그리기

1. STEP 9 에서 계속
2. 위 〈연습 9-9〉의 P7, P8 위치 선택
3. 49 입력하고 Enter키 누르면, 〈연습 9-10〉의 평행선 생성됨

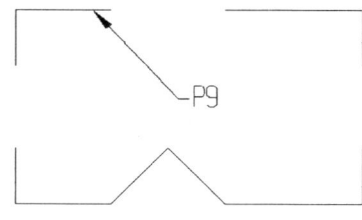

〈 연습 9-10 〉

STEP 11 두번째 두 점선 그리기

1. STEP 10 에서 계속
2. 이전메뉴 두 번 선택
3. E : 두 점선 - E : 끝점 선택
4. 위 〈연습 9-10〉의 P9 위치 선택
5. 0,22 입력하고, Enter키 누르면, 〈연습 9-11〉의 두 점선 생성됨

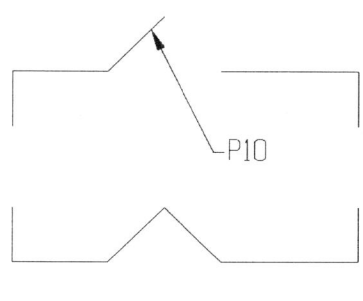

〈 연습 9-11 〉

STEP 12 세번째 두 점선 그리기

1. STEP 11 에서 계속
2. 위 〈연습 9-11〉의 P10 위치 선택
3. 8,14 입력 후 Enter키 누르면, 〈연습 9-12〉의 두 점선 생성됨

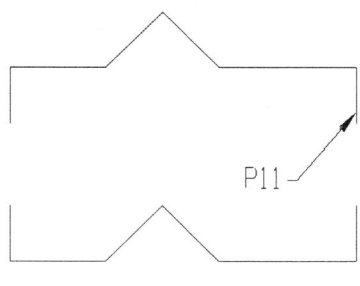

〈 연습 9-12 〉

STEP 13 첫번째 경사선 그리기

1. STEP 12 에서 계속
2. 이전메뉴 - P : 경사선 - E : 끝점 선택
3. 위 〈연습 9-12〉의 P11 위치 선택
4. 150 입력하고, Enter키 누름
5. 7 입력 후 Enter키 누르면, 〈연습 9-13〉의 경사선 생성됨

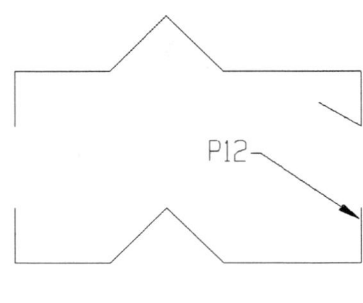

〈 연습 9-13 〉

STEP 14 두번째 경사선 그리기

1. STEP 13 에서 계속
2. 위 〈연습 9-13〉의 P12 위치 선택
3. 210 입력하고, Enter키 누름
4. 7 입력하고 Enter키 누르면, 〈연습 9-14〉의 경사선 생성됨

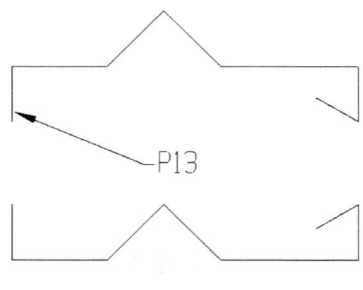

〈 연습 9-14 〉

STEP 15) 세번째 경사선 그리기

1. STEP 14 에서 계속
2. 위 〈연습 9-14〉의 P13 위치 선택
3. 150 입력하고 Enter키 누름
4. 7 입력하고 Enter키 누르면, 〈연습 9-15〉의 경사선 생성됨

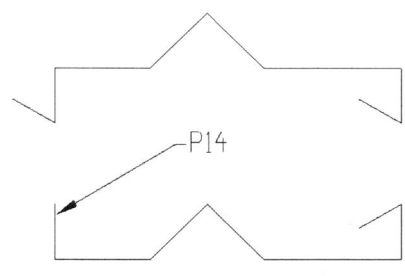

〈 연습 9-15 〉

STEP 16) 네번째 경사선 그리기

1. STEP 15 에서 계속
2. 위 〈연습 9-15〉의 P14 위치 선택
3. 210 입력하고 Enter키 누름
4. 7 입력하고 Enter키 누르면, 〈연습 9-16〉의 경사선 생성됨

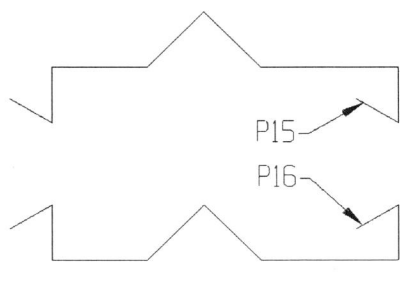

〈 연습 9-16 〉

STEP 17   네번째 두 점선 그리기

1. STEP 16 에서 계속
2. 이전메뉴 - E : 두 점선 - E : 끝점 선택
3. 위 〈연습 9-16〉의 P15, P16 위치 선택하면, 〈연습 9-17〉의 두 점선 생성됨

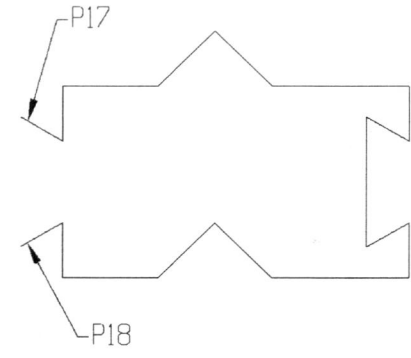

〈 연습 9-17 〉

STEP 18   다섯번째 두 점선 그리기

1. STEP 17 에서 계속
2. 위 〈연습 9-17〉의 P17, P18 위치 선택하면, 〈연습 9-18〉과 같이 두 점선 생성되면서 도형 완성됨

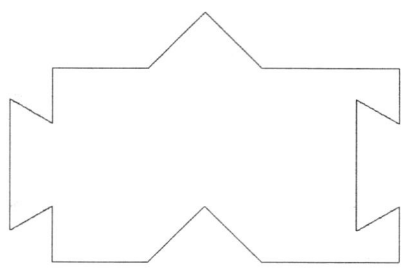

〈 연습 9-18 〉

10. 경사선 그리기

STEP 01 첫번째 경사선 그리기

1. **주메뉴** - **C : 그리기** - **L : 직선** - **P : 경사선** 선택
2. 0,0 입력하고, Enter키 누름
3. 45 입력하고, Enter키 누름
4. 39.70012 입력하고 Enter키 누르면, 〈연습 10-1〉의 경사선 생성됨

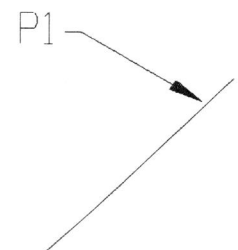

〈 연습 10-1 〉

☞ HINT 각도의 계산 : 135 -90 = 45

STEP 02 두번째 경사선 그리기

1. STEP 1 에서 계속
2. **E : 끝점** 선택
3. 〈연습 10-1〉의 P1 위치 선택
4. 15 입력하고, Enter키 누름
5. 35 입력하고, Enter키 누르면, 〈연습 10-2〉의 경사선 생성됨

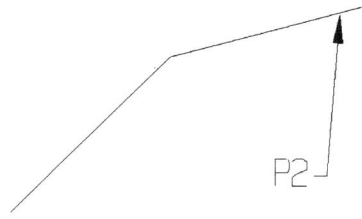

〈 연습 10-2 〉

☞ HINT 각도의 계산 : 150 - (45+ 90) = 15

 CAD·CAM 실무 2D

STEP 03 세번째 경사선 그리기

1. STEP 2 에서 계속
2. 〈연습 10-2〉의 P2 위치 선택
3. 75 입력하고, Enter키 누름
4. 57 입력 후 Enter키 누르면, 〈연습 10-3〉의 경사선 생성됨

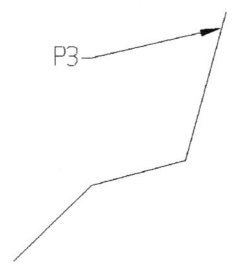

〈 연습 10-3 〉

☞ HINT 각도의 계산 : 180 − (120 − 150) = 75

STEP 04 네번째 경사선 그리기

1. STEP 3 에서 계속
2. 〈연습 10-3〉의 P3 위치 선택
3. 150 입력하고 Enter키 누름
4. 87 입력 후 Enter키 누르면, 〈연습 10-4〉의 경사선 생성됨

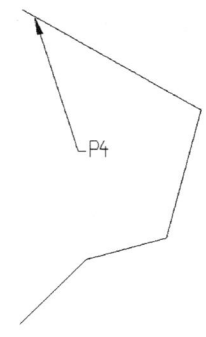

〈 연습 10-4 〉

☞ HINT 각도의 계산 : 180 − (105 + 15 − 90) = 150

STEP 05 다섯번째 경사선 그리기

1. STEP 4 에서 계속
2. 〈연습 10-4〉의 P4 위치 선택
3. 225 입력하고, Enter키 누름
4. 61 입력 후 Enter키 누르면, 〈연습 10-5〉의 경사선 생성됨

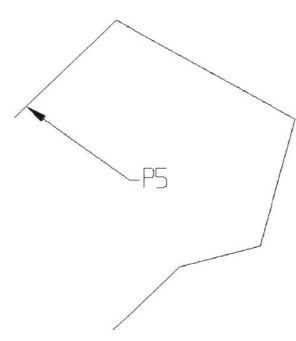

〈 연습 10-5 〉

☞ HINT 각도의 계산 : 360 − (105 + 30) = 225

STEP 06 여섯번째 경사선 그리기

1. STEP 5 에서 계속
2. 〈연습 10-5〉의 P5 위치 선택
3. 255 입력하고, Enter키 누름
4. 48 입력 후 Enter키 누르면, 〈연습 10-6〉의 경사선 생성됨

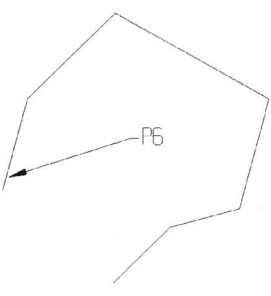

〈 연습 10-6 〉

☞ HINT 각도의 계산 : 360 − (150 − 45) = 255

STEP 07 일곱번째 경사선 그리기

1. STEP 6 에서 계속
2. 〈연습 10-6〉의 P6 위치 선택
3. 165 입력하고, Enter키 누름
4. 85 입력 후 Enter키 누르면, 〈연습 10-7〉의 경사선 생성됨

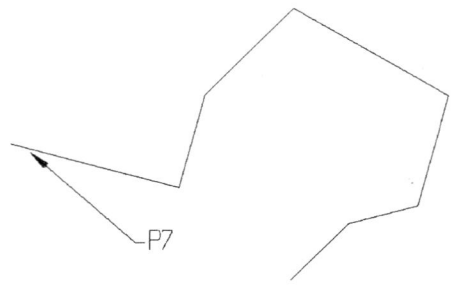

〈 연습 10-7 〉

☞ HINT 각도의 계산 : 180 − (90 − 75) = 165

STEP 08 여덟번째 경사선 그리기

1. STEP 7 에서 계속
2. 〈연습 10-7〉의 P7 위치 선택
3. 285 입력하고, Enter키 누름
4. 53 입력하고, Enter키 누르면, 〈연습 10-8〉의 경사선 생성됨

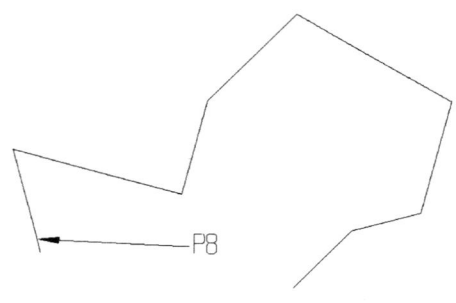

〈 연습 10-8 〉

☞ HINT 각도의 계산 : 360 − (60 + 15) = 285

STEP 09 아홉번째 경사선 그리기

1. STEP 8 에서 계속
2. 〈연습 10-8〉의 P8 위치 선택
3. 329 입력하고, Enter키 누름
4. 33 입력 후 Enter키 누르면, 〈연습 10-9〉의 경사선 생성됨

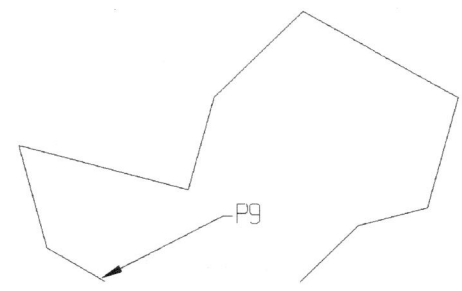

〈 연습 10-9 〉

☞ HINT 각도의 계산 : 360 − (136 + 75 − 180) = 329

STEP 10 열번째 경사선 그리기

1. STEP 9 에서 계속
2. 〈연습 10-9〉의 P9 위치 선택
3. 0 입력하고, Enter키 누름
4. 94.36849 입력하고, Enter키를 누르면 〈연습 10-10〉의 경사선이 생성되면서 도형이 완성됨

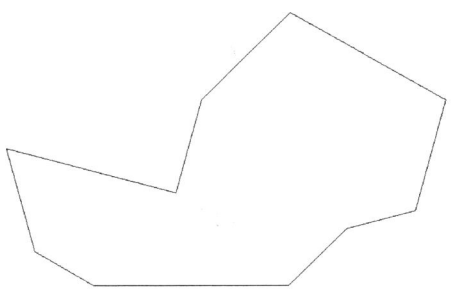

〈 연습 10-10 〉

11. 종합문제

STEP 01 첫번째 두 점선 그리기

1. **주메뉴** - **C : 그리기** - **L : 직선** - **E : 두 점선** 선택
2. -60,20 입력하고, Enter키 누름
3. 0,20 입력하고, Enter키 누르면 〈연습 11-1〉의 두 점선이 생성됨

〈 연습 11-1 〉

STEP 02 두번째 두 점선 그리기

1. STEP 1 에서 계속
2. -30,0 입력하고, Enter키 누름
3. -30,50 입력 후 Enter키 누르면, 우측 〈연습11-2〉의 두 점선이 생성됨

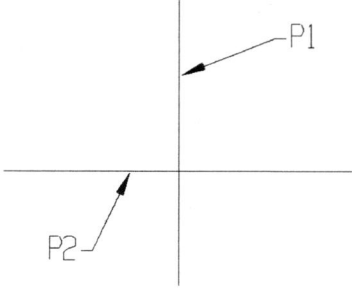

〈 연습 11-2 〉

STEP 03 첫번째 경사선 그리기

1. STEP 2에서 계속
2. 이전메뉴 - P : 경사선 - I : 교차점 선택
3. 〈연습 11- 2〉의 P1, P2 선택
4. 45 입력하고, Enter키 누름
5. 30 입력 후 Enter키 누르면, 〈연습 11-3〉의 경사선 생성됨

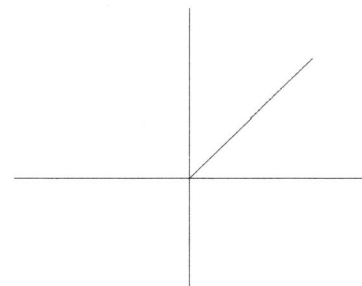

〈 연습 11-3 〉

STEP 04 두번째 경사선 그리기

1. STEP 3에서 계속
2. L : 최종점 선택
3. 225 입력하고, Enter키 누름
4. 30 입력 후 Enter키 누르면, 〈연습 11-4〉의 경사선 생성됨

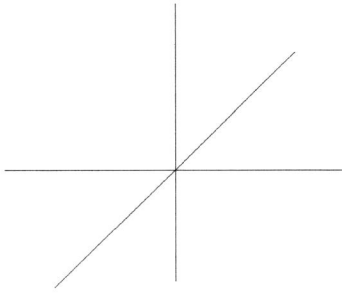

〈 연습 11-4 〉

STEP 05 원호 그리기

1. STEP 4에서 계속
2. 이전메뉴 두번 선택
3. A : 원호 − P : 점+각도 − C : 중심점 − I : 교차점 선택
4. 〈연습 11-2〉의 P1, P2 선택
5. 25 입력하고, Enter키 누름
6. 45 입력하고, Enter키 누름
7. 225 입력 후 Enter키 누르면, 〈연습 11-5〉의 원호 생성되면서 도형 완성됨

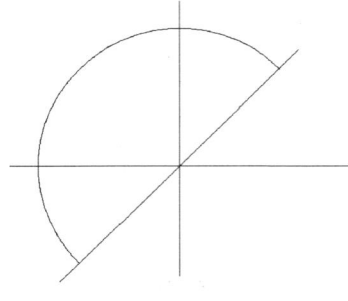

〈 연습 11 −5 〉

12. 종합문제

STEP 01 첫번째 원호 그리기

1. **주메뉴** - **C : 그리기** - **A : 원호** - **P : 점+각도** - **C : 중심점** 선택
2. -25,0 입력하고, Enter키 누름
3. 8 입력하고, Enter키 누름
4. 270 입력하고, Enter키 누름
5. 90 입력 후 Enter키 누르면, 〈연습 12-1〉의 원호 생성됨

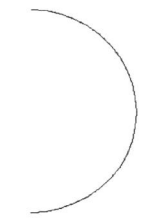

〈 연습 12-1 〉

STEP 02 두번째 원호 그리기

1. STEP 1에서 계속
2. 0,25 입력하고, Enter키 누름
3. 10 입력하고, Enter키 누름
4. 180 입력하고, Enter키 누름
5. 0 입력 후 Enter키 누르면, 〈연습 12-2〉의 원호 생성됨

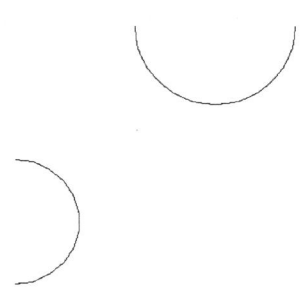

〈 연습 12-2 〉

STEP 03 세번째 원호 그리기

1. STEP 2 에서 계속
2. 25,0 입력하고, Enter키 누름
3. 7 입력하고, Enter키 누름
4. 90 입력하고, Enter키 누름
5. 270 입력하고, Enter키 누르면, 〈연습12-3〉의 원호 생성됨

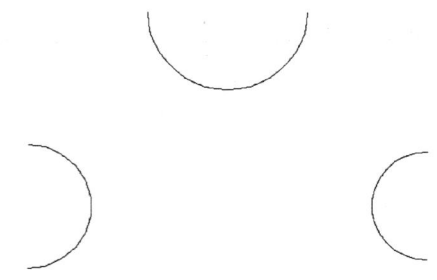

〈 연습 12-3 〉

STEP 04 첫번째 두 점선 그리기

1. STEP 3 에서 계속
2. 이전메뉴 세 번 선택
3. L : 직선 − E : 두 점선 선택
4. -25,25 입력하고, Enter키 누름
5. -10,25 입력 후 Enter키 누르면, 〈연습 12-4〉의 두 점선이 생성됨

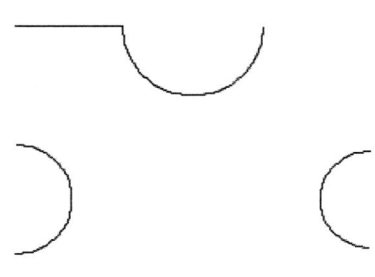

〈 연습 12-4 〉

STEP 05 두번째 두 점선 그리기

1. STEP 4 에서 계속
2. 10,25 입력하고, Enter키 누름
3. 25,25 입력 후 Enter키 누르면, 〈연습 12-5〉의 두 점선 생성됨

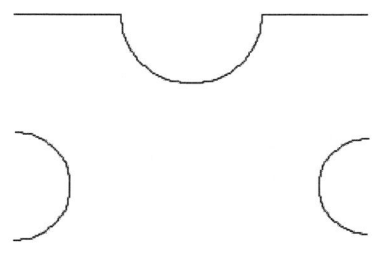

〈 연습 12-5 〉

STEP 06 세번째 두 점선 그리기

1. STEP 5 에서 계속
2. -25,-25 입력하고, Enter키 누름
3. -15,-25 입력 후 Enter키 누르면 〈연습 12-6〉의 두 점선 생성됨

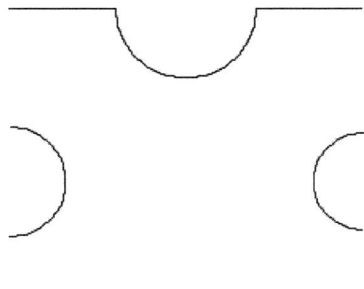

〈 연습 12-6 〉

STEP 07 네번째 두 점선 그리기

1. STEP 6 에서 계속
2. 15,-25 입력하고, Enter키 누름
3. 25,-25 입력 후 Enter키 누르면, 〈연습 12-7〉의 두 점선이 생성됨

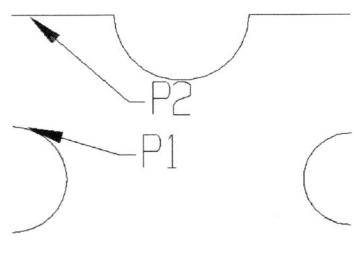

〈 연습 12-7 〉

STEP 08 다섯번째 두 점선 그리기

1. STEP 7 에서 계속
2. E : 끝점 선택
3. 〈연습 12-7〉의 P1, P2 위치 선택하면, 〈연습 12-8〉의 두 점선이 생성됨

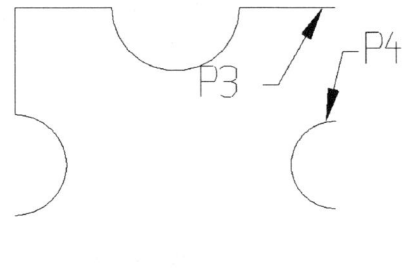

〈 연습 12-8 〉

STEP 09 여섯번째 두 점선 그리기

1. STEP 8 에서 계속
2. 〈연습 12-8〉의 P3, P4 위치 선택하면, 〈연습 12-9〉의 두 점선이 생성됨

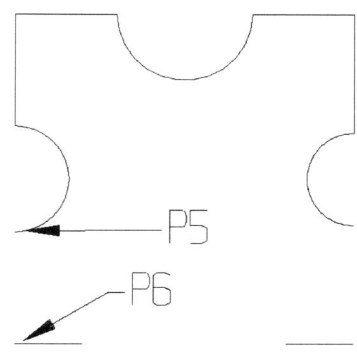

〈 연습 12-9 〉

STEP 10 일곱번째 두 점선 그리기

1. STEP 9 에서 계속
2. 〈연습 12-9〉의 P5, P6 위치 선택하면, 〈연습 12-10〉의 두 점선이 생성됨

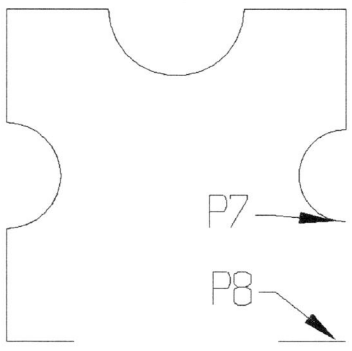

〈 연습 12-10 〉

STEP 11 여덟번째 두 점선 그리기

1. STEP 10 에서 계속
2. 〈연습 12-10〉의 P7, P8 위치 선택하면, 〈연습 12-11〉의 두 점선이 생성됨

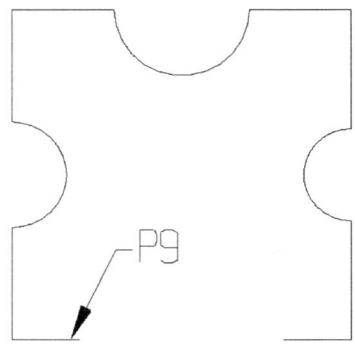

〈 연습 12-11 〉

STEP 12 아홉번째 두 점선 그리기

1. STEP 11 에서 계속
2. 〈연습 12-11〉의 P9 위치 선택
3. 0,-10 입력하고, Enter키 누르면 〈연습 12-12〉의 두 점선이 생성됨

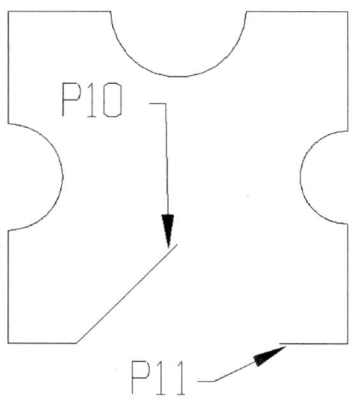

〈 연습 12-12 〉

STEP 13) 열번째 두 점선 그리기

1. STEP 12 에서 계속
2. 〈연습 12-12〉의 P10, P11 위치 선택하면, 〈연습 12-13〉의 두 점선 생성되면서 도형이 완성됨

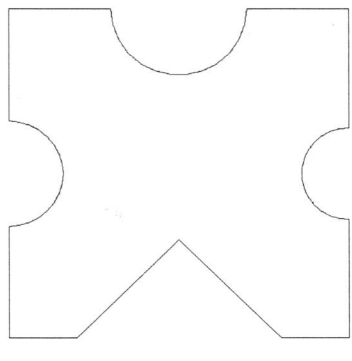

〈 연습 12-13 〉

13. 종합문제

STEP 01) 첫번째 두 점선 그리기

1. **주메뉴** - **C : 그리기** - **L : 직선** - **E : 두 점선** 선택
2. 0,0 입력하고, Enter키 누름
3. 0,30 입력하고, Enter키 누르면 〈연습 13-1〉의 두 점선 생성됨

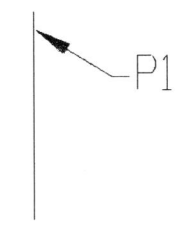

〈 연습 13-1 〉

STEP 02 첫번째 원호 그리기

1. STEP 1 에서 계속
2. 이전메뉴 두 번 선택
3. A : 원호 – P : 점+각도 – S : 시작점 – E : 끝점 선택
4. 위 〈연습 13-1 〉의 P1 위치 선택
5. 5 입력하고, Enter키 누름
6. 0 입력하고, Enter키 누름
7. 180 입력하고, Enter키 누르면 〈연습 13-2〉의 원호 생성됨

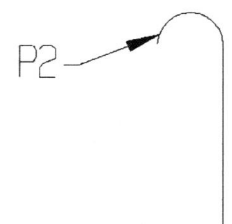

〈 연습 13-2 〉

STEP 03 경사선 그리기

1. STEP 2 에서 계속
2. 이전메뉴 세 번 선택
3. L : 직선 – P : 경사선 – E : 끝점 선택
4. 〈연습 13-2〉의 P2 위치 선택
5. 270 입력하고 Enter키 누름
6. 15 입력하고 Enter키 누르면, 〈연습 13-3〉의 경사선 생성됨

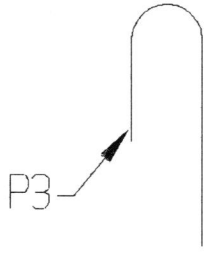

〈 연습 13-3 〉

STEP 04 두번째 원호 그리기

1. STEP 3 에서 계속
2. **이전메뉴** 두 번 선택
3. **A : 원호** - **P : 점+각도** - **S : 시작점** - **E : 끝점** 선택
4. 〈연습 13-3〉의 P3 위치 선택
5. 7.5 입력하고 Enter키 누름
6. 90 입력하고 Enter키 누름
7. 225 입력하고 Enter키 누르면, 〈연습 13-4〉의 원호 생성됨

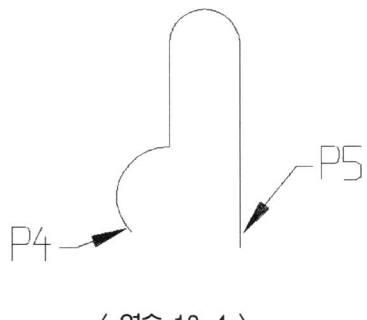

〈 연습 13-4 〉

STEP 05 두번째 두 점선 그리기

1. STEP 4 에서 계속
2. **이전메뉴** 세 번 선택
3. **L : 직선** - **E : 두 점선** - **E : 끝점** 선택
4. 〈연습 13-4〉의 P4, P5 위치 선택하면, 〈연습 13-5〉의 두 점선 생성되면서, 도형이 완성됨

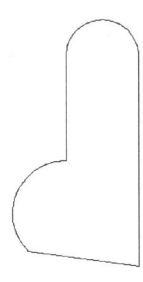

〈 연습 13-5 〉

14. 종합문제

STEP 01 첫번째 원호 그리기

1. **주메뉴** - **C : 그리기** - **A : 원호** - **P : 점+각도** - **C : 중심점** 선택
2. 0,0 입력하고, Enter키 누름
3. 7.5 입력하고, Enter키 누름
4. 315 입력하고, Enter키 누름
5. 90 입력하고, Enter키 누르면 〈연습 14-1〉의 원호 생성됨

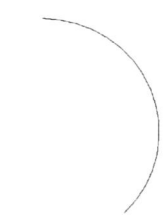

〈 연습 14-1 〉

STEP 02 두번째 원호 그리기

1. STEP 1에서 계속
2. -5,22.5 입력하고, Enter키 누름
3. 5 입력하고, Enter키 누름
4. 0 입력하고, Enter키 누름
5. 180 입력하고, Enter키 누르면 〈연습 14-2〉의 원호 생성됨

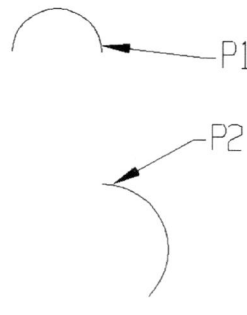

〈 연습 14-2 〉

STEP 03 첫번째 두 점선 그리기

1. STEP 2에서 계속
2. **이전메뉴** 세 번 선택
3. **L : 직선** - **E : 두 점선** - **E : 끝점** 선택
4. 〈연습 14-2〉의 P1, P2 위치 선택하면, 〈연습 14-3〉의 두 점선 생성됨

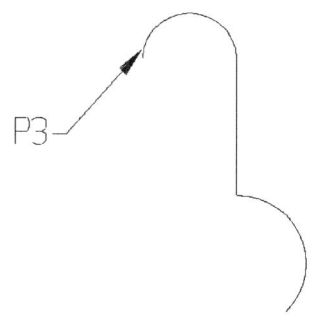

〈 연습 14-3 〉

STEP 04 두번째 두 점선 그리기

1. STEP 3에서 계속
2. 〈연습 14-3〉의 P3 위치 선택
3. -10,2.5 입력하고, Enter키 누르면 〈연습 14-4〉의 두 점선 생성됨

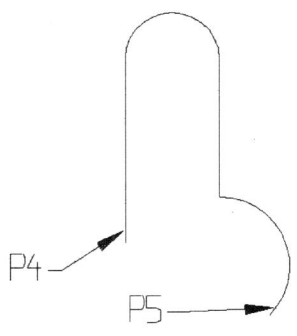

〈 연습 14-4 〉

STEP 05 세번째 두 점선 그리기

1. STEP 4에서 계속
2. 〈연습 14-4〉의 P4, P5 위치 선택하면 〈연습 14-5〉의 두 점선 생성되면서 도형이 완성됨

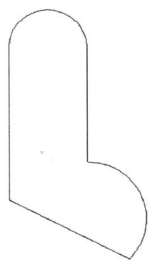

〈 연습 14-5 〉

15. 종합문제

STEP 01 첫번째 연속선 그리기

1. **주메뉴** - **C : 그리기** - **L : 직선** - **M : 연속선** 선택
2. 10,0 입력하고, Enter키 누름
3. 20,0 입력하고, Enter키 누르면 〈연습15-1〉의 연속선 생성됨

〈 연습 15-1 〉

STEP 02 두번째 연속선 그리기

1. STEP 1 에서 계속
2. 20,20 입력하고, Enter키 누르면 〈연습 15-2〉의 연속선 생성됨

〈 연습 15-2 〉

STEP 03 세번째 연속선 그리기

1. STEP 2 에서 계속
2. 30,20 입력하고, Enter키 누르면 〈연습 15-3〉의 연속선 생성됨

〈 연습 15-3 〉

STEP 04 네번째 연속선 그리기

1. STEP 3 에서 계속
2. 30,30 입력하고, Enter키 누르면 〈연습 15-4〉의 연속선 생성됨

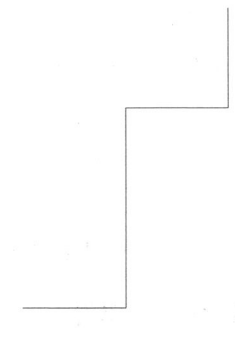

〈 연습 15-4 〉

STEP 05 다섯번째 연속선 그리기

1. STEP 4 에서 계속
2. 20,30 입력하고, Enter키 누르면 〈연습 15-5〉의 연속선 생성됨

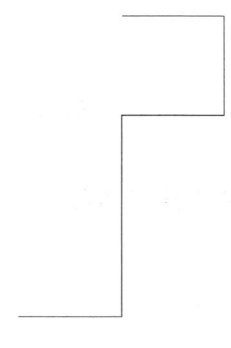

〈 연습 15-5 〉

STEP 06 여섯번째 연속선 그리기

1. STEP 5 에서 계속
2. 20,40 입력하고, Enter키 누르면 〈연습 15-6〉의 연속선 생성됨

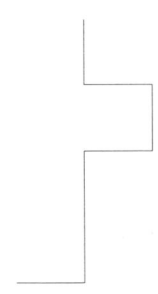

〈 연습 15-6 〉

STEP 07 일곱번째 연속선 그리기

1. STEP 6 에서 계속
2. 10,40 입력하고, Enter키 누르면 〈연습 15-7〉의 연속선 생성됨

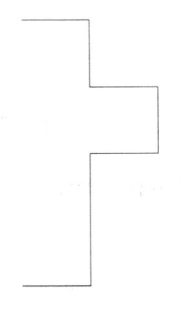

〈 연습 15-7 〉

STEP 08 여덟번째 연속선 그리기

1. STEP 7 에서 계속
2. 10,30 입력하고, Enter키 누르면 〈연습 15-8〉의 연속선 생성됨

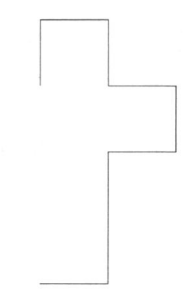

〈 연습 15-8 〉

STEP 09 아홉번째 연속선 그리기

1. STEP 8 에서 계속
2. 0,30 입력하고, Enter키 누르면 〈연습 15-9〉의 연속선 생성됨

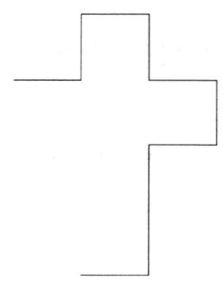

〈 연습 15-9 〉

STEP 10 열번째 연속선 그리기

1. STEP 9 에서 계속
2. 0,20 입력하고, Enter키 누르면 〈연습 15-10〉의 연속선 생성됨

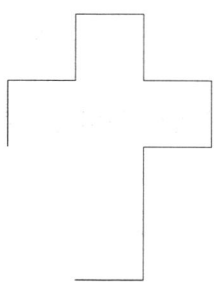

〈 연습 15-10 〉

STEP 11 열 한번째 연속선 그리기

1. STEP 10 에서 계속
2. 10,20 입력하고, Enter키 누르면 〈연습 15-11〉의 연속선 생성됨

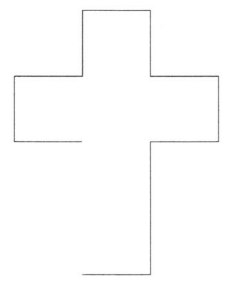

〈 연습 15-11 〉

STEP 12 열두번째 연속선 그리기

1. STEP 11 에서 계속
2. 10,0 입력하고, Enter키 누르면 〈연습 15-12〉의 연속선 생성됨

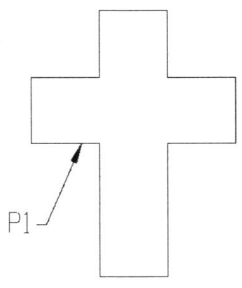

〈 연습 15-12 〉

STEP 13 도형 요소간 필렛 그리기

1. STEP 12 에서 계속
2. 이전메뉴 두 번 선택
3. F : 필렛 - R : 반지름 선택
4. 2 입력하고, Enter키 누름
5. T : 트림실행 Y로 설정 후 C : 체인 선택

6. 〈연습 15-12〉의 P1 의 위치 선택
7. D : 실행 선택하면 우측 그림과 같이 각 연속선간의 교차부분에 필렛 생성되면서 도형이 완성됨

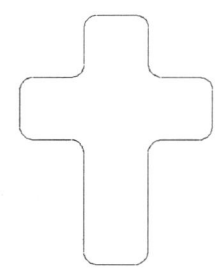

16. 종합문제

STEP 01 첫번째 원호 그리기

1. 주메뉴 - C : 그리기 - A : 원호 - P : 점+각도 - C : 중심점 선택
2. 0,40 입력하고, Enter키 누름
3. 30 입력하고, Enter키 누름
4. 0 입력하고, Enter키 누름
5. 180 입력하고, Enter키 누르면 〈연습 16-1〉의 원호 생성됨

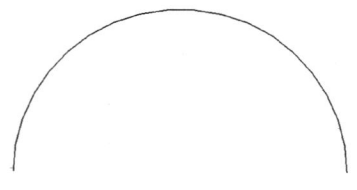

〈 연습 16-1 〉

STEP 02 두번째 원호 그리기

1. STEP 1에서 계속
2. 0,-40 입력하고, Enter키 누름
3. 30 입력하고, Enter키 누름
4. 180 입력하고, Enter키 누름
5. 0 입력하고, Enter키 누르면 〈연습 16-2〉의 원호 생성됨

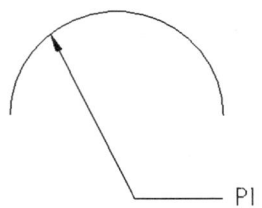

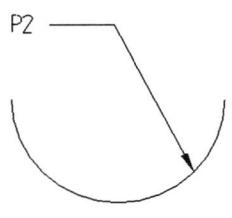

〈 연습 16-2 〉

STEP 03 첫번째 필렛 그리기

1. STEP 2에서 계속
2. 이전메뉴 세 번 선택
3. F : 필렛 - R : 반지름 선택 후 좌측하단에 "100" 입력
4. T : 트림실행 N 으로 설정
5. 〈연습 16-2〉의 P1, P2 선택
6. 흰색으로 나타난 여러 개의 원호들 중에서 좌측의 원호 선택하면, 〈연습 16-3〉과 같이 필렛 그리기 실행됨

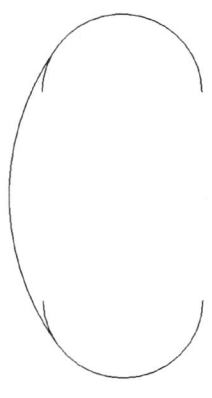

〈 연습 16-3 〉

STEP 04 두번째 필렛 그리기

1. STEP 3에서 계속
2. 〈연습 16-2〉의 P1, P2 선택
3. 흰색으로 나타난 여러 개의 원호들 중에서 우측 원호 선택
4. F3 키 누르면, 〈연습 16-4〉와 같이 필렛 그리기 실행됨

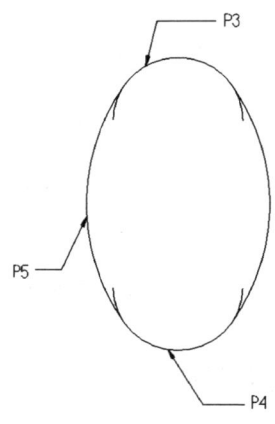

〈 연습 16-4 〉

STEP 05 첫번째 트림하기

1. STEP 4에서 계속
2. **주메뉴 - M : 수정 - T : 트림 - 3 : 세요소** 선택 후, 〈연습 16-4〉의 P3, P4, P5 선택하면 〈연습 16-5〉와 같이 좌측부분이 트림됨

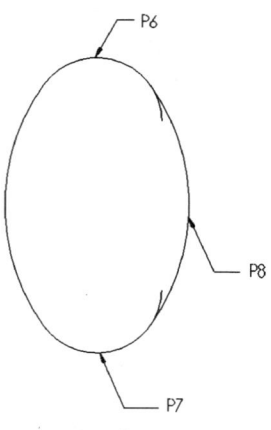

〈 연습 16-5 〉

STEP 06 두번째 트림하기

1. STEP 5에서 계속
2. 〈연습 16-5〉의 P6, P7, P8 선택하면, 〈연습 16-6〉과 같이 원호 우측부분이 트림 되면서 도형이 완성됨

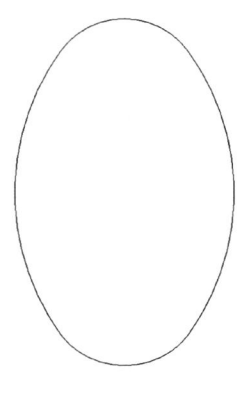

〈 연습 16-6 〉

17. 모따기 그리기

STEP 01 첫번째 연속선 그리기

1. **주메뉴** - **C : 그리기** - **L : 직선** - **M : 연속선** 선택
2. 0,-30 입력하고, Enter키 누름
3. -100,-30 입력 후 Enter키 누르면, 〈연습 17-1〉의 연속선 생성됨

〈 연습 17-1 〉

STEP 02 두번째 연속선 그리기

1. STEP 1 에서 계속
2. -100,30 입력 후 Enter키 누르면, 〈연습 17-2〉의 연속선 생성됨

〈 연습 17-2 〉

STEP 03 세번째 연속선 그리기

1. STEP 2 에서 계속
2. -75,30 입력 후 Enter키 누르면, 〈연습 17-3〉의 연속선 생성됨

〈 연습 17-3 〉

STEP 04 네번째 연속선 그리기

1. STEP 3 에서 계속
2. -75,10 입력 후 Enter키 누르면 〈연습 17-4〉의 연속선 생성됨

〈 연습 17-4 〉

STEP 05 다섯번째 연속선 그리기

1. STEP 4 에서 계속
2. -35,10 입력 후 Enter키 누르면, 〈연습 17-5〉의 연속선 생성됨

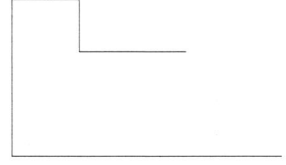

〈 연습 17-5 〉

STEP 06 여섯번째 연속선 그리기

1. STEP 5 에서 계속
2. -35,30 입력 후 Enter키 누르면, 〈연습 17-6〉의 연속선이 생성됨

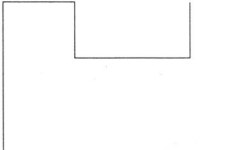

〈 연습 17-6 〉

STEP 07 일곱번째 연속선 그리기

1. STEP 6 에서 계속
2. 0,30 입력 후 Enter키 누르면, 〈연습 17-7〉의 연속선이 생성됨

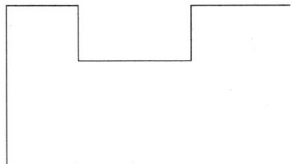

〈 연습 17-7 〉

CAD · CAM 실무 2D

STEP 08 원호 그리기

1. STEP 7 에서 계속
2. 이전메뉴 두 번 선택
3. A : 원호 - P : 점+각도 - C : 중심점 선택
4. 0,0 입력하고, Enter키 누름
5. 30 입력하고, Enter키 누름
6. 270 입력하고, Enter키 누름
7. 90 입력 후 Enter키 누르면, 〈연습 17-8〉의 원호 생성됨

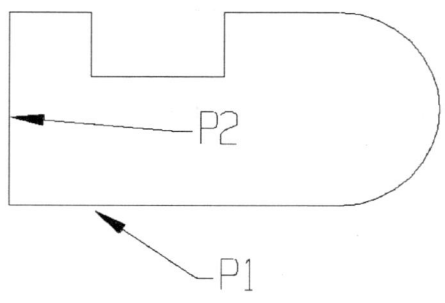

〈 연습 17-8 〉

STEP 09 첫번째 모따기 그리기

1. STEP 8 에서 계속
2. 이전메뉴 세 번 선택
3. N : 다음메뉴 - C : 모따기 선택
4. 아래 그림과 같이 설정하고 OK를 누름

5. 〈연습 17-8〉의 P1, P2 선택하면, 〈연습 17-9〉의 모따기 생성됨

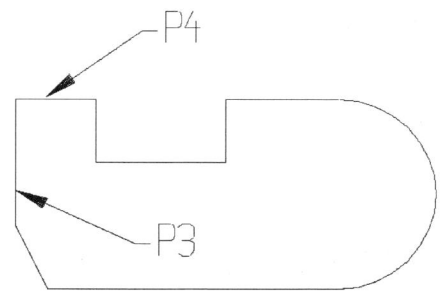

〈 연습 17- 9 〉

STEP 10 두번째 모따기 그리기

1. STEP 9 에서 계속
2. 이전메뉴 - C : 모따기 선택
3. 아래 그림과 같이 설정하고 OK를 누름

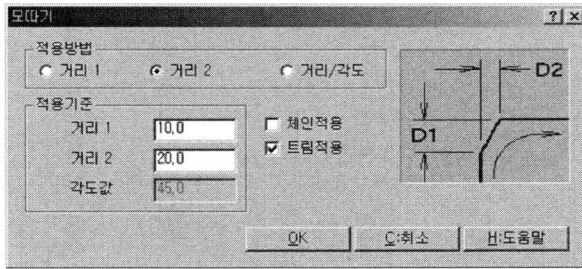

4. 〈연습 17-9〉의 P3, P4 선택하면, 〈연습 17-10〉의 모따기 생성됨

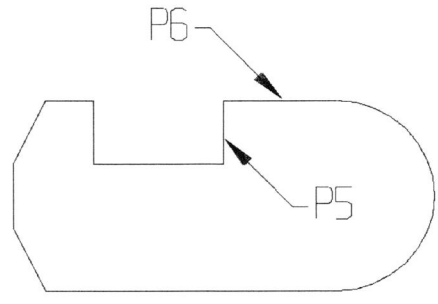

〈 연습 17-10 〉

STEP 11 세번째 모따기 그리기

1. STEP 10 에서 계속
2. **이전메뉴** - **C : 모따기** 선택
3. 아래 그림과 같이 설정하고 OK를 누름

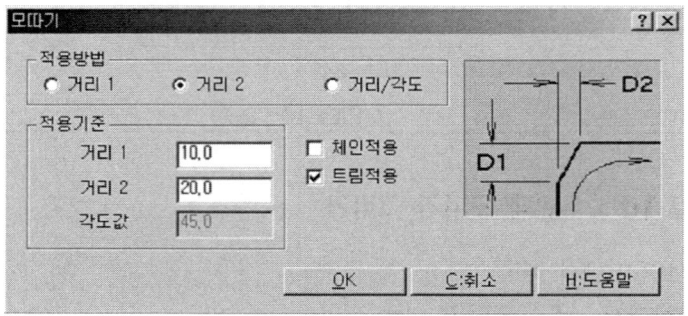

4. 〈연습 17-10〉의 P5, P6 선택
5. 〈연습 17-11〉과 같이 모따기 생성되면서 도형 완성됨

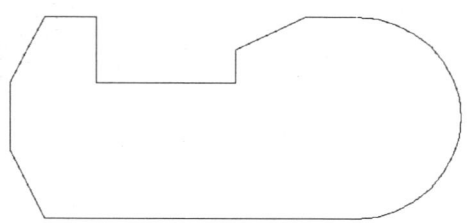

〈 연습 17-11 〉

18. 문자 그리기

STEP 01 첫번째 문자 그리기

1. **주메뉴** - **C : 그리기** - **N : 다음메뉴** - **L : 문자** 선택
2. 문자생성 대화창이 나타나면 트루타입 글꼴을 지정하여 글꼴을 "굴림"으로, 스크립트는 "한글"로 지정한 후 확인을 지정한다.

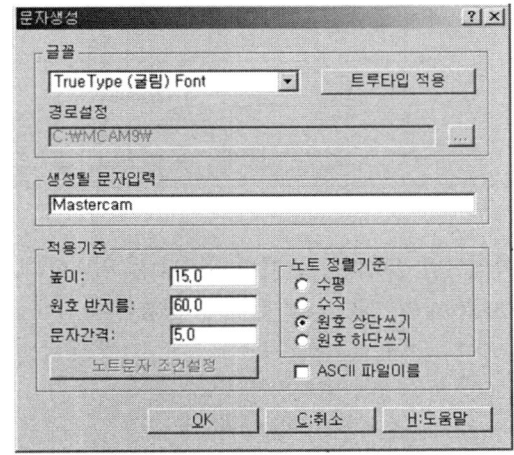

3. 대화창을 위와 같이 설정하였으면, OK버튼을 클릭 후 0,0을 입력한다.
4. 〈연습 18-1〉과 같이 "Mastercam" 문자가 생성됨

〈 연습 18-1 〉

STEP 02 두번째 문자 그리기

1. STEP 1 에서 계속
2. **이전메뉴** - **L : 문자** 선택
3. 문자생성 대화창이 나타나면 트루타입 글꼴을 지정하여 글꼴을 "굴림"으로 설정한다.
4. 다음 그림과 같이 대화창을 지정한다.

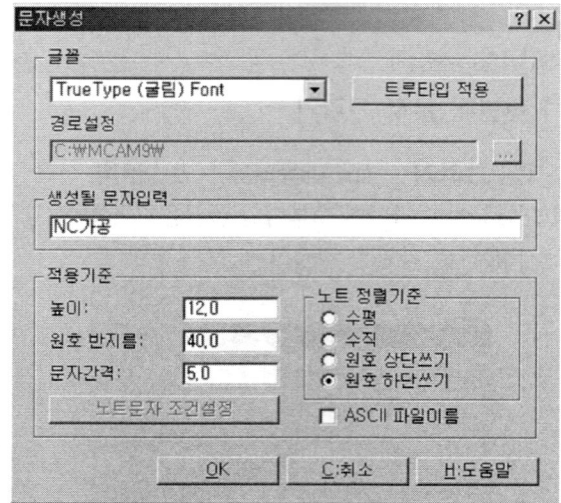

5. 모두 설정하였으면, OK버튼을 클릭 후 0,0을 입력한다.
6. 〈연습 18-2〉과 같이 "NC가공" 문자가 생성된다.

〈 연습 18-2 〉

19. 타원 그리기

STEP 01 타원 그리기

1. **주메뉴** - **C : 그리기** - **N : 다음메뉴** - **E : 타원** 선택
2. 타원그리기 대화창이 나타나면 아래와 같이 설정한다.

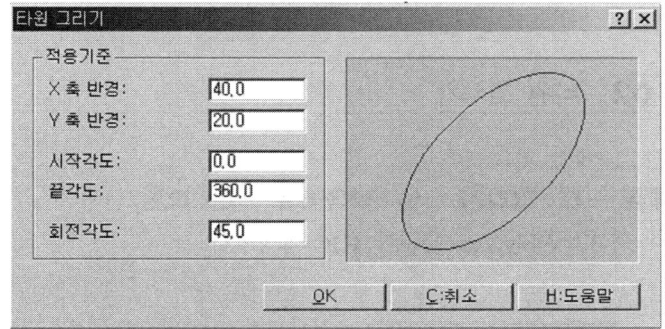

3. OK 버튼 선택 후, 0,0 입력하면 〈연습 19-1〉과 같이 타원 생성됨

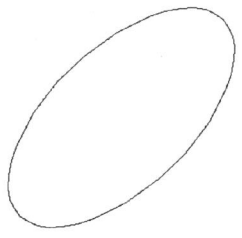

〈 연습 19-1 〉

20. 타원 그리기

STEP 01 첫번째 연속선 그리기

1. **주메뉴** - **C : 그리기** - **L : 직선** - **M : 연속선** 선택
2. -40,0 입력하고, Enter키 누름
3. -40,-40 입력하고, Enter키 누름
4. 40,-40 입력하고, Enter키 누름
5. 40,0 입력하고, Enter키 누름
6. 〈연습 20-1〉과 같이 연속선이 생성됨

〈 연습 20-1 〉

STEP 02 타원 그리기

1. STEP 1 에서 계속
2. **주메뉴** - **C : 그리기** - **N : 다음메뉴** - **E : 타원** 선택
3. 타원 그리기 대화창을 아래와 같이 설정한다.

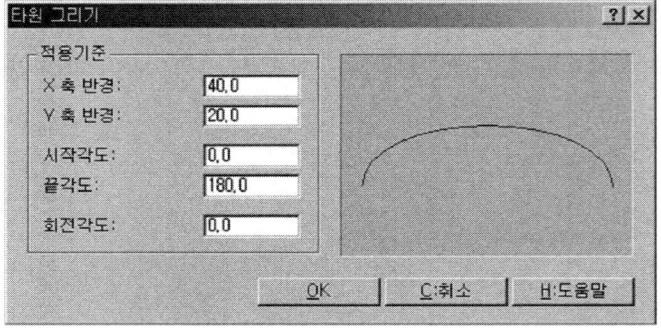

4. OK 버튼 선택 후 0,0 입력하면 〈연습 20-2〉와 같이 도형이 생성됨

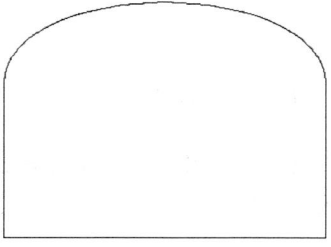

〈 연습 20-2 〉

21. 원에 내접하는 다각형 그리기

STEP 01) 원 그리기

1. **주메뉴** - **C : 그리기** - **A : 원호** - **D : 중심+직경원** 선택
2. 30 입력하고 Enter키 누름
3. 0,0 입력하고 Enter키 누르면, 〈연습 21-1〉의 원호가 생성됨

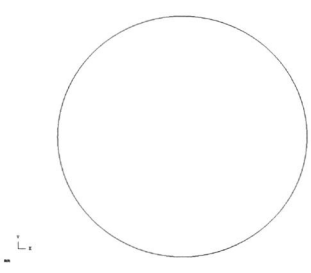

〈연습 21-1〉

STEP 02) 원에 내접하는 7각형 그리기

1. STEP 1 에서 계속
2. **주메뉴** - **C : 그리기** - **N : 다음메뉴** - **P : 다각형** 선택 후 아래와 같이 대화창 설정

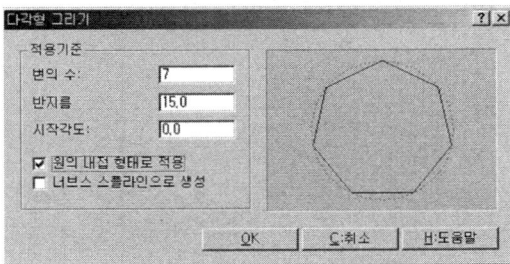

3. OK버튼을 선택 후 0,0 입력하면 원에 내접하는 도형이 〈그림 21-2〉와 같이 완성됨

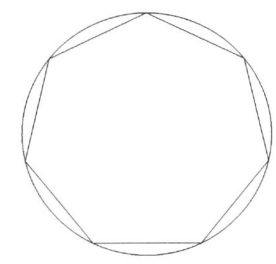

〈 연습 21-2 〉

22. 원에 외접하는 다각형 그리기

STEP 01 원 그리기

1. **주메뉴** - **C : 그리기** - **A : 원호** - **D : 중심+직경원** 선택
2. 10 입력하고 Enter키 누름
3. 0,0 입력하고 Enter키 누르면, 〈연습 22-1〉의 원호가 생성됨

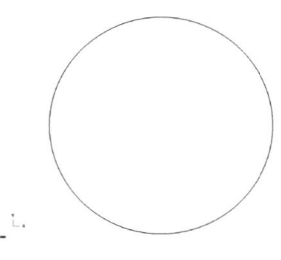

〈 연습 22-1 〉

STEP 02 원에 내접하는 5각형 그리기

1. STEP 1 에서 계속
2. **주메뉴** - **C : 그리기** - **N : 다음메뉴** - **P : 다각형** 선택 후 아래와 같이 대화창 설정

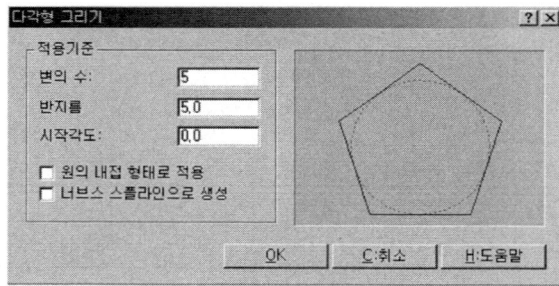

3. OK버튼을 누른 후 0,0 입력하면 원에 내접하는 도형이 〈그림 22-2〉와 같이 완성됨

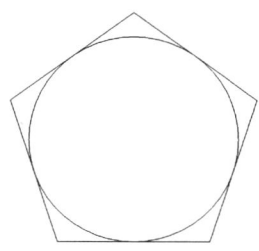

〈 연습 22-2 〉

Chapter 14

23. 나선헬릭스 그리기

STEP 01 첫번째 연속선 그리기

1. **주메뉴** - **C : 그리기** - **N : 다음메뉴** - **S : 나선헬릭스** 선택
2. 나선헬릭스 대화창을 그림과 같이 설정한다.

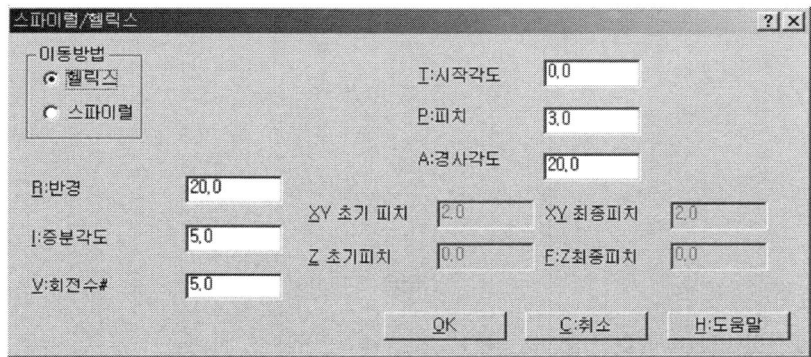

3. OK 버튼을 지정한 후 0,0을 입력한다. 〈연습 23-1〉과 같이 도형이 생성
4. 부메뉴란의 **그래픽뷰:평면** - **I:입체**로 지정한다.

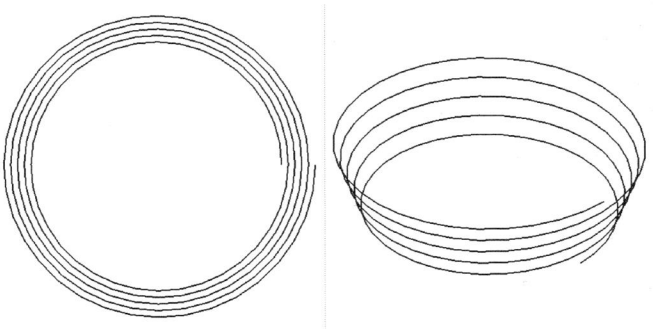

〈 연습 23-1 〉

 CAD·CAM 실무 2D

24. 방정식 입력하여 도형 작성하기

STEP 01 방정식 입력 커브 그리기

1. **주메뉴** - **C : 그리기** - **N : 다음메뉴** - **Fplot*** - **Edit egn** 선택

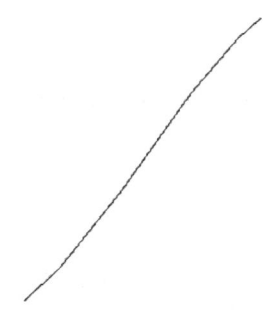

〈 연습 24-1 〉

2. 화면하단 입력란에 y=(sin(x)+1)/2+x 입력하고, Enter키 두 번 누름
3. **Vars** - **Var name** 선택
4. x 입력하고 Enter키 누름
5. **L. limit** 선택 후 -2 입력하고 Enter키 누름
6. **U. limit** 선택 후 2 입력하고 Enter키 누름
7. **Step size** 선택 후 0.2 입력하고 Enter키 누름
8. **이전메뉴** - **Angle D**를 선택하여 메뉴 우측 영문자를 "R" 로 설정
9. **Origin** 선택 후 0,0 입력하고 Enter키 누름
10. **Geometry** - **NURBS spl** - **Plot it** - **이전메뉴** 선택
11. Alt + F1 키 누르면, 〈연습 24-1〉의 커브 생성됨

25. 기어 그리기

STEP 01 내측기어 그리기

1. 주메뉴 - **C : 그리기** - **N : 다음메뉴** - **A : 추가** - **Gear*** 선택
2. 기어도형 조건설정 대화창이 나타나면 아래와 같이 설정한다.

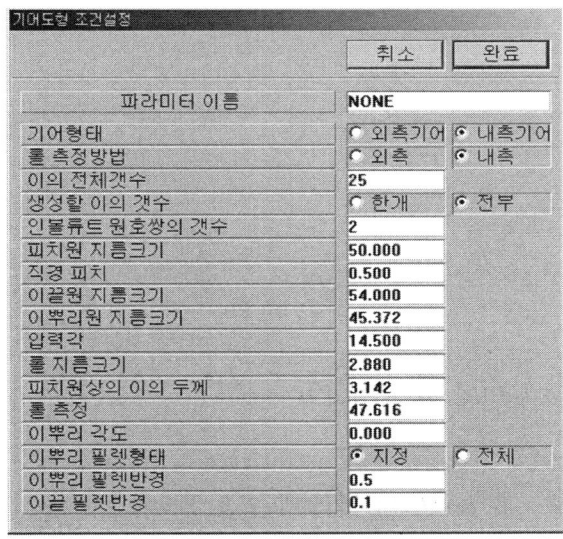

3. 모든 선택 후 **완료**를 지정하면 아래와 같은 기어가 그려진다.

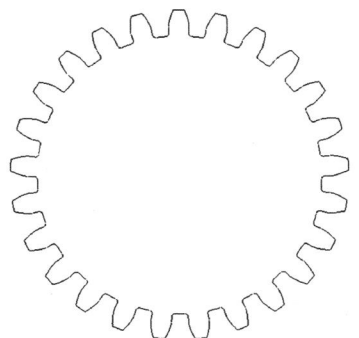

 CAD · CAM 실무 2D

26. 홀테이블 그리기

STEP 01 첫번째 원호 그리기

1. **주메뉴** - **C : 그리기** - **A : 원호** - **R : 중심+반경원** 선택
2. 8 입력하고, Enter키 누름
3. 10,40 입력하고, Enter키 누르면 〈연습 26-1〉과 같이 원호가 생성됨

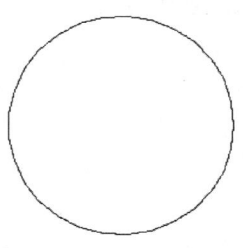

〈 연습 26-1 〉

STEP 02 두번째 원호 그리기

1. STEP 1 에서 계속
2. **이전메뉴** - **R:중심+반경원** 선택 후 6 입력하고, Enter키 누름
3. 25,40 입력하고, Enter키 누르면 〈연습 26-2〉와 같이 원호가 생성됨

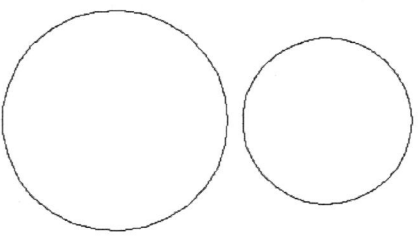

〈 연습 26-2 〉

STEP 03 세번째 원호 그리기

1. STEP 2 에서 계속
2. **이전메뉴** - **R:중심+반경원** 선택 후 5 입력하고, Enter키 누름
3. 45,40 입력하고, Enter키 누르면 〈연습 26-3〉과 같이 원호가 생성됨

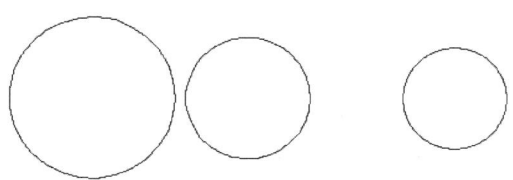

〈 연습 26-3 〉

STEP 04 네번째 원호 그리기

1. STEP 3 에서 계속
2. **이전메뉴** - **R:중심+반경원** 선택 후 10 입력하고, Enter키 누름
3. 60,40 입력하고, Enter키 누르면, 〈연습 26-4〉와 같이 원호가 생성됨

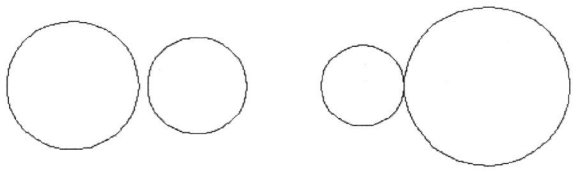

〈 연습 26-4 〉

STEP 05 다섯번째 원호 그리기

1. STEP 4 에서 계속
2. **이전메뉴** - **R:중심+반경원** 선택 후 7 입력하고, Enter키 누름
3. 10,25 입력하고, Enter키 누르면 〈연습 26-5〉와 같이 원호가 생성됨

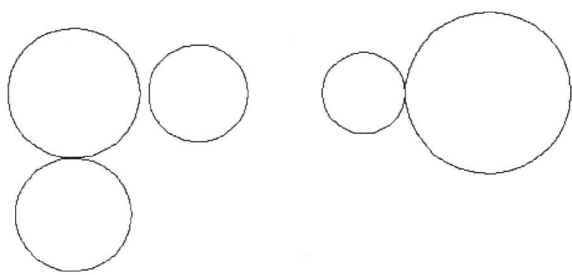

〈 연습 26-5 〉

STEP 06) 여섯번째 원호 그리기

1. STEP 5 에서 계속
2. 이전메뉴 - R:중심+반경원 선택 후 8 입력하고, Enter키 누름
3. 25,25 입력하고, Enter키 누르면 〈연습 26-6〉과 같이 원호가 생성됨

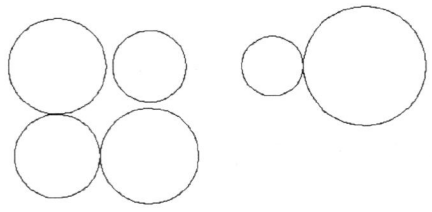

〈 연습 26-6 〉

STEP 07) 일곱번째 원호 그리기

1. STEP 6 에서 계속
2. 이전메뉴 - R:중심+반경원 선택 후 7 입력하고, Enter키 누름
3. 45,25 입력하고, Enter키 누르면 〈연습 26-7〉과 같이 원호가 생성됨

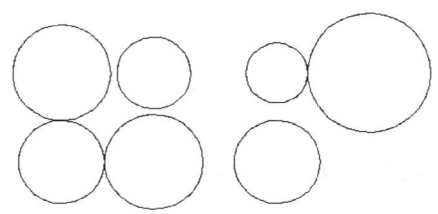

〈 연습 26-7 〉

STEP 08) 여덟번째 원호 그리기

1. STEP 7 에서 계속
2. 18,10 입력하고, Enter키 누르면, 〈연습 26-8〉과 같이 원호가 생성됨

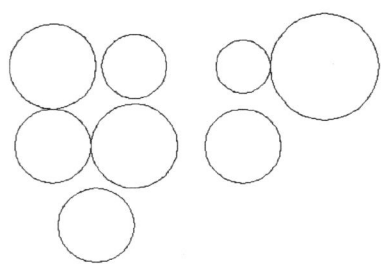

〈 연습 26-8 〉

STEP 09 아홉번째 원호 그리기

1. STEP 8 에서 계속
2. **이전메뉴** - **R:중심+반경원** 선택 후 8 입력하고, Enter키 누름
3. 40,10 입력하고, Enter키 누르면, 〈연습 26-9〉와 같이 원호가 생성됨

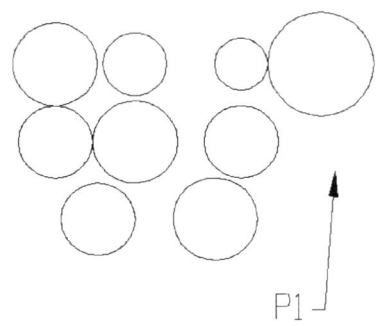

〈 연습 26-9 〉

STEP 10 홀 테이블 그리기

1. STEP 9 에서 계속
2. **주메뉴** - **C : 그리기** - **N : 다음메뉴** - **A : 추가** - **Htable*** 선택
3. **L : 라벨위치**를 선택하여, "라벨 표시위치=중심점"로 지정
4. **F : 표시형태**를 선택하여, "라벨 표시형태=Diameter"로 지정
5. **D : 실행** 선택 후, 〈연습 26-9〉의 P1 위치에서 마우스 클릭
6. **Y : 예** 선택하면, 〈연습 26-10〉과 같이 홀 테이블 생성됨

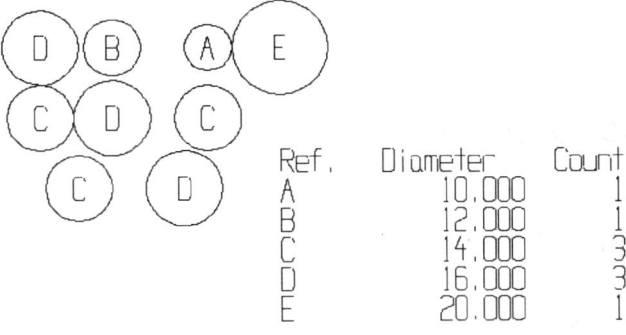

〈 연습 26-10 〉

CAD·CAM 실무 2D

27. 종합문제

STEP 01 첫번째 연속선 그리기

1. **주메뉴** - **C : 그리기** - **L : 직선** - **M : 연속선** 선택
2. -30,0 입력하고, Enter키 누름
3. 0,40 입력하고, Enter키 누르면 〈연습 27-1〉과 같이 연속선 생성됨

〈 연습 27-1 〉

STEP 02 두번째 연속선 그리기

1. STEP 1 에서 계속
2. 50,40 입력하고, Enter키 누르면 〈연습 27-2〉와 같이 연속선 2가 생성됨

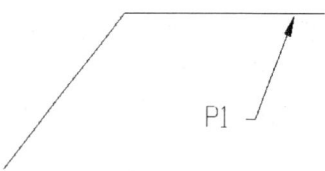

〈 연습 27-2 〉

STEP 03 경사선 그리기

1. STEP 2 에서 계속
2. **이전메뉴** - **P : 경사선** - **E : 끝점** 선택
3. 〈연습 27-2〉의 P1 선택
4. -75 입력하고, Enter키 누름
5. 50 입력하고, Enter키 누르면 〈연습 27-3〉과 같이 경사선 생성됨

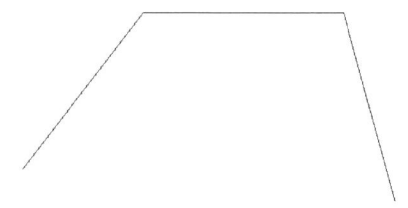

〈 연습 27-3 〉

STEP 04 원호 그리기

1. STEP 3 에서 계속
2. 이전메뉴 두 번 선택
3. A : 원호 - P : 점+각도 - C : 중심점 선택
4. 0, -30 입력하고, Enter키 누름
5. 10 입력하고, Enter키 누름
6. 180 입력하고, Enter키 누름
7. 0 입력하고, Enter키 누르면 〈연습 27-4〉와 같이 원호 생성됨

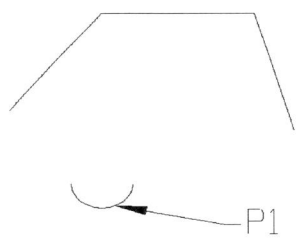

〈 연습 27-4 〉

STEP 05 첫번째 접선 그리기

1. STEP 4 에서 계속
2. 이전메뉴 세 번 선택 L : 직선 - T : 접선 - A : 각도 선택
3. 위 〈연습 27-4〉의 P1 선택
4. 30 입력하고, Enter키 누름
5. 70 입력하고, Enter키 누름
6. 나타난 흰색의 직선들 중에서 우측 부분 선택하면 〈연습 27-5〉와 같이 접선 생성됨

CAD·CAM 실무 2D

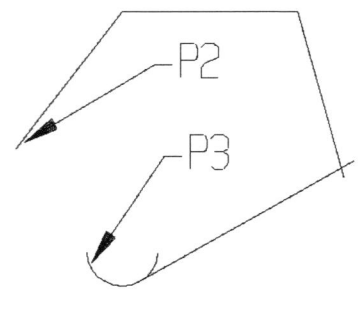

〈 연습 27-5 〉

STEP 06 두번째 접선 그리기

1. STEP 5 에서 계속
2. 이전메뉴 - P : 점 선택
3. 〈연습 27-5〉의 P3 선택
4. E : 끝점 선택 후 〈연습 27-5〉의 P2를 지정하고, Enter키 누름
5. 〈연습 27-6〉과 같이 접선이 생성됨

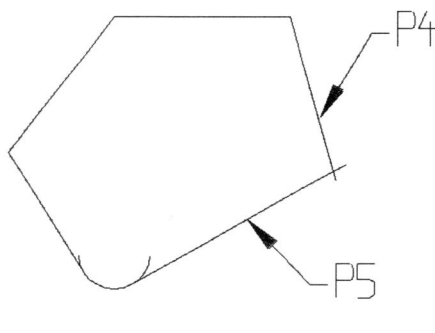

연습 27-6 〉

STEP 07 첫번째 도형의 트림 작업

1. STEP 6 에서 계속.
2. 주메뉴 - M : 수정 - T : 트림 - 2 : 두요소 선택
3. 위 〈연습 27-6〉의 P4, P5 선택하면, 〈연습 27-7〉과 같이 도형 트림 처리됨

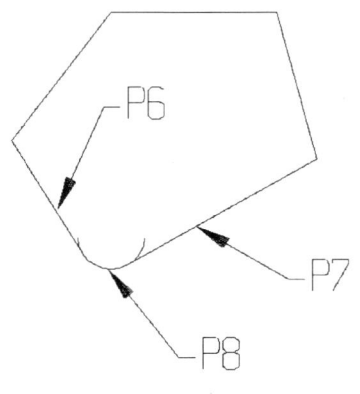

〈 연습 27-7 〉

STEP 08 두번째 도형의 트림 작업

1. STEP 7 에서 계속
2. **이전메뉴** - **3 : 세요소** 선택
3. 위 〈연습 27-7〉의 P6, P7, P8 선택하면, 〈연습 27-8〉과 같이 도형 트림됨

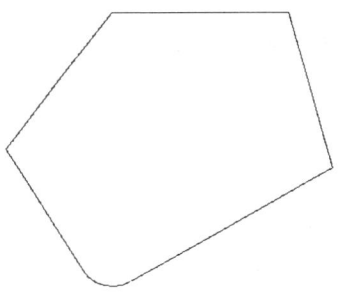

〈 연습 27-8 〉

28. 종합문제

STEP 01 첫번째 원호 그리기

1. **주메뉴** - **C : 그리기** - **A : 원호** - **P : 점+각도** - **C : 중심점** - **R : 증분점** 선택
2. 0,0 입력하고, Enter키 누름
3. **P : 거리+각도** 선택 후, 30입력하고 Enter키 누름
4. 145 입력하고, Enter키 누름
5. 50 입력하고, Enter키 누름
6. 0 입력하고, Enter키 누름
7. 180 입력하고, Enter키 누르면 〈연습 28-1〉의 원호 생성됨

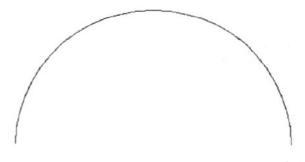

〈 연습 28-1 〉

STEP 02 두번째 원호 그리기

1. STEP1 에서 계속
2. **R : 증분점** - **C : 중심점** 선택 후, 위 〈연습 28-1〉의 원호선택
3. **P : 거리+각도** 선택
4. 20 입력하고, Enter키 누름
5. -165 입력하고, Enter키 누름
6. 40 입력하고, Enter키 누름
7. 90 입력하고, Enter키 누름
8. 270 입력하고, Enter키 누르면, 〈연습 28-2〉와 같이 원호 생성됨

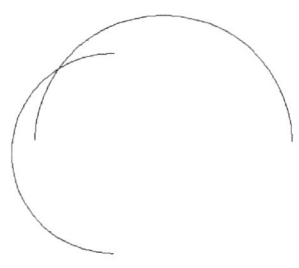

〈 연습 28-2 〉

STEP 03) 경사선 그리기

1. STEP 2 에서 계속
2. 이전메뉴 세 번 선택
3. L : 직선 - P : 경사선 선택
4. 0,0 입력하고, Enter키 누름
5. -100 입력하고, Enter키 누름
6. 25 입력하고, Enter키 누르면 〈연습 28-3〉과 같이 경사선 생성됨

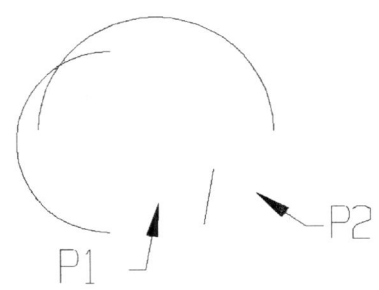

〈 연습 28-3 〉

STEP 04) 수평선 그리기

1. STEP 3 에서 계속
2. 이전메뉴 - H : 수평선 - K : 임의점 선택
3. 〈연습 28-3〉의 P1, P2 위치 마우스로 클릭
4. -20 입력하고, Enter키 누르면 〈연습 28-4〉와 같이 수평선이 생성됨

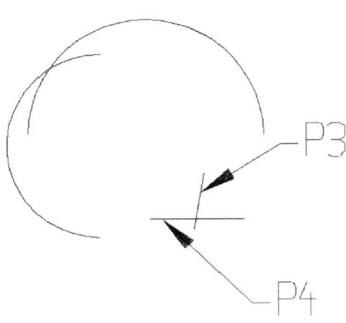

〈 연습 28-4 〉

STEP 05 원호 그리기

1. STEP 4 에서 계속
2. 이전메뉴 두 번 선택
3. A : 원호 – P : 점+각도 – C : 중심점 – I : 교차점 선택
4. 〈연습 28-4〉의 P3, P4 위치 선택
5. 40 입력하고, Enter키 누름
6. 180 입력하고, Enter키 누름
7. 360 입력하고, Enter키 누르면, 〈연습 28-5〉와 같이 원호 생성됨

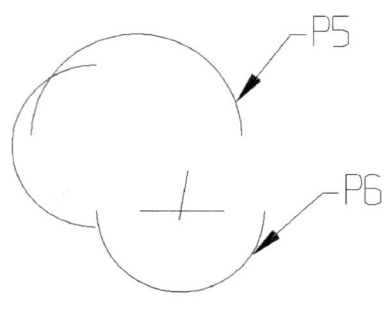

〈 연습 28-5 〉

STEP 06 네번째 원호 그리기

1. STEP 5 에서 계속
2. 이전메뉴 – C : 중심점 – I : 교차점 선택
3. 〈연습 28-5〉의 P5, P6 선택
4. 25 입력하고, Enter키 누름
5. 270 입력하고, Enter키 누름
6. 90 입력하고, Enter키 누르면〈연습 28-6〉의 원호4 생성됨

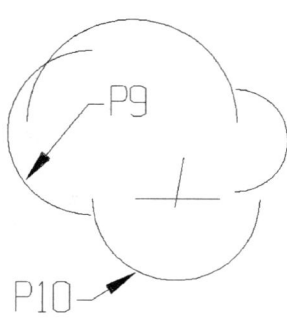

〈 연습 28-6 〉

STEP 07 첫번째 필렛 그리기

1. STEP 6 에서 계속
2. **이전메뉴** 세 번 선택
3. **F : 필렛** – **R : 반지름** 선택
4. 20 입력하고, Enter키 누름
5. **A : 각도<180 S** 로 설정
6. **T : 트림실행 Y** 로 설정
7. 〈연습 28-6〉의 P9, P10 선택하면, 〈연습 28-7〉의 필렛 생성됨

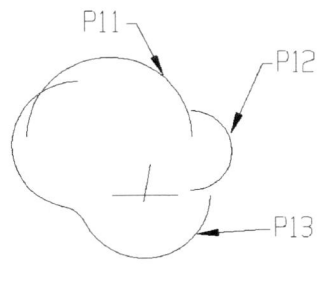

〈 연습 28-7 〉

STEP 08 두번째 필렛 그리기

1. STEP 7 에서 계속
2. **R : 반지름** 선택
3. 15 입력하고, Enter키 누름
4. 〈연습 28-7〉의 P11, P12 선택
5. 〈연습 28-7〉의 P12, P13 선택하면, 〈연습 28-8〉과 같이 도형 필렛 처리됨

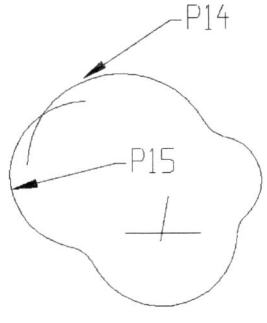

〈 연습 28-8 〉

CAD·CAM 실무 2D

STEP 09) 도형의 수정 트림 작업

1. STEP 8 에서 계속
2. **주메뉴** - **M : 수정** - **T : 트림** - **2 : 두요소** 선택
3. 〈연습 28-8〉의 P14, P15 선택하면, 〈연습 28-9〉와 같이 도형이 트림됨

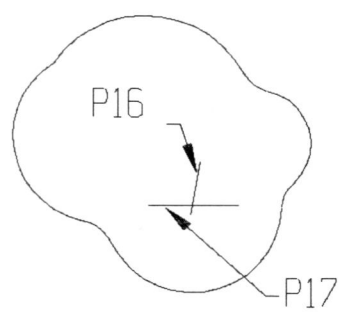

〈 연습 28-9 〉

STEP 10) 도형 지우기

1. STEP 7 에서 계속
2. **주메뉴** - **D : 지우기** 선택
3. 〈연습 28-9〉의 P16, P17 선택하면, 〈연습 28-10〉과 같이 도형이 지워지면서 도형이 완성된다.

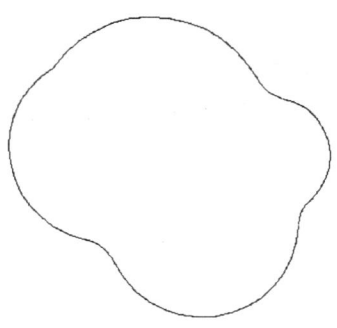

〈 연습 28-10 〉

29. 종합문제

STEP 01 첫번째 경사선 그리기

1. **주메뉴** - C : 그리기 - **L : 직선** - **P : 경사선** 선택
2. 0,0 입력하고, Enter키 누름
3. 20 입력하고, Enter키 누름
4. 35 입력하고, Enter키 누르면 〈연습 29-1〉의 경사선 생성됨

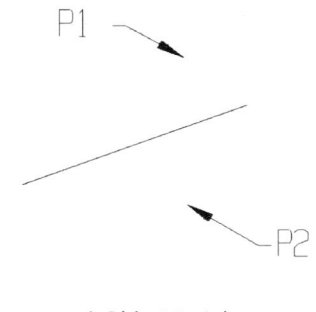

〈 연습 29-1 〉

STEP 02 수직선 그리기

1. STEP 1 에서 계속
2. **이전메뉴** - **V : 수직선** 선택
3. 30,40 입력하고, Enter키 선택
4. 30,-13 입력하고, Enter키 두 번 누름
5. 〈연습 29-2〉의 수직선 생성됨

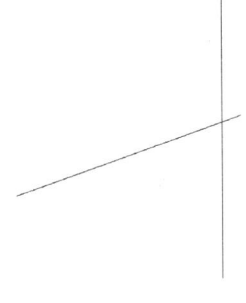

〈 연습 29-2 〉

STEP 03) 첫번째 원호 그리기

1. STEP 2 에서 계속
2. 이전메뉴 두 번 선택
3. A : 원호 - P : 점+각도 - C : 중심점 - R : 증분점 선택
4. 0,0 입력하고, Enter키 누름
5. R : 증분값 선택 후 40,30 입력하고, Enter키 누름
6. 10 입력하고, Enter키 누름
7. 90 입력하고, Enter키 누름
8. 180 입력하고, Enter키 누르면 〈연습 29-3〉과 같이 원호 생성됨

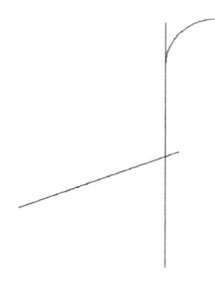

〈 연습 29-3 〉

STEP 04) 두번째 원호 그리기

1. STEP 3 에서 계속
2. R : 증분점 선택
3. 0,0 입력하고, Enter키 누름
4. R : 증분값 선택 후 90,0을 입력하고, Enter키 누름
5. 30 입력하고, Enter키 누름
6. 0 입력하고, Enter키 누름
7. 90 입력하고, Enter키 누르면 〈연습 29-4〉과 같이 원호 생성됨

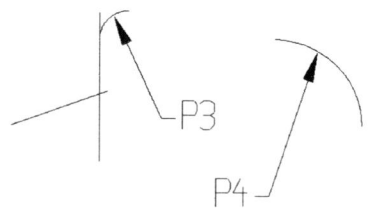

〈 연습 29-4 〉

STEP 05 접선 그리기

1. STEP 4 에서 계속
2. 이전메뉴 세 번 선택
3. L : 직선 - T : 접선 - 2 : 두원호 선택
4. 〈연습 29-4〉의 P3, P4 선택하면, 〈연습 29-5〉와 같이 두 원호를 잇는 접선 생성됨

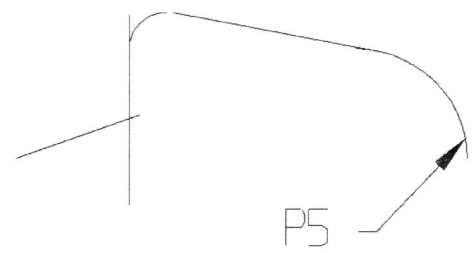

〈 연습 29-5 〉

STEP 06 두 점선 그리기

1. STEP 5 에서 계속
2. 이전메뉴 두 번 선택
3. E : 두 점선 - E : 끝점 선택
4. 〈연습 29-5〉의 P5 선택
5. 30,-50 입력하고, Enter키 누르면 〈연습 29-6〉의 두 점선 생성됨

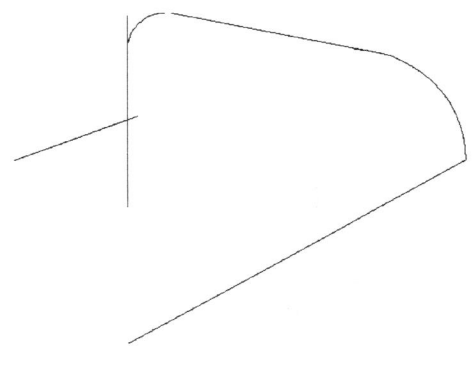

〈 연습 29-6 〉

STEP 07 두번째 경사선 그리기

1. STEP 6 에서 계속
2. 이전메뉴 - P : 경사선 선택
3. 0, -30 입력하고, Enter키 누름
4. -20 입력하고, Enter키 누름
5. 50 입력하고, Enter키 누르면 〈연습 29-7〉의 경사선 생성됨

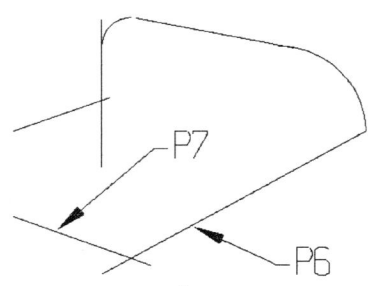

〈 연습 29-7 〉

STEP 08 첫번째 필렛 작업

1. STEP 7 에서 계속
2. 이전메뉴 두 번 선택
3. F : 필렛 - R : 반지름 선택
4. 30 입력하고, Enter키 누름
5. 〈연습 29-7〉의 P6, P7 위치 선택하면, 〈연습 29-8〉과 같이 필렛 그리기가 실행됨

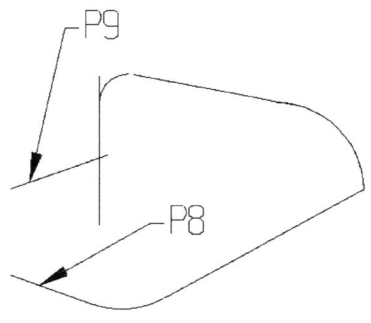

〈 연습 29-8 〉

STEP 09 두번째 필렛 작업

1. STEP 8 에서 계속
2. **R : 반지름** 선택
3. 10 입력하고, Enter키 누름
4. 〈연습 29-8〉의 P8, P9 위치 선택하면, 〈연습 29-9〉와 같이 필렛 그리기가 실행됨

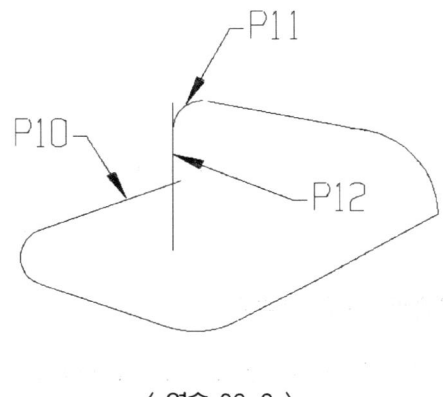

〈 연습 29-9 〉

STEP 10 도형 트림하기

1. STEP 9 에서 계속
2. **이전메뉴** 두 번 선택
3. **M : 수정** - **T : 트림** - **3 : 세요소** 선택
4. 〈연습 29-9〉의 P10, P11, P12 위치 선택
5. 〈연습 29-10〉과 같이 도형 트림됨

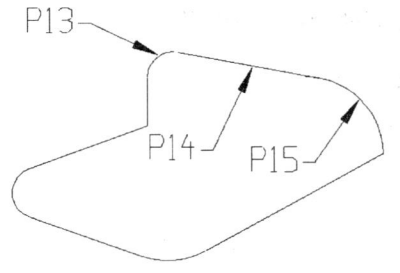

〈연습 29-10〉

STEP 11 도형 트림하기

1. STEP 10 에서 계속
2. 〈연습 29-10〉의 P13, P15, P14 위치 선택하면, 〈연습 29-11〉과 같이 세요소가 트림되면서 도형이 완성된다.

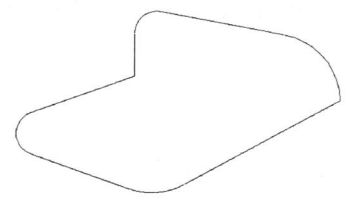

〈 연습 29-11 〉

30. 종합문제

STEP 01 첫번째 원호 그리기

1. 주메뉴 - C : 그리기 - A : 원호 - P : 점+각도 - C : 중심점 선택
2. -25,70 입력하고, Enter키 누름
3. 10 입력하고, Enter키 누름
4. 0 입력하고, Enter키 누름
5. 180 입력하고, Enter키 누르면 〈연습 30-1〉의 원호 생성됨

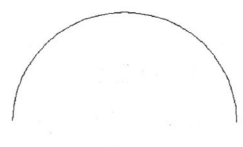

〈 연습 30-1 〉

STEP 02 두번째 원호 그리기

1. STEP 1 에서 계속
2. 25,70 입력하고, Enter키 누름
3. 10 입력하고, Enter키 누름
4. 0 입력하고, Enter키 누름
5. 180 입력하고, Enter키 누르면 〈연습 30-2〉의 원호 생성됨

〈 연습 30-2 〉

STEP 03  세번째 원호 그리기

1. STEP 2 에서 계속
2. 0,-30 입력하고, Enter키 누름
3. 20 입력하고, Enter키 누름
4. 180 입력하고, Enter키 누름
5. 360 입력하고, Enter키 누르면 〈연습 30-3〉의 원호 생성됨

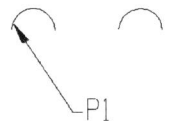

〈 연습 30-3 〉

STEP 04  네번째 원호 그리기

1. STEP 3 에서 계속
2. 0,-70 입력하고, Enter키 누름
3. 10 입력하고, Enter키 누름
4. 0 입력하고, Enter키 누름
5. 180 입력하고, Enter키 누르면 〈연습 30-4〉의 원호 생성됨

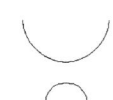

〈 연습 30-4 〉

STEP 05 첫번째 두 점선 그리기

1. STEP 4 에서 계속
2. 이전메뉴 세 번 선택
3. L : 직선 - E : 두 점선 - E : 끝점 선택
4. 〈연습 30-4〉의 P1 선택
5. -50,-80 입력하고, Enter키 누르면, 〈연습 30-5〉의 두 점선 생성됨

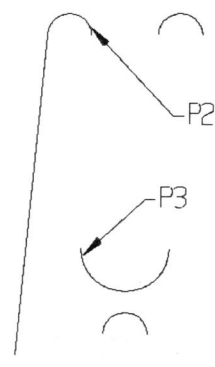

〈 연습 30-5 〉

STEP 06 두번째 두 점선 그리기

1. STEP 5 에서 계속
2. 〈연습 30-5〉의 P2, P3 선택하면, 〈연습 30-6〉과 같이 두 점선이 생성됨

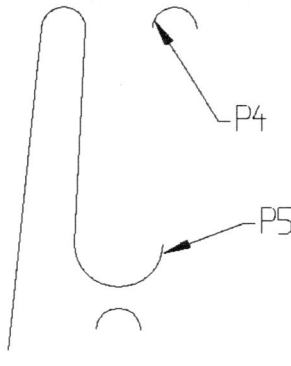

〈 연습 30-6 〉

STEP 07 세번째 두 점선 그리기

1. STEP 6 에서 계속
2. 〈연습 30-6〉의 P4, P5 선택하면, 〈연습 30-7〉과 같이 두 점선 생성됨

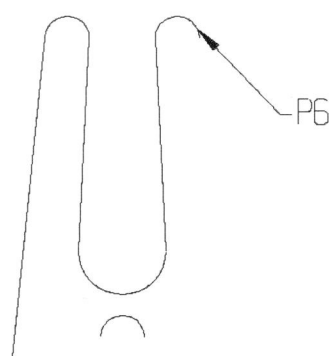

〈 연습 30-7 〉

STEP 08 네번째 두 점선 그리기

1. STEP 7 에서 계속
2. 〈연습 30-7〉의 P6 선택
3. 40,-80 입력하고, Enter키 누르면 〈연습 30-8〉과 같이 두 점선 생성됨

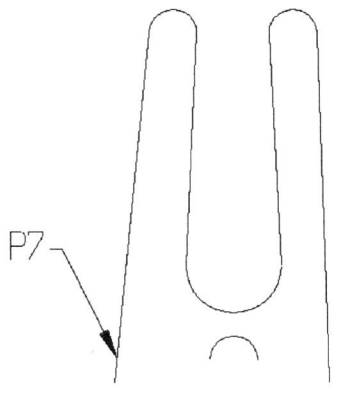

〈 연습 30-8 〉

STEP 09 다섯번째 두 점선 그리기

1. STEP 8 에서 계속
2. 〈연습 30-8〉의 P7 선택
3. -50,-90 입력하고, Enter키 누르면 〈연습 30-9〉와 같이 두 점선이 생성됨

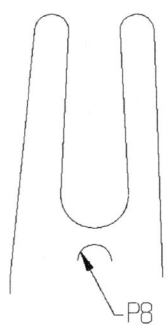

〈 연습 30-9 〉

STEP 10 여섯번째 두 점선 그리기

1. STEP 9 에서 계속
2. 〈연습 30-9〉의 P8 선택
3. -10,-90 입력하고, Enter키 누르면 〈연습 30-10〉과 같이 두 점선이 생성됨

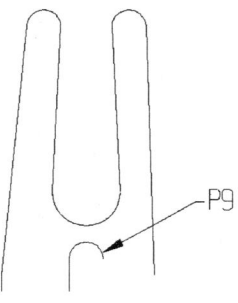

〈 연습 30-10 〉

STEP 11 일곱번째 두 점선 그리기

1. STEP 10 에서 계속
2. 〈연습 30-10〉의 P9 선택
3. 10,-80 입력하고, Enter키 누르면 〈연습 30-11〉과 같이 두 점선이 생성됨

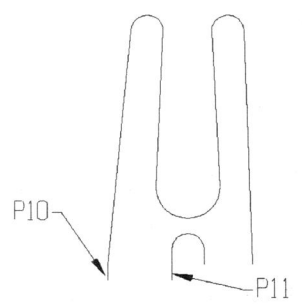

〈 연습 30-11 〉

STEP 12 여덟번째 두 점선 그리기

1. STEP 11 에서 계속
2. 〈연습 30-11〉의 P10, P11 선택하면, 〈연습 30-12〉와 같이 두 점선이 생성됨

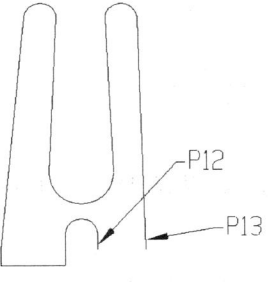

〈 연습 30-12 〉

STEP 13 아홉번째 두 점선 그리기

1. STEP 12 에서 계속
2. 〈연습 30-12〉의 P12, P13 선택하면 〈연습 30-13〉과 같이 두 점선이 생성되면서 도형 완성됨

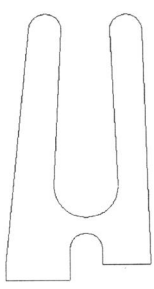

〈 연습 30-13 〉

31. 축 방향별 도형 확대

STEP 01 사각형 그리기

1. **주메뉴** - **C : 그리기** - **R : 사각형** - **1 : 한점** 선택
2. 아래 그림과 같이 지정 후 0,0 입력하고 Enter키 누름

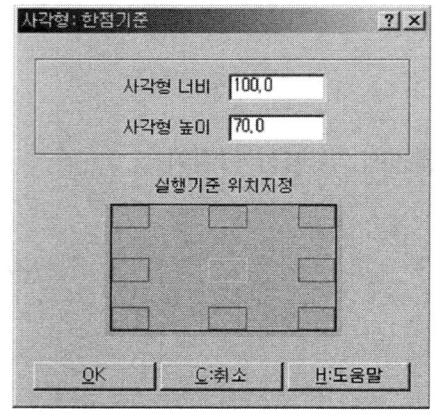

STEP 02 사각형을 축 방향별로 확대하기

1. STEP 1 에서 계속
2. **주메뉴** - **X : 이동** - **S : 배율이동** - **A : 모든요소** - **E : 요소** - **D : 완료** 선택 후 0,0 입력
3. 나타난 배율 대화창을 우측 그림과 같이 설정하고 OK 버튼 선택
4. 〈연습 31-1〉와 같이 축 방향 별로 확대된 사각형 도형이 생성됨

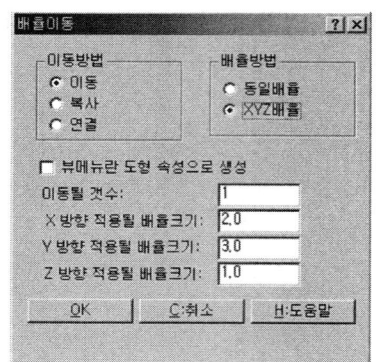
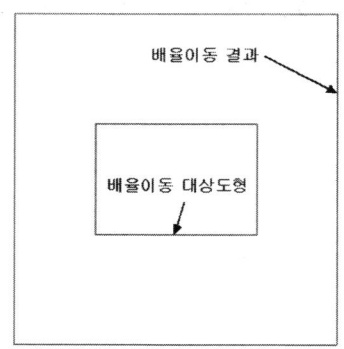

〈 연습 31-1 〉

32. 종합문제

STEP 01 첫번째 수직선 그리기

1. **주메뉴** - **C : 그리기** - **L : 직선** - **V : 수직선** 선택
2. -24,-29 입력하고, Enter키 누름
3. -24,-60 입력하고, Enter키 두 번 누르면 〈연습 32-1〉의 수직선 생성됨

〈 연습 32-1 〉

STEP 02 두번째 수직선 그리기

1. STEP 1 에서 계속
2. 24,-29 입력하고, Enter키 누름
3. 24,-60 입력하고, Enter키 두 번 누르면 〈연습 32-2〉와 같이 수직선이 생성됨

〈 연습 32-2 〉

STEP 03 첫번째 원호 그리기

1. STEP 2 에서 계속
2. 이전메뉴 두 번 선택
3. A : 원호 - R : 중심+반경원 선택
4. 50 입력하고, Enter키 누름
5. 0,0 입력하고, Enter키 누르면 〈연습 32-3〉과 같이 원호 생성됨

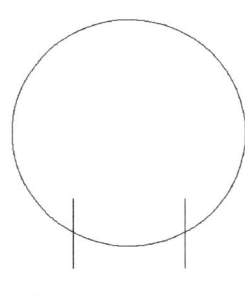

〈 연습 32-3 〉

STEP 04 두번째 원호 그리기

1. STEP 3 에서 계속
2. 이전메뉴 - P : 점+각도 - C : 중심점 선택
3. 0,-94 입력하고, Enter키 누름
4. 60 입력하고, Enter키 누름
5. 0 입력하고, Enter키 누름
6. 180 입력하고, Enter키 누르면 〈연습 32-4〉의 원호 생성됨

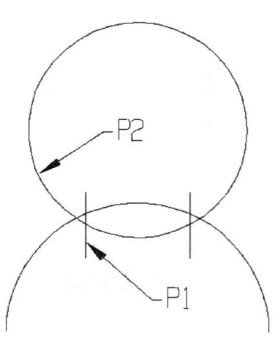

〈 연습 32-4 〉

STEP 05 세번째 원호 그리기

1. STEP 4 에서 계속
2. I : 교차점 선택
3. 〈연습 32-4〉의 P1, P2 선택
4. 8 입력하고, Enter키 누름
5. 90 입력하고, Enter키 누름
6. 270입력하고, Enter키 누르면 〈연습 32-5〉의 원호 생성됨

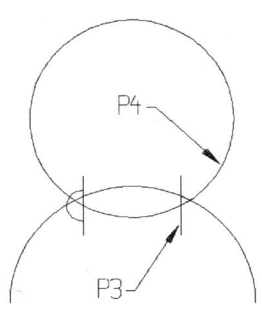

〈 연습 32-5 〉

STEP 06 네번째 원호 그리기

1. STEP 5 에서 계속
2. 〈연습 32-5〉의 P3, P4 선택
3. 8 입력하고, Enter키 누름
4. 270 입력하고, Enter키 누름
5. 90 입력하고, Enter키 누르면 〈연습 32-6〉의 원호 생성됨

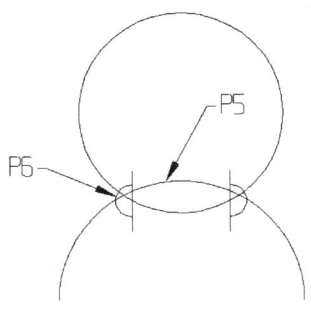

〈 연습 32-6 〉

STEP 07 첫번째 필렛 그리기

1. STEP 6 에서 계속
2. 이전메뉴 세 번 선택
3. F : 필렛 - R : 반지름 선택
4. 12 입력하고, Enter키 누름
5. A : 각도〈180 S 로 설정
6. T : 트림실행 Y 로 설정
7. 〈연습 32-6〉의 P5, P6 선택
8. 나타난 흰색의 원호들 중에서 중앙의 상단의 원호 선택하면, 〈연습 32-7〉과 같이 두개의 원호를 잇는 원호 생성됨

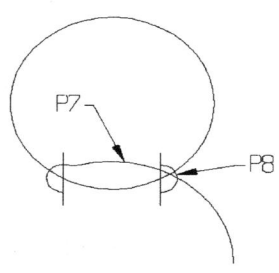

〈 연습 32-7 〉

STEP 08 두번째 필렛 그리기

1. STEP 7 에서 계속
2. 〈연습 32-7〉의 P7, P8 선택
3. 나타난 흰색의 원호들 중에서 중앙 상단의 원호를 선택하면, 〈연습 32-8〉과 같이 두개의 원호를 잇는 원호 생성됨

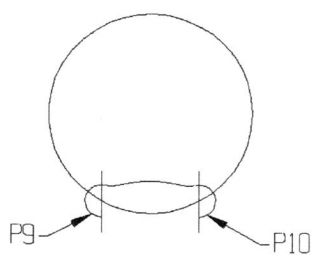

〈 연습 32-8 〉

STEP 09 세번째 필렛 그리기

1. STEP 8 에서 계속
2. **R : 반지름** 선택
3. 80 입력하고, Enter키 누름
4. 〈연습 32-8〉의 P9, P10 선택
5. 나타난 흰색의 원호들 중에서 하단에 있는 원호를 선택하면 〈연습 32-9〉와 같이 두개의 원호를 잇는 원호 생성됨

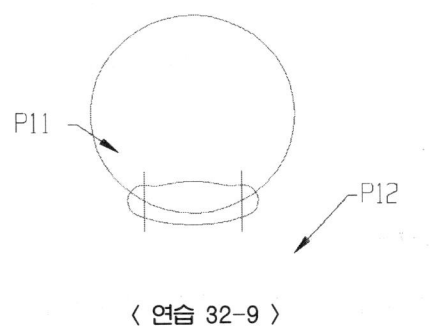

〈 연습 32-9 〉

STEP 10 도형 회전이동하기

1. STEP 9 에서 계속
2. **주메뉴** - **X : 이동** - **R : 회전이동** - **W : 윈도우** 선택
3. 〈연습 32-9〉의 P11, P12 위치를 마우스로 드래그
4. **D완료** - **O : 원점** 선택 후 나타난 회전이동 대화창을 아래 그림과 같이 설정

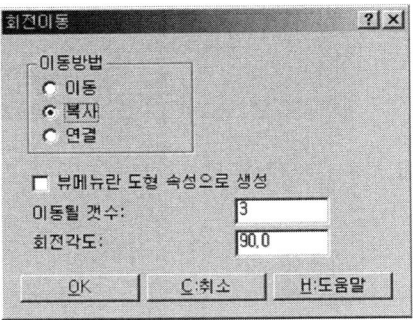

5. 모든 조건을 설정 후 OK버튼을 클릭하면, 〈연습 32-10〉과 같이 도형이 회전 이동되면서 도형이 완성됨

CAD·CAM 실무 2D

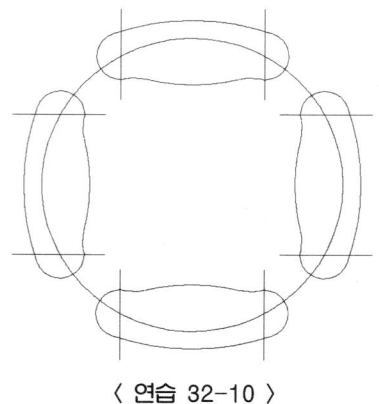

〈 연습 32-10 〉

33. 도형의 평행이동

STEP 01 사각형 그리기

1. **주메뉴** - **C : 그리기** - **R : 사각형** - **1 : 한점** 선택
2. 아래 그림과 같이 대화창 설정 후 0,0 입력하고, Enter키 누름

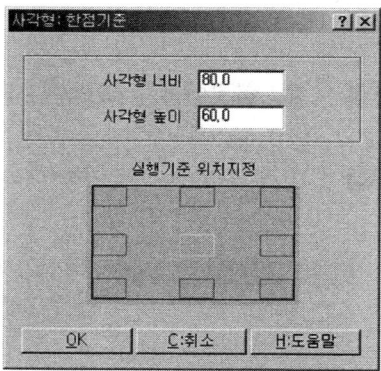

3. 〈연습 33-1〉의 사각형 생성됨

〈 연습 33-1 〉

Chapter 14

STEP 02 사각형 이동시키기

1. STEP 1 에서 계속
2. **주메뉴** - **X : 이동** - **T : 평행이동** - **A : 모든요소** - **E : 요소** - **D : 완료** - **R : 증분값** 선택
3. Z50 입력하고 Enter키 누름
4. 나타난 평행이동 대화창을 다음과 같이 설정하고 OK버튼을 클릭

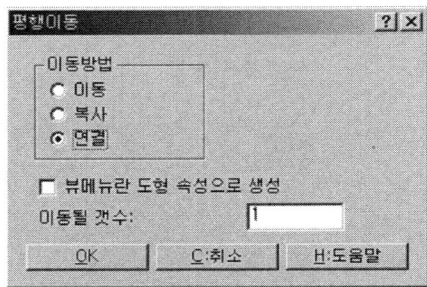

5. 〈연습 33-2〉와 같이 사각형이 이동되면서 육면체 도형 생성됨

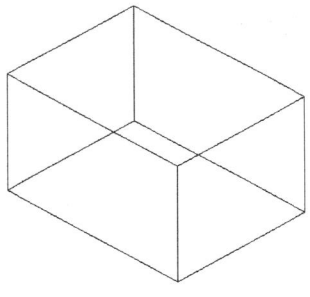

〈 연습 33-2 〉

34. 도형의 옵셋

STEP 01) 도형을 바깥쪽으로 옵셋 시키기

1. 화면에 이동시킬 도형을 그린다.
2. **주메뉴** - **X : 이동** - **C : 윤곽옵셋** - **C : 체인** 선택 후 아래와 같이 도형을 선택한다.

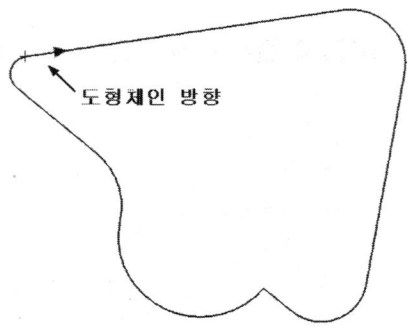

3. **D : 완료**를 지정 후 나타난 윤곽옵셋 대화창을 아래 그림과 같이 설정하고 OK 버튼 선택

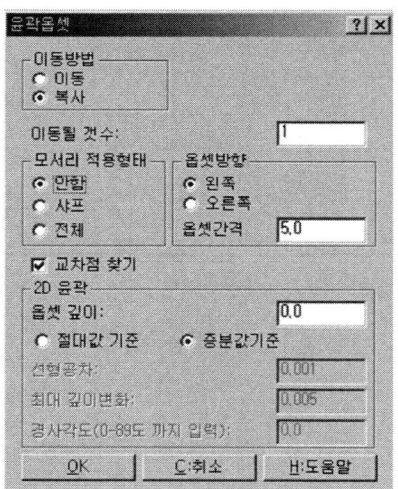

4. 〈연습 34-1〉과 같이 바깥쪽으로 옵셋된 도형이 생성됨

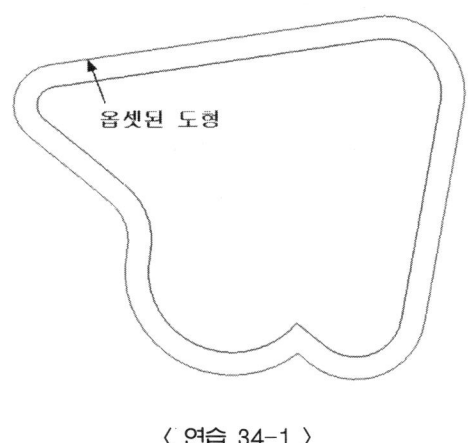

〈 연습 34-1 〉

STEP 02   도형을 안쪽으로 옵셋 시키기

1. STEP 1 에서 계속
2. `C : 체인` 선택 후 다음 그림과 같이 도형을 선택한다.

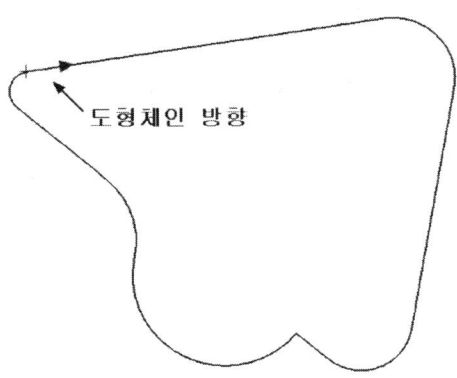

3. `D : 완료` 선택 후 다음 그림과 같이 대화창을 설정 후 OK버튼 클릭

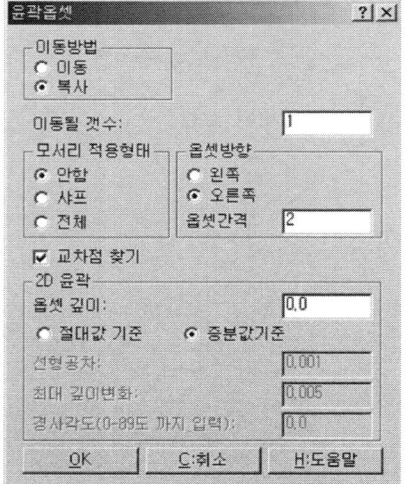

4. 〈연습 34-2〉와 같이 안쪽으로 옵셋된 도형이 생성됨

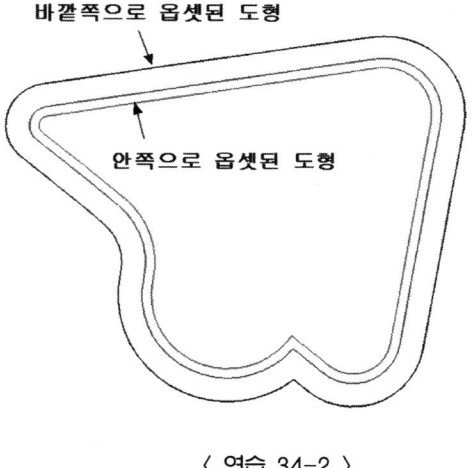

〈 연습 34-2 〉

35. 수평,수직 치수기입

STEP 01 예제도형 연속선 그리기

1. **주메뉴** - **C : 그리기** - **L : 직선** - **M : 연속선** 선택
2. 53.98, 73.70 입력하고, Enter 선택
3. 28.58, 73.70 입력하고, Enter 선택
4. 28.58, 29.75 입력하고, Enter 선택
5. 12.70, 29.75 입력하고, Enter 선택
6. 12.70, 73.7 입력하고, Enter 선택
7. -12.70, 73.70 입력하고, Enter 선택
8. -12.70, 29.75 입력하고, Enter 선택
9. -28.58, 29.75 입력하고, Enter 선택
10. -28.58, 73.7 입력하고, Enter 선택
11. -53.98, 73.70 입력하고, Enter 선택
12. -53.98, 29.75 입력하고, Enter 선택
13. -75.28, 29.75 입력하고, Enter 선택
14. -75.28, -29.75 입력하고, Enter 선택
15. -53.98, -29.75 입력하고, Enter 선택
16. -53.98, -73.70 입력하고, Enter 선택
17. -28.58, -73.70 입력하고, Enter 선택
18. -28.58, -29.75 입력하고, Enter 선택
19. 28.58, -29.75 입력하고, Enter 선택
20. 28.58, -73.7 입력하고, Enter 선택
21. 53.98, -73.70 입력하고, Enter 선택
22. 53.98, -29.75 입력하고, Enter 선택
23. 98.68, -29.75 입력하고, Enter 선택하면 아래 〈그림 35-1〉과 같은 그림이 생성됨

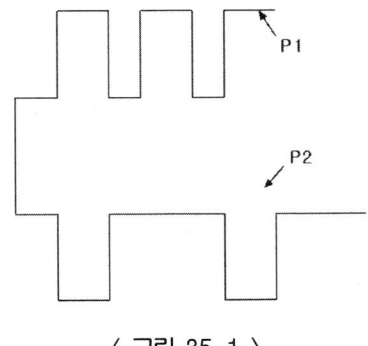

〈 그림 35-1 〉

24. 이전메뉴 - V : 수직선 - E : 끝점 선택
25. 〈그림 35-1〉의 P1 클릭 후 K:임의점 선택
26. P2 선택 후 Enter를 누르면 〈그림 35-2〉와 같은 수직선이 생성됨

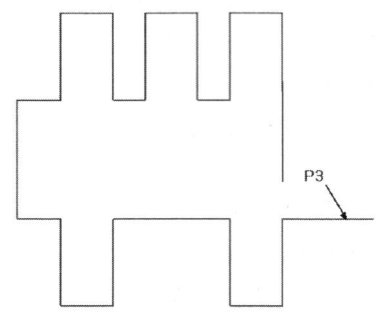

〈 그림 35-2 〉

27. 이전메뉴 - P : 경사선 - E : 끝점 선택 후 〈그림 35-2〉의 P3 선택
28. 경사선의 각도값 "125" 입력 후 Enter를 누름
29. 경사선 직선 길이값 "100" 입력 후 Enter를 누르면 〈그림 35-3〉과 같은 경사선이 생성됨

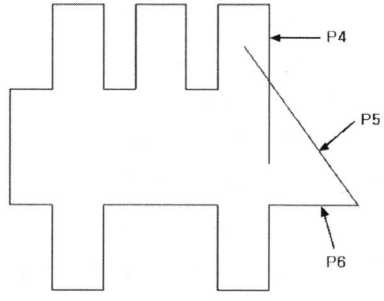

〈 그림 35-3 〉

30. 주메뉴 - M : 수정 - T : 트림 - 2 : 두요소 선택 후 P4, P5를 지정하면 두요소가 트림됨
31. 이전메뉴 두 번 선택
32. F : 필렛 - R : 반지름 선택 후 "6.25"를 입력
33. C : 체인 선택 후 〈그림 35-3〉의 P6 지정한 뒤 D : 완료를 선택

34. 아래 그림과 같이 R6.25가 필렛된 형상을 볼 수 있다.

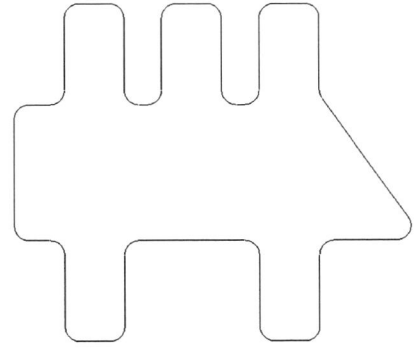

〈 그림 35-4 〉

35. 주메뉴 - **C : 그리기** - **R : 사각형** - **I : 조건설정** 선택 후 아래 그림과 같이 설정한 뒤 OK 클릭

36. **1 : 한점** 선택 후 아래 그림과 같이 설정한 뒤 **O : 원점** 선택

37. 〈그림 35-4〉같이 필렛 적용된 사각형이 생성된 것을 볼 수 있다.

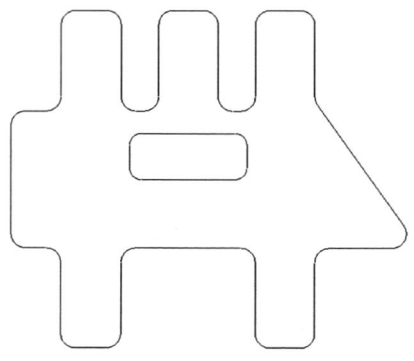

〈 그림 35-5 〉

38. 주메뉴 - C : 그리기 - A : 원호 - D : 중심+직경원 선택
39. "20" 입력 후, "54.75,-6.6" 입력하면 아래 〈그림 35-6〉과 같이 도형이 완성된 것을 볼 수 있다.

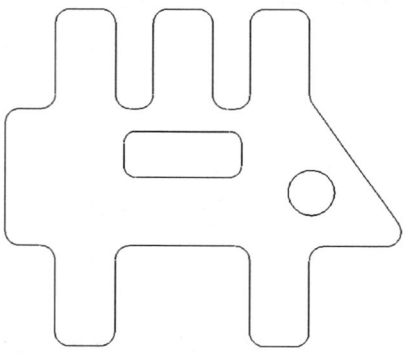

〈 그림 35-6 〉

STEP 02 도면작성 조건설정하기

1. 주메뉴 - **C : 그리기** - **D : 도면작성** - **G : 조건설정** 선택 후 아래 그림과 같이 설정한다.

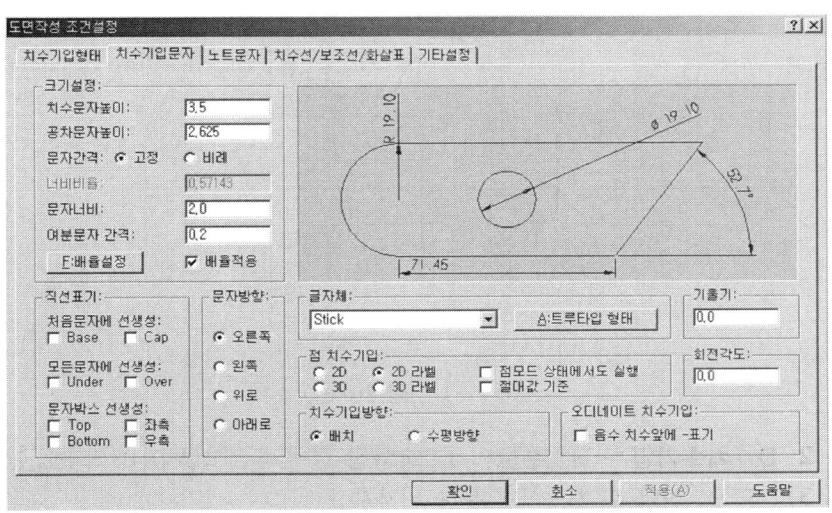

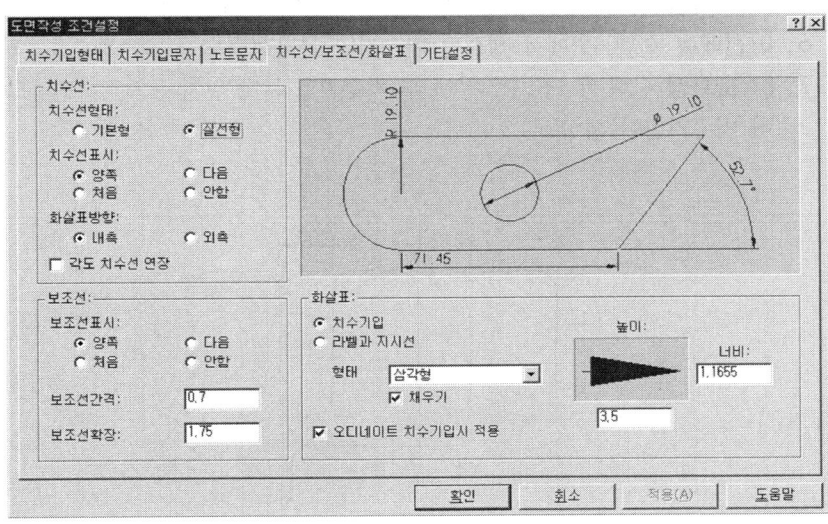

STEP 03 수평치수 기입하기

1. 모두 설정하였으면 확인 버튼을 클릭

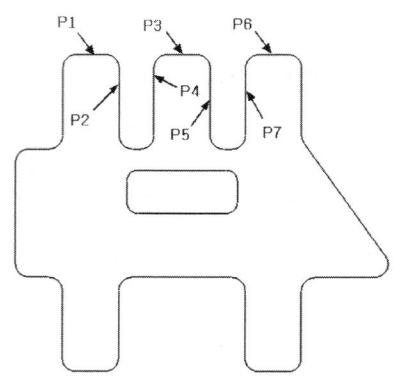

〈 그림 35-6 〉

2. `D : 치수기입` - `H : 수평` - `I : 교차점` 선택 후 〈그림35-6〉의 P1, P2 클릭
3. P3, P4 선택 후 치수기입 문자 위치지정
4. `이전메뉴` - `I : 연결` 선택 후 위에서 생성된 치수기입 문자 선택
5. `I : 교차점` 선택 후 P3, P5 선택 후 치수기입 문자 위치지정
6. `이전메뉴` 선택, 위에서 생성된 치수기입 문자선택
7. `I : 교차점` 선택 후 P6, P7 선택 후 치수기입 문자 위치를 지정하면 〈그림 35-7〉과 같이 치수기입이 생성됨

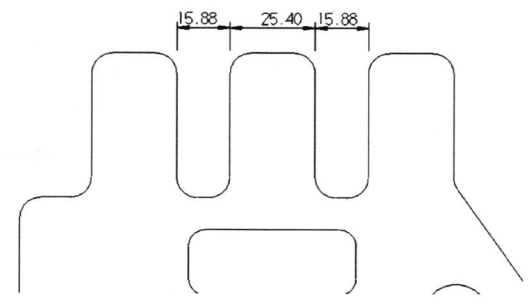

〈 그림 35-7 〉

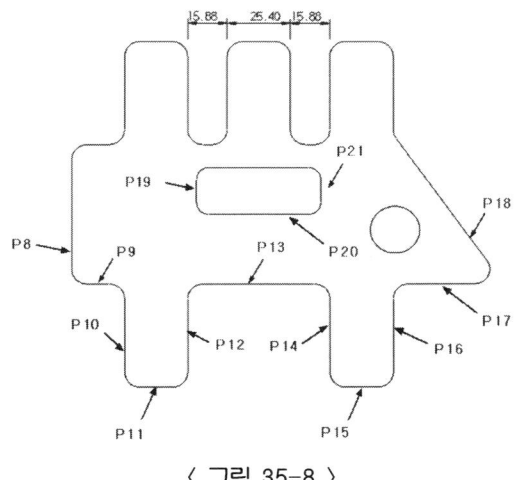

〈 그림 35-8 〉

8. **이전메뉴** 두 번 선택
9. **H : 수평** - **I : 교차점** 선택 후 P8, P9 선택
10. P10, P11 선택
11. **이전메뉴** - **I:연결** 선택, 위에서 생성된 치수기입 문자 선택
12. **I : 교차점** 선택 후 P11, P12 선택
13. **이전메뉴** 선택, 위에서 생성된 치수기입 문자 선택
14. **I : 교차점** 선택 후 P14, P15 선택
15. **이전메뉴** 선택, 위에서 생성된 치수기입 문자 선택
16. **I : 교차점** 선택 후 P15, P16 선택
17. **이전메뉴** 선택, 위에서 생성된 치수기입 문자 선택
18. **I : 교차점** 선택 후 P17, P18 선택
19. **이전메뉴** 두 번 선택 후 H : 수평 클릭
20. **I : 교차점** 선택 후 P19, P20 지정
21. P20, P21 지정하면 〈그림 35-9〉와 같은 수평 치수기입문자가 생성됨

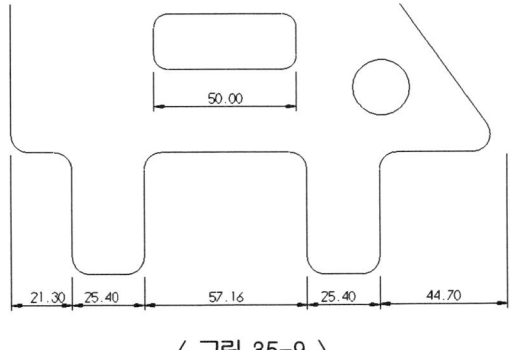

〈 그림 35-9 〉

STEP 04 수직치수 기입하기

1. `이전메뉴` 선택

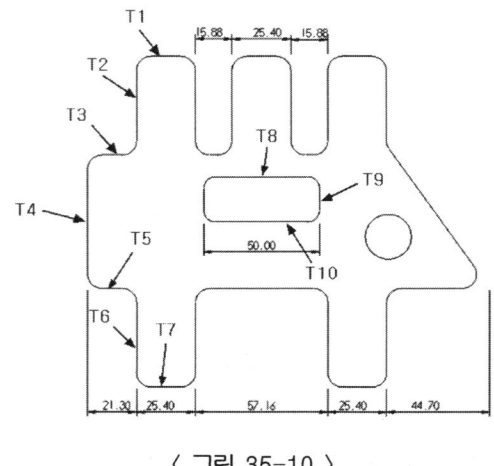

〈 그림 35-10 〉

2. `V : 수직` – `I : 교차점` 선택 후 〈그림 35-10〉의 T1, T2 클릭
3. T3, T4 클릭
4. `이전메뉴` 선택, `I : 연결` 선택 후 위에서 생성된 치수기입 문자 선택
5. `I : 교차점` 선택 후 T4, T5 클릭
6. `이전메뉴` 선택, `I : 연결` 선택 후 위에서 생성된 치수기입 문자 선택
7. `I : 교차점` 선택 후 T4, T5 클릭
8. `이전메뉴` 두 번 선택 후 `V : 수직` – `I : 교차점`을 지정한 후 T8, T9 클릭
9. `I : 교차점`을 지정한 후 T9, T10 클릭하면 아래 〈그림 35-11〉과 같이 치수기입 문자가 생성됨

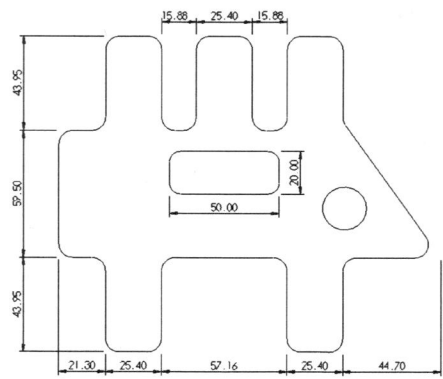

〈 그림 35-11 〉

STEP 05 반지름/각도/점 치수 기입하기

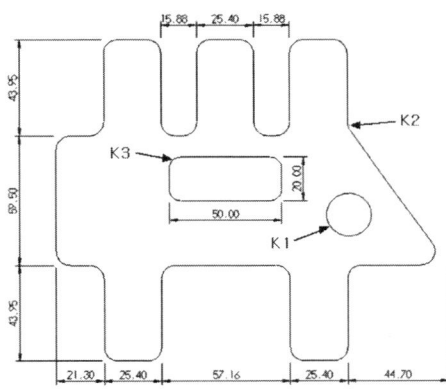

〈 그림 35-12 〉

1. **이전메뉴** - **C : 원호** 선택 후 〈그림 35-12〉의 K1(원호) 지정한 후 드래그하여 치수 기입 문자가 놓여질 위치를 선택
2. K2 선택 후 키보드의 "R" 버튼을 누른 후 드래그하여 치수기입 문자가 놓일 위치 선택
3. K3 선택 후 드래그하여 치수기입 문자가 놓일 위치 선택
4. **이전메뉴** 두 번 선택, **문자수정 Y** 로 설정 후 K2에서 생성된 치수기입 문자를 클릭
5. 치수문자 수정 대화창을 아래와 같이 설정한 후 OK 버튼을 클릭

6. K3에서 생성된 치수기입 문자를 선택 후 나타나는 치수문자 수정 대화창을 다음과 같이 설정

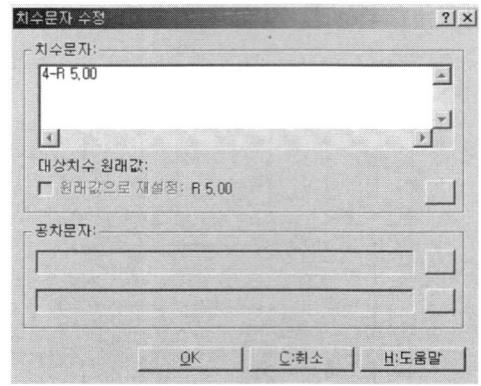

7. OK 버튼을 누르면 아래 〈그림 35-13〉과 같이 치수가 기입된 것을 볼 수 있다.

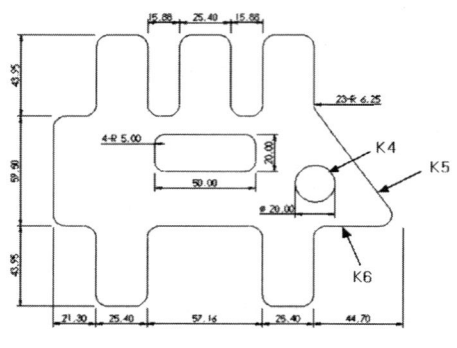

〈 그림 35-13 〉

8. `D : 치수기입` - `P : 점` - `C : 중심점` 선택 후 K4(원호)를 지정한 후 나타난 치수기입 문자를 드래그하여 문자가 놓일 위치를 지정한다.

9. `이전메뉴` - `A : 각도` 선택 후, K5,K6를 지정하여 나타난 치수 기입 문자를 드래그하여 문자가 놓일 위치를 지정하면 아래 〈그림 35-14〉와 같은 치수기입 문자가 생성된다.

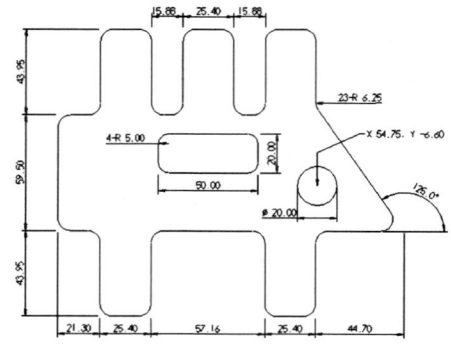

〈 그림 35-14 〉

<< 가공연습 1 해답

PART 1 : 작업평면/그래픽뷰/Z깊이 설정 및 커서위치감지 기능 해제

1. 부메뉴란 **작업평면** 메뉴선택 후 주메뉴란 **평면** 선택
2. 부메뉴란 **그래픽뷰** 메뉴선택 후 주메뉴란 **평면** 선택
3. 작업화면내에서 마우스 오른쪽버튼 클릭
4. 부메뉴란의 Z값 "0" 선택
5. 커서위치감지 메뉴 선택하여 메뉴 앞 표시 해제

PART 2 : 도면 그리기

1. **주메뉴** - **C : 그리기** - **R : 사각형** - **I : 조건설정**을 〈그림 1〉과 같이 설정한다.
2. **주메뉴** - **C : 그리기** - **R : 사각형** - **1 : 한점** 선택 후 아래 〈그림 2〉와 같이 설정한 다음 OK 버튼을 누르고, 주메뉴란의 **O : 원점**을 선택하면 작업화면 영역상에 사각형이 그려진다.

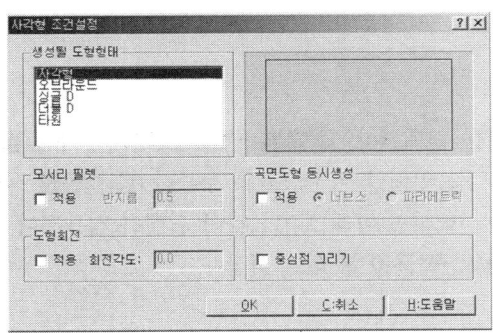

〈 그림 1 〉

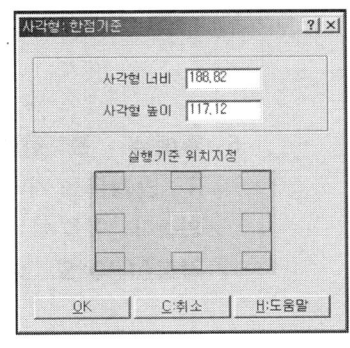

〈 그림 2 〉

3. **주메뉴** - **X : 이동** - **C : 윤곽옵셋** - **C : 체인** 선택 후 다음 페이지 〈그림 3〉과 같이 도형을 선택한 뒤 D : 완료를 지정한다. (좌측상단을 선택하며, 화살표 방향은 우측) 윤곽옵셋 대화창이 나타나면 다음 페이지 〈그림 4〉와 같이 설정한 후 OK버튼을 누른다.
4. Alt + F1을 눌러 도형을 작업화면에 자동 배율한다.

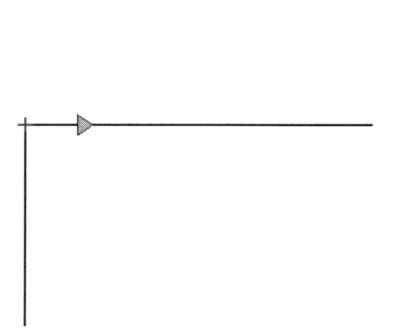

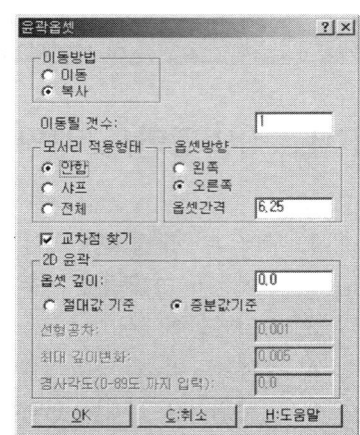

〈 그림 3 〉   〈 그림 4 〉

아래 그림과 같이 거리 6.25만큼 옵셋된 내측 사각형을 볼 수 있다.

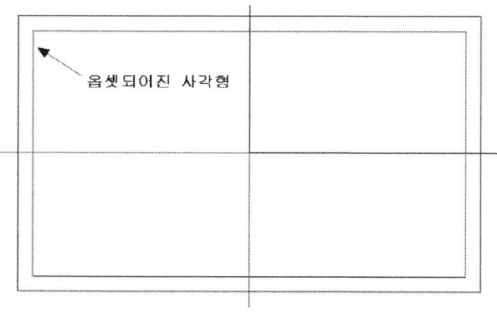

5. **주메뉴** - **S : 화면** - **L : 색상복귀**를 선택한다. **주메뉴** - **C : 그리기** - **F : 필렛** - **R : 반지름**을 차례로 선택 후 "6.25"를 입력한 뒤 Enter를 누른다. **C : 체인** 선택 후 외측사각형을 클릭한다. **D : 완료**를 선택하면 아래그림과 같이 필렛이 적용된다. (**A : 각도<180 S** , **T : 트림실행 Y** , **W : 적용방향 A**로 설정)

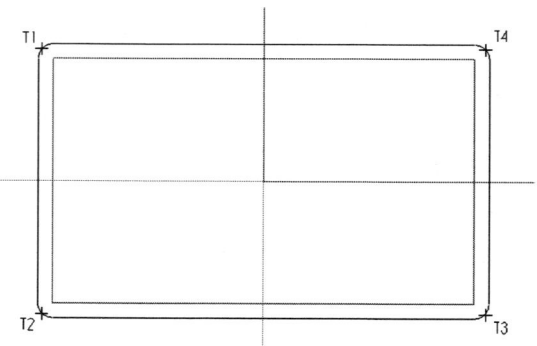

6. **주메뉴** - **M : 수정** - **T : 트림** - **C : 원호닫기**를 차례로 선택한 다음 T1, T2, T3, T4를 차례로 클릭하면 아래 그림과 같이 원호가 닫힌 형상을 유지하는 것을 볼 수 있다.

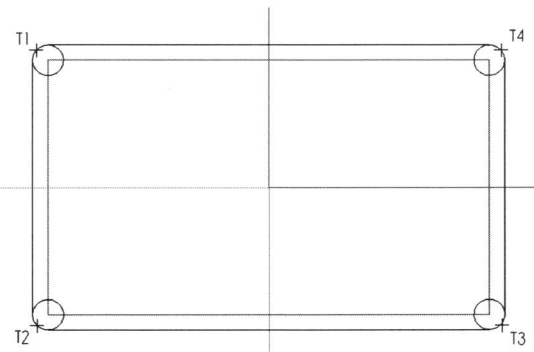

7. **주메뉴** - **M : 수정** - **B : 자르기** - **M : 멀티** 지정 후 원도형 선택 T1을 선택한다. **N : 갯수기준** 선택 후 좌측하단 분할될 갯수를 입력란에 "2"를 기입한 뒤 Enter를 누른다. (**A : 원호유지 Y** 로 설정) **D : 실행** 선택하면 선택되어진 원호(T1)은 이등분되어진다. 나머지 T2, T3, T4도 같은 방법으로 2등분한다.

8. **주메뉴** - **C : 그리기** - **F : 필렛** 선택 후 **R : 반지름**을 지정하여 "2.5"를 기입한다. Enter 선택 후 "A1-A2", "A3-A2"를 차례로 클릭한다.

다음 그림과 같이 필렛이 적용된 상태를 볼 수 있다.

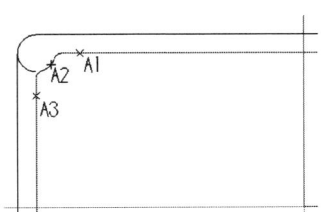

나머지 원호들도 위와 같은 방법으로 필렛을 적용한다.

9. **주메뉴** - **M : 수정** - **T : 트림** - **1 : 한요소**를 선택 후 〈그림1〉의 B1과 B2를 차례로 선택하면 원호의 불필요한 부분이 삭제되는 것을 〈그림 2〉와 같이 확인할 수 있다.

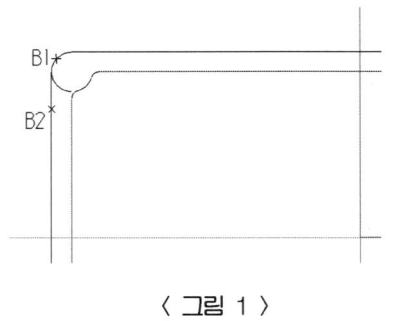
〈 그림 1 〉

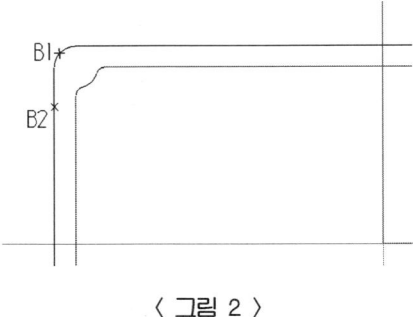
〈 그림 2 〉

나머지 원호들도 위와 같이 트림처리를 하면 아래와 같은 도형이 생성된다.

10. **주메뉴** - **C : 그리기** - **L : 직선** - **L : 평행선** - **S : 측면/거리** 선택 후 아래 그림의 C1클릭한 뒤 C2(옵셋방향)을 지정한다. 좌측하단에 평행선거리 값을 입력하라는 메시지가 출력되면 입력란에 "42.1"을 입력한 뒤 Enter를 누른다. 아래 〈그림 2〉와 같이 옵셋되어진 직선이 나타나는 것을 확인할 수 있다.

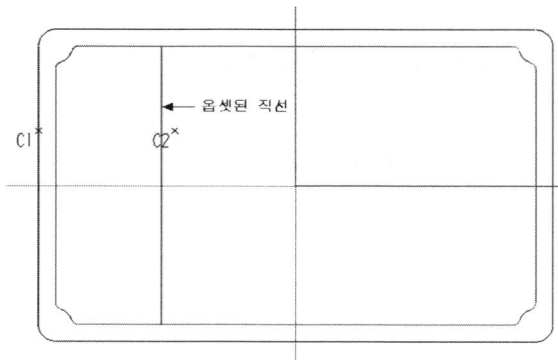

11. 주메뉴 - X : 수정 - B : 자르기 - L : 길이 선택 후 C3를 지정하면 좌측하단에 다음과 같은 자르기할 길이를 입력하는 란이 활성화된다.

끝점기준 적용될 길이 : 35.63
(또는 X,Y,Z,R,D,L,S,A,? 키 입력)

여기에 "35.63"을 입력하고 Enter를 누르면, 윗쪽에서 35.63부위가 잘려 2등분된 것을 확인할 수 있다.

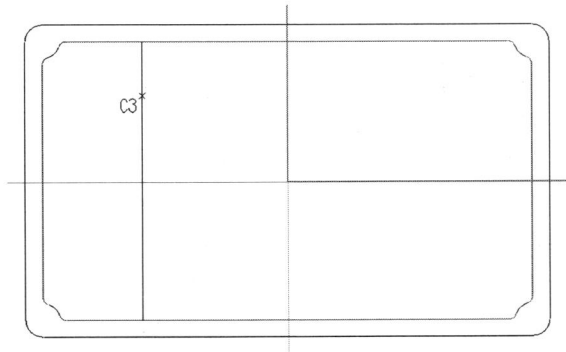

12. 주메뉴 - C : 그리기 - L : 직선 - L : 평행선 - S : 측면/거리 메뉴를 차례로 선택 후 아래 그림의 C2를 클릭하고 C3(옵셋방향)을 지정한다.

13. 좌측하단 평행선거리 값을 입력하라는 메시지가 출력되면 입력란에 "6.25"를 입력한 뒤 Enter를 누르면 아래 그림과 같이 6.25 만큼 옵셋된 직선이 나타나는 것을 볼 수 있다.

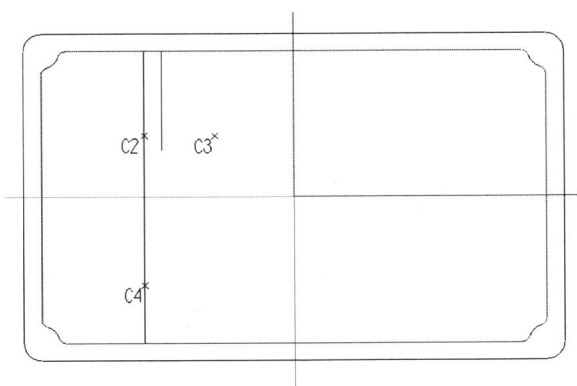

14. 주메뉴 - M : 수정 - T : 트림 - D : 나누기 메뉴를 선택 후 다음 〈그림 1〉의 C5-C6-C7를 차례로 클릭하면 〈그림 2〉와 같은 형상이 되는 것을 확인할 수 있다.

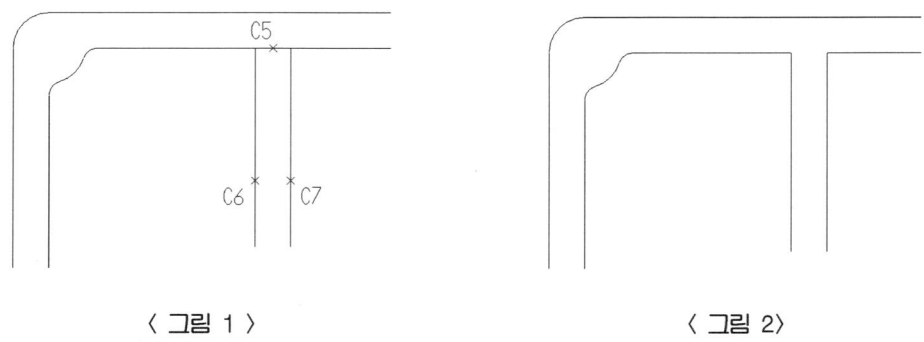

〈 그림 1 〉　　　　　　　　　　〈 그림 2〉

15. **주메뉴** - **D : 지우기** 선택 후 이전 페이지 10번 그림의 C4를 지정하여 삭제한다.
16. **주메뉴** - **C : 그리기** - **A : 원호** - **R : 중심+반경원** 선택 후 좌측하단 원호 반지름 값 입력란에 "18.75"를 입력하고 Enter를 누른다. "-49.188,-8.136"을 입력한 뒤 Enter를 누르면 원호의 중심이 위치할 중심점의 좌표를 지정된다. **이전메뉴** - **R : 중심+반경원** 선택 후 원호 반지름 입력란에"25"를 입력하고 Enter를 누른다. **L : 최종점**을 선택하면 R25의 원호중심이 이전에 선택한 "-49.188,-8.136" 위치한다.

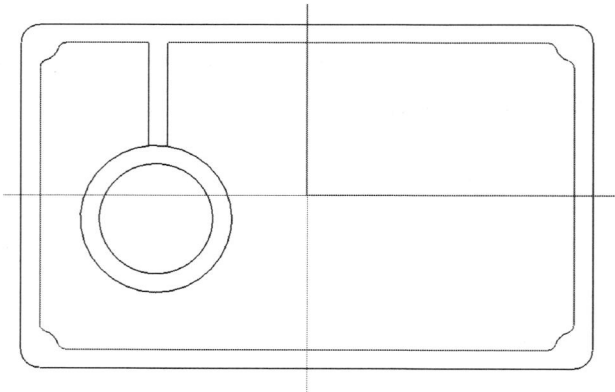

17. **이전메뉴** - **R : 중심+반경원** 선택 후 원호 반지름 입력란에 "6.25"를 입력하고 Enter를 누른다. "-65.72,-26.89"를 입력하여 원호의 중심이 위치할 중심점의 좌표를 지정 후 Enter를 누른다. **이전메뉴** - **D : 중심+직경원** 선택 후 원호 반지름 입력란에 "5"를 입력하고 Enter를 누른다. **L : 최종점**을 선택하면 D5의 원호중심이 이전에 선택한 "-65.72,-26.89" 위치한다.

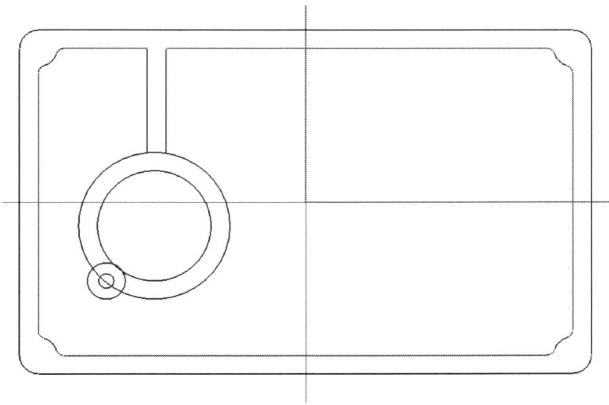

18. **주메뉴** - **X : 이동** - **M : 대칭이동** 선택 후 아래 〈그림 1〉의 D1, D2를 선택한다.(대칭이동 대상도형 선택) 모두 선택하였으면 D : 완료를 선택한다. 대칭이동 기준 설정 중 **2 : 두점** - **U : 4분점**을 선택하고 D3 선택 후 D4를 지정하면 아래 〈그림 2〉와 같은 대칭이동 대화창이 표시된다.

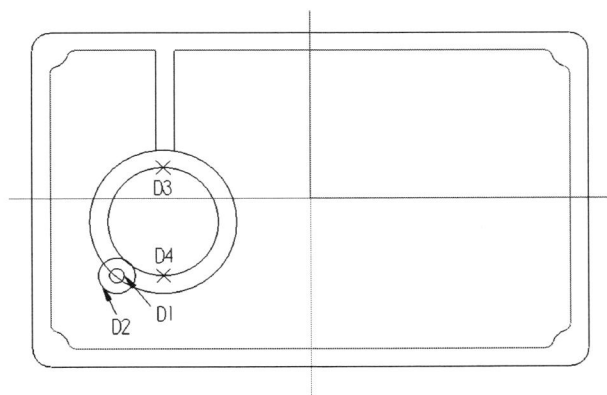

〈 그림 1 〉

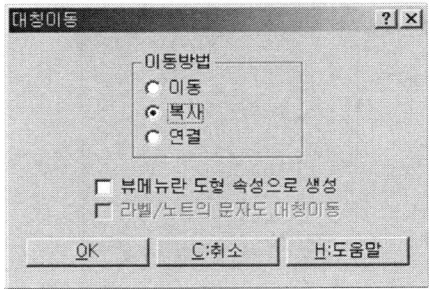

〈 그림 2 〉

〈그림 2〉처럼 대칭이동창을 설정하고 OK 버튼을 클릭한다.
다음 같은 대칭이동된 도형이 생성되는 것을 볼 수 있다.

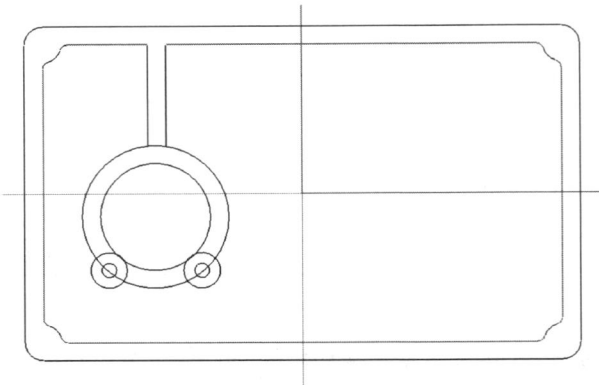

19. `주메뉴` - `C : 그리기` - `F : 필렛` - `R : 반지름` 선택 후 반지름값 "2.5"를 입력하고 Enter를 누른다. 아래 그림의 E1-E2, E3-E4를 차례로 선택한다.(필렛 조건중 `T : 트림실행` `N`으로 설정할 것)오른쪽 원호도 같은 방법으로 필렛을 적용한다.

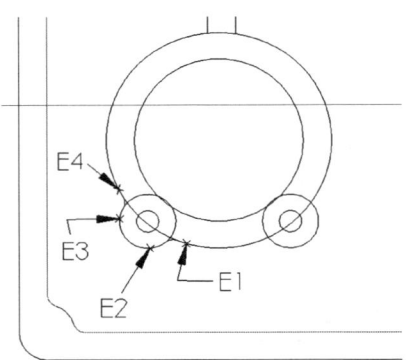

20. `주메뉴` - `X : 수정` - `T : 트림` - `3 : 세요소` 선택 후 다음 그림의 F1-F2-F3를 차례로 지정한다.

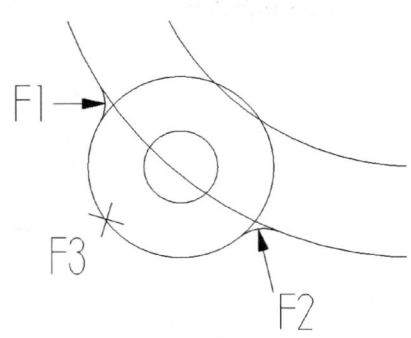

다음 그림과 같이 트림된 형태를 볼 수 있다. 우측 원호들도 같은 방법으로 트림한다.

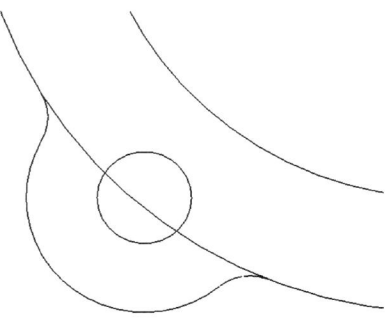

21. 현재 상태(`T : 트림` - `3 : 세요소`)에서 아래 그림의 G1, G2, G3를 차례로 지정한다.

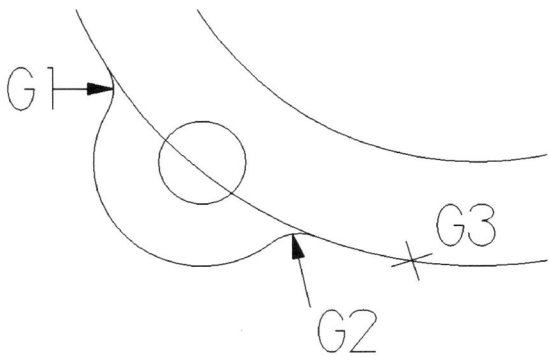

아래 그림과 같이 트림된 상태를 확인할 수 있다.

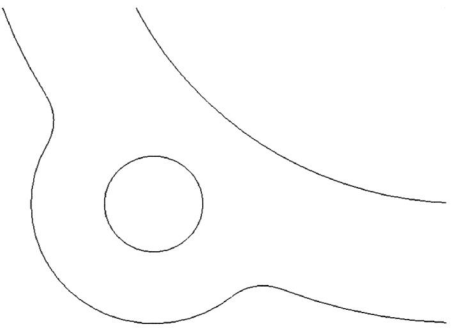

22. **이전메뉴** - **D : 나누기** 선택 후 우측 원호의 H1, H2, H3를 차례로 지정한다.

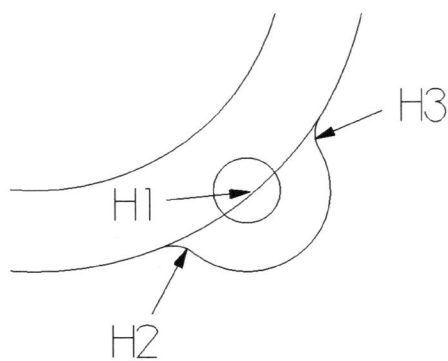

아래 그림과 같이 불필요한 부분(H1)이 삭제되어진 것을 확인 할 수 있다.

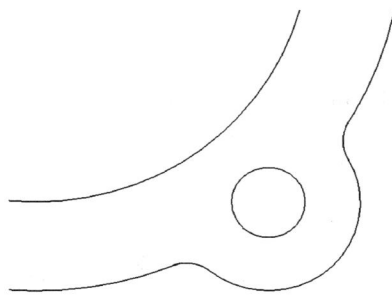

현상태(**M : 수정** - **T : 트림** - **D : 나누기**)에서 〈그림 1〉의 J1, J2, J3를 차례로 선택하면, 불필요한 부분(J1)이 삭제된 〈그림 2〉를 볼 수 있다.

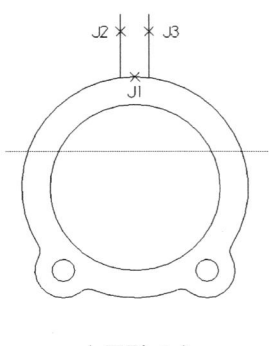

〈 그림 1 〉   〈 그림 2 〉

23. **주메뉴** - **C : 그리기** - **F : 필렛** - **R : 반지름** 선택 후 "2.5"를 입력하고 Enter를 누른다. K1-K2, K3-K4, K5-K6, K7-K8을 차례로 지정하면 필렛이 적용된다. (**T : 트림실행 Y**로 지정)

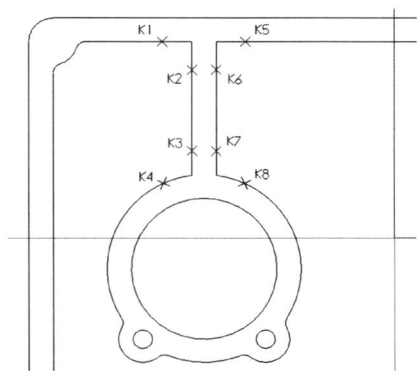

24. **주메뉴** - **C : 그리기** - **L : 직선** - **P : 경사선** - **R : 증분점** - **I : 교차점** 선택 후 L1, L2를 지정한다.

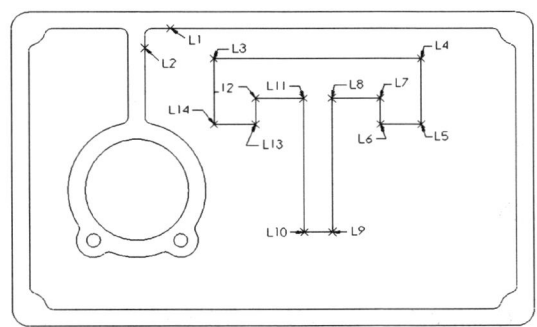

R : 증분값 선택 후 "24.92, -11.26"을 입력하고 Enter를 누르면, L3가 지정된다. 좌측하단의 경사선의 각도 값 "0"을 입력 후 Enter를 누른다.
직선의 길이 값 "75"를 입력 후 Enter를 누른다.
E : 끝점 선택 후 L4를 마우스로 지정 후 경사선의 각도값 "270", 직선의 길이값 "25"를 지정한다.
L5를 마우스로 지정 후 경사선의 각도 값 "180", 직선의 길이 값 "15"를 지정한다.
L6를 마우스로 지정 후 경사선의 각도 값 "90", 직선의 길이 값 "10"을 지정한다.
L7를 마우스로 지정 후 경사선의 각도 값 "180", 직선의 길이 값 "17.5"를 지정한다.
L8를 마우스로 지정 후 경사선의 각도 값 "270", 직선의 길이 값 "50"을 지정한다.
L9를 마우스로 지정 후 경사선의 각도 값 "180", 직선의 길이 값 "10"을 지정한다.

L10을 마우스로 지정 후 경사선의 각도 값 "90", 직선의 길이 값 "50"를 지정한다.
L11를 마우스로 지정 후 경사선의 각도 값 "180", 직선의 길이 값 "17.5"를 지정한다.
L12를 마우스로 지정 후 경사선의 각도 값 "270", 직선의 길이 값 "10"를 지정한다.
L13를 마우스로 지정 후 경사선의 각도 값 "180", 직선의 길이 값 "15"를 지정한다.
L14를 마우스로 지정 후 경사선의 각도 값 "90", 직선의 길이 값 "25"를 지정한다.

25. 주메뉴 - C : 그리기 - F : 필렛 - R : 반지름 선택 후 좌측하단 필렛 반경값 R2.7을 입력 후 Enter를 누른다.
C : 체인을 선택한 후 아래 〈그림 1〉에서 처럼 L15를 지정한다.
D : 완료를 선택하면 〈그림 2〉에서 처럼 R2.7 필렛이 적용된 형태를 볼 수 있다.

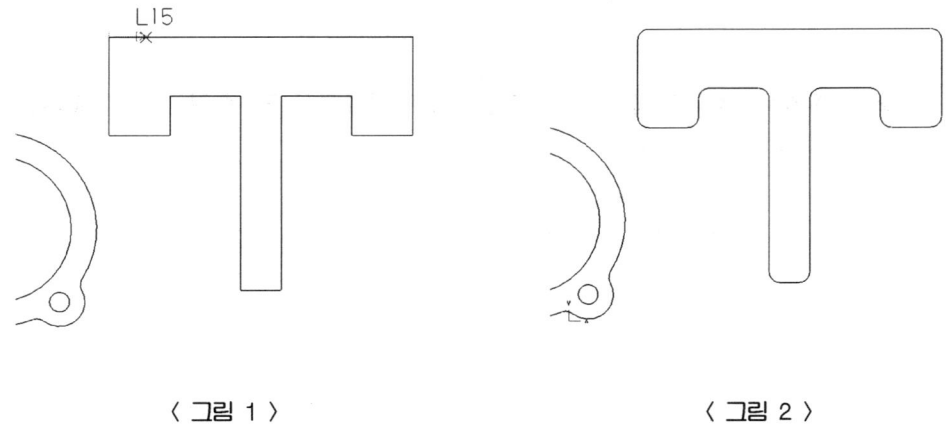

〈 그림 1 〉　　　　　　　　　　〈 그림 2 〉

26. 주메뉴 - C : 그리기 - L : 직선 - P : 경사선 - R : 증분점 - I : 교차점 선택 후 N1, N2를 지정한다. R : 증분값 선택하면 기준 좌표값을 입력하라는 메시지가 나타난다.
27. "X141.83"을 입력하고 Enter를 누르면 N3지점이 지정된다.
28. 경사선의 적용될 각도값을 넣으라는 메시지가 나오면 "48.4"를, 직선의 길이 값은 "60"을 입력하고 각각 Enter를 누르면 다음그림과 같은 경사선이 생성된다.

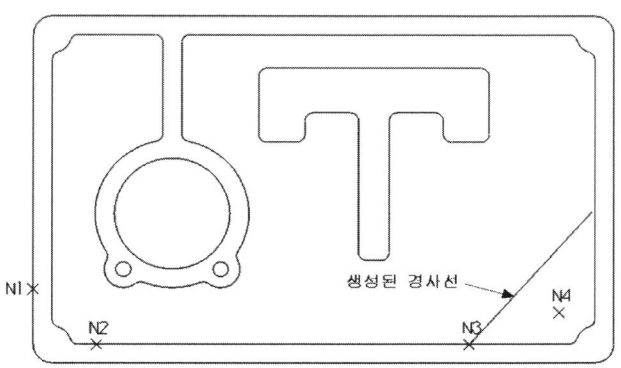

29. **주메뉴** - **C : 그리기** - **L : 직선** - **L : 평행선** - **S : 측면/거리** 메뉴를 차례로 선택 후 생성된 경사선을 지정한다. N4 지점을 선택(옵셋방향 지정)하고 평행선거리 6.25 를 입력한 후 Enter를 누른다. 그러면 거리 6.25만큼 옵셋된 직선이 생성된다.

30. **주메뉴** - **M : 수정** - **B : 자르기** - **A : 교차점분할** 메뉴를 차례로 선택 후 다음 그림 의 P1, P2, P3를 차례로 지정한다. **D : 완료**를 선택하면 각각의 교차점을 기준으로 등분된 형태의 직선들이 존재하게 된다.

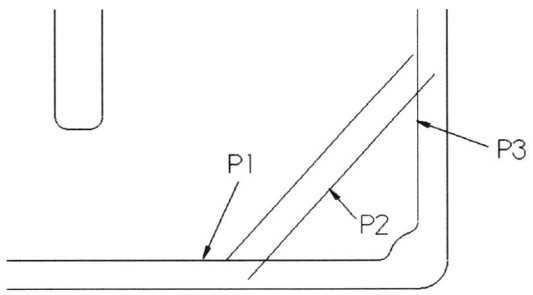

31. **주메뉴** - **M : 수정** - **T : 트림** - **2 : 두요소** 메뉴를 선택 후 아래 그림의 Q1, Q2, Q3, Q4를 차례로 지정하면 트림이 된다.

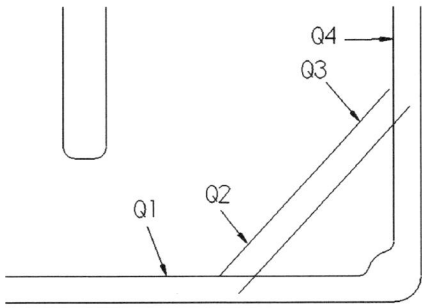

32. **주메뉴** - **C : 그리기** - **F : 필렛** - **R : 반지름** 메뉴를 선택 후 필렛반경값 "2.5"를 입력하고 Enter를 누른다. 아래 〈그림 1〉의 S1-S2, S3-S4, S6-S5, S5-S7을 차례로 지정하면 R2.5의 필렛이 적용된다.(〈그림 2〉 참조)

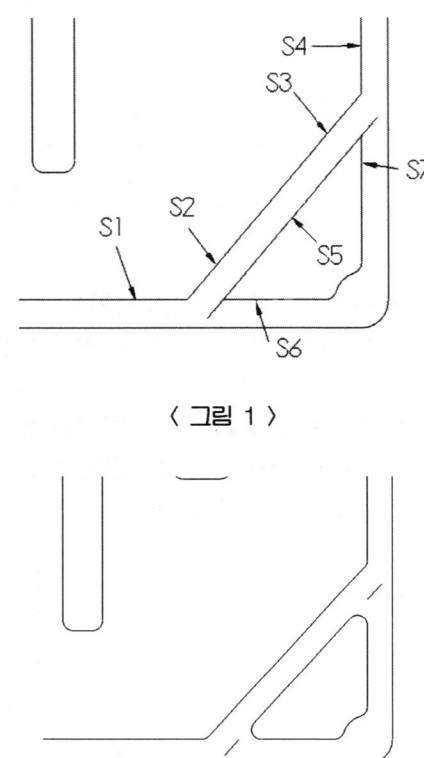

〈 그림 1 〉

〈 그림2 〉

주메뉴 - **D : 지우기** 를 선택하여 불필요한 직선을 삭제한다.
아래와 같은 그림을 볼 수 있다.

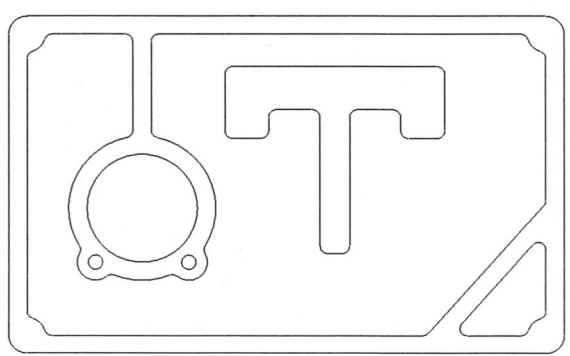

33. **주메뉴** - **C : 그리기** - **A : 원호** - **D : 중심+직경원** 메뉴를 선택 후 좌측하단에 원호의 지름값 "5"를 입력하고 Enter를 누른다. "-88.16, -52.32"를 입력 후 Enter를 누르면 좌측하단 부분에 직경 5의 원호가 생성되는 것을 볼 수 있다.

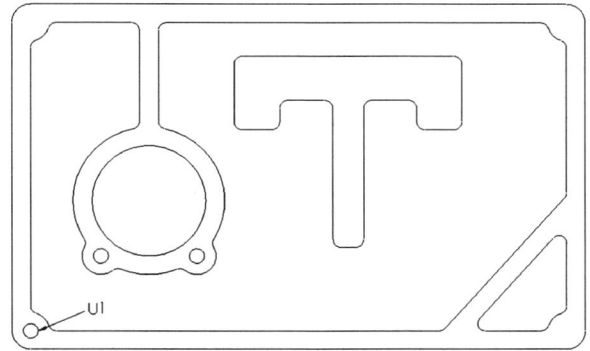

34. **주메뉴** - **X : 이동** - **M : 대칭이동** 메뉴를 선택 후 U1(원호)를 선택한다. **D : 완료**를 선택한 다음 대칭기준으로 **Y : Y축**을 설정한다. 대칭이동 대화창이 나타나면 아래와 같이 설정한다.

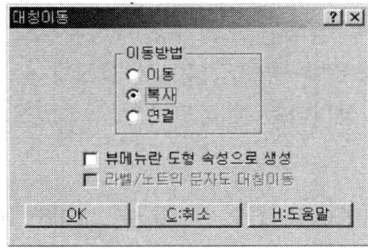

OK 버튼을 누르면 다음 그림과 같이 원호가 Y축을 기준으로 대칭이동된 도형이 생성된 것을 볼 수 있다.

35. 현상태(**주메뉴** - **X : 이동** - **M : 대칭이동**)에서 위 그림의 U1과 이동된 원호를 선택한다. **D : 완료**를 선택한 다음 대칭기준으로 **X : X축**을 설정한다. 대칭이동 대화창이 나타나면 아래와 같이 설정한다.

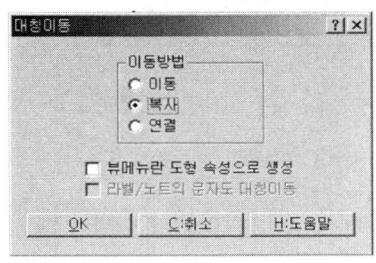

OK 버튼을 누르면 다음 그림과 같이 원호가 X축을 기준으로 대칭이동된 도형이 생성된 것을 볼 수 있다.

주메뉴 - **S : 화면** - **L : 색상복귀** 를 선택하면 도형생성이 완료된 것을 볼 수 있다.

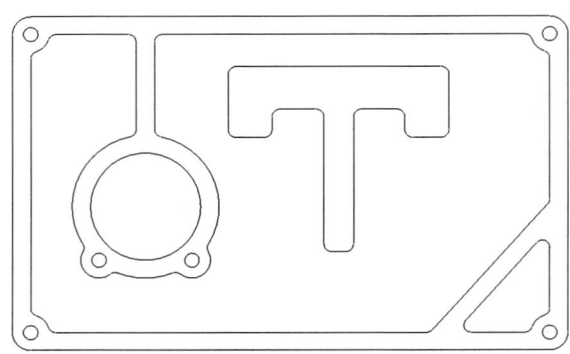

PART 3 : 가공경로 생성하기

STEP 01 재료설정

피삭재 크기설정은 이후 실행될 모의가공 과정에서도 설정할 수 있으며, 공구정의 또한 가공실행 과정 및 가공유틸-공구정의에서 설정할 수 있으나 이 매뉴얼 사용자들의 이해를 돕기 위해 사전 정의하는 과정으로 실행하였으므로 참고하기 바랍니다.

PART 2에서 생성된 도형을 기준으로 하여

1. 부메뉴란의 Z : 0.000 을 선택 후 "5"를 입력한 뒤 Enter를 누른다.
2. **주메뉴** - **C : 그리기** - **R : 사각형** - **1 : 한점** 선택한다.
3. 너비=210, 높이=135를 입력한 후 OK 버튼을 누른 다음 주메뉴란의 **O : 원점**을 지정한다.
4. **주메뉴** - **X : 이동** - **T : 평행이동** - **C : 체인** 메뉴 후 생성된 사각형을 선택한다. 선택하였으면 **D : 완료**를 두 번 지정. **R : 증분값** 선택하고, "Z-40"을 입력 후 Enter를 누른다. 평행이동 대화창이 나타나면 아래와 같이 설정한 뒤 OK를 클릭

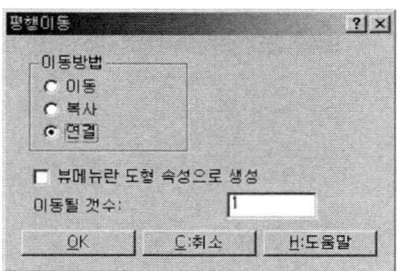

5. **그래픽뷰** - **I : 입체**를 지정한다.
   주메뉴 - **T : 가공경로** - **J : 재료설정** - **E : 대각모서리** - **E:끝점**를 선택 후 다음 그림과 같이 P1, P2를 차례로 지정하면 재료크기가 자동으로 지정된다.

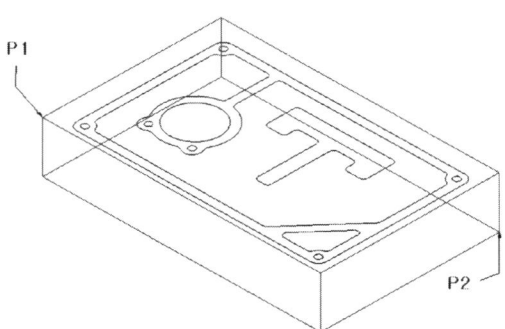

6. 재료설정 내용을 아래와 같이 지정 후 OK 버튼을 누른다.

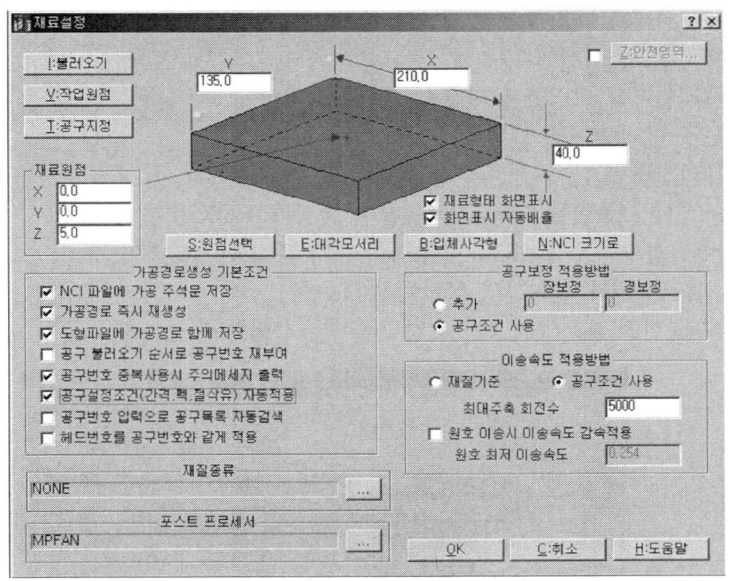

STEP 02 사용공구 사전정의

구분	플레인커터 Ø50	평엔드밀 Ø30	평엔드밀 Ø10	평엔드밀 Ø5	센터드릴 Ø10	드릴 Ø5
공구번호	2	3	4	5	6	7
공구지름	50	30	10	5	10	5
경보정번호	2	3	4	5	6	7
장보정번호	42	43	44	45	46	47
이송속도	150	250	400	500	500	600
Z축 이송속도	100	150	250	300		
복귀속도	1000	1000	1000	1000	100	1000
주축회전수	1200	1500	1700	2000	1500	1500
절삭날의 수	4	4	4	4	4	4

※ 홀더높이, 오버롤 등 각종 공구관련 치수는 각 공구지름 크기에 비례하여 설정

1. **주메뉴** - **T : 가공경로** - **J : 재료설정** 선택
2. 대화창의 좌측상단 T : 공구지정 버튼 선택
3. 공구관리자 대화창의 흰색 영역에서 마우스 오른쪽버튼 클릭
4. 새공구 생성 선택
5. 플레인커터 그림항목 마우스 클릭
6. 공구-플레인커터 화면을 〈그림 1〉과 같이 설정
7. 대화창의 상단 조건설정 항목 마우스 클릭
8. 조건설정 화면을 〈그림 2〉와 같이 설정하고 OK 버튼 선택
9. 기타 공구들은 위 표의 내용으로 위의 과정을 반복하여 정의
10. 공구관리자 대화창의 하단위치 OK버튼 선택
11. 재료설정 대화창의 하단위치 OK버튼 선택하면 가공에 사용될 공구정의 완료됨

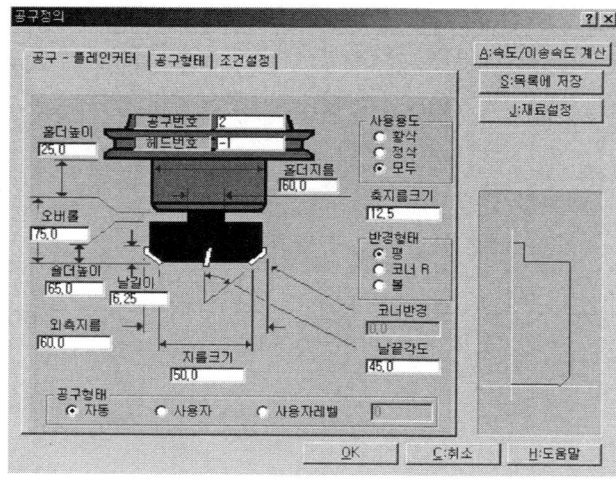

〈 그림 1 〉

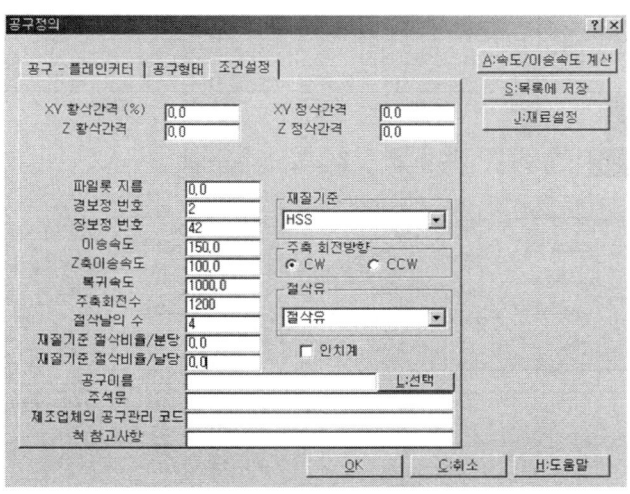

〈 그림 2 〉

STEP 03) 작업/공구평면 지정

1. 부메뉴란 **작업평면** 선택 후 **주메뉴**란 평면 선택
2. 부메뉴란 **공구평면** 선택 후 **주메뉴**란 평면 선택

STEP 04) 표면가공 가공경로 생성

1. **주메뉴** - **T : 가공경로** - **F : 표면가공** - **C : 체인** 메뉴지정 후 A1을 선택한다.

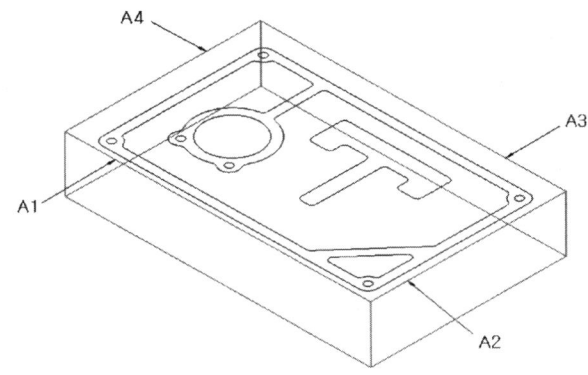

2. 체인 화살표가 나타나면 A2-A3-A4를 차례로 선택한 뒤 **E : 체인종료** - **D : 완료**를 지정한다.
3. 공구조건설정 대화창의 상단 표시된 공구들 중2번 공구 마우스 클릭
4. 대화창의 기타 항목들은 아래 그림과 같이 설정한다.

2D 연습과제 해답

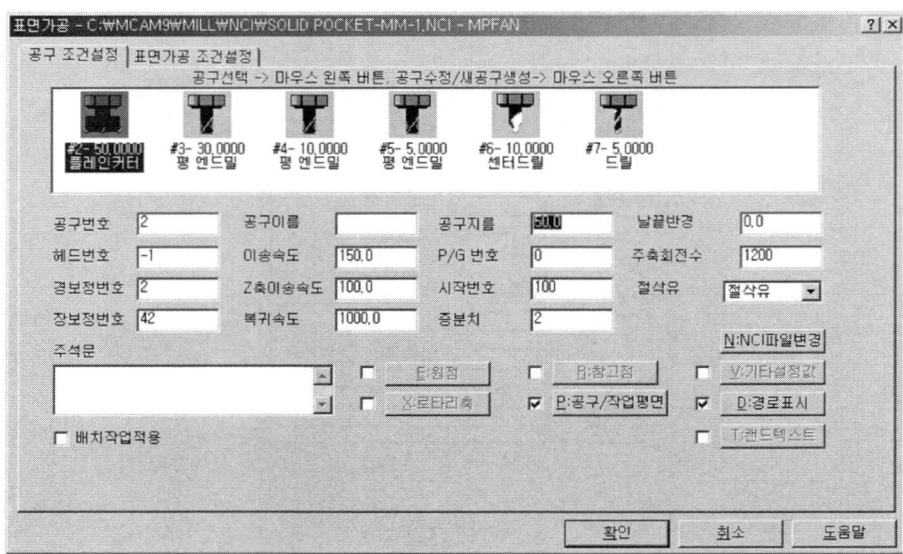

5. 대화창의 상단 표면가공 조건설정 항목을 마우스 클릭하고 아래와 같이 설정한다.

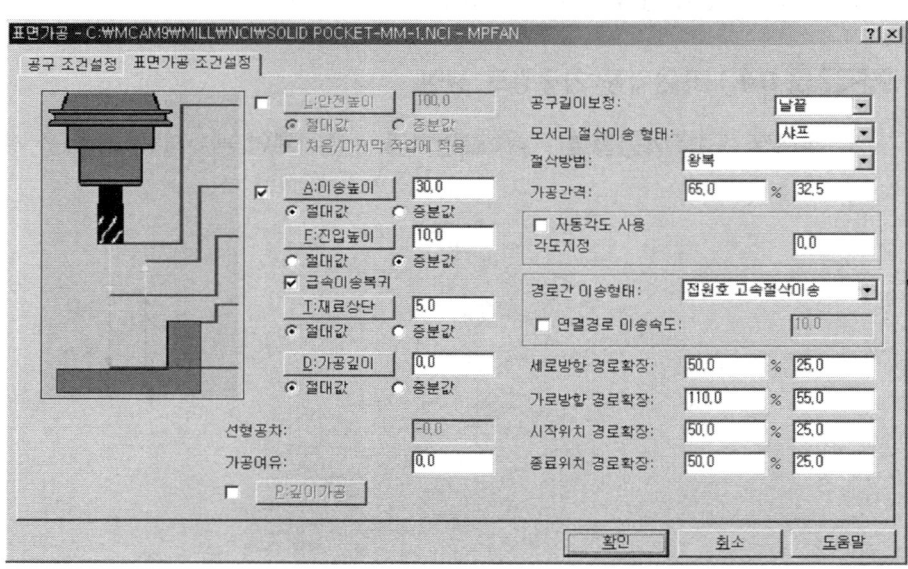

6. 모든 조건을 설정 후 **확인**을 클릭하면, 아래 그림과 같이 가공경로가 생성된 것을 볼 수 있다.

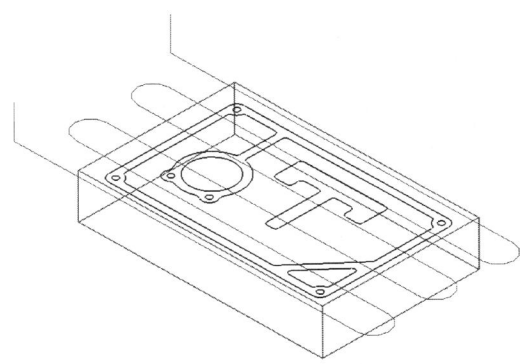

7. 가공정의 관리자 대화창의 표면가공 폴더에 마우스 오른쪽버튼 선택

8. 기타작업 - 가공경로 화면표시 하기 - OFF 순으로 마우스를 클릭하고 OK버튼을 선택한다.

위 과정에서 가공경로를 화면에서 감추는 이유는 다른 가공정의 경로를 생성할 때 쉽게 확인할 수 있도록 하기 위한 작업이다.

STEP 05 포켓가공 가공경로 생성

1. 주메뉴 - T : 가공경로 - P : 포켓가공 - C : 체인 메뉴지정 후 B1-B2-B3-B4를 차례로 선택한 후 D : 완료를 지정한다.

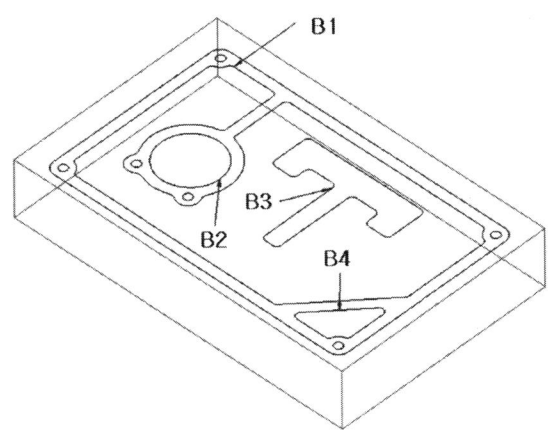

2. 공구조건설정 대화창의 상단 표시된 공구들 중 4번 공구 마우스 클릭

3. 대화창의 기타 항목들은 다음 그림과 같이 설정한다.

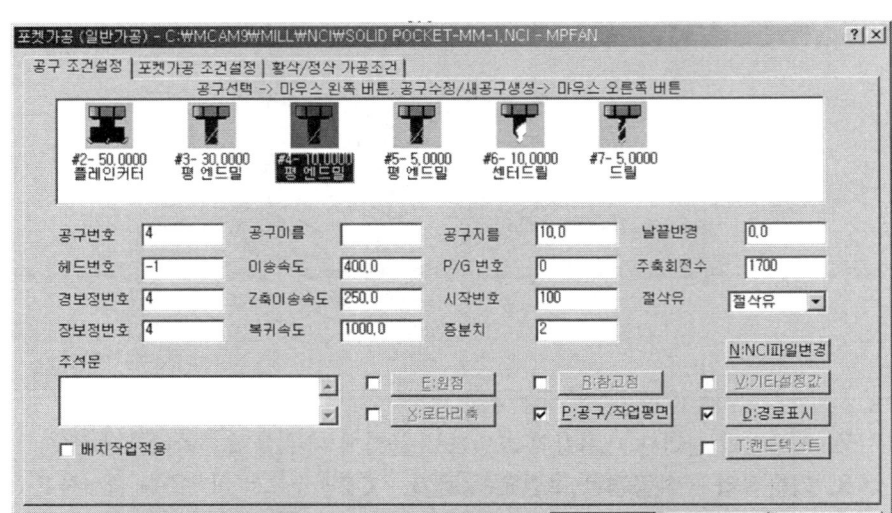

4. 대화창의 상단 포켓가공 조건설정 항목을 마우스 클릭하고 깊이가공 및 가공조건을 다음 페이지 〈그림 1〉, 〈그림 2〉와 같이 설정한다.

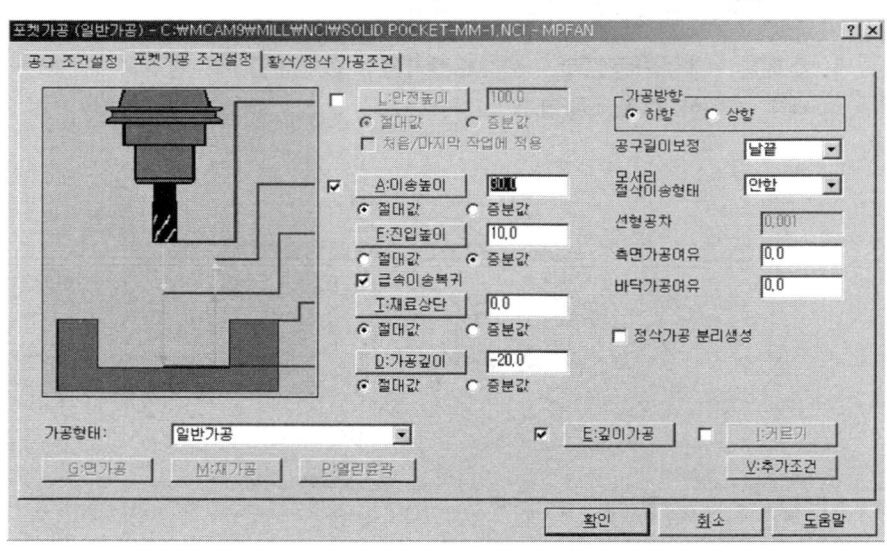

〈 그림 1 〉

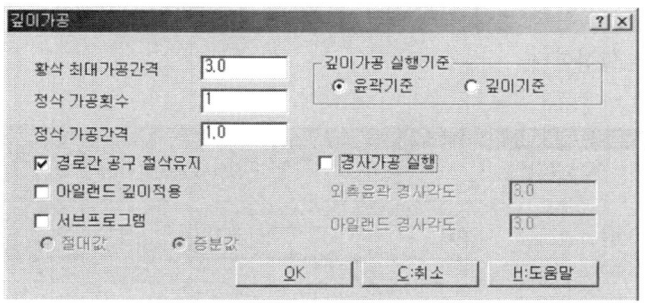

〈 그림 2 〉

5. 대화창의 황삭/정삭 가공조건 항목을 마우스 클릭하고 아래와 같이 설정한다.

6. 대화창의 황삭/정삭 가공조건 중 **N : 진입-헬릭스** 항목을 마우스로 클릭하고 아래와 같이 설정한다.

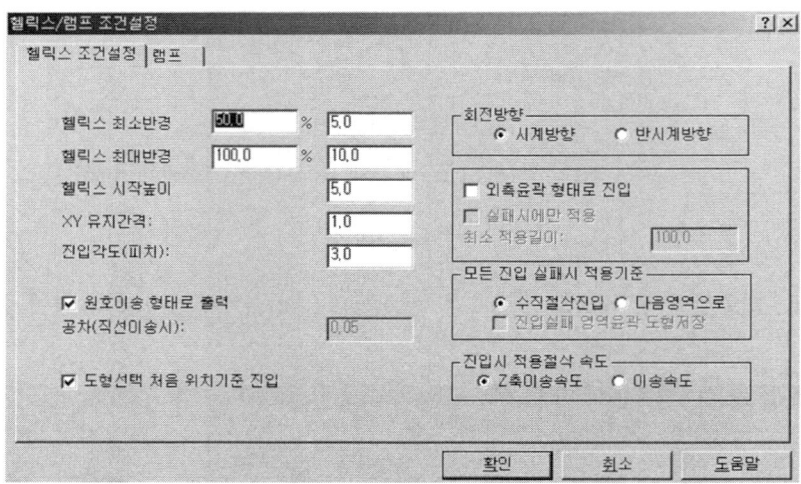

7. 대화창의 황삭/정삭 가공조건 중 **L : 진입/복귀** 항목을 마우스로 클릭하고 아래와 같이 설정한다.

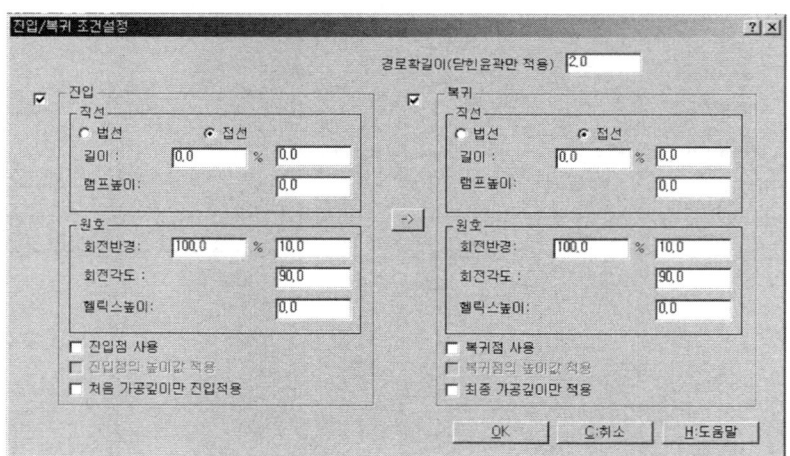

8. 모든 조건을 설정 후 **확인**을 클릭하면, 아래 그림과 같이 가공경로가 생성된 것을 볼 수 있다.

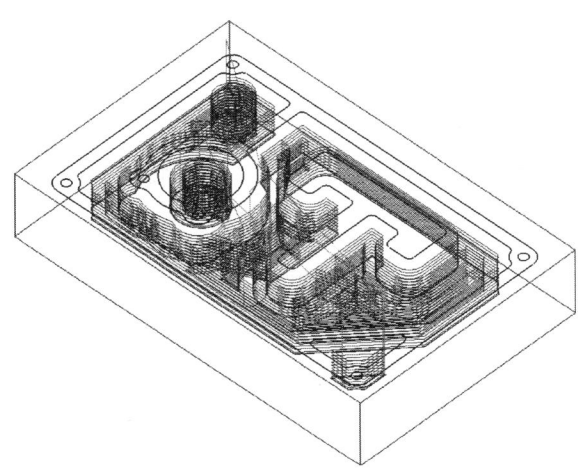

9. 가공정의 관리자 대화창의 포켓가공 폴더에 마우스 오른쪽버튼을 선택한다.
10. **기타작업** - **가공경로 화면표시 하기** - **OFF** 순으로 마우스를 클릭하고 OK버튼을 선택한다.

STEP 06 포켓가공 재가공 가공경로 생성

1. **주메뉴** - **T : 가공경로** - **P : 포켓가공** - **C : 체인** 메뉴지정 후 B1-B2-B3-B4를 차례로 선택한 후 **D : 완료**를 지정한다.(STEP 5의 1번과 동일)

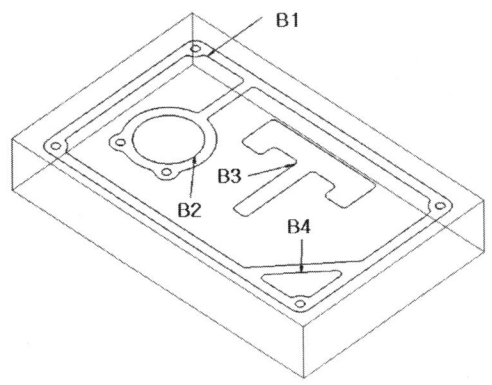

2. 공구조건설정 대화창의 상단 표시된 공구들 중 5번 공구 마우스 클릭
3. 대화창의 기타 항목들은 다음 그림과 같이 설정한다.

CAD · CAM 실무 2D

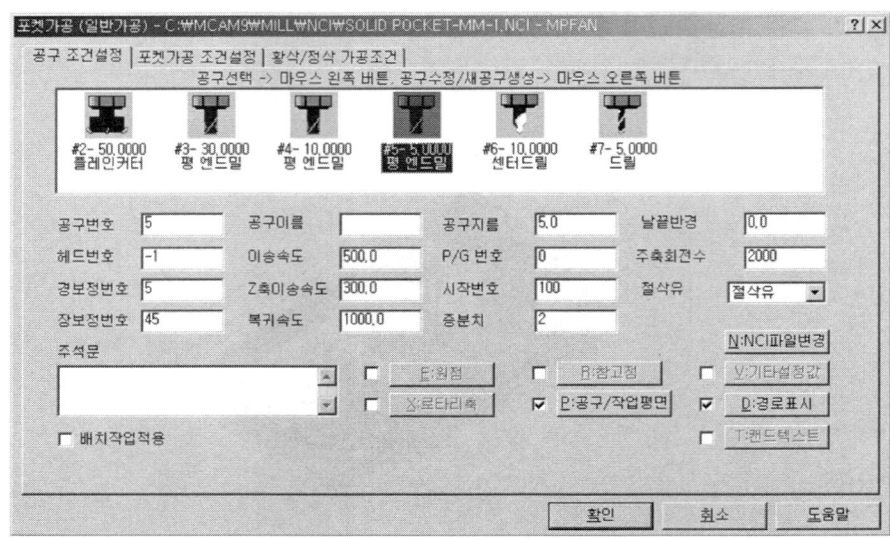

4. 대화창의 상단 표면가공 조건설정 항목을 마우스 클릭하고 좌측하단가공형태를 "재가공"으로 지정한다.

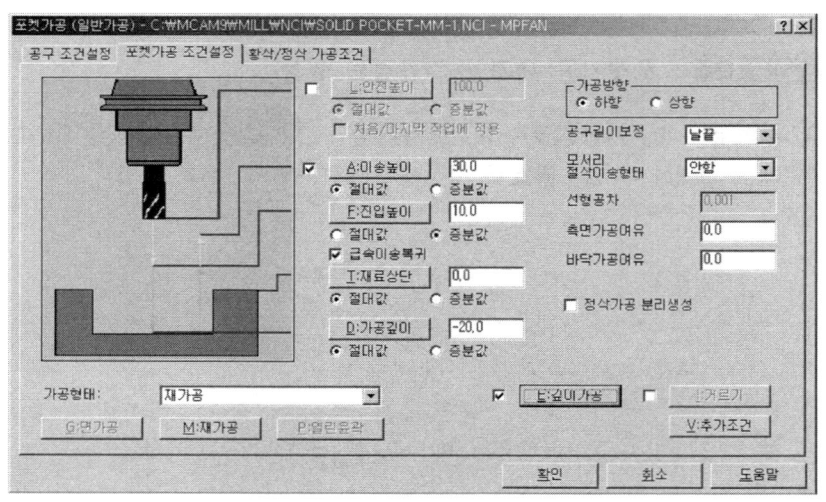

M : 재가공을 선택하여 〈그림 1〉과 같은 형태로 지정한다.
E : 깊이가공을 선택하여 〈그림 2〉와 같은 형태로 지정한다.

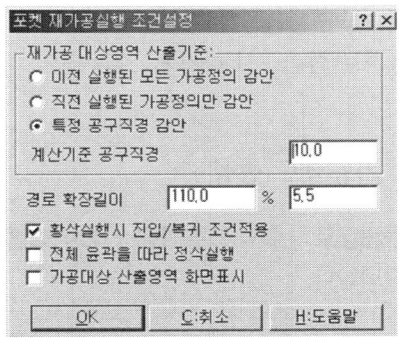

〈 그림 1 〉

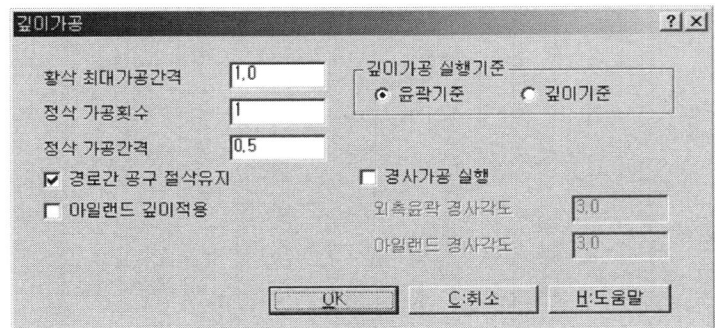

〈 그림 2 〉

5. 모든 조건을 설정 후 **확인**을 클릭하면, 아래 그림과 같이 가공경로가 생성된 것을 볼 수 있다. (황삭/정삭가공 조건은 이전 포켓가공 조건을 사용)

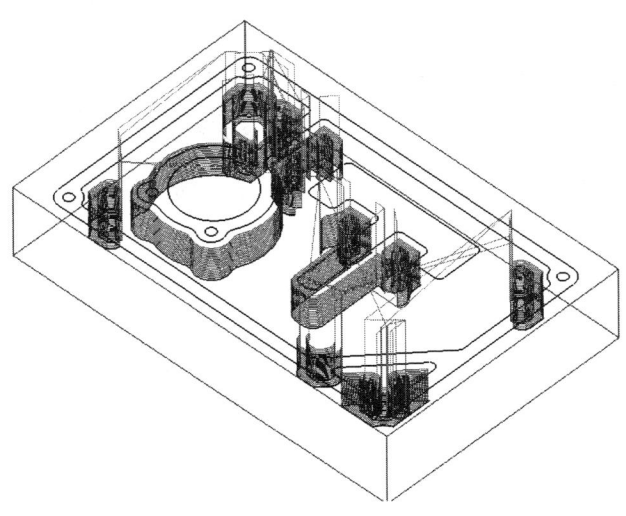

CAD · CAM 실무 2D

6. 가공정의 관리자 대화창의 포켓 재가공 폴더에 마우스 오른쪽버튼을 선택한다.
7. 기타작업 – 가공경로 화면표시 하기 – OFF 순으로 마우스를 클릭하고 OK버튼을 선택한다.

STEP 07 드릴 가공경로 생성

1. **주메뉴** – **T : 가공경로** – **D : 드릴가공** – **E : 도형요소** 선택 후 T1, T2, T3, T4, T5, T6 를 차례로 선택한다.

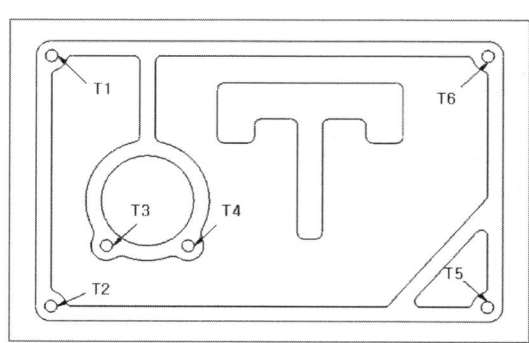 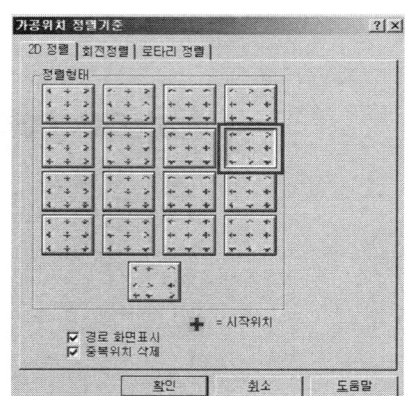

2. **I:정렬기준** 선택 후 위의 정렬기준 대화창과 같이 설정한 뒤 확인을 선택한다.
3. T1~T6 까지 모두 선택 후 **D : 완료**를 두 번 선택하면 아래〈그림 1〉, 〈그림 2〉와 같이 조건을 설정한다.

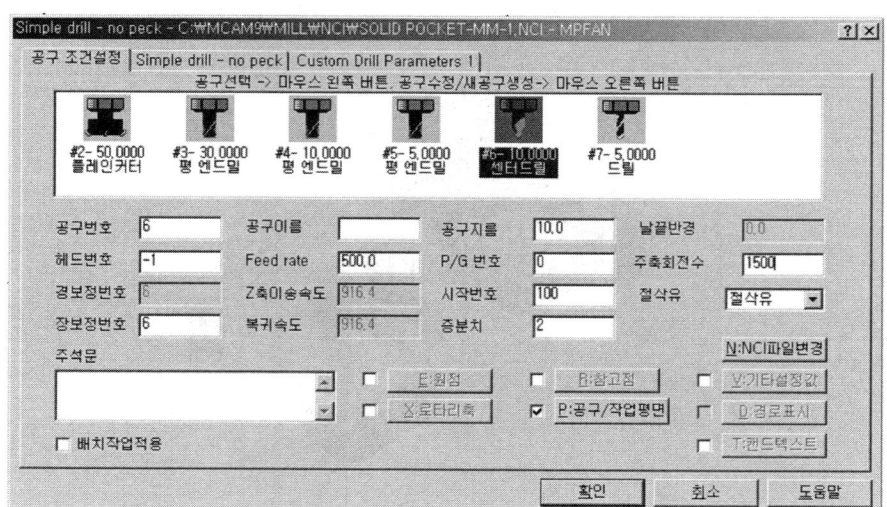

〈 그림 1 〉

Chapter 14

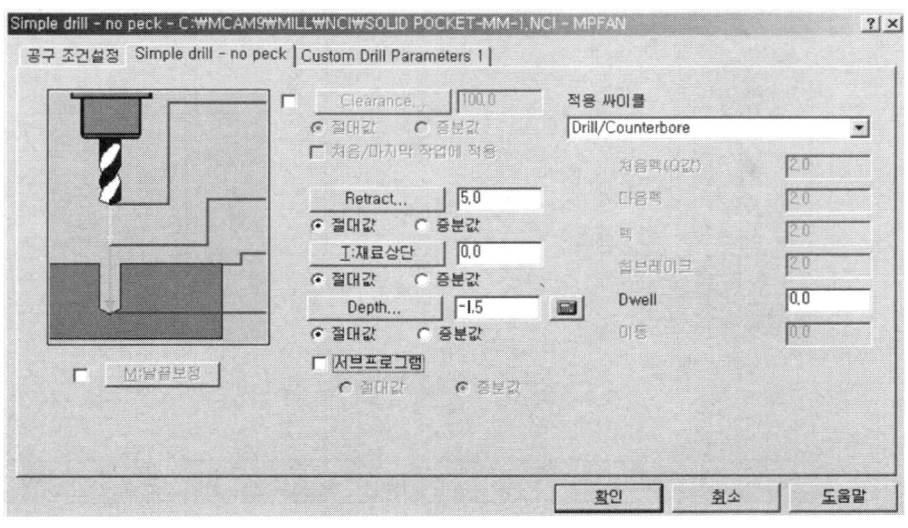

〈 그림 2 〉

4. 모두 설정하였으면 **확인**을 지정한다.
5. 가공정의 관리자 대화창을 닫은 후 **D : 드릴가공** - **L : 최종점**을 선택하면 이전 센터 드릴 가공경로가 드릴 가공경로로 자동 지정되는 것을 볼 수 있다.
6. **D : 완료**를 지정한 후 아래 〈그림 3〉, 〈그림 4〉와 같이 공구조건설정을 지정한다.

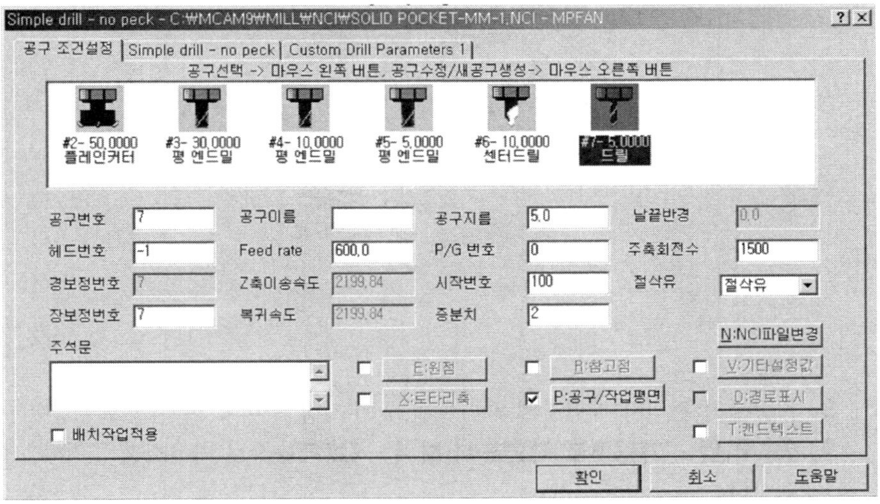

〈 그림 3 〉

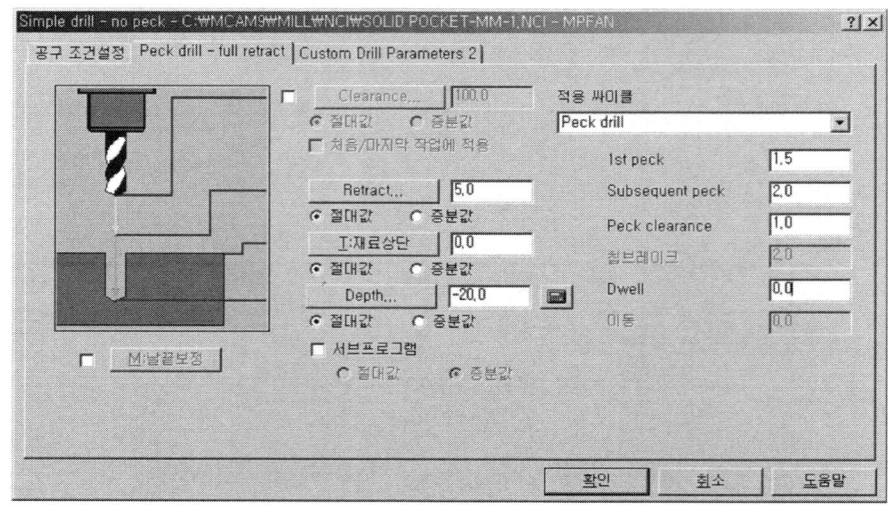

〈 그림 4 〉

7. 모두 설정하였으면 확인을 지정한다.
아래와 같이 드릴 가공경로가 생성되는 것을 볼 수 있다.

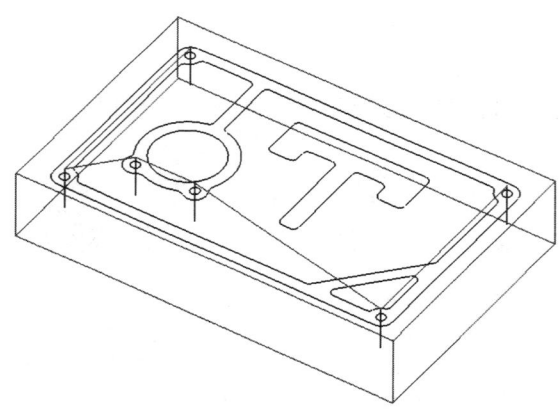

8. 가공정의 관리자 대화창의 센터드릴, 드릴가공 폴더에 마우스 오른쪽버튼을 선택한다.
9. **기타작업** - **가공경로 화면표시 하기** - **OFF** 순으로 마우스를 클릭하고 OK버튼을 선택한다.

STEP 08) 윤곽 가공경로 생성

1. **주메뉴** – **T : 가공경로** – **C : 윤곽가공** – **C : 체인** 선택 후 K1을 선택한다.

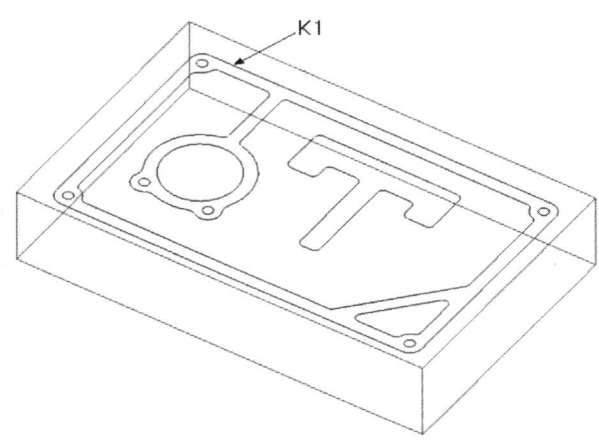

2. 선택 후 **D : 완료**를 지정한 뒤 조건을 〈그림 1〉, 〈그림 2〉과 같이 설정한다.

〈 그림 1 〉

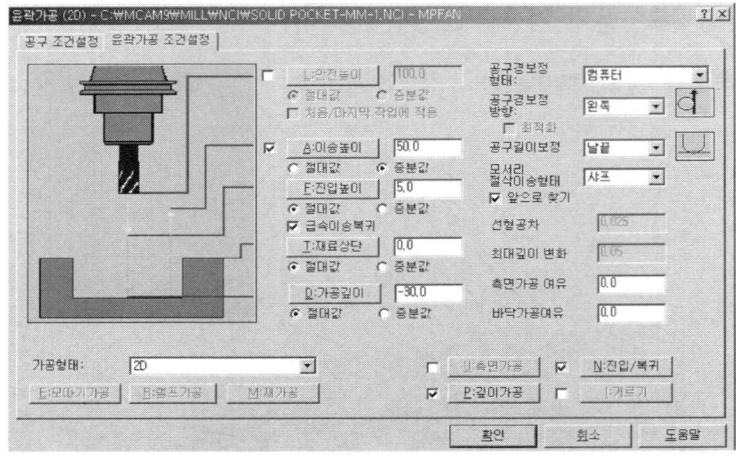

〈 그림 2 〉

3. 진입/복귀〈그림 1〉 및 깊이가공〈그림 2〉와 같이 설정한다.

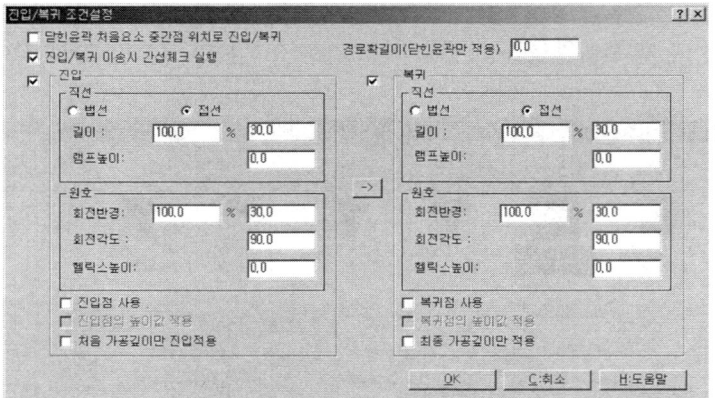

〈 그림 1 〉

〈 그림 2 〉

4. 모두 설정하였으면 **확인**을 지정한다.
아래와 같이 윤곽 가공경로가 생성되는 것을 볼 수 있다.

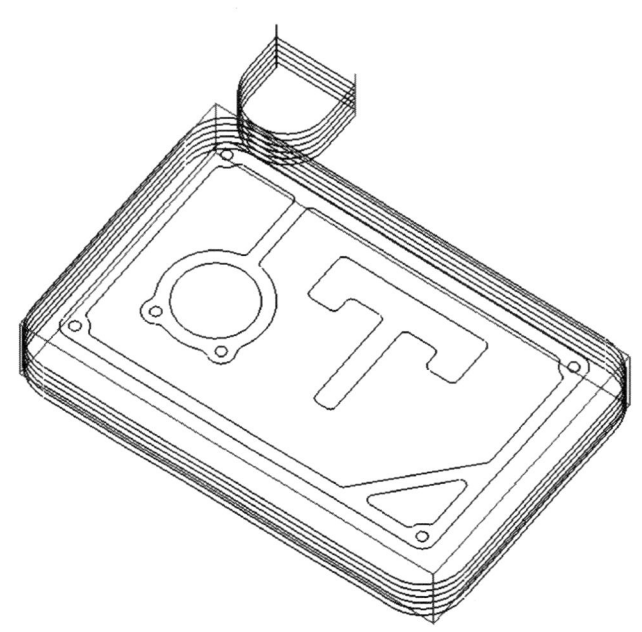

PART 4 : 모의가공 실행

STEP 01 모의가공 조건설정

1. **주메뉴** - **T : 가공경로** - **O : 가공관리자** - **S : 전부선택** - **V : 모의가공**을 차례로 선택한다.

2. 아래 그림의 "조건설정" 버튼을 클릭한다.(사각영역)
3. 모의가공 조건설정 창이 나타나면 피삭재의 형태는 "육면체"로 지정하고, **J : 재료설정의 크기**로 버튼을 선택하여 가상의 모의가공 재료를 설정한 후 나머지 조건들은 아래와 같이 지정한다.

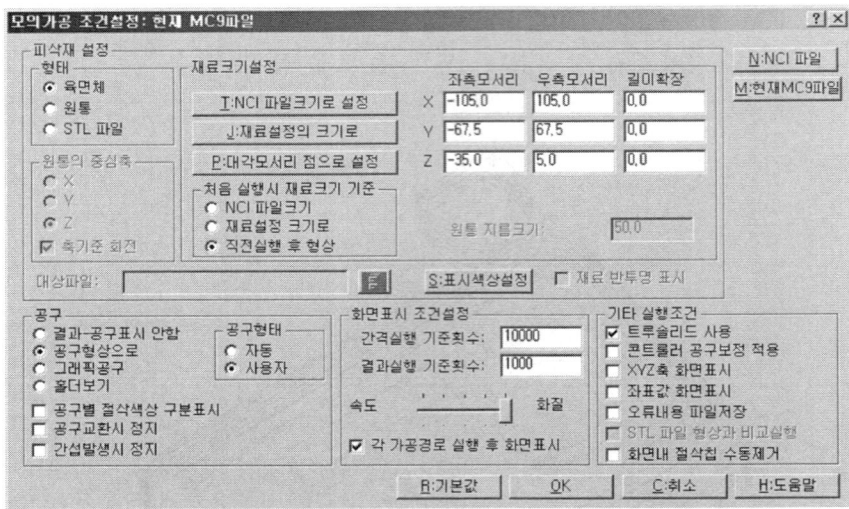

4. 모두 지정 후 OK 버튼을 선택한 다음 "실행"을 지정한다.(사각영역)

5. 모의가공이 완료된 것을 볼 수 있다.

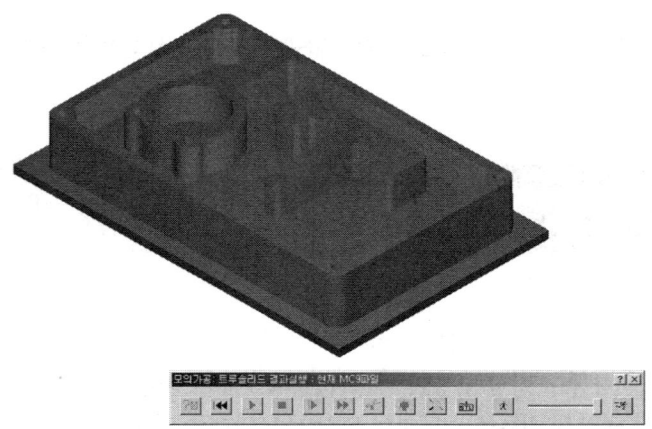

<<가공연습 2 해답

PART 1 : 작업평면/그래픽뷰/Z깊이 설정 및 커서위치감지 기능 해제

1. 부메뉴란 **작업평면** 메뉴선택 후 **주메뉴**란 평면 선택
2. 부메뉴란 **그래픽뷰** 메뉴선택 후 **주메뉴**란 평면 선택
3. 작업화면내에서 마우스 오른쪽버튼 클릭
4. 부메뉴란의 Z값 "0" 선택
5. 커서위치감지 메뉴 선택하여 메뉴 앞 표시 해제

PART 2 : 도면 그리기

1. **주메뉴** - C : **그리기** - R : **사각형** - I : **조건설정**을 〈그림 2-1〉과 같이 설정한다. **주메뉴** - C : **그리기** - R : **사각형** - 1 : **한점** 선택 후 아래 〈그림 2-2〉와 같이 설정한 다음 OK 버튼을 누르고, 주메뉴란의 O : **원점**을 선택하면 작업화면 영역상에 사각형이 그려진다.

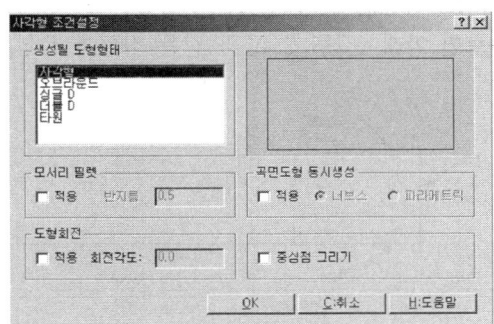

〈 그림 2-1 〉

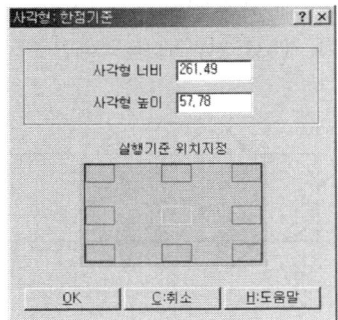

〈 그림 2-2 〉

2. **주메뉴** - **C : 그리기** - **L : 직선** - **L : 평행선** - **S : 측면/거리** 선택
3. 아래 〈그림 2-3〉에서 T1, T2를 차례로 선택한 후 좌측하단 "74.55"를 입력하고 Enter를 누르면 〈그림 2-4〉와 같은 직선이 생성된다.

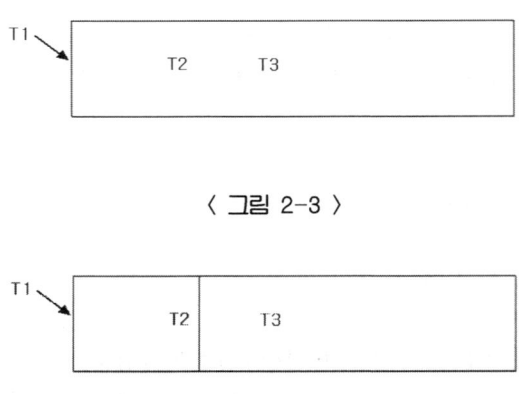

〈 그림 2-3 〉

〈 그림 2-4 〉

4. 현 상태에서 T2 직선을 선택 후 T3를 지정한 뒤 평행선 거리값 "24.34"를 입력하고 Enter를 누르면 아래 〈그림 2-5〉과 같은 직선이 생성된다.

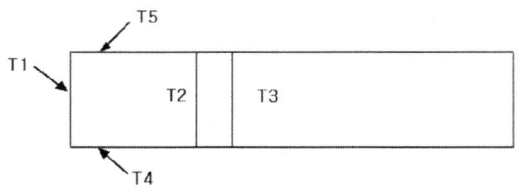

〈 그림 2-5 〉

5. **주메뉴** - **C : 그리기** - **A : 원호** - **T : 접원호** - **3 : 3요소/점** 선택
6. 위 그림에서 T4, T1, T5를 차례로 선택하면 아래 〈그림 2-6〉과 같이 원호가 생성됨

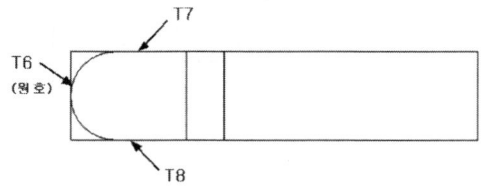

〈 그림 2-6 〉

7. **주메뉴** - **M : 수정** - **T : 트림** - **3 : 세요소** 선택 후 T7, T8 T6(원호 선택)을 차례로 선택 **주메뉴** - **D : 지우기** 선택 후 T6에 존재하는 직선을 삭제하면 아래 〈그림 2-7〉과 같은 도형이 생성된다.

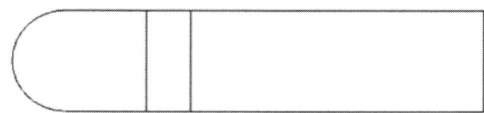

〈 그림 2-7 〉

8. **주메뉴** - **C : 그리기** - **A : 원호** - **R : 중심+반경원** 선택
9. 반경값 "6.5"를 입력 후 Enter를 누른다.
10. "-100.5, 0"을 입력 후 Enter를 누르면 아래 〈그림 2-8〉과 같이 원호가 생성됨

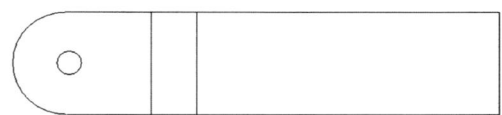

〈 그림 2-8 〉

11. **이전메뉴** - **R : 중심+반경원** 선택 후 반경 값 "3"을 입력하고 Enter을 누른다.
12. "-119.55,0"을 입력 후 Enter을 누르면 R3의 원호가 생성된다.
13. **이전메뉴** - **R : 중심+반경원** 선택 후 반경 값 "4.5"를 입력하고 Enter를 누른다.
14. "-64.65,18.71" 입력 후 Enter를 누른다.
15. "-64.65,-18.71" 입력 후 Enter를 누르면 〈그림 2-9〉와 같은 원호가 생성된다.

〈 그림 2-9 〉

16. **주메뉴** - **C : 그리기** - **L : 직선** - **M : 연속선** 선택
17. "0,-24.19" 입력 후, Enter키 를 누른다.
18. "-30.3,-24.19" 입력 후, Enter키 를 누른다.
19. "-5.95,0" 입력 후, Enter키 를 누른다.
20. "-30.3,24.19" 입력 후, Enter키 를 누른다.

21. "0,24.19" 입력 후, Enter를 누르면 〈그림 2-10〉와 같은 도형이 생성된다.

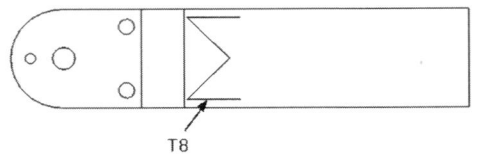

〈 그림 2-10 〉

22. 이전메뉴 두 번 선택 F : 필렛 - R : 반지름 선택 후 필렛반경값 "6.4"입력 후 Enter 을 누른다.(필렛 조건 : A : 각도〈180 S, T : 트림실행 Y, W : 적용방향   A)
23. C : 체인 선택 후 위 〈그림 2-10〉의 T8을 지정한다.
24. D : 완료를 선택하면 아래 〈그림 2-11〉과 같이 필렛이 적용된다.

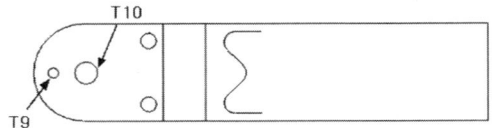

〈 그림 2-11 〉

25. 주메뉴 - X : 이동 - R : 회전이동 선택 후 T9를 지정
26. D : 완료 - C : 중심점 선택 후 T10 지정
27. 회전이동 대화창을 〈그림 2-12〉와 같이 설정하고 OK를 누르면, 〈그림 2-13〉과 같은 원호가 생성된다.

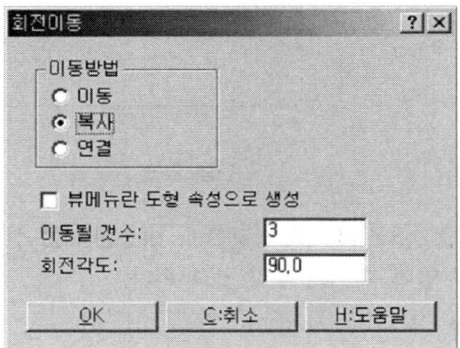

〈 그림 2-12 〉

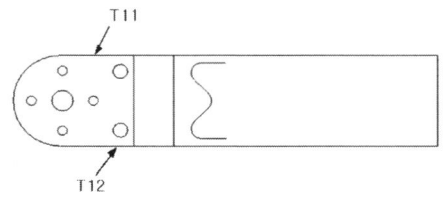

〈 그림 2-13 〉

28. **주메뉴** - **M : 수정** - **T : 트림** - **T : 점 선택** T1 클릭 후 **O : 원점** 선택, T2 클릭 후 **O : 원점** 선택하면 〈그림 2-14〉와 같이 트림 되어진다.

〈 그림 2-14 〉

29. **D : 지우기** 선택 후 T14를 지정하여 삭제한다.
30. **주메뉴** - **X : 이동** - **M : 대칭이동** - **A : 모든요소** - **E : 요소** - **D : 완료** 선택
31. 대칭이동 기준을 Y축으로 설정한 후 〈그림 2-15〉와 같이 설정한 후 OK를 누르면 〈그림 2-16〉과 같이 도형이 완성된다.

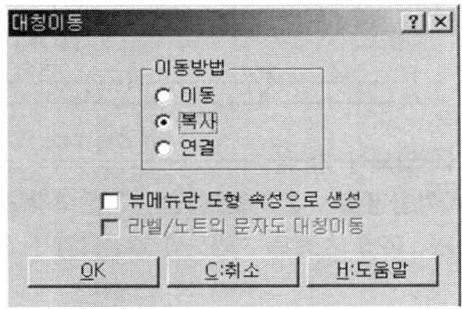

〈 그림 2-15 〉

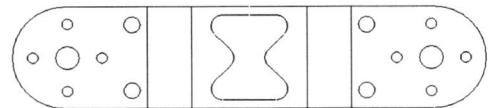

〈 그림 2-16 〉

32. **주메뉴** - **S : 화면** - **L : 색상복귀**를 선택하면 도형원래 색상으로 변경된다.

CAD·CAM 실무 2D

PART 3 : 가공경로 생성하기

STEP 01 재료설정

피삭재 크기설정은 이후 실행될 모의가공 과정에서도 설정할 수 있으며, 공구정의 또한 가공 실행 과정 및 가공유틸-공구정의에서 설정할 수 있으나 이 매뉴얼 사용자들의 이해를 돕기 위해 사전 정의하는 과정으로 실행하였으므로 참고하기 바랍니다.

PART 2에서 생성된 도형을 기준으로 하여
1. 부메뉴란의 Z : 0.000 을 선택 후 "5"를 입력한 뒤 Enter를 누른다.
2. **주메뉴** - **C : 그리기** - **R : 사각형** - **1 : 한점** 선택한다. 너비=280, 높이=80를 입력한 후 OK 버튼을 누른 다음 주메뉴란의 **O : 원점**을 지정한다.
3. **주메뉴** - **X : 이동** - **T : 평행이동** - **C : 체인** 메뉴 후 사각형을 선택한다. 선택하였으면 **D : 완료**를 두 번 지정. **R : 증분값** 선택하고, "Z-45"을 입력 후 Enter를 누른다. 평행이동 대화창이 나타나면 아래와 같이 설정한 후 OK를 선택한다.

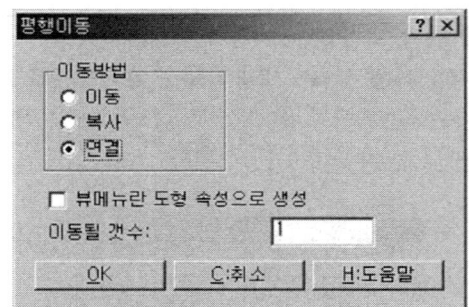

4. **그래픽뷰** - **I : 입체**를 지정한다.
   주메뉴 - **T : 가공경로** - **J : 재료설정** - **E : 대각모서리** - **E:끝점**을 선택 후 다음 그림과 같이 P1, P2를 차례로 지정하면 재료크기가 자동으로 지정된다.

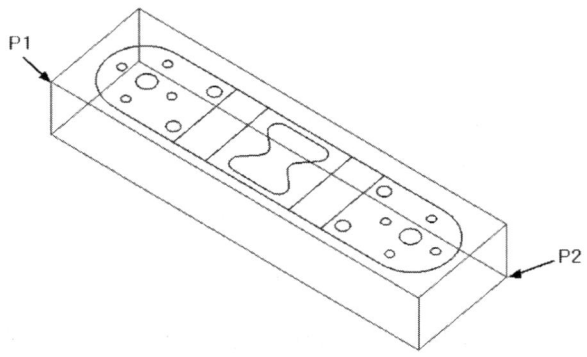

5. 재료설정 내용을 아래와 같이 지정 후 OK 버튼을 누른다.

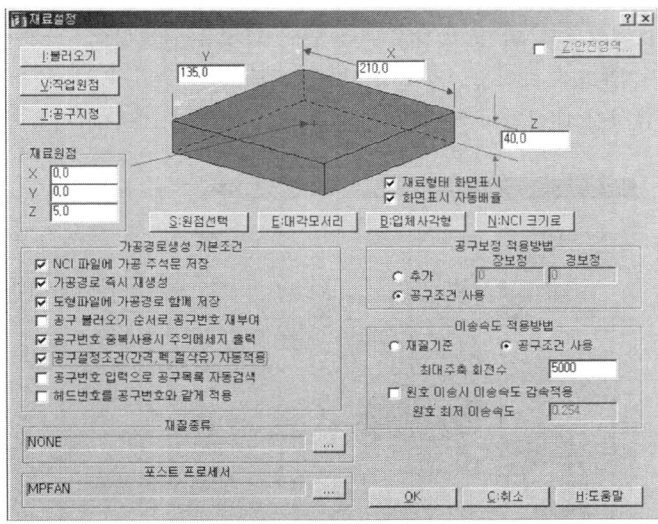

STEP 02   사용공구 사전정의

구분	플레인커터 Ø50	평엔드밀 Ø25	평엔드밀 Ø10	드릴 Ø6	드릴 Ø9	센터드릴 Ø20	드릴 Ø13
공구번호	1	2	3	4	5	6	7
공구지름	50	25	10	6	9	20	13
경보정번호	1	2	3	4	5	6	7
장보정번호	1	2	3	4	5	6	7
이송속도	150	300	450	700	600	600	500
Z축 이송속도	100	150	300				
복귀속도	1000	1000	1000	1000	1000	1000	1000
주축회전수	1200	1800	2200	1500	1500	1500	1500
절삭날의 수	4	4	4	4	4	4	4

※ 홀더높이, 오버롤 등 각종 공구관련 치수는 각 공구지름 크기에 비례하여 설정

1. **주메뉴 - T : 가공경로 - J : 재료설정** 선택
2. 대화창의 좌측상단 **T : 공구지정** 버튼 선택
3. 화면표시 공구관리자 대화창의 흰색 영역에서 마우스 오른쪽버튼 클릭
4. 새공구 생성 선택
5. 플레인커터 그림항목 마우스 클릭
6. 공구-플레인커터 화면을 〈그림 1〉과 같이 설정

7. 대화창의 상단 조건설정 항목 마우스 클릭
8. 조건설정 화면을 〈그림 2〉와 같이 설정하고 하단부 OK버튼 선택
9. 기타 공구들은 위 표의 내용으로 위의 과정을 반복하여 정의한다.
10. 공구관리자 대화창의 하단위치 OK버튼 선택
11. 재료설정 대화창의 하단위치 OK버튼 선택하면 가공에 사용될 공구정의 완료됨

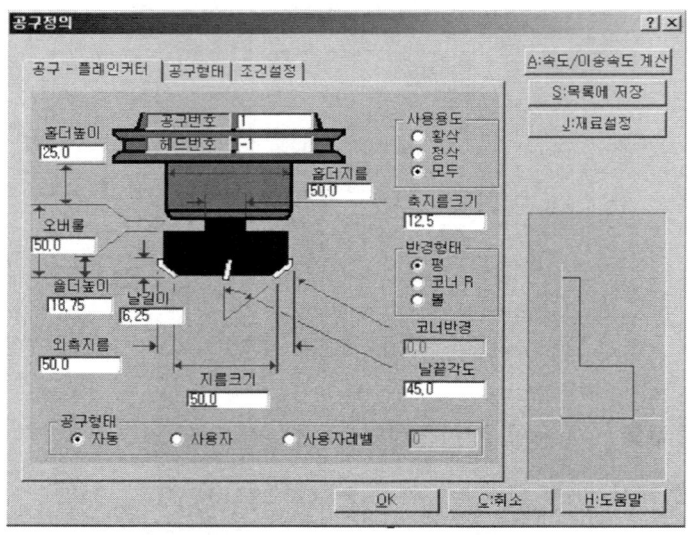

〈 그림 1 〉

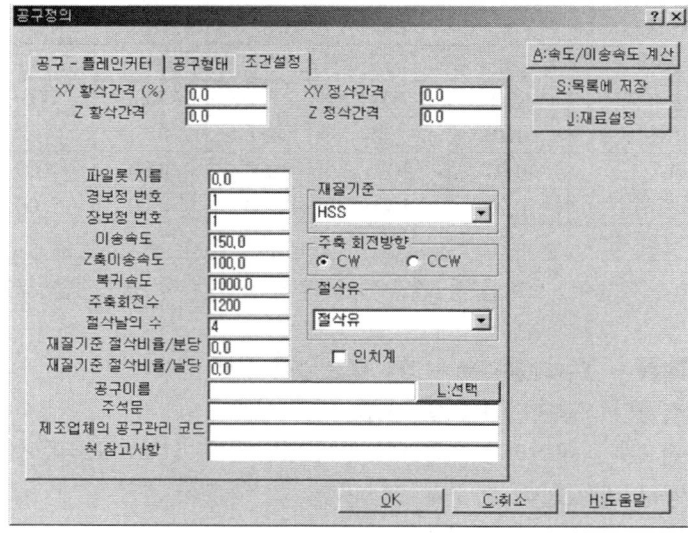

〈 그림 2 〉

STEP 03) 작업/공구평면 지정

1. 부메뉴란 **작업평면** 선택 후 **주메뉴**란 평면 선택
2. 부메뉴란 **공구평면** 선택 후 **주메뉴**란 평면 선택

STEP 04) 표면가공 가공경로 생성

1. **주메뉴** - **T : 가공경로** - **F : 표면가공** - **C : 체인** 메뉴지정 후 A1을 선택한다.

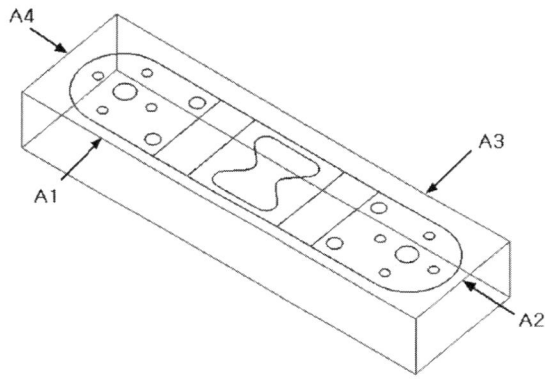

2. 체인 화살표가 나타나면 A2-A3-A4를 차례로 선택한 뒤 **E : 체인종료** - **D : 완료**를 지정한다.
3. 공구조건설정 대화창의 상단 표시된 공구들 중 1번 공구 마우스 클릭
4. 대화창의 기타 항목들은 아래 그림과 같이 설정한다.

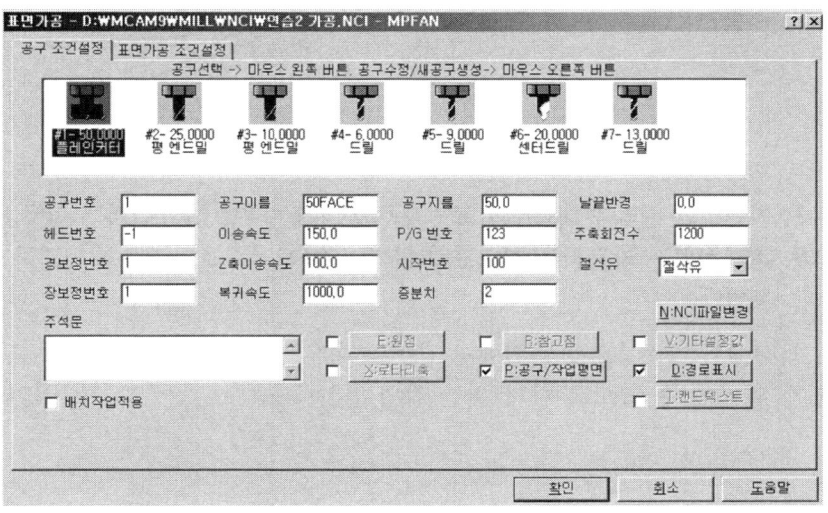

5. 대화창의 상단 표면가공 조건설정 항목을 마우스 클릭하고 아래와 같이 설정한다.

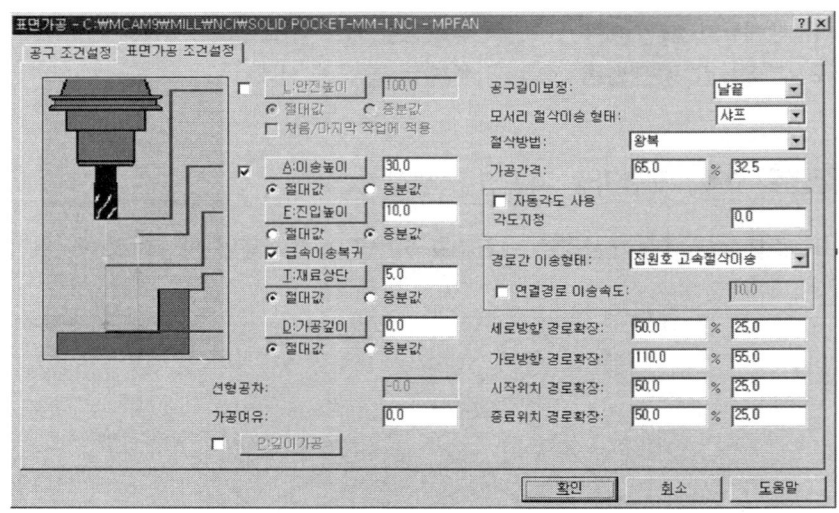

6. 모든 조건을 설정 후 확인을 클릭하면, 아래 그림과 같이 가공경로가 생성된 것을 볼 수 있다.

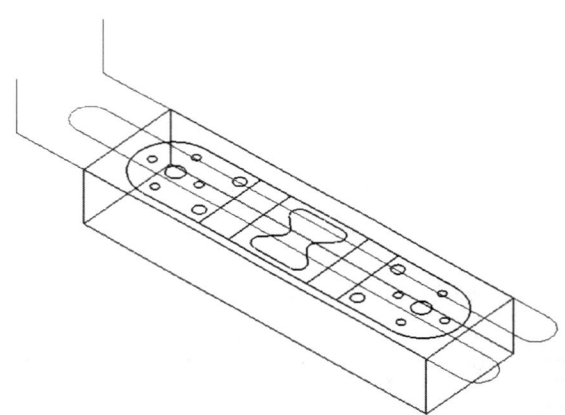

7. 가공정의 관리자 대화창의 표면가공 폴더에 마우스 오른쪽버튼 선택
8. 기타작업 - 가공경로 화면표시 하기 - OFF 순으로 마우스를 클릭하고 OK버튼을 선택한다.

위 과정에서 가공경로를 화면에서 감추는 이유는 다른 가공정의 경로를 생성할 때 쉽게 확인할 수 있도록 하기 위한 작업이다.

STEP 05 포켓가공 가공경로 생성

1. **주메뉴** - **M : 수정** - **B : 자르기** - **A : 교차점분할** 선택 B1, B2, B3, B4, B5, B6를 차례로 지정한 후 **D : 완료**를 선택하면 교차점을 기준으로 도형이 분할된다.
   부메뉴란 Z : 5.000을 선택하여 "0"을 입력한다.

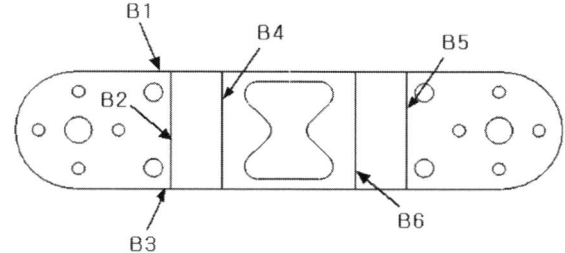

2. **이전메뉴** - **E : 확장** - **L : 길이설정** 선택 후 확장될 길이 값 "15"을 입력한다.
   C1, C2, C3, C4, C5, C6, C7, C8을 차례로 클릭하여 〈그림 1〉처럼 확장시킨다.

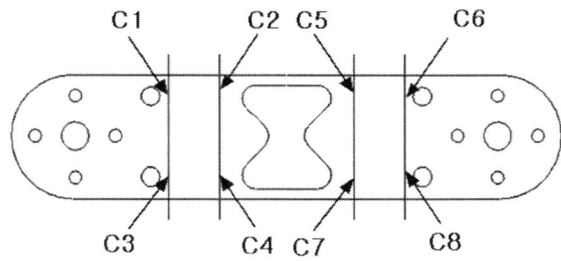

〈 그림 1 〉

3. **주메뉴** - **C : 그리기** - **L : 직선** - **E : 두 점선** 선택
4. E : 끝점 선택 후 아래〈그림 1〉의 D1 클릭, E : 끝점 선택 후 아래 그림에서 D2 클릭
5. 아래 그림의 D3, D4 클릭
6. 아래 그림에서 D5, D6 클릭
7. 아래 그림에서 D7, D8 클릭하면 〈그림 2〉 같은 직선이 생성된다.

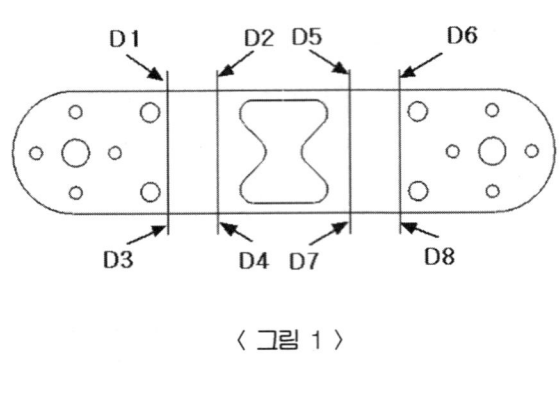

〈 그림 1 〉

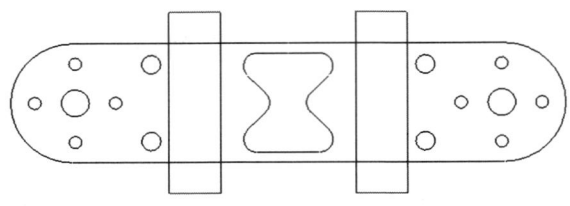

〈 그림 2 〉

8. 주메뉴 - T : 가공경로 - P : 포켓가공 - C : 체인 메뉴지정 후 아래 〈그림 3〉의 E1, E2 를 차례로 선택한 후 D : 완료를 지정한다.

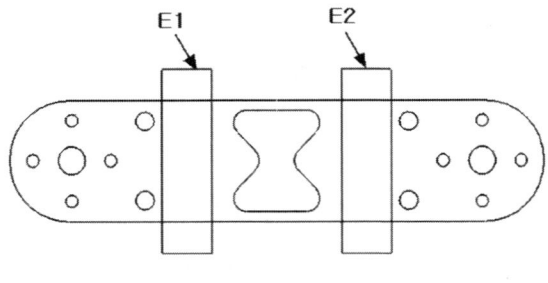

〈 그림 3 〉

9. 공구조건설정 대화창의 상단 표시된 공구들 중 3번 공구 마우스 클릭

10. 대화창의 기타 항목들은 다음 그림과 같이 설정한다.

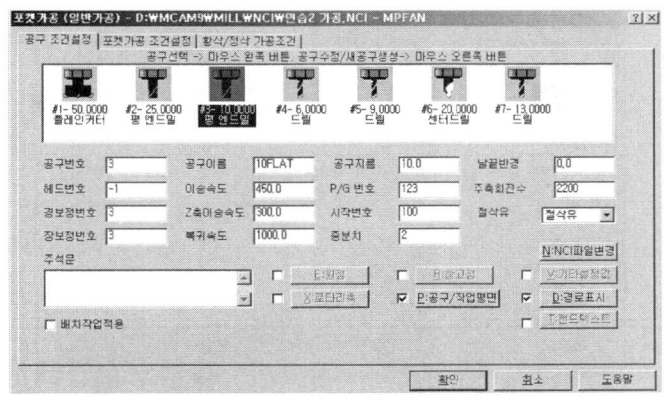

11. 대화창의 상단 포켓가공 조건설정 항목을 마우스 클릭하고 깊이가공 및 가공조건을 아래 〈그림 1〉과 같이 설정한다.

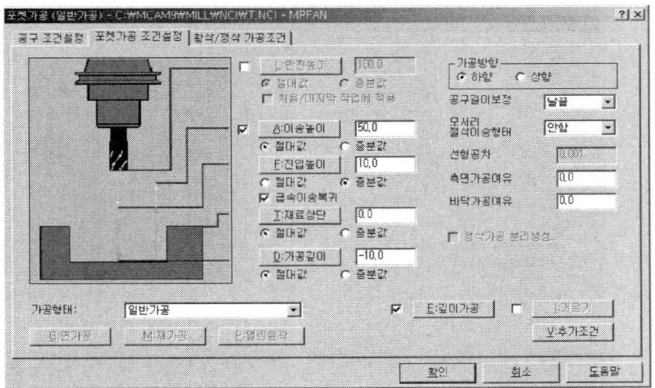

〈 그림 1 〉

12. **E : 깊이가공**을 선택하여 아래 〈그림 2〉와 같이 설정한다.

〈 그림 2 〉

13. 대화창의 황삭/정삭 가공조건 항목을 마우스 클릭하고 아래와 같이 설정한다.

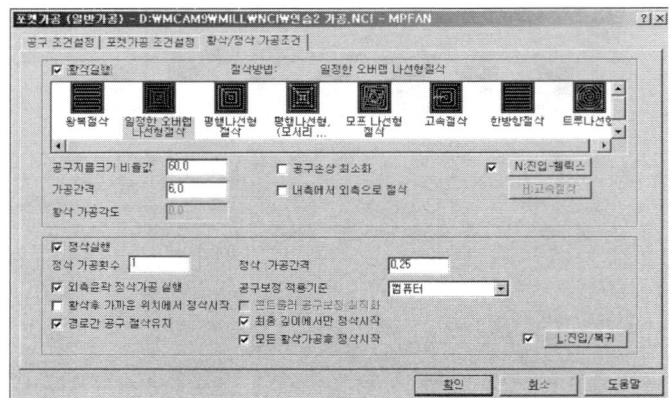

14. 대화창의 황삭/정삭 가공조건 중 **N : 진입-헬릭스** 항목을 마우스로 클릭하고 아래와 같이 설정한다.

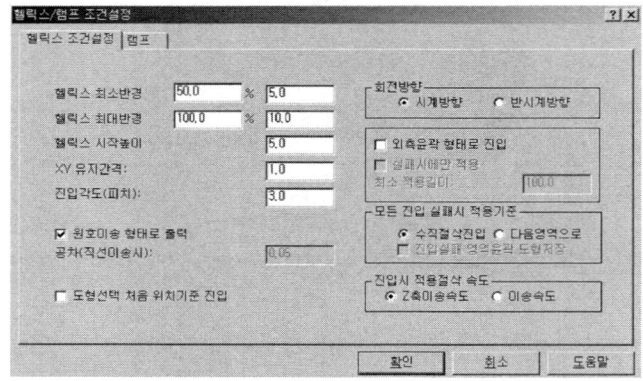

15. 대화창의 황삭/정삭 가공조건 중 **L : 진입/복귀** 항목을 마우스로 클릭하고 아래와 같이 설정한다.

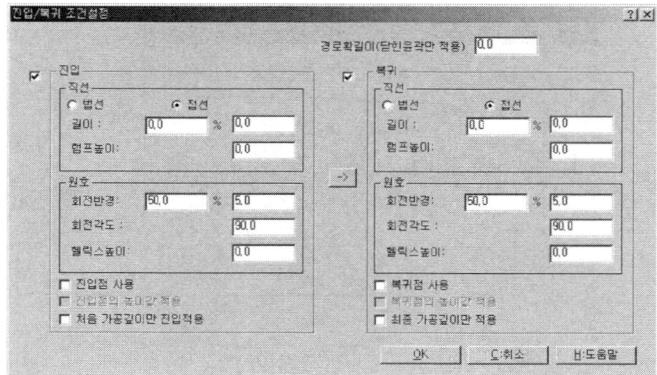

16. 모든 조건을 설정 후 **확인**을 클릭하면, 아래 그림과 같이 가공경로가 생성된 것을 볼 수 있다.

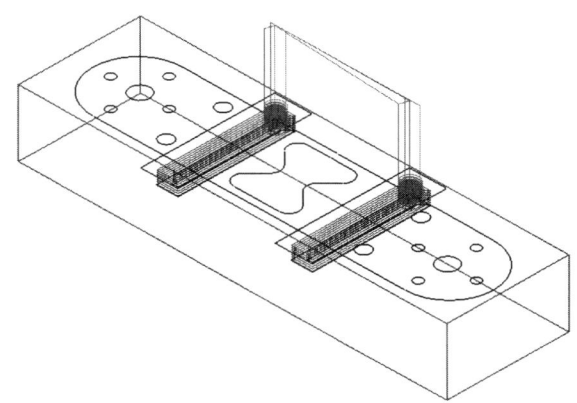

17. 가공정의 관리자 대화창의 포켓가공 폴더에 마우스 오른쪽버튼을 선택한다.
18. **기타작업** - **가공경로 화면표시 하기** - **OFF** 순으로 마우스를 클릭하고 OK버튼을 선택한다.

STEP 06) 포켓가공2 가공경로 생성

1. **주메뉴** - **T : 가공경로** - **P : 포켓가공** - **C : 체인** 메뉴지정 후 E3을 선택한 후 **D : 완료**를 지정한다.

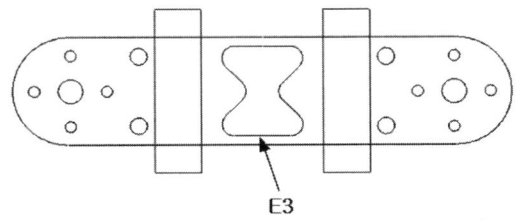

2. 공구조건설정 대화창의 상단 표시된 공구들 중 3번 공구 마우스 클릭
3. 대화창의 기타 항목들은 다음 그림과 같이 설정한다.

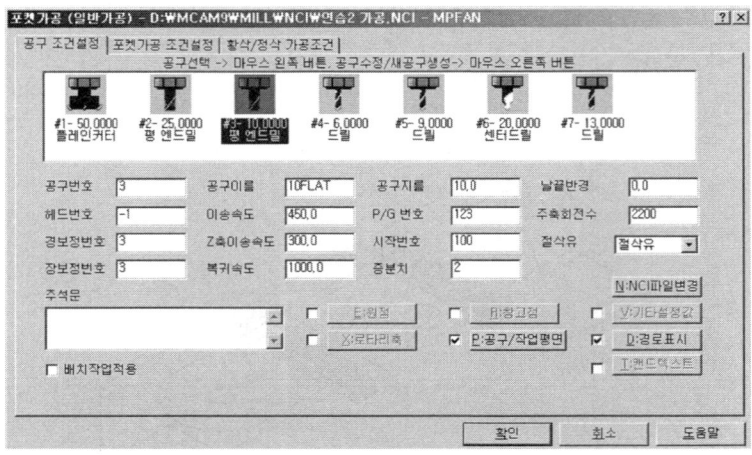

4. 대화창의 상단 포켓가공 조건설정 항목을 마우스 클릭하고 다음 〈그림 1〉과 같이 지정한다.

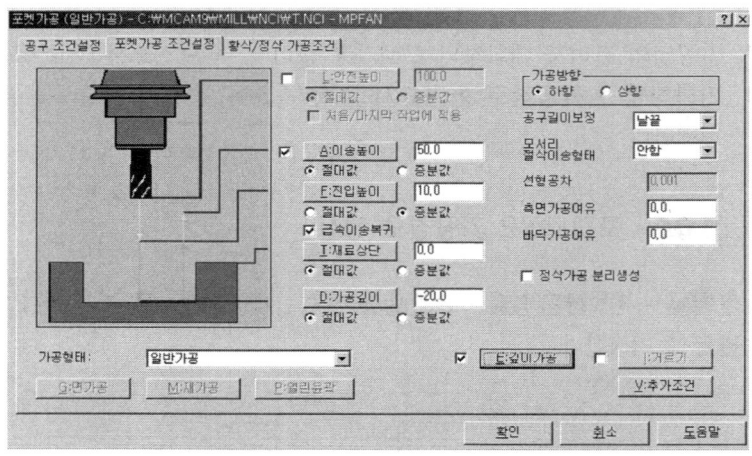

〈 그림 1 〉

5. E : 깊이가공을 선택하여 아래 〈그림 2〉와 같이 설정한다.

〈 그림 2 〉

6. 대화창의 황삭/정삭 가공조건 항목을 마우스 클릭하고 아래와 같이 설정한다.

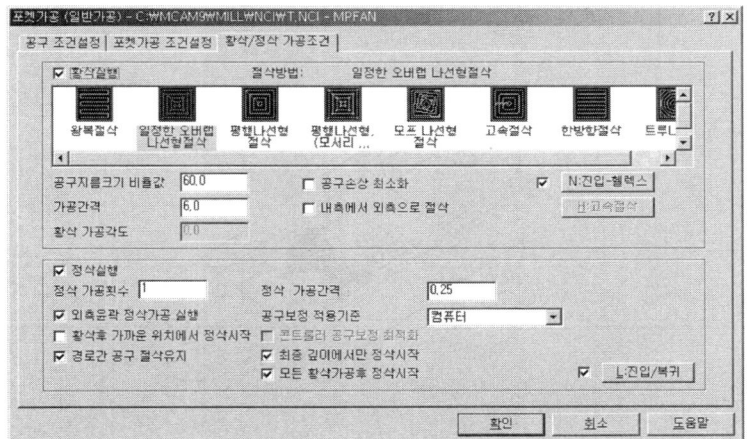

7. 대화창의 황삭/정삭 가공조건 중 **N : 진입-헬릭스** 항목을 마우스로 클릭하고 아래와 같이 설정한다.

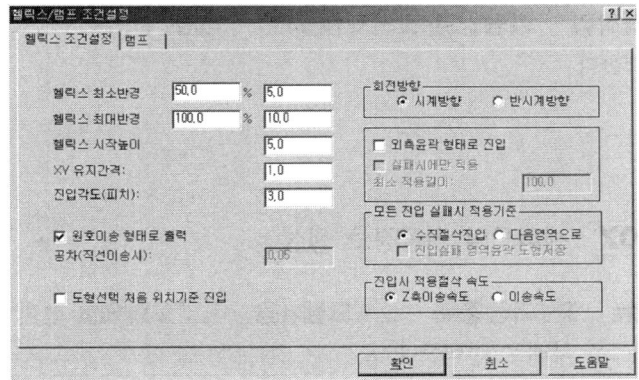

8. 대화창의 황삭/정삭 가공조건 중 **L : 진입/복귀** 항목을 마우스로 클릭하고 아래와 같이 설정한다.

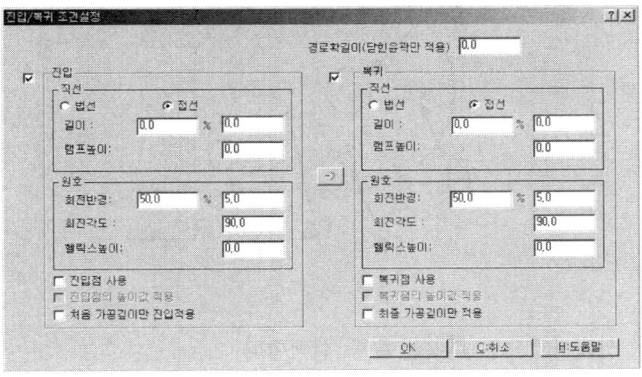

9. 모든 조건을 설정 후 확인을 클릭하면, 아래 그림과 같이 가공경로가 생성된 것을 볼 수 있다.

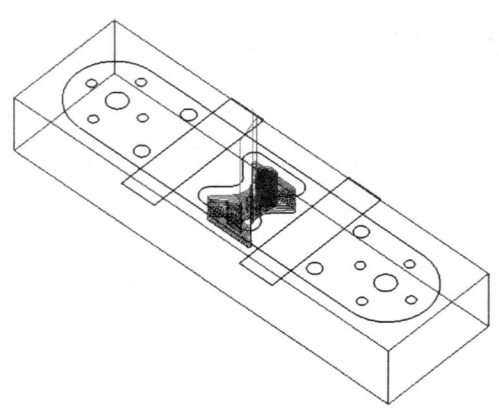

10. 가공정의 관리자 대화창의 윗 포켓가공 폴더에 마우스 오른쪽버튼을 선택한다.
11. 기타작업 - 가공경로 화면표시 하기 - OFF 순으로 마우스를 클릭하고 OK버튼을 선택한다.

STEP 07) 센터드릴 가공경로 생성

1. 주메뉴 - T : 가공경로 - D : 드릴가공 - E : 도형요소 선택 후 F1, F2, F3, F4, F5, F6, F7을 차례로 선택한다.

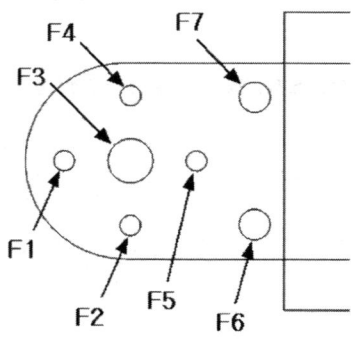

2. 모두 선택하였으면 D : 완료를 선택한다.

3. **I : 정렬기준**을 지정하여 아래 그림과 같이 설정한 후 **확인 - D : 완료**를 지정한다.

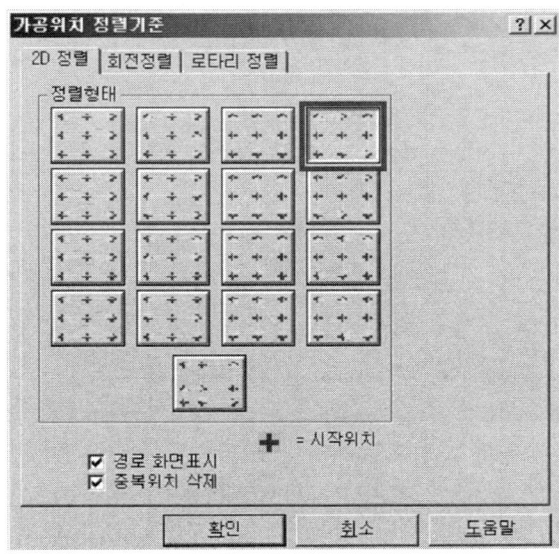

4. 공구조건설정 대화창의 상단 표시된 공구들 중 6번 공구 선택
5. 대화창의 기타 항목들은 다음 〈그림 1〉, 〈그림 2〉와 같이 설정한다.

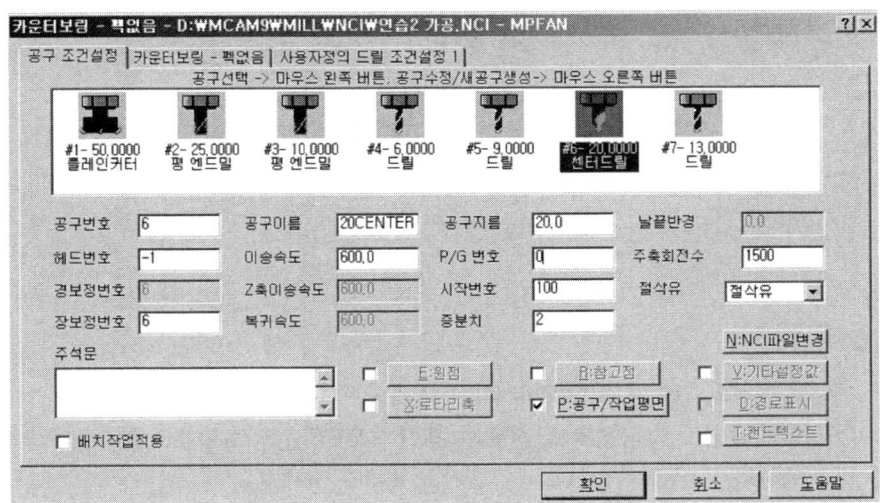

〈 그림 1 〉

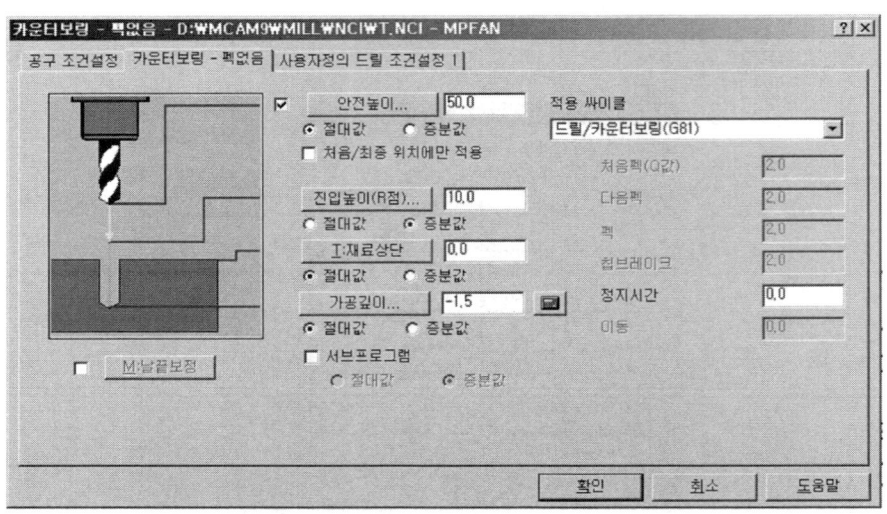

〈 그림 2 〉

6. 모두 설정 후 **확인**을 지정하면 아래와 같은 드릴 가공경로가 생성된다.

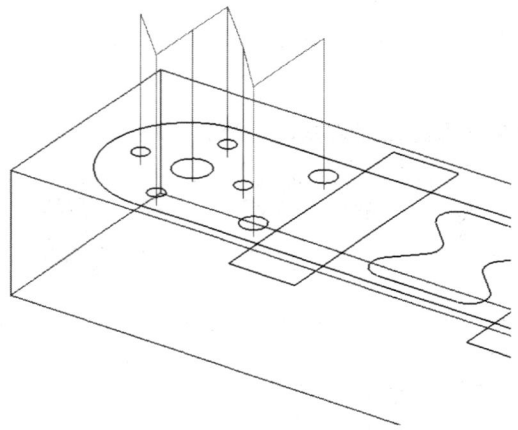

7. 가공정의 관리자 대화창의 센터드릴가공 폴더에 마우스 오른쪽버튼을 선택한다.
8. **기타작업** – **가공경로 화면표시 하기** – **OFF** 순으로 마우스를 클릭하고 OK버튼을 선택한다.

STEP 08) 센터드릴 가공 선형배열 하기

1. 주메뉴 – T : **가공경로** – N : **다음메뉴** – F : **선형배열** 선택
2. 선형배열 가공정의 조건설정창을 아래 〈그림 1〉과 같이 지정한다.

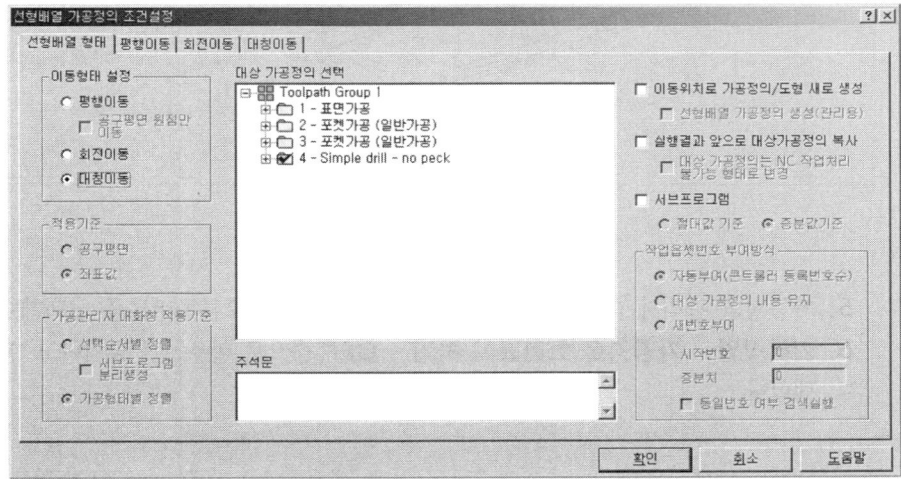

〈 그림 1 〉

3. 대칭이동을 선택한 후 아래 〈그림 2〉와 같이 지정한다.

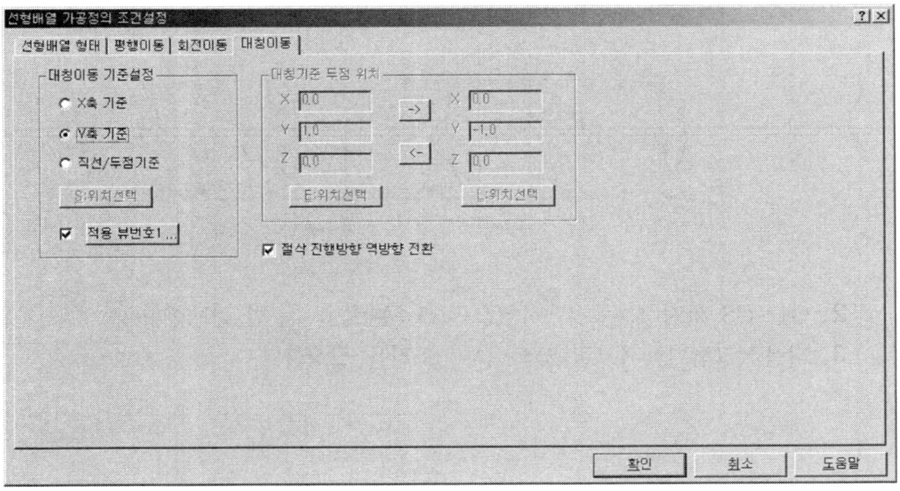

〈 그림 2 〉

4. 모두 선택 한 후 **확인**을 지정하면 아래와 같은 가공경로가 생성됨

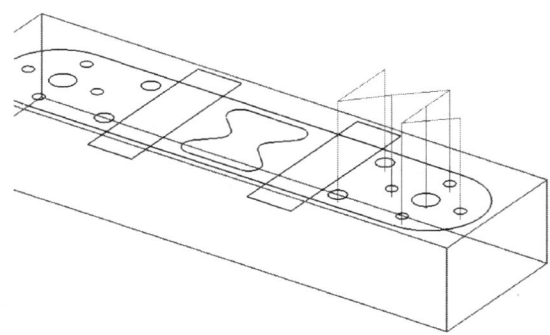

5. 가공정의 관리자 대화창의 선형배열 폴더에 마우스 오른쪽버튼을 선택한다.
6. **기타작업** – **가공경로 화면표시 하기** – **OFF** 순으로 마우스를 클릭하고 OK버튼을 선택한다.

STEP 09 드릴 가공경로 생성

1. **주메뉴** – **T : 가공경로** – **D : 드릴가공** – **E : 도형요소** 선택 후
아래의 G1, G2, G3, G4, G5, G6, G7, G8을 차례로 지정한다.

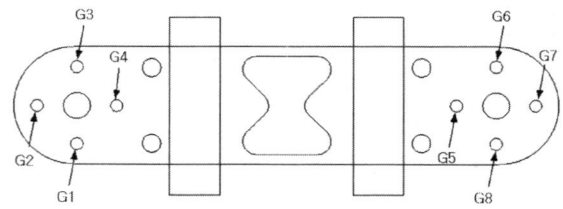

2. G1~G8 까지 모두 선택하였으면 **D : 완료**를 두 번 선택한다.
3. 다음 〈그림 1〉, 〈그림 2〉와 같이 조건을 설정한다.

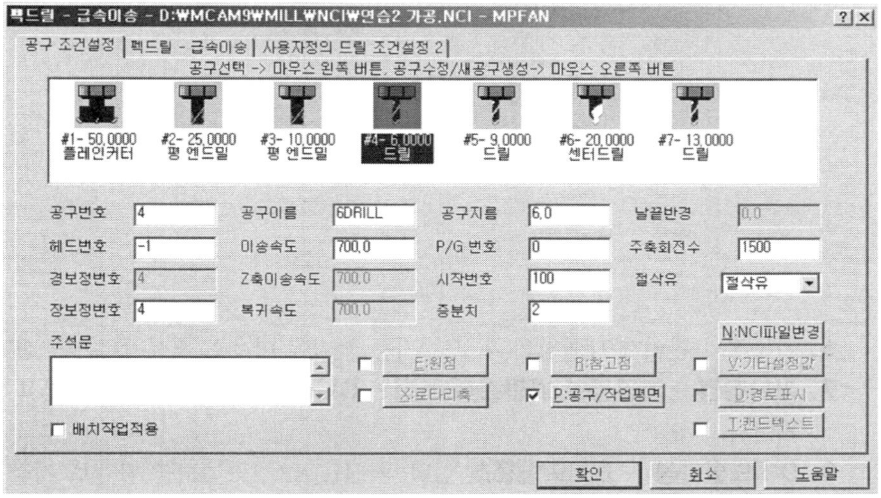

〈 그림 1 〉

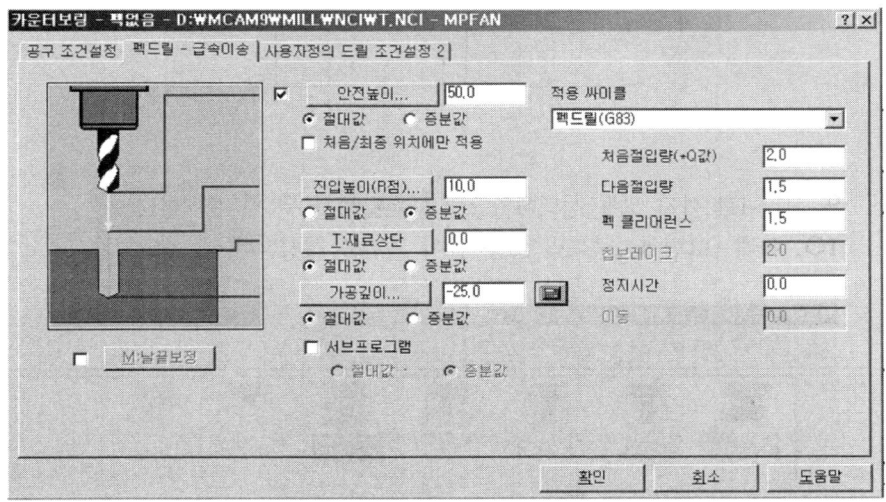

〈 그림 2 〉

4. 모두 설정하였으면 **확인**을 지정한다.
5. 아래 그림과 같이 가공경로가 생성되는 것을 볼 수 있다.

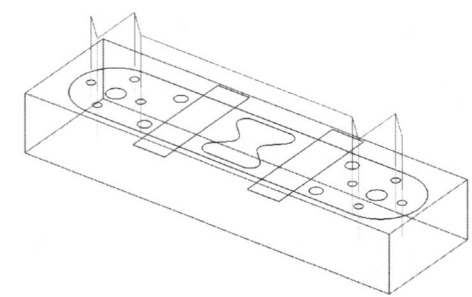

6. 가공정의 관리자 대화창의 위 드릴가공 폴더에 마우스 오른쪽버튼을 선택한다.
7. **기타작업** - **가공경로 화면표시 하기** - **OFF** 순으로 마우스를 클릭하고 OK버튼을 선택한다.
8. **D : 드릴가공** - **E : 도형요소** 선택 후 H1, H2, H3, H4를 차례로 지정

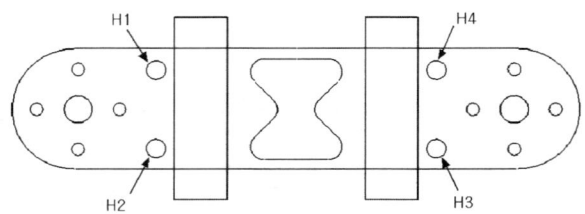

9. H1~H4 까지 모두 선택하였으면 **D : 완료**를 두 번 선택한다.
10. 아래 〈그림 1〉, 〈그림 2〉와 같이 조건을 설정한다.

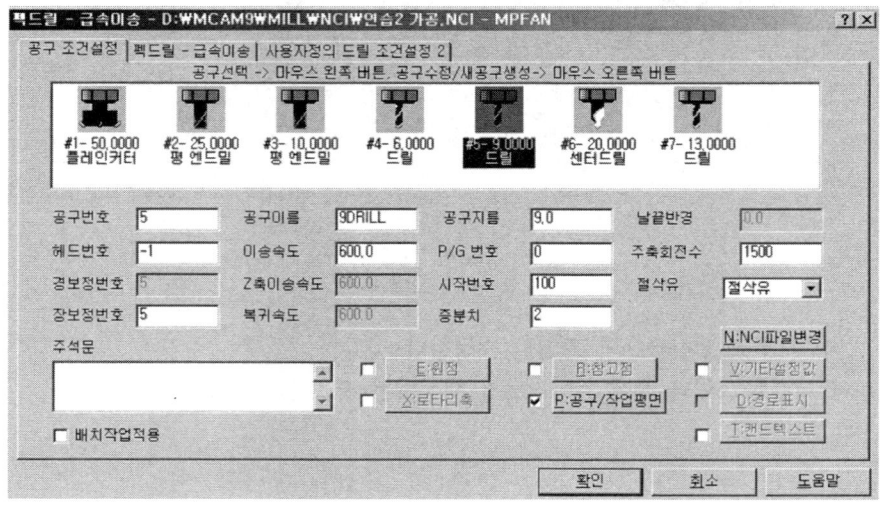

〈 그림 1 〉

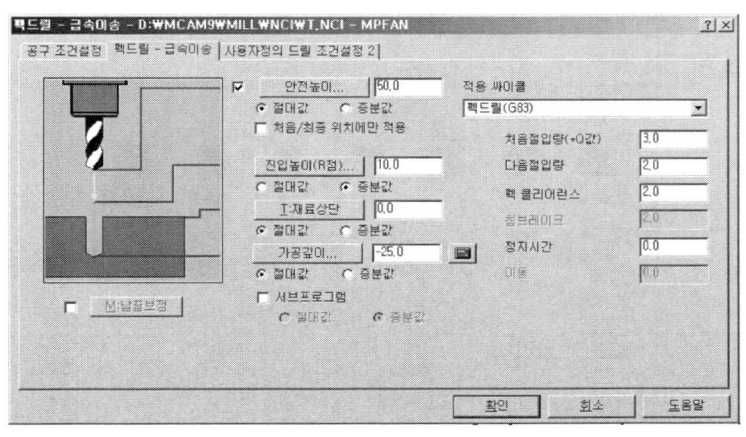

〈 그림 2 〉

11. 모두 설정하였으면 **확인**을 지정한다.
아래와 같이 드릴 가공경로가 생성되는 것을 볼 수 있다.

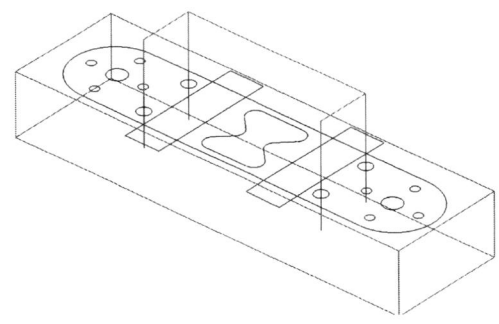

12. 가공정의 관리자 대화창의 위 드릴가공 폴더에 마우스 오른쪽버튼을 선택한다.
13. **기타작업** - **가공경로 화면표시 하기** - **OFF** 순으로 마우스를 클릭하고 OK버튼을 선택한다.
14. **D : 드릴가공** - **E : 도형요소** 선택 후 J1, J2를 차례로 지정

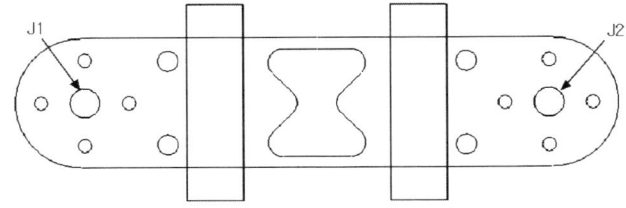

15. J1, J2까지 모두 선택하였으면 **D : 완료**를 두 번 선택한다.

16. 아래 〈그림 1〉, 〈그림 2〉와 같이 조건을 설정한다.

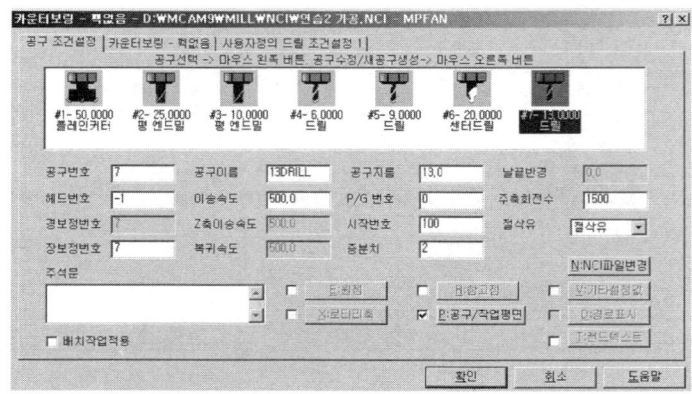

〈 그림 1 〉

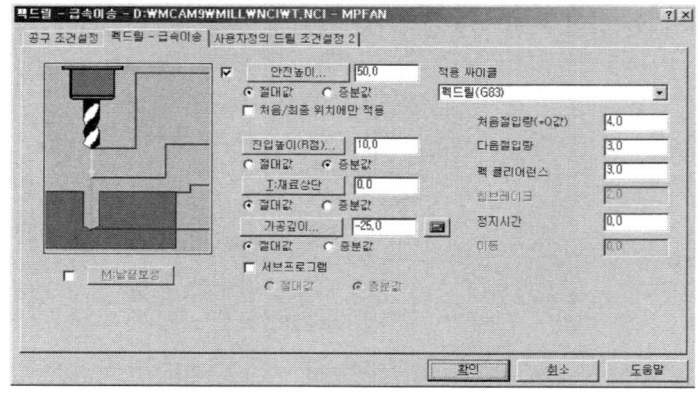

〈 그림 2 〉

17. 모두 설정하였으면 **확인**을 지정한다.
아래와 같이 드릴 가공경로가 생성되는 것을 볼 수 있다.

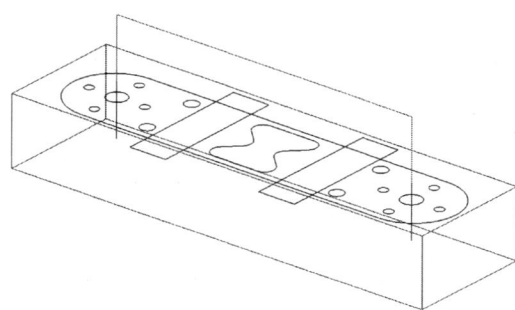

STEP 10 윤곽 가공경로 생성

1. **주메뉴** - **T : 가공경로** - **C : 윤곽가공** - **C : 체인** 선택 후 K1을 지정하여 아래 그림과 같이 체인방향을 설정한다.

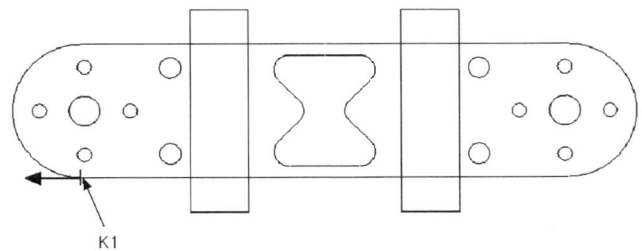

2. 선택 후 **D : 완료**를 지정한 뒤 공구 조건설정을 〈그림 1〉, 〈그림 2〉와 같이 설정한다.

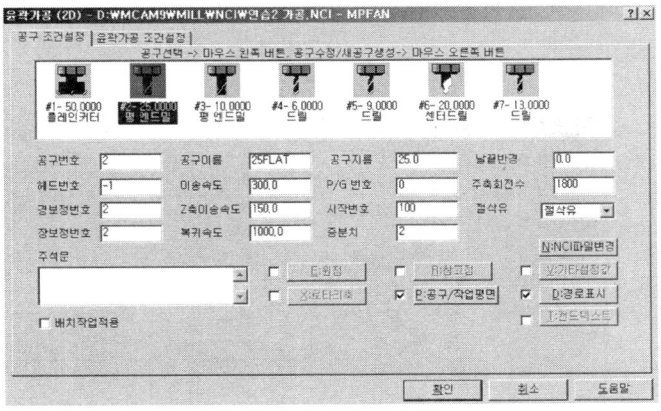

〈 그림 1 〉

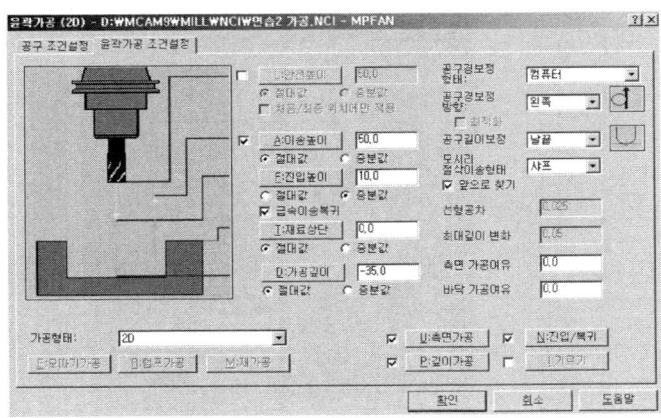

〈 그림 2 〉

3. 진입/복귀〈그림 1〉, 깊이가공〈그림 2〉, 측면가공〈그림 3〉을 아래 그림들과 같이 설정한다.

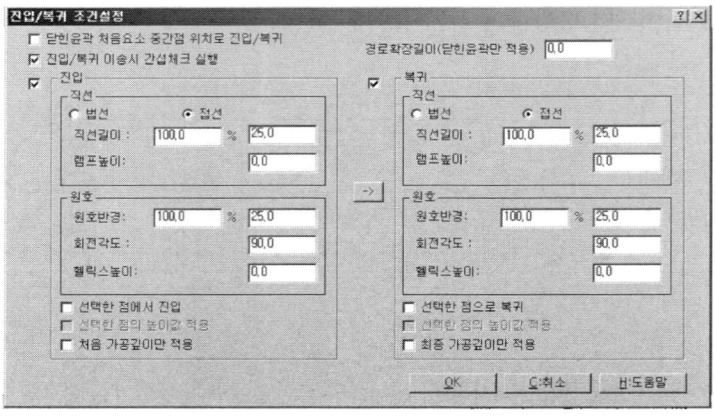

〈 그림 1 〉

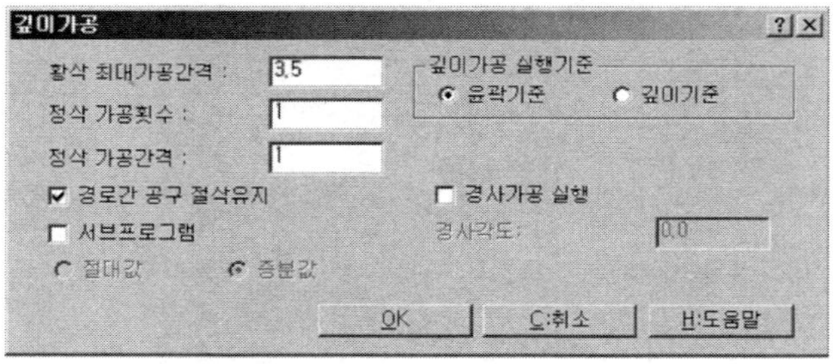

〈 그림 2 〉

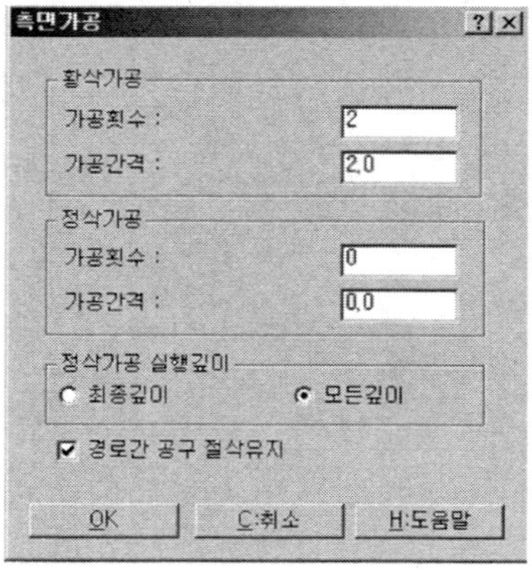

〈 그림 3 〉

4. 모두 설정하였으면 확인을 지정한다.
아래와 같이 윤곽 가공경로가 생성되는 것을 볼 수 있다.

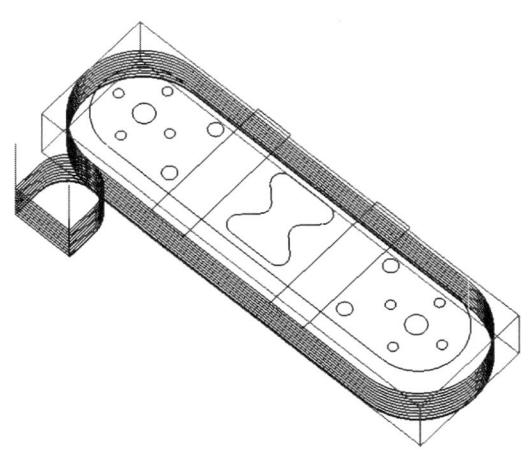

PART 4 : 모의가공 실행

STEP 01 모의가공 조건설정

1. **주메뉴** - **T : 가공경로** - **O : 가공관리자** - **S : 전부선택** - **V : 모의가공**을 차례로 선택한다.

2. 아래 그림의 "조건설정" 버튼을 클릭한다.(사각영역)

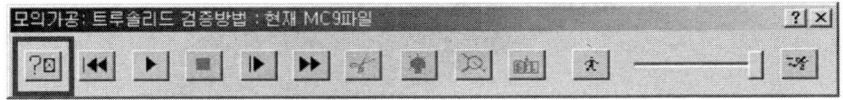

3. 모의가공 조건설정 창이 나타나면 피삭재의 형태는 "육면체"로 지정하고, **J : 재료설정 의 크기**로 버튼을 선택하여 가상의 모의가공 재료를 설정한 후 나머지 조건들은 아래와 같이 지정한다.

CAD · CAM 실무 2D

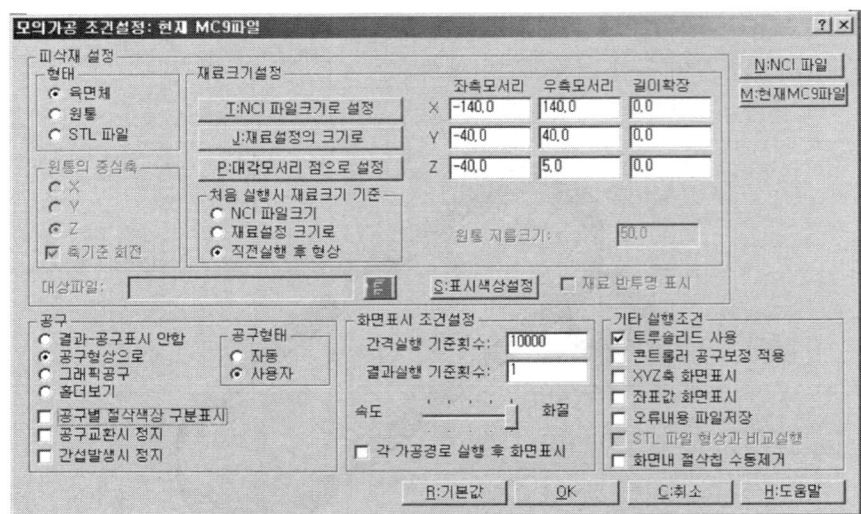

4. 모두 지정 후 OK 버튼을 선택한 다음 "실행"을 지정한다.(사각영역)

5. 모의가공이 완료된 것을 볼 수 있다.

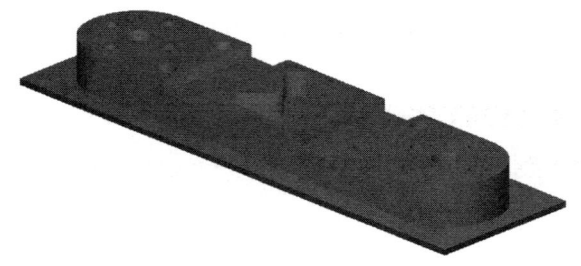

CAD CAM 실무 2D

발행일	2003년 1월 15일	초판 발행
	2004년 1월 15일	2쇄
	2004년 5월 15일	3쇄
	2005년 2월 10일	4쇄
	2005년 9월 10일	5쇄
	2006년 5월 10일	6쇄
	2007년 1월 15일	7쇄
	2007년 6월 10일	8쇄
	2008년 3월 10일	9쇄
	2009년 5월 1일	10쇄
	2010년 2월 1일	11쇄
	2011년 1월 5일	12쇄
	2011년 6월 10일	13쇄
	2012년 3월 20일	14쇄
	2013년 3월 20일	15쇄
	2014년 2월 20일	16쇄
	2015년 5월 30일	17쇄
	2017년 1월 20일	18쇄
	2018년 7월 20일	19쇄
	2022년 3월 30일	1차 개정
	2024년 6월 20일	2차 개정

저 자 | 권동호 · 박용민
발행인 | 정용수
발행처 | 예문사

주 소 | 경기도 파주시 직지길 460(출판도시) 도서출판 예문사
T E L | 031) 955–0550
F A X | 031) 955–0660
등록번호 | 11–76호

- 이 책의 어느 부분도 저작권자나 발행인의 승인 없이 무단 복제하여 이용할 수 없습니다.
- 파본 및 낙장은 구입하신 서점에서 교환하여 드립니다.
- 예문사 홈페이지 http : //www.yeamoonsa.com

정가 : 28,000원

ISBN 978-89-274-5479-3 13550